大分离

THE GREAT DIVIDE

[英国] 彼得·沃森 -著

孙艳萍 -译

新旧大陆的命运

译林出版社

图书在版编目（CIP）数据

　　大分离：新旧大陆的命运/（英）彼得·沃森（Peter Watson）著；
孙艳萍译. —南京：译林出版社，2023.5
　　（译林思想史）
　　书名原文：The Great Divide: History and Human Nature in the Old
World and New
　　ISBN 978-7-5447-9522-7

　　Ⅰ.①大… Ⅱ.①彼…②孙… Ⅲ.①美洲–历史–研究 Ⅳ.①K700

　　中国国家版本馆 CIP 数据核字（2022）第 233021 号

The Great Divide: History and Human Nature in the Old World and New
by Peter Watson
Copyright © 2011 by Peter Watson
This edition arranged with Andrew Nurnberg Associates International Limited
Simplified Chinese edition copyright © 2023 by Yilin Press, Ltd
All rights reserved.

著作权合同登记号　图字：10-2018-525 号

大分离：新旧大陆的命运　　［英国］彼得·沃森 ／ 著　　孙艳萍 ／ 译

责任编辑　陶泽慧
装帧设计　韦　枫
校　　对　孙玉兰
责任印制　单　莉

原文出版　Weidenfeld & Nicolson, 2012
出版发行　译林出版社
地　　址　南京市湖南路 1 号 A 楼
邮　　箱　yilin@yilin.com
网　　址　www.yilin.com
市场热线　025-86633278
排　　版　南京展望文化发展有限公司
印　　刷　徐州绪权印刷有限公司
开　　本　718 毫米 ×1000 毫米 1/16
印　　张　41
插　　页　4
版　　次　2023 年 5 月第 1 版
印　　次　2023 年 5 月第 1 次印刷
书　　号　ISBN 978-7-5447-9522-7
定　　价　128.00 元

献给凯瑟琳

中文版前言

随着此书中译本的出版，世界正逐渐从一场灾难中复苏。这场灾难突显了地球上所有文明之间有着多么密不可分的联系。我们都知道，在每个人都接种新冠疫苗之前，任何地方的任何人都不会安全。

《大分离：新旧大陆的命运》描述了一个截然不同的世界。它展示了在远古时代，地球的基本地理——大陆的布局、全球海洋的范围、风和山脉——如何决定了早期人类的诸多经历。我们倾向于认为只有一种人性，我们所有人都相去无几。从某种意义上说，此言不假：我们都感到喜悦、焦虑和悲痛，我们在生活中遭受同样的痛苦与失败，并怀有大致相同的希望和抱负。

但事实并非总是如此。《大分离：新旧大陆的命运》显示了欧亚大陆与美洲大陆有着怎样的天壤之别。欧亚大陆是一块广阔的东西向陆地，人口主要分布于温带气候区，而美洲是一个从北极延伸到南极的南北向大陆，而且至关重要的是，其主要人口分布于热带气候区。这些非常根本的差异导致了迥然不同的文明形式，不同文明的人吃着迥然不同的食物，与迥然不同的大型哺乳动物共享领土，经历了迥然不同的天气系统，所有这些都意味着他们规划了迥然不同的政府形式，形成了迥然不同的方式来了解自己及其周围的世界，关键是还崇拜不同形式的神灵。简单来说，欧亚大陆崇拜丰产，美洲大陆则崇拜剧烈的破坏性天气，并且在生活中将诸多其他事物都归咎于这种天气。这样的信仰体系差别不可谓不巨大。

这些系统性的分歧（所有这些都将在本书中详细描述和探讨），不仅导致人类心理上的重大差异——这促使我们开始质疑我们以往对于人性的理解——而且决定了这些不同文明发展的速度，并有助于解释欧亚大陆为何比美洲大陆发展得更快，走得更远。为什么是克里斯托弗·哥伦布从欧洲向西航行"发现了"美洲，而不是相反。

今人是在"西方"与"东方"概念的熏陶下长大的，而且东西方之间往往针锋相对。本书表明我们刚刚发现了一个理解世界及其事件的更优的新路径，那就是将欧亚大陆与美洲大陆区分开来，并置思考。《大分离：新旧大陆的命运》为理解亚洲和中国在其中的位置提供了一个新的视角。

彼得·沃森，2023 年于伦敦

目 录

第三部分　新旧大陆人性演化的差异与原因

结　语

作者的话
"像纳粹一样邪恶的"阿兹特克人

2009 年，位于伦敦的大英博物馆举办了一场名为"莫克提祖玛：阿兹特克首领"的展览，但它在某些领域并不受欢迎。令评论家愤愤不平的是，举办方将这位首领的名字从蒙特祖玛（Montezuma）改成了莫克提祖玛（Moctezuma），而前面的拼写已经"令人满意地使用"了 500 年。除此之外，这些评论家还发现，阿兹特克手工艺品的制作水平低劣，并不比从伦敦波多贝罗大道（一个很受欢迎的古物交易市场）淘来的古董强到哪里去。伦敦《旗帜晚报》的艺术评论员认为，与多纳泰罗和吉贝尔蒂（大体处于同时代的欧洲艺术家）的成就相比，阿兹特克人的东西"简直是弱爆了"，"野蛮主义的阿兹特克世界没有艺术可言"，许多面具都是"极其狰狞的"，是一个残酷文化的可怕而古怪的崇拜物。伦敦《星期日邮报》同样直率。作家菲利普·亨舍是英国最具影响力的 100 位人物之一，他在《星期日邮报》上发表了一篇文章，标题为"大英博物馆的工艺品'像纳粹的人皮灯罩一样邪恶'"，其中写道："如果有史以来还有任何一个社会比阿兹特克社会更令人作呕、更不人道、更为可鄙，我真的不愿闻知其详。"除了认为阿兹特克人在道德和审美方面鄙陋外，这位评论家还总结道："很难想象，还有哪个博物馆的展览能够像这场展览一样，释放出如此令人窒息的人类罪恶气息。"

这些言辞太过激烈了，但我们可以从其他方面来看待新大陆的文明。例如，在新近出版的两本书中，作者强调了古代美洲人超越旧大陆居民的那些方面。戈登·布拉泽斯顿在《第四世界之书》（*The Book of the Fourth World*）中写道，中美洲的历法"比西方的早期历法要求更为精确的计时"。查尔斯·曼恩在杰作《1491：前哥伦布时代美洲启示录》（*1491: New Revelations of the Americas Before Columbus*）中指出：首先，中美洲人发明的 365 天历法比同时期欧洲的历法更为精确。其次，蒂瓦纳科（位于古代的玻利维亚）的人口在公元 1000 年时达到 115 000，比巴黎早了 5 个世纪。再次，万帕诺亚格印第安人的家庭比英国入侵者的家庭更有爱心；印第安人比他们所接触到的英国人或法国人更干净卫生；印第安人的鹿皮鞋比英国人的破烂靴子"舒服得多且防水性能更好"；阿兹特克帝国比任何一个欧洲国家都幅员辽阔；特诺奇蒂特兰有好几座植物园，而欧洲当时连一座也没有。

这些个案比较虽然表面上看来足够吸引眼球，但如果细细品读，它们可能包含某种意义，也可能毫无意义。毕竟，如下事实无法回避：是欧洲人向西航行并"发现了"美洲而不是相反的情况。但如下事实也无法视而不见：在过去 30 年中逐渐积累起来的知识确实可以证明，在一些重要方面，古代的新大陆与旧大陆大不相同。

这些差别中最具代表性的就在于有组织的暴力。在本项研究中，我清点了最近 30 年（接近一年一本）出版的专门研究人祭、食人俗和其他暴力仪式的 29 本书刊。这里列举的是 2000 年后出版的书刊：《食人俗的埋葬学研究》（*The Taphonomy of Cannibalism*），2000 年；《古代秘鲁的祭祀仪式》（*Ritual Sacrifice in Ancient Peru*），2001 年；《古代玛雅墓葬中的人祭牺牲品》（*Victims of Human Sacrifice in Multiple Tombs* of the Ancient Maya），2003 年；《尤卡坦半岛的天成井、圣地和人祭实践》（ Cenotes, espacios sagrados y la práctica del sacrificio humano en Yucatán），2004 年；《人祭、尚武与统治权》（ Human Sacrifice, Militarism and Rulership），2005 年；《人祭：为了宇宙的秩序与重生》（ Human Sacrifice for Cosmic Order and Regeneration ），2005 年；《古典玛雅社会中人祭陪葬的含义》（ Meanings of Human Companion Sacrifice in Classic Maya Society），2006 年；《古代玛雅社会的人体祭祀和治疗仪式》（ Sacrificio, tratamiento ritual del cuerpo humano en la Antigua sociedad maya ），2006 年；《人心献祭的步骤与仪式含义》（ Procedures in Human Heart Extraction and Ritual Meaning ），2006 年；《古代玛雅社会的人祭和体疗仪式新论》（ New Perspectives on Human Sacrifice and Ritual Body Treatment in Ancient Maya Society ），2007 年；《用作纪念：美洲印第安人对人类肢体的夺取与展示》（ The Taking and Displaying of Human Body Parts as Trophies by Amerindians ），2007 年；《血缘纽带：阿兹特克文化中的性别、生命周期与祭祀》（ Bonds of Blood: Gender, Lifecycle and Sacrifice in Aztec Culture ），2008 年；《中美洲*人祭仪式探源》（ Los Origines de Sacrificio Humano en Mesoamerica Formativo ），2008 年；《秘鲁阿卡利谷地的围墙定居区、缓冲区和斩首仪式》（ Walled Settlements, Buffer Zones and Human Decapitation in the Acari Valley, Peru ），2009 年；《血与美：中美洲文化区和中美洲艺术与考古中的有组织暴力》（ Blood and Beauty: Organised Violence in the Art and Archaeology of Mesoamerica and Central America ），2009 年。 简·E.

viii

---

* 中美洲（Central America）是一个地理名词，指北美洲南部的一个区域，范围北起墨西哥的南部边界，南至哥伦比亚的西北部边界，西起太平洋，东至加勒比海，包括危地马拉、伯利兹、洪都拉斯、萨尔瓦多、尼加拉瓜、哥斯达黎加和巴拿马等国；中美洲文化区（Mesoamerica）是一个文化学或人类学概念，由德国学者（尤其是爱德华·泽勒等人）首先使用，意指从墨西哥中部到洪都拉斯和尼加拉瓜等国范围内前哥伦布时代印第安文化高度发达的地区，在本书中通译为"中美洲"。——译注

别科斯特拉是一位玛雅丧葬习俗专家，按照她的估算，关于玛雅暴力仪式的学术论文数量从 1960 年以前的每年 2 篇增长到 20 世纪 90 年代的每年 14 篇，这种出版速度至少一直持续到 2011 年。除此之外，研究前哥伦布时代北美洲暴力仪式的著作也在增长。按照新奥尔良土伦大学人类学教授约翰·W. 韦拉诺的说法，每年都有一项重要的新发现。而且，让研究者感兴趣的与其说是暴力的"等级"，不如说是暴力的有组织性、暴行的特殊形式以及新大陆对待与之相关的痛苦的不同态度和实践。

正是由于意识到两大半球间奇特而重要的差别，令我产生了一探究竟的欲望，由此萌发出写作此书的想法。一开始，在我与伦敦威登菲尔德 & 尼科尔森出版社的编辑 Rebecca Wilson 讨论时，我形成了基本的创作思路，后来又大大得益于该社的 Alan Samson 的鼎力帮助。我也想感谢索引编辑 Helen Smith 以及下述专家学者（考古学家、人类学家、地理学家）的付出，他们之中有些人已经阅读了全部或部分打印稿，纠正了我的一些错误并提出了改进建议。他们是：Ash Amin、Anne Baring、Ian Barnes、Peter Bellwood、Brian Fagan、Susan Keech McIntosh、Chris Scarre、Kathy Tubb、Tony Wilkinson 和 Sijia Wang。毋庸讳言，错误与疏忽仍然存在，但文责自负。

我也要感谢几座科研图书馆的工作人员。这些图书馆包括：剑桥大学的哈登考古学和人类学图书馆、伦敦大学的考古研究所图书馆、圣詹姆斯广场的伦敦图书馆、伦敦大学的东方和非洲研究院图书馆。

有时，为了避免重复使用"旧大陆 / 新大陆"（Old World/New World），我的措辞会有所变化，有时使用"西半球 / 东半球"（western/eastern hemisphere），有时使用"美洲大陆 / 欧亚大陆"（the Americas/Eurasia），这只是为了有所变化（有时是为了更为精确），并不带有任何意识形态的色彩。

有时我使用公元纪年法，有时使用 B.P. 纪年法 *。这取决于我所讨论的著作的用法。

本书重点讨论了新旧大陆居民之间的差异。我并不是否认在欧洲人"发现"美洲之前，两半球已有的文明之间存在着许多相似性。事实上，调查这些共性已成为考古学家的主要关注点。对那些想探究这些共性的读者来说，可关注本书"附录 2"，译林出版社推出的中文版第一次将它收录在本书的纸质版本中。

ix

---

* B.P. 纪年法（Before Present）是一种考古学年代的科学表示法，用于表示放射性碳-14 定年法所估测出的绝对年代。放射性碳-14 定年法的基本原理是：检测一个有机体样本所含放射性碳元素（C-14）的衰变程度，从而衡量该有机体死亡后距离今日的时间量。学者为了避免"现今"（Present）的判别标准随时代变动，故统一制定公元 1950 年为所有放射性碳-14 定年的基准年代。因此，如果换算成 B.C. 纪年法，任何一个 B.P. 年代都要减去基准年代 1950，如 5000B.P.=5000-1950= 公元前 3050 年。——译注

导　论

公元前 15000 至公元 1500 年：人类历史上一个独一无二的时期

　　1492 年 10 月 11 日星期四，夕阳甫落，克里斯托弗·哥伦布站在他的"圣玛利亚号"上。按照航海日志上的记载，他推算目前他们正处于加纳利群岛以西大约 896 里格（或者说，大概 3 000 英里）。他认为，他们马上就会到达"日本国"*。目前为止，这还不算是一次艰难的航行，尽管同行的两艘船之一"尼娜号"（另一艘为"品达号"）的船舵两次失去控制，延迟了行程。不止一个人怀疑这是那些不愿驶向未知世界的船员蓄意破坏所造成的。出于同样原因，哥伦布虽然推算了每天航行的距离，但告诉船员的数字比推算结果小，也被归因为他想要造成他们驶离西班牙的距离少于实际航行距离的假象。现在这个"诡计"基本上可以不予理会了：中世纪的

---

* "日本国"（Cipangu/ Zipangu）是马可·波罗对日本的称呼。据推测，它源于中国对日本的称呼。马可·波罗在《马可·波罗游记》中对日本岛进行了非常详细的记述，它"位于大陆大约 2 400 公里外的海上。这个岛的面积很大……他们国内的黄金极为丰富，因为黄金的来源是取之不尽的。但是国王不让黄金输出，商人很少到那里做生意……这个国家的王宫富丽堂皇，蔚为奇观。王宫的整个屋顶用金色的金属皮覆盖着……宫殿的天花板也是用同样的贵重金属做成的；许多房间内，有很厚的纯金小桌。窗户也用黄金装饰。这种宫殿富丽的程度，实在难以用语言来表达。该岛有大量的珍珠，桃红色的，圆形的，体积很大，它的价值与白珍珠相等，甚至还超过白珍珠的价值。"（马可·波罗口述，鲁思梯谦笔录，陈开俊、戴树英、刘贞琼、林健合译：《马可·波罗游记》，福州：福建科学技术出版社，1981 年，第 199 页。）马可·波罗将日本描述为"黄金之国"，这也是吸引哥伦布等航海家远航寻金的重要动力。——译注

1 里格是一艘船一小时所航行的距离，也就是 7 到 12 英里——意大利的里格（哥伦布是热那亚人）要小于西班牙的里格。相比意大利的计量单位，西班牙的计量对于船员们来说意味着更大的数字。

不过，哥伦布仍然急于抵达陆地。他的探险经历了几天无风的日子，这让船员们开始怀疑他们还能不能返回家园。

在哥伦布的日志中，早在 9 月 16 日星期日，也就是将近一个月以前，他们就在热切地把一些迹象解读成是在靠近陆地。那天，他们遇到了几缕"刚从陆地上被扯下来的（在他看来似乎如此）深绿色海草"。[1] 随着日子一天天过去，他们看到了越来越多的海草。在有些时候，海水似乎不那么咸了，好像他们正接近一条大淡水河的河口；他们看到成群的鸟向西飞去（好像是飞向陆地），还有塘鹅和燕鸥，这些鸟类"栖息在陆地上，清晨飞到海面觅食，但从不飞离陆地 20 里格以远"。有的时候，他们还看见包括鸭子在内的鸟类，他们认为这些是河鸟；或者，有时天空飘着一种"无风的细雨，而这是陆地的一个确定信号"。[2] 小一些的船只比哥伦布自己乘坐的大船要快，在白天，它们经常彼此分散（西班牙君主斐迪南和伊莎贝拉曾宣布为发现新大陆的第一人提供终身养老金）。但是这三艘船受命在清晨和日落时集结，"因为这些时候的空气可以使他们看得更远"。[3] 事实上，此前他们已经两次"发现"陆地，但每一次都被证明是幻觉。

不过，10 月 11 日，"品达号"船员发现了一根植物茎干和一小节树枝，还从海里捞出来一根小棍，"看起来像被铁器削过，此外还有一根藤条、其他生长在陆地上的植物以及一小块木板"。[4]

那天日落后，他们继续航行。晚上 10 点左右，哥伦布自称看见一道光。按照巴托罗缪·德拉斯·卡萨斯（一位同情哥伦布的历史学家，他的父亲曾跟随哥伦布进行第二次远航）的说法，国王和女王派驻舰队的监查官罗德里格·桑切斯·德塞戈维亚并不认可哥伦布的说法，不过其他船员

x

站在哥伦布这边。后来学者估计，如果哥伦布确实看见了一道光，那一定是某种火光，而且火势非常大，因为现在我们知道，"圣玛利亚号"在当时距离陆地尚有 50 英里之远。

实际上，第一次确切地看到陆地是在凌晨时分，也就是第二天，10 月12 日星期五，凌晨 2 点的时候，一个名叫拉斯·卡萨斯的水手认出了陆地。哥伦布在日志摘要中将他称作"罗德里格·德特里亚那"（Rodrigo de Triana）。但是由于这个名字没有出现在船员名单里，学者们推断他应该是莫利诺斯镇的胡安·罗德里格斯·贝尔梅霍（Juan Rodríguez Bermejo）。[5] 此时的哥伦布距陆地尚有 2 里格——15 到 20 英里。

那夜，哥伦布命令船员们"抛锚"，收起一些船帆，等待黎明。第二天清晨，三艘船的船长——哥伦布、马丁·阿隆索·品佐及其兄弟文森特·亚尼兹——在监查官的陪同下，乘一艘全副武装的小船驶向岸边，他们一同见证了哥伦布以西班牙国王和女王的名义宣布占有该岛，他将其命名为"圣萨尔瓦多"（San Salvador）。

然而没过多久，许多岛民围聚过来。"我们想要赢得他们的好感，"哥伦布那晚在日志里写道，"因为我看得出来他们是这样一个民族：用仁爱而非动武，便能更轻易将他们争取过来并使其皈依我们的圣教，所以我把红帽子和玻璃珠送给他们中的一些人，他们将玻璃珠挂在脖子上，此外我还送给他们其他许多不值钱的小玩意，他们十分高兴，变得对我们极其友善，这大大出乎我的意料。尔后，他们向我们所在的船载小艇游来，带来了鹦鹉、棉线球、投枪和其他很多东西，以此与我们换取我们送给他们的那些物品，像玻璃珠和铃铛等。事实上，他们取走我们的东西，又怀着善意送来他们所拥有的东西。但是我觉得他们属于一个物资匮乏的民族。他们身上一丝不挂，如刚出娘胎一般，甚至女人也是如此，尽管我只看到了一个女孩，而且还很年幼。"在描述完这个民族（现在被称作"泰诺人"）

的体貌特征和他们如何在身体上彩绘之后，哥伦布继续写道："他们不携带武器，也不知它们为何物，因为我向他们展示了几把剑，他们居然无知地手握剑刃，以致自伤。他们尚无铁器，所谓投枪只是没有金属枪头的棍棒，也有一些投枪在末端绑有鱼齿。"

这个日子——1492 年 10 月 12 日，以及这次遭遇——西班牙王室派遣的一位意大利人与一个民族（现在已知，它是一支从南美洲委内瑞拉的奥里诺科河附近发端并向北扩散的民族）之间的遭遇，构成世界历史上一个几乎无与伦比的重大事件：旧大陆和新大陆之间的第一次会面。然而，哥伦布的日志在记录这一部分时文笔是相当枯燥平淡的，甚至考虑到西班牙语不是他的第一（甚至也不是第二）语言，我们也不难发现原因。哥伦布本人并不真正理解他的发现及其重要性，直至今天我们也不知道这个小岛曾经或现在的确切位置。我们只知道它位于巴哈马群岛，我们知道土著将巴哈马群岛称呼为"卢卡亚斯"（Lucayas）。我们还知道当地人将这个特殊的小岛称为"瓜那哈尼"（Guanahaní），但除此之外我们一无所知。在巴哈马群岛、特克斯和凯科斯群岛，有许多岛屿符合哥伦布的描述，总共有九个可能的地点。现代学者认为，最可能的地点是沃特灵斯岛或萨马纳礁。

xii

抵达陆地使哥伦布和船员们松了一口气，更重要的是他们总算能够补给淡水了。但第三天，10 月 14 日星期日下午，他很快继续启航。在那时的西班牙，船长保留航行记录还不是法定要求（这一规定在 1575 年才实施），所以我们很幸运能够得到哥伦布手中所掌握的一切。但是他的叙事风格是重复乏味的，他的观察是粗略笼统的，正如巴里·艾夫所言，船队总司令的首要目标似乎是使一切看起来都似曾相识——他不断地把他发现的地形与塞维利亚和安达卢西亚的河流、地形进行比较，而不注重说明什么是新鲜的或是具有异域风情的（虽然他以后这样做了）。"哥伦布对于这些美丽的天然岛屿的回应是真实的，但也是出于策略的考虑。每一座岛屿都是目之所及的最美之地。树木葱郁，挺拔高大，芳香弥漫，满是欢唱的鸟儿。河流深阔，港口宽广，宽广得足以容下基督教世界的所有船只……哥伦布的描述与其说是他的所见，不如说是他对其所见的惊奇感。"[6]

因此，哥伦布的叙述中隐藏着一种感觉——他对自己在遥远的大西洋彼岸所发现之物的失望感。这在我们看来可能很奇怪，因为我们是其发现的受益者或受害人，但是哥伦布的失望肯定与一个广为人知的事实相关，即直到生命终点，他还在坚持认为："他抵达了他出发所要寻找的'印度'，他踏上了靠近日本的岛屿以及中国大陆。"[7]

这种坚持表明，哥伦布代表了形形色色的历史力量，无论他是否意识到这一点。首先，他的航行是数世纪前开始的一系列巨大航海成就的高潮。在这些远航中，有些比哥伦布的航程更远，冒险性也不次于它。在某种意义上说，它们共同体现了人类最惊人的特征：求知欲。人类在中世纪对未知世界的探险，是如今的我们绝对不可能体会得到的（除了太空旅行），因此这从根本上将我们与哥伦布时代区分开来。

xiii 尽管哥伦布的登陆十分低调，但众所周知，它最终引发了一场穿越大西洋的狂潮。时至今日，这一狂潮在一定程度上仍在持续并永远地改变了我们世界的面貌，它所带来的巨大影响既是辉煌的，又是灾难性的。然而，人们并不总是承认：哥伦布的发现，不管它还产生了什么影响，都标志着一个特殊历史阶段的终结——或者终结的开始。而这个特殊的历史阶段直到近些年来，才因为几个知识领域的新发现而为人所认知并充分了解。大致说来，这个独一无二的历史时期始于 17 000 年前。

历史上最伟大的自然实验

从大约公元前 15000 年古代先民最初进入美洲大陆，到大约公元 1500 年（以整数来计）哥伦布登陆圣萨尔瓦多，地球上有两个完全分离的人类群体，一个在新大陆，一个在旧大陆，双方都未意识到对方的存在。以前，我们从来没有将一个历史时期本身看作一个新纪元，但稍作思考后我们就会发现，它是多么与众不同，又是多么值得探究。

这两个分离的人类群体面对不同的环境、不同的气候、不同的地貌、不同的植被、不同的动物。正如我们将要看到的，两个半球的条件是截然不同的。在超过 1.6 万年的时间（600—800 代人的时间）里，这两个起初相似的群体为了适应他们的环境，形成了不同的生存策略、不同的风俗、不同的语言、不同的信仰，最终形成了迥异的文明。在这么长的时间里，世界以一种独一无二、前所未有的方式被分离。但是，当哥伦布踏上瓜那哈尼后，不知不觉中，他开启了一个进程。借此，这个独一无二的平行发展模式最终走向结束。

这就是本书的目标：复活和重建、考察并研究这段平行的发展历程，观察旧大陆居民与新大陆居民的相似性并对比两者间的差异，并且找出这些差异导致的结果。

在某种意义上说，这两个群体的平行发展是史上最伟大的自然实验。xiv 当然，在实验的意义上，这不是一个井然有序的严格实验，但相比之下，它仍是一个令人着迷的实践、一个独一无二的机会，我们可借此机会了解自然与人性之间相互影响的过程，并进而解释人类自身。这是一项以前从未开展的工程。

我们所研究的范围——两个半球，包括海洋——是地球上最大的实体，有些纯粹主义者可能会怀疑这种对比涉及太多的可变因素，因此是没有意义的。但是我认为，证据是充分的，足以使我们对旧大陆和新大陆之间长期存在的重要差别提出某些富有成果的结论，这些结论不仅能解释，同时还会描述出两大半球截然不同的文明轨迹。

出于完全可以理解的原因，考古学家和人类学家已经从总体上考察了全球不同文明间的相似性，他们认为这样的比较比其他任何研究都更能揭示有关人性、人类社会以及人类自冰河时代结束以来一万年间所形成的生活方式。虽然我并不否认相似性的存在，也不质疑它们的重要性，但本书另辟蹊径，着眼于两个半球间的差异，因为这些差异同样具有启发性，比之相似性，也许有过之而无不及，但它们被人们相对忽视了。这些差异也为我们认识人类的终极意义提供了重要的参考。

本书分为三部分。第一部分描述第一批美洲人如何到达新大陆，他们的旅程有何特别之处，他们的经历如何将他们与留在欧亚大陆的民族区分开来。第二部分叙述过去（和现在）两个半球在地理、气候、植物群和动物群等方面重要且系统性的差异，以及这些独立因素之间的相互作用。在某种程度上，这是本书最令人惊叹的部分，因为像大自然这般基础的东西在两半球间竟会呈现如此大的差异。第三部分是叙事，事实上是相互交织在一起的两条叙事线，就好像我们跟随着新旧大陆居民不同的文明轨迹前进——虽然两者都获得了巨大发展，但在某些方面是截然不同的。

广义上讲，本书力图证明早期人类居住的物质世界——地貌、植被、未受人类影响的动物生活以及气候、纬度的主要特征、陆地与海洋的关系等——决定了人类的意识形态、信仰、宗教实践、社会结构及工商业活动。而且，意识形态一旦出现并凝聚，就会反过来进一步决定人类与环境之间独特的相互作用。或许正如社会生物学家和基因学家所言，只存在一种人性。但是，世界上迥然不同的环境造就了早期人类对于人性迥然不同的理解。正如本书试图证明的那样，这在很多方面是至关重要的。

我们的故事将要证明，每个半球都依赖三个截然不同的现象并被它们所决定。第一，广阔的旧大陆受亚洲季风影响，季雨期的影响范围从东地中海一直延伸到中国，它供养了世界三分之二的农民，但由于某些原因（我们后面将要探讨），在过去 8 000 年里，季风的力量逐渐减弱。这意味着旧大陆占主导地位的信仰是丰产。第二，驯养哺乳动物的存在，对旧大陆的古代史进程，尤其是社会间竞争和战争的性质和程度，产生了另一个至关重要的影响。与之相比，新大陆最主要的影响因素是极端、暴虐的天气。第三个现象是，新大陆拥有更多种类、更大数量且更易获得的致幻性植物。总之，这些因素意味着美洲大陆的宗教信仰、意识形态呈现出更为生动、更加紧张且更具启示意味的特质。

　　本书不揣冒昧，试图将看似不相干的若干学科结合在一起，如宇宙学和气候学、地质学和古生物学、神话学和植物学、考古学和火山学。本书也利用了"二战"以来现代学术界的一项重大突破，即四个主要的中美洲文明（阿兹特克文明、米斯特克文明、萨波特克文明和玛雅文明）遗留手稿的最新译解。虽然在大征服期间只有四部玛雅书籍免遭西班牙人焚毁，但是由西班牙传教士和美洲土著共同创作的其他书籍或古抄本，石碑、祭坛和石阶上数不清的铭文，以及其他历史遗迹和雕塑，已为学者所了解，其结果是：对于前哥伦布时代新大陆生活的了解与知识，在过去三十年间有了巨大的进展。

　　本书利用这些最新的学术成果，对两个半球的古代史进行了一次系统的比较，由此我们便可以看出欧亚大陆和美洲大陆之间截然不同的发展轨迹。尽管道路迥异，但两大半球的发展历程仍存在某些共性，不过本书的关注点在于差异性。它们同样能告诉我们许多关于人性的答案，比之相似性，它们告诉我们的东西可能更多。

　　在共同考察这些发展轨迹时，我们不仅要注意发生了什么——新旧大陆文明在何时、何地开始分离——还要注意它们为什么会发生。　　xvi

第一部分

第一批美洲人与旧大陆居民的差异

1

从非洲到阿拉斯加（一）：基因、语言与
石器揭示的伟大历程

若想让对比新大陆与旧大陆发展的"实验"尽可能地富有意义，我们必须首先尽可能地了解两大半球的人们在最开始到底有多大程度的相似性。如果找不到相似性的话，我们必须知道他们有何不同。显然，这不是一项轻松的任务——我们所探讨的时代至少是在15 000年前，本章和下一章涉及的许多材料比这个时代还要久远得多。虽然时间之久远令人望而生畏，我们还需时刻谨慎地对待这种性质的材料——因为很多是猜测性质的，纵然是基于可靠信息做出的猜测——但这不应使我们踌躇不前。在几年前，想回答这些问题都是不可能的，但现在，归功于生物学（特别是遗传学）、地质学、宇宙学、气候学、语言学和神话学等领域的发展，我们对于遥远历史的了解比过去要多得多。我们能够得出一些结论，虽然是尝试性的，但也值得为之努力。

走出非洲

一方面由于 DNA、基因，特别是线粒体 DNA（通常记作 mtDNA，只通过母系遗传）和 Y 染色体（只通过父系遗传）等领域的发现，另一方面由于我们了解了 DNA 的突变率，因此通过对比分析全球范围内现代种族的 DNA，我们可以评估过去不同时代的人和现代人之间的联系。[*]实际上，正如一位专家所指出的，mtDNA 为我们提供了"一部母系史前时代的渐进史"，而 Y 染色体则为我们提供了一部父系史前时代的演进史。对我们而言，在这一理论图像（大部分仍需考古学的确认）中，主要构成要素如下：

- 大约 150 000 年前，现代人在非洲进化而来。

- 或许早在 125 000 年前，一批人类离开非洲，很可能渡过了红海南端的曼德海峡（当时的海平面比现在大约低 230 英尺），再穿越阿拉伯半岛南部（当时这一地区比现在潮湿得多，遍布湖泊与河流）。虽然尚未发现人类遗骨，但是在霍尔木兹海峡附近的一处岩居——杰贝尔法雅发掘出一些原始石器，它们与差不多同一时期非洲智人所制造的石器类似。全世界现存个体的遗传学证据显示，非洲人以外的所有人都是这一小批穿越阿拉伯半岛之人的后裔。在非常干燥的时期，杰贝尔法雅居民可能被隔绝了几百甚至几千年。后来，他们沿着河道（如今已淹没在波斯湾）向东迁徙。这样，他们就能避开这一地区干旱的内陆沙漠，最终经由伊朗和巴基斯坦沿海地区到达印度。这个关于世界人口分布的"沿

---

[*] 线粒体 DNA 和 Y 染色体研究的细节在此不再赘述。这项研究众所周知，关于它的科普报道见诸许多资料，如注释中列举的奥本海默（Oppenheimer, 1998）、瓦德（Wade, 2007）和威尔斯（Wells, 2007）的论著。突变率依物种和性别而变化（有些研究显示雄性的突变速度是雌性的 4 倍）。如果每隔 33 代（以 20 年为一代）就发生一次突变，这在进化方面具有重大意义。每 200 个突变中，大约有 190 多个是中性的，约 5 个是致命的，约 1 个是有益的。人类突变率的数量级为每百万年每个碱基对（核苷酸碱基对由氢键连接，构成双螺旋）从 0.12 到 0.57 不等。但是有证据显示，这个突变率自距今 20 000 至 15 000 年前已开始下降，当时生活方式的变化导致了人口变化，早期人类不再生活在小规模的、流动的、狩猎采集群体中，因为这些群体可能会受到人口规模波动的影响，从而造成遗传多样性的瓶颈。[1]

海岸流浪"理论仍然只是一个理论假设，但它得到了遗传学证据的支持，众多海岸遗迹中古代贝冢的存在也提供了证据支持。而且，我们现在知道，在人类存在的大部分时间里（6 000 年前），海平面比现在低得多，因此，当时地球的旱地面积可能比现在多 1 600 万平方公里，占全球可居住面积的 10%，这是一个重要的、富有吸引力的资源。我们也知道，海洋 / 沿海地区总体上较之于内陆地区，具有更丰富的营养环境，能供养更为稠密的人口，提供更稳定的定居点。到目前为止，古代沿海和陆桥地区的狩猎采集者对人类史前史来说是次要的，但事情似乎正在发生变化。

• 离开非洲的这群人可能人数不多：Y 染色体研究显示它可能由大约 1 000 名育龄男性和同样数目的女性构成。如果加上老人和儿童，人数可能有 5 000。他们可能也不是一起出发的。对捕猎者的研究显示：他们喜欢结群而居，群体规模约为 150 人。不过，当他们不再沿海岸流浪时，例如停居在澳大利亚，他们便形成若干部落，部落人数在 500 至 1 000 人之间（这是欧洲殖民者在 18 世纪末到达澳大利亚时发现的情况）。

• 70 000 年前以后，人类进入澳大利亚。

• 50 000 至 46 000 年前，在现在的伊朗 / 阿富汗地区，一群人离开海岸，向北向西迁徙，聚居于欧洲。

• 大约 40 000 年前，第二次分离发生，这次发生在巴基斯坦 / 印度北部地区，因为另一群人经内陆进入中亚。

• 大约与此同时，"沿海岸流浪者"到达中国，环游了东南亚"拐角"后，折向西方，大致沿着后来的"丝绸之路"迁往内陆。

• 大约 30 000 至 20 000 年前，从巴基斯坦 / 印度地区向内陆挺进的人群分为两支，一支向西迁往欧洲，另一支深入西伯利亚，可能与从中国沿海迁往内陆的人不期而遇。

4

• 在约 25 000 至 22 000 年前的某个时期，人类到达连接西伯利亚与阿拉斯加的白令陆桥。不过，在楚科奇地区或阿拉斯加发现的考古学证据表明他们直到 15 000 年前才来到这里。当时，世界正处于末次冰期，这次冰期从 110 000 年前一直持续到大约 14 000 年前，造成的结果是世界上大部分水被禁锢在巨大冰川中——数公里厚的冰川覆盖地球。因此，那时世界的海平面要比现在低 400 英尺左右。反过来，这意味着当时世界的地形与今天有着本质的不同。它造成的一个重要、关键、有趣的结果是，白令海峡在当时并不存在。该地区由旱地或遍布池塘与湖泊的灌木林地构成。但即使如此，对于早期人类来说，这片地区还是可以通行的。因此，大致说来，在 20 000 年前到 14 000 年前之间的某个时候，早期人类迁徙到后来被冠以"新大陆""美洲""西半球"等各种称呼的土地上。然后，同样关键的是，距今 14 000 年以后，世界变暖，末次冰期结束，白令海峡再次被水所填充，阿拉斯加和西伯利亚成为不同陆块的组成部分，而新大陆由此与旧大陆分离。

从红海南端到西伯利亚最东端的乌厄连，直线距离（或乘波音 747 客机）大约是 7 500 英里，而沿印度和东南亚海岸迁徙的距离是该距离的两倍多，甚至三倍，考虑到当时的人类无法依靠任何技术手段，遇到山脉、湖泊和河流只能绕行，因此抄近路穿越中亚大陆也不会缩短太多距离，并且可能更艰险。可以说，这段 20 000 英里的旅程用了 50 000 年的时间（虽然早期人类在到达极寒地带之前可能扩散得比较快）。

但最终，早期人类到达现在的楚科奇半岛，俯视着即将成为白令海峡的那片地区。不仅邻近阿拉斯加的西伯利亚地区有考古学证据证明早期人类经由这条路径（当时陆桥的最窄处仅有 60 英里宽）进入新大陆，我们还从其他地方找到了三个遗传学证据。如果将它们串联起来，我们就能为早期人类进入美洲的历程绘制出一幅前后连贯、令人信服的画面。

西伯利亚东部的楚科奇人，虽然可以说生活在世界的边缘——至少是现代世界的边缘，但在我们看来，他们处于这幅画面的中心位置。直到今天，他们还靠放牧驯鹿、在河冰中凿洞捕鱼为生。[2]没有人真正知道为什么早期人类选择在这样艰苦的地区生活。或许他们是追捕猛犸和其他大型猎物来到这里；或许他们根本不是选择住在那里，而是在西部和南部人口的压力下被迫迁居于此。那里的生活到底有多艰苦？考古学研究证实：在19 000至18 000年前之间，西伯利亚的这部分地区不存在任何人类遗迹，这说明在人类再次移民于此之前，由于极度的严寒和遍布的冰雪，这片地区曾被具有高度流动性的狩猎采集者遗弃了一段时间——这些先民频繁地变换营地，以便获得重要的动物资源——大部分遗迹只有一种类型的大型猎物遗骸，如驯鹿、赤鹿或野牛。不管情况如何，自20 000年前起，西伯利亚东部地区（离楚科奇还有段距离）——如久赫泰和马尔塔等地——已有人类居住。这个时间与位置一样至关重要。

这个时间之所以重要，是因为在西伯利亚的任何地方都没有发现早于20 000年前的考古学人类遗迹。不过，在遗传学和语言学方面，却有证据证明人类早就已经进入了新大陆。这种证据存有争议，未被普遍接受。这些遗迹的位置很重要，因为人类在如此遥远的北方从未成功实现农耕，所以如果早期人类了解任何农业常识的话，他们就不会进入新大陆。这本身并不奇怪，因为直到大约10 000年前，农业才开始出现在地球上的一些地方，但至少那意味着这个地区的图景是清晰的，即在大分离发生时，旧大陆和新大陆都缺乏农业（虽然已开始驯养狗）。

DNA证据显示楚科奇人在基因方面具有独特性。按照基因地理工程（见下文）的研究，他们具有一个遗传标记（该遗传标记是一个独特的基因模式，学术上称为M242）及其他一些特征，这些特征说明他们起源于

7　同一个人，而这个人大约于 20 000 年前生活在西伯利亚南部或中亚。即使是南达火地岛的美洲印第安人也具有这些遗传标记，因此遗传学家认为，早期人类是在 20 000 年前以后的某段时间从西伯利亚进入新大陆的。[3]

当基因地理工程的第一批成果出来后，这一图景得到了支持并被充分论证。基因地理工程创立于 2005 年，由《国家地理》资助，利用了 IBM 公司的大规模计算技术。这项庞大的研究检测了五个大陆上大约 150 000 个个体的 DNA，以绘制出遗传学史上最细致的图景。基因地理工程所利用的最基本技术是检测所谓的单倍群，它们是基因突变中那些独特和典型的模式，构成 mtDNA 或 Y 染色体上的遗传标记，显示人们之间的联系以及人们在过去的联系（M242 就是一个单倍群）。

这一研究证明了我们所关切的两件事。首先，今天的美洲原住民在基因上彼此相近，大多数独特的基因标记处于 20 000 年前到 10 000 年前之间的某个时间点，集中于 16 000 至 15 000 年前这段时期。这个时间的重要性在于：它正处在末次冰盛期——20 000 至 14 000 年前之间。当时，末次冰期的冰川规模达到最大，海平面比现在低 400 英尺，白令海峡在当时是西伯利亚和阿拉斯加之间的一座陆桥。

人们发现，位于 Y 染色体的一个单倍群存在于北起阿拉斯加、南至阿根廷的美洲原住民中间，它连同另一个由此衍生的单倍群，几乎是在南美洲所能发现的唯一一支 Y 染色体谱系。[4] 在北美洲西部有另一支谱系，似乎是后来到达新大陆的，并且从未扩散到南美洲那么远的地方。但在它们之间，这些遗传标记在美洲原住民 Y 染色体所占比例达到 99%。另外，在美洲原住民中只有 5 个 mtDNA 单倍群，这与在欧亚大陆和非洲所发现的几十个 mtDNA 和 Y 染色体谱系形成了鲜明对比。[5] 发现于北美洲西部的

8　第二个谱系被称为 M130，关于它很重要的一点是，它在东南亚和澳大利亚也有发现。这说明那些沿太平洋边缘、亚洲东海岸迁徙的人群构成了后

来迁入美洲的第二支谱系，他们在大约 8 000 年前进入新大陆，此时白令海峡再次被淹没。因此，他们一定是乘船而来的。这一谱系通常出现在讲纳德内语的印第安人中间，而纳德内语是北美第二大语系（见下文）。

第三条证据来自另一项大规模调查的成果。这个团队由来自 9 个国家的 27 名遗传学家组成，哈佛大学的王思佳负责协调工作，其成果在 2007 年发表。[6] 这一团队从分布在北美洲、中美洲和南美洲的 24 个美洲原住民群体中选出 422 人，对他们的遗传标记进行检测并将它们与世界范围内 54 个其他土著群体相比较。这一研究的主要成果如下：

• 他们发现，与其他大陆人口相比，美洲原住民的遗传多样性较低，而变异性较大（这与上文提及的基因地理工程的发现相吻合）；

• 美洲原住民距离白令海峡越远，遗传多样性越少，与西伯利亚人的遗传相似性越少；与西伯利亚居民最类似的美洲原住民是加拿大北部的奇帕威安人（讲帕德内语/阿萨巴斯卡语），最不相似的是南美洲东部的原住民；

• 在中美洲和安第斯美洲的印第安人之间遗传分化相对缺乏；

• 他们发现一种情况：对于迁徙中的民族来说，海路相比陆路更易穿越；

• 他们发现遗传相似性和语言分类之间存在一些重叠；

• 研究显示有一个"专属"美洲的特殊等位基因（遗传变量，也就是说，它只存在于美洲土著人的 DNA 中），这支持了新大陆先民的大部分血统"可能源于单独一拨移民"的观点。

这幅画面再次与基因地理工程得出的结果相一致。对楚科奇人 DNA 的分析表明，大约 550 代人以前，有一批人从西伯利亚单独进入美洲——换句话说，他们到达新大陆的时间是在（550×30=）16 500 至（550×20=）9

11 000 年前之间，这些人可能利用了沿海路线，而非冰川之间的内陆路线（见下文）。除王思佳及其团队外，其他一些研究团队（规模没有前者那么大）针对早期人类进入美洲的时间，也得出了近似的结果。但是，它们证明早期人类分两拨而非"单独"一拨进入美洲，第一拨是在 18 700 年以前，第二拨是在 16 200 年以前。这与下面即将呈现的语言学证据不谋而合。[7]

在这一点上，我们理应强调一下，有一些 DNA 研究证明人类进入新大陆的时间比前述时间还要早得多——有的认为是在 29 500 年前，有的甚至认为在 43 000 年前。[8] 然而，最近规模最大的研究——基因地理工程和王思佳团队所做的研究——不仅相互印证，而且大体说来，它们也与从阿拉斯加到新墨西哥的北美全境发现的考古学证据一致。对于这种证据，我们马上会在下面加以扼要叙述，但在第 3 章会有更详细的讨论。

第二种生物学证据来自亚利桑那州立大学的克里斯蒂·特纳的研究，他是研究人类牙齿演化的专家。[9] 特纳专门研究了史前美洲人、西伯利亚人、非洲人和欧洲人的 20 万颗牙齿的牙冠和牙根，研究理由如下：（a）它们很好地展示了不同人群如何适应不同的环境；（b）它们比其他进化特征更稳定，而且在男性和女性之间，或老人和年轻人之间，它们的差异不会太大。对我们来说，他的研究中最令人感兴趣的地方在于，它将所谓的"中国型牙"（Sinodonty）和"巽他型牙"（Sundadonty）区分开来。中国型牙主要见于中国北方人和北亚人（西伯利亚人）之间，其特征是："铲形门齿"（牙齿内侧为铲形），双铲形门齿（两侧均为铲形），上颌第一前臼齿单根，下颌第一臼齿三根。特纳在中国北方出土的骨骸中发现了中国型牙，这些骨骸至少可追溯到 20 000 年前。

他发现，中国型牙局限于中国北部、亚洲北部、古代阿拉斯加和其他北美居民之间。与此相反，在更靠西的地方（比如贝加尔湖地区）所发现

10

的旧石器时代晚期骨骸没有表现出中国型牙的特征，在俄罗斯欧洲部分的古代墓葬中出土的骨骸牙齿也是这样。这同样适用于东南亚地区所发现的古人遗骸（特纳将这一类称为"巽他型牙"，因为在旧石器时代，东南亚像白令陆桥一样位于海平面以上，那里的大陆架被称为巽他陆架。关于这一现象，我们会作进一步讨论）。通过中国型牙在北亚和北美的扩散，克里斯蒂·特纳推测，有一批人经蒙古东部、勒拿河上游盆地向西伯利亚东部缓慢迁徙，并从那里穿过白令海峡进入阿拉斯加，最初的美洲人正是由这批人发展而来。

一些美洲土著部落的婴儿在出生时带有所谓的"蒙古斑"（Mongol Spot），这是一种浅蓝色胎记，位于脊椎底部，不久就会消失，在西藏和蒙古地区的儿童中间也有发现。[10] 这一事实进一步为前面的构想提供了生物学方面的支持。

因此，如果将所有这类遗传学证据放到一起，我们可以认为现今所有美洲原住民有着一批共同的祖先。粗略来说，其先民大概是在 16 500 至 15 000 年前，从东北亚某地——今西伯利亚地区，最南可能从蒙古来到美洲。在此之前可能就有小批人到达美洲，但他们对后来居民的影响是微不足道的。后来可能还有其他移民迁入，我们稍后将对这方面证据加以考察。

蒂莫西·弗兰纳里认为，虽然阿拉斯加的阿留申人、因纽特人和东北亚人拥有许多共同的文化特征（例如，俄罗斯勘察加半岛居民所说语言是因纽特语的一种形式，阿留申群岛居民所使用的各种针灸疗法与中国人的针灸相似），但是几乎找不到人员或思想从美洲回到亚洲的证据。唯有尼古拉斯·雷及其同事进行的遗传学研究能够提供一些线索，他们谨慎地推断，一些美洲印第安人在 390 代以前（或 9 750 年前）返回亚洲。现存唯一讲叶尼塞语的族群是西伯利亚中部的凯特人（距白令海峡数千公里），关于他们的一项广为人知的研究显示，叶尼塞语和纳德内语之间存在语言学上的联系。但是，从遗传学角度看，凯特人与他们周围的其他西伯利亚族群非常相似，与北美操纳德内语的人没有任何关系。目前，对于这一反常情况，尚无令人满意的解释。但是我们可以推断，主要迁徙路线是从西伯利亚经白令陆桥到阿拉斯加，关键是它发生在冰河时代即将结束时。[11]

在继续讨论之前，我们需要考虑另一个遗传学证据——芝加哥大学教授布鲁斯·拉恩的研究成果。他发现有两个基因与人类大脑的构造和扩展有关。每个基因含有几个替代形式或者说等位基因，但在某些特定群体中，一种形式比其他形式常见得多。这一差异必然意味着这种等位基因具有极为重要的进化意义，它提供了一种选择优势。其中一个等位基因就是一种被称为"微脑磷脂"的基因。这个基因最先出现于 37 000 年前，被 70% 的欧洲和亚洲人口所携带，但在撒哈拉以南地区的人口中却不常见，在那里携带人群的比例在 0 至 25% 之间。第二种等位基因被称为"ASPM"（异常纺锤形小脑症相关基因），约在 6 000 年前出现并继之在中东和欧洲迅速扩散。这种等位基因不见于撒哈拉以南非洲，在东亚只有微弱表现。[12]

鉴于这两种等位基因扩散得非常快，它们肯定赋予了携带者某些认知方面的优势。由于显而易见的原因，我们应该极其谨慎地解读这些材料，这也是布鲁斯·拉恩本人的建议。目前还没有证据表明等位基因和智力的增长有关；然而，连同以上提到的其他成果，所有这些发现似乎对我们有两点暗示。首先，就大约 37 000 年前出现的基因突变而言，有人可能会问，这种等位基因是否与古生物学记录中出现的、肇始于 33 000 年前的"文化大爆炸"有关？是否与欧洲某些地区岩穴壁画艺术的繁荣有关？同样，出现于 6 000 至 5 000 年前的等位基因是否与约 5 500 年前出现的文明发展有所联系？我们在这里是不是看到了基因与文化之间的某种联系？在此之前，人们从来没有设想过这种联系，因为这样的结果无从获得。

如果答案是肯定的话，那么第二个暗示就与本书的论点相关。约37 000年前发生的第一次基因突变，如果它的适应性够强，它就可能迅速传播至欧亚大陆各处，其中包括那些最终移居到新大陆的先民。换句话说，美洲原住民应该具有这种等位基因。这已为研究所证实：微脑磷脂实际上普遍存在于新大陆居民中。

另一方面，约6 000至5 000年前的第二次基因突变在早期人类穿过白令海峡后才在旧大陆出现。这意味着，美洲原住民很可能缺乏这种进化。这也已被研究所证实：在新大陆居民中完全不存在ASPM。

现在断言微脑磷脂或ASPM赋予它们的携带者以某种认知优势，还为时尚早。即使它们的迅速扩散证明存在这种可能性，但人脑容量似乎保持稳定。尽管如此，这显然是旧大陆居民与新大陆居民之间潜在的重要基因差异。我们通过冰岛的证据获知，即使在一个相对短暂的时间框架内（人类移居冰岛只是一千年以前的事情），也会出现相当大的遗传差别。因此，用遗传变异来解释新旧大陆之间的差别并不是不可能的。

即便如此，由于这一科学领域仍处于起步阶段，因此除了提醒大家注意这种可能性之外，我们在这里不能做更多的解读。

最后谈谈对于遗传学的看法。正如基因地理工程和王思佳团队的研究所显示的，与世界其他地区相比，美洲原住民的基因相对缺乏多样性，这可能意味着下列三种情况之一。第一，在某一时期，白令陆桥上存在一个遗传"瓶颈"，也就是说，一小批基因受限的人曾在此居住一段时间，可能是在冰川围绕的一处地方避难，当时他们被迫实行内部群婚。第二，后来出现很多一夫多妻的现象，一些更有势力的男性拥有多名配偶，而另外一些男性则一个配偶也没有（比如说，就像在巴布亚新几内亚的达尼人中观察到的那种模式，在那里，29% 的男性有 2 到 9 位妻子，而 38% 的男性则没有妻子）。*而且，还有第三种可能性。这是战事频繁造成的。男人们承担打仗的责任，将子女留给幸存者抚养（我们还观察到，在达尼人中，29% 的男人在战争中被杀）。[13]

13

这种有限的遗传多样性所造成的一大后果是：与旧大陆相比，新大陆的进化节奏更为缓慢；这也就使得新大陆居民更易受到外来疾病的传染。

雪橇与海草

白令海峡两边极其相似的遗址为美洲先民从西伯利亚进入新大陆的说法提供了考古学证据。1967 年，雅库茨克科学研究院的俄罗斯考古学家尤里·莫卡诺夫用阿尔丹河上的一处遗址将西伯利亚地区离白令海峡最近的一批定居点命名为"久赫泰文化"。阿尔丹河位于北冰洋边缘，向北流入拉普捷夫海。考古学者在这里发掘出猛犸和麝牛的骸骨、两边砍削过的矛尖和箭头，以及石叶和楔形、扁圆形的石核——换句话说，这是一个独特的旧石器时代晚期文化，时间在 14 000 年前到 12 000 年前之间。此后，在该地区陆续发现其他遗址，包括两面器、石叶，甚至石刀，以及骨器和象牙器。目前尚未发掘出早于 18 000 年前的东西，大量遗迹均属后来的文化期。久赫泰文化最北端的遗址发现于比奥廖廖赫，它位于印第吉尔卡河河口附近，处在西伯利亚北岸。

正如早期人类沿欧亚大陆东南海岸"流浪"到达中国一样，他们可能是从比奥廖廖赫沿西伯利亚的北冰洋沿岸向东"流浪"，最终抵达白令海峡——只不过那时的海峡是陆地。一些古生物学家，例如阿拉斯加大学

14 北极生物研究所荣休教授戴尔·格思里，认为久赫泰的细石叶是插进鹿角

---

* 当然，我们不能肯定那些没有配偶的男性是不是也从来没有孕育过子女。在澳大利亚有些证据证明这种情况确实存在。

尖上充当武器的。如果是那样的话，这会使问题更复杂，因为它说明：同样存在于北美的这项技术，与其说是被新大陆居民从旧大陆那里学习或模仿过来的，不如说是对新环境——这里拥有充足的鹿角——的一种合理适应。换句话说，它本身并不是迁徙的证据。

但事实是：在西伯利亚的久赫泰文化群与阿拉斯加所发现的遗址之间还有其他几处文化相似性。应当说，这两个文化都是陆地文化，他们习得的技能中不包括航海，这说明这些早期人类至少是徒步穿过白令陆桥的，而不是靠独木舟或其他类似东西（有一篇有趣的考古报告说：在勘察加半岛乌什基的一处遗址中发现了一只家养犬的墓葬，距今约 11 000 年。考虑到如下事实：即使今天，冬季徒步在北极圈地区转转也比夏季要容易得多，因为冬天地面冻得很结实，而夏天的地面则十分湿软，这一发现具有重大意义）。

在阿拉斯加发现的几个史前遗迹呈现出一幅复杂的图景，但我们没必要就此否定上述设想。正如布莱恩·费根在其著作《伟大的旅程：古代美洲居民》中所说："尽管数年来耐心探索，但仍没有人在阿拉斯加和育空地区发现年代上确定早于 15 000 年前的考古遗址。"[14] 在旧克罗遗址中发现了一块北美驯鹿胫骨，这里靠近阿拉斯加和加拿大的边界。无疑，这块胫骨经由人类之手变成了一件从兽皮上刮肉用的"剥皮工具"。一开始，这块骨头及相关骨器的年代断定为 27 000 年前，但后来又被修定到仅仅 1 300 年前。此后，随着对捕猎者在猎杀过程中让动物骨折的认识越来越深入，人们还发现，在旧克罗发现的其他某些骨"器"实际上是自然生成的。

在旧克罗西南大约 40 英里处的鲑鱼洞遗址中发现了被屠宰动物的遗迹。结合花粉分析，考古学家断定该遗址年代是在 15 550 年前到 12 950 年前之间。一起发现的还有差不多同一时期的石制工具——而且正如费根所说，这些石制工具放在久赫泰，也不会不合时宜。[15] 之后，在特雷尔溪、

15　坦戈湖、唐奈利山脊、费尔班克斯、葱港和德纳里也有类似发现，时间大多在 11 000 年前至 8 000 年前之间。起先，考古学者传统上将它们称为久赫泰遗址群，或德纳里遗址群，或尼纳纳遗址群，但是现在人们更愿意用"古北极文化"来称呼这些遗迹及稍晚的古器物。石器尺寸小是其最突出的特征，这可能是因为如下事实：通过分析这一地区的花粉，人们发现从约 14 000 年前开始，这里发生了一次急速的植被变化，当时草本苔原（青草，苔藓）被灌木苔原（繁茂的灌木丛）所取代，这会引起哺乳动物数量缩减并可能因此迫使早期人类离开白令陆桥。当他们迁移时，小工具更易携带。

　　并非白令陆桥东部的所有遗迹中都有细石叶。其他一些遗迹中发现有大石核和石片工具，包括简单的抛射器尖头和大石叶。沿着阿留申岛链的海岸，在阿南古拉发现有石叶工具，但没有像德纳里石器那样小的细石叶，因此在 11 000 年前的白令陆桥地区有着相当大的文化差异。我们只是不清楚，这是否代表当时并存着两种不同的文化传统，或是为应对不同形式的野生动植物而设计的替代性适应策略。

　　尽管如此，这一证据说明不存在现代意义上的"横渡"白令海峡。早期人类先是迁徙到西伯利亚东部，然后扩散到现在的育空和阿拉斯加地区。自 14 000 年前以后，海平面开始上升，白令陆桥东部的居民被迫前往更靠东的地方，那里的巨大冰川正在融化，可以向南通行。他们走后，海平面上升，他们由此被隔绝在新大陆。

　　另一种观点认为，早期人类是沿海岸进入新大陆的。这种观点得到了前文已提及的遗传学证据的支持。这不无道理，不仅鉴于遗传学证据，还因为早期人类在离开非洲后确实曾沿着"海岸流浪"的路线行进。在智利南部蒙特佛得角的一个早期遗址中也找到了证据支持。在这里的古炉灶里发现了几种海草的残迹，而其他遗迹似乎表明古代海草已经被嚼成"经过反刍的食物"，这是一位参与挖掘的考古学家汤姆·迪勒亥的看法。[16] 其他几位科学家已经指出，实际上沿太平洋北部边缘分布着成片的海草。他们提出，由于海草是一种有用的营养来源且具有药用价值，因此对早期人类来说，沿海草区分布是合情合理的。

16

母语：统合派与分割派

在王思佳及其团队进行的遗传学研究中，我们发现遗传学和语言相似性之间有所重合。由纳尔逊·法贡德斯及其同事所进行的另一项研究也证明：在巴西讲图皮语的人群中，遗传学和语言之间显示出密切的联系。若要理解这样的结果，必须了解相关背景知识：由于证据充分，人们已经一致认为有些语言是由其他语言发展而来的。这个结论由威廉·琼斯爵士首次正式提出。威廉·琼斯是 18 世纪后期英国驻印度殖民地的一名公务员和法官，他观察到梵文和几种现代欧洲语言之间存在相似性。* 比如说，我们知道，西班牙语和法语都来源于拉丁语，而拉丁语本身又从古意大利语发展而来。[17] 事实上，除屈指可数的几种语言外，几乎所有欧洲语言都是从原始印欧语发展而来，这意味着数千年前从大西洋到喜马拉雅山脉广大地区分布的诸多语言有着一个共同的来源。有人已经对北美的语言进行了类似的研究。语言学家的某些构想与我们所称的末次冰盛期共识完全一致。例如，澳大利亚语言学家罗伯特·迪克森推测，在 20 000 年前到 12 000 年前之间有 12 支操不同语言的群体分别进入美洲。另一方面，英国语言学家丹尼尔·内特尔认为，现在新大陆居民所讲语言的差异始于过去的 12 000 年，也就是他们到达美洲之后。

应当说，比起遗传学和考古学方面的证据，语言学研究的基础不算牢

---

* 在 1774 年库克的第二次远航中，约翰·莱恩霍尔特·福斯特对我们现在所谓的南岛语得出了相同的观察结论。

靠。一个重要的原因就在于我们没有确切的办法来了解过去的人类讲什么
17 语言，特别是在文字发明之前。对于没有文字的社会，我们仅有的证据就
是今人所说的语言、它们在全世界的地理分布以及某些对于语言变化或发
展的过程和速度的看法。虽然聊胜于无，但这仍意味着我们对于过去语言
的重建最多是理论上的，往坏的方面说则纯粹是猜测性的。这就是"年代
语言学"或"语言年代学"一直备受争议的原因。在接下来的阅读中，读
者不妨记住上述评论。

从原则上说，将语言进行比较是很简单的。比如说，英文单词"two"
在梵文中是 duvá，在古典希腊语中是 duo，在古爱尔兰语中是 dó，在拉
丁语中是 duo。我们能找出几千个类似的例子，以强调"特定的语言是相
互关联的"这种观点。问题在于如何为相似的语言进行排序，以便证明它
们有一个共同的起源。众所周知，围绕这一问题的解决，学界划分为两
派——"统合派"和"分割派"，前者认为相对少量的语族扩散到全世界，
后者则贬低语言之间的联系。我们在这里首先强调一下：分割派与统合派
一样闻名；分割派的核心思想是，对于语言在全世界的扩散，几乎得不出
什么结论；在阅读下文时我们应该牢记这一点。接下来，我们就可以继续
考察统合派的观点。（需要再次提醒的是，上文说到在遗传学研究中发现
了语言和遗传学之间的重合之处，这说明统合派至少赢了一局。）

按照美国语言学家、"分割派"重要（也是最富争议的）代表人物约
瑟夫·格林伯格的观点，在新大陆有三种主要语族：因纽特-阿留申语、
纳德内语和美洲印第安语。从表面上看，这可能暗示有三拨移民。来自
斯坦福大学的语言学家/人类学家（也是圣菲研究所的一位导师）梅里
特·鲁伦在重新分析了格林伯格的材料后认为，美洲印第安语是欧亚语系
的一种形式，但因纽特-阿留申语是欧亚语系的一个分支，"美洲印第安语
作为一个整体与欧亚语系相关"，但它与因纽特-阿留申语之间的关系并不

比其他任何欧亚语言更近。美洲印第安语的许多特征（例如亲属称谓语）是美洲独有的，几个特征常见于北美、中美、南美地区。鲁伦认为，在新大陆尚未被操其他语言的人占领的某段时间内，这一语言迅速扩散到整个新大陆。

第二个语族纳德内语是第二次迁徙的证据，这次迁徙比操古美洲印第安语的居民大迁徙要晚，纳德内语与德内-高加索语系有关系，而后者似乎起源于东南亚/中亚地区并包括汉藏语。纳德内语与遗传标志 M130 有重合之处，而后者发源于中国北部，未见于南美（见上文）。[18]

最后，第三个语族因纽特-阿留申语是欧亚语系的一个分支，它为最近的迁徙提供了证据。这一语族沿加拿大北部边缘的稀疏分布进一步支持了这一理论。

到目前为止，语言学证据大致与遗传学证据一致，它们共同证明：早期人类进入新大陆的那次主要迁徙发生在 20 000 年前到 12 000 年前，移民是一群操欧亚语系分支美洲印第安语的人；很久以后，大约 8 000 年前，一群讲纳德内语的人作为第二批移民进入新大陆。纳德内语是德内-高加索语的分支，起源于东南亚/中亚。语言学证据也证明有第三批移民迁入——时间上晚近得多——移民讲因纽特-阿留申语，沿加拿大北部边缘分布。我们不必过多考虑这次迁徙，因为因纽特-阿留申人在我们的故事中只扮演了一个小角色。[19]

迄今为止，一切顺利。然而，少数遗传学研究显示人类进入新大陆的时间比这还要早，即早于 20 000 年前至 12 000 年前这段时期（末次冰盛期共识）。如出一辙的是，一项语言学分析也证明了大致相同的情况。加州大学伯克利分校的乔安娜·尼科尔斯估计世界上存在 167 种语言"家系"（stocks，能追溯到一个共同分岔点的语言群）。她的研究以下述语言特征为基础：词序（主—宾—动，或主—动—宾），人称代词的形式，动

18

词是否比名词更容易"发生词尾变化"（动词是否按照意义和上下文改变其词尾），如何处理数字，如何在动词上体现单数和复数，等等。[20] 运用这一方法，她考察了世界各地的 174 种语言，并通过这种相互关系得出了三个有意思的结论。

第一，全球范围内只有四个大的语言区域：旧大陆、澳大利亚、新几内亚（和美拉尼西亚）和新大陆。第二，在与外界影响相隔绝的大陆或次大陆地区（如南美和澳大利亚），语言"家系"的数量作为时间的简单函数而增加。[21]

但是，最有意思的是尼科尔斯的第三个结论。用她自己的话说："如果要［对语言的多样性］进行历史的解释，学者将假定旧大陆和太平洋地区的语言群体中间发生了一次古老的分离，当时太平洋充当着语言扩散的次要中心和环太平洋殖民的发源地。正是环太平洋殖民而非旧大陆居民的扩散，使得人类分布于世界大部分地区，催生出人类语言的大部分遗传谱系并使得人类移居新大陆。通往新大陆的入口无疑是白令陆桥；但语言类型学显示经由白令陆桥进入新大陆的移民主要是涉及环太平洋殖民模式的沿海居民，而不是最终在欧亚大陆中部大扩散驱动下迁徙的西伯利亚内陆居民。"关于这幅画面的最后注解是，"新大陆的第一次殖民大约发生在 35 000 年前"。[22]

当然，从表面上看，这似乎让我们正在讨论的问题陷入了混乱。末次冰盛期共识、遗传学证据、克里斯蒂·特纳的牙齿学证据、白令海峡两边的考古学证据、格林伯格与鲁伦的语言学证据一致证明：早期人类经由内陆路线穿越中部和北部欧亚大陆，在约 16 500 至 15 000 年前到达白令陆桥。之后，发源于东南亚的第二批人在约 8 000 年前穿越海峡。乔安娜·尼科尔斯的语言学证据认为，早期人类从东南亚岛屿向北穿行，经环太平洋地区的西海岸、中国，进入西伯利亚，大约在 35 000 年前到达白令陆桥。这两种构想能调和吗？

对于早期人类进入美洲这个问题，尼科尔斯的语言学证据不同于遗传学证据。正如早先提到的，我们可以承认有一两个有遗传差异但相互隔离的群体在主要移民群体进入美洲之前即已进入新大陆，因为它没有严重威胁到整体图景的主旨。但尼科尔斯的语言学证据显然适用于大的人群，而不是孤立的小群人。

若要解答矛盾之处，我们不得不诉诸年代语言学方法的不确定性。尼科尔斯的许多同事虽然接受她将语言划分为 4 个"系属"的理论，但并不认为她关于时间深度的论点靠得住；她本人没有运用语言年代学。我们将在第 4 章看到，从考古学上来说，几乎没有证据证明在 14 500 年前有早期人类出现于阿拉斯加以外的美洲，但我们也将在第 2 章看到，地理学、宇宙学和神话学证据充分证明了为什么会出现第二波移民潮，这批移民在离开东南亚岛屿后环太平洋迁徙，并于约 8 000 年前到达新大陆，这比第一批移民到达的时间要晚得多。换句话说，乔安娜·尼科尔斯至少对部分新大陆语言起源的论断是正确的，但关于时间深度的论断是错误的。（请记住：在比较语言学中，关于时间深度的推算是很有争议和不可靠的。）我们也会看到，认识这种不一致的关键恰恰在于，尼科尔斯坚持认为在旧大陆语言和太平洋地区的语言之间发生了一次古老的分离。为什么会这样？在遥远的过去，到底发生了什么引起这种分离？

下一章将详细解释那次分离，我们也会看到，在后来定居美洲的先民前往新大陆途中，有些人经历了一系列独特的事件，让他们形成了一些心理或经验性特征。这些特征将使他们区别于那些留在欧亚大陆的人，并可能影响了他们后来的发展。我们还将看到，在这些特殊事件中，有一些其实就发生在 8 000 年前，这与单倍群 M130 的遗传学证据一致。前文提到，M130 与操纳德内语的人关系密切，而他们进入新大陆的时间恰好在那一

20

时期。

在过去，搜罗关于深层历史的证据即使不算全无可能，也可谓困难重重，但现在情况已经改观。多亏了遗传学和语言学上的进步，以及地质学和宇宙学方面的进展，我们可以说，现在我们对于遥远历史的了解比以往任何时候都多得多，而且这些研究已经证明了神话与历史之间的惊人联系。

因此，我们现在知道，神话不是我们传统上所认为的想象出来的模糊叙述，而是密切建立在事实的基础上的，这与以前人们所认为的大不相同。一旦我们学会解释它们，它们就会告诉我们很多关于远古的历史。

2

从非洲到阿拉斯加（二）：由神话、宗教与
岩石揭示的远古灾难

　　前一章的证据告诉我们，早期人类像楚科奇人一样，最终从非洲到达白令海峡。几万年前，他们的祖先离开非洲，沿着两条伟大路线（中亚路线和环太平洋路线）中的一条或两条而迁徙。在本章中，我们不讨论遗传学，而是要考察神话，并运用一种相对新颖的、科学的综合分析方法，将宇宙学、地质学、古生物学和考古学的最新发现与神话学结合在一起，重建远古发生的重大事件。这些事件是灾难性的、创伤性的、令人困惑的，因此古人们绞尽脑汁思考，以弄清这些灾难到底意味着什么。我们知道，神话（或者说大多数神话）基本上就是记忆，同时也是警示——提醒人们灾难可能重现。当我们阅读完本章，将会对早期旧大陆居民和第一批美洲人之间的初期心理差异有所了解。

　　早在一个世纪之前我们便已然知道，世上流传最广且最著名的神话是大洪水的传说。目前人们尚未标定它的确切传播范围，但洪水的传说不

仅出现在基督教的《圣经》中，而且在印度、中国、东南亚、澳大利亚北部和美洲也有传播。我们稍后将详细考察这些洪水神话，至于理由，随后揭晓。在这里，我们不妨先考虑世上流传次广的神话，也就是"大水创世说"。

这个神话的主题是分离，通常是天与地的分离。这个故事流传于从新西兰到希腊（我们应该都知道，这是一个重要的分布区）的大片地区，并具有少量共同特征。第一个特征就是光的出现。《圣经·创世记》（1∶3）里说："神说，要有光，就有了光。"几乎所有的宇宙进化论/创世神话都具有这一主题。在这里，值得注意的是：首先，创世时的第一道光既不是来源于太阳，也不是来自月亮。其次，第一道光与天和地的分离有关。天与地分离之后，太阳才出现。在某些东方传说中，光是照进来的，因为包裹着大地的云状物下沉到地面，光驱散了云，然后上升变成天。它们通常用一个蛋的分裂作为隐喻。在其他神话中，黑暗被描述为"漆黑的夜晚"。

最近的地质学研究确认了一种自然现象，科学家将其称为"托巴火山爆发"。出自阿拉伯海底钻探的岩芯样本证明，在 74 000 年前至 71 000 年前之间，苏门答腊岛的托巴地区发生了一次火山喷发。这是最近 200 万年以来地球上最大的一次火山喷发，这场巨大的火山喷发释放出冲天的火山灰，高达 30 千米（据估计其体积达 2 792 立方千米，是珠穆朗玛峰体积的两倍），它向北、向西扩散，覆盖了斯里兰卡、印度、巴基斯坦和海湾地区的许多地方，给这些地方铺上了一层厚达 6 英寸的火山灰。在印度中部的一个遗址中，灰层甚至厚达 20 英尺。[1] 最近在阿拉伯海和中国南海都发现了托巴火山灰，这里距离托巴有 2 400 公里。[2] 火山喷发后留下了一个巨大的火山口，现在它是印尼最大的湖——托巴湖所在地，该湖长 85 公里，宽 25 公里，崖高 1 200 米，水深 580 米。[3] 火山喷发后出现了一个漫长的火山冬天（按照地质学家迈克尔·兰皮诺的观点，海水温度下降了 5.6 摄氏度，大片地区持续了数周或数月的黑暗）。[4] 硫酸小液滴组成的气溶胶云（现在已知是由火山喷发造成的）使光合作用减少了 90%，甚或完全停止，这对森林植被产生了巨大影响。[5]

如果早期人类确实是在约 125 000 年前或其后的某段时间离开非洲，如果他们遵循一条海滨迁徙的路线，沿着现在的也门、亚丁湾前进并一路到达伊朗、阿富汗和巴基斯坦沿海地区，如果他们与世隔绝并时常被不利的气候变化所耽搁，那么他们到达南亚的时候差不多正赶上托巴火山爆发。事实上，这已为印度和马来西亚的考古发掘所证实，这一时期火山灰之上和之下都埋有旧石器时代的器具。按照某些学者的估算，这一大片地区的人口可能从 10 万人左右下降到 2 000 至 8 000 人之间（我们已知，在黑猩猩中发生了一次类似的种群崩溃）。但是，我们不能回避如下事实：估算如此久远的人口数量，具有很强的猜测性。[6]

2010 年 2 月，在牛津大学召开的一次会议上，有些学者对托巴火山爆发的灾难性提出了质疑，他们提出的新证据证明温度下降了 2.5 摄氏度。但是没有人否认托巴火山爆发具有深远的影响，大会还听取了新证据，即夹在灰层中的智人所造的工具。[7] 由此，我们可以得出两个推论。首先，在以印度为中心的大片地区，火山冬天可能荡平了几乎所有早期人类，这表示先民们要想出某些特定的生存策略，它们以神话的形式被记忆下来。其次，这一地区后来再次被人类移居，既有从东面来的，也有从西面来的。*

托巴火山爆发及伴随而来的火山冬天之后，"分离"神话在东南亚成为对地球上大片地区可能发生过的情况的一种描述，这种描述并非不准确。火山灰阻挡阳光射入地球，大地漆黑一片，经历了很长很长的一段时间，火山灰逐渐沉落到地面，天空逐渐变得明亮与清澈，但可能在一连好

24

---

* 令人好奇的是，托巴火山爆发的地图与 2004 年圣诞节发生的海啸路线相重合，这次海啸是由锡默卢（苏门答腊北部沿海附近）的地震所引起，影响了斯里兰卡和印度南部的大部分地区。

几代人的时间里，人类都看不到太阳或月亮。会有光，但是没有太阳，数年间都没有，直到某个神奇的日子，太阳终于露出了真身。我们理所当然地认为太阳挂在天上，但对先民们来说，它（还有月亮）会在常年被遮蔽的天空中成为一个新的实体。在神话学上，将这一事件视为创世之初是可以理解的。

因此，"托巴火山爆发"这一发现，不管对于地质学还是神话学都是一项十分重要的突破性成果。我们有理由相信，许多其他的古代神话与传说可能根本不是我们深层潜意识的产物——正如卡尔·荣格和克洛德·列维-斯特劳斯所坚持的那样——实际上，它们是建立在真实事件基础之上的。

虽然人类学家对神话很感兴趣，但它们起初被视为大体虚构的叙述，更多地揭示了早期人类的原始信仰，而非其他。詹姆斯·弗雷泽爵士是19世纪晚期的人类学家，同时也是《金枝》一书的作者，他在1918年出版于伦敦的专著《〈旧约〉中的民间传说》中记录了许多这样的神话。在此书中，他这样写道："我们要如何解释居住于世界不同地区的种族之间在信仰和风俗方面有着众多惊人的相似之处？如果将风俗和信仰方面的相似归因于种族之间的传播，那么传播是通过直接接触的方式还是以其他民族为媒介？又或者，它们是不是在不同种族中独立产生的，因为在相似环境下自然会产生相似的人类思维活动？"[8]

几年后的1927年，英国考古学家伦纳德·伍利在《圣经》中的迦勒底的乌尔（位于伊拉克，是犹太人先祖亚伯拉罕的故乡）进行考古发掘，这时人们的态度已经有所变化。伍利在乌尔有了几个重要发现，其中两个的意义尤为重大。首先，他发现了王室墓葬，墓葬中埋有国王与王后，以及一队士兵和九名王室女子，这些女子还佩戴着精美的头饰。然而，没有任何文本提及这场大规模祭祀，他由此得出一个重要结论：祭祀在文字尚

25

未发明之前即已发生，因此这个重大事件未被记录在册。这个推论随后将被证实。其次，当伍利挖掘到 40 英尺深的地层时，他一无所获，超过 8 英尺厚的地层下只有泥土，完全没有任何遗迹。由于有 8 英尺厚的泥土沉积，他认为：过去某个时候一定有一场大洪水淹没过苏美尔的土地。难道这就是《圣经》中所说的那场洪水？

无论是在当时还是现在，许多人都认为事实就是如此。但是，同样有许多人认为并非如此。他们的理由是：《圣经》说洪水淹没了山顶，也就是说，洪水不止 8 英尺深，而且洪水应该漫延到全世界。美索不达米亚的底格里斯河和幼发拉底河引发的洪水才 8 英尺深，这表明它只不过是一个地方事件。要不然，古人言过其实？毕竟那时几乎没有人远行千里，也许"世界范围内的洪水"只是一种说法而已。

在几十年的时间里，事情一直悬而未决。近年来，新发现使得人们对遥远过去发生的三件事（或者说三组事）有了新的了解。从更新世到全新世（从冰期到现代）的过渡阶段的历史，最近经历了一次重大修订。简言之，关于该时期的最新研究证明了三件事。第一，研究显示世界不是经历了一次而是三次巨大的洪水，时间分别是 14 000 年前、11 500 年前和 8 000 年前，研究还显示，这三次洪水中最后一次的破坏性尤其严重，它大幅改变了当时世上许多人的生活。这使得考古学家对水深相对浅的陆桥和近海大陆架产生了浓厚兴趣，因为这些地区在远古的不同时期可能是旱地，因此会成为早期人类的居住地。人们从大约 300 个地点获得了（有些通过潜水）数千个放射性碳测定的年代值，在有些例子中，其年代可回溯到 45 000 年前，但是 13 000 年前的实质性东西尚未发现。在 145 米深的近海区内发现了城墙、黏土地面、灶台和石制工具，它们距离这些不同的地点——如瑞典、加利福尼亚、红海、白令陆桥、从直布罗陀延伸至以色列的地中海沿岸——有 50 公里以上。

第二，这一新认识表明，世界上受洪水影响最深的地区不是美索不达米亚而是东南亚，因为在那里洪水淹没了整个大陆。如果这些洪水确实对东南亚地区影响最深，它就意味着在那块沉没的大陆上生存的居民被迫迁徙到世界各地——向北迁到中国，然后前往新大陆，向东迁往太平洋诸岛和澳大利亚，往西返回印度并可能一直到达小亚细亚、非洲和欧洲，将他们的技能带往各地。这个新年表的第三个发现是，许多早期文明技能，比如一直被认为是发端于中东地区的农业，实际上最初是在更靠东的东南亚和印度形成的。

这是一个富有争议的理论。批评者指出，一旦海平面上升，各处的海水都会上涨，因此同内陆迁徙相比，古人沿海迁徙的可能性更小；这些批评者也认为，虽然遗传学证据证明存在一次沿东亚海岸向北的迁徙，但亚洲北部的石制工具与东南亚的石制工具大不一样，这让他们对此表示怀疑（其他方面似乎是可靠的）。不过，即使这个理论仅是部分正确，它对于本书观点仍有重大影响，尤其是因为它有助于解释乔安娜·尼科尔斯的结论，即在旧大陆居民和太平洋地区居民之间发生过一次语言的分离，而这在人类移居新大陆的过程中起了重要作用。

现在有充分的证据证明：末次冰期以后，海平面的上升既不是缓慢的，也不是一致的。相反，发生了三次突然的冰层消融，最后一次发生在8 000年前（公元前6000年），这三次冰消融对某些热带海岸线产生了毁灭性影响，因为这些地方拥有广阔而平坦的大陆架。伴随这些变化而来的是强烈的地震，这是由巨大冰原的重量从陆地移到海洋而引起的。[9]大地震又引起巨大的海啸。从地质学角度讲，地球当时的地质运动要比现在剧烈得多。

纵观20 000年前到5 000年前的海洋学记录，我们可以看出：海平面至少上升了120米，这从三个方面影响了人类活动。首先，在东南亚和中国，这里拥有面积广大的平坦的大陆架，因此沿海和低地地区的全部定居点被永远淹没。那些定居点深藏水下数千年，而且极有可能会持续下去。其次，在 8 000 年前最后一次海平面上升期间，海水在约 2 500 年的时间里一直没有退去，造成的后果就是：尽管那里的许多地区现在位于海平面以上，但其地面仍覆盖有一层厚达数英尺的淤泥。最后，正如前面提到的，洪水毁灭了东南亚地区，迫使当地居民向外迁徙。[10]

欧亚大陆东部新石器革命的奇特年代模式支持了上述结论。依据已发现的遗址，环太平洋地区的文化发展似乎比旧大陆西部地区早得多，但是很明显的是，这里的发展戛然而止。例如，大约 12 500 年前，陶器首先出现在日本南部；1 500 年后传到中国和印度支那。有必要说明的是，这些例子在年代上比美索不达米亚、印度或地中海地区的任何遗址都要早 3 500 至 2 500 年。[11] 换句话说，这些原始文明的早期迹象在东南亚地区出现的时间比其他任何地区要早得多。

（虽然这些遗址比地中海、亚洲中部和美索不达米亚的许多其他遗址离非洲更远，但如果早期人类是"沿海岸流浪"，它们在年代上更早就显得合情合理了。早期迁徙者可能意识到：作为淡水源的河流相对频繁地分布于海岸沿线，并流向海洋，但是当沿着河流进入内陆后，淡水也可能中断，而且无法保证自己能找到下一条河。如果迁徙者由于人口压力被迫离开某一地区，那么沿海岸继续迁徙比向内陆迁徙更安全。）

除了在日本和印度支那发现的 12 000 至 11 000 年前的最早陶器外，在东亚地区也发现了各式各样的新石器工具，包括砍砸器、刮削器、钻器和碾石，同时还发现灶台与厨房废弃物，但是这些遗物往往发现于内陆地区的洞穴中。低地地区几乎没有发现公元前 10000 至前 5000 年间的新石器时代遗址。

对于这一反常现象，学者们提出了两种解释。一种观点认为，直到

28

4 000 年前，随着迁徙者经中国台湾地区和菲律宾进入东南亚内陆并将新技术和器具引入，那里的新石器时代才真正开始。这些学者提出，为什么东南亚的大部分洞穴是空穴？因为这里几乎无人居住。这就是澳大利亚著名考古学家彼得·贝尔伍德的观点，他认为目前没有充分证据证明，东南亚地区在公元前 3500 年以前存在任何形式的粮食生产。同时他也观察到，在新石器时代早期，洞穴的用途发生了一次转变，即从居住地转为墓地。他认为这肯定伴随着村社生活的开始。另一种观点的提出者更有胆量，他们认为在冰川时代末期，人类生活于东南亚地区并发展出农业和航海技术，这比其他地区（例如近东地区）的人要早得多，但由于冰川融化导致洪水，人们被迫向东、北和西进行长距离迁徙。[12] 洪水过后留下的淤泥逐渐覆盖了许多遗址。[13]

摆动、倾斜与完美风暴

很明显，这些都是重要的论断。既然我们能够断定这些新理论的价值，就有必要充分描述这几次大洪水。这似乎大大地偏离了我们的主题，但是请读者拭目以待：一幅连贯的画面即将出现，那就是最先进入新大陆的人在经历了一系列独特的体验后，确实走上了一条不同于旧大陆居民的发展道路。

我们现在知道，由于三个相互交织的天文周期，发生了上文提到的三次灾难性洪水，这三个天文周期各不相同，每一个都影响到太阳传送到地球各处的热度。史蒂芬·奥本海默分别将其称为 100 000 年的"拉伸"（stretch）、41 000 年的"倾斜"（tilt）和 23 000 年的"摆动"（wobble）。[14] 第一个天文周期的产生是由于地球的绕日轨道呈椭圆形，这意味着公转中地球离太阳的距离相差可达 1 826 万英里，由此导致地心引力的显著变化。第二个天文周期与地球自转时对太阳的倾斜度有关。在 41 000 年内，斜度在 21.5 至 24.5 度之间变化，造成太阳辐射热量的季节性失衡。在第三个天文周期中，地球绕地轴转动，产生所谓的"地轴进动"*，其周期是 22 000 至 23 000 年。这三个周期带来了一场复杂的舞蹈，产生了无数排列组合，但是一旦它们共同出现在"一场完美风暴中"，就会引起地球上剧烈而突然的气候变化。正是这些复杂的节奏在古代世界引发了不是一场而是三场洪水。

引发大洪水的冰川十分巨大，最大的冰川覆盖了包括加拿大在内的大片区域，厚度达几英里。据推测，其中一座冰川体积达 84 000 立方千米。它们可能需要数百年才能彻底融化，但最终使海平面上升了 44 英尺。

第二次大灾难（在 11 000 年前之后）引发的气候变迁产生了几个有趣的效应，其中之一是：在海平面上升的同时，河流坡度下降，自 9 500 年前，河流三角洲开始在世界各地形成。其重要性在于：这些三角洲形成了非常肥沃的冲积平原——美索不达米亚、恒河流域、泰国的湄南河流域、婆罗洲的马哈坎河流域和中国的长江流域。人们已经确定，在当时所有大陆上，这样形成的三角洲总共超过四十个。这些冲积平原/三角洲对于农业的发展及后来文明的诞生具有重要作用。[15] 我们即将看到，三角洲适于某些种类植物的生长，对于另一些植物则未必。

但是影响最大的洪水是发生在 8 000 年前的最近一次洪水。[16] 它的规模确实令人惊叹，而造成巨大灾难的原因在很大程度上与加拿大的地质结构有关，因为哈得孙湾地区的形状就像一个巨大的茶托，有些地方高出海平面数百英尺。除此之外，哈得孙海峡（向北通往巴芬岛和拉布拉多海之间）的作用就像一个出水管或通往海洋的狭窄通道。

30

---

* 地轴进动，又称"岁差"，是指某一天体的自转轴指向在其他天体引力的作用下，相对于空间中的惯性坐标系所发生的连续缓慢的变化。地球的岁差主要由太阳、月球及其他行星作用在地球赤道隆起部分的引力矩引起。在天文学中，岁差一般专指地球自转轴缓慢且均匀的变化，周期通常约为 25 722 年。——译注

当时发生的情况可能是：横跨加拿大、绵延数千英里的劳伦泰德冰川边缘地区开始融化，但融水没有流入海洋；相反，它被困在这个巨大的茶托里，高于海平面，而且融水也被封锁哈得孙海峡的冰所阻隔，这些冰就像一个巨大的塞子。随后，冰的主体开始碎裂并融化，最终塞子崩开，巨大的水体和碎裂的冰块几乎瞬间穿过哈得孙海峡，流入海洋。劳伦泰德冰川的面积达到加拿大面积的三分之一，厚度达 1.5 千米。[17] 它入海时使全球海平面上升 20 至 40 厘米。由于碎裂的冰川被冲入海中，剩余的冰体逐渐融化，这又使海平面上升了 5 至 10 米。

北美和欧洲大陆的冰原突然移动，将大量的冰水释放到世界各地的大洋盆地，这意味着整个地球重量的分布发生了一次急剧的变化，这可能会引发巨大的地震，增加火山作用，在所有大陆沿海地区引发巨大海啸。正如我们将要看到的，这个自然灾害频发的时代对古人的精神生活产生了深远影响。地壳是柔软、富有弹性的——并不像它有时看上去那样脆弱——这一事实也意味着地震和海啸的影响在世界各地并不是千篇一律的（在某种程度上，地球就像一个巨大的网球。它是一个结实的球体，但是如果在某一点施加足够的力，它会变凹或变平）。

对于这场新近被证实的洪水，我们不能故意夸大其重要性。不过，它确实具有几个重要影响。第一个影响是：这种规模的洪水和海啸会使大片地区沉积一层又一层厚达数十英尺的淤泥。自 8 000 年前直至海水再次退去，即使不花上几千年，也得几百年。在此期间，淤泥层一定覆盖了早期人类的重要文明遗址。正如史蒂芬·奥本海默所说，这层"淤泥帘"肯定会影响我们对世界年代学的认识。[18] 第二个影响在于它改变了世界的自然地理。被洪水淹没的最大陆块几乎可以肯定就是东南亚，因为在东南亚发现了最大的浅层大陆架，它向中国南海延伸了 160 公里。至关重要的是，为了理解早期历史，同时为了更全面认识文明的出现，这两个影响我们要综合起来考虑。

　　综合分析的出发点在于：这片地区是世界上洪水神话最集中的区域。[19]这难道说明大洪水对这里的影响最具毁灭性吗？答案是否定的，但是这个推论吊起了大家的胃口。它也确实与史前史学家威廉·米查姆的观点不谋而合。他在 1985 年提出，新石器时代记录中最重要的空白是"完全找不到公元前 10000 到前 5000 年之间（东南亚）低地地区的露天遗址"。而且，从 6 000 年前，海平面再次开始下降后，制作陶器的沿海居民点开始一路占据从中国台湾地区直到越南中部的遗址。新西兰考古学家查尔斯·海厄姆（主要工作于泰国）认为，这些定居点实际上是沿海民族回迁的结果，这些人以前一直居住于这些地区，只是后来因洪水背井离乡。[20]他的观点基于以下两点：一、根本找不到证据证明人们是从其他任何地方迁入这些地区的；二、这些沿海居民的文化与越南内陆地区的"和平文化"（一个久远的中石器时代文化）具有某些相似性。自海厄姆的观点提出后，更直接的证据已被发现。在几个遗址（例如中国香港附近）中已经发掘出两个文化期的器物，其间的地层由厚达 6 英尺的淤泥构成。另一方面，内陆地区自冰河时代末期以来持续有人居住。

　　更特别和引人注意的是，在中国南部沿海发现了许多手工制品，它们位于淤泥下面的新石器时代中期地层，与伍利在乌尔的淤泥之下所发现的手工制品相似。这些手工制品包括有孔的陶盘（系在渔网上，帮助其下沉）、手绘碗、贝珠、磨光的石锛和石锄。[21]在这两个地方也发现刻有图案的女性小雕像——身材苗条的裸体女性，通常有夸张的生殖器，有时还怀着孩子。[22]这些小雕像的头部很有特色：沥青做成的黑发或假发，斜眼，眼皮下面有厚厚的褶皱。小雕像肩膀上的图案和嵌入的陶珠可能是文身和／或刺身。在美索不达米亚的埃利都也出土过具有类似特征的几个小人。如何来解释这种相似性？是巧合？还是早期的接触？

事实上，人们认为这些联系是"难以置信的"，因此不予理睬。的确，在美索不达米亚和中国南部沿海这两端中间，存在几个中等规模的社会，例如阿曼和波斯湾地区，这些社会因其贝冢为人所知，而它们没有这些丧葬习俗。但是头发、假发和文身等特征并不是它们仅有的相似之处。例如，伍利还观察到另外一个现象——出土这些小雕像的坟墓是长方形的，其底部铺有一层故意被打碎的陶器。遗体经过精心摆放，遗骸上还撒有红色的赤铁矿粉末。在婆罗洲尼亚洞穴遗址的木棺葬中也有类似的习俗——在木棺中平躺的死者尸体上撒有赤铁矿粉末。该文化遗址年代为公元前 3800 年。[23]

再说说割身这件事。文身在太平洋中南诸岛广泛流行，但是割身仅限于大洋洲，尤其是新几内亚岛北部沿海地区。割身作为成年礼的一部分，是在肩膀和躯干上进行割刺，意图仿制鳄鱼的牙痕。按照史蒂芬·奥本海默的说法，这样做出的疤痕"很像欧贝德小雕像上的图案"。欧贝德位于伊拉克南部乌尔以西，欧贝德文化期的年代约为公元前 5300 年至公元前 4000 年。

杰弗里·贝利指出，虽然靠近旧大陆人类发展和早期文明中心的许多大陆架相对狭窄，但"中国大陆沿海和东南亚群岛及半岛的大陆架十分宽阔，阿拉伯半岛周边局部地方、印度海岸线的部分地区和澳大利亚北部则更为宽阔"。这些地区之间早有联系，真的是难以置信吗？早期航海技术的遗迹（小船、鱼钩、鱼叉）仅见于后冰川时代，这些遗迹的年代分布如下：航海是沿着最近所谓的"东西走廊"发展起来的，至少在 4 000 年前，它将美索不达米亚和东南亚联结起来。当然，众所周知，东南亚人穿越印度洋几千英里到马达加斯加殖民，虽然这是公元 1000 年左右的事了。[24]

如果这些实践不只是巧合，那么印度洋和太平洋边缘文化之间便进行了长期的商业往来，并从很早就与美索不达米亚有接触。凭直觉来说，这种联系似乎发生得特别早，我们很快就会看到，它反映在古人的神话上。

33

　　除此之外，在马来半岛发现了装在陶器中的米粒，其年代为公元前9250年，同时，在印度产生了两种不同形式的农业：公元前7000年代，西部印度传入六棱大麦、牛、绵羊和山羊；公元前6000至前5000年代，温迪亚山区传入大米农业，在这一地区，农业实践与穆代科部落在中北部地区和东北部地区的分布十分吻合。[25] 穆代科部落讲东南亚语，这种语言在东南亚地区占主导地位。

　　就我们而言，如果这些信息都是确切的，新年表将如下所述。10 000至7 000年前之间，大米种植与制陶、海产品加工技术一起被传到东南亚。由于巨大冰川融化，海平面上升。当海水退去时，许多早期遗址已被淤泥所覆盖，但它推动了生活方式的改变，包括航海和导航技术的改进，它迫使巽他陆架的居民四处扩散，最远可能到达中东地区（在第15章我将更详细地考察洪水对中东地区的影响，但目前我只需说明一下，在15 000至8 500年前的某一时期，波斯湾的大片地区，也就是胡尔穆兹海峡和现在的巴士拉之间900平方公里的土地都是陆地）。但是，世界上最大的低洼地区是位于东南亚东南角的巽他陆架，东西长5 400公里，南北长2 700公里，一旦海平面上升，它所受影响最大，一旦洪水来袭，它所遭受的灾难也是最大的。这也许可以解释为什么洪水神话在那片地区比其他地区更为盛行。这样的一场洪水可能引发居民向东、西、北三个方向大规模迁徙。

　　这就是乔安娜·尼科尔斯所认为的旧大陆居民和环太平洋沿岸居民在语言发展上的"大分离"吗？虽然缺乏坚实的证据，也没有被广泛接受，但它所描绘的这幅画面几乎符合除年代之外的各方面证据，我们也知道，年代断定是年代语言学最薄弱的方面。

集体警告

　　在继续比较新旧大陆的神话之前，我们有必要简略考察一下古代亚洲史方面的另一个新发现。乍一看似乎又有些离题，但事情并非如此。它与所谓的"吠陀"合集有关。吠陀是印度教的圣书，它针对历史和宇宙的发展构想出了"由迦"理论：由迦是人类和自然的循环周期，它们被巨大的自然灾难所打断。据说其中一个循环持续 24 000 年，这与史蒂芬·奥本海默所称的 23 000 年的"摆动"周期差别不大，但更相关的历史事件可能是新近发现的 14 000 年前、11 500 年前和 8000 年前的三次大洪水。实际上，这难道不正是被大灾难所打断的循环史吗？这就是印度教如此重视历史循环的原因吗？

35　　　然而对我们来说，更特别之处在于，吠陀文学提到了一块"七河之地"。这七条河被确定为印度河、拉维河、萨特累季河、萨拉斯瓦蒂河、亚穆纳河、恒河和萨育河。对于吠陀时代的人来说，在这些河流中，萨拉斯瓦蒂河由于浇灌着他们的中原地区和起源地，并养育着大量人口，因此不管是在精神上还是在文化上都是最重要的。[26] 在吠陀的一首诗篇中，"萨拉斯瓦蒂"被描述为"最好的母亲、最好的河流与最好的女神"，另一首诗说它位于萨特累季河与亚穆纳河之间。[27]

　　　问题是（或曾经是）：如今并没有什么重要河流流经亚穆纳河和萨特累季河之间，这片地区以"旁遮普"或"五河之地"而闻名于世。这种不一致导致一些学者数年来并未认真对待萨拉斯瓦蒂河，他们认为它是一条"天"河，或虚构的河，或是阿富汗地区一条名叫"哈拉库蒂"或"哈拉瓦蒂"的小河，因为它的名字与萨拉斯瓦蒂同源。

　　　然而，"二战"后伊始，考古工作者开始发掘出越来越多的古代居民点，这些居民点似乎与著名的摩亨佐-达罗和哈拉巴等印度河流域文明有关，但矛盾的是，它们与印度河本身相距 140 公里之远，在那些遗址中也没有看到明显的水源。直到 1978 年，美国国家航空航天局发射的飞行器传来大量卫星图片，印度空间研究组织才开始辨认出古代河道的蛛丝马迹，这些河道正位于吠陀文学所记载的萨拉斯瓦蒂河的位置。这些图片逐渐揭示出河道的更多细节，其中包括：河道大部分有 6 至 8 千米宽，在某一点宽度竟然达到 14 千米。它也有一条主要支流。这条河及其支流将（今天的）五河之地变成了吠陀文学中的七河之地。而且，《梨俱吠陀》说萨拉斯瓦蒂河从"山流向大海"，地质学显示，只有在 10 000 至 7 000 年前喜马拉雅冰川融化时才会发生这种情况。后来，由于地震的影响，汇入萨拉斯瓦蒂河的河流四次变更河道，转而汇入恒河，萨拉斯瓦蒂河由此干涸。[28]

所以，吠陀文学所记载的神话一直都是正确的——萨拉斯瓦蒂河曾经存在并且像圣典所说的那样宽阔。但是它也让人们明白了如下事实：圣典证明那时的吠陀文化是近海文化（在吠陀中有 150 处提到大海、流向海的河流和海上航行）。

萨拉斯瓦蒂河的重新发现对我们来说有两点很重要。第一，到公元前 5000 年，文明的基本技能，特别是驯养家畜、制陶、长途贸易和航海技术，在南亚（印度）和东南亚岛屿已经形成。第二，传播于世界各地的许多伟大神话都是建立在真实的灾难事件基础上的，这些灾难事件毁灭了早期人类，并形成一种真正的集体记忆，时刻警醒后人这样可怕的事件可能会再次发生。

记录事件的神话

既然我们已经做了基础性工作并且强烈怀疑神话（那些重要的神话，原始的神话）是建立在事实或真实事件基础上的，那么探索神话在全世界的演变方式就具有了全新且诱人的意义。我们也许会问，关于早期人类在不同地区的经历，它们能告诉我们什么呢？特别是，新大陆神话与旧大陆神话的差异是如何形成的？它们的差异表现在哪里？这意味着什么？它们

36

能帮助我们重新复原早期人类的经历吗？

遗传学证据显示，西伯利亚的楚科奇人和最早进入美洲的人群经欧亚大陆中部抵达白令陆桥，最迟在 20 000 至 16 500 年前之间的某个时间点到达。语言学证据尤其证明：后来的第二批先民是沿太平洋西海岸而上，也就是经由马来西亚、中国、俄罗斯一线前进。如果最早的美洲先民像某些遗传学证据所显示的那样，在 43 000 至 29 500 年前之间的某个时间到达新大陆，那么，他们可能会记得托巴火山爆发，但当时大洪水还一次也没有发生过。另一方面，第二批人，也就是携带 M130 遗传标记、操纳德内语的那批人，沿太平洋边缘向北迁徙，在大约 8 000 至 6000 年前进入美洲，他们应该经历了最晚的那场洪水。我们发现了什么？

37　　首先，通过归纳，我们可以说，不管是旧大陆还是新大陆都有大量的神话出现。神话数量之多，很难让我们认为所有这些只是纯粹的巧合。与此相关的是，有一些重要神话只出现在旧大陆和大洋洲，而没有出现在新大陆。同时，有几个创世神话出现在新大陆而旧大陆没有。如果早期人类起源于旧大陆并迁徙到新大陆，就能解释上述现象。

需要消化吸收的第二件事是：许多神话确实十分广泛地传播到全世界。例如，在加利福尼亚西南部的迪耶古埃诺印第安人中流行的创世神话与孟加拉的孟代科土著部落的创世神话十分相似。按照加利福尼亚的神话，在创世之初，住在海里的兄弟俩出来寻找陆地。他们找了一段时间，一无所获。后来，哥哥用聚拢在一起的红蚁创造出陆地。然而，他随后造出的鸟找不到这块陆地，因为天仍然很黑。因此，他创造了太阳和月亮。在孟加拉的神话中，世界开始是一片汪洋，两只鸟被创造出来，被错当作人。接着，它们飞遍世界寻找陆地，但是找了 12 年仍一无所获。造物主于是派了各种动物潜入水中寻找泥土。经历几次失败的尝试后，海龟终于造出陆地，陆地以一个岛屿的形式出现，并成为地球上所有生命的起源地。在这些例子中，地球最初都是一片汪洋，都出现了两兄弟或两只鸟，他们都去寻找陆地但没有成功。

如果我们假设这个神话起源于东南亚巽他陆架的洪灾，那么它在地理上的广泛传播就不足为奇了。在那场洪水中，巽他陆架被淹没。数代人以后，洪水退去，更多的陆地才显现出来。然后，这种观念从那里向西和向北传播，我们已经知道孟代科人种植水稻，讲东南亚语，这些特征都起源于东南亚地区。加利福尼亚的迪耶古埃诺印第安人讲纳德内语，而正如我们在上一章所看到的，纳德内语与东南亚的德内-高加索语有相似之处。迪耶古埃诺人拥有 M130 单倍群，最可能在大约 8 000 年前离开东南亚岛屿。不管孟加拉和加利福尼亚的神话各自吸收了什么内容，这些神话的相似性还是证明了它们共同的起源。孟代科部落和迪耶古埃诺人起源于东南亚岛屿，洪水过后，一支部落向西迁徙，而另一支则向北迁徙。[29]

接下来我们可以考虑一下在白令海峡两岸发现的神话了，这样我们就能够具体而系统地研究它们的不同之处。

如前所述，许多神话都描绘了一场"汪洋混沌的"洪水，洪水过后陆地逐渐出现。然而，在北美洲的亚北极地区，最常见的神话是"潜水找陆地"的神话。在这些神话中，洪水过后，陆地并不是逐渐出现的，而是从洋底深处抬升而创造出来的。确保这种情况发生的一个常见要素是所谓的"潜水寻土者"。这些潜水者是动物，往往是善于潜水的鸟类，它们被（造物主或地球的第一批居民）派遣潜入海底，去衔起海床的少许泥土。通常情况下，经历几次不成功的尝试后，一位潜水者会用它的爪子或喙带着泥土返回，这少量泥土就变成不断长大的陆地。从罗马尼亚到中亚，以至西伯利亚，我们都能发现这种神话以不同形式存在着。

但是"潜水寻土"和"陆地抬升"的神话在北美的亚北极地区和东部林地的阿尔冈昆部落中最为典型。例如，在安大略的休伦族中流传一个神话。按照这个神话，一只海龟派了各种动物潜水寻找泥土，除蟾蜍口中衔着一些碎土安全返回外，其余所有动物都淹死了。女造物主专门从天上降临人间，将这些泥土放在海龟背上，这少许泥土变成大地。美国西北太平洋沿岸的易洛魁人和阿萨巴斯卡人中也流传这个神话。事实上，这两个族群分属于两个语言集团——美洲印第安语和纳德内语。在因纽特人的洪水神话中或中南美洲民族的神话中则没有发现这个主题。[30]

　　这套神话的其他两个方面需要引起我们的注意。第一，潜水寻土神话的分布与北美的亚北极地区一个典型遗传标记的分布有重合。某些人群（不是因纽特人、阿留申人或阿萨巴斯卡人）具有所谓的"亚洲9碱基对缺失"（Asian 9-base-pair deletion）——9对蛋白质从他们的DNA中缺失。在新几内亚的某些部落也具有这个典型的缺失模式，越南和中国台湾地区的某些居民同样如此。这不仅进一步证实了至少某些美洲人起源于东南亚（并突击了因纽特人和操纳德内语的人之间的差别），而且"9碱基对缺失"在太平洋两侧分布的规模和多样性也证明了古老的起源。有人认为，它们代表了11 000年前新仙女木事件*发生前后（也就是第二次洪水发生期间）亚洲居民在环极地区的一次扩张。新仙女木事件是在11 000年前那场洪水发生前的一次剧烈降温，这个事件可以解释洪水发生之前那段时期的极寒与饥荒，这也在阿尔冈昆人神话中有所描述。[31]

　　第二，这些"造地者"神话虽然相当神奇，但它们至少符合地理学家和海洋学家所承认的"三现象"之一。第一个现象是"海岸线的出现"。这种事情是大范围内发生的，尤其在北美地区。之所以出现这种现象，是因为冰川世纪之后，随着冰川的融化，它们越变越轻，压在陆壳上的重量

---

* 新仙女木事件（简称YD事件）是末次冰消期全球气候变暖过程中的一次千年级降温事件。尽管对YD事件发生的时间、分布的区域等问题已有基本一致的认识，但关于该事件驱动机制有多种不同的观点。最近的研究认为：北极的融冰淡水经弗拉姆海峡注入格陵兰-冰岛-挪威海，减弱北大西洋洋流在极区的转向循环，从而诱发YD事件。现有研究结果表明：YD事件仅发生在末次冰消期，似属偶然的突发事件。——译注

也随之减轻，因此陆壳上升。而且，重量变化引起的陆地上升，比之海平面上升更为剧烈。因为陆地迄今为止一直被压在海平面以下，它应该就是在当时从海平面上升。加拿大贝尔湖的照片显示，有几条海岸线即使没有高出海平面几千英尺，至少也高出几百英尺。[32] 当时的人在这几代人的时间里都会注意到海岸线的迁移，我们推测，他们将这一奇怪现象融入他们的神话，尽可能地解释它。

第二个现象涉及一个公认的事实：环太平洋地区被称为"火环"，因为世界上最活跃的火山活动带都位于这里。在第 5 章，我将对火山进行更详细的讨论；在这里，我们必须指出，火环带的许多火山是近海处的水下火山，构成海床的一部分。在近海地区的水下火山喷发期间（在 2001 至 2002 年间有超过 50 次喷发），固体物（"陆地"）会被强力推出水面。

第三个可能是，神话模糊地反映了先民们的体验，他们在经历了早期洪水泛滥（也就是新仙女木周期后的大洪水）后幸存下来，然后见证了海平面的下降，当洪水退去，越来越多的陆地暴露出来。

在这里，神话似乎讲述了历史，并表明至少对某些北美印第安人来说，他们确实通过他们的神话传说"记住"了一场早期洪水，还观察到陆地摆脱冰川重压后的上升，不管是由于冰川的融化，抑或近海地区的火山喷发，还是高海平面的下降。虽然美洲其他地区流传着大量洪水神话，包括飞鸟寻找陆地的那些神话，但它们没有"潜水寻土者"和"造地者"的神话。

其他古代传说似乎能让我们从更新奇的角度窥视历史。例如，史蒂芬·奥本海默在分析大洪水神话时发现它们在新大陆发生了系统的变化。正如我们所看到的，在北美印第安人中最流行的洪水神话是造地者和潜水寻土者的神话，西伯利亚人中间也流传这些神话。另一方面，在中美洲，神话的主要特征包括超级巨浪、滔天洪水以及爬上山顶等待洪水退去的幸存者。这些主题也见诸西藏、缅甸、中国台湾、东南亚诸岛和波利尼西亚等地区的神话中。在第 5 章我们将更详细地看到，这种地理分布与横穿太平洋的飓风活动模式完全吻合。

南美洲最流行的洪水神话强调人口过剩（神灵决定发洪水是因为地球上人太多）、洪水前的干旱和 / 或饥荒，以及方舟或某种小船的使用。在第 5 章，我们还将再次看到，这一地区是地球上已知火山活动最活跃的地区之一，也易受厄尔尼诺事件的影响，厄尔尼诺制造强风，伴随海啸，并可能引发地震，造成极大的人员伤亡。先民们可能因此总结：这样的灾难造成这么多人死亡，这意味着神灵觉得土地上的人口太多了。

魔法师与图腾

有一则创世神话稍有不同，它与洪水无关，而与所谓的"魔法造物主"有关。这个特点见诸北欧神话以及非洲、新几内亚，尤其是北美神话之中。魔法造物主通常是动物，如狐狸、渡鸦或丛林狼，或者是半人半动物，它们通常通过某种诡计或欺骗手段造人。这一般指萨满教的行为——原始的宗教领袖通过某种魔法施加力量或影响，早期人类往往认为这些宗教领袖能够（至少是暂时性的）变成动物。

这些神话在全世界的分布说明，在早期人类到达美洲时，萨满教已经形成。在历史发展进程中，宗教实践者很可能在不同地区几经演变，但是"魔法师"的主题不太可能演变数次。利用诡计创造人类的主题在早期人类了解男性的生育角色之前是否可能已经形成呢？有证据表明旧大陆居民直到将狗驯化成功后才发现男性在人口繁殖中的作用，因为狗是最先被驯化的，而且它是妊娠时间最短的大型哺乳动物之一。狗、狐狸和丛林狼都是犬科动物成员，它们的妊娠期从 52 天（狐狸）到 63 天（丛林狼、狗和野狗）不等。关于这个问题，我们会在第 7 章进行更详细的讨论。

保罗·雷丁在研究北美印第安人（包括温尼贝戈人、特令吉人和阿西尼波音人）的魔法师神话时总结道，魔法师有三个主要特征：欲望强烈、居无定所、纵欲无度。鉴于他有时也与神（或近乎于神，或是以前的神）合体，同时是个表演者，雷丁认为，魔法师代表混乱的精神或威胁。它暗示这里最有可能滋生危险的乱局（食与性方面的冲突），说明这个神话也是源于先民在远古洪荒时代的体验：可能当时人口稀少，经常面临食物短缺或几乎断绝的威胁，部落若要生存下去，必须管制生育行为。它可能也代表了人们对神灵的矛盾态度，因为神灵在过去几乎没有像神那样行事，让人类大失所望。这是不是新大陆居民对于那段朝不保夕的艰难时代的集体记忆呢？当时他们被隔绝在白令陆桥之上，西面是海水，东面是冰川，前后维艰。[33] 犬类无节制的性行为是在无意识地揭示男性在生育中的角色吗？

从新旧大陆现存的诸多神话中总结出来的最重要结论是：它们证明美洲早期居民的来源地既包括中亚内陆，也包括东南亚岛屿。

42

按照史蒂芬·奥本海默的观点，旧大陆的神话主题在新大陆几乎都能找到，但出现了系统性的变化。这些变化构成了一幅前后一致、相互衔接的画面。最重要的系统性差别是一组十个相互联系的主题。这十个主题通常鲜见于非洲、美洲或中亚和东北亚。相反，它们出现在一个独特的条状地带（前文提过）——从波利尼西亚经中国、南亚，再经中东，最后到达北欧（远达芬兰）。

例如，美洲（除西北太平洋沿岸外）相对缺乏"水乱神话"。另一个不同之处在于新大陆神话几乎都没有提过海怪或龙（阿兹特克神话中有个例外）。例如，鳄鱼的主要活动范围是中南半岛，由于前文提到的三次大洪水，鳄鱼可以到达更多人口稠密的区域。这也得到如下事实的证实：在神话中，大多数龙和大蛇袭击的是沿海居民，而不是渔民。可能在远古时代，浅海地区被洪水淹没，于是鳄鱼成灾，从这个角度来讲，龙和海怪的故事可能是先民对于鳄鱼灾难的民间记忆。[34]（让我们回想一下前面提到的太平洋中南诸岛民族中间盛行的割身，它可能代表了鳄鱼的牙齿印。）

除了"水乱"、第一道光和水陆分离，这组神话主题的其他元素包括：神通过"说"造出光，近亲婚配，弑亲行为，神用身体部位和体液创造宇宙。虽然这些因素在欧亚大陆十分常见，但没有一个出现在新大陆神话中。在欧亚大陆神话中，我们经常会发现一对紧密结合的夫妇神，两者分离创造出天和地。然后，他们被后代残害并肢解，他们身体的各部分变成天地万物（例如，血液变成河流，头颅变成天穹）。在这组神话主题中，有许多神话包含大洪水后的近亲婚配情节，通常发生在兄弟姐妹之间。有时当事人意识到这一禁忌，有时它根本没有被提及。这似乎是原始先民强化记忆的一种有力方式：这让他们想起，在洪水和/或托巴火山喷发后，种族几乎灭绝或（与其他岛屿？）隔绝，人口剧减。为了生存，他们被迫在兄弟姐妹间通婚。

在新大陆，这样的神话并不常见。美洲也没有那么多"撕裂陆地的英雄"神话。在陆地撕裂神话中，海洋生物或怪物从大陆或大岛上撕扯小岛，引发洪灾，由此创造了该地区的地形（这个主题广泛存在于印度尼西亚）。这似乎是地震（或洪水）的残存记忆，因为地震可能导致沿海岛屿的出现或者岛屿的重组，由此引发的洪水则与上述的鳄鱼灾难有关。

在基督教神话中，世界是按照上帝说的话创造出来的，而在新大陆则没有这样的神话。当然，类似的主题也出现在巴比伦、埃及、印度、波利尼西亚和印太地区的其他地方。对于"说"的强调可能暗示了语言在身份认同的早期形式中具有重要的意义。

这个分裂格局因第二组神话而进一步扩大，因为这组神话在新大陆的缺失也很明显。这些神话包括"死而复生的树神"、兄弟相残的神话以及所谓的"月／湖幽会"神话。死而复生的树神或树精的神话在全球广泛分布，从关于奥丁的北欧神话、关于奥西里斯的埃及神话、关于耶稣的基督教传说到关于玛亚皮茨的摩鹿加神话和关于托·卡比那那的新不列颠神话。* 而且，这组神话在某些地方与兄弟相残或手足之争的主题相重合，如埃及神话中的塞特／伊西丝；巴布新几内亚神话中的班戈尔／西斯；苏拉威西岛神话中的王基／天空之神；当然还有《圣经》中的该隐和亚伯。这种冲突通常被认为反映了不同生活方式——农业和游牧（或狩猎）——之间的冲突，换句话说，它属于后农业时代。在月／湖幽会的神话中，英雄会爱上湖中映月。[35]

　　对于我们来说，目前最重要的不是关注这些神话的含义，而是关注它们的分布情况。如上所述，这些神话的分布与另一组十个主题的分布几乎是完全相同的。大致来说，它们也是从印度尼西亚和婆罗洲，向北经马来半岛、印度、阿拉伯湾、两河流域、地中海文明区延伸到西欧和北欧。这一系列的地理位置有一个共同之处，那就是它们的分布区域与巨大的"东西走廊"相重合。所谓"东西走廊"是一条宽阔的海岸线，从马来西亚南端的新加坡，直到法国布列塔尼地区布列斯特附近的圣马修海岬。** 这个证据能否证明这些地区之间很早以前就已交往？我们会在后面的章节中看到，缘何全球的东西交往比起南北交往容易得多。

　　宇宙学、地质学、遗传学和神话学的新融合是令人振奋的，但是就其本身来说，我们已经谈论得差不多了。由此，我们可以得出结论（再次声明这个结论完全是推断性的）：最早定居美洲的一批先民不晚于 14 000 年前到达美洲，时间很可能是在 16 500 至 15 000 年前之间。他们与其他所

44

---

*　地球上落叶林主要分布于赤道南北地区，实际上这些神话的分布与落叶林的分布情况并不相似。
**　地球的整体地理及其对史前史和历史的影响将在第 5 章和第 6 章中考察。

有人一样，经历了全球性的洪水泛滥，传承泥土造人的创世神话。但是，他们没有表现出任何农耕意识或航海意识，这是由于在农业和航海技术发明之前他们就已到达寒冷的西伯利亚，随后来到白令陆桥。同样，他们对于洪水之外的那场全球性大灾难有基本的认识。我们知道，在那场灾难中，有几代人过着暗无天日的日子，直到很久之后，光出现，随后日月重现，天空才慢慢变得澄明。

这些神话符合遗传学和语言学证据，后来的那次迁徙可能发生在11 000年前，但更可能是8 000至6 000年前。由此我们得出结论：早期的美洲人没有文化冲突意识，因此没有产生"兄弟相残"的神话。死而复生的树神神话发端于东南亚时，这批先民已经进入美洲，因此这种神话没有进入新大陆的神话系统。这也说明这些人在农业尚未发明之前就已离开巽他陆架。这两组神话主题可以说是古代旧大陆最重要的思想，塑造了从欧洲到东南亚的大多数宗教和历史传统。

这些都说明（仍是推测性的），在11 000至8 000年前之间的这段时期，巽他陆架上很不太平，发生过几次大灾难，这迫使许多人向外迁徙，并在那些留下来的人中间催生了强大的神话。正如乔安娜·尼科尔斯所说，在向北迁徙的人与居留原地或向西迁徙的人之间发生了一次重要的分裂，前者最终拓殖新大陆，后者构成欧亚文明的组成部分。

乔安娜·尼科尔斯将世界各地语言分为四大门类（见上文）。事实上，我们同样可以根据神话的分布情况将神话分为四大门类，不过分布区域与前者稍有不同。这四个地区首先包括非洲。对我们来说，可以将非洲暂且放在一边：非洲大陆是人类整个旅程的起点，有趣的事件主要发生在别处。这反映在非洲的起源神话中，对于这些神话，正如史蒂芬·贝尔彻所说，"不可能一概而论"。魔法师就像巨人和妖魔鬼怪一样，见诸非洲大陆各地的神话中；蛇很常见；大多数神话发生在乡村环境，涉及狩猎或畜牧

（因此，后者的起源相当晚近）。狒狒和黑猩猩起过重要作用，经常作为人类的早期形态；天神和月亮也很常见，但是我们认为意义重大的模式无一存在于非洲神话中。第二个地区是从北欧经地中海、中东、印度和东南亚直到东南亚诸岛（东西走廊）的长条文化带；第三个地区包括北亚（中国、西伯利亚、日本、朝鲜）；第四个地区是新大陆。[36]

　　总而言之，通过对神话的简略梳理，我们可以得出两个宽泛的结论：一个是关于新大陆的，另一个是关于旧大陆的。在新大陆，早期人类在美洲大陆的种种经历造就了潜水寻土者、造地者、魔法师、大海啸等神话，这些神话往往取代了那些久远的神话（例如，大水创世说）。这是一种趋势或主题的初期表现，随着本书的深入，我们将看到更多的表现，例如极端天气（如风暴、飓风、火山爆发和地震）对新大陆意识形态的作用。在旧大陆，吸引我们注意力的是洪水创世神话的独特分布、创造光时"说"的运用以及死而复生的树神系列神话。死而复生指的是丰产力，这是旧大陆意识形态中最重要的话题之一，我们将会看到，这个话题在新大陆并未占有同等重要的地位。这些神话分布于从东南亚"拐角"经中国、印度到中东、西欧和北欧的广大地区，也就是沿着我们所谓的东西走廊，这说明这条路线的使用由来已久。它将从意识形态、商业和技术等各方面对欧亚大陆的发展产生深远的影响。新大陆则没有发生类似的事情。

46

47

3

西伯利亚与萨满教的来源

在跟随早期人类进入新大陆之前，我们还要考察最后一方土地：它是旧大陆的一块特殊地区，是移民们完成伟大旅程之前的必经之路。它就是紧邻白令海峡西部的西伯利亚地区。西伯利亚除了地处偏远、寒冷空旷外，还是萨满教的发源地，这个现象在我们的故事中扮演了一个重要的角色。

虽然最近有人质疑，但大多数人类学家仍然认为萨满教是狩猎者的宗教，可能是最早形成的宗教活动、精神训练和医疗实践的表现形式，似乎在史前时代就已存在于欧亚大陆的广袤地带。甚至在洞穴壁画中也有对萨满教的描绘，例如在法国比利牛斯山区图卢兹南部的阿里埃日省的三兄弟洞穴中，有一个 70 厘米高的形象：他有鹿角、枭眼、狮爪或熊爪、狐尾，全身披裹的兽皮几乎掩盖了勃起的阴茎。[1]

萨满教主要关心的是"为求生存而杀死动物"的需求，它同时反映了一种早期的宇宙观，一种经由如下思想而实现的平衡——人们为了生存需要杀死动物，但他们必须对所杀动物的灵魂有所补偿，萨满可以飞到动物的主人那里与之协商。[2]

不管是过去，还是现在，狩猎社会的主要信仰都是"万物有灵"。[3]我们周围遍布敌人，"看不见的鬼怪张着大口"。第二个信仰是宇宙存在着一系列层次（或许六个、七个或九个），所有层次均由"世界树"或柱子或山脉所连接。萨满的最大能力是"灵魂出窍"，这使他能够在出神状态下漫游于宇宙的不同层次之间，从而施展技艺，社会由此获益。第三个信仰是人有多个灵魂，做梦便是人的一个或多个灵魂离开身体去游历的证据。当这些灵魂由于某种原因不能重回身体，人就会生病（可能是由于病人很难入睡，或是由于疾病使他们疲惫不堪，睡得很沉，以至于醒来后记不起自己做过的梦）。萨满的职能之一便是在出神状态下踏上灵魂之旅，寻找消失或走失的灵魂并将其引导回病人的身体，从而让病人恢复健康。[4]这些灵魂之旅经常会跨越危险的地界，萨满在这些地方会被肢解或变成一副骨架，因此萨满要先经历特殊的入教仪式，他必须在野外度过一段相当长的时期，依靠自己的能力生存，与这片地区和野生动物亲密接触，形成他（或她）的生存技能。萨满的活动往往集中在那些重要且飘忽不定的事情上：疾病、天气、捕食者与猎物。[5]

"萨满"一词来自鄂温克语，鄂温克人是西伯利亚地区的一小群狩猎者和驯鹿者，操通古斯语。萨满的字面意思是"知情人"，按照皮尔斯·维捷布斯基的说法，它最初只用来表示这一地区的宗教专业人士。极北地区的其他部落用其他词汇，但它们的流行度没有这么高。[6]萨满展示各种形式的行为——我们在后面会讲到这一点——但是我们此时对萨满教最感兴趣的方面是它的地理分布。用维捷布斯基的话来说，"在北极、亚马孙和婆罗洲等相隔遥远的地区，各地萨满教的观念和实践之间竟存在着惊人的相似之处，这可不容易解释"。[7]虽然婆罗洲也发现有萨满教，但最

48

49

紧密的联系实际上分布在欧亚大陆北端，从俄罗斯北极地区的拉普人到西伯利亚，再沿美洲南下，直到亚马孙地区，分布形状类似一个巨大的阿拉伯数字"7"。

公正地说，如果没有 20 世纪的特殊历史事件（尤其是冷战史），我们会更加了解萨满教的现象——它的本质及在全世界的分布。西方（例如法国）已经出版了几百幅史前岩穴艺术和古代雕塑的照片。但是，按照一种说法，有 20 000 幅插图发表在苏联的期刊上，它们并不是随手可得的期刊或书籍，不易利用，虽然它们证实了萨满教在亚欧大陆的广泛分布，但其不易获取的性质仍限制了我们知识的增长。

直到今天，西伯利亚仍是一片荒凉之地。它的面积相当于欧洲和美国面积的总和，在西伯利亚的科雷马盆地有世界上最寒冷的人类居住地，那里冬季气温可达零下 70℃，夏季 5 月份，结冰的河流会伴随着"炮火般的声音"碎裂。西伯利亚拥有世界最大的森林，面积达 20 亿英亩左右，在世界上所有不适于人类居住的地方之中，它的人口密度是最低的。按照苏联的材料，这一地区居民所用的语言大约有 120 种，不过西伯利亚中部和东部的大多数针叶林地带（桦树、白杨树、松柏）和冻原地带（灌木、苔草、苔藓和散生树）生活着以狩猎和放牧驯鹿为生的部落，他们操通古斯语。在亚洲最东端的勘察加半岛及其沿海岛屿，当地居民所讲的语言属因纽特语：分别为尤皮克语和乌南干语。[8]

50　　当 16 世纪末的俄国人向西伯利亚迁徙时，我们前面提过的楚科奇人仍处于石器时代，住在帐篷里，使用骨尖箭和矛；血缘关系是维系这些社会的纽带。[9]这片地区从未实现完全的基督教化，居民继续向圣徒血祭（通常用狗来祭祀），不过一般是秘密进行的。在苏联时期，萨满教在官方上被法律所废止，当时在集体化的推动下，俄罗斯人从苏联的其他地区向西伯利亚迁徙。他们有时使用极其严酷的手段消灭传统的宗教实践，据说萨满被从直升机上抛下或被强迫"展示灵魂出窍的本事"。到1980年，苏维埃政府宣布已全面禁止萨满教活动，不过这自然是令人怀疑的。[10]

萨满教之所以成为世界上最古老的宗教，这一方面是因为北极地区的精神病理，另一方面是由于人与鹿的关系。例如有证据证明，早期的萨满在心理上是不正常的，他们要么是癫痫病患者，要么是神经病患者，其反常行为被原始人类视为"神志的一种转换状态"。在北极地区，由于极端的寒冷和漫长的极夜，人们可识别出来的精神病形式，如北极歇斯底里，看起来类似于萨满的出神状态。[11]值得注意的是，在西伯利亚和美洲的某些地区，萨满的入教仪式包括一段时间的患病。我们所认为的反常行为可能在古代并不被视为病态，而是一种"神灵附体"。

驯鹿是高贵的动物。它们高大威严；雄鹿长着硕大的鹿角，这很容易让人认可它们的高贵性；它们活泼好动，但不凶猛，不像熊和大型猫科动物；它们是天然的驯养动物。它们也是人们的肉食、兽皮、骨头和筋腱的来源。驯鹿的形态可能塑造了狩猎社会对猎物的传统观念，这种观念可被描述为"崇拜与暴行的复合体"。[12]早期狩猎社会（费尔南·布罗代尔称之为"驯鹿文明"）通常都相信动物有"主人"（有时是"女主人"），他/她是动物种群的保护者，在部族或氏族生活中扮演重要角色，代表它们的集体灵魂或本质。基于这种认识，"动物之主"将动物"释放给"猎人，这样他们才能猎杀某些动物，获取食物和其他必需品，但是作为回报，猎人也应承担某些义务——他们必须同意献祭并遵守特殊规则。这时萨满就派上用场了。

萨满的典型属性之一是所谓的"灵魂出窍"。通常情况下，萨满利用"神志状态的转换"（用西方现代语言描述不一定被萨满本身所承认）并经常通过出神的形式，使灵魂得以飞升——要么在山林之间飞行，确定动物被杀的位置；要么飞到上界、阴间或海底，确定"动物之主"的位置，与

51

之协商杀生所应支付的价钱。

但是，萨满教的意义远不止这些。狩猎和诱惑之间往往有某种联系。萨满认为，在狩猎过程中刺入动物的身体类似于性的结合。[13] 例如，在亚马孙河上游，在所谓的德萨那人中，"去狩猎"这个词也有"向动物示爱"的意思。这种类比体现在猎人所做的精心准备上，这意味着猎人是在"追求"猎物，甚至刺激猎物发情，这样猎物就会被吸引到猎人跟前，"心甘情愿地"被射杀。为达到这个目的，猎人本人必须处于高度的性紧张状态，他不仅要在狩猎前禁欲，还要使自己对猎物更有吸引力。为了做到这一点，猎人一方面要进行净化仪式，另一方面要装饰身体，其中一个重要的装饰内容便是面部涂彩。在西伯利亚，人们往往认为萨满有支配动物的能力，因为他以前就是动物。在祭祀前的开场舞蹈中，人们通过明显的性姿势来模仿动物的发情和交配。[14]

按照皮尔斯·维捷布斯基的说法，西伯利亚和蒙古是"典型的萨满教地区"。于 2011 年春天在哈佛大学举行的一场会议上，有人提出其他新证据，该证据证明：在人类穿越白令陆桥时，一种名叫赤鹿的大型鹿也差不多同时横穿白令陆桥。如果这一说法得到证实，它就表明萨满教当时也跨过了大陆分水岭。灵魂出窍的现象确实出现在美洲，但主要是在北极和亚北极地区。在这一点上，北美因纽特人与西伯利亚古人类很相似。[15] 对因纽特人的萨满来说，"肢体分离，戏剧性的飞升入天和海底之旅是司空见惯之事"。离白令海峡越远，灵魂之旅越少见，深度出神状态也越少。取而代之的是，萨满通过隔离和斋戒的方式进入其角色。特别是在北美大平原地区，出神和神游被"做梦"和"寻梦"所代替。后一种的步骤如下：年轻男子或年轻女子（不经常参加）移居野外，待上数天，一方面是为了证明他们的坚忍不拔，另一方面是为了从自然界的万灵中寻求一种灵境。在许多部落，这已变成普遍的成年礼（教给年轻人基本的生存技能），但是萨满通过这种方式发挥想象，构建更充实的灵境。[16]

在中南美洲社会，萨满是部落中的主导人物。他们的宇宙观本质上与西伯利亚萨满的宇宙观没有两样——天分为数层，天与地通过世界树或柱相连，萨满有飞到上层世界和下层世界的能力。两者在入教的程序上也大致相同：先是生病，体验被肢解或变为骷髅，迎娶"神灵配偶"。在南美洲，念咒是进入出神状态所运用的一种独特方法，另外的两种手段在其他地区从未运用到相同的程度——其一，致幻剂的广泛使用，其二，将萨满与美洲豹视为一体。我们将在后面章节中详细考察这些方面，但在这里可以提前说明一下。最近，大卫·路易斯-威廉斯和托马斯·道森已提出新证据来证实萨满教的悠久历史，这个证据就是萨满教活动是旧石器时代岩画艺术的"重要组成部分"。

首先，他们发现了致幻剂在这些禁闭场所使用的证据；同时，这些图像本身往往是抽象图案，类似于出神或药物诱发状态下创作的图像。这与彼得·福斯特关于科里亚克人使用毒蝇伞的著名论述相关联。科里亚克人是另一支西伯利亚部落。按照福斯特的说法，毒蝇伞是一种对神经起特殊作用的真菌，一直被（从波罗的海延伸至勘察加半岛的）欧亚大陆北部森林地带的萨满教信徒（尤其是西伯利亚地区的驯鹿猎人）当作一种神圣的致幻剂来使用。它们被称为"永生蘑菇"。[17]科里亚克人最引人注意的一点是：他们会饮用中毒之人（吃毒蝇伞中毒的人）的尿，如果驯鹿吃了蘑菇而中毒，他们甚至也会喝这些驯鹿的尿。食用了毒蘑菇的人和鹿，其尿液明显比蘑菇本身更有效力，通过这种方式，科里亚克人能够"将他们的出神状态延长数天"。[18]

53

萨满与前述神话中的魔法师角色也有重合之处。萨满往往做出魔法师式的行为。萨满必须变形，以便"战胜和智取"阻挠的神灵。在神话中，最早的萨满使用欺骗手段捕获太阳，使其光照大地；或者从嫉妒的天神那里偷走生火或农耕的秘密。

跨越白令海峡的最后一个文化特征是萨满教与异装癖密切相关的事实。在西伯利亚，男性萨满的服装总是用女性符号来装饰，在楚科奇人那里，萨满穿女人衣，做女人事，用女性特有的方式讲话（他们被称为"男娘"）。在北美洲印第安人中间流传着一种异性装扮的传统，异装萨满被称为"berdache"。这些都是特别强大的萨满——例如，莫哈维族会给他们的萨满分等级，他们认为女性的法力比男性更强大，但是 berdache 比两者都更强大。那瓦霍、拉科塔和夏延印第安人都相信 berdache 能治愈精神病并拥有强大的助产术。[19]

罗纳德·赫顿总结道，萨满的概念比其他许多学者所认为的更宽泛，不过大家都同意，在最基本的层面上，萨满教以狩猎为基础，而萨满的首要作用是确保狩猎成功。此外，他（她）的职能可分为两个方面：其一是完成造福社会的功业；其二是成为引导和体验个体灵魂的专家，特别是引导祭祀动物的灵魂前往族人献祭的神灵之所，向死者的家人指明合适的安葬之所，引导死者的灵魂前往另一个世界。

从长远来看，白令海峡所处的位置（遥远的极北地区）意义重大。不管移居新大陆的先民来自亚洲内陆，还是东南亚岛屿，他们在迁徙途中都必须穿越西伯利亚。不管他们一开始是不是信奉萨满教，不管他们具有怎样的遗传学、心理学或神话学特征，西伯利亚萨满教作为基本的意识形态，被全盘输入新大陆。正如我们将要看到的，它产生的影响超越其他一切。

54

55

4

进入无人之境

白令海峡：大分离发生的地方

美洲到底是亚洲的一部分，还是一块单独的陆地？关于这个问题的争论，直到 1732 年才尘埃落定，就在这一年，伊凡·费多罗夫和米凯尔·格罗茨多夫终于发现了阿拉斯加，这时距离克里斯托弗·哥伦布第一次踏上瓜那哈尼已将近四分之一个世纪了。1778 年，詹姆斯·库克船长航行经过白令海峡，他注意到两块大陆之间只有一小段 60 英里宽的海，使很多人相信这就是第一批美洲人的进入门户。

1590 年，耶稣会修士弗雷·何塞·德阿科斯塔最先提出，俄国和美洲之间从前有一座陆桥。[1] 那时，他在墨西哥和秘鲁已经生活了近 20 年。他以近乎信仰的形式笃信以下断言：人类是自亚当和夏娃时代以后才迁徙到美洲大陆的。而且，他认为人类是不可能横渡大洋进入美洲的，但是北美洲的"上游河段"很可能与俄国相连或"相近"，这样移民就可以经由一片足够浅的水域到达北美。

他也注意到新大陆分布的动物体型较小，认为即使是一段较短的水域，小型动物也不可能游过；陆上迁徙的可能性更大。他也指出，迁徙不是有意为之，而是"渐进的扩张……没有深思熟虑，只是一点一点地改变他们的土地和住所。有些人找到一处，便定居下来，其他人则继续寻找新的居所，随着时间的推移，他们最终到达西印度群岛"。[2]

56 1887 年，地质学家安杰洛·海尔普林通过分析动物分布得出结论。他发现新大陆和旧大陆的动物种类在南纬度区是相当不同的，在中纬度区相似性很大，而在北纬度区"几乎完全一样"。在他看来，"如果物种的多样性与距离北方的远近有关联，那么物种一定是从北方开始扩散的"。[3]不久之后，另一位地质学家加拿大人乔治·道森提出，将阿拉斯加和西伯利亚隔离的水域很浅，"在地貌学上必须被归属于陆地高原区，因为它与大洋盆地明显不同"。道森还说："可能在漫长的时期内，不止一次地存在一片广袤的、连接北美和亚洲的陆地平原。"他不知晓冰川期，但他赞同大陆的隆起曾一次次将海床抬高到水平面以上。[4]1892 年，一些猛犸遗骨在阿拉斯加以西 300 英里外的普利比洛夫群岛被发现，当时引起了极大轰动。"要么这些巨大的长毛象是绝佳的游泳者，要么群岛原先是一片宽阔平原上的高地，与整个阿拉斯加和西伯利亚陆地相连。"[5]这是另一位加拿大地质学家 W. A. 约翰逊最后所作的精彩补充。1934 年，他发现了海平面的变化与冰川期之间的联系，而冰川期的存在早已在 1837 年被证实。他写道："在威斯康星冰川期（110 000 至 11 600 年前），由于冰川累积在陆地上，海平面的总体高度肯定比较低。至于低的幅度，大家普遍接受的观点是至少 180 英尺，因此在末次冰盛期，陆桥是存在的。"这与同一时期瑞典植物学家埃里克·赫尔滕提出的观点基本吻合，即白令海峡地区在冰川时代曾是动植物的栖息地。赫尔滕将这一地区命名为白令陆桥并认为它为古代居民到达新大陆提供了陆地通道。[6]

围绕白令陆桥的学术发展史本身就是一个有趣的故事。它分为三个阶段：第一，试图证明在远古历史的不同时期确实存在一座陆桥；第二，探索陆桥的地形地貌、地质构成和动植物分布；第三，探询哪种人及其在何时穿越陆桥到达新大陆。

57

更新世通常被称作冰川世，始于165万年前。大多数科学家认为它结束于1万年前，不过，也有些人认为我们仍然处于更新世，"只不过是享受着一次缓和的间冰期"。[7] 在更新世期间，寒暖周期性交替，每一周期可持续数十万年。最近一次寒冷期大约开始于28 000年前，气温不断下降，直到大约14 000年前才停止。那时的情况比现在所知的任何情况都要严酷得多，尤其是极地地区。北半球更是如此，由于地球自转的方向，北半球的洋流和天气所受的影响比南半球更严重。而且，由于北半球比南半球拥有更多（厚重、干燥的）的陆地，这使得地球的自转轨道不太规则。所有这些意味着冬天的降雪在夏天不能完全融化，形成的冰层在短暂的夏天缓慢融化，然后冬天再次结晶。每一年的降雪积压在前一年的冰层上，形成巨大的冰块。

因此，冰川边缘年复一年向外延伸，它们逐渐相互融合，最后形成庞大的巨型冰川。例如，劳伦泰德冰盖是北美地区最大的冰川，其高度将近2英里。它曾经集中在现在的哈得孙湾，但最终覆盖了现在加拿大超过4 000英里宽的地方。它向北与格陵兰冰盖合并，向南最终延伸到现在的肯塔基州。[8] 劳伦泰德冰盖在西面与北美另一个巨型冰盖科迪勒拉冰盖合并，从皮吉特海湾到阿留申群岛，沿西北美洲海岸山脉绵延3 000英里。北欧以大致相同的方式被覆盖，在英格兰一直延伸到现在的牛津地区。当时冰川覆盖了世界上的主要山脉，更不用说南极洲了。一个令人吃惊的例外是阿拉斯加内陆，那里的干旱条件意味着几乎没有湿气形成冰或雪。事后证明，这个现象是至关重要的。

58 在这 14 000 年间（28 000 至 14 000 年前），水就像过去那样通过蒸发从海洋中大量流失，受到陆风的吹袭形成云，然后以降水（通常是雪）的形式落下来，这进一步加速了雪的堆积。最终，这些冰川储存了世界上大约二十分之一的水，其中一半就在劳伦泰德冰盖。因此，海平面最终降到现在海平面以下 400 英尺（不是约翰逊所说的 180 英尺）。[9] 随着海水的退去，亚洲和北美洲"开始互相够向对方，就像西斯廷礼拜堂穹顶画中上帝和亚当伸出的手臂一样。当双方指尖触碰之时，一股新生命之流便注入美洲大陆"。[10] 这只是想象出来的情形，真正实现接触要经历缓慢的地质变化。大陆架逐渐延伸，直到 18 000 至 14 000 年前（末次冰盛期，冰川活动的高峰期），阿拉斯加和西伯利亚之间的大陆架暴露出来，成为一段长达 900 多英里的旱地。"北美洲和亚洲头部连在一起，就像巨大的、伸展的连体双胞胎。"

光形成陆桥还不够。每当海平面下降或上升，阿拉斯加实际上就会与大陆连接或断开。在寒冷周期内，当陆桥暴露出来时，加拿大地区形成冰川，阿拉斯加便与新大陆隔绝——它事实上成为西伯利亚的东端。当冰川融化，海平面上升，阿拉斯加与西伯利亚分离，它便变成现在北美的西北端。[11]

地质学研究涉及地核和冰核的钻探，这方面的研究表明：仅在最近 100 万年便存在约 16 个冰期，"间冰期"将它们分隔开来。白令陆桥在大多数冰期里连接着两个大陆，那时的动物（如果暂不提人类的话，他们还得继续进化或到达西伯利亚）可能就已经在新大陆和旧大陆之间来回迁徙了。[12] 最后一次陆桥的现身最令人感兴趣，因为人类大约就是在那时候进入新大陆。大体说来，这一时期是指 25 000 至 14 000 年前。

即使没有冰，这里干燥多风的环境也异常严酷。黄土（风吹起的冰川泥沙）堆积成巨大的灰色沙丘。植被稀少，陆地和极地荒漠差不多，比现在的冻原更干燥。尽管如此，白令陆桥还是各种动物的家园。或者说，研究显示的结果是这样的。长毛猛犸可能是这一地区最大的兽类。它们6英寸厚的浓密毛发像袍子一样覆盖在身上，使其足以抵御严寒和凛冽寒风。大地懒重达6 000磅，长角的西伯利亚野牛差不多和它一样大。发源于北美洲的马穿越白令陆桥迁徙到亚洲，它们的毛发肯定比现在的马要厚重得多。各种各样的羚羊、驼鹿、北美驯鹿和绵羊在冰川时代都栖息于白令陆桥。此外，还有长着6英寸犬齿、能够刺穿猛犸和北美野牛厚厚兽皮的巨型剑齿虎，加上巨狮和成群的林狼（灰狼）。还有一种比现代阿拉斯加灰熊更庞大的古代熊，为这本奇幻的动物寓言集画上了句号。[13]

　　识别这些野生动植物本身就是一项学术成就。前面提到的瑞典植物学家埃里克·赫尔滕在20世纪30年代研究了西伯利亚和阿拉斯加的植物后，写成了《阿留申群岛植物群》一书。赫尔滕重视统计学，除详细描绘植物外，他还记录了它们的分布情况，尤其是在加拿大马些更河和西伯利亚勒拿河周围地区的分布。[14]他将这些分布点标绘在地图上后，发现它们呈一系列椭圆形分布，东西向延伸。而且，这些椭圆不仅对称，还是同心的，对称轴总是在一条穿过白令海峡的线上。"如果它们稍微向这条线的东部扩散一点，它们也会向这条线的西部扩散一小段。很可能是它们向东扩散得多远，它们也向西扩散得多远。"因此，赫尔滕脑海里浮现出一幅连贯的画面。他认为白令海峡在某一时期一定有一块干燥的陆地，"从基本上没有结冰的西伯利亚延伸到几乎没有结冰的阿拉斯加"。这片陆地与周围寒冷得多的地区相隔绝，因此充当了"一个巨大的生物保护区，北方的植物和动物幸免于灭绝。当冰川消退后，它们很明显从这个地方向外扩散"。[15]对他来说，这一地区是"一条宽阔的生物交流大道"，动物与植物经此通道往返迁徙。为强调这一地区的重要性，赫尔滕将它命名为"白令陆桥"，以纪念维他斯·白令。维他斯·白令实际上出生在丹麦，因此是斯堪的纳维亚人（他早在 1728 年即航行通过白令海峡，但他本人并未到达阿拉斯加，这是他之后的俄国航海家费奥多罗夫和格沃茨捷夫在 1732 年实现的）。

不久后，得克萨斯考古学家路易斯·吉丁斯以赫尔滕的工作为基础继续深入研究。20 世纪 40 年代，他在霍普角东南的克鲁森施特恩角识别出"至少 114 个滩脊，每个滩脊都与海岸线平行并向内陆延伸至少 3 英里"。不仅如此，每个滩脊都有一系列的考古发现，在这些考古发现中，外层滩脊（离现在的海岸线更近）的考古遗存比内层滩脊的遗存更为古老。他因此得出结论：随着海平面的上升和海洋对人类居住地的蚕食，这些航海文化分阶段地向内陆转移，这清楚表明人类居住地与海平面存在密切联系。[16]

但是，在提高人们对白令陆桥的科学认识方面，贡献最大的人是大卫·霍普金斯。他当时是新罕布什尔大学的一名研究生，与威廉·奥奎鲁克（一位来自北阿拉斯加的著名历史学家）一起合作。他们的第一个项目是研究软体动物贝壳化石，因为他认为它们的分布与沉积会揭示出白令海峡可以通行和不可以通行的时间。这项研究的基础是巨型海螺"涅普顿尼亚"（*Neptunea*，即香螺）的自然演进史。早在约 6 500 万年前的第三纪地质年代，这种海螺就存在于北太平洋一带。但是直到大约 100 万年前的更新世早期，大西洋沉积物中才有它存在的证据。这证明在第三纪的大多数时间里有一座陆桥封锁了海洋动物的迁徙，直到更新世开始，洪水淹没陆桥，"涅普顿尼亚"才得以向北、向东迁徙并到达大西洋。[17]

奥奎鲁克向霍普金斯介绍了许多贝壳沉积物，他们共同撰写了一篇开创性的论文，专门讨论白令陆桥，发表在 1959 年的《科学》杂志上。他们的结论是：在第三纪的绝大部分时间里（从 6 500 万年前到 200 万年前），陆桥一直存在；鱼类化石证据证明，一条水路在始新世中期（大约 5 000 万年前）穿过陆桥；大约 100 万年前，陆桥被完全淹没。自那时起，

61

随着冰期的来来去去，陆桥无数次出现，又无数次被淹没。他们说，陆桥最后一次消失，大约是在 9 500 年前。[18]

这幅广阔图景的细节不断被学者所充实。在 19、20 世纪之交，美国纽约自然历史博物馆的古脊椎动物学家 W. D. 马修斯指出，虽然哺乳动物经过陆桥的迁徙是双向的，但更频繁的移动是从旧大陆向新大陆，而不是从新大陆向旧大陆。他说，这很可能与下述事实相关：欧亚大陆的陆地面积比美洲大陆大得多，在北纬温带区，东西延伸得更为宽广。这就意味着数量更多的旧大陆动物能独立进化。它们相对类似的环境条件会引发更加多样化的适应策略，这意味着会有更离散的物种利用白令陆桥。北美洲在整个冰川期完全被冰雪所覆盖，只有相对小的阿拉斯加地区可供生物种群演化。[19]*

美国地质调查局的查尔斯·勒本宁将马修斯的推理做了进一步发展。在对哺乳动物化石做了一番细致研究之后，他提出：动物种群经白令陆桥向新大陆的"迁徙潮"有三次或四次。第一次迁徙潮发生在大约 2 000 万年前，化石种类表明那时的陆桥"暖温、潮湿、植被茂盛"。第二次迁徙潮发生在更新世中期，大约 75 万到 50 万年前，当时陆桥主要由温带草原构成，不过也有少量森林。直到始新世末期（125 000 至 12 000 年前），哺乳动物遗骸才显示出极地迹象，"占统治地位的植物群是冻原、大草原以及繁盛的北方针叶林"。

霍普金斯的两位同事乔·克里杰和迪安·麦克玛纳斯提供了一种截然不同的证据，他们发现白令海峡底部有一条古代河流的遗迹。他们钻探了霍普角附近的汤普森角南部海床，发现了芯样沉积物，表明这是"一条半

___

* 最近的研究支持这一观点，研究显示在 5 500 万年前之后有一段短暂的全球变暖期，大多数大型哺乳动物在中亚草原地区得以发展进化。哺乳动物，诸如马（那时只有猫那么大）、鹿、牛和犬类食肉动物出现在中国湖南省的化石记录中，然后这些哺乳动物经陆桥扩散至怀俄明地区。[20]

咸水三角洲河流"。很明显，他们找到了一个古代河口，这条河与现在阿拉斯加西北部的科伯克河和诺亚塔克河相连。放射性碳测定法将河口遗迹年代定在 12 000 年前至 14 000 年前。这就是所谓的"希望海谷"。[21]

尽管这幅逐渐展现的画面大体上是前后连贯的，但有一个重要的分歧出在陆桥的植被问题上。学界有两种观点。按照第一种观点，通过对花粉的分析，古代的白令陆桥植物分布稀少，高地地区主要是草本苔原，低地地区是莎草草甸。如果真是这样的话，这就足以证明这里的动物只能以啮齿类动物为主，但这显然与下述事实不符：在末次冰期未被冻结的阿拉斯加其他地方，发现了许多大型哺乳动物，尤其是北美野牛、马和猛犸的化石。[22] 更为重要的是，阿拉斯加费尔班克斯大学荣休教授戴尔·格思里发现，有三个最常见的物种——北美野牛、马和猛犸——是群居性动物，它们成群结队生活。按照这种说法，当时白令陆桥上栖息着许多大型哺乳动物，而不只是啮齿类动物。

到 20 世纪 70 年代，这一问题开始得到解决，因为这一时期的西伯利亚淘金者在挖掘谢列里坎河附近的地下金矿时无意中发现一匹古马遗骸，当时它仍然冻在土层中。淘金者告知了西伯利亚科学院，科学院人员将这匹马挖掘出来，发现它是"一匹美丽的、木乃伊化的成年公马"，它有着 2 英寸厚的毛发，"内层是浅黄色，外层是咖啡棕，还有黑色鬃毛，从脊骨到黑色尾巴遍布深色条纹"，完全不像现在的公马。其年代断定在 37 000 年前。在我们看来，这匹马的遗骸最令人感兴趣的地方在于：它保留的胃容物中发现了 90% 的草本食物，其中三分之二是禾草，三分之一是莎草。其他木乃伊化的哺乳动物（例如小猛犸）和昆虫化石相继被发现。这些发现证实了当时西伯利亚土壤干旱，但没有树木，基本上适合蹄类哺乳动物生存。[23] 除此之外，从人们所发现的这些蹄类动物化石来看，它们的蹄足表明它们生活在坚实、干燥的地面上，这使它们能够快速奔跑，以逃

63

脱食肉动物的追捕。[24] 有蹄类动物牙齿间残留的植物碎渣证明，禾草类植物在它们的食物中占据主导地位。末次冰盛期的白令陆桥本质上是个"大草原"。

确认白令陆桥地形的最后证据是由霍普金斯本人发现的。1974 年，他无意中在苏厄德半岛北部埃斯本堡角的一个湖泊附近发现了一层火山灰。那层火山灰足有一米厚，在里面混有大量树枝和杂草。附近的这个湖泊实际上是个小火山口，也就是火山喷发时在地面形成的环状湖。霍普金斯意识到，先前的研究已确定这个小火山口（恶魔山）喷发于 18 000 年前，当时这里还存在陆桥。他由此推论：这些夹在火山灰中的小树枝、草根和杂草是陆桥植被的组成部分。经过分析，这些植物材料属于一片干燥的草场和富含牧草的苔原，混合了牧草与禾草——尤其是蒿草，偶尔还有柳科植物以及苔藓植物。在一些保存下来的哺乳动物胃容物中已发现这种以蒿草为主的植被混合物，从而证实了草原环境的存在。2001 年去世的霍普金斯坚定地认为，白令陆桥足以养活成群的食草动物以及捕食它们的食肉动物。

最近的计算机模拟技术证实了霍普金斯的主张：第一，从生物学／营养学上说，被升高的海平面所淹没的白令陆桥区比仍高于海平面的高地地区更物产富饶；第二，在某段时期内白令陆桥中部地区可能存在一个气候避难所，这也许造成了一次迁徙"瓶颈"；第三，白令陆桥东西部气候差异很大，这改变了人类赖以生存的植被和动物，最终迫使他们迁徙。大体说来，气候变化有利于赤鹿或麋鹿的生存，也导致了猛犸和马的灭绝。[25]

重要的是，这种环境意味着陆桥会使人类生存下去。

从未遭遇人类的动物

当早期人类踏入白令陆桥时，正如前文所述，它还是西伯利亚的东部延伸区。公元前 14500 年前后，由于海平面上升，西伯利亚被隔绝，白令

64

陆桥成为现在阿拉斯加的一部分。海平面上升当然是由于全球气候变暖，冰期即将结束，全世界的冰川开始融化。对阿拉斯加的早期人类来说，这产生两个直接后果。首先，劳伦泰德和科迪勒拉这两个巨大冰川——它们覆盖着大湖区以外的加拿大和北美大部分地区——之间出现了一条不结冰的走廊。其次，随着冰川的消退，压在陆地上的冰重减轻，北美大陆上升，沿岸海滩出现。这样，就出现了两条向南的路线，早期人类可以利用这两条路线进入新领土。

学者对于早期人类实际利用的是哪条路线存在分歧。前文已提及，王思佳团队的线粒体 DNA 研究证明，太平洋沿岸的印第安人中间遗传差异是最大的，这表明海岸是早期人类可能走的路线。另一方面，内华达大学里诺校区的人类学教授加里·海恩斯认为，早期人类更可能选择不结冰的大走廊。他说，部分原因在于，虽然这条通道最初可能会严寒无比、植被稀疏，而且"大部分地方遍布冰封的湖泊和湿地"，但候鸟会充当"侦察员"的角色，指引着人类跟随它们迁往南方，因为鸟类每年都要返回它们以前的栖息地。海恩斯认为，乘坐小船穿越海岸似乎行不通，因为这样人口太少，无法独立生存。亚利桑那大学图森校区地质年代学系的 C. 万斯·海恩斯认为，早期人类从阿拉斯加的塔那那河谷跋涉 5 700 公里到达蒙大拿的安茨克是可信的，因为那里的生物环境应该相当丰富。他说，这趟旅程可能会花上 6 至 12 年的时间，也可能更短。[26] 但是，新的遗传学证据，以及北太平洋沿岸海藻层的连续存在，仍然具有说服力。

加里·海恩斯说，经过几次尝试后，早期人类可能会继续向南迁徙。当时的地貌与现在差别很大。它以大湖为主，这些大湖沿冰盖边缘形成。[27] 不管是当时，还是现在，这些广阔区域都与其他任何地方不一样。科迪勒拉冰盖南缘的密苏拉湖与现在的安大略湖一般大，但比起它西面的阿加西湖就相形见绌了。阿加西湖从前 12 000 年存续到前 8 000 年，其面积是现在苏必利尔湖的四倍，相当于爱尔兰或匈牙利的国土面积。

当时的地理环境也是不稳定的，从某种程度上说，不像现在这么真实。随着冰的融化，许多变小的冰川或冰川上崩落的"仔冰"会在山谷中造成阻塞，形成堰塞湖。但是随着它们越变越小，最终崩塌，大量水被释放出来，造成不可预测的大洪水，这可能又成为神话中被古人铭记的一连串灾难。

北美的北部区域同样危险重重，不仅地形不稳、严酷荒凉，而且食肉动物众多。瓦莱利乌斯·盖斯特发现，北美的人类遗址与巨型动物的灭绝之间存在一种反比关系，这促使他提出一个问题：大型食肉动物，尤其是史前熊／巨型短面熊是否在它们灭绝前将人类挡在了新大陆之外数千年？我们仅知道一次人类与巨型短面熊的遭遇，我们还知道人类是与驼鹿、驯鹿、林狼和狼獾一起进入北美洲的，所以这也许有一定道理（同时证实了冰川确实在一段时期内阻止了人类和其他动物的进入）。有证据显示巨型短面熊比现代熊更具攻击性——它更常掉进陷阱，而现代熊往往避开人类。而且，传统上北美土著部落不喜欢狩猎熊类。[28] 他们认为熊是最像人类的动物，它们更聪明，千里之外都能听到人的谈话，可能是变幻为熊的萨满。[29]

尽管如此，许多人还是会继续向南前进，这时人类可能已经到达北美大草原和大平原，人类在这里第一次遇到许多巨型哺乳动物，这些动物喜欢更温暖的气候，全都未被猎杀过，其中一些在旧大陆根本不存在（哺乳动物原来的 35 个属已缩减为 8 个）。[30]

地质学研究证明，大约 5 500 万年前，即始新世时期，欧洲和美洲被一条陆桥所连接，可能通过格陵兰岛。因此，几种大型哺乳动物（包括马的祖先和一种原始的有蹄类哺乳动物冠齿兽）在两个大陆上都存在过。此后，两块大陆分离，它们的种群开始以不同的方式演化。到始新世末期，亚洲和美洲相连，动物开始通过时有时无的白令陆桥到达北美，正是在这个时候，大象、猛犸和乳齿象迁徙到新大陆。[31]

南美洲与北美洲原本是两块分离的大陆，大约 200 万年前，两大陆之间形成了巴拿马地峡。虽然两块大陆十分接近，有些物种在两者之间跃岛活动，但南美洲仍形成了独特的动物群，其中包括贫齿类动物，如树懒、雕齿兽（长着骨质盔甲，像巨大的乌龟）、犰狳以及滑距骨兽（类似马的动物）。在 200 万年前，两个大陆相连并引发了所谓的"大交流"，这时北方的动物扩散到南方，反之亦然。由于拉布雷亚沥青坑（一个沥青坑群，面积超过 100 英亩，大约几万年前形成，位于现在的洛杉矶市区）的发掘，我们得以了解人类到达新大陆时这里的生物种类。沥青坑常常积水，多达 60 种古代动物来此饮水。有些动物掉进去并沉入坑底，由此保存下它们的遗体。它们的年代大约在 40 000 至 25 000 年前之间，由令人惊叹的、数量极多的食肉动物构成，食肉动物在拉布雷亚沥青坑中所占比例达90% 以上，数量最多的是狼，紧随其后的是剑齿虎、狮子、树懒、貘、野牛和短尾猫。[32] 这里还有大量白天飞行的猛禽，它们被沥青坑里的动物尸体吸引过来，其中体型最大的猛禽是泰乐通鸟，其翼展近 4 米。

67　　这些千奇百怪、体型巨大、种类繁多的哺乳动物和食肉动物是早期人类到达新大陆所看到的异常景观之一。这些动物以前从未见过人类，或从未被人类所捕猎。另一个不寻常的现象是：大约就在这个时候，巨型动物以相对快的速度消失了。

巨型动物的消失及其原因，构成了古生物学、考古学和人类学领域争论不休的问题之一，而且可能注定永远如此，因为我们探讨的这个现象发生在很久以前，确凿的证据总是不足。接下来请牢记范德比尔特大学田纳西州纳什维尔校区的人类学教授托马斯·迪勒亥的评论，他在 2001 年提醒我们："在南美只发掘出一具可靠的更新世晚期骨骼化石，在北美所发现的骨骼化石也只有两具"，这就是说，我们所得出的所有结论和归纳通常是尝试性的。[33]*

新大陆早期骨骼的匮乏是令人困惑的，因为它与旧大陆和澳大利亚的情况形成极其鲜明的对比。至于有意为之的丧葬，时间在古代早期（10000 至 9000B.P.）之前的，我们只听说过一处。还发现了其他几具骨骼，但残缺不全，我们不太清楚它们的背景，而且对其进行的年代测定也不充分：虽然有些年代测定产生了轰动的结果（例如 70000B.P.），但其真实性仍待证实。根据后来的研究，只有一具骨骼的年代早于 10600B.P.。其余则在 10200 至 7000B.P. 之间。[36]

与之形成鲜明对比的是，在旧大陆，明确的丧葬实践和礼仪在约 50000B.P. 之后是普遍存在的。甚至在欧亚大陆的尼安德特人（约 60000B.P.）中间，葬礼也是普遍存在的，因为考古学家已经明确找到祭奠用的花、奇异燧石、红赭石以及其他精心准备的墓葬材料。而且，类似的丧葬模式在澳大利亚早期居民中间也可见到。考古遗存证明，澳洲大陆在约 70000 至约 40000B.P. 之间的某个时期已有人居住，那些涉及葬礼和祭品的个人葬和群葬，年代在约 30000 至 10000B.P. 之间。蒂莫西·弗兰纳里指出，尽管人类移居新大陆晚于澳大利亚，但澳大利亚出土的人类定居证据要比美洲多得多。他认为这推翻了"早在全新世之前很久人类就在美洲定居"的观点。[37]

虽然在欧洲、亚洲和澳大利亚，丧葬是如此常见，如此久远——从约 40000B.P. 以来就明确存在——但令人十分困惑的是，我们在新大陆找不到

68

---

* 南美洲的蒙特沃德遗址仍属反常情况。该遗址年代是 14500B.P.，拥有炉灶、柴房、木质研钵和石墨，甚至还有三个人类脚印，"这是有人走过松软潮湿的黏土时留下的脚印，他们取来黏土，是用作火炕整修材料的"。在这里，还发现了草药、软体动物、盐、沥青和乳齿象、原美洲驼的遗骸。[34] 托马斯·迪勒亥说，这里的工具让人想起了澳大利亚和亚洲部分地区更新世晚期的技术。这是不是说明南美洲在文化上与那些地区更亲近？或者这只是由于证据贫乏所导致的抽样误差？[35]

更多的冰川时代遗存。难道古生物学家找错了地方吗？有没有干扰遗址的因素？放射性碳测定法仍然不可靠吗？美洲的早期居民是不是因为流动性太强，所以缺乏墓地？这是不是他们适应生存的特征——将墓地看成家园会耗费太多的社会精力？正如迪勒亥所言："所有这些理由听起来都有些牵强。如果（早期美洲人）同类相食，或是实行火葬，我们应该会发现线索。"[38] 即使新大陆的早期居民流动性非常强，那么沿着已知的迁徙路线也应该发现一些人类遗迹——但是，我们没有发现。尼安德特人像早期美洲人一样流动，但他们留下了物质遗存。迪勒亥所能提供的最好解释是：古生物学家和考古学家不了解新大陆早期居民的墓葬模式，因此还没有识别出遗留下来的东西是不是人类遗存。不管理由如何，神秘依旧。

冰川外的生命

加里·海恩斯对定居新大陆的第一批居民进行了一番细致深刻的评述。[39] 他开宗明义地指出，他们最有可能是猎人，因为在相对动荡、变化无常的环境中（当然是在冰川融化的地区）改变狩猎技术以适应新的动物品种，会比改变农业技术以适应不同条件下的植物品种更容易一些，因为植物的行为（以年为周期）需要花更长的时间来观察，而这要求定居的生活方式。

在 13000B.P. 之前的某段时期内，有关新大陆早期人类的证据不仅稀少，而且模糊。克洛维斯文化（以新墨西哥克洛维斯附近的黑水遗址命名）的出现改变了那段时期的画面。克洛维斯文化的典型特征是一种"带有凹槽的"手斧，这里的"凹槽"是分布在斧刃中心的一条凹形槽，这个现象在旧大陆的石斧中并不存在，我们随后将探讨凹槽的功用。

然而近些年来，越来越多的证据表明，克洛维斯文化虽然独具特色，但它不是冰川以南的美洲地区最早的人类遗址代表。迈克尔·R. 沃特斯及其同仁已经找到证据证明，比克洛维斯文化更古老的遗址分布于从得克萨斯到佛罗里达、加利福尼亚、宾夕法尼亚的广大地区，其中一些遗址在地层学上位于克洛维斯文化层之下，时间可追溯到 15 500 年前。同时，沃特斯及其团队将克洛维斯文化的年代修订为 13 250 至 12 800 年前，跨度为 550 年左右，可能更短。南美洲的几个遗址经放射性碳元素测定，其年代与克洛维斯文化相近——例如阿根廷和智利的几个遗址。沃特斯认为早期人类从不结冰的大走廊迁徙到这么远的地方可能会用 600 至 1 000 年的时间。

在另一项研究中，乔恩·埃尔兰德森和俄勒冈大学的一支团队在加利福尼亚海峡群岛（离大陆超过 7 公里）发现满满一坑做工精良的矛头以及 50 多座贝冢，年代可追溯到 12 000 年前，有些甚至可到 13 000 ± 200 年前。这些有倒钩的精致矛尖可能只用于捕鱼，它们与克洛维斯遗址所发现的那些矛尖很不相同，不过在这些岛上也发现了类似克洛维斯（文化）的笛子，这表明在那个时期不同的群体共存且进行交易。此外，在这里发现了红赭石和黑曜石碎块，后者是在 300 多公里外的加利福尼亚东部采矿场开采的。除了证明这些古代加利福尼亚人有航海能力外，埃尔兰德森说，这些发现还证明克洛维斯不可能是新大陆最早的人类遗存，同时它们可能也是早期人类沿"海藻路"进行海岸迁徙的证据。

沃特斯说，证据与两个模式相一致。按照第一个模式，由于克洛维斯技术似乎同时出现于全美各地，因此克洛维斯人很可能在空旷的大陆上扩张迅速，他们离开不结冰的大走廊，仅用了 100 年时间便扩散到美国各地。在已知最古老的克洛维斯遗址之前，不结冰的大走廊至少通行了 200 年，在阿拉斯加的猛犸碎迹遗址发现的尼纳纳石器文化至少比克洛维斯文化早 100 年（沃特斯发现尼纳纳遗址群与克洛维斯遗址群有"极大的相似性"）。另一种模式得到了最新证据的支持，按照这种模式，克洛维斯技术

70

是通过一群先前存在但在文化和基因上尚未确定的人迅速传播到北美各地的。

如前所述，我们可以确认的是，阿拉斯加最早的文化不是克洛维斯文化。最早到达的一批人制造石叶（不是细石叶）和没有凹槽的单面矛尖（也就是只磨光一面，用一个平面）。通过分析他们的遗存，我们得知这些人狩猎大型哺乳动物，如赤鹿（或麋鹿）和野牛，他们也吃小型哺乳动物，鸟（如天鹅、鹅、鸭、雷鸟）以及鱼。但是他们似乎发展出两个分支，一个是前面提到的德纳里（细石叶）文化群，它发源于东北亚的久赫泰，可能特别适应德纳里地区的自然条件；第二个分支是尼纳纳的细石叶文化，会制造各种形式的石器，这些石器没有凹槽，但在整体上类似于后来在克洛维斯狩猎采集者中间日臻复杂的石器。

海恩斯说，在北美每个地区均发现了"成千上万个有凹槽的矛尖"。他说，凹槽的形成是为了解决手柄安装的问题。由于这个改进大获成功，它因此迅速传播到整个大陆。他进一步指出，制造这些有凹槽矛尖的人拥有其他一些共同特征：（1）他们不建造全年定居的营地；（2）他们不垒造同一时期旧大陆常见的贝冢；（3）他们没有创造出岩画艺术，或者说在大多数情况下他们没有在居住地留下艺术品（已经发现了一些艺术品，但是可以"忽略不计"）；（4）他们流动性极强；（5）他们没有制造可用来加工植物食材、鱼或小型哺乳动物的手工制品；（6）他们更倾向于猎杀猛犸或乳齿象（或以它们为食），而不是其他大型哺乳动物。[40] 蒂莫西·弗兰纳里指出，凹槽可能还有另一个功用——可以让动物的血流得更快并因此死得更快。[41] 托马斯·迪勒亥说，凹槽出现在南美洲大约是在 13000B.P.。[42]

克洛维斯人更喜欢大型动物，而不是植物或小猎物，因为大猎物更容易找到，不像植物那样容易受环境变化（如干旱）的影响。猎人无须具备特殊知识，便可轻易追踪到大型动物，而要找到并处理无毒植物，则必须具备海恩斯所说的"神秘"知识。[43] 而且他说,克洛维斯时期在新大陆的史前史上是独一无二的,因为"对这个大陆来说,这么多不同地方的考古记录如此相似,仅此一家,再无来者"。[44] 许多遗址的年代是在15000至10000B.P.之间,这可能是一个或几个"可隔离的"范围——证据并不足以做出最后的结论。尽管如此,海恩斯认为,"克洛维斯全盛期"开始于13000B.P.之后,结束于11600B.P.。[45]

白令海峡两侧的前克洛维斯遗址极其稀少,只有极少量可识别的手工制品,因此(人类)在东北亚和西伯利亚猎杀猛犸的证据"最多是非常稀少的,最差的情况是根本就不存在"(不过,迄今人们所进行的研究极其有限,猎杀大型哺乳动物的证据仍然可能出现)。在这种背景下,13000B.P.前后有凹槽的矛尖在未结冰的北美地区相对迅速地传播,这表明当早期人类越过巨大融冰的南缘出现在新环境时,他们高度成功地适应了这种新环境。在那个时候,海恩斯说,北美地区的人口"不超过"25 000人,可能由1 000个族群组成,每个族群人数在25至30人之间。[46]

按照田纳西大学诺克斯维尔校区的大卫·安德森及其同事在1998年进行的一项研究,迄今为止北美大陆已发现大约12 000个有凹槽的矛尖,这比后克洛维斯时代所发现的矛尖数量要少一些。他们说,根据现在的发掘情况来判断,后续发现的这种矛尖大约不会超过30 000个,由此可以推断整个大陆人口不多于100万,分成30 000个以上独立的族群,每个族群人数在25人左右。[47] 其他学者根据有凹槽矛尖的分布情况推断,一群人(比如100人)在将近20 000平方公里的区域内觅食,他们可能有"集散中心",人们在沿主要河流散开后不时地在此集结。有些地区的矛尖比其他地区更多,尤其是在树木更繁茂的东部地区(而非平原区),这表明他们在某些地区只是经过而没有定居。有人估算早期移民以每一代250公里的速度迁徙,矛尖的形态每隔250年左右变换一次。如果这些数字是正确

72

的，那么人口从 25 000 人上升到 100 万人，在某种程度上说就是矛尖"开槽"成功的结果。[48]

在克洛维斯遗址和后克洛维斯遗址中还发现其他有规律的变化：随着人们返回采石场和避难所，大的周期性运动与这一系列模式有所重合，这意味着人们将精良工具长途携带并有选择地"窖藏"。精良的石矛尖在离采石场 1 800 公里远的地方被发现，有时人们将安装在矛尖上的物质称作"装柄黏合剂"。[49]

既然克洛维斯人所发明的"开槽"技术十分成功，而且在新大陆是独一无二的，下述问题随之出现：为什么人们会采用这个技术？在这里我们还遇到另外一个争议。克洛维斯时代的明显特征是：在这段时期，生存了很久的北美洲巨型哺乳动物在几百年内"永远"消失了。我们之所以知道这个情况，原因在于：第一，巨型哺乳动物的生存地貌中有许多熟悉的路径和固定的资源点（如泉眼、小灌木林）；第二，植被的生长受动物食用和踩踏的影响；第三，泉眼本身会因动物打滚而被扩大和加深；第四，蜣螂以巨型哺乳动物的粪便为食并带着粪球四处流动。在几百年的时间内，上述四种类型的地貌消失了。迈克尔·沃特斯及其团队证实了"猛犸和乳齿象的灭绝在时间上与克洛维斯文化的主要全盛期是一致的"。

而且，北亚利桑那大学弗拉格斯塔夫校区的 S. A. 阿勒和 P. R. 盖布在 2001 年证明，在克洛维斯文化之后的福尔松文化（因发现地而命名，也位于新墨西哥州）中，石器上也有开槽，但与克洛维斯石器有着微妙区别，其手柄更稳固，外形更统一，这表明这些后来的矛尖仅用来捕杀一种大型猎物：北美野牛。克洛维斯石器的凹槽造型更加多样，这意味着这些人"更不用担心原材料的获取"，他们的矛尖用于捕猎更多类型的动物。[50]

虽然我们很自然地认为克洛维斯文化的起源地位于不结冰的走廊地带或紧邻冰川南缘，但海恩斯的观点正好相反。他认为克洛维斯文化起源于现在的墨西哥边境附近，因为它曾是猛犸的一个主要栖息地，那里的严寒只能是遥远的回忆了。他说，克洛维斯人可能十分矮小——生长缓慢是"适应环境的表现"，因为人们长途跋涉时"体型小的孩子更容易携带"。其他人指出，在现在非洲的!空人（!Kung people）狩猎者中，矮个男人比高个男人更容易捕到猎物。[51] 住宅遗址的缺乏意味着克洛维斯人差不多每个月都要迁徙。而且没有证据表明他们在使用火。火在后来被广泛使用——烧光灌木使得动物更容易被找到，清除凋零植被有助于新植被的生长，吸引动物前来。人们也用火来围捕动物，火让旅途变得容易，它同时也是一种交流方式。但是在上述情况下，我们应该能找到"被火烧出的植被马赛克"覆盖在气象图或巨型哺乳动物践踏图案上的迹象，以及大量的木炭。但所有这些，我们都没有看到。

巨型哺乳动物被杀光了吗？

11600 B.P. 之后，矛尖造型分成几种不同的形式——不仅有福尔松型，还有"内陆型"、"玛瑙盆地型"、"平面图型"和其他一些类型。海恩斯因此与亚利桑那大学的保罗·马丁不谋而合，后者在 1984 年最先提出克洛维斯猎人运用他们独一无二、超级实用的矛尖杀光了北美哺乳动物，这些哺乳动物之所以任人捕杀，是因为它们一直生存在没有人的环境中，因此特别温顺。[52]

这个理论遭到了阿拉斯加大学戴尔·格思里等人的批判。他于 2006 年在《自然》杂志上发表文章，提供了许多古代遗址的最新年代测定结果。这些结果表明，有些大型哺乳动物，包括北美野牛、赤鹿以及少量的驼鹿，在人类殖民新大陆之前和期间，实际上数量有所增长。正如格思里所说，人类没有对巨型哺乳动物发动"闪电战"；人类最初对新栖息地的影响是微乎其微的。

74

尽管如此，海恩斯仍然基本认同保罗·马丁的观点。他说，美国本土的"巨型哺乳动物杀戮点"比全非洲的大象杀戮点还要多，而非洲大陆比美国本土要大得多。[53] 非洲不仅面积更大，而且早期人类在那里活动的时间比人类在新大陆的时间早 13 000 多年，按照他的说法，规模至少是 100 倍。* 从现已发现的大量与猛犸和乳齿象有关的矛尖来推断，人类更喜欢猎杀猛犸并以其为食，不过这可能是因为乳齿象的活动地更潮湿，猎杀它们的矛尖可能沉降到更深的地方，不容易被发现。[54] 另一个重要的发现是：克洛维斯人是出了名的没有充分利用他们所猎杀的猛犸——它们没有被完全屠害——这可能暗示，人类是利用当时影响到巨型哺乳动物的气候条件，投机取巧地偷袭了它们。

另一个不同的理论是：气候变化（尤其是全球变暖和干旱）通过完全自然的过程消灭了巨型哺乳动物（不过，贾雷德·戴蒙德指出，美洲的巨型动物已经度过了以前的 22 个冰期，是什么让这个冰期如此与众不同？）。[55] 2007 年，25 位地球物理学家提出了另一个理论：一颗偏离轨道的彗星在大约 12900B.P. 撞入地球大气层，断裂为碎片，爆炸成巨大的火球，引发大规模野火，导致巨型哺乳动物和克洛维斯人的灭绝，新大陆人口减少 70%。地球物理学家说，他们在 8 个有据可查的克洛维斯遗址中发现了外星碎片的证据——包括纳米金刚石和包含稀有同位素氦-3 的碳分子，前者只在陨石中发现过，后者在宇宙中的含量比在地球上多得多。野火的化学特征（多环芳烃）也在三个遗址中发现。而且，在美国和加拿大的至少 70 处遗址中发现了一层黑色的沉积层（大规模燃烧的证据），其年代在 12900 年前，位于克洛维斯遗迹的地层之上。这证实了如下观点：在那个时候确实有过外星的撞击，它对美洲的地貌、早期人口以及巨型哺乳

75

---

* 有条件开展研究的非洲考古学家比北美要少得多，但是即使考虑到这一点，海恩斯说，非洲的杀戮点"比起北美地区还是少得可怜"。

动物产生了明显的影响。[56]

人口下降的理论遭到了其他学者的质疑，比如海恩斯认为猛犸的肉体没有被充分利用，这表明克洛维斯狩猎者发现捕杀猛犸十分容易，因此他们就不会珍惜和充分利用动物的肉和其他副产品。当然，两个理论也能合到一起，因为巨型哺乳动物可能是慢慢饿死的，冰期结束所引发的气候变迁将它们折磨得越来越虚弱。克洛维斯人可能选择虚弱或脆弱的动物下手，这无疑是个明智的选择。即使如此，被捕杀的巨型哺乳动物未得到充分利用确实能够证明食物供给十分充沛。后来，新大陆某些部落所使用的图腾——这些图腾控制着人们狩猎某一特殊动物的行为，它有助于保护那种动物，从而维持未来的供给——很可能是对那段时期的集体回忆（和警示），因为在那段时期，由于滥捕滥杀，人们的主要食物供给彻底灭绝了。[*]

加里·海恩斯也将克洛维斯文化与同时期的旧大陆文化进行了对比。他的基本观点是：欧亚大陆和美洲大陆在面积上的差异和旧大陆上人类出现的漫长时间，能够解释两者之间最重要的差异，不过欧亚大陆在当时并不像它现在这样大，因为冰雪覆盖了北部的大片地区。即使考虑到这个因素，在克洛维斯文化与更新世晚期和全新世早期的欧亚大陆文化之间，仍存在某些富有启发性的差异。

在三个最重要的差异中，第一是艺术品在旧大陆的广泛存在，其中最引人注目的是分布于从法国到乌克兰地区的所谓"维纳斯小雕像"。之所以被称为"维纳斯小雕像"，是因为它们呈现出非常夸张的女性特征（我们将在第 7 章更详细地讨论）。第二个差异是定居点的规模。在捷克共和国的下韦斯托尼采，有一处遗址可追溯至公元前 29000 至前 25000 年，遗

76

---

[*]　猛犸在西伯利亚北端海岸、北冰洋上的弗兰格尔岛上一直存活到 4000B.P.。

址中至少有 150 头猛犸的遗骨，还有用猛犸骨、木头、岩石和泥土搭成的临时处所，以及灶台和灰烬沉积，后者是使用火的迹象，还有 2 000 多个陶土雕像碎块和其他许多手工制品——由石头和有机物制成。[57]

加里·海恩斯和伊利诺伊大学的奥尔加·索弗认为，克洛维斯文化与欧洲的格拉维特文化（因发现于法国多尔多涅省的格拉维特而得名，年代在 28 000 至 22 000 年前）存在重叠之处。格拉维特文化不同于克洛维斯文化，因为前者分布于早有人类活动的欧洲地区，而克洛维斯人进入的是无人占据的处女地。但是，格拉维特文化和克洛维斯文化分布的地理范围均极其广大，这意味着他们都是非常成功的适应者。不过，就格拉维特文化而论，它到底是人口的传播还是思想的传播？人们尚未达成共识。格拉维特人和克洛维斯人均捕猎猛犸这样的大型哺乳动物，但是这些大动物在他们各自的食物中到底有多重要？关于这个问题，学界也未达成一致意见。在西欧，格拉维特的动物群记录以驯鹿和毛皮动物（主要是狐狸和狼）为主，但是在摩拉维亚、波兰和俄罗斯中部平原，猛犸"占据主导地位"。正如我们所看到的，在克洛维斯的动物群名录中，最常见的是猛犸，北美野牛和其他类型的动物则很少出现。格拉维特遗址有时表现出精致的生活特征，"个人装饰物品是相对丰富的"。[58]

克洛维斯和梭鲁特文化（21 000 至 17 000 年前）也有相似性，主要体现在石器制造技艺上，但是梭鲁特石制工具——广义上说是欧亚大陆的石制工具——相对多样且包含克洛维斯遗址没有发现的形式。最吸引人的对比是克洛维斯文化与马格达林文化的对比，后者发现于韦泽尔河谷的马格达林，同样位于法国多尔多涅省，年代是 18 000 至 10 000 年前。马格达林燧石传播到很远的地方，几乎没有任何遗址被人类居住超过一年，几乎没有艺术品。大的石器堆积也十分少见，附近没有带炉灶的房屋，"所有迹象都表明他们属于四处迁徙、逐草而居的游牧民族"。[59]

77

　　将这些因素综合起来，我们可以得出结论：可能除了几个例外（例如，宾夕法尼亚的舒普和马萨诸塞的布尔布鲁克），没有任何大型克洛维斯遗址（20 英亩以上）拥有贝冢；可能除了得克萨斯的高尔特外，克洛维斯文化没有艺术品或装饰品。2009 年 4 月，在芝加哥举行的古人类学学会大会上，维多利亚大学（位于英国哥伦比亚）的吉纳维弗·冯·派辛格和阿普里尔·诺埃尔的最新研究引起了轰动，他们证明还有大约 26 个被忽视的符号与冰川时代的巨幅岩洞壁画并存，它们分布于从法国到南非、中国、澳大利亚和南北美洲的广大地区。这些图案在当时可能具有重大的精神作用，但它们的意义（许多图案出现在相似群落中，这表明它们确实具有意义）被我们所忽视。[60]

　　所有这些表明：新大陆的第一批居民不仅人数极少，而且流动性很强；这一迁徙现象是不可重演的；从一开始他们就以分布范围相对狭窄的巨型哺乳动物为食——可能是由于这些动物是相对容易猎捕的——艺术品没有出现，因为没有必要建立专属领地或部落标识。[61] 而且食物供给十分充足，因此他们根本没必要通过记录来帮助他们记住动物的习性。

第二部分

新旧大陆的自然差异

5

火山带与热号角

第一批美洲人到达时，整个新大陆荒无人烟，这是个不争的事实。它对于解释新旧大陆之间的差异具有至关重要的作用。但是这不是唯一重要的事情，可能也不是最重要的事情。我们现在有必要考虑一下元历史（meta-history）现象，即影响全球或其大部分地区的深层力量，曾经（和正在）通过何种方式影响人类发展的大轨迹。我们已经看到地球绕日轨道如何决定了冰期和间冰期，以及洪水如何影响了人类在全世界的分布。而且，正如前文刚刚讨论过的，大陆的延展和运动有助于确定世界各地动物的进化类型。现在，我们有必要考虑一下其他几个深层力量。

例如，人们早就知道环境热量以可预知的显著方式影响着生命。它助长了不利于人类的生命形式（特别是昆虫）的增殖，从而使疾病在热带国家传播得更快。在有些情况下，这是致命的，以至于人类无法形成城市生活。[1] 气温和降雨模式的独特分布意味着欧洲农民可以全年种植谷物。[2] 在西班牙、葡萄牙、希腊和意大利南部，橄榄树和葡萄长得比谷物好，放牧收成比农业收成更好，这两个因素可能限制了这些国家发展成工业国家。[3]

81　直到铁器出现后，阿尔卑斯山北部的密林才能被清理成农田，这就是北欧落后于地中海国家数千年但后来又超越它们的原因之一。[4]

广义上说，不管是过去，还是现在，新旧大陆在三个重要方面存在差异。第一个方面在本质上属于气候因素，第二个方面属于地理因素，第三个方面是气候和地理因素所导致的生物学结果。三者相互关联，并共同影响了东西两半球各方面的发展，包括食物生产、管理体系、战争模式和宗教信仰等诸多方面。在这三种因素中，第一个也是最基本的因素是天气。

天气的起源

世界上有三大区域在很大程度上支配着世界的天气模式。它们分别是太平洋、北大西洋、喜马拉雅山脉以及与之相关的青藏高原。它们的构形不仅有助于塑造全球气候，而且通过影响文明的发展方式、地点和时间，影响了历史进程。

在某种意义上说，全球天气的起点在太平洋。一则由于近赤道纬度盛行东西向的信风，二则由于从东南亚到澳大利亚分布着一串岛屿链，因此在太平洋西南角、菲律宾群岛附近形成一个横跨数千公里的暖水区。暖水区水分蒸发，形成巨大的灰雨云，从而产生暴雨，这就是所谓的季风气候。季风（monsoon）一词来自阿拉伯语的"mausem"（季节），传统上指的是雨季，即雨水在北半球夏季向北移、冬季向南移的天气现象。在印度西部和巴基斯坦，阵雨从 6 月份下到 9 月份，有时持续到 11 月份，数以百万计的赤道地区农民——事实上是世界上三分之二农业人口——依赖这个降雨周期生存。

北大西洋十分重要，只要看一眼世界地图你就会明白，太平洋与北极地区实际上相互隔绝——白令海峡仅有 60 英里宽——大西洋北部最宽处

达数千英里。这意味着冰川不时与极地分离并向南漂移，逐渐融化。这片 82
水域蒸发出来的水蒸气在盛行风的作用下向东移动，在喜马拉雅山脉和青
藏高原以雪的形式降落下来。喜马拉雅山脉是地球上最大的山脉，没有如
此规模的其他陆地达到这种高度。如此多降雪覆盖在如此广大的区域，必
然消耗很多的太阳能，因为雪在陆地回暖之前肯定会融化。众所周知，在
21 000 年、43 000 年和 100 000 年的轨道周期，季风强度是不同的。但更
重要的一点是，自 8 000 年前的最后一次大洪水开始，这一过程一直在持
续，那次洪水使大量的冰川进入大西洋，比以往任何一次都多，它造成的
总体影响是：在那段时期，亚洲季风持续减弱。正如我们随后将看到的，
亚洲季风强度的下降——其影响延伸到地中海地区东端和北 / 东非——和
随之而来的日益干旱，决定了旧大陆几个文明的兴衰。1981 年，威斯康星
大学气候研究中心的里德·布莱森和 A. M. 斯温利用印度西部湖区的花粉
数据得出结论：夏季季风在全新世早期（10 000 至 8 000 年前）达到高峰，
但现在的强度减弱为当时的三分之二。[5]

　　太平洋西南角的暖水区位于菲律宾群岛附近，它在正常年份都会存
在，并获得同样面积的冷水补给，而冷水区位于东太平洋的智利、秘鲁和
加利福尼亚海岸附近。东太平洋在正常情况下十分寒冷，即使近海岸区也
是如此，因此就不会有水分蒸发，极少形成雨云。秘鲁沿岸实际上没有降
雨，墨西哥巴扎半岛和加利福尼亚往往延续数年的干旱。[6]

　　这种干燥气候对于新大陆早期人类的发展具有深远影响，但是由于某
些不完全明确的原因，这种"正常的"事态偶尔会发生逆转。太平洋地区
的东西信风衰弱，甚或完全停止，取而代之的是西南地区的反向风，由此
在太平洋上形成所谓的"开尔文波"，这股大洋表面下的巨大波动推动暖
水向东流向美洲。这波海水流过较冷的海水，以惊人的方式使海洋表面变 83
暖，接着回到西太平洋。现在，那里的海水比平常更冷，云的形成受到抑

制，于是东南亚和澳大利亚发生干旱。另一方面，在南美洲和加利福尼亚的太平洋沿岸会产生强烈风暴，一百年的降雨量能在几天之内落下来。[7]

这种模式在 1892 年为人所知。当时一位秘鲁船长卡米利奥·卡里略在利马地理学会《通报》上发表了一篇短文。他在文中指出，水流和海水温度的变化破坏了近海的凤尾鱼捕捞业（凤尾鱼喜欢冷水）。他进一步指出，秘鲁水手意识到这是一种周期性的波动，也观察到它发生的时间恰好是在圣诞季之后，因此将其称为"厄尔尼诺"（El Niño，上帝之子）。科学家现在将其称为"厄尔尼诺南方涛动"（ENSO，之所以称作"涛动"，是因为在南太平洋地区最主要的水流运动摆荡于从东向西和从西向东之间）。*

厄尔尼诺的影响范围远远超过美洲大陆的太平洋沿岸。在厄尔尼诺南方涛动期间，巨量的潮热空气集结在南美上空，这足以干扰全球正常的空气流动，给北美西海岸带来大暴雨，同时阻止北极气团进入北美其他地区，由此北美地区便能享受异乎寻常的暖冬。ENSO 也会给巴西和非洲部分地区带来干旱。

因此，全球所有地方或多或少都能感受到厄尔尼诺现象的影响。同样重要的是，特别是对本书而言，就像亚洲季风在过去 8 000 年里越变越弱一样，也有证据显示厄尔尼诺在过去 6 000 年里出现得越来越频繁。这两个方面相互关联，因为东南亚的岛屿链虽然将太平洋与印度洋隔离，但水流仍可由此通过。而且，由于海平面在过去 8 000 年里不断上升，这些岛屿也就让更多的水由此经过。因此在 ENSO 事件发生时，西太平洋相对寒冷，更多的冷水通过岛屿链进入印度洋，这也有助于减弱季风的影响。研

---

* 厄尔尼诺南方涛动是厄尔尼诺现象与南方涛动的合称。原先人们以为这两个现象互不相干，但现在大部分学者都已认同两者的相关性。它是发生在横跨赤道附近太平洋的一种准周期气候类型，亦即热带太平洋上大气与海洋间交互作用的变化。虽源自热带，却能改变全球的大气环流，进而影响各地的气温与降水。大约每 5 年发生一次。——译注

究表明：在印度，只有在厄尔尼诺出现的年份才会发生干旱。不过，不是所有厄尔尼诺事件都会引发干旱：两者之间确实存在联系，但我们并不完全了解它们之间的联系。 84

证据显示，在5800B.P.之前，厄尔尼诺现象十分罕见。在之后的约3000年时间里，厄尔尼诺现象可能每百年只发生一次或两次。直到20世纪最后二十几年，厄尔尼诺事件每7年到15年便发生一次，现在，它们每2年到7年发生一次。这是个惊人的变化，对我们的研究来说是至关重要的。

气候与文明

我们目前所拥有的证据已十分清楚地证明了季风气候影响了美索不达米亚文明的发展。它由西向东，同样影响了印巴地区的印度河流域文明和中国文明。我们也知道，厄尔尼诺在某种程度上影响了南美洲文明的发展。

两河流域的冲积平原常被称作"肥沃的新月地带"，这里有世界上最古老的城市文化遗址。这些文化中最古老的欧贝德文化出现于7000B.P.。然而，肥沃的新月地带恰好位于亚洲季风系统西部。研究显示，季风在5000B.P.之后减弱且更加多变，受此条件影响，那里的气候由相对潮湿变得易于干旱，欧贝德文化早期的小村庄因此聚合成更大的定居点。[8] 这样一来便有必要建立更大规模的综合灌溉工程（不管是在地方层面还是在国家层面），以应对日益严峻的气候条件。乌尔是这一时期出现的（最早）城市之一。它曾在4600B.P.（前2650年）前后繁盛一时，但在4340B.P.（前2390年）前后，乌尔第一王朝被阿卡德王国所灭。这也是特别干旱的一段时期，这种气候可能已使乌尔国力衰微（虽然它的大部分财富来自税收）并同样影响了阿卡德人，促成他们对乌尔的进攻。我们知道，乌尔此后继续作为一个小城邦存在，但大约 4110B.P.（前 2160 年）之后，乌尔第三王朝重新繁荣起来，在这段时期建造了巨大的塔庙，也就是月神南那庙。然而，在 3950B.P.（前 2000 年），乌尔遭到埃兰人进攻，此后再也没有恢复。埃兰古国以苏萨为都城，位于现在的伊朗西南部地区，埃兰人原先居住在更东边的高原地区，日益严重的干旱使他们的生活日益艰难，因此向西迁徙而来。

4200B.P.（前 2250 年）前后，美索不达米亚地区的所有古代文明（包括阿卡德王国）要么明显收缩，要么彻底消失。考古发掘证实：这次消亡至少部分由干旱所引发。彼得·克里夫特和阿兰·普拉姆认为，这些研究证明，在 4200B.P. 前后，阿曼湾的风尘（粉砂级尘土颗粒，在风的作用下沉积到地球表面，是测定遗址年代的常用方式）水平明显上升，地球化学和矿物学分析表明这些风尘来自从苏美尔到阿卡德的西部地区。碳-14 分析同样表明，这段极端干旱时期持续了大约 300 年时间，它与强烈的沙尘暴和死海地区的超低水位一起，构成了造成社会崩溃的原因。[9] 因此，这一地区的全景如下：在约 5000B.P.，城邦形成，以应付日益严峻的干旱，城市形成了复杂的协同灌溉系统；但随后，在约 4200B.P.，干旱气候达到一定程度，连城邦都无法应对干旱所造成的严峻形势，城邦社会因此解体，人们为了尽力存活，四处扩散。

一个颇为复杂但仍与天气相关的事实是：两河流域北部地区是靠降雨维持的社会，这往往意味着这里的管理区域（其布局像拼布床单）发展较早且相对平等（因此更具竞争性和好战性），而两河流域南部发展较晚，被河水所灌溉，因此在地理上接近线型布局，灌溉系统意味着这里的管理体制具有更强的等级性和稳定性。后者往往能更好地应对后来的干旱气候。[10]

这种模式在埃及和印度河流域并行——人们在现在巴基斯坦西部和阿

富汗东部发现了印度次大陆上最早的人类定居点。[11] 这些小规模的农业社会因发现地而被命名为"梅赫尔格尔文化",遗址位于现代巴基斯坦西部城市奎达附近。最早的梅赫尔格尔遗存可追溯到 9000B.P.,虽然最早的时候没有陶器存在的证据,但这里已经与肥沃的新月地带有所联系,半游牧民族在此发展出最早的农业,种植小麦和大麦,畜养绵羊、山羊和牛。[12] 根据梅赫尔格尔陶器的发展及其精致程度来推断,这种文化繁荣于 7500B.P. 前后,但在 5500B.P. 以后,居民的随葬品越来越少,这表明社会在衰落,并暗示夏季季风的削弱给社会带来了压力,在 4600 至 4000B.P. 间,似乎这些居民点基本上被遗弃了。其衰落与印度河流域文明的兴起在时间上是一致的。由于夏季季风持续衰弱,梅赫尔格尔文化区越来越干旱,这里的居民向东迁徙到印度河 / 萨拉斯瓦蒂河流域的冲积平原,于是印度河流域文明兴起。

　　伴随迁移而成长起来的哈拉巴(和摩亨佐-达罗)文明在当时非常先进,拥有极其发达的供水、排水和废物处理系统。[13] 人们的日常用水由井水供给,住宅中有专门的浴室,下水管道由住宅铺设到主要街道——在那个时候几乎不存在用水问题。哈拉巴文化还创造出印度的印章文字(基本上与两河流域的楔形文字和埃及的象形文字同时出现)。到 4600B.P.,哈拉巴文明已发展成为一个高度复杂的文明。但是它的辉煌,它所产生的剩余产品,它的技术成就——包括犁耕——以及不从事粮食生产的艺术家、书记员和手工艺人,掩盖了这个杰出的社会组织本来要应对的环境压力。4200B.P. 前后,哈拉巴文明经历了一场影响深远的变化,人口向南迁移到更小的居民点,从而进入后城市阶段。通过研究伦卡朗萨尔湖湖底及其周边的沉积物,科学家证明在 4230B.P. 前后,伦卡朗萨尔湖只是暂时充满了水,这表明夏季季风在"迅速减弱"。对印度河河口中浮游生物的分析表明,在 4200B.P.,印度河河水的排放迅速减缓,同样是由于季风的变化。[14]

86

让我们回到萨拉斯瓦蒂河。彼得·克里夫特和阿兰·普拉姆提醒我们，《梨俱吠陀》提到这条河的地方不下 72 处，它在规模上不逊于印度河，但消失久已。不过，写于 5500B.P. 前后的《梨俱吠陀》将它说成是一条重要河流，前文也曾提到，在 2 600 处哈拉巴文明遗址中，有将近 2 000 个发现于萨拉斯瓦蒂河古河道沿岸。河流线路的重大变化很有可能与季风的减弱有关。

87　　中国也是这样一幅大致相同的画面——在全新世早期，中国气候更湿润，8000B.P. 之后出现持续的干旱。在中国发现的石制工具中，有些年代在 11000B.P. 前后，也就是新仙女木事件末期。这些石器显示出广泛的多样性，这证明早期人类和狩猎采集者为了更有效地狩猎和加工食物进行了工具变革。由于气候干旱和季风减弱，人们开始长期定居下来，这最终导致农业的产生。中国最早的人类定居点发现于西安和兰州之间的黄河流域，土壤岩心钻探表明，湿地与河流沉积物中包含大量水生软体动物的贝壳，这证明在 8000 至 6000B.P. 之间，这里环境潮湿，但在 6000 至 5000B.P. 之间，这里又变得干燥了。

黄河流域最古老的文化是大地湾文化（7800 至 7350B.P.），随后出现仰韶文化（6800 至 4900B.P.，其知名度可能仅次于半坡文化）和大汶口文化（6100 至 4600B.P.）。在大多数情况下，6000B.P. 之后居民点的分布更加广泛，这说明季风减弱和气候干旱驱使人们形成更大的群体共同劳动，以最大限度地提高农业产量。[15]

有充足的证据证明仰韶人从 6000B.P. 起就开始耕种小麦、粟和水稻，并使用犁。他们既畜养家畜，也进行渔猎，还会制造专业化的、高度打磨的石制工具。他们养蚕，会制作彩陶。接下来，在 5300B.P. 前后，黄河上游地区的马家窑文化兴起，发展出冶炼铜和青铜的技术。再接下来是 4400 至 4000B.P. 的齐家文化和山东半岛的龙山文化。[16]

克里夫特和普拉姆认为，这些文化遗址中的骨头和牙齿化石证明在5900B.P.前后出现一次干冷天气的来袭，这标志着平均主义社会（如仰韶文化）的衰落，它们被更阶层化的酋长制社会所代替，如使用陶轮的龙山文化。龙山文化也标志着向城市生活的过渡，这里出现了土城墙和护城河，同时有种植水稻的遗迹。他们认为这是应对季风减弱的适应性举措。

像齐家文化一样，龙山文化在4000B.P.前后不复存在，与之伴随的是高品质陶器的消失。4000B.P.以后，由于环境变得越来越恶劣，整个黄河流域的密集居民点逐渐减少。[17]

因此，这幅画面是前后一致的。在我们最了解的那些地区——旧大陆或者说阿拉伯半岛、北非和印度半岛上的那些文明——8000B.P.之后季风慢慢减弱，最后一次大洪水发生。北极地区的巨大冰川在北大西洋慢慢融化，遇热蒸发，最后以雪的形式降落在喜马拉雅山和青藏高原，这些雪在融化时消耗越来越多的太阳能，从而削弱了西南太平洋的水汽蒸发，进一步减弱了季风的强度。这促使人们更加紧密地生活在一起，城市随之产生。

4200B.P.之后，气候转向干旱的速度进一步加快，但这种转变在中国早期文化消亡之前似乎无足轻重。这可能是由于年代估算错误，或者表明这些文化在最终垮掉之前支撑了相当长的一段时间（长达二三百年）。这在时间上也与中国已知最早的统一王朝夏朝的出现一致——夏朝始自4000B.P.左右。事实上，克里夫特和普拉姆说，这可能就是"王朝"的意义所在：在更小的实体被严重干旱和洪水拖垮后，王朝能够利用中央集权出色地应对日益恶化的环境，控制更广大的地区，因此也能更好地维持食物供给。[18]

厄尔尼诺时间表

太平洋另一边的南美洲没有季风，但这里有厄尔尼诺——某种意义上的全球天气系统的另一端。太平洋沿岸的气候在两个方面引起了我们的兴

89 趣。在过去，比方说 5800B.P. 之前，考古证据证明厄尔尼诺现象是非常罕见的，它的发生次数比现在要少得多。* 我们通过分析秘鲁和智利的贝冢遗址得知这一点，因为在这些贝冢中有许多鱼类和甲壳类动物残骸，而它们更喜欢冷水，而非厄尔尼诺事件所带来的暖水。

5800B.P. 之后发生了两件事。首先，厄尔尼诺开始比以前出现得频繁，但相对来说还是很少发生，一百年只发生一两次。其次，海岸文化的创造者开始居住在大村庄内并建造神庙。这些频率很低的厄尔尼诺事件给他们带来广泛的破坏——沿海水域的大量凤尾鱼消失，同时消失的还有以它们为食的海鸟和海洋哺乳动物，潮汐波淹没近海岸，狂风摧毁建筑物和树木。每隔一代或每三代便发生一场如此可怕的灾难，这些灾难会鲜活地烙印在人们的记忆中并构成早期居民神话传说的重要内容。难道这就是他们在这一时期聚集在村庄并建造神庙的原因吗？他们是不是通过这种方式祈求神灵使其免遭这些灾难呢？稍后我们将对此做更多介绍。

这种状况持续了将近 3 000 年。依据软体动物和其他证据，大约在 3 000 年前，情况又发生变化。这时厄尔尼诺现象开始发生得更加频繁，接近现代的频率。这个频率本身十分有趣。现在，厄尔尼诺事件每 3 至 7 年发生一次，但在 20 世纪上半叶是每 7 至 15 年发生一次。因此，问题自然而然地出现：自 3 000 年前以来，厄尔尼诺是不是随着岁月的推移变得越来越常见？如果是那样的话，原因何在？过去 8 000 年来季风的减弱与厄尔尼诺发生频率的增加是否存在联系？或者完全是南辕北辙？我们知道厄尔尼诺事件与印度的干旱之间存在联系，尽管这一联系尚未彻底弄清楚。[20]

我们还会多次回来讨论这个问题，但目前重要的问题是：在 3 000 年

---

* 至少按照大卫·K. 基弗等人的观点，厄尔尼诺现象在当时并不是根本不存在的。基弗等人考察了秘鲁的克夫拉达塔卡威遗址，该遗址年代为 12700—12500B.P.，包含新大陆最早的近海经济活动证据。在炉灶、石器和加工过的海洋动物之上和之下的沉积物很可能是厄尔尼诺现象造成的。[19]

前，也就是厄尔尼诺事件开始变得更为频繁时，秘鲁最早的文明消亡了。几个世纪以后，城市结构才重新出现，但那时实行的已是完全不同于以前的政治体制。

因此，我们在这里看到了新旧大陆之间的异同点。城市文化（原始文明）在东西两半球的出现与消失，最有可能是天气的大规模变化所带来的结果。但是，两者的气候现象是不同的；虽然两者可能有所联系，但气候的时序表是不同的。在旧大陆，季风的减弱最初导致了社会的形成，它们的组建是为了应对日益严峻的干旱，灌溉技术得以发展。但是后来，干旱形势越来越严重，连城邦也无法应对这种局面。在新大陆，厄尔尼诺事件的频繁出现是导致村庄形成和神庙建造的一个重要因素。人们建造神庙是为了通过集体崇拜来解决厄尔尼诺所带来的灾难。但是后来厄尔尼诺频繁出现，村庄和神庙再也无法处理它了。扰动变得司空见惯，人们由此总结：在厄尔尼诺引起的灾难过后，人们不值得费力重建。这种分歧会在后来的发展中再次出现。*

90

不太平的太平洋

还有另外两个地理因素严重影响着新大陆文明。众所周知，地球表面由许多地壳板块构成，在这些巨大板块之上，大陆以每年几厘米的速度逐渐滑过地壳之下的地幔。我们发现，地球上几乎所有火山都位于这些板

91

---

* 保罗·惠特利（1921—1999）具有重大影响的著作间接支持了这些理论。惠特利是芝加哥大学社会思想研究委员会主席，同时也是加利福尼亚大学伯克利分校东南亚研究中心主任。在著作《四方之极》（1971）中，惠特利不厌其烦地指出，在古代，城市化不是现在的样子。纵观他所研究的七大文明区——美索不达米亚、埃及、印度河流域、中国华北平原、中美洲、安第斯山脉中部地区和尼日利亚西南部的约鲁巴人领地——最早的城市在具有其他功能之前总是宗教仪式中心。它们只有在满足了一系列风水要素后才能奠基，并且要按照世界轴布局，反映宇宙的秩序，宗教神圣的集中"针对人类经验的层面，它们在此能提供一个社会行为的框架"。[21]

他认为，城市在一开始是作为部落的圣祠，苏美尔地区的祭司可能是"最早从单调乏味的直接生产劳动中解放出来的一批人"。[22] 在公元前 3500 年以前，工匠极其少见，文字和早期历法系统用以维持精英阶层的凝聚力，但事实证明它们像管理体制一样脆弱，很容易受到外部威胁——不管是其他集团还是气候变化——的影响。

块的交界地带，由于板块间的相互挤压，这里也是地震的多发带。地球上75%的地震能量沿太平洋板块边界释放出来，另外23%的地震能来自从地中海向东延伸的一个地带。剩余的地震能只占到2%。[23]

总的来说，这表明在大多数情况下，活火山分布在太平洋边缘（所谓的"环太平洋火山带"），这还不包括水下火山——它们在太平洋边缘也是极其常见的。我们知道地震和火山活动与潮汐活动有关，而潮汐本身与月球施加的引力作用有关，它们的发生周期大致是四年多一点，主要发生在（北半球的）冬天。[24]火山活动与厄尔尼诺之间也有联系，因为水下火山喷发时将大量热能释放进海洋，这可以引发ENSO事件。在2001至2002年间一共发生了56次经过证实的水下火山喷发，由此我们可以看出它们的活动水平。

然而，我们还可以更进一步说明这个问题。1981年，华盛顿特区的史密森学会出版了一部由汤姆·西姆金主编的手册——记录了过去10 000年内的火山活动及其发生地和年代。这部手册确认了全球1 343座火山的5 564次喷发。[25]火山目录并不新鲜。《世界活火山目录》第一卷出版于1951年，自1960年起，经由《火山喷发通报》不断更新。但是史密斯学会的出版物记载了以往任何出版物所没有的400次火山爆发。这部年表告诉我们：一方面，在1400至1500年间，在中南美洲有文献记载的火山喷发只有三次，两次发生在危地马拉，一次发生在秘鲁。另一方面，在1500至1600年间，同样在中南美洲，有报道的火山喷发竟有139次之多。尽管地质现象具有滞后性，但这个惊人的悬殊不代表地震活动真的突然增加了大约45倍。相反，欧洲人的到达才是火山喷发报道大大增加的真实原因。意大利的火山记录进一步证实了上述推断。意大利的火山数量并不是特别多（意大利有18座火山，墨西哥有35座，智利北部和玻利维亚有57座），但在1492年以前，意大利的火山喷发报道数量比这些美洲地区更多。

在环太平洋火山带以外，有两个地区虽然不是那么引人注目，但活动仍十分频繁，它们就是非洲东北部的大裂谷以及地中海北部和东海岸。中欧和北欧、俄罗斯、亚洲大陆（中国和印度）以及澳大利亚和美洲东部地区则是相对远离地震活动的地区。

仔细观察所谓的环太平洋火山带，我们会进一步发现，西部边缘的火山并不是沿亚洲大陆分布，而是分布在半岛和沿海岛屿上：勘察加半岛、日本岛、菲律宾群岛、印度尼西亚群岛、苏门答腊岛、巽他群岛和新几内亚岛。这意味着满足以下两个条件（第一，有火山出现在大陆本土；第二，形成了早期文明）的地区只有两个：地中海东北部地区和中南美洲。

如果我们承认地质变化的缓慢节奏，承认欧洲人到达后中南美洲的地质记录更为详尽且更精确可靠，我们就可以说，16 世纪的数字（139 次火山喷发）更具代表性，折合每 37 周火山喷发一次。从另一个角度来看，阿兹特克帝国首都特诺奇蒂特兰东南 43 英里处的波波卡特佩特火山（在纳瓦特语中意为"冒烟的山"）先后在 1519 年、1521 年和 1523 年喷发，萨尔瓦多的圣安娜火山在 1520 年和 1524 年喷发，尼加拉瓜的火山在 1523 年和 1524 年喷发。事实上，直到 1554 年，中南美洲才有整整一年没有火山喷发。如此频繁的火山喷发，只有意大利能比得上，但那要归功于埃特纳火山，它在 1500 至 1541 年间喷发 39 次，但此后消停了将近十年。

毫无疑问的是，在大征服时期（以及在以前的若干世纪中），我们现在所称的拉丁美洲的火山活动比拥有高度文明的其他大陆（相对于近海岛屿）要活跃得多。还有一点值得指出，地震和火山爆发对于不能迁徙的定居民族来说更为可怕。南美洲有着许多相互隔离的小语言集团，以种植马铃薯、木薯和玉米为生，他们更容易受到地震和火山爆发的危害。

甚至熄灭的火山也可能有危险，它们会向内垮塌并引起山崩，而这在海边能引发海啸。最近也有证据表明，在冰川时代末期，火山上变薄的冰

93

川会使圆锥形顶峰的巨大冰块发生动摇，从而引发"巨型山崩"。我们现在知道，在 11 000 年前，普兰琼-彼得罗阿山（智利的一座冰火山）就曾发生过一次巨型山崩。按照环境咨询公司 ENTRIX（本部在洛杉矶）工作人员丹尼尔·托米的说法，当时火山顶的三分之一崩塌，大约 100 亿立方米岩石坠落下来，荡平了 370 平方公里的土地，覆盖距离长达 95 公里。

因此，在全世界存有古代文明的大陆地区中，拉丁美洲是目前为止火山活动最为活跃的大陆。对古代人来说，火山喷发时天昏地暗，热灰如雨般落在广大地区，引发地震，释放巨量熔岩，令地面荒芜，庄稼和房屋尽毁，生灵涂炭。因此它们是如此神秘莫测、危机重重、令人生畏。

火山并非一无是处。火山灰包含钾和磷，这些都是植物生长所必需的，火山石经风化会释放出其他营养物质。[26] 黑曜石是一种火山玻璃，许多早期文化都重视其价值，一方面是由于它的特性，能用来制造非常锋利的刀片；另一方面是由于它与神秘危险的火山活动有关。我们不难看出这种现象是如何影响火山周边居民的信仰和行为的。（在 1943 年 2 月，一位墨西哥农民狄奥尼索斯·帕里多在自家玉米地里亲眼看到一座火山的生成：一片不起眼的洼地在一天之内升高了 30 英尺，一周内升高 550 英尺，一年之内增高到 1 000 英尺以上。在九年内，它长到 6 800 英尺，它的火山岩浆流摧毁了附近的几个村镇。）[27]

由于生活在一个充满敌意的环境中，古代人可能处于高度紧张状态，甚至焦虑重重，因为这里的神灵从来不会长时间保持安静状态，他们似乎常常发威，而火山活动及地震等相关现象，似乎就是他们对人类的惩罚。在发生这些灾难时，巨大的不明力量将物体间歇性地从地下抛出，或者地面毫无征兆地震动与摇晃。如今安第斯山区有 200 至 300 座活火山。自 1532 年以来，在大约 500 次火山喷发中，估计有 25 000 人丧生。墨西哥和秘鲁都是地震易发区，秘鲁的阿雷基帕平均每百年发生一次地震，墨西

94

哥南部海岸地带的处境最危险：1985 年阿卡普尔科附近沿海的一次地震夺走了 300 公里外的墨西哥城 4 000 多人的生命。波波卡特佩特火山在 1995 年和 1996 年都有重新活动的迹象。

这些现象塑造了前哥伦布时期拉丁美洲人民的基本意识 / 心理状况，我们将在本书的剩余部分探讨它所造成的后果。

着火的天空

第二个深刻影响新大陆文明发展的气候因素是飓风。这些可能引发大雨的剧烈风暴由直径可达 50 至 1 000 英里的气旋构成，风速可达每小时 80 至 130 英里。起源于东太平洋、北大西洋、加勒比海和墨西哥湾的飓风，其名称来源于 huracán（泰诺人或加勒比人的一位神）或是 hunraken（玛雅人的风暴神）。按照泰诺人的传说，瓜卡尔（Guacar）是造物主的两个儿子之一，他嫉妒兄弟成功造出动植物，因此将他的名字改为尤拉坎（Juracan），变成邪恶的毁灭之神。[28]

在西班牙征服美洲后，早期的报道中描写过土著印第安人多么害怕这些风暴以及随之而来的大雨：其间闪电迅速划过，"天空好像布满火光"，接下来便是"令人恐怖的黑暗降临"。"猛烈而可怕"的狂风将大树连根拔起，甩下悬崖。[29]

世界各地的飓风发源于开阔水域，只出现在热带和亚热带地区，一旦着陆，大体便会消失。其最大风速出现在中美洲、北澳大利亚和南印度。由于中美洲是一个狭窄的地峡，遭受两边的挤压，受到的破坏最严重（澳大利亚和印度也是如此，但它们的陆地大得多）。在中美洲某些雨林地区，飓风十分常见，因此树木已适应性地加以进化：当飓风来临时，地面上约 30 英尺处的树冠会折断。一旦风暴过去，树木会从树干的残存部分重新长出枝叶。[30]

95

有关飓风的最后一个因素是：正如蒂莫西·弗兰纳里所说，北美洲的形状像"一个巨大的保温喇叭"。他这句话的意思是北美洲是个独一无二的地方，其主要特色之一便是气候，而它的气候是由其陆地形状决定的。从外形上看，北美洲像"一个巨大的倒楔"，深入北极亚寒带地区的楔子底部宽达 6 500 公里，楔子顶部向南延伸，形成一个半岛，仅有 60 公里宽，位于赤道以北 8 度，紧邻南美洲的狭窄地峡。楔子的东侧被阿巴拉契亚山脉阻隔，西侧被落基山脉阻隔。除了这种独一无二的地形以外，陆地的升温和降温都比水域更快，这意味着陆地温差比海上温差大。冬天，形成于大陆北部宽阔地带的超冷空气涌向南方，由于南北山脉的夹击而汇集于瓶颈处。夏天，墨西哥湾一大股加热的空气向北方涌动，"将热带向北推移"。弗兰纳里说，这对北美洲产生了"巨大的"影响，它意味着大陆温度在短期内会发生令人难以置信的变化，来自北方的湍流冷空气遭遇南方的热风，于是龙卷风形成。"世界上 90% 的龙卷风发生在北美，其中绝大多数发端于落基山与密西西比河之间的地区。"这产生了两个值得我们关注的影响。其一，"气候喇叭"增加了墨西哥湾附近风暴的强度和不可预测性，加之火山、飓风和厄尔尼诺现象，从气候学上说，中美洲可谓世界上最危险的地区之一。其二，北美洲变化多端的自然条件有助于仙人掌的进化。而仙人掌是新大陆独有的，我们将在下一章看到这种植物的重要价值。[31]

接下来我们看看太平洋本身的构造。太平洋（地质构造）板块几乎完全被太平洋所覆盖。虽然这个板块本身的厚度只有 6 英里多一点，但压在它上面的海水深度平均有 2.5 英里。当日月在东方升起时，大量的海水在引力作用下被拽向美洲海岸，当日月在西方降落时，大量的海水被拽向南太平洋岛屿和亚洲国家，巨大水体的这种规律运动引起太平洋板块的反复

96

震荡与拉伸。不仅如此，由于这些日复一日的运动，西太平洋板块被挤入亚洲板块之下，纳斯卡板块（位于东太平洋）被挤入南美大陆之下。纳斯卡板块和太平洋板块实际上是地球上扩张最快的海床。

因此，这一地区拥有世界上最不稳定的地质构造，其地震和火山活动比其他任何大陆都要活跃。

我们由此可以总结，新大陆文明形成的地区，正是"原始人类"眼中的神灵最活跃的地区，那里的神灵比其他地方的神灵更暴虐，更具破坏性，更容易发怒。虽然南美洲和中美洲的早期居民不可能做出这种对比，但他们所经历的自然灾难足以丰富他们的信仰并留下独特的印记。

雨季与信仰

关于气候与世界各地的神灵这个话题，我们还有一些话要说。例如，对于雨神和丰产神的崇拜绝不是亚洲所独有的，但只有在亚洲和幼发拉底河流域的一小块地区，雨和大河才变成神。[32] 这尤其适用于恒河流域。恒河是一条由雨季滋养的河流，古代印度人视其为圣河、朝觐之地，他们的骨灰被撒在这里。恒河的化身是恒河女神，她的形象往往是一位长着鱼尾而非人腿的美妇，骑着一条形似鳄鱼的水怪（这可能是人们对远古时期鳄鱼灾难的传统回忆）摩伽罗。[33] 关于恒河女神的出身有几个传说，其中一个说她是喜马拉雅山的主宰神喜马王的女儿。这条雨季滋养的大河（它当然发源于山脉）通常被视为净化逝者灵魂的圣河。在大壶节期间，恒河会举行盛大的宗教仪式，这是一种沐浴仪式，每三年左右举行一次，每次均有 5 000 万至 7 000 万人参加，至今仍然如此。

另一位河神是我们在上一章提过的萨拉瓦蒂。她一直被视为知识、教育、艺术和技艺之神。她是梵天的配偶，一切知识的源泉，其名字意为"流动之神"。[34]

97

古代印度人将一年分为冬季、夏季和雨季，他们用雨季（或"四个月"）来解释其信仰体系的各个方面。例如，雨季与毗湿奴之眠有关（毗湿奴是印度教主神之一，其名字"Vishnu"来源于动词"Vis"，为"流行、遍布"之意）。人们认为，毗湿奴在雨季隐退到海底，沉睡四个月时间。因此在这四个月里，人间不受毗湿奴的保护，妖魔鬼怪肆意横行。这个传说明显反映：雨季既代表威胁，对许多农民来说，也代表赐予生命的机会。因此，人们也庆祝雨季的结束。

这可能不是气候与信仰之间联系的全部内容。8000B.P.之后，季风更加变化无常，这可能意味着宗教崇拜更具迫切性。许多研究者已经证明：在季风系统下演化而来的雨林地区，由于生命无处不在、丰富多彩，因此应该有助于多神教的形成。"热带雨林生机无限，永恒上演着生死的循环。"这与中东沙漠地区发展出来的犹太教、基督教和伊斯兰教等一神教形成了鲜明对比。在挣扎中才能生存的荒凉沙漠，只有让一位神从虚无中创造生命才合乎逻辑。而在热带雨林，人类只构成这个丰富世界的一小部分，因此给予自然更深切的尊重。在沙漠地区，征服自然才是最重要的事情（在《圣经·创世记》中，上帝赋予人类"统御"动物的权力）。[35]

如果这种说法有道理的话，我们也许可以推断：8000B.P.之后欧亚大陆日渐干燥的气候也对这里的宗教信仰产生了影响，因为随着森林的消失，欧亚大陆发生了一次漫长的宗教转变——从萨满教到多神教再到一神教。滥伐森林在地中海地区尤其突出，按照克里夫特和普拉姆的说法，雨神或风暴神最先成为主要神灵。哈达和巴尔是闪米特人的重要风暴神，他们与阿卡德人的神灵亚达有联系。安纳托利亚地区的风暴神特舒普、埃及神塞特、希腊神宙斯和罗马神朱庇特都是首要的天空之神和/或风暴神。从一个以首要的天空之神为主的信仰发展到一神教，相比于从成熟的多神教（比如印度教）发展到一神教，经历的过程似乎更短，虽然在印度教中

98

也有一位掌管天空、海洋和降雨的主神伐楼那，[36] 他既无所不能，又摧毁一切，但印度教始终没有发展为一神教。我们将在后面的章节中澄清这条令人困惑的发展轨道。

东西向的优势

除了极端重要的气候外，新旧大陆之间还有其他几个系统性的差别，这些对于各自居民的发展也产生了深远的影响。这几个差别，一些属于地理方面的，另一些属于生物学方面的。

为了开宗明义，我们首先考察一下世界地图中显示的地理特征，即使它意味着我们的步子迈得有点大。这些地图首先证明，美洲本质上是一块南北向的陆地，非洲也是如此，虽然程度稍低。与之形成对比的是，欧亚大陆在本质上是东西向的。关于上述论点，何塞·德阿科斯塔和威廉·黑格尔早已指出，贾雷德·戴蒙德则进行了更详细的论述。现在，让我们把步子迈得更大些，进一步考察一下1492年以前，也就是近代以前全世界主要文明的地理分布。查阅地图后，我们发现如下情况十分突出。

这些主要文明的分布绝对不是随意的。大体说来，旧大陆的重要文明全都分布于北纬7度到北纬50度之间的热带和温带地区。但美洲主要古代文明（查文、莫切、奥尔梅克、玛雅、托尔特克、印加、阿兹特克等等）全都分布在南纬18度至北纬25度之间。旧大陆早期文明整体上的南北分布在东西两半球相去无几，基本上都分布在43度的纬度内，但美洲文明完全处在热带地区。我们随后将看到其中隐含的意义。而且，旧大陆文明的总体分布范围比新大陆大得多——在旧大陆，文明分布于东西8 500英里、南北3 000英里或总面积2 550万平方英里的范围内，与之形成对比的是，美洲文明分布于东西1 250英里、南北3 000英里或面积仅375万平方英里的范围内。单单在面积上，欧亚大陆就比新大陆占有与生

99

俱来的"优势"。

当我们在这一特定背景下使用"文明"（civilization）一词时，与其说我们用它来表示宏伟的公共建筑、不朽的艺术或先进的灌溉系统，不如说我们用它来指代这一事实：它们在本质上主要是粮食生产地，而且是在世界各地独立出现的。粮食生产很快传播开来，但这些地区的动植物驯养是独立完成的。粮食生产主要分布于这些地区：从西南亚到欧洲、埃及和北非、中亚和印度河流域；从萨赫勒地区和西非到东非、南非；从中国到赤道地区的东南亚、印度尼西亚、朝鲜和日本；从中美洲到北美洲。[37]

然而，农业文明在全世界的传播不是千篇一律的。坦白说，南北传播比东西传播要困难得多、慢得多。这是因为当你从北向南或从南向北旅行时，与东西旅行相比，各地在天气、平均气温、日照时间和土壤条件等方面明显有着更大的差别。贾雷德·戴蒙德认为，在这方面最明显的失败案例是农业和畜牧业没能从美国东南部传入北美加利福尼亚土著部落；农业和畜牧业没能从新几内亚和印度尼西亚传入澳大利亚；农业没能从南非纳塔尔省传播到开普省。

实例绝非仅限于这些。有充足的证据证明，由于基本条件的差异，新大陆南北之间在农业和文化传播方面有着更大的差别。例如，由于安第斯高地的美洲驼、豚鼠和马铃薯从未传入墨西哥高地，中美洲和北美洲也没有畜养除狗之外的哺乳动物。中美洲驯养的火鸡从未传入南美或美国东部。虽然起源于中东地区的字母表最终传遍旧大陆，甚至传入印度尼西亚，但中美洲的文字系统从未传入安第斯山脉。可能最重要的是，"中美洲人民发明的、用作玩具构件的轮子从未遇上安第斯地区畜养的美洲驼"。[38]罗马人种植中国传来的桃树和柑橘、印度传来的黄瓜和芝麻、中亚传来的大麻和洋葱，而在新大陆，北美洲的向日葵从未传入安第斯山区。[39]

其他例子包括吸食烟草的习惯，这个习俗最先形成于墨西哥，在公元

1000 年代传到密西西比河和阿巴拉契亚山脉（随后传到欧洲），但从未向南传到秘鲁，那里的居民在 1532 年仍将烟草当作没有价值的东西。象形文字、数字（包括零）以及玛雅祭司发明的一套极其复杂精确的历法，在一千年后仍未传入秘鲁帝国。[40]

贾雷德·戴蒙德及其同事甚至计算出某些古代粮食生产技术在全球不同地区的传播速度。粮食作物以每年大约 0.7 英里的速度从西南亚向西传入欧洲，向东传入印度河流域。粮食作物从菲律宾向东往波利尼西亚的传播似乎快得多，速度大约是每年 3.2 英里（可能是因为两者之间的绝大部分距离是开阔的海洋）。新大陆最早种植玉米的地区是中美洲、安第斯山脉和亚马孙地区，时间大约在 5500B.P.。玉米以每年不超过 0.5 英里的速度向美国西南部传播，美洲驼从秘鲁向厄瓜多尔传播的速度甚至更慢，大约是每年 0.2 英里。[41]

美洲诸多不同语言的分布也与上述画面的描绘大体一致。在 1492 年，新大陆居民所讲的语言据估计有 2 000 种，大约可分为 30 个语族。这些超级多样化的语言（现在世界上大约有 6 000 种语言）必定是由一个定居新大陆的有限族群（从东亚某地迁徙而来）在 15 000 年间发展演变而来的，这表明在新大陆的发展过程中没有出现旧大陆那样的"语言大扩张"。我们知道，雅利安语、闪米特语、班图语和汉语都发生过这种"大扩张"，在这一过程中，旧大陆的许多弱势小语族消失了。我们将在下一章看到为什么这种情况发生在旧大陆而没有发生在新大陆，也会看到它如何与其他发展保持一致。[42]

新大陆语言的多样性本身就足以证明这里存在许多相对隔绝的小集团，可能每种语言都对应着一个有限的地域范围。它也表明这里的战争和帝国模式的征服运动相对较少（不过印加帝国是个例外），因为这些事件会改变语言的版图。在相当短的时间里，这些隔绝的小集团发展出不同的

101

方言，然后形成不同的、相互不能理解的口音，这些进一步加剧了他们的孤立。

我们可以从世界地图中得出的第二个结论是：旧大陆的主要文明（亚述文明、罗马文明、摩亨佐-达罗文明、印度笈多王朝和汉王朝等）全都是沿"东西大走廊"发展而来，"大走廊"这一地理构造由西向东涵盖了地中海、苏伊士-红海地峡、底格里斯河和幼发拉底河、阿拉伯湾海岸线、印度海岸线、缅甸和泰国以及东南亚岛屿链，一直抵达中国。在这些海岸、河流和地峡航行，不需要巨大的胆量或毅力："走廊"实际上在直布罗陀海峡（北纬 36 度）和新加坡海峡（北纬 1 度）之间构成一条连续的便捷通道，距离刚好超过 10 000 英里。一旦盛行风形成，它会有助于海上航行，而且也不缺乏流入这条走廊的大河。这是一个有助于贸易的自然优势，而新大陆并没有。东西大走廊的布局既符合航海技术的传播模式，也符合某些神话的传播路径。

欧亚大陆大草原也是东西向的地理构造，马就是在这里最早被人类驯化的。这对世界历史具有深远的影响，远远超乎一般的认识。

我们需要特别提到地中海。这片水域除了完全被陆地所包围、在构造上是东西向以及地处温带等特征外，还有许多其他特征。这些特征证明：就人类的发展而言，它是世界上最受青睐的地点之一。例如，它由许多半岛、海湾和小水湾构成，这种生态位具有生物学上的多样性，给予居民强烈的地域感，鼓励竞争与交流。地中海上有数量众多的岛屿，其中一些岛屿是相当大的海岛。由于独特的地理环境，这些岛屿形成强烈的地方文化传统——米洛斯岛的黑曜石、利帕里群岛的明矾、西西里岛的硫黄以及莱摩斯岛的愈疗土。[43] 正如佩里格林·霍尔登和尼古拉斯·珀塞尔所言，这有助于"相互联通"，而"相互联通"作为一个重要的特性，有助于解释地中海地区的独树一帜。

一旦海上旅行比陆上旅行更加快捷、更为省钱，人们就会带着他们的商品进行贸易，其结果就是：相对而言，古代岛屿的人口比现在多得多。这意味着由于拥有众多岛屿，地中海地区的人口数量也相对较多。[44]另一个因素也有助于各地的联通，即地中海与众多山脉相邻，因此地中海大部分地区是看得见陆地的。

地中海地区的其他优势还包括这片地区富产许多不易腐烂的食品（谷物、奶酪、橄榄油、葡萄酒），可供商业贸易；缺少大潮（因为直布罗陀海峡太过狭窄）意味着地中海地区可生产更多的盐，这有助于保存肉制品；许多流向海洋的河流在河口形成众多冲积湿地，那里适宜种植农作物。[45]

三角洲与疾病

更进一步的观察告诉我们，旧大陆至少有四个河系促进了伟大文明的萌发：尼罗河促进了法老时代的埃及文明；底格里斯河和幼发拉底河促进了亚述文明和巴比伦文明；印度河和萨拉斯瓦蒂河促进了摩亨佐-达罗和哈拉巴文明；长江促进了汉文明。例如，尼罗河在埃及由南向北流淌，但盛行风从北向南吹，这促进了尼罗河上的双向交流。与之形成鲜明对比的是，新大陆的主要河流（圣劳伦斯河、密西西比河、马格达莱纳河、奥里诺科河、亚马孙河、巴拉圭河或拉普拉塔河）全都与重要的古代文明没有关系。这些地区的居民虽然也建造村镇，比如密西西比河流域的卡霍基亚就建造了纪念性建筑；但一般说来，新大陆的大河与伟大的文明并无关联。这个极其重要的特殊差异可能与下述事实有关：在 9 500 至 8 000 年前之间，由于大陆架上的海平面上升，世界各地形成河流三角洲。海平面上升使河流坡度减小，这意味着水流向大海的速度放慢，河流自然更加蜿蜒或者淤塞，偶尔导致灾难性的河道突然变化。尽管存在河道突然变化的风险，但这些三角洲形成了肥沃的冲积平原，这一过程出现在两河流域、

103

印度恒河流域、埃及尼罗河流域、泰国湄南河流域、婆罗洲马哈坎河流域以及中国长江流域。我们前面已经提过，在这些三角洲中，至少有四十个的年代已经被确定。这些三角洲或者冲积平原有利于某些植物的生长，而这些植物往往种植于旧大陆，它们不同于新大陆常见的植物。这种地质构造对于农业和文明的发展具有深远的影响。

这些地理/气候形态是基础性的。随着本书的深入，我们将更详细地看到，东西大走廊促进了旧大陆不同地区间民族、货物、疾病和思想的传播；新大陆太平洋沿岸寒冷的深水吸引了独特的鱼群和海洋哺乳动物群，这是一个富饶的世界，为早期居民开辟了一条独一无二的发展轨道。我们必须谨慎，不能将复杂的场景过于简单化，但东西两半球不同的水形态确实最终影响到从农业到宗教的方方面面。三角洲与冲积平原的形成，由于加速了商业、人员和思想的交流，促进了海岸/近海文明和海洋文明的发展。

104

6

根茎与种子，以及反常分布的驯养哺乳动物

另外两个因素建立在这些基本的地理差异基础上。首先，在植物方面，新旧大陆之间存在本质差别。基本说来，世界各地发展出两种根本不同的农业，每一种都有明显不同的分布。这两种类型的农业分别是种子种植和缘体栽培。

顾名思义，种子种植指的是利用种子的有性繁殖来栽培农作物——尤其是禾本科植物 / 谷类，如小麦、燕麦、大麦、黑麦、粟、稻和玉米，除了最后一个，其他作物仅原产于旧大陆。缘体栽培指的是通过无性繁殖来栽培根茎类农作物，如木薯、马铃薯、山药等。根茎类植物并不局限于新大陆，但美洲确实是许多根茎类植物的故乡，不仅包括山药、美人蕉、木薯和甘薯，还包括那些适应寒冷山区的作物，如马铃薯、块茎酢浆草、块茎藜、秘鲁胡萝卜等。这两类农作物在全世界的分布情况明显不同。

种子种植主要出现在更干燥的热带、亚热带和温带地区，而缘体栽培则完全处在热带地区（根茎类植物在中东和中国的作用是微不足道的）。[1]

这两类植物也催生出两类种植农业，即所谓的小垦田种植和小农场种植。小垦田种植指的是种子种植，它与烧垦农业相关——也就是通过刀耕火种的方法毁掉森林，开辟空地（农田）并在此播种。小农场种植指的是根茎作物种植，通常要准备土丘，在此植入植物茎干或其他植体部分。虽然小农场种植可以使用刀耕火种技术，但人们会连续数年在同一地方种植许多块根茎类作物。

除了它们的全球分布和种植方式不同外，根茎类作物和种子作物之间还有另外三个极其重要的差别。第一，由于根茎类作物种在地下（和热带地区），其他植物长在它们上面，为它们提供遮盖。这意味着它们所生长的土壤不太可能遭受侵蚀（比如风的作用），因此这样的土壤更能保留较丰富的营养物质。同时，根茎类植物的自然生长条件意味着它们可以被全年不间断地收获，而不是像谷类那样一次性完成，这也意味着这样的土壤更肥沃，因为既然没有一年一次的收获期，也就不会一次性流失土壤表层的肥力。我们后面会看到，这种不同的周期性变化也具有仪式／宗教内涵。

根茎类和谷类植物之间的第二个差别是：前者几乎完全属于热带植物，适应了旱季和雨季泾渭分明的生态系统，为了度过旱季，它们必须储存足够的养分。这意味着根茎类植物需要累积淀粉，以度过这些时节。事实上，人们食用它们，主要是因为它们的淀粉含量高。与之相比，谷物的蛋白质含量则丰富得多。例如，各种形式的大麦和小麦含 8% 至 14% 的蛋白质，豆类的蛋白质含量高达 20% 至 25%，而稻米、玉米和根茎类植物的蛋白质含量则低得多（例如芋头仅含有 1% 的蛋白质）。由此推断，以根茎类植物为主食的人们必须通过其他方式补充蛋白质——主要是通过捕猎动物。有些学者甚至认为食人行为是某些部落为了满足补充蛋白质的需要（这一过程被称作"捕获蛋白质"）而发展出来的。[2]

这一切的影响是深远的。我们不应忘记世界某些地区——加利福尼亚、澳大利亚、阿根廷大草原、西欧——从未开发出本土的粮食作物。[3]
根茎类植物本质上是比谷类植物稳定得多的作物体系。在谷物农业中，要
想使土地不随着谷物的种植而衰竭，早期种植者必须每年转移到新土地上   106
耕种，直到休耕后的土地重新恢复肥力。这一切意味着种植谷类作物（不
管是小麦、大米这样的大种子作物，还是像粟这样的小种子作物）更可
能扩张到新地域，而种植根茎类作物相对固定。实际上，在世界某些地
区（例如东南亚和西印度群岛），种子农业确实扩散并取代了缘体栽培。[4]
另一方面，缘体栽培农业倾向于定居，然后留在河岸、海岸或草原地区边
缘，在那些地方，早期人类能够通过狩猎（或捕鱼）来补充因食用根茎类
食物而造成的蛋白质不足。它也意味着肥力（或至少是肥力周期）在根茎
类植物栽培中不是个大问题，因此，在他们的宗教信仰中很少反映这个
问题。

    植物种植发展到一定阶段就会出现"组合型"农业种植方式。"组合"
到一起的少数几种作物被称作"基础作物"。例如在中东地区，基础作物
包括小麦、大麦、豌豆和小扁豆。农业萌发于"肥沃的新月地带"（巴勒
斯坦部分地区、约旦、以色列、土耳其和伊拉克）是因为这里的纬度合
适，属于温和的地中海气候——当时世界上最大的农业生产区——它的山
脉意味着野生禾本科植物在整个秋天的收获期可随不同的高度而错开：当
植物成熟时，人们可以沿着山坡上下移动。这种组合之所以出现，是因为
许多谷物虽然含有蛋白质，但其含量并不是很高，而这种缺乏可通过食用
豆类（豌豆和小扁豆）来补充。前文已经提过，豆类的蛋白质含量可高
达25%（亚麻也被视为基础作物，像非洲的酒椰和印度的棉花一样充当纤
维来源）。正如贾雷德·戴蒙德所指出的，谷物和豆类一起"提供了均衡
饮食的多种成分"。[5]同样，在中国形成的"作物组合"包括水稻（大米）、
粟（小米）和大豆（后者的蛋白质含量高达38%），再加上用作纤维的大

麻；在中美洲，这个组合是玉米、豆类和南瓜，加上用作纤维的棉花、丝兰和龙舌兰。

谷类和根茎类植物的其他三个重要差别应该提请读者注意。第一，谷物生长迅速，而且由于它们能迅速吸收土壤肥力，这是它们能够迅速传播的另一个原因。谷物的种植最早可追溯到 10 500 年前，发源于西南亚的"肥沃的新月地带"。因此，新月地带的动植物相当好地满足了早期人类的基本需求——碳水化合物、蛋白质、脂肪、衣服、牵引和运输。[6] 它们在 8500B.P. 前后向西传入希腊，在 7000B.P. 前后传入德国。传入中国大约是在 9500B.P.，传入印度河流域大约在 9000B.P.，传入埃及大约在 8000B.P.。与之相比，美国东部的四种基础作物驯化于 4500 至 3500B.P. 之间，比新月地带驯化大麦和小麦的时间晚了整整 6 000 年。此外，这些作物并不能完全满足人体所需，因此美洲土著印第安人必须用野味——主要是野生哺乳动物和水鸟——来补充这些基础作物之不足。直到 2500 至 2200B.P.，务农才变成他们的主要生产活动，这时有更多的种子作物（蓼科和草芦）才加入他们的食谱，这些作物的蛋白质含量（17% 至 32%）很高，与之相比，小麦的蛋白质含量为 8% 至 14%，玉米是 9%，大麦和稻米更低。[7] 仅就农作物种植来说，美国东部的整体环境没有什么问题——土壤肥沃，降雨稳定。然而，直到大约公元前 200 年至公元 400 年，这里的本土文化才达到全盛期，比两河流域村庄的出现晚了 9 000 年。而且直到公元 900 年，墨西哥农业"三宝"（玉米、豆类和南瓜）才使得足够的剩余农产品出现，从而导致密西西比河地区城镇的产生。美国东部地区的土著印第安人从未驯养当地的野生豆类、纤维作物、果树或坚果植物。

新大陆的驯化进程之所以滞后，原因有很多。玉米的发展轨迹是因素之一，关于这一点，我们将在第 10 章探讨。第一，一系列的连锁因素加速了谷物的传播与效能。在较干燥的新条件下（这是我们一直在讨论的问

107

题），谷物在定期河水泛滥的土地上，也就是江河流域的冲积平原上（往往靠近或就在相对新的三角洲上）自然生长，长势良好。但根茎类作物不喜欢涝地。这个差异比它表面看起来更重要。谷物能够生长在冲积平原／三角洲上，这意味着旧大陆的早期居民往往在靠近海洋的河口地区发展，这有利于与外界的联系。而食用根茎类植物的居民常常在冲积平原高处创建村社，因为根茎类植物在涝地中无法生长。因此，这些村社一般建在大河流域上游（远离海洋），他们与外界的联系自然更受限制。这种隔绝进一步刺激方言的出现，进而形成相互难以理解的各种语言，如此恶性循环。在旧大陆，农业发展促进了交往与联系，进而形成竞争，而在新大陆，早期农业基本上阻碍了相互的联系。

108

第二，种植谷物的回报比种植其他任何形式的作物都要高。[8] 收割谷物和脱粒比挖掘根茎更省力，对于定量的植物来说，谷物的营养价值更高。二粒小麦和大麦的种子大，因此收获起来更容易。而且，由于一年生植物（谷物就是这样的）不用将能量花费在生成木质或纤维质茎干上（因为它们不必撑过整个冬天），因此它们用全部能量来产育大种子。据估算，每公顷谷物的种子产量可达 1 吨，每消耗 1 千卡工作，可产出 50 千卡能量。另一个原因，可能也是更令人感兴趣的原因是：谷物一年只成熟一次，因此收割谷物所必需的人员比挖掘根茎类植物的人数更多。这将鼓励集体生活，而且它也具有宗教意义。也许最重要的是，谷物容易储存，而且可以连续数月保持近乎完美的状态。因此，剩余产品能更加容易地积累下来，这首先可以保护日益增多的人口在庄稼歉收时免受无粮之虞，其次它们可以作为商品交换的基础。最后，剩余产品还可以养活那些不从事食物生产的专业人士，如书记员、祭司、国王、艺术家等，这就是文明的特征之一。根茎类植物只有在需要时才挖出来，在这种情况下，很难想象"剩余产品"的概念。

种子农业的发展也与撒播技术的发明／传入相互关联。撒播技术适用于只种植一种作物的田地，农民在田地中将一把一把的种子抛撒到较大的一片区域。它的作用实际上是随着犁耕的出现才发挥出来的——否则的话，撒播种子应该只是喂鸟的一种方法。这也与家畜的畜养有关：男人能够操纵简单的犁，但牛能拉更重的负荷，挖出的犁沟更深（参见第 7 章）。

109　这意味着田地能够专门用于种植一种作物，这进一步提高了产量和效率。然而新大陆几乎没有驯养动物，从一开始，根茎类作物就是基础作物，即使出现了种子作物，人们也是借助锄头将种子一颗颗地种在地里。因此，新大陆的大部分田地变成"混合田园"，这当然也消除了犁的必要性，如此而来，这便是另一个"恶性循环"。

有关植物区系的另一个因素需要单独列出来。新大陆（尤其是中南美洲）拥有地球上已知的致幻类植物的 85%。这也是一种偶然，但是结合萨满教在全球的分布和早期人类经白令陆桥进入美洲的路线，这一巧合将产生深远的影响。对此，我们将用整整一章（第 12 章）专门探讨。

面饼与麦芽酒

最后一点涉及两个问题：一是植物驯养与动物驯养是如何联系在一起的；二是这种"组合"效应是如何实现的。在旧大陆，这两个过程彼此跟随，相辅相成。例如在中东，绵羊、山羊和猪在 10000B.P. 时已被驯养，也可能更早些，但不管怎么样，是在小麦驯化的一千年内。情况可能是这样的：早期居民开垦出第一批田地，随后几年发现，作物产量不如前一年，同时他们也注意到，哺乳动物在哪里吃草（更主要是排粪），哪里的植物就长得越快。因此，在他们头脑中形成了粪肥的概念并认识到施肥的性能。但是，早期人类很快发现这些动物也能提供肉、奶（以及奶酪），它们的皮能被做成皮衣、皮鞭等其他皮革制品。

新旧大陆之间还有一个重要差异。有些地区（北美、澳大利亚、撒哈拉以南非洲）根本没有可供驯养的候选动物。而欧亚大陆将近有 12 类 动物可供驯养：绵羊、山羊、各种牛、猪、马、两类骆驼、驴、驯鹿、水牛。而且，其中 7 类原产于西南亚或中东，这些地方的大麦和小麦十分常见。在南美，仅有 3 种哺乳动物适于驯养：美洲驼、羊驼和豚鼠，除此之外，还有属于鸟类的火鸡。前文已提及，北美洲根本没有适于驯养的哺乳动物。新旧大陆之间的另一个重要差异是：旧大陆不仅驯养的动物种类多得多，而且这些动物的用途更加多样。这些差异深刻影响了新旧大陆的差异发展。

新旧大陆之间之所以出现这种明显的差异，原因之一可能是欧亚大陆的面积更大，这决定了欧亚大陆可供驯养的候选大型哺乳动物总共不少于 72 种。最近研究表明，这些大型哺乳动物中的绝大部分是在欧亚大陆的大草原上演化而来。[9]撒哈拉以南非洲拥有 51 种大型哺乳动物，但无一被驯养，美洲拥有 24 种大型哺乳动物，澳大利亚仅有一种。比起前面这些地区，欧亚大陆显然更胜一筹。

驯养动物并不容易，我们不能将它与豢养宠物混为一谈。大多数大型哺乳动物似乎在 10 000 至 4 500 年前的"驯养时代"就被人类驯养。狗似乎是最先被人类所驯养的动物（12 000 年前），然后是绵羊、山羊和猪（10 000 年前），接着是牛（8 000 年前）、马和水牛（大约 6 000 年前）、美洲驼/羊驼（5 500 年前）、北非的驴（大约 5 000 年前）以及各个品种的骆驼（4 500 年前，为什么骆驼没有更早被驯化成犁地的牲畜，这至今仍是个谜）。

被人类所驯养的动物具有的主要共同特征是：它们都是群居动物，具有强大的等级序列，没有表现出明显的领地行为。这是理想的社会结构，因为在驯养过程中，人类变成了优势等级。[10]山羊、奶牛、绵羊、骆驼和其他哺乳动物还能产奶，人们将其制成奶制品（黄油、奶酪和酸奶），这意味着它们可以在生命周期内持续成为蛋白质来源，而不仅仅在它们被屠宰时。大多数独居的地域性动物则不能被牧养。

与植物一样，新大陆动物的扩散也比旧大陆慢得多。在哥伦布到达新大陆之前，安第斯美洲畜养的任何一种哺乳动物（美洲驼、羊驼、豚鼠）都没有传入中美洲，这意味着奥尔梅克人、玛雅人和阿兹特克人不得不过着没有驮畜的生活。由于没有驮畜（驮畜能变成役畜），就不需要轮子（尽管中国人为应对梯田农业而发明的独轮手推车可能也会有用）。

定居生活的发展和农业的引入导致人口显著增加，人口密度相应增大。这刺激了一种良性循环或自动催化过程。在此过程中，随着人口密度的增加，粮食生产日益受重视，因为它提供了日益增加的所需产品。定居生活意味着早期人类可以缩短后代之间的生育间隔（为了防止再次受孕，狩猎采集和游牧生活的妇女给孩子断奶的时间更晚）。农业人口（定居社会）的生育间隔大约是两年半，而狩猎采集者的生育间隔是前者的两倍。因此，在种子农业体制下，人口增长自然而然比在缘体栽培体制下要快得多。这造成的后果是，旧大陆总体上人口密度比新大陆大得多。

而且，从这次收获到下次收获之间需要储藏谷物，这种需求导致大量革新的出现，而那些依靠根茎类植物生存的人们似乎从未想过这些，因为他们可以全年随时"收获"，储存的需求并不那么强烈。旧大陆的一项革新是陶器。人们发现，有些黏土掉进火里后会变硬，于是陶器出现了。陶罐是理想的防鼠器皿，它们的存在似乎促进了如下想法的产生，即如果贮存一定量的谷物只是为了防止来年歉收，农民为何不生产更多的谷物并用剩余产品来交换呢？

陶器只能在定居社会用作储藏工具。狩猎采集者与依靠根茎类植物和猎物为生、因而流动性更大的人更喜欢篮子、布袋和葫芦，因为它们更轻便，更柔韧，十分耐用，不容易破碎。不过，我们又发现一个环环相扣的发展过程，因为陶器的发明有几个连锁反应。第一，在陶器里用水蒸煮燕麦、大米和小米，可以更快熬成粥或做成面食（不过这不一定是绝对的，例如萨赫勒地区以小米为生的社会）。第二个连锁反应是冶金术的发明，这可能是在加热带有黏土的矿石时无意间被发现的，当一种颜色的石头（可能是绿色的孔雀石）因高温加热产生明亮的、可锻造的红色物质（我们知道这就是铜）时，早期人类的生活因之而改变。第三个连锁反应是啤酒的发明。谷物放到陶器里促进了发酵——这肯定又是一个神奇的过程，可能也是无意中发现的，当时人们观察到，静置一段时间的陈粥"没有变质，反而尝起来有点甜，喝后对大脑和情感产生独特的影响"。[11] 接下来是葡萄酒的发明，它对心理和情感也有影响。我们将在后面的章节看到，陶器的发展实际上与酒和其他致幻物的出现有着很大的关系，比迄今人们所认为的关联度要大得多（这也适用于新大陆，参见第19章）。大麦与麦芽制造有关，而且在酿造过程中，酵母的产生也加速了烘焙的出现。第四，随着产品交换的繁荣，越来越多的陶罐用于商品运输，陶罐必须封存好，以防止途中被偷或损坏，容器中的东西通过一系列标志来识别，这导致最早的符号产生，这些符号接着发展成文字。关于这一点，我们将在下一章中探讨。

因此，谷类植物的驯化是一个偶然的重大事件，它从根本上塑造了早期人类的生活与文明，最终支配着与之相关的陶器、冶金（尤其是犁，也包括武器）、人口密度、烘焙、酿造和文字等诸多方面。谷物种植与根茎类种植的差异，日益减弱的季风和ENSO事件的频繁出现，可能是世界史上旧大陆与新大陆之间最基本的差异，这使得西半球走上了一条与东半球截然不同的历史发展轨道。即使在新大陆，主要文明的兴起也都与种子农业（玉米种植）密切相关。种植根茎类作物的农民同时也是狩猎者，他们从未形成伟大的文明，始终都局限于酋长制社会。*

在上一章我们看到，早期人类可能是带着大量神话到达新大陆的，这些神话与旧大陆居民所记忆的神话有着微妙的差别。这些差异可能是由气候差异、种子农业和缘体栽培农业的差别、是否驯养哺乳动物等因素决定的，进一步来说，这也意味着世界本质上可分为三个大陆块或大陆——一个是"快速"的东西大陆，即欧亚大陆，两个是"缓慢的"南北大陆，即美洲大陆和非洲大陆。至于澳大利亚，我们将单独在后面予以简略的考察。

大体说来，欧亚大陆（包括北非沿地中海一带）在12000至5500B.P.之间见证了农业在整个大陆（从大西洋沿岸到太平洋沿海）的发展，见证了制陶业和冶金术（"火文化"）的发展，随着城市和第一批主要文明的兴起而达到高潮。没有什么能阻止这种扩张——东西大走廊已经被发现，撒哈拉沙漠直到2500B.P.才变成文明扩张的障碍。除此之外，没有什么瓶颈或沙漠能够阻挡人员和思想的东西沟通。阿尔卑斯山、喜马拉雅山、中国和吉尔吉斯斯坦的天山和祁连山、俄罗斯/蒙古的阿尔泰山等主要山脉实际上是东西走向的，它们也不是阻挡新思想、新技术和人员扩散的实质性障碍。实际上，在欧亚大陆大草原存在的情况下，旧大陆的自然地貌促进了流动，同时深刻影响了旧大陆的历史进程。在这一时期末期，大约5500至5000B.P.，重要文明已兴起于两河流域、尼罗河流域、印度河流域、黄河流域和长江流域。

我们已经讨论了影响美洲文明扩散的阻碍因素，这些阻碍的后果之一便是在欧洲人到来之前，北美大陆没有出现任何重要文明，只有一些比较先进的、规模较大的酋长国。非洲的画面不无相似，最早在公元前800

---

* 非洲的有些证据修正了这个"纯粹的"画面，但并没有削弱上述理论的基础。

年，撒哈拉沙漠以南的西非才出现文明。那里最早出现的主要作物是山药，接下来是粟和香蕉，随后从大洋洲引入芋头；那里只有一种动物可供驯养——珍珠鸡。因此，这里的情况与南美洲可谓异曲同工。

在 5000B.P.，起源于西非地区的班图族饲养牛群，种植山药，但他们没有金属，仍然进行渔猎和采集活动。非洲出现冶金术的年代似乎是在 4000B.P. 前后。而且与南美洲一样，这里也存在南北扩散的阻碍。例如，虽然这里也属于地中海式气候，埃及的小麦和大麦却是在欧洲人到达好望角之后才传入这里的。科伊桑人（卡拉哈里沙漠的布须曼人）根本没有发展出农业。萨赫勒作物（撒哈拉沙漠边缘的热带大草原）适应夏天的降雨，不能在开普地区种植。2500B.P. 之后，撒哈拉沙漠和采采蝇*共同阻止了家畜尤其是牛和马的扩散。牛、绵羊和山羊还需要 2 000 年才能穿越塞伦盖地平原；苏丹和撒哈拉地区早在 10000B.P. 就已出现陶器，但陶器直到公元 1 年才传到开普地区。[12]

这么看来，旧大陆似乎占尽优势，在某种程度上也确实如此。它面积巨大，地质构造基本东西向，大体上位于赤道之外，这些都是至关重要的优势。但是我们的故事到此并未结束。如果说地球的地质构造和植物在全球的分布在一开始构成了东西两半球间的最基本分界线，那么驯养哺乳动物则超过了其他任何单一因素，塑造了后来的人类历史。

115

---

* 采采蝇，又称舌蝇，分布广泛，多栖于撒哈拉以南非洲，以人类、家畜及野生动物的血为食，能传播人类的睡眠病以及家畜的非洲锥虫病等。——译注

7

"人之堕落"：父权、丰产与农耕

本书的主干内容是东西两半球在思想意识方面（关于人性及其对社会组织的意义的理解）的差异化发展。本章和下一章将阐释这两种不同的发展轨迹是如何因为一系列错综复杂、相互关联的变化而在公元前 1 万年前后开始分离的。

墓葬品的出现证明古人至少相信来世的存在，这也就意味着他们应该相信超自然的东西。人类学家认为宗教具有三个要素：第一，人的无形部分（"灵魂"）在死后依然存在；第二，在一个社会中，某些人特别有可能从超自然力量那里接收直接的启示；第三，某些仪式能够在现世引起变化。考古学家在莫斯科以东 150 英里处的苏格尔发掘出年代在 28000 至 25000 B.P. 的墓葬遗址，遗址中的小珠子充分证明，当时人们确实相信有来生，但我们无从知道这种"灵魂"观是如何形成的。偏远的洞穴广泛分布于中欧和东欧地区，洞穴内画有大量精彩的岩画，这些洞穴肯定是仪式中心（原始的灯具照亮洞穴，目前已经发现几个原始灯具，其灯芯由浸蘸动物油脂的苔藓制成）。我们前面提过西班牙和法国交界处阿里埃日省的三兄弟洞穴，这里的岩画上有一个直立的人物形象，他身披食草动物的毛皮，戴着马尾和鹿角——换句话说，这是一位萨满的形象。2003 年底，在巴伐利亚侏罗山脉的舍尔克棱根附近洞穴中发现有几个类似的形象刻在猛犸牙上。其中包括一个半人半狮的狮子人形象，距今有 33 000 至 31 000 年，这似乎证明萨满教是最早的巫术形式或宗教信仰体系。三兄弟洞穴中的一幅图描绘了一个长着鹿角、正在跳舞的萨满，从他的鼻子里伸出两条线。我们将在下一章看到，吸嗅了致幻物的萨满往往从鼻子里擤出东西，而这些东西被人们视为神圣的。（这既适用于新大陆雨林地带的古代居民，也符合南非桑人的岩画。[1]）

南非威特沃特斯兰德大学荣誉教授大卫·路易斯-威廉斯相信最早的一批宗教具有萨满教的性质，并认为它们解释了岩画艺术的布局。他提出这样一种观点：随着语言的出现，早期人类应该能够体会两三种变换的意识状态：梦境、药物导致的幻觉和出神。他认为这些体验会让早期人类认为在别处还存在一个"精神世界"，而洞穴因通向神秘的地下世界，因此是通往另一世界的唯一地点 / 入口。他认为，与洞穴艺术有关的某些线条和难以辨认的涂鸦就是他所谓的"内视物"，这实际上是人们在药物作用下"看到"自身大脑构造（视网膜和视皮层之间）而引起的。同样重要的是，他注意到洞穴中的许多壁画和雕刻利用了自然存在的形式或特征，如马头或野牛。他认为，这种艺术旨在"释放"那些被"禁锢"在岩石中的形式。出于同样原因，"手指画"（在软石上做出的标记）和著名的手印（远古艺术家利用骨管在他们伸开的手掌周围喷洒颜料从而形成的轮廓）是一种原始的"按手礼"，其目的也是释放"锁"在岩石中的形式。[2]

他也注意到洞穴中的一套组织制度。他认为全体人员可能会在地下世界的入口（洞穴口）集合，也许使用已经失传的象征性表现手法。只有精

116

117

挑细选的几个人有权进入洞穴里面。路易斯–威廉斯指出，在这些主要洞室中，"有回响"的洞室比没回响的洞室画有更多的图像，所以这里可能包含"音乐"要素，或者是通过敲打钟乳石，或者是利用原始的"笛子"（已经发现了它们的遗迹）或鼓。[3]

最后，洞穴中最不可接近的地区只能让萨满进入。现已证明这些区域含有高浓度的二氧化碳，这种空气本身可能会让意识发生转变。不管怎样，萨满可能会在这些密闭空间里找寻幻觉。有些药物会让人产生刺痛感，这符合洞穴中发现的某些图像的意味：在这些图像中，人物涂以寥寥数笔。这一点，加上萨满常常需要新的角色（已被现存的"石器时代"部落所证实），可能成为死而复生思想和祭祀观念的起源之一，而正如我们将要看到的，祭祀在后来的宗教信仰中的作用日益凸显。[4]

生育的希望与危险

我们也有必要解释和评论一下旧石器时代早期广泛存在的女性形象。这些所谓的"维纳斯小雕像"发现于从法国到西伯利亚的一条浅弧形地带，绝大多数属于约 25 000 年前的格拉维特时期。这些雕像可能不可避免地存在许多争论。在这些雕像中，有许多（但绝不是全部）表现的是丰满的妇女，有着丰满的乳房和隆起的腹部，这可能暗示她们正在怀孕。许多（但不是全部）雕像外阴扩张，表明她们即将临盆。许多（但不是全部）是裸体的。许多（但不是全部）没有面容但发型精致。许多（但不是全部）不完整，缺胳膊少腿，好像造物主故意渲染这些雕像的性特征。有些（但不是全部）原来涂以赭红色——那是不是代表（经期的）血？有些雕像的大腿后面刻有线条，可能意味着生产过程中羊水流出。

有些评论家，如考古学家保罗·巴恩认为，我们应该谨慎解读，不要过分强调这些雕像的性含义。这与其说是古人的意图，不如说是现代古生物学者的想法。他的观点很有道理，但是其他早期艺术作品的确令人想到性主题。在法国卡奥尔地区卡尔西的库尼亚洞穴中有一个天然形成的洞，其形状令人想起女人的阴户，古人的看法想必与现代人类似，因为他们将洞穴涂上赭红色，"象征经血的流动"。1980年，在俄罗斯乌拉尔南部伊格纳特瓦洞穴发现了许多画像，其中一个女性形象的两腿之间画有28个红点，这可能代表女性的月经期。在西伯利亚的马尔塔，苏联考古学家发现，房屋被分成两部分，其中一半只发现男性用品，另一半找到一些女性小雕像。这是否意味着家宅惯常按性别划分区域？[5]

不论这些早期"性图像"是否被过分解读，性仍然是早期艺术的主要主题之一，对女性性器官的描绘远比男性性器官普遍得多。实际上，在格拉维特时期没有出现对男性的刻画，因此这似乎支持了立陶宛考古学家玛利亚·金布塔斯的说法：早期人类崇拜"丰产女神"，而不是男性神。这种信仰的发展可能与当时人们的知识水平有关，在他们看来，分娩是极其神秘的，哺乳是神奇的，月经是令人不安的现象。纽约大学人类学教授兰道尔·怀特提出了一个有趣的观点：在创作这些图像时，早期人类还没有弄清楚性交与生育之间的关系。在那个时候，生育确实是不可思议的，早期人类可能认为，为了生孩子，女人得从动物那里获得某种灵魂。在人们弄清性交与生育之间的关系以前，女人似乎就是神秘和神奇的生物，比男人神秘得多。这是不是格拉维特艺术中没有出现男性或男性功能图像的原因呢？

安妮·巴林和朱尔斯·凯什福德在他们的著作《女神神话：一个图像的演变》中认为，这些早期小雕像是旧石器时代的丰产女神。就本书而言，这直指问题核心。[6]关于这些小雕像及其体现的原则／思想，有许多事情需要解释。第一，为什么它们出现在这样的时间和地点？第二，它们有什么含义？第三，为什么它们没有出现在新大陆？恩里克·弗洛雷斯卡诺在著作《羽蛇神神话》中展示了一位新大陆丰产女神的两幅图像，但这是我们在新大陆能找到的证明这位神存在的唯一证据。[7]

兰道尔·怀特认为肯定存在这么一段时期，当时的古人还没弄清楚性交和生育之间的联系，因为 280 天的孕期（从月经结束到分娩的平均周期）实在是太长了，阻碍了人们看穿两者之间的联系。古人在理解上的延迟有助于解释如下问题：为什么人们只用象牙或石头雕刻维纳斯小雕像而不是将它画在岩壁上？为什么它们常常缺头少腿？为什么它们的特征高度程式化？小雕塑之所以被雕刻出来而不是画在岩壁上，是因为它们必须是便携式的：当人们逐草而居时，这些小雕像可随部落前进，而在雕刻时只需刻出它们最重要的、实用性的特征即可。海姆·奥菲克证明了现已发现的这些小雕像如何扩散到从北欧冰川到靠南的山脉冰川之间的这片东西向广阔地带。这条靠南的山脉自西向东分别是比利牛斯山、阿尔卑斯山、托罗斯山、高加索山、扎格罗斯山，一直到帕米尔高原和喜马拉雅山脉北缘。大体上，这片广阔地带也是鹿的迁徙栖息地。海姆·奥菲克说，冰雪覆盖的南部山脉可能阻挡了狮子和其他食肉动物进入更温暖的纬度带。狩猎采集者逐草而居时会随身携带这些小雕像。

伊丽莎白·韦兰·巴伯和保罗·巴伯在著作《天地分离之时：人类构想神话的过程》中令人信服地证明：许多常见的神话实际上是古人在精确观察自然现象的基础上创作出来的，他们还使用了我们所熟知的脑力技巧，以记住这些现象并警醒他们的后代。[8]两位学者证明早期人类将火山或猛犸遗骨想象成巨人，把火山喷发看成是巨大的"石柱"，火山喷发是地下世界拥有强大力量的有力证据，风暴神是飞马，海啸是"来自海里的公牛"。我们可以以此为基础推断，古人充分意识到生育的不可思议性，但是他们也很清楚，分娩容易受伤害，甚至危及生命。因此他们在小雕像上细致地记录临盆前女性身体的具体形态。由于没有意识到性交和生育之间的联系，并且考虑到并非所有女人在怀孕期间腹部都会隆起得那么大，他们可能不懂妊娠期的生物节律，因此观察临盆前的身体信号，可能就是他们知道何时进行安排的唯一可行的方式。在出现临盆信号时，他们可能将待产母亲安置在野兽难以进入的一处最熟悉的洞穴中，从而将分娩的危险尽可能地降到最低。

2009 年 5 月，德国科学家宣布，在德国霍勒菲尔斯洞穴发现一个由猛犸牙制成的女性小雕像，距今有 35 000 年。图宾根大学考古团成员尼古拉斯·康纳德指出，这个小雕像具有极其夸张的女性特征，头的位置上是个圆环。[9] 他认为这个小雕像是"挂在链子上，作为吊坠的"。这符合大致的情况，而且有助于证实这些小雕像的便携性。

记录在案的最早女性小雕像距今 40 000 至 35 000 年。大约在 11 000 年前，它们逐渐消失。瑞士的"孟鲁兹维纳斯"可能是最晚近的小雕像之一。这个时间具有启发意义，因为它接近最早驯养哺乳动物的时间。牛的妊娠期与人的妊娠期大致相同（285 天），马的妊娠期更长（340 至 342 天），但是狗的妊娠期只有 63 天，差不多两个月，因此早期人类可能是通过观察（新）驯养的狗的行为才发现性交与怀孕之间至关重要的联系。根据 2010 年 4 月的一篇报道，加州大学洛杉矶分校的布里杰特·M. 冯·霍尔特和罗伯特·维恩利用 DNA 证据发现，在中东地区，狗的驯养大约是在 12 000 年前。[10]

凭直觉来说，人类在这个时候才发现性交与生育之间的关系，似乎是太晚了。不过，按照马尔科姆·波茨和罗杰·肖特的说法，直到驯养了澳洲野犬（妊娠期是 64 天）后，澳大利亚土著居民才将性交与怀孕联系起来。[11] 这种观点与如下事实是一致的：如果我们不算上萨满（主要是男性）的话，男性神似乎到公元前 7000 年才出现。如果我们承认萨满是男性神的话，这就意味着人类最早的意识形态涉及两种根源的崇拜：与神秘的丰

121

产力有关的母亲神崇拜和强调生存问题的狩猎表演仪式。法国三兄弟洞穴的岩画描绘了一只受伤的熊，它身上插有标枪和长矛，鲜血从它的口鼻中流出。任何看过斗牛表演的人都会觉得这个画面似曾相识。

正如我们将要看到的，丰产女神的主题逐渐成为旧大陆最主要的意识问题，而新大陆则完全是另一幅画面。因此我们有必要自问一下：为什么这幅画面、这个主题出现在这样的地方，发生在这样的时间？为什么它的范围是有限的？

这些问题并不能得到完全满意的回答，但是我们能够在一定程度上理解这种现象。首先要说的是：随着冰川时代逐渐结束，也就是公元前40000 至前 20000 年冰川和永冻土逐渐消融，大草原开始扩张，长毛猛犸、长毛犀牛和驯鹿让位于成群的野牛、马。[12] 后来，大草原让位于茂密的森林，因此哺乳动物群向东迁移，猎人们紧随其后。岩画中有三分之一画的都是马，而欧洲野牛和另外一种野牛则占据另外三分之一。驯鹿和猛犸很少出现，不过已经发现许多它们的遗骨。[13]

我们在上一章提到，萨满教是狩猎者的思想体系，与驯鹿的关系尤为紧密——因为它们比其他大型哺乳动物更适应冰天雪地的环境。我们在洞穴艺术中看到的是所谓"原始萨满教"与人类第一次接触哺乳动物（驯鹿除外）之间的过渡时期吗？对当时的人类来说，马、牛、绵羊和山羊等哺乳动物是相对新的猎物，他们不太了解，因此需要在岩画上记录它们的习性。虽然许多动物被侧面描绘，但是就其身体而言，它们的蹄子被画得非常完整，这表明人们要记住这些动物的侧面和蹄形，以免后来遗忘，或者用来教导他们的后代。

如果携带小雕像的人们跟随这些"新"动物穿越"新的"草原栖息地——海姆·奥菲克所说的冰雪覆盖的南北两列山脉之间，那么草原的分布便会解释女性小雕像的分布，大草原的尽头（贝加尔湖周围）便是小雕像分布的尽头。贝加尔湖及其北边的勒拿河是一条自然分界线，牛马从未去过这条线以外的地方。牛羊分布情况也证实了这一点。

因此，如果早期人类从蒙古经白令海峡到达新大陆，或是从东南亚向北沿海岸线经白令海峡到达新大陆，由于他们的蛋白质主要来自鱼类，他们就不会将欧亚大陆后冰川时代的观念——本质上是猎杀大型哺乳动物的观念——纳入他们的心理构成。他们可能已独立发现了性交与生育之间的联系，但是由于这样或那样的原因——也许是由于相对缺乏哺乳动物群——他们没有将其奉为崇拜对象。海上民族和海滨迁徙者不太可能因观察鱼类或海洋哺乳动物而产生生殖观念。同样，热带雨林居民只与野生动物共享栖息地，但观察野生动物交配的机会少得多，而见证动物分娩的机会近乎全无，因为在野外见证这一过程是极其危险的。当然，这全都是猜测，但看似不无道理，而且在理论上也是前后一致的。

一旦明白了性交与生育之间的联系并将其普遍运用到其他可供食用的哺乳动物身上，控制生育的想法（驯养动物的一个重要方面）便可能实现。因此，这也符合 12 000 年前左右人类发现性交和生育之间联系的推测。

减少的土地与野生植物园

14 000 至 6 000 年前的某段时期，旧大陆居民开始驯养动植物，这是史前史领域研究最多的问题之一。可以肯定地说，虽然我们现在相当清楚农业的发源地、农业产生的过程以及最先驯养的动植物类型，但直到今天，对于这一重大变革发生的原因，学术界仍未达成统一意见。各种学说大体分为两类：一类是环境/经济理论，包括几种不同的学说；另一类是宗教理论，目前只有一种学说。

植物和动物的驯化分别发生在几大区域，我们可以确定的有两个，但总数也许有七个。这两大区域是：第一，西南亚地区，即中东地区，尤其是肥沃的新月地带，它从以色列的约旦河谷向北延伸到黎巴嫩、叙利亚，包括土耳其东南角，绕过扎格罗斯山进入现代伊拉克和伊朗，这片地区在古代被称作"美索不达米亚"（两河流域）。第二个独立驯养动植物的地区位于中美洲，也就是巴拿马与墨西哥北部河段之间的地区。除此之外，动植物驯养也发生在其他五个区域，但我们不能肯定它们是独立发展的还是来源于中东地区或中美洲。这些区域包括新几内亚高地、中国（这里似乎独立培植了水稻）、撒哈拉以南非洲的一块狭长地带——从现在的科特迪瓦、加纳、尼日利亚到苏丹和埃塞俄比亚，安第斯 / 亚马孙河地区（这里非同寻常的地理环境可能会促使独立驯养的发生）以及美国东部地区（这里的农业很可能发端于中美洲）。

　　早期农业为什么分布在这些区域？安德鲁·谢拉特提出了一种解释。他的理论是：这三个地区（中东、中美洲和东南亚岛屿链）是他所谓的"热点地区"：它们是地质和地理状况不断变化的地区，板块在地表运动所产生的强大压力在这三个地区造成狭窄的地峡并形成一系列独特的特征。这些特征是世界其他地区所没有的，包括以下两个方面：第一，山脉、沙漠和冲积层（由于河水冲刷而形成的沙土或泥土沉积）同时出现；第二，狭长地带人口数量持续增长，以致这些地峡无法维持传统的狩猎采集经济。这些"热点地区"因此成为核心区域。对早期人类来说，这些地方的独特条件迫使他们在这些地区发展出一种不同的生存方式。[14]

　　不管这个有吸引力的简单理论是否正确，也不管农业被"发明"了多少次，毫无疑问，从纵向上看，人类第一次驯养动植物发生在西南亚的肥沃的新月地带。首先，在构成新石器时代农业的主要"基础谷物"中有三种发端于此。按照重要次序，它们分别是二粒小麦（四倍体小麦，二粒小麦亚种）、大麦和一粒小麦。它们最早出现于 10000 至 9000B.P.。其次，在培植这些生长迅速的高产量谷物的同时，人们也种植了几种"共生植物"，尤其是豌豆、小扁豆、鹰嘴豆、野豌豆和亚麻。现在，人们已经识别出它们每一种原来的野生品种；这能让我们看到人工种植的变种相比它们的野生近亲有哪些优势。就一粒小麦来说，野生种与培育种最主要的差异在于种子传播的生态规律。野生一粒小麦的穗轴脆，单穗在成熟时破裂以便传播种子。但栽培小麦成熟后穗轴不脆，保持完整，只有在脱粒时才会破裂。换句话说，要继续使用它，人们必须将其收割，然后播种。这同样适用于其他作物：栽培作物的穗轴比野生作物的更结实，一旦作物被收割，种子便成为唯一的传播渠道，这样人类便能人为控制播种。人们将新月地带各种小麦的 DNA 对比之后发现，这些小麦的 DNA 基本相同，比起野生小麦，它们更缺少多样性。这表明人工改良的过程只发生过一次。人们已经发现许多遗址，它们可能是最早栽培作物的地方。这些遗址分别是叙利亚的阿布胡赖拉遗址和埃斯瓦德遗址（可追溯至 10 000 年前）、土耳其的卡拉贾达、约旦河谷的内提夫哈格都德、吉尔加尔和杰里科以及叙利亚大马士革盆地的阿斯万（甚至可追溯至 12000 至 10500B.P.）。[15]

在动物驯养方面，证据类型稍有不同。首先，我们应该指出，梳理地球通史对我们的研究有所帮助。末次冰期结束后，大多数哺乳动物物种比现在的体型更小。考古学者通常在三个标准中取一个或以上作为驯化的证据：物种丰富度的变化，即某一物种的比例在某一遗址的序列中突然增大；物种大小的变化——大多数野生物种比其家养近亲体型更大，因为小些的动物更容易控制；种群结构的变化——为使产出最大化，家畜主人通常通过保留母畜和选择公畜亚成体的手段控制畜群或牧群的年龄和性别结构。利用这些标准，动物驯养的年代表似乎开始于 9000B.P. 后不久，也就是比人工栽培植物晚约 1 000 年。这些驯养过程都出现在中东地区肥沃的新月地带。虽然动物驯养遗址与人工栽培植物的遗址在位置上并不完全相

125

同，但两者有重叠之处。在大多数情况下，驯养的顺序通常是这样的：先

是山羊，然后是绵羊，紧接着是猪和牛（也就是说，在驯养体型大的物种之前先驯养体型小的物种）。人类历史上并没有根本性突破。许多年以来，人们照料的只是"野生植物园"而不是整齐的小块农田或农场。猪不适应游牧的生活方式，因此它的驯养表明定居生活的出现。[16] 动物需要饲料，因此人们也会种植它们喜欢的植物。

我们已经清楚旧大陆农业发生的时间和地点，对于农业赖以存在的动植物也是如此。而且，古生物学界已形成共识：驯化只出现一次，然后便扩散到西欧和印度。至于它是否扩散到东南亚和中非地区，仍是个悬而未决的问题。

不过，更具争议性的问题是：农业为什么会形成？为什么农业形成于那段时间和那些地点？当你考虑到狩猎采集方式实际上是一种相当有效的生活方式时，这些问题就显得更有意思了。现存狩猎采集部落的人种学证据表明：为了维持一家人的生计，他们每天只需"工作"三至五小时。既然如此，人们为什么要改变这种生活方式？要知道在农业生活方式下人们必须更努力工作。除此之外，在狩猎采集经济下，古人的饮食结构更为多样，但依靠谷物为生后，他们的饮食更加单一。既然如此，为什么还要改变呢？[17]

最基本的经济学理论建立在如下事实基础之上：在 14000 至 10000B.P. 之间的某段时期，全球经历了一次重大的气候变化。冰期结束是导致气候变化的原因之一。气候变化产生了双重影响，一是导致海平面上升，二是气候变暖加速了森林的扩张。这两个因素造成了如下后果：在一个没有金属工具的世界里，开阔陆地的数量大幅减少，以前的开旷草原被分割成更小的单元。开旷草原的减少刺激了领域权的产生，人们开始保护和繁殖本地的田地和畜群。这一系列变化的另一面是气候变得越来越干旱，季节变

得越来越明显，这种环境造成野生谷物蔓延，人们为了寻找新鲜植物和动物不断迁徙。在那些拥有高山、海岸平原、高原和河流的地区，气候更加多样。这便解释了新月地带的重要性。

马克·内森·科恩大力倡导的理论是：在史前时代发生过一次人口危机，正是这次危机促成了农业革命。他所列举的证据包括：第一，农业比狩猎采集经济更不容易；第二，全球同时发生了一次大型哺乳动物（它们为早期人类提供丰富的蛋白质）的灭绝，这是一个"巧合"，另一个巧合是驯化出现在更新世末期，当时全球变暖，人们的流动性更强；第三，在真正的农业出现之前，野生谷物的种植为更多孩子的出生提供了条件。学界认为游牧民族和狩猎采集者利用两年的哺乳期控制生育间隔，这有效地限制了群体规模，因为对于一个持续迁徙的群体来说，过大的规模并非好事。不过，定居生活形成后，他们就不必再控制人口了。科恩认为这导致了一次人口大爆炸。他认为，古代人口危机的证据可通过如下情况推断出来：第一，为获取食物而开发的新区域数量增加；第二，人们的饮食结构发生变化——以前食用的植物几乎不需准备，现在则要花费更多时间和精力来准备，以前食用的动物是大型动物，现在是小型动物（因为大型动物已经灭绝）；第三，人类遗骸中营养不良、体型较矮、寿命更短的个体比例增加；第四，手工制品专业化，已经发展到可以处理稀有动植物的程度；第五，为了烹饪不能吃的食材，火的使用更加频繁；第六，水产资源的利用增加；第七，许多植物虽然在远古时期就可用作食材，但作为庄稼，第一批谷物收获于12000B.P.前后；第八，就食物来说，禾草植物并非首选；等等。[18] 因此，在科恩看来，农业革命从本质上说并不是对早期人类的一次解放。相反，它只是应对人口过剩危机的防御性行为。狩猎采集经济根本不是一种低劣的生活方式；相反，狩猎采集者一直以来都是成功的生存者，他们在这种生活方式所允许的范围内占据了全世界，直到无处可去。[19]

　　这是另一个有吸引力的简单推论，但它并非没有问题。学者们对它的质疑不断，其中一个强有力的批判来自另一竞争理论的提出者——法国学者赖斯·格鲁伯。按照格鲁伯的说法，远古世界出现人口危机的说法完全不符合事实，更不要提人口过剩危机了。他的观点与前者完全相反，他认为欧洲和美洲出现移民的时间相对较晚，这说明全球人口还是相当稀疏的。在格鲁伯看来，随着人口从非洲向更冷的地区迁徙，疾病问题可能变得更少一些，这完全是因为从微生物学的角度来看，更冷的地区更安全，对人类健康更有益。因此，在数千年的时间内，早期人类在欧洲和西伯利亚等地所遭受的疾病比在非洲时要少。但是，在 25 000 至 15 000 年前这段时期，发生了一件重要事情。全球开始变暖，人类到达旧大陆的尽头，这实际上这意味着已知世界已然"人满为患"。食物依然充足，但由于全球变暖，许多寄居在人类身上的寄生虫也得以离开非洲。简而言之，以前的热带疾病变成了现在的温带疾病。格鲁伯提到的疾病包括疟疾、血吸虫病和钩虫病——"可怕的仨疾"。然后发生了第二个重要事件。这就是巨型动物由于人类的猎杀而灭绝，这些巨型动物都是哺乳动物，因此在生物学上与人类具有很大的相似性。突然之间（从进化史的角度来说），寄居微生物赖以生存的哺乳动物大幅减少，因此它们只能冲向人类。[20]

　　换句话说，在 2 万年前以后的某段时期，全球出现过一次健康危机，也就是威胁人类生存的一次疾病大暴发。按照格鲁伯的古怪理论，早期人类在面对这次疾病侵袭时意识到，游牧的生活方式（将出生间隔限制在两三年左右）在维持人口水平方面并不完善。因此人们由游牧转为定居，理由是定居生活能够养活更多的人，增加人口数量，从而免于灭绝。

　　格鲁伯理论的可取之处在于：它将定居生活与农业分离开来。这个发现是"二战"以来人类所获得的最重要认识之一。1941 年，考古学家戈登·柴尔德发明了"新石器革命"一词，他认为农业的发明促进了第一批村镇的形成，而新的定居生活又导致制陶术、冶金术的出现。于是，仅仅在几千年的时间里，第一批文明便诞生并繁荣起来。这个看似合理的理论现在已被推翻，因为定居生活（从狩猎采集生活方式向村庄生活的转变）明显在农业革命发生时已经成型。这改变了我们对早期人类及其思想的认识。 129

狗、野狗与驯养：《创世记》、堕落和一夫一妻制的意义

定居生活出现在农业之前。这一事实促使法国考古学家雅克·沙文对中东考古遗迹进行了广泛回顾，让他能够理清许多事物的发展脉络，特别是宗教和家庭观念的起源——这些思考对于思辨／哲学的革新具有深远影响。换句话说，他阐释了旧大陆居民的思想观念越出萨满教界限并向前发展的过程。

沙文是法国阿尔代什省雅莱市（位于马赛和里昂之间）史前东方研究所的荣誉研究员。他首先详细考察了近东地区前农业时代的村庄情况。公元前12500至前10000年，所谓的纳图夫文化传播到几乎整个黎凡特地区，从幼发拉底河流域到西奈半岛（纳图夫文化得名于以色列境内一处叫做瓦迪安-纳图夫的遗址）。考古学家在约旦河谷的艾因安马拉哈发现有贮藏窖的遗迹，这证明"这些村庄不仅是黎凡特地区最早的一批居民点，而且是'谷物收获地'"。[21]

纳图夫文化的房屋很有特色，它们像村庄一样聚集在一起（大约六座房屋为一组），整体布局是半地下的，建在浅圆坑上，"四周由干石搭建的墙来支撑；房里有一两个炉灶和同心圆柱的痕迹——这是结构牢固的证据"。他们的石制工具不仅用来狩猎，还用来研磨和捣烂，骨器也很多。单人或集体墓葬埋在房屋地下或集中埋在公共墓地。有些墓葬（包括狗的墓葬，注意狗在早期就出现了）可能是仪式性的，因为墓里有贝壳或磨光

石头制成的装饰品。学者在这些村庄发现了许多艺术品，其中以骨制品居多，通常上面刻有动物形象（也许是萨满教的表现）。公元前 11000 至前10000 年之间，纳图夫人在阿布胡赖拉集中收获野生谷物，但到该时期末，野生谷物变得越来越稀少（全球气候越来越干旱），他们改为收割结节草和野豌豆。换句话说，此时尚未出现刻意专业化的现象。[22]

沙文接下来开始探讨所谓的"基亚姆阶段"。这个阶段得名于死海北端以西的遗址基亚姆，它之所以重要，原因有三：第一，这一阶段出现了新式武器；第二，这一阶段的圆房子第一次完全建在地面以上，这表明人们开始使用灰泥作为建筑材料；第三，也是最重要的一点是，这一阶段发生了"一场符号革命"。纳图夫艺术本质上是动物形式的，而在基亚姆阶段，女性小雕像（不是维纳斯型的）开始出现。它们最初是抽象概括性的，后来变得越来越写实。公元前 10000 年前后的房屋遗址中发现了野牛（一种现已灭绝的野牛）的头盖骨和牛角，有些牛角嵌入墙体。这种安排表明这些牛角具有某些象征功能。接下来在公元前 9500 年前后，按照沙文的说法，我们看到"在全无变化的狩猎采集经济背景下"，黎凡特地区的文明曙光乍现，两个最重要的象征性形象出现——女人和公牛。沙文认为，女人是至高无上的形象，经常以分娩出一头公牛的形象示人。[23]

沙文的论述发现了非萨满式宗教的真正起源。他的主要观点是：这是人类第一次被刻画成神，女性和男性原则均有所体现，这标志着动植物驯养发生之前人类在思想上的一次变革。

恰塔霍裕克的最早发掘者詹姆斯·梅拉特同意这一推论，但我们现在有必要修正一下沙文的部分理论。

为什么基亚姆艺术选择了女性形象而不是男性形象？理由是相当明显的。神秘的生育能力赋予女性身体一层神圣的光环，这很容易被视同于丰产的象征。因此，在沙文看来，公牛正好象征着不可驯服的自然，例如通过风暴释放出来的宇宙力量。此外，沙文还识别出中东地区一条清晰的演变道路。"基亚姆文化中最早的公牛头仍然埋在厚厚的建筑墙体中，因此居住者并不能看到它们。"这是不是因为他们想将公牛的力量融入他们的建筑结构以便这些建筑能抵挡自然界的破坏力量？也许他们只是想通过这种新象征，即最初的祭祀形式，来确保房子能够抵御任何形式的破坏。然而，牛的象征意义扩散到黎凡特和安纳托利亚。在约旦西北角的艾因加扎尔，我们发现了最早的明显涉及斗牛行为的例子，其年代大约是公元前8000年。在此例中，男性本身是主角。男子气魄在此受到歌颂。沙文说，正是这种对男子气魄的关注把农业革命与宗教革命联系在一起：它们都试图满足人类"统御动物界的欲望"。他认为，这是一个心理变化，一种"思想"上的转变，而不是经济上的转变。随着人们越来越了解畜牧，越来越熟悉非地域性哺乳动物，他们对控制这些动物的兴趣和欲望会越来越大。[24]

但是事情（这种过渡）肯定不只如此，尤其是当我们想起早期居民认识到性交与怀孕之间存在的关系比通常所认为的要晚时。我们已经知道，动物的驯养基本上比植物驯养晚1000年左右。为什么有这种延迟？是不是因为早期人类也才刚刚明白人类婴儿、牛犊和羊羔是如何"制造"出来的？

正如许多史前史学家所指出的那样，月亮在某些时期很像牛角的形状。古人肯定认识到这一点，他们也注意到月经周期与月亮的盈亏有联系。因此，月经通过暗示与公牛联系了起来（这让我们想起前面提到的维纳斯小雕像身上画的28个红点）。早期人类应该注意到：一旦怀孕，月经会马上停止，因此他们可能将"公牛形状"的月亮与人的怀孕和生育联系起来。这是否能解释为什么新石器时代早期有如此多图像描绘女人分娩公牛的场面？需要指出的一点是：代表公牛的是公牛头，而不是公牛的阳

132

物，这个矛盾很难通过直接的"丰产象征"来解释。而且，实际上任何人都不可能目击一个女人生出一头公牛。那么，这种想象到底意味着什么？在萨满教信仰中，萨满灵魂飞升到其他世界并能变成动物的外形。按照这样一种理解体系，天上的公牛／萨满能降临大地并进入女人的身体。早期人类真的认为女人怀孕是因为某种神秘的自然力量进入人体吗？

这个理论似乎有些道理。恰塔霍裕克和杰里科中东部的某些遗址为其提供了证据。这些遗址的年代是在 11 000 至 9 500 年前，虽然它们紧随纳图夫和基亚姆文化之后，但我们可以从中看出更大的变化，其中有两个尤其明显。布莱恩·费根和迈克尔·巴尔特已经分别指出，第一个变化是，不管是在土耳其的恰塔霍裕克，还是在巴勒斯坦的杰里科，古人都"开始关注祖先、动物繁殖力和人的生命"。[25] 第二个变化是，死者不再被埋进公共墓地（像沙文提到的那样），而是埋在他们所居住的房屋地下。在有些情况下，死者头颅被砍掉，人们将祖先的头骨涂上灰泥，赋予其新的特性。而在以前，人们正是在这些房屋所在地将公牛头献祭在墙体中和房屋地面下的。

现在回想一下，狗出现在这些中东遗址中——这正是冯·霍尔特和韦恩所说的最早驯养狗的地方。如果人类是在驯养动物后不久才发现性交和生育之间的关系，那么许多事情会随之而来。例如，这个发现不仅会揭示新石器社会里男女之间、父母子女间的关系，它还会改变关于祖先的观念。直到那个时候，人们对"祖先"的认识应该是全体的、公社的、部落的——祖先是"先逝之人"。不过，人们的思想有了突破性进展之后，"祖先身份"变成一个更加私人和个体的现象，这就是恰塔霍裕克人和杰里科人将祖先埋在其生前居住的房屋地底下，而不再埋公牛头的原因。人们之所以砍下祖先的头颅，恰恰由于这是一个全新的、更个人化的认识。砍下头颅并用灰泥在头骨上重新塑造人的面部特征是维系特定祖先力量、维系特定关系的方式，而不是像以前那样维系更大众化的公社纽带。用灰泥在头骨上塑造人的面部特征是认祖归宗的另一种方式，是一种记忆的方式、保存的方式，以及维持特定祖先力量的方式。

133

大约 12 000 年前，欧亚大陆各地的维纳斯小雕像消失。大约 11 000 年前，生孩子（而不是临产的）的女性小雕像在中东地区出现，这两者之间是巧合还是理解这场思想变革的进一步证据？[26]

还有一个因素直到最近才为人所知。我们现在知道，随着人们饮食结构的变化（从以猎物为主转向以谷物为主），女性的骨盆腔发生了一些变化。最近的科学研究证明，骨盆腔对营养物质非常敏感，饮食的变化会引起骨盆腔变窄——直到今天，女性的骨盆腔仍未重新达到旧石器时代的大小。[27] 我们可以推断，人们开始定居生活后，饮食发生变化，对于繁殖以及它对家庭/宗教生活的意义的认识也在更新，生育行为本身变得越来越痛苦和危险。

在这一点上，我们不妨自己思考一下，所有这些事情差不多同时发生，其中有些变化在当时就像其他影响巨大的事件一样令人震惊。既然如此，它们会不会以神话的形式被记忆下来呢？会是这样吗？有一则证据（一个神话）证明人类意识领域确实发生了一次强烈的变化。

难道这个新情况，这个非常重要的思想变化实际上就包含在《圣经》的第一卷之中？难道这就是《圣经》开头所关注的主题？难道这就是《圣经》如此开篇的原因？众所周知，《创世记》不仅记述世界和人类的起源，还记载了亚当和夏娃因违反上帝指示，偷吃智慧果而被逐出伊甸园的这段相当奇特的故事。

这个故事的某些内容比其他内容更容易理解或释读。例如，被逐出伊甸园本身似乎代表园地栽培的终结，或者人类狩猎采集方式的终结及向农业的过渡，它似乎也代表了早先所探讨的一种认识，即与农业相比，狩猎采集方式更清闲、更愉悦，也更和谐。《圣经》并不是唯一作此评价的典籍。按照差不多同时代典籍的描述（赫西俄德或柏拉图所说的乐土或福岛），人类以前生活在一个物产丰富的世界，"不事稼穑"，"不碰锄头和犁具"，过得悠闲自在。[28]

不过，《创世记》的中心内容是：夏娃按照蛇的建议，引诱亚当和她一起偷吃智慧果，吃了果子以后，两人突然发现自己赤身裸体。如果我们不知道这里的"智慧"和赤裸都同性有关，或者说它们代表了某种形式的性觉醒，就会觉得这一情节不可思议。事实上，正如《圣经》学者伊莱恩·帕格尔斯所说，希伯来语的"to know"（"yada"）一词"包含性交之意"。（例如，"He knew his wife"。）[29] 智慧和赤裸之间的这种联系除了表示他们意识到自己的身体，还有何深意？它们有何不同？两者的差异有多重要？为什么重要？他们现在是不是明白了有性生殖的奥秘？这种知识令人震惊与激动，因为它表明生育是"自然的"；人不是由某种神秘力量所创造的，而是由男女交配而生成的。这就是上帝认为人"堕落"的原因。

如果继续寻找，我们还能找到这个变化的其他线索。波茨和肖特也指出，狩猎采集者实行一夫多妻制，[30] 但现在，伊莱恩·帕格尔斯说，婚姻变成了"稳固的"一夫一妻制。[31] 人们第一次明白了父权的实质，而这对他们是十分重要的。正如伊莱恩·帕格尔斯所言，《创世记》第3章第16节也与当前问题密切相关。其文本如下："主又对女人说'我必多多增加你怀胎的苦楚，你生产儿女必多受苦楚'。"* 在其他地方，亚当和夏娃被授予"统御动物的权力"。[32] 他们给各种动物起名字便是上帝赋予他们掌管其他动物权力的铁证。[33]

难道这里不是以神话的形式记述狩猎采集方式向农耕方式的转变吗？

---

* 这是修订后的标准版（1952年）的措辞。在詹姆斯国王钦定版（1611年）中，这段话是：我必将大大增加你的痛苦和你的怀胎；你生产儿女必受痛苦。

我们是不是从中看到这个转变的某些影响呢？不仅如此，人们是不是认为这个转变并非全然皆好，人们自此丧失了与自然之间的和谐，甚至连生孩子也变得更为痛苦和危险？这种态度与现代的学术研究是完全符合的（除了产道大小的变化外，其他当代研究也表明，少于四年的生育间隔比更长的生育间隔危险系数更高。虽然当时人们并没有现代科学相助，但他们更加感同身受，更有机会注意到他们所经历的变化）。[34]

《创世记》并没有直接记载人类何时认识到性与生育之间的联系，但它确实将之与人类向农业的过渡联系起来。因此，《创世记》及其记载的"人的堕落"实际上记录了人类在 12 000 至 10 000 年前取得的一个巨大突破——认识到性交与怀孕之间的密切关系。这不正是动物驯养比植物驯养晚了近千年的原因吗？因为人们直到那时才认识到两者之间的联系。蒂莫西·泰勒在《性的史前史》一书中写道，大约在此时期，阿拉斯加的因纽特人开辟了一些场所，新婚夫妇可以在这些地方"远离一切烦恼"，巩固他们的夫妻关系，这就是考古学家路易斯·宾福德所谓的"'情人'帐篷"。[35] 这是否反映了一种新的认识呢？泰勒也指出，大约在 10 000 年前，冰川时代涌现出大量艺术的洞穴，似乎已被遗忘。[36] 人们不再需要维纳斯小雕像，不再需要岩画艺术。哺乳动物的繁殖道理已为人所认识，动物驯养也已开始。

这些都是未经验证的理论，但它们的主要优势在于它们描绘了一幅前后一致的画面。大约 12 000 至 10 000 年前，随着人们向定居生活转变，城镇出现，驯养开始，人们逐渐发现性交和生育之间的关系，这导致人们对祖先、男性地位、一夫一妻制、子女、隐私和财产权的态度发生了深刻的变革——它首先是一次重大的心理变革，这就是它（以加密形式）被记录在《创世记》里的原因。

前面所有这些不仅修正而且扩展了沙文的第二个主要观点：这些变革

135

发生在人工种植和定居生活之后，发生在动物驯养和严格意义上的农业出现之前。不过，我们所谓的宗教在公元前 9500 年前后就出现在黎凡特地区，这是个例外。思想领域和生活方式的根本转变需要一段时间来完成。

沙文的中心论点（也有其他人同意他的一般观点）是：驯化过程不是因贫困或其他经济威胁而突然出现的。相反，定居生活远远超前于动物的驯养，因为砖块和象征性的手工制品早已被制造出来。他说，我们可以由此推断，早期人类大约在公元前 12000 至前 8000 年经历了一场深刻的心理 / 思想变革，它在本质上是一次宗教革命，与之而来的是动植物的驯养。沙文说，这次宗教革命实际上是从动物或生灵崇拜（萨满教）转向崇拜我们今天所认知的对象。也就是说，将人类女神尊为至高无上的力量。他指出，这一时期的雕刻中有"虔诚之人"举起手臂的画面，就好像在祈祷或祈求。神和人之间第一次出现"一种全新的从属关系"。沙文认为，旧大陆从这时起有了一股神的力量，神灵"在上"，凡人"在下"。[37]

按照这种解读，最重要的革新便是野生谷物的培植和定居生活的出现。定居生活使得生育间隔缩短，人口增加。随着村庄的扩大，社会组织变得越来越复杂。一种新的宗教概念被创造出来，它在某种程度上反映了村庄的情况，即首领和属民之间出现分化。一旦这些变革均已就位，人们会"拣选"适合这种新生活方式的野生谷物，植物的驯化几乎便在无意间完成。

正是定居生活使得人们可以近距离观察狗的行为，从而认识到哺乳动物的繁殖原理，这种认识改变了人们对婚姻、财产、祖先身份的态度并让人们开始明白如何驯养其他群居动物。

这些早期文化，连同新近驯化的植物和动物，通常被认为是新石器时代的产物，这一实践得以平稳传播，先是传遍肥沃的新月地带，然后传到安纳托利亚，接着向西传到欧洲，向东传到伊朗和高加索地区。正如我们所见，它慢慢传到整个旧大陆。

转为定居，从事农业，崇拜女神与公牛，这些都是重大的变革。它们毫无疑问密切相关。女神作为丰产的象征——这里的丰产指的是人丁兴旺、畜群繁盛、农业丰收——她的出现，不仅缘于人类向定居生活的转变，也是季风开始减弱、土地越来越贫瘠、人畜住得越来越紧密所导致的结果。尽管如此，需要提醒的是，旧大陆丰产的象征不仅包括植物，还有各种动物（哺乳动物、女神和公牛）。正如人与牛、绵羊、山羊和马之间的关系超越了人与猛犸、犀牛和驯鹿的关系一样，对女神和公牛的崇拜也是一个折中之选，它是超越"原始萨满教"的一步，反映了人们在生育认识上的进步以及动物繁殖比植物繁殖更容易被理解的特点。我们也不应忘记沙文的另一个观点：公牛崇拜是对其力量的崇拜，公牛象征着对人类不利的自然力。对人类不利的自然力——地震、风暴、火山喷发、海啸——实际上对定居社会的破坏力更大，因为比起不断迁徙的狩猎采集社会，定居社会所受的损失显然更大。

因此，沙文大体上是正确的。定居生活和动植物的驯养给人类带来一次超越萨满教的重大进步——人形的神是一种观念上的突破，其意义非同寻常。当然，公牛也令我们很感兴趣，因为新大陆没有牛，因此在那里也就不可能将它崇拜为神。

不仅如此，由于公牛和旧大陆驯养的其他多数大型哺乳动物在美洲大陆都不存在，因此家养哺乳动物和植物的相互影响就不可能存在于新大陆。正是这种相互影响催生出新旧大陆之间最重要的差异：游牧的生存形式。

137

138

8

新大陆从未发生的四件事：犁地、驾车、挤奶与骑马

本章标题的四种活动是精心选择出来的，因为它们在古代旧大陆极其常见，但在新大陆没有出现过。它们一起构成了一种生活方式，进而决定了欧亚大陆的发展方向——不管是在实践、技术和经济方面的发展，还是思想和政治方面的发展。

非人力所及："副产品革命"

安德鲁·谢拉特说过，即使不使用家畜，单靠人工种植，也能够维持复杂的城镇生活（如新大陆），但他同时指出："我们不能不重视的是，只有旧大陆迈过了下一个门槛——工业化，这是因为人自身的力量是有限的，但对能量的需求不断增加。在不断寻找力量来源的过程中，使用畜力是第一阶段，但只有将动物驯化才能很好地利用畜力。"[1]换句话说，真正让这些大型家畜不同于野生动物的差异并不在于它们提供了肉食来源（它们从一开始就是肉食来源），而在于它们"突现的特征"。

谢拉特被引用次数最多的论文是《农耕和畜牧》，在这篇文章中，他认为农业出现后发生了所谓的"副产品革命"。对他来说，下一个最重要的发展是驯化动物与驯化植物之间相互作用的方式。全世界有 148 种大型食草或杂食性哺乳动物可供驯化。72 种在欧亚大陆，其中 13 种为人类所驯养；51 种在撒哈拉沙漠以南的非洲，但无一被驯养；24 种在美洲，其中只有美洲驼被人类所驯养；还有一种在澳大利亚，至今仍是野生的。[2]

在这里，犁具有极其重要的意义，因为它代表着畜力在农业上的首次应用。不久之后便出现了畜力车，畜力车的使用使农业得以集约化，并有助于农产品的运输。畜力车的作用甚至胜于犁，因为它可以让剩余产品（牛奶、羊毛以及不像牛奶那样容易变质的奶酪）的交易范围更大、更远。旧大陆不仅拥有新大陆所缺乏的畜力，还拥有无须屠宰便可获得的畜产品。活畜是有用的，比那些为祭祀而饲养的动物更有价值。最终，这也会对思想／宗教产生重大的影响。

这些发展并不是随着农业的诞生而立即进行的，而是过了几千年时间才出现的。事实上，副产品革命大致发生在公元前 4000 年代，值得注意的是，它大体上与文明的出现属同一时期。但是新大陆没有这一切。

例如，犁使得当时被认为贫瘠的土地得到耕种，导致人们向以前尚未开垦的更广大地区拓殖。畜力车所带来的散装运输在这里也是一个推动因素，因为人们可以在更贫瘠的土地（例如山地）上牧羊，所产的羊毛能够比以前更容易地运到市场。越来越多的边际土地被人们所利用，它刺激了牧场、季节性迁徙放牧，甚至游牧的出现。所有这些生存方式（尤其是农耕和游牧）在新大陆都无法运用。在旧大陆，农耕和游牧往往平行发展，有时互惠共生，有时公开冲突——它们构成旧大陆历史的一个组成部分，但未见诸于美洲。再次说明，游牧民族和农耕民族之间的冲突是推动旧大陆历史发展的主要动力之一。犁耕者和游牧者的重要差别是他们的继承制。

除了能够让更多的边际土地被利用，犁耕还有助于"撒播"种子，留出整块土地专门播种一种作物，这与新大陆居民利用小尖棍种植多种作物的园子形成鲜明对比。撒播农业产生了更多的剩余产品，从而积聚更多的财富，不事农业生产的专业人员出现，从而加速了文明的产生。

谢拉特认为，"副产品革命"将旧大陆的农业发展分为两个阶段：最初的锄耕阶段和接下来的犁耕和游牧阶段。在第一阶段，农业建立在人力基础上，饲养动物纯粹是为了食肉；在第二个阶段，人类开始将动物用作畜力。他认为，正是这些副产品标志着旧大陆即将出现各种类型的社会。

复合牵引、奶与羊毛的出现

到公元前 6000 年代，牛已完全被人类所驯化，但直到公元前 4000 年代后期，它才被用作牵引畜力。自此之后，牛和车便作为一个密不可分的"牵引组合"传播开来。[3]（人们利用陶制模型的年代来推测牛车的传播过程，这些陶制模型出现在公元前 3000 年代的哈拉巴文化和公元前 2000 年代的中国。不过，在亚洲，畜力车的传播也与马的驯化密不可分，详见下文。）谢拉特进一步总结，在新大陆发现的轮子模型证明新大陆居民了解轮子的原理，但他们没有用轮子来运输，这说明能否获得挽畜是利用这项技术的关键因素。[4]

犁的传播与畜力车的传播十分相似，这两者似乎都是在公元前 4000 年代早期最先使用于"美索不达米亚北部某地"。正是犁引起了早期居民对冶金的兴趣。

人们在公元前 4000 年代也驯化了另外四五种动物，谢拉特说，虽然在远古时代人类就捕猎这几种动物，但那时畜养并不经济。而且这组动物不仅能用作驮畜或挽畜，还能作为骑驾——它们是马科动物和骆驼。马科动物主要分为四类：撒哈拉沙漠以南非洲的斑马、北非的驴、近东地区的

141

野驴和欧亚大陆的马。[5]马主要栖息于从乌克兰到蒙古的大草原带。它最先被第聂伯河中游定居的畜牧部落驯化。马的驯养发端于此，并在公元前4000年代中期向外扩散，这也是"牵引组合"扩散的时期。驯养马缓慢传入森林密布的欧洲，并向南扩散，古巴比伦时期的陶俑上出现了骑马者的形象。[6]野驴不易驯服，在这一时期的图画中，它们的形象往往是被封上口鼻的。大约公元前2000年，马逐渐取代野驴作为牵引畜力，并推动了进一步的技术变革，如马嚼子和辐条轮。这最终导致四轮马车的出现，它的重大意义，我们将随后讨论。[7]

　　驴大致在同一时间被驯化，它的自然分布范围是从阿尔及利亚到西奈半岛。相对于其他马科动物，驴具有温顺和饮食摄取量低的优势，这使得它更具经济价值。驴的另一个优势在于"杂交优势"，即驴与马交配生出骡子，而骡子是一种不能生殖的种内杂交体，但它比两种亲代物种更强壮，可用于更漫长、更艰险的陆路贸易网。[8]

　　骆驼主要分布于两大地区，人类可能在这两大地区各自将骆驼驯化成功。长着长毛的双峰驼适应更加寒冷的欧亚大草原和山脉边缘地带，而单峰的"阿拉伯"骆驼更适应干旱的阿拉伯半岛和北非地区。骆驼的载重量是驴的两倍，速度更快，而且无需频繁喂食和饮水。从公元前3000年代开始，双峰骆驼便成为"牵引组合"的组成部分。

　　这五个独立但平行的驯养事件发生在公元前4000年代相互邻近的地带。在西起西欧、东到蒙古的广大范围内出现一个"运输工具群"——谢拉特称之为"运输革命"。[9]因此，旧大陆通过贸易，通过商品、人员和思想的流动而联系在一起，而这在某种程度上是新大陆从未出现过的。

142

　　但是与此相关的不止交通。首先说说奶的问题（在此之前可能是血）。这方面的突破在于，家养动物的奶产品可提供人类所需营养，同时不必杀死动物，这实际上节约了资源。奶受人欢迎的地方在于，它含有一种谷物所缺乏的氨基酸——赖氨酸，它也含有脂肪、蛋白质、糖分，以及丰富的钙。除此之外，奶还能制成各种各样的储存品，如奶酪、黄油和酸奶。

不过，现在已知世界上大多数地区的人（蒙古利亚人种、新大陆居民、梅拉尼西亚人、澳大利亚土著居民、黑色人种中的许多人以及地中海地区的约半数居民）不能消化乳糖——这是一种只能在乳腺中合成的双糖。最近有人提出这种理论：北欧居民直到最近才形成"乳糖耐受力"，这是他们吸收维生素 D 的一种方式，而生活在更靠南地区的人可通过晒太阳的方法获得维生素 D。维生素 D 与钙相结合有助于预防佝偻病。据认为，喝奶习惯的形成体现在陶器造型的变化上。在这一时期，开口碗逐渐被倾倒器皿（洗器）所代替。它们可能还有某种仪式上的用途，因为这一时期还出现了一种奶酒，这是一种令人兴奋的发酵奶制品。[10]

人们驯养哺乳动物不仅是为了食用它们的肉，还为了获得奶或其他畜产品。这一事实意味着，就人类和大型哺乳动物之间的关系而言，旧大陆比新大陆更紧密。这对疾病的传播、对疾病的免疫力和人们的动物观都有显著影响，而这又对人们的宰杀动物观念产生影响，示例参看第 19 章。

很早以前，旧大陆居民便取材植物纤维，制成最早的纺织品，新大陆也是如此。在美洲，棉花取代了皮革，而在旧大陆，亚麻是使用最广泛的植物纤维。早在羊毛被使用之前，人们便掌握了细致的织造技术。羊毛出现于美索不达米亚的城邦发展期（至少文献记录是这样写的），后来成为旧大陆最重要的纤维。通过考古发现，我们知道，在公元前 3000 年代中期，欧洲人仍在使用亚麻，而在两河流域最早的原始文字时期，三十种以上代表绵羊的符号已被识别出来，包括"粗毛羊"、"长毛羊"和"厚尾羊"。[11] 剪毛记录表明古代历法中存在一个春天的剪毛期。

公元前 3000 年代的欧洲考古遗址中发现的绵羊骨比例明显增加，从原来的 10% 增加到 40%。到公元前 3000 年代末，从希腊到瑞士的广大地区，羊毛逐渐取代了皮革和亚麻。我们也发现纽扣发生了变化，这是为了适应更加蓬松的羊毛织物。羊毛制品是最早进行大规模交易的产品之一：牵引组合和羊毛的特性对旧大陆的商贸发展产生了重要影响。这也与男性在农业社会逐渐占据主导地位有关，因为男性从事农耕，女性就留在家里纺织。关于男性主导地位的出现，我们会在后面再次提及。[12]

谢拉特也指出，当人们饲养动物的目的是吃肉时，比较经济的做法是等到动物长到成体大小便尽早屠宰。因为当它们完全长大后，饲养它们的成本不会减少，但它们身上的肉不再增多，也就是说它们变成了"成品"。不过，挤奶是收效很大的工作，因为挤奶所获得的能量远远大于挤奶消耗的能量。这也意味着，母畜比公畜更有价值，因此公畜更可能被屠宰，尽管公绵羊也产羊毛。绵羊在被屠宰前一般被饲养6至8年。不管怎么说，饲养动物以获得它们的副产品，是一种积聚和保全财富的新方法。正如我们将要看到的，旧大陆的财富/产业发展史在很长时间内都与羊毛有关。

用于牵引的动物大部分是被阉割的雄性动物，它们实际上在三四岁时便完全长成。阉割对哺乳动物有明显影响，这种思路可能偶然来源于人的阉割。事实证明，被阉割的动物非常适合运输或劳作。当然，阉割在新大陆并不流行，除美洲驼外，这里的其他大型哺乳动物都是野生的。

144

谢拉特在文末总结道，在公元前4000年代以前，人们饲养家畜只是为了食用它们的肉，但公元前4000年代中期的副产品革命"使得动物饲养发生了重大变化"，这些变化将会产生明显的社会学影响。

农耕、游牧与人口分布模式

公元前4000年代发生的这些变化是早期人类向更偏远地区扩张所造成的，而扩张本身又受到早期动植物驯养期间所发生的变革的刺激。但是人们在动物饲养方面投入的时间和精力越来越多，这导致人畜关系步入一个新阶段。该阶段的基本特征是动物饲养规模的扩大，而这些在新大陆从未发生过。

挤奶的做法出现后，家畜种群被分为种畜、役畜、产畜（产毛或奶的家畜）以及肉畜。[13] 奶产品同样为游牧的出现创造了条件。游牧方式是在漫长的时间里逐渐形成的，它比狩猎风险小得多，骑马的发明更是大大促进了游牧的发展。乳糖耐受力的逐渐形成在这里是一个重要因素。按照谢拉特的观点，游牧最可能发端于伊拉克北部、叙利亚和巴勒斯坦，在这些地区的迦勒苏文化（前 3800—前 3350 年）遗址中发现了一个陶器"库存"，其中包括一些用于处理液体的容器，如"奶油搅拌器"，该文化遗址还显示了家畜的死亡方式，这证明当时已出现畜牧副产品。*

总的来说，手工犁将农民耕耘土地的能力翻了四番，这不仅增加了良田的产量，还首次使得贫瘠土地的开发变为现实。同时，日益增加的羊毛产量为贸易的迅猛发展创造了条件。游牧变得越来越有吸引力。

游牧民族继续扩散到不利于谷物生长的地方。事实证明，这种分离在未来至关重要。在游牧民族和农耕民族之间既有互惠与贸易，有时也会因争夺牧场或耕地而发生冲突。这种冲突将对旧大陆的历史发展产生重大影响。

在非洲等更干旱的地区，畜牧业的扩散是在没有犁的情况下进行的。虽然犁的使用从欧洲扩展到印度等广大地区，但在非洲，它的使用范围并未向南越过尼罗河上游。再往南，畜牧业（包括挤奶）渗透到撒哈拉和东非大部分地区，但这些地方没有畜力车或犁（赤道非洲的证据让考古学家大费脑筋。撒哈拉沙漠以南的古代非洲部落，尤其西非部落是目前学者研

---

* 2009 年出版的一项研究表明乳糖耐受基因实际上出现在 7 500 年前中欧和巴尔干地区的牧牛部落中间。在安纳托利亚陶器中也发现了牛奶残留物，年代是公元前 7000 年代。因此，部分地区副产品革命开始的时间肯定比谢拉特所认为的还要早。我们也知道乳糖耐受力在非洲是独立发展出来的。[14]

究最深入的领域。在这些部落，肯定会有部落成员在非洲大陆北部边缘看到过金属犁，他们自己的社会数千年来也一直畜养牛群。但他们在那段时期从未学会使用犁。为什么？答案似乎是，至少在某些地区，例如塞内加尔河谷中部和尼日尔三角洲内陆地区，每年的洪水泛滥规模不定，混乱无序，难以捉摸，人们不能据此预测每年的可耕地面积，因此，农业区域从未出现和稳定存在过。当然，有证据显示，很大一部分人口不时地从农耕转向捕鱼。这种多样化可能阻碍了政治等级制度的发展，影响达千年之久）。

在欧亚大草原上，犁被用于绿洲。但中国人普遍存在的乳糖不耐症抑制了游牧和挽畜的发展，这就是中国在很长时间内使用人来拉犁的一个原因。[15] 有些科学家认为，部分地区禁食猪肉的习俗是因为牲畜主要用于挤奶和牵引，但猪既不适合挤奶也不适合牵引。

但是犁耕的整体效应将从根本上改变居住模式。高效的犁耕一方面能加快新土地的开发，另一方面能更快地将地力耗尽。这样，这块土地便不得不休耕数年。在欧洲，横跨北欧、从不列颠延绵至俄罗斯的宽阔条状地带分布有许多矿山和采石场。从它们的外观可以看出，当时人利用这里的石头制造打火石和石斧，以便伐林开荒。只要条件尚可，北欧居民就会一直在某块土地上种植庄稼（由于在土地上施加了动物肥料，土地的利用期被延长），直到地力完全耗尽，然后迁徙，再不返回。在南欧，农民占据高地耕种，而以奶产品为生的游牧民族更喜欢在低地种植谷物。[16]

在中东地区，犁的出现使得乌鲁克文化期（前4000至前3100年）的遗址数量增加了五倍，人口也越来越集中在少数几个防卫严密的地方。[17] 这些城邦能否免受其他城邦或游牧民族的侵袭，尚未可知。商业网络正在逐步形成。

"虽然美索不达米亚的证据显示，动物牵引并非城市社会发展的必要

146

前提条件，但新大陆城镇稀少且出现晚得多的事实表明：虽然各种各样的定居方式最终都能达到城市形态，但更强的生产力极大地加速了旧大陆城市的发展。"[18]

畜力车的出现对于亚洲大草原的发展具有重大意义。这与北欧森林的开发相吻合，而且按照谢拉特的观点，这也对语言的发展产生了重大影响。北欧森林的开发和畜力车向北非的传入，解释了印欧语和闪含语缘何能够遍布旧大陆。"公元前 3000 年代的人口向大草原地区东迁，将东欧与黑海和跨里海地区联系在一起，迁徙范围甚至远达塔里木盆地和伊朗高原。正是由于人口在半干旱地带相对快速的迁徙，奠定了印欧语系的地理范围。"[19]

我们正在讨论的这些变化也暗含了男女关系和继承规则的改变。在简单的锄耕农业（这应用于全世界）中，主要的贡献来自女性的劳动：播种、除草和收获，由此带来母系继承，典型代表是美国东南部森林地带的土著部落，它们通常被认为最接近前犁耕农业社会。[20]

与之相对比的是，犁耕农业和游牧社会都是男性居主导地位，实行父系继承制。依据一项世界范围内的调查，三分之二的农耕者以及相同比例的游牧者实行父系继承。公元前 3000 年代织布机日益广泛的使用以及大量出现的纺织器具痕迹证明了这一变化。[21] 这种理论的主要观点是：由于人们控制了更多的土地，联姻在捍卫财产方面的意义日益凸显，因此包办婚姻越来越多。土地争夺变得越来越激烈，财富不均就这样开始出现。这种现象在地中海地区比北欧地区更加明显，因为北欧的土地更为充足，至少最初是这样。

所有这些制度只是缓慢地渗透到东亚地区。"在那里，获取蛋白质的途径不是奶，而是鱼（尤其在大米产地）和猪，这种体系已经供养了相当密集的人口。副产品革命要求扩张畜牧产业，但它在这里不能轻易实现。

因此，中华文明与家畜只扮演次要角色的新大陆文明在许多方面具有可比性。"[22] 这种模式正好与前一章中提到的丰产女神雕像分布有限的观点相吻合。

即使将来关于副产品革命的观点有所修订，它也是一次加速与扩张，内含财富的创造和大规模的冲突。由于驯化了羊驼和美洲驼，新大陆有了毛料和驮畜的来源。但是，这些哺乳动物的载重量和人差不多，因此它们与牛马在旧大陆所带来的能量大扩张不可相提并论。缺乏奶源意味着可作为持久蛋白质来源的奶酪在新大陆居民的生活中从未起过重要作用。

9

大灾难与祭祀的最重要起源

　　沙文认为，女人和公牛是最早的真神（作为抽象的实体，而不是动物神灵，这是超越萨满教的一种进步），女人和公牛崇拜见于世界许多地方，至少在新石器时代的欧洲是如此。这些崇拜连同因地而异的象征符号，出现在截然不同的环境和文化中。不过，这些广泛分布的证据证实，定居生活和农业的发明确实改变了早期人类对宗教的看法。

　　这首先体现在公元前 5000 至前 3500 年左右的巨石文化（Megaliths）的发展上。"Megaliths"一词的本义是"巨大的石头"，巨石文化广泛分布于旧大陆各地，但最集中且最受关注的区域是欧洲，它似乎与欧亚大陆的西端有着不解之缘，主要分布于西班牙、葡萄牙、法国、爱尔兰、不列颠和丹麦，不过地中海的马耳他岛上也有一些保存完好的巨石遗迹。它们总是与地下墓葬（个别规模很大）密不可分，其中一些巨石高达 60 英尺，重达 280 吨。巨石结构分为三类，按照原来的术语，第一种叫作长石［menhir，来源于布列吞语 men（石头）和 hir（长长的）］结构，通常垂直置于地面。第二种叫作圆场（cromlech，crom 指圆、曲线，而 lech 指地方，场所）结构，是由一组垂直地面的巨石围成的圆形或半圆形结构（例如英国索尔兹伯里附近的巨石阵）。第三种叫作石桌（dolmen，dol 指桌子，而 men 指石头）结构，通常是由几根垂直的石头支撑一块巨大的压顶石，形成一个围场或会场。现在，这些巨石结构通常用"环状排列"这类直白的术语来称呼，而不再用"cromlech"这样难懂的词汇。

　　大部分墓地位于巨大的土丘之下，能容纳数百名死者。它们不间断地被用作集体墓葬，墓葬品大多平淡无奇。中间有柱子的墓室非常少见，在墓室中也极少见到绘画的痕迹。正如米尔恰·伊利亚德所言，这一切都证明它们属于一种非常重要的死者崇拜：这种文化的创造者，其住所没有经住时间的考验，但墓室成为世界历史上存留时间最长的建筑结构。这为安德鲁·谢拉特解释巨石文化提供了基础。他的解释并不是唯一可用的解释，我们在这里会提到两种解释，一是因为它们不一定是相互排斥的，二是由于另一种说法在某种程度上解释了新旧大陆之间思想／宗教的差异形成的原因，而这正是学界长期得不到解决的一个令人困惑的问题。

巨石的含义

　　农耕向欧洲的传播有过两条路径。在巴尔干半岛和中欧地区，"西亚套装"被全盘引入，包括谷物种植、家畜饲养、陶器制造、房屋和村庄建设等技术。这种模式占据了中欧地区黄土带，而在更靠南的地中海北部沿岸，谷物就不那么重要了（黄土是冰川退去后留下的极细粉沙，厚达数英尺）。因此，农村在欧洲沿黄土带分布，但到了黄土带终结之地，村庄模式便中断，巨石文化开始。"虽然在中欧，新石器时代的基本定居单位和主要社会组织是村庄，但在西欧，新石器时代的早期定居点是脆弱和分散的。永久的要素似乎不是由定居点本身提供的，而是由巨大的墓室和围场提供的。"[1]

在中欧，农村（种植谷物加上饲养少量家畜）会产生足够的组织机构以形成稳定的世系，控制继承和宗教生活。不过，在黄土带以外，那些土地贫瘠、不适于种植谷物的地方，游牧变成更受欢迎的生存形式，牧群的规模较大，人口分布在更广大的区域内，因此人口密度更小（这种生存方式在新大陆并不可取）。在这种情况下，村庄不再符合这种新形势的要求，但巨石结构（这些巨大的仪式中心将广大的区域联系起来）具有可行性。人们每年在这些中心聚集几次，举行婚礼、葬礼和其他仪式，这有助于把原本较为分散的社会团结起来。

数百年来，这些巨大建筑遍布西欧和北欧各地，它们的长期存在表明它们符合人们的基本需求。它们最早的形式往往是土木建成的长丘。[2] 但后来，在远离黄土带的地方，石头取代木材，用来筑造护墙和内部结构，但形状仍然是长丘状。再后来，圆形结构变得越来越常见，墓室的规模越来越大。一开始，这些结构在设计上与当时黄土带的民居十分相似，但它们后来逐渐背离了这种模式。当时的情况可能是这样的：在一个人口分散的社会里，劳动力是最重要的商品，移动巨石象征着社会的强大力量，这能通过人们的通力合作完成。这种巨大建筑始于法国，时间约在公元前4600年，直到公元前3800年左右才传到丹麦。但是，在停止用作墓地后很长时间内，许多巨石建筑仍然作为仪式中心而持续使用着。谢拉特说，后来巨石建筑加上通道，这可能为了让后人在死者下葬后能够进入墓室，体现了人们对死者态度的转变。[3]

随着时间的推移，巨石结构的布局也发生了变化。早期巨石结构包括密闭的石墓和外围的装饰，而后来的巨石结构加上了通道，允许人们重新进入，内部也有所装饰。不同时期的巨石朝向也有变化，早期结构朝向东方，晚期结构冲着东南方。[4] 在谢拉特看来，这是两种（可能是相互对立的）思想观念并存的证据，是"中欧传统和法国本土传统之间的一场思想斗争"。这时，也许应该提到让-伊夫·莱瓜尔什及其同事最近的研究成果了。他们证明，在公元前3800年前后的某段时期，法国西北部的布列塔尼的大西洋沿岸的洛克马里亚奎艾地区发生过"一场轰轰烈烈的破坏石像运动"。在那一时期，许多有雕刻的立石被拆除，用于建设新一代的墓室大通道。这场"破坏石像运动"的最大遗址位于布列塔尼附近的加弗里尼斯岛，这里有大量复杂的雕刻装饰，以及天文布局。思想意识上的这个显著变化似乎与东南部移民查森人的到来是一致的。（查森人试图保留对故乡的民族记忆，这是不是巨石墓穴的朝向由东转向东南的原因呢？）

　　这一时期的出土文物中有些颇有特色的构件，名字叫作"瓶撑"。谢拉特说，人们很容易将它们解读为崇拜仪式所用的器具。它们可能是"致幻剂"的加热器，"这种说法也解释了加弗里尼斯雕刻（装饰）与众不同的特征，因为它们是在致幻剂作用下产生的内视幻象"。[5]

　　那么，我们在这里看到的是又一场早期的脱离萨满教的运动吗？从外部符号向内部符号的转变，利用石头创造封闭的仪式场地，这是不是尝试在合适的地面场所重新创造曾充当原始萨满教中心的洞穴呢？英国杜伦大学的克里斯·史卡瑞指出，巨石建筑中的许多巨石是从圣地取来的，这些地方（如瀑布或悬崖等）被称作"力量之源"，具有特殊的声学特性或感观特性，诸如不同寻常的色彩或纹理。他说，这有助于解释为什么这些石头有时从千里之外运来却未做丝毫改变。[6]

　　这些"洞穴"被建在地面之上可能是为了与祖先沟通。[7]（天文布局表明，这样的仪式可能遵循规律的历法事件，根据天体的运行规律而设定。一种司空见惯的民族学观点认为，这些仪式可能涉及致幻药，药物由特定之人在仪式过程中服用，他们在仪式中所起的作用就是与"另一个世界"进行沟通。）[8]在布列塔尼和不列颠，"洞穴"进一步发展的产物便是巨石

151

152   阵。巨石阵没有石顶，其仪式意义更甚于墓葬意义。

这些神庙中进行的崇拜背后隐藏着怎样的思想观念？剑桥大学考古学荣誉教授科林·伦弗鲁通过研究证明，苏格兰的阿伦岛巨石墓与耕地的分布密切相关，因此这些坟墓或神庙似乎与丰产女神崇拜有某种联系——由于农业的引入和对自然的密切观察，当地人接受了这一信仰。[9]

有几个环状巨石阵似乎是史前人类的天象观测台。对农业社会来说，了解太阳运转周期，尤其是冬至（在这一天，太阳直射南回归线，此后回归线开始向北转移）明显是至关重要的。人们能从石墓上观察冬至到来时地平线上的状况，而竖起巨石是为了来年提前预测这一时刻。太阳观测始于公元前4000年前后，但月亮观测直到公元前2800年前后才开始。

除此之外，巨石可能还有更深一层的含义。人们发现，许多雕刻（尤其是螺旋、涡旋和所谓的“杯环”标志，实际上是一系列的同心“C”）都与巨石神庙和观测台密不可分。稍后我们会看到，在欧洲其他地方，这些图案与某些史前史学家所提及的丰产女神有关，它们是丰产和再生的象征（不过不是所有人都接受这种观点）。在德国和丹麦，与巨石文化有关的陶器也装饰有双环图案，这些也与丰产女神密切相关。既然独立的巨石明显与男性阳物相似，环状巨石结构当然很可能是赞颂生殖力或丰产力的观测台或神庙。独立巨石的性意义，并不是考古学家在过分解读这种证据。例如，《圣经·耶利米书》（2：27）提到，那些人对石头说：“你生了我。”直到20世纪初，独立巨石具有丰产能力的信仰在某些欧洲农民中间仍很

153   普遍。“在法国，为了生孩子，有些年轻女性会在石头上滑动和摩擦。”[10]

对我们来说，理解这种象征主义并不困难。冬至日是太阳重生的时刻，当它在那天出现时，竖石已经就位，第一束阳光便可照入圆形巨石阵中心的裂缝。这是世界的中心，是神圣的地界，它有助于整个社会的重生，人们在此收集阳光，欢庆重生。一个绝佳的实例便是爱尔兰的纽

格兰奇。

在这个伟大的巨石仪式中心，我们也许看到了一个新的宗教情结的起源。在被祖先的遗迹（和灵魂？）所围绕的这个封闭的仪式场地，人们服用了致幻药。萨满（也许还有其他人）因此进入另一种意识状态，拜访另一个世界，并且预测未来。不过在分散的社会中，每个家族或部落拥有各自的牛群或羊群，土地肥沃、家畜繁盛、家族繁荣的重要性会成倍增加。于是，女人和公牛（人们在当时所见到的最多产、最强壮的生命体）的重要性开始凸显。

在这样一个分散的社会，由于每个家族远离他人，各自照料自己的畜群，萨满的作用可能越来越限定于社会性的宗教仪式上，每隔几年举行一次。在这种环境下，萨满大多比村庄社会条件下出现的次数少得多，人们对他的需求也越来越少。

青铜时代的扰动天空

关于巨石的第二个理论将我们带回自然灾害和灾难的领域。在前面的章节中，我们探讨了托巴火山爆发（74 000 至 71 000 年前）、三次大洪水（分别在 14 500、11 000 和 8 000 年前发生）以及它们对神话的影响，还讨论了造成潜在威胁的天气现象（季风和 ENSO）以及火山、飓风和地震在全球的分布情况。现在我们有必要考察另一个自然灾害领域，它与天体（如彗星、陨星和小行星）的扰动有关，这些扰动能被古人所看到，其中一些对地球表面造成了影响。

自第二次世界大战以来，远古历史的这一侧面已在知识界引起几番波澜，它部分源于伊曼纽尔·维里科夫斯基的推动。此人通过一系列著作——《碰撞的世界》（1950）、《混乱的年代》（1953）和《大变动中的地球》（1956）——发表了大量耸人听闻的观点，如太阳系的几颗行星曾在

154

几个历史时期对地球造成威胁——尤其是金星，它曾在青铜时代中期即将结束的某个时刻擦过地球，造成重大灾难。火星在几百年后也曾如此。[11]尽管几位声名赫赫的科学家（如阿尔伯特·爱因斯坦）认为维里科夫斯基的著作是可信的，尽管他的许多天文预测已被证实，但他的理论仍被许多科学家斥为谬论，甚至在美国曾有人试图压制维里科夫斯基著作的出版。

交叉学科研究会作为这场争论的成果之一，在 1975 年成立，它致力于科学地研究灾难以及灾难在史前和历史上的作用。20 世纪 70 年代本身是一个潮流（或者说学术氛围）变换的年代，其中一个原因是，阿波罗号登陆月球后证实，几乎所有陨坑都是由撞击而非火山喷发造成的，其他一系列探测器证明太阳系所有天体都被严重碰撞过。此外，越来越多的撞击坑在地球上被发现。[12]

所有这些活动的结果使得我们可以确定两件事：首先在青铜时代，尤其是公元前 3000 年及其后的数百年间，夜空是扰动的，而且远比现在频繁。比如，当时每年会出现一颗以上彗星，按照曾就职于爱丁堡皇家天文台和牛津大学的 W. M. 纳皮尔的说法，这个时代加上其他几个时代，"每年的流星雨达到惊人的水平"，流星雨"可能是天空中最壮丽的景观"。[13]"这个强度在某种程度上甚至超出现代人的经验，它们可能会变成一场生态灾难。"[14] 此外，人类已知的发生在"近代"的撞击事件包括：（1）里奥夸尔托陨坑链，它发生于 2 000 至 4 000 年前的阿根廷，由小行星撞击地球引起；（2）亨伯里陨石撞击坑，位于澳大利亚西北地域，公元前 3000年；（3）内布拉斯加的布罗肯鲍陨坑，公元前 1000 年；（4）沙特阿拉伯的韦伯陨坑，公元 500 年；（5）1490 年发生在中国的流星雨，致使 10 000人丧生；（6）更著名的是 1908 年发生在西伯利亚的通古斯大撞击。这份灾难名录绝非完整，但足以证明这样的事件并不少见，而且在有记载的历史上确实发生过（参见图表）。

155

已知的古代灾难列表

约公元前 3000 年	亨伯里陨坑，直径 160 米
约公元前 2350 年	气候变化导致青铜时代早期文明消失
约公元前 2100 年	更多的青铜时代早期城市消失
约公元前 2000 年	卡姆普基洛陨坑，阿根廷——小行星撞击
约公元前 1800 年	大型沙尘暴事件
约公元前 1650 年	青铜时代中期的城市毁灭
约公元前 1365 年	传说中的火灾
约公元前 1200 年	青铜时代晚期的城市毁灭
约公元前 1159—前 1140 年	爱尔兰泥炭栎的年轮增长变缓
约公元前 1000 年	布罗肯鲍陨坑，内布拉斯加
约公元前 800 年	青铜时代结束
约公元前 850—前 760 年	尼德兰气候变化
约公元前 200 年	火流星高峰
约公元 400—600 年	火流星的一次大规模袭击
约公元 500 年	韦伯陨坑，沙特阿拉伯
约公元 536 年	尘罩事件造就"黑暗时代"
约公元 580 年	格里高利讲述气候大混乱
约公元 679 年	格里高利讲述气候大混乱
约公元 800 年	维京人发现欧洲西海岸无人居住
约公元 1000 年	彗星和火流星高峰
约公元 1176 年	新西兰南岛（"天火引起的"）火灾
约公元 1490 年	中国天降陨星，10 000 人毙命
约公元 1700 年	日本海啸——未有相关地震的报道
约公元 1800 年	5 月 5 日发生在北美地区的事件
约公元 1819 年	11 月 9 日或 19 日发生在加拿大和美国的事件
约公元 1885 年	2 月 24 日发生在太平洋上的事件
约公元 1892 年	5 月 3 日发生在斯堪的纳维亚的事件
约公元 1908 年	6 月 30 日发生在西伯利亚通古斯的事件
约公元 1930 年	8 月 13 日发生在巴西的事件——800 平方英里丛林被毁
约公元 1935 年	12 月 11 日发生在英属圭亚那的事件
约公元 1947 年	前苏联老爷岭陨石

事实上，供职于美国空军和夏威夷大学的布鲁斯·马斯编辑了一份目录，目录中的 1 124 个"裸眼目击事件"由中国、朝鲜、日本、阿拉伯和欧洲的观测者在公元前 200 年至公元 1800 年间记录下来。[15] 马斯认为，这些神的流行并非恒定不变，而是随着夜空的活动在数百年间起起落落。[16]

157　　最重要的一次撞击似乎是公元前 2807 年发生的所谓"洪水彗星事件"。马斯通过研究大量神话，将这次事件的时间精确到公元前 2807 年 5 月 10 日至 12 日，他认为这次撞击可能发生在大西洋—印度洋海域的大洋盆地，靠近南极洲附近。它引发了一次巨大的海啸，以及在全球范围内持续几天的暴雨，这是由于水蒸气进入和穿过上层大气，制造了巨大的热带气旋，时间持续达一个星期。[17] 马斯认为这个时间与厄尔尼诺事件开始的时间是一致的，大约在此时期，全球人口经历了一次相当严重的锐减，导致创世神话的诞生（尤其在新大陆）。马斯在阿根廷、内布拉斯加、中国、中美洲、两河流域、巴勒斯坦（所多玛和蛾摩拉）、埃及和印度的神话中都追查到这个事件的蛛丝马迹。

以此为背景，我们回来继续探讨巨石文化，尤其是英国的巨石阵，它是世界上最大、最完整和最著名的巨石遗址之一。担任澳大利亚太空防卫计划主管，同时也是美国国家航空航天局太空防卫委员会成员的邓肯·斯蒂尔提出了关于巨石阵的一个理论，虽然该理论尚存争议，但又有哪种巨石阵理论能够获得广泛认可呢？他的理论至少有助于解释为什么直到目前所有试图理解这种巨石布局的尝试都是失败的。对他来说，巨石阵并不包含什么古代的周期性变化。斯蒂尔认为巨石阵至少在一开始是用作"灾难预测"的。

他也认为，青铜时代的夜空比我们现在的夜空更加热闹，还认为大跑道（巨石阵附近的土木工程，长 3 千米，是巨石阵建筑群最早的部分，原来被认为是一个古代跑道）是人们在夜空中出现大约横跨 10 纬度的彗星时建造的。实际上，这时地球经过彗尾，夜空出现流星雨，它们对地球表面造成了实质性的破坏。[18] 他认为流星雨可能持续 6 至 7 小时，甚或 28 小时，彗星的到达路径似乎与巨石阵大跑道的方向是一致的。

斯蒂尔的观点是：一定是某种"无与伦比的"事情引起了巨石阵的最初建造。除了巨石的布局外，我们还需要考察附近存在的大量坟堆，坟堆中发现的遗骨年代比坟堆本身的年代要晚近得多。他由此认为，这些坟堆实际上根本不是埋葬死者的坟墓，而是（用他的话说）"空袭避难所"的早期形式——天灾（流星雨）迫近时人们的藏身之处，这就是建造巨石阵的最初目的。他还为这种观点找到了支撑性证据，即"奥布里洞"，他表示这些洞的尺寸能让人坐于其中并受到保护。换句话说，当祭司或占星师观察到天空中的危险讯号，并力图推算最糟糕的灾难会在何时发生时，巨石阵可能就是他们自我隔绝和寻求保护的地方。

人们为什么将巨大的蓝石从数百英里外的西南威尔士运到巨石阵？这长久以来一直是个谜，但同样可用上述理论来解释，因为这些石头的外形类似球状陨石，也就是流星雨降落下来的石头（类似的做法也见诸于其他地方）。[19]

对于神秘的巨石遗迹，这是一个独具匠心的解答。与此同时，它也有助于解释，为什么巨石阵被遗弃了一段时间（流星雨从天空消失之后），后来又作为一个与日月相关的圣地而重新被人们使用。正如前面提到的，这不一定与谢拉特的观点相悖。

总而言之，灾难性事件（不管是火山的、地壳构造上的、天上的，还是气候导致的）不仅在过去更加普遍，而且比我们传统上所认为的更多，也比现在更频繁。这对于理解旧大陆和新大陆的历史是至关重要的。

祭祀的发明

德国不来梅大学的古纳·海恩索恩对比做了进一步的研究。他认为，文明本身起源于对灾难的回应，这有助于解释早期宗教最有影响力、最野

158

159 蛮同时也最神秘的一面——人祭的广泛存在。我们将会看到，在旧大陆和新大陆之间，祭祀的方式和发展轨迹是截然不同的。

正如海恩索恩所指出的，现在的人们习惯了"由小而无害的变化"演变而来的世界，并且尤其信奉查尔斯·莱尔和查尔斯·达尔文的理论。因此，他们不熟悉那些灾难层出的年代。同样，现代地质学改变了我们对于过去的看法，但祭祀理论在此之前便已形成。在海恩索恩看来，青铜时代的文本和图画明显"向我们展示了装饰华丽的表演者，这些人显然表现的是具有毁灭力量的天体和参加血祭的人"。他发现，世界各地都存在"神和英雄战胜龙、怪物、魔鬼和巨人的神话"。[20] 他进一步指出，祭司王和神庙在城市形成过程中具有推动的作用，祭祀场地在城市中很早便出现了（这让我们回想起伦纳德·伍利在乌尔发现的文明和祭祀遗址正好在洪水证据层之上。青铜时代两河流域的许多神灵不仅代表着丰产，也体现着可怕的自然力。）

在第 5 章，我们介绍了克里夫特和普拉姆的研究成果。他们证明早期文明的兴衰对应着气候的变化。在第 15 章，我们将进一步看到，不管在东半球还是西半球，第一批城市建筑似乎确实是在某种环境灾难发生后建立起来的，不过本章的主要目标是解释祭祀。

学界有几种关于祭祀的理论，其中最著名的是苏黎世语言学家沃尔特·伯克特、斯坦福大学语言学教授勒内·吉拉德和芝加哥大学宗教历史学家乔纳森·史密斯的理论，它们可统称为祭祀的心理学或人类学理论。这些理论将暴力视为文明的核心，并且设想出一种弗洛伊德式的"原始谋杀"，它植根于集体记忆，在社会群体中起着凝聚力的作用，并因此成为社会中的一种宗教力量。事实上，按照这种观点，祭祀是社会群体的特征。其他理论则认为，祭祀是驯养的结果：它并未见诸狩猎采集者中间，只有家畜才被献祭。驯养的动物由于处于人和野生动物的中间，以此类推也应处于人与神的中间。有些学者认为，驯养动物的目的就是祭祀。[21]
还有其他理论认为祭祀源于植物的驯化：为了让新一茬植物长出，必须割
掉现在的植物。

这些理论都不是很有说服力。显而易见，由于人祭太过极端，只有极
端的环境才会引发这种极端的做法。

在这方面，灾难发挥了足够明显的作用。显然，灾难是致命的，有
时夺走数百人的性命，有时夺走数万人的性命。大部分情况下，遇难者的
尸体永远找不到了，可能葬身于火山熔岩，可能被海啸卷走，可能掉入地
震造成的裂沟，可能因小行星撞击而灰飞烟灭。其他遇难者被找到时或已
成为遗体，或者伤痕累累，其情景必定是尸横遍野、血流成河。在这样的
情况下，先民们由于将火山、飓风、地震、海啸、暴雨、小行星等灾难看
成是神灵对人类发怒、不满或失望的证据，就会得出如下明显的结论：神
灵"需要"人体或人血作为滋养。反过来，祭祀是人们为安抚神灵所做的
回应。正如海恩索恩所言，大水灾过后的幸存者发明了祭祀和祈祷，这类
内容的神话并不仅限于两河流域。"在迦勒底／巴比伦的传说中，祖苏德拉
便是一位在洪水后献祭的英雄。亚述神话中的乌特纳比西丁和希伯来神话
中的诺亚也是类似的人物。在印度，摩奴在洪水后发明了祭祀。在希腊神
话中，珀耳修斯、丢卡利翁、麦加洛斯、埃亚科斯等人的祭祀始于洪水之
后。"大致相同的内容出现在埃及人、中国人和北美阿尔冈昆人的神话中，
在最后一个例子中，英雄那那布什也是在洪水之后开始祈祷行为。[22]

恰塔霍裕克的圣庙墙壁上绘有火山爆发和秃鹫袭击人的图像，这些图
像的年代很早，大约是公元前 6000 至前 5000 年。在一幅图上，一座双峰
火山爆发，火从山口喷出，岩浆沿着山肩向下流淌。点状物布满画面，可
能代表如雨般落下的火山灰遮蔽了太阳。在土耳其，唯一的双峰火山是哈
桑山，这里也是黑曜石的产地，当地居民发现这里的黑曜石不仅具有实用

价值，还有神奇的魔力。[23]

后来，在克里特岛的克诺索斯，考古人员在地下室发现大量儿童遗骨，这些遗骨上有剔肉时留下的刀痕，断代为公元前 1450 年。英国考古学家彼得·沃伦认为这些遗骨是为了避免一场大灾祸——可能是"一系列地震，也可能是其他自然灾难"——而进行祭祀所留下的残骸。[24]在日本，许多神道教寺庙在立寺之初都有人祭传说，通常是献祭给一个神通广大的动物，一个住在山上的鬼怪，往往长着蛇一样的尾巴——这明显指的是火山。[25]穆斯林和前伊斯兰时代的阿拉伯人崇拜从天而降的一块黑色陨石。[26]谁知道有多少人在撞击中丧生呢？

灾难当然会被解释为民众的某一行为所造成的后果。这标志着祭司王的出现，而非萨满的出现，因为祭司王会率领人们进行集体崇拜和祈祷（而不是灵魂漫游），以缓和灾难所导致的广泛悲痛。有些学者认为早期城市四周的城墙（开始出现于公元前 2900 年前后）是为了防御海啸而不是其他民族，至少在有些情况下确实如此。

伴随祭祀而来的是救赎的思想，即人类可以通过某种方式"弥补"引发灾难的那些罪行，这也是祭司王的职责，他要解释灾难发生的原因并说明何种祭祀能平息神怒。

灾难也能解释青铜时代早期宗教中某些神秘的仪式。例如，在有些情况下，祭司让人们服用强力泻药。海恩索恩认为，许多人在生病时会腹泻不止，这是对那种现象的重演。类似的推理可解释仪式中使用阳物、身上涂抹烟灰、剪掉头发或燃烧头发等行为。灾难会传播恐慌和恐惧，可能导致自发的勃起，而涂抹全身的烟灰让人想起火山喷发后的灰尘。闪电或炽热岩浆引发的大火则会点燃毛发。

关于祭祀的出现存在各种各样的解释。例如祭祀可能最初并不那么残忍，因为在那个年代，谷物是主要食物，吃肉的机会仍相当少。比起这些解释，灾难导致祭祀的说法显得更加可信。在许多农业社会，第一批种子并不用于播种，而是撒到田边，献祭给神灵。出于同样的原因，最后几个水果也从来不从树上摘下来，羊身上总是留几绺羊毛，农夫从井里取水时总会把几滴水倒回井里，"以便井水永不枯竭"。不可否认的是，我们在这里发现了"自我牺牲"（从自己的份额中留出部分献给神）的观念，"自我牺牲"的目的是滋养或安抚神灵。在其他地方，最后的麦穗被编成人的形状（这种做法广泛分布在从挪威到巴尔干半岛的广大区域），有时被扔进即将收获的下一块田地，有时被保存到来年播种前，到那时再将其焚烧，灰烬撒入即将播种的土地，以确保土地丰产。但是所有这些做法似乎都是早期做法的二次发展和苍白回应：只有非同寻常的事件才能解释人祭的野蛮性和普遍性。从现在开始，它将成为我们故事的主要内容。

大母神与月神

几乎在巨石思想扩散的同时，在欧洲另一部分，一种形式不同但本质相同的崇拜正在形成。欧洲大陆的这一部分通常被称作"老欧洲"，包括希腊及爱琴海地区、巴尔干半岛、意大利南部和西西里、多瑙河下游盆地和乌克兰。

立陶宛学者玛利亚·金布塔斯研究了这里的古老神灵。她发现了一幅以四个主要神灵为中心的复杂图像。这四个神灵分别是：大母神、鸟或蛇女神、植物女神和男性神。蛇、鸟、蛋和鱼在创世神话中扮演着重要角色，而大母神本身就是创造之源，是最重要的思想。正如金布塔斯所指出的，"大母神奇迹般地从死亡之中，从献祭的公牛中出现，新的生命在她的身体里孕育而生。她不是大地，而是一个女人，自己能够变换各种身形，如母鹿、犬、蟾蜍、蜜蜂、蝴蝶、树或柱子"。（这种变身能力仿效了萨满教，但她已经高雅地变换了性别。）金布塔斯继续说道："大母神与新月、四组图和公牛角等不断创新与变化的象征有关……与农业的开始有关。"[27]

163　　金布塔斯说，大母神在许多地区也与月亮密切相关。这是基于以下因素：第一，月亮的盈亏。月亮在形状上不断变化，每月经历一次"死亡与复活"——先是消失，第三天夜晚又重新出现在夜空中；第二，月亮的周期与女性的月经周期一致；第三，新月的形状与牛角尤其是公牛角十分相似。

　　金布塔斯说，大母神崇拜的中心主题是：婴儿在母神统治的万神殿中诞生。两腿分开、露出阴户的"生产女神"变成一个简略的表达方式，就好像大写字母 M 一样是"大母神的表意符号"。[28]

　　金布塔斯在广泛研究了众多雕像、圣庙和早期陶器后，提出了一些有趣的见解。例如，在公元前 6000 年代以前，植物女神基本上都是裸体的，此后才被穿上衣服。再如，雕像上的许多铭文是原始线形文字的早期形式，比真正的文字早几千年，具有宗教意义，而非经济意义。绝不是所有人都接受金布塔斯关于原始文字的观点，但她的主旨是利用复杂的图像学研究大母神的发展演变。虽然大母神能够变换成其他动物，有时也能变成树木和石头，但她根本上仍是人形。大母神是一种介于萨满和后来事物之间的"半路"形象。*

　　我们（似乎）在古代欧洲找到了归根结底来自中东地区、来自纳图夫文化和基亚姆文化的思想，对于后者，我们在前面的章节中有所介绍。这些思想可能是随着农耕的观念与实践扩散开来的。它们证明丰产力和潜在敌对的自然力（例如大灾难）持续充当着早期宗教信仰的双重推动力。随着我们故事的展开，我们将看到这两种力量如何在欧亚大陆和美洲大陆成164　长壮大，却各自走着截然不同的道路。

---

* 在这个问题上值得一提的是，世界各地区和各大陆的宗教形象是极其复杂的，它们相互重合、相互联系，但往往有着相反的含义。分析宗教形象类似于命理学，需要用所有不可思议的方式追查其中蕴含的意义。需要提醒读者的是，这里所提的方式仅仅是众多方式中的几种。

10

从致幻剂到酒

我们现在需要将一个新主题引入我们的故事，这个主题在常规历史中几乎从未占据显著位置，但在本书中我们将进行详细论述。因为我的观点是：这个主题虽然没有被完全忽略，但其作用被大大低估或忽视了。这个主题就是麻醉剂、致幻剂、酒——简言之，致幻物。

在新石器时代，相比于世界其他地区，温带欧洲拥有的神经刺激物更少，但即使如此，早期人类对于改变情绪的各种天然物质也有充分认识。而且随着文字的出现，我们并不缺乏古人使用天然麻醉药的证据。值得注意的是，现在已知从王朝时代开始，埃及人在进行奥西里斯崇拜仪式时便已使用蓝睡莲了。而按照《梨俱吠陀》的记载，雅利安人会饮用令人兴奋的苏摩酒，并将其视为"圣饮"。希罗多德描绘了斯基泰人在宗教仪式中吸食大麻烟的做法。[1]

旧大陆有两种植物特别突出：罂粟和大麻。鸦片原产于欧洲，主要发现于瑞士、德国南部和法国东部新石器时代和青铜时代早期的考古遗址中。当然，这可能是因不同的保存情况而造成的人为偏见，因为罂粟似乎在那些地方保存得最好，那些遗址所处的沼泽环境有利于鸦片的识别与鉴定。后来，罂粟遍及欧洲南部或地中海地区，大麻则种植于更靠东的大草原上。[2]

罂粟混生于禾本植物中，营养丰富、气味芬芳，自然而然会引起人的注意。而且，麻醉生物碱形成于未成熟的种球或蒴果的汁液中，提取物有两种形式，一种是利用果实的浸泡溶液提炼而成，药效较弱，另一种是通过刺破蒴果获得，药效较强。麻醉生物碱意义重大，因为它的稀释物在古代世界具有药用价值，常被用作镇痛剂（盖伦在公元 2 世纪提到过它），但更早的文献记录和相关图像证明药性更强的提取物常被用于宗教活动中，到公元前 2000 年代和前 1000 年代更是如此。

莱茵河流域最早的斑纹陶文化和西班牙洞穴中已发现罂粟种子（斑纹陶指的是条带纹装饰的早期陶器，年代大约是公元前 5500 至前 5000 年）。毫无疑问，这些是人工种植的罂粟，因为它们不能自我繁殖。在西班牙格拉纳达附近一座公元前 4200 年的墓葬遗址中，发掘出数袋细茎针茅草，其中包含大量罂粟壳，这表明罂粟果不仅用作食品，还具有象征意义。[3]

我们还知道，从西欧到中国，大麻在铁器时代已被广泛使用。在哈尔施塔特文化 D 期霍奇道夫马车墓中（位于埃贝尔丁根附近，紧邻斯图加特，年代为公元前 450 年）发现了大量大麻。希罗多德的《历史》和汉朝的医学文献也有所提及。在东欧地区，大麻的使用始自公元前 3000 年代，那里曾发现一个"管状杯"，里面盛有烧焦的大麻种子。

首先，这些具有麻醉作用的物质可能是被吸食的，人们将它们的种子点燃，作为净化或圣餐仪式的组成部分。[4] 例如，巴尔干地区的新石器遗址中发现了不同的陶器，它们盛行于公元前 5000 年代，通常被描述为祭台，由四脚支撑的小盘子构成。它们装饰精美，往往刻有动物头的式样，似乎用作燃烧器，它们实在太常见了，这足以证明它们被用于家庭祭祀。[5]后来到公元前 4000 年代，法国出现了早先提到的"瓶撑"陶器。这些陶器是小浅碗，装饰精美，放在方形或圆形置物架上，许多显示有燃烧痕迹。在洞穴和巨石建筑中均有发现。在布列塔尼，弧形立石群之内有大量这样的陶器出土，其仪式用途似乎不言而喻。一种特殊致幻药似已成为中心仪式的焦点。[6]安德鲁·谢拉特指出，一种南方的崇拜用具出现在法国北部的同时，布立吞人的巨石文化达到了"致幻高潮"——体现在内视图像和加弗里尼斯浮雕的幻觉图像中，这两者在时间上的一致只是巧合吗？鉴于罂粟起源于阿尔卑斯山，它出现在如此遥远的北部地区，这是不是它用于宗教崇拜的有力证明呢？[7]

166

　　新石器时代晚期也出现了其他崇拜的证据。刻有"旭日"图案的碗广泛分布于公元前 3000 年代的东欧地区，在距离东欧大草原 1 000 英里以上的地区保留了一种特殊的设计形式，这种分布情况或多或少类似于大麻的分布情况。陶器式样突然发生改变，但它的分布与地点或时间无关，这种情况也证明当时出现或传入了某些涉及致幻药的特殊崇拜。

　　更令人振奋的是，在公元前 4000 至 3000 年代期间，由于出现了盛放液体的水杯和器皿，欧洲各地的陶器发生了翻天覆地的变化。谢拉特认为，这种发展反映的不是喝奶的习惯，而是酒精对史前欧洲的影响。这些器皿有些看起来像罂粟果。这个时候的人们是不是通过浸泡溶解的方式处理罂粟呢？对于残渣的分析证实，在有些情况下确实如此。[8]饮用罂粟溶液的仪式用具在造型上与罂粟类植物相近，这是分布于德国北部、波兰和斯堪的纳维亚半岛的漏斗杯文化（前 4000—前 2700 年）的特征。*

---

* 漏斗杯文化因其简略形式而闻名，它得名于德语：Trichterbecherkultur。

这引出了如下问题，"绳饰"（绳纹陶）从大草原向外扩散的过程是不是与上述情况相类似呢？我们这里所说的"绳"是大麻。在北欧，它原先是被泡着喝而不是被吸食的（就好像在原产地那样）。绳纹陶的出现是不是意味着它后来与酒结合在一起？（这并非牵强附会：现在我们还在使用大麻的近亲啤酒花来酿造啤酒。）9

礼仪陶器形式不断增多，每种变化可能都是为了满足某种特定食物或饮品的要求，而精神作用类药物在每一种陶器中都发挥了作用。

有时候，证据更有说服力。例如，斯洛伐克西部的一个墓室中葬有十具尸体，每具尸体的双手都被置于脸前，尸体下面有一堆双耳细颈罐和酒杯。谢拉特说，这些人肯定是自愿被埋葬的，但他们被埋时肯定已经失去了知觉，因为他们没有因窒息而挣扎的迹象。如果有人认为他们被下了毒，这也并非过分的想法。"麻醉品可能装在双耳细颈瓶中，用杯子饮用——这是一个死亡圣礼。不管是罐子里的物质，还是饮用之人的信仰都必须极其强大，只有这样才能让这种仪式开展下去。"它拥有祭祀的所有特征，而且它在精英阶层开展，通过中毒而优先进入圣界是精英才享有的特权。

后来，更多的集体墓葬被发现，仍然有双耳细颈罐出现，有时还包括家畜（尤其是配对的牛）。我们在这里也发现了祭祀的迹象，如同其他墓葬一样，两个或两个以上的尸体被排列成围桌而坐的样子，桌子上有陶器、杯子，甚至还有乐器。10

这些祭葬的年代全都是公元前3200年前后。因此，北欧平原在公元前4000年代后半期便以这种公共仪式为特征了，往往涉及某种饮酒仪式。随着绳纹陶的出现，墓葬文化又发生了进一步的变化：一种个人墓葬的模式开始出现。在这种墓葬中，成年男性拥有一套特定的陪葬品：石斧和一套酒具（由绳纹酒杯和双耳细颈罐组成）。这样的墓地并不进行年复一年

167

的祭奠。它们不同于早期的集体墓地，并不是宗教仪式的中心。

然后，仪式饮食方面也发生了明显的变化，最初的以圣地为中心的崇拜活动变成更加私人的模式。这意味着什么？在谢拉特和伊恩·霍德等人看来，这种发展与流动型居住模式的改变有关。我们在上一章已经说过，流动型居住模式以机动性更强的牲畜饲养而非谷物农业为基础，居住模式的改变导致墓葬形式的改变，从集体墓葬（巨石结构）转向更私人的、非永恒性的墓葬。"圣地"的重要性随之降低，地面之上的石头建筑被地面下的成套陪葬品所替代，尸体被一劳永逸地埋葬，无须不断造访。这是一个重要变化，蕴含着新的死亡观念，也指向了一种新的意识形态。[11]

碗与酒杯

个人饮酒器出现，并不一定意味着所有人都可以使用精神作用性物质。谢拉特认为，使用致幻药是某些人的特权，这些人的行为"代表着集体利益，他们扮演着萨满或祭司的角色"。他们可能是年长的男性、家族的首领（这种实践一直存在于图瓦蒙古人中间，在他们那里，只有年满40岁的成年男性才能饮酒）。[12] 尽管如此，我们看到了进一步的变化。饮酒并未构成集体仪式的内容，使长期稳定的社会团体仪式化。相反饮酒被通俗化了，或用谢拉特的话来说，饮酒被亵渎了。在与游牧息息相关的流动性社会中，神圣媒介"脱离"了其在既有圣地中的角色，被重新派遣。以前，在每个部落或村庄中只有一个或很少几个萨满，他们通过灵魂飞升的方式进入另一个世界。如今，通过致幻药便可进入另一世界，每个家族首领履行着与萨满相同的角色，他们开始与拥有类似权威的其他人集合在一起，在欢迎或结盟仪式中分享温性致幻药，这样他们便可以相互扶持，共同面对来自外部的威胁。这个过程可能在希腊的会饮类活动中达到高潮。正如谢拉特所说，这实际上是通灵的通俗化。而且至关重要的是，温和的酒（而不是药性更强的致幻药）更适合这种密切联系的集体仪式，因为在致幻药作用下人们只会相互隔离。

他甚至说，从漏斗杯文化向绳纹陶文化的过渡"与 4 500 年后发生在同一地区的新教改革有着某种形式上的相似：它们都是从等级模式向强调自我救赎、个人责任的模式转变，前一种模式拥有充当中介的祭司和精心建造的坚固圣殿，后一种模式要求简化建筑和宗教仪式，（我们）往往可以从千年的视角观察即将发生的宇宙变化"。[13] 同样重要的是，与之相伴随的还有画像主题的转变，即从原先的女性主题转向完全的男性主题，这反映了散居游牧社会中父权的增强。正如我们一再看到的，驯养哺乳动物正是通过这样的方式深刻影响了人类社会 / 精神生活的发展。

森林的砍伐开发出越来越多的牧场，加之后来畜力犁耕技术的引进带来了更加灵活的经济和社会安排，在这些变化背后，最重要的决定因素是日益重要的家畜饲养业。[14]

这些变化同时带来了其他一些变化，它们是青铜时代（前 6000—前 3500 年）的文化特征，也是前辈文化所不具备的特征。它们包括：第一，墓葬中的金属器具越来越多；第二，发现的燧石来自越来越远的地区（随着运货马车的发展，商业网络扩大，人们甚至将喀尔巴阡盆地——以现在的匈牙利为中心——的铜输送出来）；第三，马从东欧大草原向外扩散；第四，一种与饮酒密切相关的陶器类型出现——虽然文化间有着巨大差异，但在饮酒方面是相似的。

饮酒器在东方有两个把手，在西方则只有一个把手，称为"单柄酒杯"。"如果物质文化是一种化石化的行为，我们似乎可以推断此时出现了好客之风，或者至少出现了酒的社会分配。漏斗杯出现在欧洲北部农民中间似乎并不是一种巧合，因为这个地区与喀尔巴阡盆地有着明确的商业联系，而此时的欧洲大西洋沿岸还没有出现这样独特的器皿——这些地方属于'碗文化'。"[15]

事实上，谢拉特追溯了酒器的扩散过程（他称之为"一次伟大的流散"）——发端于爱琴海 / 安纳托利亚地区，呈逆时针方向在欧洲扩散。正如我们现在的玻璃瓶和玻璃杯成组配套一样，在墓葬中发现的器皿往往也是成套的。从造型来看，它们的原型肯定是金属器。

因此，我们发现了一个重要的文化区——它通过酒器相联系，以金属器为原型。所有这一切都伴随着两个更深层次的变化：第一，墓葬中出现独具特色的个人武器装备；第二，马出现了。

这是灵魂飞升之通俗化的深层表现。马价格昂贵，需要精心照料。另外，它们具有潜在的危险性。在这种情况下，使用强效的精神作用性物质（鸦片和大麻）可能就变得不合时宜了。因此，性质较温和的酒成为替代品。我们很快就会看到，酒一经发明，便被普及开来。

而且，也许更重要的是，牵引复合体和（与酒相关的）新陶器的分布有所重合，这表明它们都来源于安纳托利亚地区，扩散的过程也是相似的。同样，畜牧业的扩张使得男性在生产系统的地位提高。这里一个重要事实是：马和长毛羊是从大草原引入拓荒时代的欧洲的。由于价格昂贵，马赋予其主人巨大声望，而这些马主人最终构成了武士精英阶层。他们的亚文化反映在墓穴中留下的武器和酒器上。[16]对这些饮酒器的分析会告诉我们更多信息。

171

酒崇拜

酒被发现，马被驯化，犁被发明，长毛羊（发源地在南方）成为副产品革命的组成部分——这几件事很可能发生在大约同一时期。早期人类可利用的天然糖有葡萄糖、果糖、麦芽糖和乳糖。这些糖分可从蜂蜜、水果、发芽谷物和牛奶中获得，分别酿成蜂蜜酒、果酒、啤酒和奶酒。

人类酿制第一批酒时首选的食材是枣椰，因为它是含糖量最高的天然原料之一。在早期地中海文化遗址中发现了已知最早的一些饮酒器。[17]

在后来的欧洲与近东社会，葡萄酒的宗教寓意表明，葡萄酒在史前时代的使用可能伴随着祭礼和祭仪。饮酒器在欧洲各地的流散证明了"酒崇拜"的广泛传播。不过在很多情况下，它超出葡萄种植的范围，也超出金属制造技术的传播范围。因此，谢拉特认为，我们在这里看到的是一种替代物，很可能是用啤酒替代葡萄酒。[18]

公元前 3000 年代，酒具构成"以酒待客"之风的来源，在后来的古典世界，这被称为"会饮"。这一风俗最初是作为一种庆功宴，是武士阶层的聚会。由于畜牧生活和马的影响，亲属关系网在规模和空间布局上空前扩大，人们与亲属的联系越来越少。这意味着对武装团体的需求变得越来越大，如此一来，宴请和款待武士便成为团结合作和相互交流的首选方式，人们经常借此时机聚在一起，以便对抗威胁，或对定居社会发动攻击。

早期酒饮很可能品类繁多。它不可能是奶酒——需要大量的剩余牛奶。养蜂是后来出现的技术，所以蜂蜜酒也不可能是早期酒饮。温带水果和树液中的含糖量太低；而且一般而言，很少有谷物种植者将他们的谷物酿成啤酒（在北美温带地区，大征服时代之前没有出现酿酒，不过在更靠南的地区，即位于热带的墨西哥和秘鲁，已利用谷物酿造啤酒）。[19] 早期人类可能在咀嚼食物时发现唾液中的酶可以使嘴里的水果发酵。但那时候可能还不需要饮酒器。

古埃及人和美索不达米亚人利用大麦和二粒小麦酿造啤酒，并通过吸管饮用——这已经被公元前 3200 年的图像所证明（希罗多德认为它太罕见了，因此进行了详细描述）。"啤酒"一词的拉丁文是"cervisia"（西班牙语是 cerveza），它是一个复合词，由拉丁语的"谷物"和一个表示"水"

的凯尔特词汇组成，这表明啤酒是后来各地区独立发明的。

"从丹麦艾特维古墓的橡木棺墓葬中，考古学家发现了著名的桦木皮酒桶，酒桶内壁的残留物由三种成分构成：第一种是蜂蜜，这是通过椴树、绣线菊和三叶草的花粉推测来的；第二种是用来调味的水果和树叶，包括越橘果；第三种是谷类，很可能是二粒小麦。这是我们了解青铜时代酿酒技术的最佳指南。"[20]

酒的出现

随着时间的推移，社会分工变得越来越复杂，尤其是在那些饲养家畜、利用谷物和葡萄酿酒的地区。酒精作为麻醉剂比鸦片和大麻性质更温和，酒在人们的生活中变得越来越重要。"'致幻蘑菇'之类的强力致幻物可能在社会发展的早期阶段发挥过突出作用，后来作用越来越小。不过，人们在某些场合对它们的适当利用可能从未停止，例如在打仗时。比起致幻物，温和且令人愉悦的麻醉物，如酒精饮品或烟草，更适合参与人数众多的宗教仪式和男性联谊、娱乐、演说、谈判等场合。虽然人们最初使用致幻物是为了让灵魂出窍，但这些物质的心理体验本身在很大程度上是从文化上建构的，因此人们逐渐以一种更'节制'的方式来运用它们。这种正统使用方法虽然是'有节制的'，但它允许人们在祭礼场合更狂热、更肆无忌惮地使用致幻物。"[21]

毋庸置疑，酒在地中海地区实际上变成了"文明的代名词"。城市生活的普及始终与酒的消耗密切相关，双耳细颈罐的广泛使用便可说明这个问题：在地中海地区的文明遗址中已发现数以千计的这类常见酒容器。葡萄酒的隐喻渗透到地中海传统的方方面面。[22]

在公元前 1000 年代早期（新亚述时期）的美索不达米亚，葡萄酒逐渐取代啤酒成为上层社会的新宠。公元前 2000 年代，广阔的葡萄园同时

173

分布于爱琴海地区、米诺斯文明和迈锡尼文明的宫殿中心地带，饮酒之风可能从这些地方传到意大利。在《荷马史诗》中，战士们举办宴会，但那时候葡萄酒远未普及，直到公元前 2 世纪它才流行开来，当时老加图允许他的奴隶一年喝七罐葡萄酒，"每天喝一瓶"。在那个武装贵族让位于重装步兵方阵的年代，"会饮"已成为"全体男人的一项社交风俗，被用于营造公民集体的和谐与愉悦"。会饮本身可算是一种宗教仪式，打着狄奥尼索斯的名义举行，"因为狄奥尼索斯通过教导人们在酒里兑水，驯服了这种致人疯狂的麻醉物"。后来，这些酒会或因政治阴谋而臭名昭著，或因哲学探讨而声名远扬。[23]

饮酒之风向东传播，在波斯萨珊王朝时期（公元前225至公元650年），葡萄酒酿造技术经丝绸之路从波斯传入唐朝。钣金工艺制作的银杯也经历了同样的传播过程，它使得中国传统金属加工技术发生了彻底变革，而之前的中国金属制造业还是以青铜铸造为基础的。[24] 这引发了一系列连锁效应，尤其是"莲花瓣"式高脚杯，在后来的中国陶瓷制品上也有所体现；而且，仿造精美钣金器的尝试最终导致白陶和瓷器的出现。"灵魂出窍"的世俗化具有极其深远的影响，对此我们尚未完全认识。

总体看来，当时在旧大陆，更温和且令人兴奋的液体酒精饮料逐渐代替了烈性的、点燃吸食的致幻剂。有人认为，与酒相关的宗教体验，其等级不那么森严，形式上也没有明显的萨满教色彩，它标志着宗教向着一种更自制，甚至更民主的崇拜形式转变。在这种崇拜形式中，女神被男性所取代，与此同时，畜牧社会发展起来，饲养动物、耕地、驾车、挤奶和骑马都是这里的典型活动，比起从事农耕的村庄，这种社会的父权色彩浓重得多。饲养活动和宗教形式之间的相互影响不可能发生在新大陆，正如我们将要看到的，那里走的是一条完全不同的发展道路。

当然，实际的发展并不像理想图景所描绘的那样简洁明了。马克·梅林认为，在新石器时代和青铜时代早期，鸦片最早使用于瑞士及其周边地区，之后它便向东、向南传播。由于锡、琥珀和黄金交易的带动，从青铜时代后期起，鸦片开始在希腊、克里特岛和埃及广泛使用（在埃及，由精致彩陶制成的罂粟果型项链十分流行）。[25] 他说，罂粟是一种非常有价值的"饥荒食物"，但是他也指出，希腊古典宗教与罂粟的关系太深，因而保留了许多萨满教特征。这些特征因斯泰基人的入侵得以加强（参见第16章），因此赫尔墨斯的权杖具有催眠能力，这是萨满出神状态的象征。罂粟与希腊神有着神圣的联系，比如黑夜女神尼克斯常常以分发罂粟果的形象示人；睡神修普诺斯和他的儿子梦神莫耳甫斯；大地之母德墨特尔也与罂粟有关——她在雅典市政广场的形象是手持一根麦穗和一个罂粟果，而珀耳塞福涅的形象是手持几捆稻麦、几束水莲和罂粟果。[26] 鸦片在厄琉西斯秘仪中也发挥着作用。尽管致幻剂基本被酒精所取代，但萨满教元素仍继续存在，直至基督教出现。在后来的时间里，我们仍然能时不时地看到萨满教的元素。

最后，我们可能注意到，酒类饮料的传播过程与"灵魂出窍"的世俗化向东推进的过程大体相似。究其原因，也与后者大致相同。

圣火祠与飞毯

在奥克苏斯河上游以及土库曼斯坦和塔吉克斯坦境内其他北向河流的绿洲地带，也就是后来所谓"丝绸之路"的西界，有许多类似堡垒的防御工事遗址。这些用泥砖砌成的建筑可追溯到公元前2000年代。据考察，遗址的神庙建筑周围有圣火燃烧形成的大量灰烬和"存放酒桶和过滤装置"的"制备室"。对这里的花粉进行分析后发现，花粉中有麻黄、大麻和罂粟等成分残留。关于大麻和罂粟，我们前面已经谈过。麻黄是一种灌木，能产生使人兴奋的去甲伪麻黄碱和麻黄素。古人提炼这些物质的程序

175

是这样的：先用石碾将植物磨碎，再用做工精良的石杵捣成粉末。这些磨碎的颗粒物做成饮品被喝掉。不过，在最开始的时候，它们可能是被吸食的，因为在这里也发现了一些骨管，其中有些骨管的外壁绘有"眼睛充血的狂热面容"。在这些遗址中还发现了圆柱形印章，有些印章上刻有头戴动物面具的人物形象，他们或者在击鼓，或者在跃杆（萨满？）。

圣火祠和饮用致幻饮品之间的这种联系让俄罗斯的发掘者认为，这些堡垒是波斯圣火仪式的起源地。公元前1000年代早期，先知琐罗亚斯德对这些仪式进行了一次著名改革。"拜火传统导致琐罗亚斯德教（拜火教）的诞生，而它可能是在绿洲群落与草原和荒漠部落相互影响的背景下发生的。绿洲群落对酒可能早已习以为常，因为伊朗西部地区自公元前4000年代起就已酿造葡萄酒，而草原和荒漠部落是不断扩大的游牧社会的组成部分。"[27] 换句话说，谢拉特认为，大草原上用于仪式的植物，传统上要在圣火盆中点燃或浸泡，现在则被制成令人兴奋或陶醉的饮品——包括后来被称作"苏摩 / 豪摩"的物质。

在公元前2000年代，操雅利安语的族群正是从这个地区迁徙到北印度，逐渐将印度河流域文明的创造者达罗毗荼人同化，并且将《梨俱吠陀》所宣扬的宗教思想传入这里。照此推断，所谓的"苏摩"就是大草原所产的几种植物的浸泡溶液。苏摩不是有些人所认为的菌类植物，而是麻黄、大麻和罂粟的混合溶液。此外，另一种植物肉叶芸香或叙利亚芸香（骆驼蓬）可能也是这种混合溶液的成分。威廉·琼斯爵士早在1794年便认定这种植物就是苏摩。根据考古学证据，它的使用可追溯到公元前5000年代的高加索地区。在中亚，人们利用它的燃烧物作麻醉剂和药物。[28] 事实上，肉叶芸香比麻黄等植物具有更强的致幻作用，因为它含有骆驼蓬碱。骆驼蓬碱不仅在第二次世界大战中被纳粹用作"诱供药"，而且是卡皮木 / 死藤的主要成分。卡皮木是一种南美藤蔓植物，用来制备死藤水

（详见第 12 章）。考虑到这些特性，加之骆驼蓬是波斯地毯所用红色染料的来源，我们可以推断：第一，在骆驼蓬碱作用下产生的内视图像反映在波斯和中亚地毯所特有的几何图案上；第二，这种药物的致幻性及其诱发的飞升感催生了"飞毯"的传说。*

如果这个分析是正确的，我们就可以得出结论：苏摩的效力依其成分而变化无常。酒被发明后，由于其性质较温和，因而也更适合高度流动的"马背上的社会"，酒逐渐取代了苏摩。《阿育吠陀》向人们建议将酒作为日常饮食的一部分。随着印度教的规定越来越严格，印度教从公元前 6 世纪起才开始禁止饮酒。于是，大麻作为一种性质温和的兴奋剂，又开始被婆罗门阶层广泛吸食。

177

最后，不同的群体可能使用不同的麻醉品或兴奋剂，或采用不同的食用方法，这些都可以用来界定群体的特征。这可能就是中国人最早使用大米和小米而后来用葡萄来酿酒的原因。草原文化作为外族文化，一直受到中原地区的抵御。[29]

在地中海地区、大草原地带、波斯、印度和中国发生的事情，同样出现在东南亚和美拉尼西亚。在后两个地区，最流行可能也是最古老的精神作用类物质就是槟榔。这种坚果的传统吃法是与蛎灰和藤本植物蒌叶的叶子一起嚼食。泰国仙人洞发现了公元前 6000 年前后的槟榔残留物。这种植物与澳洲人用来制作卡瓦的卡瓦胡椒有关。起初，人们可能吸食或咀嚼槟榔，但是随着酒的传入和发酵技术的传播，它也逐渐变成一种饮品。这个背景有助于人们理解"拉皮塔陶器"的传播历程。这种装饰独特的陶器类型在公元前 1500 年前后传入美拉尼西亚地区，从民族学方面看，它与

---

* 莫特·格林认为苏摩／豪摩就是麦角菌，一种附着在野生禾本植物上的寄生性真菌，其致幻成分是生物碱。他的立论基础是：第一，苏摩主要分布于山区（正如《梨俱吠陀》所说）；第二，它们的制备方法就像《梨俱吠陀》所述的那样；第三，由于麦角菌附着于禾本植物上，没有任何一种植物可说成是苏摩的确切原料，因此造成了历史的模糊性。[30]

卡瓦有关。

在整个旧大陆，像罂粟、天仙子、颠茄、乌头和曼德拉草等精神作用类物质在民间医学和边缘崇拜中沿用了数千年之久。但是，酒后来居上，逐渐取代了这些需要浸泡或燃烧吸食的精神类物质。这肯定与它温和的特性有关，在技术更复杂的背景下，也与其广泛的可用性密不可分。它的流行不仅与宴饮交际和人们对来世的（有时来世可能是令人恐惧的）探索有关，也与畜牧社会日益明显的男性化（男人比女人更爱喝酒）有着千丝万缕的联系。

178   饮酒、驾车和骑马在古代甚至比现在更重要。它们之间的相互作用在宗教发展过程中起到至关重要的作用，但是这种相互作用在新大陆是无从
179 获取的。酒取代致幻剂的长远影响将贯穿本书的剩余内容。

11

玉米的用途

如果我们要总结前文并用几句话概括旧世界早期生活的主要特征，那么我们可以这样说：渐趋削弱的季风、谷物、驯养哺乳动物和发展畜牧业、犁和犁车、骑马、巨石、奶和酒。若要凸显新旧大陆之间的差异，我们可以在开始进一步的研究前，对美洲进行同样的总结。对新大陆而言，与前者相对应的关键词汇是：厄尔尼诺、火山、地震、玉米、马铃薯、致幻剂、烟草、巧克力、橡胶、美洲豹和北美野牛。

这组简单的陈列一目了然：由于缺乏驯养哺乳动物（我们马上会讲到美洲驼和它的同类），新大陆对人类而言是一个更为植物性的环境，这个差别虽然简单，却意义深远。首先，这意味着新大陆居民对土地的依附性更强。在大多数情况下（并非总是如此），他们受限于他们所了解的土地和植物，结果就是其流动性受限。我们在第 6 章说过，新大陆几乎没有畜牧业或游牧业，因此在旧大陆曾产生深远历史影响的生活方式，在新大陆并没有产生任何影响。与此相关的是，由于新大陆居民更加固着于土地，思想的交流也受到限制。这一交流并不是完全受限，而是比旧大陆受限程度更深。这造成的总体影响就是新大陆的发展速度比旧大陆缓慢，我们在旧大陆司空见惯的某些东西从未出现在新大陆——如前面提过的畜牧业和游牧业、轮子和犁以及各种宗教革新。需要提醒读者的是，在 18 世纪晚期欧洲人与澳大利亚土著居民开始接触时，澳洲大陆有 30 万人口，但没有一种驯化植物。[1]卡拉哈里沙漠的！空人部落也是如此。人类的发展进程似乎没有什么是"不可避免的"。

新大陆的独特性从玉米开始讲起似乎更容易吸引人。第一，玉米是一种谷物；第二，事实证明它对于新世界的重要意义绝不亚于小麦、大麦和水稻对于旧世界的意义；第三，自新旧大陆发生联系后，玉米的价值在全球范围内得到证明。不过，从马铃薯开始谈起似乎更有道理，因为在它的主产区，它从未像其他许多栽培植物那样被玉米取代。

扎根于安第斯山脉

虽然野生茄属块茎植物的分布范围北达科罗拉多，但雷德克利夫·萨拉曼认为，前哥伦布时期的中美和北美地区从未种植过马铃薯（人们偶尔会食用马铃薯，但从来没有种植过马铃薯）。在南美洲，野生马铃薯的种类很多，种植时间不少于 2 500 年。[2]在安第斯山脉，大约有 2 500 种块根植物为人所知，在佛得角早期遗址中发现的马铃薯（在第 2 章和第 4 章提过）可追溯到 12 500 年以前。马铃薯最初的缺点之一是它所含的糖植物碱是有毒的，只有对它进行适当处理，消除其天然的苦味后才能食用。[3]这就是某些地区的人伴着少量泥土（尤其是黏土）食用马铃薯的原因——泥土祛除了马铃薯的苦味，又抵消了糖植物碱的毒副作用（据观察，某些猴和鸟有类似的做法）。食用马铃薯需要找到巧妙的方法，以消除它们的潜在毒素，这可能会减缓马铃薯的人工种植进程。

马铃薯的重要价值在于它对高寒地区的适应性。几乎可以肯定，安第斯地区的最早移民来自东部的亚马孙河流域。第 1 章提到的遗传学证据支持这一观点，安第斯山区早期陶器上的装饰也是有力证明。假如移民来自其他地方（沿海岸迁徙，或者横渡太平洋），他们就不会认为美洲豹和巨蟒是可怕的（因为从来没有遇到过这些动物），也不会了解马铃薯和古柯的重要价值，但这些动植物作为装饰出现在南美洲的早期陶器上。

玉米不能种植在海拔 12 000 英尺以上的地区，在 11 000 英尺以上的地方也很少见。在高海拔地区，只有马铃薯、藜麦和圆齿酢浆草可以生长，但是马铃薯的重要性远远超过其他作物（在玻利维亚西部蒂瓦纳科附近地区，藜麦是最主要的作物，这算是个例外）。因此，马铃薯使早期人类能够定居高原地区，从而远离热带雨林和丛林的疟疾和其他疾病（以及恐惧）。这些高地不是最宜居的环境，但是安第斯山脉由北向南绵延 4 000 英里，这可不是一片小区域。此外，这样的海拔高度适于美洲驼和其他骆驼科动物的生存，因此安第斯山并不是一个人类无法定居的地方。

在安第斯高地，从北部的哥伦比亚到南部的智利天然生长着几种野生茄属块茎类植物，其中就有我们现在所熟知的马铃薯的亲代物种。有些茄属植物甚至能在海拔 15 000 至 16 000 英尺的雪域高原生长，尽管令人难以下咽。但在海拔较低地区，它们能产出可食用的块茎作物，而且抗冻性极强。由于具有极大的变异性，且适应不同的土壤和海拔高度，它们因此成为早期安第斯居民不可或缺的食物。安第斯山脉海拔高，层峦叠嶂，其间遍布谷地和高原，这些谷地和高原不仅分布在不同高度，朝向也各不相同。马铃薯早已适应所有这些不同的生态环境。

最早的保存马铃薯的方式是冻干，现在所谓的"丘纽"就是冻干马铃薯，这种保存方法至少在 2 000 年前就已被使用，或许还可追溯到更早的时期。人们通常拣选最小的马铃薯，铺放在平坦的空地上，让它们在晚上冻结。这个过程一连持续三个晚上，但在白天马铃薯受阳光暴晒时，人们就用脚踩踏马铃薯。这种处理方式会除掉剩余的水分和表皮。接下来，马铃薯继续在室外冻上两晚，一旦马铃薯完全干燥，就可以保存数月，甚至数年时间。这种马铃薯可以被做成面粉，或是和肉一起做成汤。在古代安第斯地区，食用驼肉尚不多见，更不用说喝驼奶了。动物蛋白质的主要来源是当地人散养的豚鼠。[4]

马铃薯适于全年种植。在很多地方，农作物并不是单一的，限制农作物产量的主要因素是霜冻。一般来说，马铃薯种植地越高，其味道就越差。在高海拔地区，大多数马铃薯被制成"丘纽"。[5]"丘纽"贸易范围广泛，主要用于交换玉米、树薯和陶器。

最近的实验和考古发掘证明，古代玻利维亚人发现，通过建造梯田和在田垄上保存雨水可以控制温度，使梯田的温度比周围土地高 6 摄氏度左右，从而巧妙地将霜冻造成的影响降至最低。安第斯居民的种植技术比人们通常所认为的要高明得多。

目前已知最早的马铃薯种植文化是原始奇穆文化和原始纳斯卡文化，因为人们在他们的陶器上发现了马铃薯的早期图像。有迹象表明，马铃薯是沿海地区的崇拜对象，但是陶罐上的图案有几个显著特征。[6]其中之一就是，玉米和马铃薯的图像与美洲豹和美洲狮的图像同时出现在罐子上，美洲豹常常呈现露牙咆哮的形象，这表明它是作为一个凶猛神为人所崇拜（我们还会不止一次地探讨这个问题）。其次，陶罐上有许多肢体残疾的人物形象，有些人患有先天性兔唇，或者是其他类型的面部畸形，比如鼻裂，还有一些陶罐刻画了双腿截肢的人物形象。这暗示着这些人在某种程度上被认为是独特的或神圣的，或许他们被看作是介于人类和美洲豹之间的过渡生物。这些断腿的人可能是被美洲豹袭击后幸存下来的人。某些人体缺陷表现了肢体的肿胀，在我们看来这可能是感染迹象，但古人可能将其视同于马铃薯的畸形，并由此认为它是神圣的。假如果真如此，这更加证实了这一观点：人们将马铃薯视为圣物。据了解，当地人既有马铃薯崇拜仪式，也有古柯崇拜仪式。[7]（古柯也被视为神圣的，参见第 13 章。[8]）

那么从本质上来说，马铃薯、美洲驼和小羊驼是早期人类在安第斯山生存的前提，尽管这里的环境不太适宜人类居住，但相对来说这里是健康的，不受疾病困扰的。重要的是，马铃薯使安第斯人定居下来。但是，不同于禾本植物，早期马铃薯并没有被传播出去。

啤酒优先

自新旧大陆发生联系以来，马铃薯和玉米已向世界其他地区证明了它们巨大的实用价值，我们往往把它们视为"神奇的"植物，就目前而言，这是符合事实的。现在全球很多地区的居民都是以马铃薯和玉米为主食。

但是，全世界对玉米的赞叹掩盖了如下事实：最近的研究已极大地改变了我们对这一古老植物的认识——它的历史并不像我们原来认为的那样简单。传统观点认为，玉米跟小麦和大麦一样是一种谷物，而且与后两者在旧大陆的地位一样，它构成新大陆的农业基础，因为它导致剩余农产品增加，并因此直接促进了定居，甚至是城市文明的出现。相较于大麦和小麦，玉米作为野生植物的早期形态与其驯化后的品种形态有着更大的差异。这个因素连同新大陆的南北构造特点，协力促成了文明在美洲的发展需要更长时间这一结果。[9]

如今，这种观点站不住脚了。

玉米肯定算得上被人类研究得最多的植物之一。不仅植物学家研究它，连人类学家、地理学家、考古学家、地球科学家、语言学家、进化遗传学家、沙漠学家、园艺家、土地治理专家，甚至是印度的保护主义者都对玉米进行过研究。由此出现的画面是前后一致的，并产生了四个

184   主要结论。

第一个结论是，人类开始利用玉米的时间比早期的研究报道要晚得多。

第二个结论是，在大多数地区，它在初期的主要用途是被做成啤酒，用于宗教仪式。

第三个结论是，它在新大陆的传播速度甚至比人们以前所认为的还要缓慢，而且比谷物在旧大陆的传播慢得多。

第四个结论是，即使在新大陆居民掌握玉米种植技术之后，玉米在新大陆的耕种扩散速度也不像旧大陆那样迅速，它完全不像是能够引起某种扩张（如原始印欧语的扩张）的历史推动力量。

玉米真正起源于哪里？这个问题似乎已经尘埃落定。它由一种野生的墨西哥禾本科植物蜀黍演变而来，现在的分布范围是以西墨西哥的巴尔萨斯河流域为中心，向西延伸到哈利斯科州，向东南延伸到瓦哈卡州。在瓦哈卡州的圭拉那奎茨洞穴发现一处早期的蜀黍遗址，它表明墨西哥蜀黍的年代至少可追溯至公元前 3420 ± 60 年。[10] 到公元前 2500 年左右，人们开始对谷物进行人工选择，获得更大的谷物颗粒，以增加蛋白质和淀粉含量。到公元前 1800 年，人类培育出无法自行脱粒的玉米穗轴，这表明玉米的传播依赖人类的干预。[11] 尽管玉米似乎在公元 200 年前后经历了最大程度的改良，但它的整个改良过程是十分漫长的。

围绕玉米的中心问题是：事实证明以前推测的古老年代有很多都是错误的。例如，人们原先断定智利北部的一处玉米遗址的年代是公元前 6000 至前 5000 年，后来的调查将其修正为公元 1050（±32）年。出现这种问题的主要原因是"生物扰动作用"，这是一个新概念，指的是动物（如螃蟹）污染考古遗址的过程。也就是说动物通过将浅层地表物质推入地层深处，使后来的遗存与早期地层物质混在一起，从而影响了人们的判断。[12]

这个问题的出现还有其他原因。在很多情况下，玉米花粉和玉米植硅石——通常被称作"微观植物学"遗存——与"宏观植物学"遗存（实际植物的残留物，茎或叶）在时间上是不一致的（植硅石是微观遗存，通常由二氧化硅构成，它不会腐烂，可用于古代植物的识别和断代）。例如，在的的喀喀湖地区，宏观植物学遗存一直比玉米植硅石晚约 1 000 年。[13]

185

揭示这种差异的线索来自如下这项观察——许多中美洲人至今都在嚼玉米秆，其中的含糖汁液仍被墨西哥北部的塔拉乌马拉等部族用于啤酒生产。[14]

因此，有人推断在玉米属植物（不管是墨西哥蜀黍，还是早期玉米）的初期传播和利用中，玉米秆的价值（可制作发酵性果汁）起了重要的推动作用。这种观点或许能解释早期研究中的某些异常现象。首先，它可以解释为什么人们所发现的微观植物学遗存的年代要比宏观植物学遗存的年代早得多，因为在早期使用过程中，人们从来没有把它当作谷物储存，而是用作糖的来源，这一说法得到最近公布的一项调查报告的支持。这项调查的数据来自厄瓜多尔、秘鲁高地、墨西哥和巴西的马托格罗索省，其研究表明：在远古时代，玉米主要用于制作发酵啤酒或奇查酒，在礼品馈赠、节日宴会或其他宗教仪式上饮用。因此，它主要是一种仪式性植物。正如旧大陆那样，人们发明陶罐是用来盛放啤酒的，这可以解释在查文德万塔尔神庙（前 850 至前 300 年）发现的陶罐上为何绘有玉米图案。在厄瓜多尔的恩巴斯萨利内、劳马阿尔塔和拉肯提内拉等遗址中，宴饮仪式的场景充分证明：玉米因其醉人的特性，最早充当啤酒原料。当然，陶器的主要用途也关乎啤酒。这些习俗从公元前 4000 年一直延续到前 800 年。

语言学证据在一定程度上印证了这种解释。在一些语言中（以犹他-阿兹特克语为例），关于玉米的术语五花八门，这说明这些民族早在玉米具有重要的经济价值之前就非常了解它了。然而在玛雅语中，关于玉米的词汇十分相似，这与玉米（后来）迅速成为一种重要的主食是相一致的。[15]

如果我们将酿制奇查酒看作玉米使用的第一阶段，那么公元前4000年代玉米成为广泛种植的庄稼（有据可查的年代大约是公元前3500年），便是玉米使用的第二阶段。但是直到公元前1000年代，玉米才进入主食的行列，所以我们把玉米获得主食地位的阶段称为第三阶段。在有些地区，玉米成为主食的时间大大后延，例如早在公元前7000年，玉米便出现在墨西哥湾沿岸的韦拉克鲁斯附近的蒂奈克人中间，但直到公元前500年，蒂奈克人才形成永久性村庄和以玉米农业为基础的仪式中心。在离蜀黍发源地不远的索科努斯科地区，稳定同位素的特征轨迹表明：玉米在该地区出现几千年后才变成当地人的重要作物（稳定同位素是骨化学分析的手段，通过分析人骨的稳定同位素，便可揭示先民的生前食谱）。

在南美安第斯地区，情况也类似。例如在厄瓜多尔，直到公元前1000年代以后，玉米才具有经济意义，而在秘鲁的沿海及高原地区，这一进展比前者还要晚千年之久。[16]玉米在公元前2200至前1850年间出现在安第斯人的食谱中，但按照骨化学分析，直到2 000年后它才成为安第斯人的主食。在包含陶器的秘鲁遗址中，玉米并不是人们的主要食物，仅与宗教仪式有关。阿斯佩罗考古发掘工程的首席专家露丝·沙迪证实，玉米在该地区只具有宗教意义，经常被用作祭品，其经济价值是"次要的"。

公元前750年前后，玉米出现在的的喀喀盆地的高原区，这说明即使在那时玉米也只是用于上层社会或宗教仪式中，从未像今天一样获得经济上的重要地位。[17]虽然在的的喀喀盆地周围发现的少量玉米可追溯至公元前900年，但直到公元250年以后，玉米才具有重要的经济价值。有证据显示蒂瓦纳科曾是不同种类作物的交易中心。问题在于，在安第斯地区，不同海拔区生长着不同的作物，因此某些社会可能将其他海拔区种植的作物（他们那里无法种植）视为"难得之物"，这些"稀罕物"的市场需求量很大，包括古柯、胡椒、致幻物和玉米。

基于这些情况，有些考古学家提出了"垂直群岛"的模式。在这一模式中，同一亲族集团的不同成员占据不同的海拔带或生态区，种植不同的作物并在亲族间进行交换。另外，这种事态也被用来解释美洲驼的驯化，因为美洲驼商队是地区间贸易或交换的主要媒介。[18]

187

玛雅精英阶层确实以玉米为主食，但这是晚至公元 200 至 900 年间的事情了。即使在那时，玛雅社会对玉米的依赖度也是不同的。实际上，有证据表明玛雅男性比女性消耗的玉米更多，这可能是男性的宗教地位比女性重要的证据。[19]

玉米成为印加人主食的时间更晚，我们将在另一章看到，玉米在印加被广泛种植，但种植的主要目的仍是酿造奇查酒。事实上，印加人种植了大量玉米，因为只有大量种植玉米，才能将其制成大量啤酒，用于宗教仪式。而为了种植大量玉米，大量人口被迫迁徙。酒的生产与分配是印加统治阶级维系权威的重要方式。肯塔基州立大学人类学家约翰·施塔勒认为，饮用奇查酒是印加人的日常习惯，这对其饮食结构的形成有重要作用。"在太阳崇拜、死神崇拜和祖先崇拜等仪式中，玉米作为酒与食的突出地位，反映了玉米与社会阶层和等级之间的象征性联系。"[20] 他还说，"奇查"有几重含义，包括"受精"、"水"和"唾液"。在印加人的仪式中，喝酒比吃饭更重要。奇查酒也与印加的祭祀仪式密切相关，我们稍后将会看到。[21]

事实的真相似乎是：玉米在中南美洲获得重要经济地位的时间比人们以前所认为的要晚许多（在加勒比地区，玉米的经济价值向来不大，而亚马孙和奥里诺科河流域因过于湿热不适合玉米的生长）。在安第斯地区，马铃薯与藜麦一直是人们的主食。

这幅画面还得到语言学证据的支持。语言学家证明，有关玉米的词汇在 4 000 多年前就已出现，在墨西哥操原始奥托曼格语的人可能是最早驯化墨西哥蜀黍的人。[22] 不过，在中美洲的四个主要语族——犹他-阿兹特克语、奥托曼格语、米克塞-索克语和玛雅语中，有关玉米的词汇是毫无关联的，这说明玉米在中美洲没有出现快速的传播。阿穆斯戈人（在墨西哥讲另一种奥托曼格语）将玉米归为禾本植物，而讲玛雅语的人将玉米从其他生物形态中分离出来，这表明他们将玉米归入已有的分类体系中。[23] 类似的过程在苏族中也很明显。苏族人表示玉米的词汇是其他已有栽培植物名称的变体，这说明玉米是后来出现的，被加入到已有的分类中。

在北美西南地区的部落中，对玉米的利用始自公元 1000 年代，但与玉米相关的古代词汇至今尚未发现。这正好印证了这一理论：在公元 600 年之前，玉米尚未成为这些部落的主食。来自西南地区的最新证据是：玉米传入之前，当地居民"在保护、鼓励和种植"五花八门的禾本植物；他们采用不同的水资源管理形式，并将不同种类的玉米纳入他们已有的种植体系中。换言之，北美并未遭遇墨西哥玉米的突然"入侵"。[24] 另一些证据表明：玉米向墨西哥北部的传播速度，比向东或南传播的速度更快，并在那里发展壮大。即便如此，从玉米出现到成为餐桌主食仍花了近 2 000 年的时间。在密西西比河流域，在俄亥俄州及安大略州，情况大致如此：玉米在公元 500 年前后出现，但那些地区的部落直到公元 1000 至 1200 年才以玉米为主食。

在公元 750 至 850 年间，玉米突然大量出现在一个地方，那就是密西西比河流域的卡霍基亚（靠近现在的圣路易斯）。与此同时，那里同样突然出现了大量的石灰岩回火陶器，骨化学分析表明人牲的饮食中玉米所占比重很大。这也证实了如下观点：玉米具有宗教意义，即使在卡霍基亚也不例外。类似的变化也体现在卡霍基亚人遗骸的体态上——龋齿、骨科疾病尤其是关节病明显增多。由此看来，玉米在公元 750 年后似乎突然成为卡霍基亚人的主食。这时，高地集市也出现了。同时需要指出的是，正如内布拉斯加州立博物馆的迈尔斯所言，卡霍基亚和密西西比河流域其他文化遗址出土的玉米是硬粒玉米，北方硬质种（有着非常坚硬的外壳）"与墨西哥的原种截然不同，几乎算是另一物种"。迈尔斯说，这种差异关系重大，它使得"玉米的地位在一两代人的时间里从原来的无关紧要一跃而成为餐桌上的主角"。他的观点得到如下事实的印证：早在公元前 1000 年，玉米就已传入离卡霍基亚不太远的新墨西哥，但是这里的狩猎采集者直到公元 600 年才以玉米为主食。这可能是气候变化造成的。

189

　　相同的变化在公元 600 至 700 年间缓慢发生着，但到 750 至 850 年间，北美洲东部许多地区发生了剧烈的变革。"为了留出更多空地用于耕种，人们在更小的空间里建造更多的房子，因此定居人口密度大大增加。"[25] 同时，磨盘（有着浅凹状研磨面的大石头）的重要性迅速下降——这些磨盘过去可能被用来研磨藜属、蓼属和蔺草属植物。在此之前，人们就是靠这些植物维持生存。

　　在北美范围之外的新大陆，人们对玉米的使用可分为三个阶段：先是用于制作啤酒，然后慢慢当作谷物种植，经过很长时间后终于作为主食食用。只有北美东部地区的传播模式与新大陆其他地区不同，反而类似于旧大陆的"急速"传播型。谷物农业及其提供的剩余农产品直接导致了城市文明的出现。

血与数字

　　以玉米为特色的宗教仪式到底是怎样的？有一个广泛流传的传说是：人类是由玉米创造出来的，血和玉米是同等重要的。人们为了玉米不断祈祷，为了描述玉米的各部分、它的生长、它的膳食作用而创造出许多词汇。古代美洲有一种玉米历法，将一年分为 260 天——许多学者认为这种历法是美洲独有的（详见第 20 章），与玉米的生长期有关。奥尔梅克文明早期崇拜玉米神，而玛雅文明认为最初的八个人是由玉米做成的。（在此之前，用泥土和木头造人的尝试都以失败而告终。[26]）

关于玉米的秘密有很多传说，因为珍贵的玉米种子被藏在圣山之中。玛雅人中间流传一个传说：玉米起源于"创世之炉"（宇宙的中心），它呈等边三角形，悬挂在猎户座俄里翁的腰带上，构成这个三角形的三颗星分别是参宿二、参宿六和参宿七。[27] 还有传说认为，玉米来自太阳之身或金发侏儒。玉米在印第安人的分娩、求雨、治病、纳新、丧葬等仪式中发挥作用。为庆祝新生儿的命名，人们会将血染的玉米粒种在土中。[28] 玉米与数字 3、7、8 有着千丝万缕的联系。玉米神在许多玛雅象形文字中都有体现。

综合各方面因素，我们可以发现，美洲最重要的两种粮食作物在性质上与欧亚大陆的谷物截然不同。马铃薯特别适应安第斯山脉相对极端的自然环境。这种环境有其优势，但它也意味着高度适应山区环境的马铃薯难以向外传播，而那些以它为生的居民也无法扩散。尽管玉米像小麦、大麦和水稻一样是一种谷物，但它也是一种热带植物，而不是温带植物。这有助于解释它的高含糖量，含糖量高意味着早期人类利用它的主要目的是通过咀嚼获取糖分，并利用相关的发酵过程使它发挥致幻作用。

人们在中南美洲发现了数量极多的精神作用类植物，这也从另一个侧面印证了上述观点。这些精神作用类植物将是下一章的主题，当然，它们也促进了玉米在宗教仪式中的使用。所有这一切表明玉米在新大陆所起的作用与谷物在旧大陆所起的作用有着天壤之别。除北美以外，玉米的驯化与导致文明成熟的定居生活以及剩余产品的增加之间不存在简单的联系。换言之，新大陆的谷物种植农业没有出现欧亚大陆那样均匀的扩散。玉米在很多地区从一开始便受重用，并延续了几千年的时间，因为它是酒精饮品的原料，可以改变人的意识状态、让人愉悦，有助于不同部落的狩猎采集者通过互惠的赠礼盛宴维持邻里/对手间的良好关系。

重视玉米对精神的影响作用，可能在一定程度上延缓了人们对其食品属性的认同。毫无疑问，这也与热带雨林相对贫瘠的土壤有关。如前所述，这种土壤恢复肥力需要更长时间，而且由于缺乏犁，播种技术的革新也受到了进一步限制。

最后一个需要考虑的因素是：玉米与豆类（与旧大陆的小麦、大麦和燕麦一样，玉米、豆类、南瓜在新大陆也是一起传播的）间作种植后，玉米的蛋白质含量会大大增加。玉米与豆类，苋菜与鼠尾草的间种最终也是会取得成功的。但是间作种植的优势被人所发现，可能亦非一日之功。[29]

在狩猎采集部落中，由于意识状态的改变，赠礼仪式可能会比旧大陆更长久地维持萨满教形式。不过，正如旧大陆一样，喝酒一开始只是精英阶层的特权；但是在小部落集团，由于没有畜养牲畜，不驾车，也不骑马，就不会有同样的压力来放弃使用更强效的麻醉剂和致幻剂。因此，麻醉剂和致幻剂在新大陆（尤其是南美洲和中美洲）也就比其他任何地方都更为流行了。

191

192

12

致幻雨林与致幻剂的异常分布

就驯养哺乳动物的种类来说，旧大陆比美洲大陆多得多，但就致幻剂种类而言，情况正好相反。1970 年，韦斯顿·拉·巴尔在《经济植物学》期刊发表了一篇重要文章，题目是《新旧大陆的麻醉剂：统计学的问题和人种学的回答》。在这篇文章中，拉·巴尔首次尝试从文化史的角度解释神圣致幻剂在中南美洲数量惊人的原因。文章标题中的"统计学问题"就是指这个"明显的异常现象"：美洲印第安人所了解的精神作用类植物（致幻植物）种类繁多，单是他们利用的种类已达 80 到 100 种之多；而在旧大陆，人们所利用的致幻植物少得多——不超过 8 种或 10 种。既然旧大陆的面积比新大陆辽阔得多，植物种类即使不比新大陆更丰富、更多样，至少也应该不分伯仲，人们可能会据此认为欧亚大陆应该拥有更多的致幻植物。况且，人类在旧大陆活动的时间远长于新大陆。

拉·巴尔的回答是：美洲印第安人对致幻植物的兴趣"与本质上属于旧石器和中石器时代的欧亚萨满教在新大陆的残存直接相关，先民们在追

捕大型猎物时将萨满教从东北亚带入美洲，萨满教因此成为美洲印第安人
的基本宗教"。换句话说，最早的美洲印第安人"在文化上注定会"有意
识地探索和开发他们所处的新环境，想方设法"达到期望的通灵状态"。[1]
拉·巴尔的另一观点是："在欧亚大陆的大部分地区，通灵萨满教、关
于致幻蘑菇及其他植物的知识会随着深刻的社会经济和宗教改革而消失
殆尽；但在新大陆，截然不同的历史和文化环境有助于萨满教的存留和
发展。"[2]

彼得·福斯特在《致幻剂与文化》中指出，美洲印第安人的象征体
系的基本原则"一定早已存在于东北亚原始移民的观念世界里"。他坚信，
这些基本原则属于萨满教，其中蕴含的诸多观念在高度结构化的宇宙观和
仪式中仍清晰可辨。例如在阿兹特克文明那里，我们发现了如下观念与现
象：人和动物皆有灵魂；借体还魂；相信万物皆有生命；相信灵魂飞升；
相信灵魂能够脱离活的肉身（通过失魂、梦游、强暴等方式，或者灵魂之
诉求投射于萨满的梦境）；萨满最初的通灵体验往往缘于病痛的折磨；疾
病的产生与治愈都是超自然现象；相信宇宙分为不同的层次，每个层次都
有各自的精神领袖，人们需要祭拜他们；相信人和动物之间的变身——事
实上，福斯特说，变身而非创造成为所有现象的根源；相信动物精灵是萨
满的帮手；动物和植物拥有超自然的主宰者。

福斯特总结说，由于变身观念在这些传统体系中地位如此重要，"我
们便很容易理解为何那些能够彻底改变人们意识的植物占据着美洲思想体
系的核心"。[3]

正如拉·巴尔的假说所构想的那样，以前亚洲和欧洲拥有共同的萨
满教世界观，但是新石器革命及随后的经济和思想发展引发了深刻的宗教
变革，"尽管古代萨满传统仍随处可见，甚至在制度化的教堂里也依稀可
辨"，但萨满教最终退出了文明的中心。新大陆的情形与之不同，萨满教

193

的宗教仪式，加之原来的狩猎采集活动跟随移民进入美洲，它们在美洲大陆存在的时间更长，甚至持续到中美洲文明和安第斯文明的出现。[4]

经放射性碳测定，在 11 000 至 10 000 年前（更新世晚期即将结束时），也就是"从亚洲到美洲的最后一次陆路迁徙终止后不久"，古印第安人已在使用具有致幻作用的侧花槐。直到公元 1000 年，侧花槐仍是北美西南部沙漠文化的重要内容。[5]

在得克萨斯和墨西哥北部十多处岩屋中，考古学家发现了槐属植物种子的遗迹以及相关用具和岩画，与槐属种子共同被发现的通常还有另一种麻醉性植物——墨西哥七叶树。最古老的遗址可追溯至公元前 7625 年，最新的可追溯至该遗址被废弃的时候。[6]"得克萨斯州跨佩克斯河地区有大量反映古代萨满教的岩画，考古学家在这一地区阿米斯塔德水库附近的菲特贝尔岩屋发现了许多槐属种子和墨西哥七叶树遗迹，年代从公元前 7000 年到公元 1000 年。在这段时间里，沙漠文化最终让位于以玉米农业为基础的新生活方式。"对于我们全面了解这一问题更有意义的是邦菲尔岩屋的研究，这个著名的岩屋遗址位于得克萨斯州西南部兰特里附近，在最下面的地层中发现有槐属种子，年代为公元前 8440 至前 8120 年，也就是人类猎杀大型动物的时代。不仅如此，与这些种子一起发掘出来的还有福尔松型和其他类型的箭镞，以及灭绝的大型哺乳动物更新世野牛的遗骨。

福斯特发现了一个特殊现象：一种叫作槐豆的致幻剂被萨满教所关注，"不间断地盛行"一万年之久。他说，更不同寻常的是，因为在原产于新大陆的所有致幻物中，只有曼陀罗造成的生理危害堪与槐豆相当，所以"这种药物所带来的个人、社会和超自然益处显然远远大于它的危害"。[7]

在北美广大地区，许多土著居民通过非化学的方法达到几乎相同的目的，比如禁食、禁水、自残、暴晒、禁睡、不停跳舞，以及另外的耗尽精

194

力的方法，如放血，浸入冰水，用荆棘和动物牙齿刺割身体以及其他痛苦的折磨。当然，还有许多不那么残酷的"触发"方式，如各种各样的节律性活动、自我催眠、冥想、诵经、击鼓和音乐。有一项习俗是在人的肩膀和胳膊上穿孔，并将野牛的头骨挂在流血的伤口上。在另一项习俗中，萨满利用黑曜石镜和其他材料来诱导进入通灵状态（在墨西哥，现在仍有一些印第安萨满这样做）。最后一个流传甚广的习俗是灵魂苦修，盛行于北美大平原的某些印第安人部落，如奥格拉拉苏人和曼丹人。[8]

　　这样的苦修在古代墨西哥也很常见。西班牙殖民统治之前的美洲文化（如玛雅文化）中经常出现自残的画面，其中包括放血仪式——用仙人掌刺、黄貂鱼刺或其他锋利的东西刺穿阴茎、舌头和其他器官（详见第21章），这个过程肯定是极其痛苦的。在一幅图画中，人们将某位萨满的后背穿孔，再将绳子穿过皮肤褶皱间的孔，从而将他吊起。恰帕斯州乌苏马辛塔地区有一座古城亚斯奇兰，在该城的仪式中心有一个著名的玛雅石雕图案，其年代大约是公元780年，石雕刻画一位跪着的妇女正利用尖锐的荆棘使绳子穿过她的舌头，从其华丽的着装来看，她显然属于上层社会。这种仪式被称为血祭，在玛雅文学中常被提到。在古代中美印第安人看来，血是人类所能献给神的最珍贵礼物。"但实际上，它［放血］一定会对身体系统造成强烈的冲击，足以引发意识的转变，使人产生幻象。"[9]

灵魂之藤

　　我们在第10章已经探讨了旧大陆所使用的致幻物。据我们所知，新大陆居民至少使用80种致幻物，我们接下来只简要提及其中10种被研究得最多的植物。

　　首先是具有致幻作用的骆驼蓬总生物碱（去氢骆驼蓬碱、二氢骆驼蓬碱、去甲骆驼蓬碱、哈尔满碱），它们最初是从我们之前提到的叙利亚芸香中提取出来的。目前已知，在新大陆和旧大陆，含有骆驼蓬总生物碱的植物至少有 8 大类，叙利亚芸香是其中之一。按照彼得·福斯特的说法，数量最多、最具文化价值的是卡皮木，"这是一种类似藤本植物的热带美洲植物，属金虎尾科，该科包含物种不下百种，其中至少有两种（卡皮木和槭果木）是亚马孙印第安人举行仪式时制作强效致幻饮品的基本原料"[10]。克丘亚语是古代印加人和现代秘鲁人的通用语，致幻饮品在克丘亚语中被称作"死藤水"，意即"灵魂之藤"。它在亚马孙河流域西北部广泛使用，哥伦比亚的德萨那人将其称作"yajé"或"yagé"。德萨那人讲图卡诺语，赫拉尔多·赖歇尔-多尔马托夫对这个部族进行过深入的研究。

这种活性物质存在于卡皮木的树皮、树干和叶子中。一项实验证明，这种生物碱的活性可保持 115 年。福斯特估计，印第安人使用死藤水的时间不少于 5 000 年。根据图卡诺人的传说，太阳神利用他的光线让大地女神受孕，最早的精液变成最初的人类。人类诞生后，致幻药便出现了。图卡诺人认为藤条代表他们的族系，每个氏族（亲族）均有自己独特的藤条和制备圣饮的独特方法。比如，盛放圣饮的陶器象征女性的子宫，陶器底部绘有阴道和阴蒂图案。在使用器皿之前，人们必须利用烟草燃烧产生的烟雾将其净化。[11]

饮用死藤水要遵循严格的仪式。死藤水的分配是按照一定的间隔在乐器声的伴奏下进行的，之前还有仪式性舞蹈。饮用者随后出现的幻觉被称作"死藤水幻象"，为了确保这些幻象是明亮的、令人愉悦的，饮用者必须在饮用前几天禁绝房事并饮食清淡。

饮用死藤水的人期望醒来后获得新生。他们认为，他们会在死藤水的作用下重回子宫，在那里看到部落神灵，看到最早的一对男女以及动物的诞生，见证社会秩序的建立。邪恶的根源也会在他们面前一一展现，包括疾病、丛林精灵（尤其是美洲豹）。赖歇尔-多尔马托夫的研究证明，在图卡诺社会，萨满与美洲豹关系密切。美洲豹是一种凶猛的夜行动物，不管在陆地、丛林，还是水中都行动自如。萨满-美洲豹的转变与出神状态密不可分，不管这种状态是由死藤水引起的，还是因烟草或鼻烟导致的。美洲豹被视为逝去萨满的化身，在死藤水作用下的幻境中，如果图卡诺人遭遇危险的美洲豹或巨蟒且无法脱身，他们可能会经历一次"糟糕的旅行"。[12]

图卡诺人将艺术的根源也归于死藤水。他们说，那些装饰在他们屋前、陶器和乐器上引人注目的多彩图案，最初都是在致幻饮品的作用下出现的，每一种图案都有特定的意义。猫科动物图像再次占据主导地位，但是更加抽象的符号也有其自身的意义，如涉及近亲通婚、族外婚、生育等内容。这让人想起大卫·路易斯-威廉斯的研究内容——更新世时期岩画的"内视"图像。[13]

阿兹特克人最常使用的神圣致幻物是迷幻喇叭花，这个名字本来的意思是"圆东西"，但现在指的是旋花科里韦亚属（一种牵牛花），它和圆萼天茄（另一种牵牛属植物）在中美洲受到广泛崇拜——其中包括马萨特克人、米斯特克人、奇南特克人和其他部族。[14]实际上，直到研究人员在 20 世纪 60 年代将大量牵牛花种子送往一家瑞士制药公司分析后，他们才搞清这些物质的化学成分。研究表明，它们的主要（活性）成分是两种麦角生物碱：麦碱及其同位素异麦碱，这两种物质都与麦角酸二乙基酰胺（LSD）关系密切。[15]更令人惊奇的是，旋花科里韦亚属其实主要算亚洲属藤本植物，在旧大陆有五种，而新大陆仅有一种。但是，它的开发仅仅是为了满足中南美洲萨满教的需要，在旧大陆和南美从未产生这一用途。当然，在莫特·格林看来，麦角菌就是苏摩的主要成分（参见第 10 章）。[16]

然而，在中美洲，迷幻喇叭花本身被视为一位神灵。人们膜拜它，念

197

诵咒语，祈求收获它的种子，甚至举行烧香、祭祀等崇拜仪式。[17]这两种植物在中美洲本土艺术中扮演重要角色，一个最突出的例证便是特潘蒂特拉的壁画。特潘蒂特拉是一个著名的神庙建筑群，位于前哥伦布时期的巨城特奥蒂瓦坎，即今墨西哥城北部，繁荣于公元1世纪至8世纪。根据福斯特的说法，这些壁画创作于公元5世纪或6世纪，此时的特奥蒂瓦坎是世界上最大的城市之一，人口达20万以上。壁画中的主要形象是一位神，一个高度程式化的母亲神（曾一度被认为是雨神特拉洛克），从她手中淌出涓涓细流，滋润大地，在她头上是一株巨大的、长着漏斗形花朵的藤状植物，每条枝蔓都像一个手臂，牵牛花种子从藤蔓状手臂上纷纷落下。牵牛花还出现在另一位中美洲神灵——阿兹特克人的花神霍奇皮里身上，这位花神身上还画有具有致幻作用的阿兹特克裸盖菇和烟草，而后者是两种最重要的圣烟之一。[18]

在阿兹特克人中，幻觉经历被称作"temixoch"，意即"繁花一梦"。神圣的蘑菇被称作"teonanácatl"，"teo"的意思是神，"nácatl"的意思是食物或肉。

在新大陆的致幻物之中，墨西哥和危地马拉的"致幻蘑菇"或许是被研究得最多的。它们曾流行于玛雅文明区（现在仍有少许使用）。有证据表明，新大陆居民利用它们的时间长达3 000年，且主要集中在公元前1000至公元900年之间。正如我们随后看到的，一份最令人感兴趣的证据是16世纪西班牙人关于当地人使用蘑菇的记录。在这份记录中，"致幻蘑菇"被称作"xibalbaj okox"。在玛雅语中，"xibalba"意为"冥府"，"okox"意为"蘑菇"。玛雅人观念中的冥府有九层（我们将在后面详细说明），不过这个玛雅词实际上暗示这种特殊的致幻蘑菇能让人们看到冥府或死者。[19]其他许多与蘑菇相关的词汇表明，致幻蘑菇是一种麻醉剂或致幻剂——它让人们"神魂颠倒"或"陷入昏厥"。

在 20 世纪 60 年代早期，考古学者将九个"精雕细刻的"微型蘑菇石和九个微型磨盘的细节公之于众。它们发现于危地马拉城外一座装饰华丽的坟墓中，时间可追溯至 2 200 年前。按照玛雅人的宇宙观，冥府有九位神灵，这在基切-玛雅人的圣书《波波尔乌》中有所描述，因此我们有把握推定这些雕塑在某种意义上是神圣的。它们之所以出现在那里，原因可能是下述两者之一：其一是陪伴死者前往冥府；其二是它们本身就是提供陪护的神灵。蘑菇雕像发现于中美洲各地（萨瓦尔多、洪都拉斯、墨西哥和危地马拉）。按照福斯特的说法，人们已识别出大约 200 种不同种类的蘑菇，其中许多蘑菇雕像，尤其是年代在公元前 1000 至前 100 年间的雕像，呈人面或人形，抑或表现神话或真实存在的动物，其中美洲豹和蟾蜍是最具代表性的动物（蟾蜍之所以上榜，当然是因为它从幼体到成体要经历一次重要的变形）。[20]

中美洲和南美洲发现了许多黏土烧制而成的蘑菇雕像，其中一些看上去更像西伯利亚的蛤蟆菌（毒蝇伞），反而不像新大陆最常见的致幻蘑菇裸盖菇。秘鲁莫切人（约公元前 400 至 500 年）的陶器艺术也具有拟人化蘑菇的形象，从哥伦比亚和巴拿马发现的金坠饰也是如此——这似乎又代表了一个神。[21]

一些考察过中美洲的西班牙早期探险家曾提到，新大陆居民会使用"致幻蘑菇"。而且我们知道，新大陆直到 20 世纪还存在着不止一种蘑菇崇拜。由此我们得知，不同种类的蘑菇因其不同的属性受到不同的崇拜。很明显，萨满利用蘑菇的主要目的在于解释病因，不过在其他地方，人们也利用它们的致幻性。

福斯特说，对于多姿多彩的致幻蘑菇，我们现在了解得比较充分，因为我们不仅知道哪些种类最常被使用，也了解它们的性质。"墨西哥裸盖菇是一种生长在湿地的黄褐色小蘑菇，很可能是古代墨西哥人最常使

200

用的致幻蘑菇，但是致幻效果最强的蘑菇似乎是古巴裸盖菇。"[22] 但是，其他八种致幻蘑菇（共 57 个变种）也被广泛使用，不同的萨满有他们自己的喜好。

中美洲文化到底是西伯利亚传统的遗风，还是独立发展起来的？关于这个问题，我们无法直接回答。毒蝇伞的原产地不仅包括欧亚大陆，还有美洲的不列颠哥伦比亚、华盛顿、科罗拉多、俄勒冈和墨西哥马德雷山脉等地。在历史上，西北海岸部落及因纽特人曾认为萨满的尿液具有神奇的魔力与治疗功效。这让人想起第 3 章提到的西伯利亚萨满猎捕驯鹿的传统。在猎鹿期间，中美洲的可食用菇纷纷萌发，而其他食物（比如玉米）尚未发芽。至于它们的致幻作用，人们可能是在无意中发现的。

在古代美洲艺术中，最早被描绘的致幻仙人掌是高大的仙人柱属（又称天轮柱属）成员多闻柱（又称圣佩德罗仙人掌）。在秘鲁沿海地区，一些民间医师就使用它治病。我们知道，多闻柱含有致幻成分麦司卡林。在最早的安第斯文明——查文文明（可追溯到公元前 1000 年）墓葬中出土的雕像陶和彩色纺织品上，发现有仙人掌的图案。查文文明之后，出现了莫切文明和纳斯卡文明，这两种文明的宗教艺术中也出现了致幻仙人掌，这说明这种神圣的致幻植物至少有 3 000 年的文化"血统"。[23]

但是，在仙人掌大家族中，最重要的致幻品种是一种小而无刺的仙人掌，原产于北美奇瓦瓦沙漠——恰好位于第 4 章所说的"热号角"的中间位置。它就是威廉斯仙人球，也就是广为人知的"佩奥特仙人球"。佩奥特仙人球在中美洲各地备受推崇，它的形象从公元前 100 年起就出现在陶器上，在萨满教仪式中也处于核心地位（其影响远弗至北部的加拿大平原）。时至今日，它的使用仍未中断，甚至被合法纳入拥有数十万信众的美洲土著教会。[24]

理查德·舒尔特斯将佩奥特仙人球比作"一个名副其实的生物碱工

厂"，从中可提取出 30 多种胺衍生物。迄今为止最有名的是麦司卡林，它　
是最主要的致幻成分。在麦司卡林的作用下，人的眼前不仅会浮现五彩缤
纷的图像，还会看到"自然界各种物质周围环绕着闪闪的光环……听觉、
味觉、嗅觉及触觉会发生改变，人会体验到失重感和宏观感（从远处或高
处看事物），同时时间感和空间感会发生变化"。它的持续使用可能归因于
如下事实：它的使用者大多来自与世隔绝的集团，如辉车尔人及其近亲科
拉斯人。尽管西班牙人发现了这些部族，但由于地处偏远，与世隔绝，他
们仍在数百年时间内抵挡住了欧洲人的影响。时至今日，辉车尔人仍将佩
奥特仙人球视为圣物。[25]

　　还应指出的是，佩奥特仙人球不只是一种致幻物，它还是一种出色的
兴奋剂，一种有效的解乏剂，它在山区环境中用处极大，还具有广谱抗菌
作用。[26]

　　在文化上，仙人掌之所以引人注意，是因为它等同于鹿的肉体。按
照辉车尔人的神话，在大萨满第一次率领各族祖先寻找佩奥特仙人球的时
候，[27] 他们的祖先放弃了寻找圣鹿 / 佩奥特的伟大征程，这是他们部族后
来所有不幸的根源。直到今日，所有辉车尔人都知道这个传说。每当田里
的玉米开始抽穗时，族里的长者便将此传说向年轻人讲述一遍。彼得·福
斯特表示，在今天的辉车尔人中间，大约一半成年男性被视为萨满——大
部分是家长——尽管其中一些人声望更高，影响力更大，但辉车尔人认
为，所有这些萨满都能在佩奥特仙人球的作用下经历强烈的体验，漫游到
宇宙的其他层次，其中包括冥府。[28]

　　辉车尔人也利用另一种致幻植物，他们向它祈祷，并将它命名为"基
利"。这种植物生长在偏远的山区，其花朵呈漏斗状，白色，结出的荚果
多刺。它就是毛曼陀罗，不过，有些证据表明"基利"有时也指金杯藤，
这种植物在麻醉性上与毛曼陀罗不相上下，或许潜在的危险性不像曼陀罗

那么大。西班牙人在阿兹特克人那里第一次见到曼陀罗，因为阿兹特克人用曼陀罗麻醉即将被献祭的人牲，以便人牲感受的痛苦能减少一些。但是，在辉车尔人的一则重要神话中，曼陀罗扮演着重要角色。在这则神话中，萨满"基利"在与对手"考裕马利"战斗时被射中几箭，但"基利"并没有死，因为他的守护神太阳神让他变成一种开花的植物。福斯特认为，这则神话反映了辉车尔人思想意识的转变：脱离毒性强烈的曼陀罗，转向更为温和的佩奥特仙人球，这可能描绘了历史上的一场战斗，战斗双方或许是使用不同致幻剂的、相互敌对的萨满集团。[29]

当然，曼陀罗不仅产于美洲，也分布于世界其他许多地区，它是一种强效麻醉剂：颠茄、莨菪及曼德拉草或多或少都与它有关。在新大陆，许多部族在制备其他致幻剂时都会加入曼陀罗，以增强效果。如果单独使用曼陀罗，它虽有止痛功效，但还可能引起昏迷，甚至死亡。美洲印第安人充分认识到这一点，辉车尔人关于曼陀罗与佩奥特仙人球之间的斗争传说，肯定与曼陀罗的致命属性有关。[30]

然而，只要处理得当，曼陀罗无疑是有用的。在祖尼人看来，雨神祭司集团与曼陀罗有着特殊联系，它使得巫医能在患者无意识的状态下实施接骨、切口除脓等简单手术。[31]

我们知道，莨菪碱作为曼陀罗的活性成分之一，含量从 30% 到 60% 不等，这可以解释人们在使用曼陀罗后的某些负面效果，比如有些人暂时性精神错乱或永久性精神失常。出现这些情况的原因只有一个：使用曼陀罗的剂量过大。只要由经验丰富的萨满配置处方，予以合理使用，曼陀罗会像其他致幻剂一样使人产生幻觉，仿佛漫游到宇宙的其他层次，与祖先谈话，追踪和捕获病人的魂魄，与神交流。

曼陀罗功效的另一处证据来自加利福尼亚的鲁塞诺印第安人，他们与南部操犹他-阿兹特克语的部族有亲缘关系。鲁塞诺印第安人在为青年男子或男孩举行的成年礼时使用曼陀罗。仪式的一项内容是让入礼者喝下曼陀罗饮品，这是鲁塞诺印第安男子一生中饮用这种液体的唯一机会。曼陀罗通常被藏于隐秘之地，人们只能从一个打磨一新的研钵里饮用，而这个研钵是专门用来制备曼陀罗饮品的，别无他途。男孩们（有时还有女孩）所饮用的曼陀罗剂量足以让他们陷入昏迷状态。即便在这些标准化的仪式中，还是会有人丧命。根据入礼者的说法，昏迷之中他们会看到一个与众不同的人，并从他那里学会专属于自己的歌谣，那个人还向他们传授需终生铭记的知识。几周后，入礼者还要穿过一条深沟，攀越一个动物或人的雕像，在此过程中一定不要滑倒，否则就会早死。据说这条深沟代表银河。

203

加利福尼亚的另一个部落卡奎拉将曼陀罗视为“大萨满”，因此只有萨满才能在宗教仪式中与之交流。双方交流时使用一种秘传的“海洋语”，据说这是海底神灵（水下火山）所说的话，只有萨满才能听懂。卡奎拉人认为萨满（当地人称其为 puul）能够超越现实世界，飞向其他世界，变身为其他动物（尤其是美洲狮和鹰），并领回迷失的灵魂。[32] 卡奎拉部落的萨满将曼陀罗用作药膏，不过在这里也不是每个人都能体验到相同的神灵感应，因为这种物质实在是不太可靠。

神圣的鼻烟与有毒的蟾蜍

具有致幻作用的鼻烟也被广泛使用，不过地理分布有所不同：它们似乎仅分布于南美洲、中美洲和加勒比海地区。冬青、金合欢和含羞草可能都曾被使用（不要忘记烟草，详见下一章），阿那豆和维罗蔻木则在鼻烟、浸液、甚至灌肠剂的成分中占主要地位。[33]

阿那豆和维罗蔻木所含的活性生物碱是色胺。色胺在人体内需要单胺氧化酶抑制剂来激发活性。印第安人将不同的致幻药混合在一起，从而解决了这一问题。这同时加速了鼻烟毒性的扩散。例如在瓦伊卡（位于巴西的罗赖马省），当地人将事先备好的鼻烟通过一根长竹管吹到另一人的鼻孔，后者几乎立刻开始出现反应。反应仅持续很短时间，但是在此期间，这个人将与动物、植物、死去的亲人和其他鬼神发生短暂的交流。训练有素的萨满能比其他人更好地控制自身反应。[34]

萨满在鼻烟作用下最常看到的动物（看到动物似乎是吸食鼻烟后的典型反应）是鸟类、猫科动物和爬行动物的混合体，这些特殊的动物可以像萨满一样穿梭于不同层次的宇宙。除经常出现、就像萨满的保护神一样的美洲豹以外，潜鸟和鹰类也很常见，因为前者能潜入水下，而后者能直达云日。

鼻烟管和其他烟具在玻利维亚、哥斯达黎加、阿根廷、智利、秘鲁和巴西等地古代遗址均有发现，年代可追溯到公元前1600年。墨西哥有一种古老的鼻烟器，最晚产生于公元前2000年代，但由于某种原因，到公元1000年就不复存在了。古代美洲人吸食鼻烟的情况在中南美洲各地墓葬遗址中有所体现，例如墨西哥西部的科尔马（公元前100年）以及墨西哥南部格雷罗州的霍奇帕拉（公元前1500至前1300年）。这些地区的墓葬中发现了古人将鼻烟管插入鼻孔并处于"通灵"状态的雕像。还有著名的奥尔梅克玉制品，被考古学家称为"汤匙"，它们可能是鼻烟吸食工具。这些玉雕的年代大约在公元前1200至前900年，其主题也是鸟类和美洲豹。[35]

大量有毒物质与致幻剂相似，而这些物质与美洲印第安神话中经常出现的蛙和蟾蜍有很大关系。这些动物之所以吸引人，至少有三个原因。第一，蛙和蟾蜍像蝴蝶一样，从蝌蚪到成体的过程中要经历形态上的重大改变。青蛙和蟾蜍完全自然地展示了萨满的行为——这可能是蛙和蟾蜍引人注意的首要原因。第二，许多种类的蛙和蟾蜍都分泌毒液，有些分泌液具有致幻性。第三，虽然证据不足，但我们仍可以看出，新大陆的青蛙和蟾蜍神话与中国、日本、欧亚大陆极地地区（远及芬兰）的相关神话有相似之处，在芬兰语中，"sampo"一词既指"蟾蜍"，也有"蘑菇"之意。

在北美和南美还有一个流传甚广的神话。这个神话将蟾蜍与地母神联系在一起，大致内容是地母神既是生命的赠予者，也是生命的毁灭者。蟾蜍是地母神的替身之一，人类最初的食物就是从它身体上长出来的——在墨西哥神话里，它身上长出来的是玉米；在亚马孙河流域神话里，则长出苦味树薯。[36] 地母神还是最早人类或"神话人物"的恩人，将打猎技能和巫术传给人类，其身体的肢解促成农业的诞生。阿兹特克人也有这类主题的神话。[37]

耶鲁大学皮博迪博物馆名誉馆长兼教授迈克尔·科在墨西哥韦拉克鲁斯州圣洛伦佐的奥尔梅克仪式遗址中发现了大量海蟾蜍的遗骸，他在1971年将这一发现公之于众。鉴于这种蟾蜍毒液含量高而且地位神圣，这一仪式可能与危地马拉玛雅人的仪式相似。我们知道，危地马拉玛雅人为增加药性，会在祭饮中加入蟾蜍毒液。在墨西哥其他地方还发现一些蟾蜍状小碗，表明这种做法流传甚广。[38]

南美还有一种工艺叫作"塔皮哈格"。按照这种工艺，人们从活鹦鹉身上拔下羽毛，然后将少量剧毒的箭毒蛙分泌液涂在鹦鹉伤口处，之后用蜡封住伤口。新羽毛长出时会发生巨大变化——新羽毛的颜色与原来的颜色截然不同，比如从绿色变成黄色或红色。这种风俗分布于从（阿根廷与玻利维亚接壤处的）格兰查科到巴西和委内瑞拉的广大地区。它当然不属于致幻，但的确是一种不可思议的变身。圭亚那的萨满在治疗仪式中使用蟾蜍和毒蛙。秘鲁蒙大拿的阿玛瓦卡印第安人在捕猎前会在自己身上涂抹毒蛙的毒液。他们会在涂抹之前故意灼烧皮肤，这样毒液就能进入他们的

205

身体，从而引起呕吐、腹泻和幻觉。在有些情况下，他们使用的毒液与吹枪上所用的毒液是相同的：运用毒物辅助狩猎是典型的萨满教策略。[39]

接下来让我们回过头来看看鹿。鹿是新大陆重要的肉食来源。彼得·福斯特说："但是它们几乎没有派上肉食的用场。"鹿与萨满教有着密不可分的联系，而鹿肉往往是神圣的。从加拿大极北地区一直到亚马孙流域最南部，所有土著居民都将鹿视为神明。福斯特指出，鹿崇拜是"广泛存在的"。除非用于宗教仪式，否则鹿从不会被猎杀——这项规则适用于玛雅人、瓦哈卡的马萨特克人和巴西的杰人。而且，鹿崇拜在许多地方与致幻剂的使用密切相关，也取决于人们对致幻剂的态度。最著名的例证便是辉车尔人。他们认为鹿与佩奥特仙人球是一体的，它是通往宇宙高层的最高山峰。在墨西哥北部，鹿与烟草密切相关，但在安第斯山区，例如莫切文明区，鹿与蛇状阿那豆关系密切，这种豆科植物的主要活性成分被称为"辉尔卡"。在南部平原区，鹿与萨满教的致幻剂侧花槐有关，"鹿舞"是这里的一项重要仪式。祖尼人的传统仪式与鹿—玉米—佩奥特仙人球相关，其中一个环节是采集野花，这些野花包括曼陀罗和其他致幻性植物。祖尼人相信，这些花能吸引鹿"疯狂地追随他们"。基于上述原因，祖尼人的萨满想方设法变幻为野花的样子，这样就能将鹿"吸引到箭的射程之内"。祖尼人认为，他们可以通过这种仪式复活三次，到第四次也就是最后一次时，他们将变身为鹿。[40]

福斯特指出，在冰川消融之前的更新世时期，鹿在欧亚大陆的分布范围更广，更加靠南。因此，早期人类与这些动物的关系可能更加亲密。他指出，在西伯利亚的驯鹿通古斯人中间，萨满所戴帽子的顶部装饰有鹿角雕像，而且他们的装扮与法国岩洞壁画上的萨满像并无二致。许多年后出现的斯基泰人用鹿角装饰他们的马匹，斯基泰人认为，这些装饰能帮助他们前往另一个世界。福斯特相信，早期人类将这些观念带到了新大陆。他们不知道美洲还有更多的致幻物等待他们发现。不过在此背景下，充分开发和利用他们在新大陆发现的致幻物，自然是顺理成章的事了。

致幻剂与萨满教

　　民族学证据充分证明了致幻剂与萨满教的相互影响。该领域最杰出的学者之一迈克尔·哈纳认为："美洲印第安文化往往保留着萨满教的特征。"[41]

　　为了系统研究文化间的共性、不同部落各自的文化特性及其成因，学者们已对几个部落开展实地考察。例如，秘鲁东南部的热带雨林中居住着一个大约 500 人的小部落，叫作卡西纳瓦。在这里，几乎每个参加秘密仪式的男人都喝死藤水，也就是用卡皮木或穿根藤酿制的致幻饮品。一般说来，他们一周饮用一次，而且从不单独进行。研究者对参加者的体验进行分析后发现，某些主题反复出现，其中出现频率最高的是：（1）色彩斑斓的巨蛇；（2）美洲豹与豹猫；（3）精灵；（4）大树，而且往往是倒下的大树；（5）遍布巨蟒和短吻鳄的湖泊。[42]这种体验往往是可怕的，但男人们坚守习俗，因为他们相信在死藤水作用下看到的景象是一种警示，预示今后几天或几周可能会发生疾病、饥荒，甚至死亡。饮水仪式后，男人们会花几个小时来探讨这些幻象的真实含义。

　　当卡西纳瓦人生病后，他们先是由家族内部成员施治；如果没有治好，他们就会求助采药人，因为这些人熟悉各种植物的药性。只有多次用药仍然无效后，他们才会求助萨满。萨满治疗过程的第一步是将侵入病人身体的恶灵驱赶出来。如果仍无效果，萨满就会借助死藤水的作用，向神请教。神灵将告诉他病人的真正病因。治疗往往采取唱诵的方式，有时会有吸吮动作，以便将恶魔从病人身体里赶出。

　　厄瓜多尔的亚马孙雨林的希瓦罗部落有两种萨满：驱魔萨满和治病

207

萨满。为了研究该部落，哈纳亲自服用了希瓦罗人所谓的"纳特玛"，这种物质也是从卡皮木中提取出来的。按照哈纳的说法，希瓦罗人将日常生活看成一种假象，他们认为真实的生活只有借助"纳特玛"的药效才能窥见。以下便是他服用"纳特玛"后的简要叙述："喝下药水几小时后，尽管我很清醒，但我感觉自己仿佛置身于一个万万梦想不到的世界。我看到了鸟首人以及龙一般的生物，他们告诉我，他们才是这个世界的真神。我获得其他神灵的帮助，尝试飞到遥远的银河系。在恍惚状态之下，超自然现象看似很自然。我意识到，包括我在内的人类学家大大低估了药物对当地人意识的影响力。"[43]

哈纳发现，几乎每四位希瓦罗男人就有一位是萨满，他们的主要本领是召唤"tsentsak"。"tsentsak"就是魂灵助手，只有喝下死藤水的萨满才能看到。这些魂灵助手变化多端，其中巨蝶、美洲豹或猴子是最常见的。萨满施展法力，帮助希瓦罗人猎取敌方首级，引发疾病或治愈疾病。他们拥有飞镖——只有进入通灵状态的萨满才能看到——这些飞镖能够杀人或使人受伤。萨满也能将敌方萨满放入人体的魂灵吸走。仪式在凌晨时分举行，但是为了维持通灵状态及魂灵助手的活跃性，萨满要不断喝烟草汁。[44]

"沙拉纳瓦"意为"好人"。他们居住在秘鲁东部地区，沿普鲁斯河上游分布，经营刀耕火种的农业，主要食物有树薯、大蕉、香蕉、花生和玉米。在沙拉纳瓦社会，25位男子中就有3位是萨满。他们既受人敬仰也令人畏惧，因为他们既能帮人也能害人。他们能从病人身上吸出"害人的东西"，还能将"多里"（一种神奇的东西）投入受害者体内，从而致其生病。和其他巫医一样，他们的主要治疗手段之一就是吟唱。沙拉纳瓦人有数百首歌谣，但歌谣都是用秘传语言吟唱的，"充斥着隐喻"，外人难以听懂。[45]像其他部落社会一样，沙拉纳瓦人的萨满学徒必须经历很长的独身时期。萨满经常以动物的形象示人。萨满仪式往往在凌晨时分开始。萨满还要特别关注梦象。詹尼特·西斯凯德进行过实地调查，她认为经验丰富的萨满能够在一定程度上操控甚至更改因药物作用而出现在眼前的幻象。更有意思的是，她认为萨满教仪式在很多情况下与其说是在治疗人的身体疾病，不如说是在处理她所谓的部落社会"异化"行为。[46]

杰拉德·维斯发现，在秘鲁东部的坎帕部落，萨满还使用死藤水与烟草汁的混合物。死藤水让萨满与神灵世界保持联系，坎帕部落的萨满控制死藤水的分发，因此他们可以经常进入神灵世界。在这里，萨满仪式也是在凌晨时分开始，在有些情况下，饮用死藤水是一项集体活动，而不仅仅是萨满的个人行为。不过只有萨满才能经历灵魂飞升，只有萨满才能带领人们吟唱，借此摆脱苦难折磨。但是在这种情况下，萨满并不是神灵附体，他仅仅是不断重复神灵所说的话。维斯认为，坎帕部落的萨满掌控宗教仪式，指挥仪式表演，"而不只是艺术大师"。他认为这是一个重要的变化：萨满开始显现更多的祭司特征。[47]

总的说来，迈克尔·哈纳发现所有使用致幻剂的萨满文化有五个常见的主题：（1）人们相信，灵魂能与肉体分离并四处游荡，往往伴有飞升之感，而且最常去的地方是银河（我们将在第 20 章看到银河如此重要的缘由）；（2）使用致幻剂后，往往看到可怕的蛇和美洲豹；（3）看到鬼神；（4）看到的人物与地点似乎有相当距离；（5）预见将来发生的事情，比如看到犯罪之人，或是看到敌方萨满向病人或濒死之人施法。

克劳迪奥·纳兰霍在智利圣地亚哥进行了一项有趣实验，实验结果于 1967 年出版，证实了哈纳的上述所有结论。在这项实验中，克劳迪奥让年轻人饮用死藤水，这些人都是完全的现代人且不懂人类学。他发现，这些人在恍惚状态时绝大部分都想闭上双眼，"因为外部世界看起来索然乏味，幻象的世界和内视的事件已经分散了他们的心思"。在骆驼蓬碱的作用下，

209

人们总是"倾向于思考人性的或抽象的问题，而且思考的深度、洞察力和灵感是前所未有的"。几位受试者出现呕吐和身体不适的症状，而且快速移动、飞翔或者失重的感觉，灵魂脱离肉体、游翔海底、身处大地中央、飘荡空中的感觉，在受试者中间是普遍存在的。在 35 名受试者中，有 7 个人声称自己看到了庞然大物、大型猫类（包括美洲豹）和可怕的爬虫。有时人们感觉自己变身为这些动物，有时他们感觉自己戴着动物面具。[48]

这样看来，死藤水的致幻效果并不是完全由文化决定的，这种致幻剂的某些成分会对大脑产生生理影响，从而诱发感官体验，而这些体验构成了萨满教的几个重要特征。

死藤水及相关化学物质最重要的意义在于它们的效力。服用这些物质具有危险性，但是如果在文化层面合理运用，并且不单独服用，危险似乎是可控的。当地人认为，服用它们的好处远远大于它们的危害。

相比之下，哈纳研究了大量关于欧洲巫术的文献，其中许多文献是在 15、16 和 17 世纪出版的无人问津的拉丁文文献。天主教教会的宗教裁判所虽然取缔了大多数巫术习俗，但哈纳发现，事情并没有这么简单。他指出，欧洲女巫主要用一种具有致幻作用的药膏涂抹身体，这种药膏含有颠茄、曼德拉草和莨菪等植物，它们的活性成分是颠茄碱（阿托品），可通过皮肤吸收。当时的画像描绘了女性在两腿之间摩擦棒子的场景。哈纳认为，这是一种极其有效的吸收方式并可引发性欲。颠茄碱像骆驼蓬碱一样，能够将人"送上旅程"，这可能就是女巫骑飞天扫帚传统的起源。[49]

哈纳还观察到，颠茄、曼德拉草和莨菪与马铃薯、番茄和烟草一样，都属于茄科植物，曼陀罗同样属于茄科成员。由此他提出如下理论：实际上，欧洲巫师所使用的致幻剂功效过于强大，难以控制，这就使得巫术无法变得更有组织性，无法流行起来，这也是天主教会坚决反对巫术的原因之一。

210

　　这里得出的结论在某种程度上与安德鲁·谢拉特的理论有共通之处：在旧大陆，随着生产技术的进步和社会分工的复杂化，更温和的精神作用类物质逐渐取代烈性致幻物。在以植物性食物为主的新大陆，不同社会互不往来，因为他们更多依靠限定区域内种植的植物为生，那里没有什么家畜可供他们役使，畜牧业没有发展起来，社会分布不太复杂，相对隔绝，　211
相当强效的致幻剂仍在广泛使用，并被人们所重用。精神作用类物质在新大陆的发展与旧大陆大不相同，随处可得的死藤水和其他致幻物使得萨满教在新大陆持续存在并且生机勃勃。　212

13

烟草、古柯与巧克力之乡

神赐印加的植物

　　严格来说，古柯不是致幻剂，而是兴奋剂。但是按照 W. 戈尔登·莫蒂默的说法，古柯不同于其他任何植物，它虽然缺乏致幻作用，但这不影响它对印加人的重要性。印加人将它视为"神赐的植物……大自然赋予人类最好的礼物"。[1]

　　古柯有几种类型，全都原产于南美洲北部（在极少情况下生长于马达加斯加）。古柯属植物有 250 种，其中至少有 13 种肯定含有可卡因，可卡因是一种活性生物碱，它是古代南美人对古柯如此着迷的根源所在（不过，可卡因并不是唯一的活性成分。古柯还含有磷、钙、铁和几种维生素）。尽管古柯属伊巴杜种（又称亚马孙古柯）已在亚马孙河流域种植了数千年，但通常所说的古柯是指古柯属古柯种（又称玻利维亚古柯或瓦努科古柯），古柯属第三个种类是新格拉纳达古柯（又称哥伦比亚古柯），它的亚种特鲁西略古柯（又称秘鲁古柯）最为印加人所珍视，被称为"皇家古柯",不过这种植物的活性成分更少且不易提取。[2]

古柯在海平面高度生长较快,但随着海拔升高,其可卡因含量随之增加。因此,人们通常在海拔1 500至6 000英尺的地方栽培古柯。即便如此,古柯叶中可卡因含量还是很低,因此它对人基本是有益的,与现在经过工业提纯的可卡因不可相提并论(可卡因直到1859年才被提取出来)。摄取古柯的最常见形式是咀嚼,将古柯叶团成小球,与石灰混合,置于牙床和面颊之间(有时与烟草混合)咀嚼,这样有助于生物碱的释放。咀嚼古柯叶后,嘴巴会很快失去知觉。但在南美洲,可卡因的特性颇具传奇色彩。人们说它能治疗雪盲症、头痛、便秘、神经衰弱、哮喘,刺激子宫收缩,治愈外伤,甚至可充当壮阳药和催眠药。

然而,它的主要功效是兴奋剂,与催眠之说恰恰相反。作为兴奋剂,它可抑制饥渴,更重要的是抗疲劳。埃内斯特·沙克尔顿在1909年将"强行军"可卡因药片带到南极洲,为的就是促进能量补充。[3]即使在今天的南美洲,计算旅程仍依据"cocadas",也就是完成旅程所需的古柯球数量。一枚古柯球的药效通常可持续45分钟,或者是平地上3千米的距离,登山2千米的距离。在寒冷的山区,咀嚼古柯也可让咀嚼者感到温暖。

古柯之所以产生这些生理影响,原因是多方面的:首先,它可限制血液向皮肤的流动,从而提高身体温度;其次,它能清除血液系统的废物;再次,它能扩张肺气管和鼻腔。

考古学证据表明,人类对古柯的利用可追溯至公元前2500年。在当时的壁画及小雕塑中,有些人物的一边脸颊鼓起,这可能是古人咀嚼古柯的证据。古柯在各种形式的古墓中也有发现,这是为死者去往来世所做的准备。"古柯"一词可能源于艾马拉语,而艾马拉语是前印加时代蒂瓦纳科人的语言,在艾马拉语中,"khoka"意为"最初的植物或树"。[4]

213

西班牙人发现，南美印第安人离开古柯便无法正常工作，因此西班牙国王深思熟虑之后，允许印第安人使用这种他们最钟爱的兴奋剂，与此同时禁止基督教会在宗教仪式上使用古柯。按照多米尼克·斯蒂菲尔德的说法，古柯最早可能用于萨满教，萨满咀嚼古柯后产生幻觉，因此有助于他们与祖先或神灵的交流。[5] 考古学者在几个墓葬遗址中发现了木乃伊化的遗体、盛有古柯的器皿以及装有石灰粉末的容器，这些石灰粉末与我们仍在使用的利扑他碱十分相似。

印加人相信，古柯具有回春之力，任何事物离开它都无法生机勃勃。人们在献祭时燃烧古柯，认为其产生的烟雾能直达神界。当然，人们也用古柯麻醉即将被献祭的人牲。天空的星星以古柯命名，古柯还被献给大地母神帕查玛玛，以祈求她保佑农业丰收和打仗获胜。古柯用于祭奠死者，在占卜时使用古柯的现象也很普遍：萨满咀嚼古柯，然后吐在手掌上，用食指和中指将其铺开。混合着唾液的古柯如何排列？它如何掉到地上？这些都是萨满诊断小病的依据。印加人的部落首领擅长使用古柯，他们总是随身携带盛放古柯的小袋子。有两位印加首领甚至给他们的妻子取名为"古柯"。

古柯在成年仪式上扮演重要的角色，它帮助青年（主要是男青年）忍受他们必须面对的痛苦和折磨。成功通过考验者将获得一个装有毒箭的悬吊带和一个盛满古柯叶的袋子。

一般说来，古柯仅限精英阶层使用。在印加帝国，使用者还包括军人（古柯的另一特性是它能给男人壮胆）和恰斯吉斯。恰斯吉斯是印加帝国的信使，让信使使用古柯，明显是因为古柯能帮助他们更快完成任务（信使不仅具有军事职能，在非战状态下还从事快递工作，例如将鲜鱼带到宫廷）。记事官也能使用古柯，他们的工作是管理档案，通过结绳的方法记录事件，所用结绳称作"基普"，是用驼毛制成的多彩绳子。[6]

随着时间的推移，古柯的传播范围愈发广泛。由于古柯极具价值，而且能在印加帝国任意偏远的角落自然生长，因此若想阻止人们种植属于自己的古柯，简直是难上加难。

吸烟的神灵

当西班牙传教士最初到达新大陆时，他们认为烟草与致幻蘑菇、佩奥特仙人球、牵牛花一样，都属于印第安人传统的致幻剂。烟草传播范围很广——北至加拿大，南至亚马孙及玻利维亚，他们由此判断，烟草是美洲最古老的致幻剂之一，也可能就是最古老的致幻剂。除了抽烟这种方式外，烟草还可通过其他多种方式吸收：咀嚼、鼻吸，甚或灌肠。不过，美洲印第安人使用烟草总是带有仪式性特征，从不像今人这样用于娱乐消遣。

烟草之所以如此，部分原因在于：在 45 个不同的烟草品种中，使用最广泛的是黄花烟。这种烟草比其他品种适应性更强，能够在其他品种不能生长的地方种植，而且它的尼古丁含量是现代香烟的 4 倍。这就意味着它的致幻效果更强，更容易使人上瘾，而我们所谓的"常规"烟草或其他致幻剂实际上极少使人真正上瘾。因此，印第安人使用黄花烟主要是因为它具有致幻性和治疗功能，其使用者包括阿兹特克人、古代巴西人和北美东部林区的土著部落。

许多美洲土著民族认为，烟草是神赐给人类的礼物，神虽然不再拥有它，但需要它。这也是印第安人吸烟的原因——吸烟产生的烟雾升至天界，可解神灵之烟瘾。与其他人相比，萨满消耗烟草更多，有时消耗量惊人。萨满对烟草的渴求被认为是神灵渴求的表现。在欧洲人到达之前，尽管烟草的分布范围几乎比所有植物都要广泛，但它并没有被用于世俗领域。[7]

烟斗和灌肠器很早以前就已出现。古代克丘亚语词汇表中提到过"辉尔卡"注射器，古印加文献记载有灌肠器，它们的使用方法类似墨西哥韦拉克鲁斯州瓦尔卡印第安人的灌肠器。莫切人的手工艺品对此有所体现。玛雅人会举行灌肠仪式，其灌肠器上发现了美洲豹神的图像。我们根据公元600至800年的墓葬出土文物可以看出，男人们给自己灌肠或者让妇女为他们实施。他们所使用的灌肠器似乎是由小鹿的腿骨和鹿膀胱制成，而非橡胶制品。在南美，尤其是秘鲁，鼻烟仍很常见。[8]

对于烟斗，我们应给予同样的关注，它同样神圣，不亚于灌肠器。萨满对于吸烟器具可谓用尽心思。烟斗会刻上人或动物的图像，在烟斗制作过程中，既不允许有人逗乐，也不允许有任何事情干扰或打断。制作者边唱边做，制作完成后，要给烟斗取名。烟草被放在专门挖的斗钵里，点燃后供人吸食。直到今天，许多部落的萨满仍须不停吸烟，以确保"仙肴"充足。萨满吸烟从不把烟呼出，而是将其"吞掉"，"直到烟充满他们的肺"。通过这种方式，萨满的身体会"变轻"，在恍惚状态下升到天界，与"烟草迷雾之乡"的最高神灵交谈。[9]

烟草与颠茄、马铃薯和茄子一样属于茄科植物。在整个新大陆，关于烟草的词汇有600个左右，其中包括玛雅语的"zig""kutz""mai"。东方人（尤其是古代印度人）吸食芳草（但不是烟草）。当西班牙人初到美洲时，他们发现美洲人无论走到哪里都吸烟，而且阿兹特克人"竟让自己在烟雾中入睡"。[10]

虽然墨西哥印第安人也使用烟斗、吸食鼻烟，甚至咀嚼烟草，但他们主要吸雪茄或卷烟。这些做法或许是效仿萨满的焚香行为。事实上，人们对于烟草的最早利用形式可能是咀嚼——萨满将烟草与石灰同食，这样有利于生物碱的释放，从而增强效果。[11]烟草灌肠不仅能在不伤肠胃的情况下迅速引起致幻效果，而且被认为是非常有效的医疗手段。它们可使肉体

216

麻醉，有助于克服疲劳，恢复体力。

《马德里古抄本》（中美洲玛雅人的手抄本，可折叠，共 112 页，可能是由某位祭司在大征服时期写成，现藏于马德里美洲博物馆）描绘了三位神灵抽雪茄的形象，可见烟草在宗教仪式中起着很重要的作用。烟草之所以吸引玛雅人，是因为它气味芬芳，花朵漂亮。它是"伟大的清洁剂"，渺渺消失于虚空——"神灵和亡灵的住所"。最开始，烟草可能专供萨满使用，即使在人们普遍吸烟后，烟草植物仍然保有普遍的神圣性，用于密封条约和捆绑协议，还用于人祭仪式。阿兹特克人认为基瓦科瓦特女神的身体是由烟草构成的。烟草也被献给战神威济罗波奇特利，用于宣战仪式。烟草葫芦和烟草袋是神明的象征，烟草葫芦周身覆以金箔，由祭司随身佩戴。[12]

墨西哥的辉车尔人把烟草看作是"火公"的珍贵财富，他们把烟草揉成小球系在箭袋上，出征成功后烟草球会被点燃。不管在北美、南美地区，还是在加勒比海地区，当地人都认为烟草能够增强体力。并且在萨满成员的接纳仪式中，烟草也起着重要作用。威斯康星州东北部的梅诺米尼人用烟草陪葬死者，以此安抚他们的神灵。据弗朗西斯·罗比切克报道，委内瑞拉的土著部落、佛罗里达印第安人、哥伦比亚的威希罗人、奥里诺科州的库马诺人、阿拉瓦克人、加勒比人和其他几个部族的萨满利用烟草燃烧产生的烟雾进行占卜。玛雅人认为，他们的神灵喜爱吸烟，彗星就是神明丢弃的燃烧着的烟头。有些部族将烟草粉末撒在重病患者的胸部和面部，以保护他们免受邪灵（尤其是地狱恶魔）的侵袭。其他地区的萨满将烟草嚼烂敷在患者身上，这种烟草与唾液的混合物通常在有美洲豹图案装饰的容器里制备。[13]

阿兹特克人认为烟草能够治疗蛇咬、伤风和脓肿，他们的祭司随身携带烟膏和牵牛花种子，以抵御毒虫的侵扰。[14]彻罗基人制作一种烟草油膏，认为它能够愈合伤口，缓解糟糕情绪。玛雅人认为烟草不仅是治愈牙痛、风寒、肺病、肾病和眼疾的良方，还有安胎的作用。[15]

在危地马拉，萨满沉醉于缭绕的烟雾，希望借此与神灵交谈并预测未来。对于烟草在南北美洲萨满教通灵仪式中的作用，加州大学洛杉矶分校拉美研究所的约翰尼斯·威尔伯特进行了详细记录。他指出，很多部落依据不同的用途使用不同种类的烟草，宗教仪式上使用的烟草比日常使用的烟草效力更强。他还指出，尼古丁并不是烟草所含的唯一活性成分，某些烟草还含有骆驼蓬碱、去氢骆驼蓬碱和四氢哈尔明碱，所有这些都是致幻剂。有些印第安人，如巴西的特内特哈拉人，吸食大量的雪茄，其吸食的数量之大，足以让他们进入通灵状态。

罗比切克还指出，萨波特克人和米斯特克人在敬拜神灵科切比拉的活动中，还将自我苦修和吸食烟草结合在一起。"为了纪念这位神灵，他们禁食 40 至 80 天，在此期间，他们只吸食大量的烟草，并将舌耳之血献给神灵。"[16]

除烟草外，北美洲大约还有 16 种植物被土著居民所吸食，有的是作为消遣，有的是出于仪式的需要。但是，当烟草产量充足时，人们基本上不再吸食其他植物。有些植物（像熊果属植物）可能用作致幻剂，曼陀罗则是当之无愧的致幻剂，人们常常将它与烟草混合使用。根据多明我会修士弗雷·迪亚戈·杜兰在《众神与诸仪之书》（1574—1576）中的描述，阿兹特克祭司将烟草与牵牛花混合起来，制成一种神奇的药膏，当这种药膏涂抹在祭司身上时，会使他们丧失所有恐惧，"大无畏地"施行人祭仪式。在南美低地地区，玛雅烟草与死藤水混合，用它来浸泡整只蟾蜍，而在北美地区，印第安人将烟草与佩奥特仙人球混合使用。[17]

玛雅人还崇拜一类小神，他们通常被赋予人形，口鼻朝上，大嘴张开，门牙突出，分为不同的类别，其中一支被称作"火光神"。这些神的

218

形象常常与火的标记一起出现，有时也与玉斧共同出现——玛雅人认为神通过闪电将玉斧投向人间。火光神有时与美洲豹有关，有时被刻画成风暴神，这促使学者提出如下理论：烟草通过某种方式与火的保存建立起联系，人们出于恐惧而敬拜风暴神，因为火熄灭于暴风雨之中。有些小雕像的头发里插有卷烟，这是因为印第安人没有制作口袋的传统，而又需要时刻保持火的燃烧，头发便成为放置卷烟的地方。

烟草在特茨卡特利波卡的肖像中十分显眼，特茨卡特利波卡是墨西哥中部印第安人崇拜的"烟镜神"。即使在大征服时代，烟镜神崇拜仍然十分流行。烟镜神是羽蛇神（关于羽蛇神，本书后续章节将有更多的记述）的敌手，是巫师、贵族和勇士的保护神。他还是日落之神和祭苦之神。他的象征是黑曜石镜，阿兹特克萨满通过凝视黑曜石的方法进入通灵状态并在石镜中获悉神的意志。浮雕上的这些镜子放射出一圈圈的烟雾。奥尔梅克人能将铁矿石做成凹面镜，得克萨斯的考古天文学家约翰·卡尔逊认为这种镜子是用来取火的"燃烧镜"。[18]

在关于烟镜神的调查中，罗比切克展示了许多可能（但不能完全确定）表示烟镜神形象的铭刻。在这些铭刻中，有些形象披着美洲豹样式的斗篷，系着豹皮腰带，还有众多装饰精美的陶罐——有的陶罐饰以美洲豹头形象，也有饰以半鹿半豹造型和吸烟骷髅造型的（旁边有跳舞的美洲豹形象）。[19]其中一个陶罐的罐身描绘了这样一幅景象：一只美洲豹正在喷火，另一个吸烟的人戴着豹头帽，第三个形象则穿着豹纹短裙，身披凤尾绿咬鹃羽毛（凤尾绿咬鹃原产于中美洲丛林，色彩艳丽，腹部红色，周身羽毛呈金绿色）。在另一个陶罐的画面上，吸烟之人旁边有蛙类、短吻鳄以及一只融美洲豹与狗的形象为一体的怪物。[20]

人们何时开始使用烟草？用途如何？关于这些问题，我们尚未完全弄清楚，但是烟草燃烧缓慢的属性可能是促使人们使用烟草的最重要因素，

219

最初使用卷烟可能是为了保存火种。烟草的致幻性——这一属性可能在使用的同时就被发现，也可能是随后发现的——可能加倍确认了它作为圣物的地位。

美洲豹丛林圣地

"在许多前哥伦布时代的美洲文化中，可可籽及其制成的食物是当地宗教文化的组成部分，并在当地人的精神信仰、社会和经济体制中扮演着重要的角色。"[21] 可可种植的北界是墨西哥中部地区，但它的分布范围包括危地马拉、伯利兹、萨尔瓦多和洪都拉斯。

"可可"这个词是西班牙人对纳瓦语的"kakawa-tl"的讹称，"巧克力"这个词也以另一个纳瓦语词汇"chocolatl"为基础，不过这个词的形成是相当晚近的事情。林奈为之命名的可可树是一种低矮的"下层"乔木，所产豆荚包有 25 至 40 颗种子。可可树是茎生花植物，也就是说，可可花直接长在树干和树枝上。人们通常认为，这种植物原产于亚马孙河流域上游地区并由此向北传播，传播途径既可能是自然的，也可能是人为的。

大部分学者相信，古代人只使用可可果的果肉部分。果肉能与可可籽剥离，用它做成果汁或者通过发酵制成果酒。可可十分珍贵，因为它不像玉米那样适应性强，可以生长在任何地方——它更喜欢深厚肥沃的冲积土，偏喜阴暗潮湿、雨量丰沛的环境。可可如此珍贵，而生长条件又如此苛刻，因此人们为了控制它的产区，不惜以战争相向。[22]

考古学家在公元前 1000 年左右的考古遗迹中发现了可可成分。一直以来，拥有可可都是财富、力量和领导权的象征——在玛雅人的瓶罐上经常看到充满泡沫的可可杯出现在国王宝座底下，可可图样也出现在精英阶层的墓穴中。[23] 我们还知道，可可豆曾作为一种货币形式。

220

从图像学来看，可可被刻画成圣树（我们在下文中还要对前面所说的"世界树"作更详细的介绍），它与鲜血、权力、祖先、玉米和地府息息相关——可可之所以与地府相联系，是因为这种植物喜欢阴暗的地方（玉米喜欢在开阔的田野中生长，因此它总是与光明联系在一起）。亲人会给死者准备可可，供其在黄泉路上使用。

事实上，在中美印第安人的宇宙观中，可可和玉米是一对重要的仪式用品。它们都可以通过与水混合制成圣饮，以飨诸神。在危地马拉、洪都拉斯和墨西哥，人们把可可倒入天然井、洞穴、泉水和池塘中——地府是这里的统一特征。巧克力（可可）同雨水、复活及祖先息息相关，与女人的联系甚于与男人的联系。但是，它同样与鲜血和祭祀关系密切。许多绘画将可可荚画成祭品，就好像可可荚是人类的心脏。[24]

由于可可的珍稀性，印第安人对它的使用具有严格的限制。除统治阶层、勇士和某些商人外，其他人被禁止饮用可可汁。如果普通人饮用了它，就被视为厄运来临的前兆。即使是有特权的人也不能不假思索地饮用。人们要用一系列添加物来调味，比如香草、红辣椒、蜂蜜以及香花，有时也会与血液混合用于献祭。可可被用作贡品，国王和王后死后用它陪葬。按照民族植物学家纳撒尼尔·布莱特和道格拉斯·戴利的说法，可可中有76种物质分别充当着兴奋剂、抗氧剂、利尿剂、止痛药、血小板抗凝剂、抗高血压剂、抗诱变剂、神经递质、血管舒张药、消炎药或防腐剂。[25]

可可能够被做成各种各样的酒和醋，在南美洲的一些地区，可可会与烟草和／或其他致幻剂混合。随着荚果变干，它们的表皮越来越像美洲豹毛皮的图案，这就使得野生可可／白可可获得了"美洲豹之树"的名号。美洲豹与黑夜、山洞和地下世界关系密切，就好像可可一样，这更加强化了美洲豹与可可之间的联系（在玛雅世界里，"美洲豹"和"祭司"两词

221

的词根是相同的）。

与可可相关的器皿可追溯到公元前 1000 年，但是可可的广泛应用似乎是在公元前 600 到公元 400 年之间。"可可"这个词发源于中美洲，它在前哥伦布时代并未传到南美洲。[26]

人们在很久以前便开始饮用可可酒／奇查酒，这可能是可可最早的使用形式。有些人类学家认为，它在非等级社会的使用促进了社会债务的产生，"把人们束缚在不平衡的社会关系中"。与此同时，可能正是酒的发展引起了容器的发展，一种有嘴的敞口瓶因此出现（这一过程可能类似于欧洲的陶器发展，而欧洲陶器的发展也是为了满足盛放和饮用玉米酒的需要，安德鲁·谢拉特对此极其着迷，参见第 9 章和第 10 章）。在冬季赠礼节这类庆典中，呈上饮料的时候可能要在瓶里加入调味品，喝完后将容器摔碎，作为盛宴的高潮。[27]

可可与宗教信仰相关，它象征着丰产与给养、祭祀与再生、化身与变身，而且它的宗教意义辐射整个中美洲。有时玉米神身上会布满可可荚的图案。对玛雅人来说，玉米的生长周期象征着生死循环，但是人、玉米和可可各有分工，可可也许代表着地下世界。[28]古老的萨满教形象世界之树有时是可可树。可可是从玉米神身上长出的最特殊的果实，这表明它在宇宙中的位置仅次于玉米，位居第二（玉米也被加入可可饮料中）。[29]

玉米神年年死去，但他的灵魂离开肉体后会升入天堂。印第安人相信玉米神的肉体埋在"美食山"中，由此繁衍出地球上的各种植物——可可最先生长出来，其他植物随后产生。这意味着即使小啜一口可可饮料也是神圣的行为。

222

财富可以通过可可豆荚的数量来衡量（如铭文所示），后来可可豆荚还被当作货币使用。索菲·科和迈克尔·科用可可豆的数量给出了各种产品的价值：100 颗可可豆可换 1 只上好的母火鸡，4 颗可可豆可换 1 只大蝾螈，100 颗可可豆可换 1 只野兔，100 颗可可豆可换 1 个奴隶，8 至 10 颗可可豆可光顾妓院一次。[30] 可可豆也可以用来支付服务费和劳役费。

当然，可可像玉米一样还有许多其他称呼，但是玉米和可可之间似乎存在密切的联系，这表明它们受到共同崇拜。

印第安人通过从高处倾倒的方式制备可可饮料，这样做是为了制造泡沫，可可饮料被视为人间极品美味，其芳香的气味与可口的味道一样令人心醉神迷。盛放可可饮料的器皿往往用火山灰回火炼制而成；与火山的这种联系也具有重要的宗教意义。

科潘的墓葬中发现了大量残留有咖啡因的饮具。我们知道，除可可外，在这一地区没有其他物质含有咖啡因。人们用可可和石珠来交换盐和布。在古典时代后期（600 至 800 年），可可出现的范围得到极大扩展，例如神庙前的石香炉上便可看到它的踪迹。在其他地方，可可荚装饰的容器往往出现在美洲豹神和其他神灵旁边。很多香炉被故意打碎，作为纪念亡故统治者的仪式内容。可可荚、美洲豹和地下世界具有明显的联系。[31]

"木本作物代表了农民对于土地的长期投入，它可以将亲属集团束缚在一个特定的区域，通过刀耕火种法来生产玉米的农业方式则不能做到这一点"。[32] 刚开始，只有社会上层才有资格拥有可可园，不过后来有所改变。伊察玛雅人是一个以尤卡坦半岛北部为根据地的种族集团，处于可可贸易网络的中心，他们用可可来交换羽毛、美洲豹皮毛、奴隶和龟壳勺（用来啜饮可可泡沫）。他们还控制了香草和胭脂树的贸易，这两者均是调味剂。萨尔瓦多因种植可可而闻名遐迩。[33]

大约从公元前 900 年开始，索科努斯科（墨西哥恰帕斯州的一部分，位于太平洋沿岸）成为可可的理想种植地。到公元 1200 年，索科努斯科人已经有能力进行长途贸易，这大概是高度发达的可可种植业所带来的结

223

果（阿兹特克人征服了这一地区，在一定程度上就是为了获得更可靠的资源）。可可占据贡品的部分份额。在 16 世纪，美洲大陆只种植了大约 150 万株可可树。玉米才是更为普遍的祭祀品。[34]

因此在主要作物方面，美洲热带地区与欧亚大陆有着显著区别。在欧亚大陆，由于东西走向的结构、犁和其他复合牵引设备／副产品的发展使得禾本植物（谷物）得到广泛传播。而在新大陆的热带地区，大部分植物从一开始或者在很长一段时间之后固着于一种环境（不管是热带雨林还是山地），它们不像欧亚大陆的谷物传播得那么迅速。驮畜的缺乏（除安第斯山区外）也普遍限制了人口流动。

我们知道，旧大陆居民对大型哺乳动物的驯化有助于他们脱离药性强烈的精神作用类物质。散居的游牧社会分布得更为稀疏，没有形成村落或市镇，必然更具独立性；间歇性的集会（结婚、防御、攻击）有利于形成临时的社会凝聚力；在这种场合，比起药性强烈和贵族化的致幻剂，性质温和、大众化的酒更为适宜。

新大陆的热带文明植物多，动物少。碰巧的是，其精神作用类物质的种类比欧亚大陆多。植物的致幻性也远比旧大陆丰富，从药性强烈（有时甚至是危险的）的曼陀罗到古柯、烟草、可可，它们不尽相同的作用共同促成了如下想法的出现：通过摄入这些神圣物质，就可以进入一个不同的世界（甚至不止一个这样的世界）。这些致幻物几乎都不是用来娱乐消遣的，这一事实表明美洲先民与致幻植物的关系比欧亚大陆居民更加正式和紧张。

在欧亚大陆，植物并非没有宗教意义，但是丰产观念本身在宗教崇拜中占据主导地位，这在很大程度上是由于季风的减弱。在美洲大陆，植物本身就是神，而且往往是被敬畏的神，它们赋予食用它们的人以转换意识状态的能力，这些意识状态有时是令人害怕的，有时是具有指导

性的。从某种意义上说，这意味着新大陆居民比旧大陆居民拥有（或者 224
说感觉自己拥有）更生动和明确的神性体验。因此，就这一点来说，新
大陆的生活比旧大陆的生活更静止，在"超脱世俗的体验上或宗教上"
更强烈。

　　在欧亚大陆，酒促进了文明的形成，但在美洲大陆，致幻剂对文明的
影响更加强烈和深远。在新大陆，超自然世界的存在更令人信服。 225

14

野生动物：美洲豹、美洲野牛与大马哈鱼

在中南美洲热带雨林中，有些土著印第安人相信特定的树木会吸引特定形式的猎物。这种观点从未得到科学证实，但毫无疑问的是，自史前至今，在这些地区处于统治地位的动物是一种食肉哺乳动物——美洲豹。相比之下，北美则是食草哺乳动物美洲野牛的天下。尽管这两种动物千差万别，但实际上它们有一个共同点：它们都是野生的，没有被驯化。这也是新旧大陆之间的重要差别之一。[1]

美洲豹是世界上第三大的猫科动物和新大陆最大的猫科动物。[2]它也是热带雨林中的顶级猎食者，处于食物链的顶端：所以雨林之王是美洲豹，而不是人类。作为独栖动物，它通常在晚上独自追踪自己的猎物。"美洲豹用可怕的爪子和强有力的前肢将猎物按在地面，然后用极其锋利的犬牙在猎物的脖颈或喉咙上用力一咬，干脆利落地完成猎杀。"[3]美洲豹的游泳和爬树能力同样高超。这就意味着美洲豹与丛林中的人类在某些方面是极其相似的——两者往往猎杀相同的动物。实际上，对亚马孙地区的

许多部落来说，人和美洲豹实在太像了，他们甚至认为萨满每隔一段时期会变成美洲豹，或者说萨满原本就是美洲豹。华盛顿特区敦巴顿橡树园博物馆收藏的奥尔梅克艺术品中有几个小雕像，其刻画的人物好像正处于由人向美洲豹转化的过程中——有的双手变成爪子，有的脸部开始呈现猫科动物的血盆大口。

226

　　尽管美洲豹与其他猫科动物（像美洲狮和虎猫）并非处处可见，但它们的艺术和宗教形象分布于从阿根廷北部到墨西哥海岸与加利福尼亚西南端（得克萨斯州的美洲豹穴可追溯到公元前 6000 至前 2000 年）的广大地区。在这些地区的许多地方，美洲豹都是最常见的仪式象征。[4] 它们通常都呈咆哮状，露出明显的獠牙或犬牙。有时候，这些形象表现它们攻击人或与人交媾的场面。美洲豹与水、雨（它们的咆哮被视为一种雷声，暗示神灵发怒）、丛林、黑暗和洞穴密切相关——它们是地下世界的主宰。在许多部落中，美洲豹被视为"万兽之王"，控制着非人类世界。有少量中南美洲艺术品描绘了美洲豹舔舐致幻藤蔓的场面。所有这些都证实了早期人类与美洲豹之间的亲密关系，这一方面是基于恐惧与尊敬，另一方面是因为萨满的主要责任就是驯化这种凶猛的动物。这让我们想起雅克·沙文的观点，即旧大陆的公牛代表不可驯服的自然力。

　　波哥大哥伦比亚人类学研究所的杰拉德·累赫尔·多尔马托夫对中南美洲的美洲豹形象进行了最全面的研究，他详细说明了在马格达莱纳河上游圣奥古斯丁发现的众多大型石雕，这些石雕属于西半球的史前文明。[5] 它们大都坐落在山顶和山坡上，用于仪式和葬礼，其中大部分展现了猫科动物形象。除一两个石雕表现了猫科动物自然的蹲伏姿态外，其他大多数都是怪物的形象：半人半豹，有着人的身体和（累赫尔·多尔马托夫所谓的）"野兽的"满口獠牙。[6] 有些石雕表现了一只美洲豹制服一个小人的场面。还有些雕像展现了美洲豹与女人交媾的场景。

累赫尔·多尔马托夫还收集了讲奇布卡语的帕埃兹印第安人的人种学信息。帕埃兹人保留了古代信仰体系的许多特征，他们认为从前有一位年轻女子被美洲豹强暴，导致"雷婴"诞生，这就是帕埃兹人的起源。雷是帕埃兹人生活的一个中心要素，与美洲豹精神、丰产观念和萨满教息息相关（萨满收到来自雷的超自然召唤，履行自己的职责）。累赫尔·多尔马托夫在中南美洲发现了许多类似的神话。奥尔梅克人有一个与之相似的传说，其大意是某个女子被美洲豹强暴后生下孩子，由此繁衍出一个新的种族；奥里诺科平原的加勒比人认为他们起源于神话中的美洲豹；内华达山脉的科吉人和亚马孙河流域西北部的图卡诺人也有这样的传说。但是，阿拉瓦克人、乔科人和马库人宣称他们的祖先是其他动物，或者是从洞穴或岩石里出来的。他们生活在对美洲豹族的恐惧之中，尤其害怕他们的女人被美洲豹族的男人抢走。这可能是对过去某个真实事件的民间记忆，或许是向人们提醒异族通婚的重要性。[7]

这种观点得到了如下事实的佐证。首先，美洲豹从来不是所有族群的祖先，只是一部分族群的祖先。其次，在内华达山脉生活的印第安人分为美洲豹和美洲狮两个部落，这两个部落的男人只能与鹿部落或野猪部落的女人通婚。鹿或野猪等部落实质上被认为是"女性部落"，因为这些动物是"美洲豹的天然食物"。传统认为，陌生人穿越美洲豹人占据的地区会生病。美洲豹为了生存必须发起攻击，这些特质被视为男性特征。"印第安人也指出美洲豹是伟大的猎手，猎食活动暗含强烈的性欲因素，猎食行为相当于一种向猎物求爱的形式。"[8]这与第 2 章所讨论的早期萨满教思想（狩猎是一种"引诱"形式）可谓同出一辙。

按照累赫尔·多尔马托夫的观点，围绕美洲豹的复杂信仰（洞穴、雷电、雨水、丰收、性暴力）也构成了"萨满实践的主要活动范围"。美洲豹是萨满的帮手。萨满可随意变成美洲豹，有时行善事（如治愈疾病），有时威胁或杀死敌人或者对手。最终，萨满在死后永久变成美洲豹。在某些部落，"美洲豹"和"萨满"是同一个单词，从一个表示"同居"的词语衍生而来。[9]

关于美洲豹还有其他更深层次的信仰——美洲豹身上的明亮色彩来自东方的太阳，这种色彩是创造和生长的象征。美洲豹与水晶石有联系，水晶石颗粒就是霹雳，水晶石被发现之处就是霹雳击中的地方。这些部落的成员服用致幻剂后所体验的幻象，大部分都与美洲豹有关，萨满巫师在出神状态中可能戴着豹爪王冠。致幻药本身也等同于美洲豹的精子或种子。致幻鼻烟保存在（神圣）豹骨制成的管子中。在出神状态下，萨满会与"美洲豹对话"。[10]

南美洲除亚马孙河以外最大的三条河是马格达莱纳河、奥里诺科河和内格罗河（亚马孙河的一条主要支流），其源头彼此之间相距不到160英里，正是在这里，美洲豹的象征意义最为纯粹。尽管如此，它也被融入更发达的宗教，比如后来出现的新大陆文明莫奇卡、奥尔梅克、查文、印加、玛雅和阿兹特克等。

亚马孙河流域的部落社会拥有它们的萨满，而形成了农业和世袭精英阶层（参见第17章）的奥尔梅克文明（公元前1400—前400年）拥有祭司等级制和系统化的神灵体系。即便如此，在奥尔梅克人那里，美洲豹仍然扮演着重要角色。例如，圣洛伦佐（位于现在的韦拉克鲁兹附近）的3号石雕上刻画了一个美洲豹模样的巨大怪物同一个平躺着的女人进行交配的场面。[11]在墨西哥中部莫雷洛斯州查尔卡茨因格的4号石刻上，也描绘了两只猫科动物攻击人类的场景。1968年在圣洛伦佐发现的52号石刻表现了一个半人半豹的形象，这个"豹人"张口咆哮着，爪子搭在膝盖上。一些学者认为，这也许代表雨神，或者代表管理排水系统的一位神灵——总之，都与水有关。

229

这时的奥尔梅克人可能已经开始崇拜一位新神，它是美洲豹、蛇和鹰的综合体。查尔卡茨因格的 2 号浮雕上就有长着羽毛的美洲豹形象。[12] 它在后来的托尔特克人和阿兹特克人那里变成了羽蛇神，而尼古拉斯·桑德斯认为美洲豹在一开始就与之有关。一个奥尔梅克陶雕显示出了半人半骨架的特征，这让人想起了早期萨满教的致幻体验。在奥尔梅克人的雕塑中，我们也找到了人变成美洲豹的图案。

因此，我们在奥尔梅克文明中发现两件事：第一，"美洲豹"与优越地位的关系，这意味着在这个新近发展起来的等级社会中，统治阶级挪用了美洲豹的属性；第二，在萨满社会向后萨满社会转变的过程中，伴随而来的是一位更复杂的神以及更复杂的神人关系，不过萨满教的因素仍有残留。

稍晚的查文文明（公元前 900—前 200 年）有一些令人印象深刻的石质头像，要么是猫科动物的头像，要么是半人半豹的怪物头像，后者甚至成为查文文明在安第斯世界影响力的标志。事实上，这位被刻画在查文德万塔尔艺术品上的豹神逐渐被视为安第斯文化的凝聚力。查文曾一度是著名的宗教中心，尼古拉斯·桑德斯告诉我们，其地位"堪比耶路撒冷或罗马"。这里非常适合农耕，不需要广泛且昂贵的灌溉系统，这一地区农业成功的秘诀在于"垂直群岛"模式（前文已提）。在这个模式中，最下层是有水灌溉的谷底，稍高点的山坡上种植马铃薯，更高的地方用作牧场。按照几位考古学家的观点，查文德万塔尔只是一个仪式中心，是"为了豹神崇拜而建的圣城"。但学者们忽略了一点：查文不仅是一个将猫科动物奉为崇拜对象的仪式中心和圣城。这里还形成了豹鹰结合体的观念和持杖豹神崇拜。所以，我们在这里也看到了后萨满社会的萌芽以及祭司阶层的出现。[13]

在帕拉卡斯／纳斯卡文化（公元前 200—600 年）的纺织品和陶器上，

美洲豹图案十分盛行，美洲豹面具和豹鸟雕塑也很常见。当地一块布（可能是仪式上所用的斗篷）上描绘了一位身穿盛装的中心人物，他戴着美洲豹面具，有一条卷曲着的尾巴，尾巴末端挂着一个割掉的人头。他的手脚都是猫爪样，其中一只手抓着另一个人头，另一只手拿着嵌有黑曜石的刀，由此可以看出，这是猎头仪式。"抓住人头就意味着'抓获'受害者的强大灵魂，这种习俗在南美洲文献中有详尽记载。根据最近的调查研究，厄瓜多尔的希瓦罗部落过去常常砍掉敌人的头颅，剥掉头皮，然后再将其缝合，制成皱缩的头颅——充满具有保护作用的超自然力量。"[14]

在莫奇卡艺术（100—800 年）中，猫科动物形象无所不在，有时是豹猫或美洲狮，但更常出现的是美洲豹。罐子上也经常出现美洲豹站在人身后并将爪子搭在人肩膀上的画面。伊丽莎白·本森认为这样的罐子体现了两个主题：一是战俘，二是以古柯为中心的仪式。[15]"一个美洲豹形状的金色古柯袋明显暗示了致幻古柯与猫科动物之间的联系。"[16]干燥的古柯叶保存在袋子里面，供萨满或祭司在宗教仪式上使用。

莫奇卡人穷兵黩武，他们将捕获的大量战俘带回都城。有些陶罐描绘了战俘们脖颈绕绳、鱼贯前进的场面，战俘的发型独特，人们一眼就能识别出来。在一个漂亮的彩陶罐上描绘了这样一幅画面：一只大型猫科动物坐在一个小人前面，这个人明显瞎了一只眼，双手被绑在身后——显而易见，这是一个战俘。这只猫科动物似乎要撕裂这个人的喉咙，鲜血好像正从颈部流出。[17]

在安第斯山脉，最主要的猫科动物是美洲狮（尽管美洲豹可能被认为是所有猫科动物的祖先或主人）。美洲狮是王权和尚武的象征——军队的鼓手穿着美洲狮的皮。而且有些考古学家相信，整个印加地区被设想成一只巨大的美洲狮横跨安第斯山脉的形状。战争首领也身着美洲狮皮并将他们的胜利献给美洲狮。出于宗教目的，人们还饲养美洲狮并想方设法驯服

231

它们。按照相关记载，在印加帝国的普马拉克塔省，当地人不仅崇拜美洲狮，还用人类心脏做祭品献给美洲狮神。直至今日，在当地盛大节日上，人们依然戴美洲狮面具。[18]

在古典玛雅（300—900 年），美洲豹是一个反复出现的主题，它经常被描绘成主管第七天的神阿克巴尔（"夜晚"之意）。在玛雅艺术中，卷起来的美洲豹皮象征群星璀璨的夜空。这种动物通常与黑夜、暗处、地下世界和危险联系在一起。它也与王权密不可分——美洲豹毛皮覆盖在王座之上，王座本身也可能模仿美洲豹的形状。贵族穿着美洲豹皮，战士和贵族头戴美洲豹头盔，手持用美洲豹骨制成的武器。他们还用美洲豹爪制成华丽的手套。[19]

在玛雅，美洲豹的象征意义主要体现在战争、丰产和祭祀环境中。祭祀用的刀由三个黑曜石刀片组成，根据某些材料的说法，这是代表美洲豹爪造成的抓痕；心脏祭祀是玛雅宗教仪式的中心内容，当祭品的尸体被美洲豹吃掉时，这项宗教仪式达到最高潮。[20]尤卡坦北部的奇琴伊察遗址中有四个美洲豹宝座，其中最著名的是在羽蛇神大庙里发现的"红色美洲豹"宝座。这个宝座呈美洲豹样式，大小与真实的美洲豹无异，呈亮红色，嵌有 73 个玉石片，模仿美洲豹皮肤上的玫瑰形图案。同时，统治者喜欢用美洲豹来命名王的头衔：盾豹王、鸟豹王、蝠豹王、突眼豹王等等。

在奇琴伊察，美洲豹的形象无处不在。中央广场有一个豹鹰台，上面细致雕刻了美洲豹食人心的场面。战士穿着美洲豹皮，两侧悬挂骷髅头。著名的羽蛇神可能隐藏了美洲豹的特征。按照玛雅文字专家乔伊斯·马库斯的说法，四座古典玛雅城市亚斯奇兰、帕伦克、蒂卡尔、卡拉克穆尔组成了军事同盟，同盟标志就是美洲豹，主要是为了效法美洲豹的强大攻击能力。[21]

232

　　美洲豹与军事之间的联系在阿兹特克文化中表现得更加明显。阿兹特克人从托尔特克人那里继承了尚武的习俗。托尔特克人现在以他们重建的羽蛇神神庙金字塔而闻名，最初羽蛇神的神庙周围可以看到美洲豹或美洲狮行进的画面。交替的横排展示了鹰蹲伏着吃人心的场景。托尔特克战士分为两个精英阶层，一个向美洲豹献祭，另一个向鹰献祭。这种实践在阿兹特克人那里得到了延续。[22]

　　在特诺奇蒂特兰西部的马里纳尔科神庙，呈蹲伏状的美洲豹雕像沿大阶梯排成一列，直接通向内部圣殿，圣殿中最突出之物是刻有鹰和美洲豹图案的石凳。在特诺奇蒂特兰城的阿兹特克大神庙，一侧是一座专门为鹰战士（显示他们追赶太阳）而建的地下寺庙，另一侧尚未发掘，但很可能是为美洲豹战士建造的神庙，布局与前者相同。[23] 在大神庙遗址的挖掘过程中，发现了一具完整的美洲豹骨骼，它的犬牙间还发现了一块神圣的绿石。按照阿兹特克人的时间循环观，太阳和日食分离出不同的周期，日食有时被描绘成黑压压的天空，"撕扯着肉的美洲豹"从云中降落。[24] 正如尼古拉斯·桑德斯所说："这让我们窥见了阿兹特克人的复杂信仰。在他们的信仰中，美洲豹、玉石、雨水和丰产都是息息相关的。阿兹特克人往往利用玉石做成的'刺'或刀进行主动献祭。也就是说，人们用玉刺或玉刀扎破自己的皮肤，收集鲜血作为祭品献给神灵。"[25] 还有一些定期举行的剥人皮仪式。在这些仪式中，神志不清的俘虏被迫用一根羽毛棒来对付挥舞木剑（木剑上嵌有黑曜石剑刃）的美洲豹武士。黑曜石剑刃象征着美洲豹的牙齿。俘虏经过一番搏斗后流血而死，他们的心脏被挖出，身体也被献祭。

　　最后，美洲豹的象征意义与阿兹特克人至高无上的烟镜神特茨卡特利波卡的身份紧密联系在一起。在亚马孙社会中，精神世界与镜子密切相关。在阿兹特克人看来，特茨卡特利波卡能够利用镜子看透人的灵魂，

233

"采用的方式与亚马孙河流域的萨满大致相同"。特茨卡特利波卡还能变成洞穴之神特佩奥洛特里——居住在山脉中心的美洲豹。由于火山也是山，黑曜石是从山里开采出来的，因此美洲豹、火山、祭祀和神灵之间就建立起了联系。拉文塔地区的金字塔（由于种种原因从未得到妥善发掘）看着像火山，但它的外形和其他建筑群从形式上看又像美洲豹的面部。[26]

正如桑德斯所言："在部落社会中充当美洲豹的萨满与阿兹特克众神中拥有美洲豹形象的特茨卡特利波卡之间，似乎存在观念上的联系。文化和文明在规模和复杂程度上可能有所差异，但很多潜在观念、思维模式和联系依然存在。"即使在阿兹特克帝国的文化中，"美洲豹性"的本质始终存在。[27]

我们可以更进一步。我们已经发现两个与美洲豹有关的复杂链条，它们有所重合。一个是美洲豹—火山—祭祀—神灵；另一个是美洲豹—夜晚—地下世界—水—雨水—雷—战争—侵犯—性—古柯—致幻剂—萨满—优越性。如果按照以下方式将这些综合到一起，能否解释好战尚武、以祭祀为本的中美洲文明呢？

在温带农业社会中，人们每年春播、夏育、秋收。这种循环基于一种节律，而这个节律是观察出来的，但当时的人们并没有完全理解季风减弱的深刻背景。这造成的一大后果就是丰产崇拜盛行。崇拜者观察空中的太阳，尽管他们知道太阳每天东升西降，但他们并不了解其中原因。日食不时发生，尽管持续时间都不长，但是谁又敢断言将来某一天不会发生这种事呢？降雨难以预测。它们有自己的周期性变化，但依然会不时地失灵。这就使得崇拜需求变得更加迫切。不过，雨神最终会有所回应。在温带农业社会里，崇拜基本上是奏效的。

然而在热带雨林地带，很多植物全年生长，丰产不是什么大问题。这并不是说丰产不重要，而是说它不是特别重要。更重要的问题来自环境的

234

威胁：飓风、地震、火山（地上火山和海底火山）喷发、日益频繁的厄尔尼诺现象、恐怖的雷雨和高破坏力的狂风，还有野生动物（尤其是美洲豹）的袭击。重要的是，这些事的发生并没有规律，早期人类无论以何种方式都无法找到规律。而这也适用于美洲豹。按照罗伯特·兰厄姆的说法，"从美洲豹的攻击记录来看，现代的狩猎采集者夜晚待在帐篷里要比白天打猎时更安全"，而在遥远的过去，情况一定更是如此。[28]

换句话说，具有攻击性的美洲豹就像不利的危险天气一样不可预测。在中南美洲的记录中，有很多记载描述了美洲豹的尖牙，它对人的性侵犯或其他形式的攻击，有些是提醒人们注意，或是试图模仿它的利爪和其他好战品性，强调了美洲豹是一种掠夺性的食肉动物，是丛林之王和黑夜之王。因此，处在这种环境下的新大陆居民不会去祈祷某些事情发生（如降雨、植物发芽和生长），而会祈祷某些事情别发生，如狂风、地震、火山喷发、大浪、美洲豹袭击的发生。旧大陆丰产崇拜的主要形式是祈祷，而新大陆则是安抚。

如果接受了这种观点，我们就可以开始看看新大陆的祭祀仪式是如何变得越来越血腥的。在当今的非洲，如果一头狮子捕食了一个人，那么这个人所在部落的其他人一定会出去找到这头吃人的狮子并杀死它。因为如果人们不这样做的话，那头狮子会回到它捕食的地方并尝试再次捕食人类。但是，在雨林里，要想找到那只杀死人的美洲豹则要困难得多。在很多情况下，部落成员可能确实出发去寻找那只吃人的美洲豹，但是在环境变化和其他"攻击"日渐增多的背景下，有效的替代法可能有如下几种：第一种方法是在一个神圣的仪式上献祭一个活人，但这个人不是该部落成员；第二种方法是把尸体放到远离村庄的地方，让这只美洲豹发现它；第三种方法是让萨满来处理这只美洲豹。

但主要问题是，崇拜仪式不见得起作用。或者说，它只是在某些时候

235

起作用，在另一些时候则不起作用。崇拜何时奏效，何时无效，完全没有规律可循。厄尔尼诺现象、地震、火山喷发和美洲豹的袭击不时发生着，完全不可预测。在这种环境下，早期人类可能认为，灾难是由神的愤怒和不满所造成的，而神灵之所以愤怒和不满，是因为人类奉献的祭品不充足。因此，他们就会献祭更多，日益绝望地尝试平息神的愤怒。

当然，这只是一个推测。到阿兹特克时代，祭祀是为了满足太阳的欲望。太阳的"欲望"这个概念是怎样出现的？我们可否作如下推测：火山喷发时，人们可能看不到喷发的火山，但火山灰升到高空，将太阳遮住，是不是造成了太阳没有升起或者在很多天内没有出现太阳的假象？或者，太阳没有出现，火山喷发又造成很多人死亡，这可能会助长如下想法：太阳"需要"人血提供滋养，这样它才能在早晨从地平线上升起。

我们已经知道阿兹特克精英战士分为雄鹰和美洲豹两个集团，我们还知道美洲豹皮毛的颜色与旭日有关。因此，正如萨满教习俗的衰落一样，美洲豹主题可能被转移和转变成其他思想。

我们需要记住的关键问题是：旧大陆的主神（不是全部）对崇拜是给予积极回应的，因为温带地区存在自然规律，虽然当时人们尚未完全理解。而在新大陆热带地区，神不仅不可预知，似乎也无法安抚。这就是新旧大陆之间的深刻差异之一。

236

猎杀的科学

公元前 9000 年以后，北美大部分地区的史前印第安群体已脱离单纯依靠狩猎大型哺乳动物的生活方式，朝着多样化发展。[29] 有些部落适应了日益干旱的西部环境，定居下来，以植物为食。另一方面，零散分布于东部林区（密西西比河以东）的印第安人继续追逐鹿和其他猎物，同时依赖季节性的植物食品。在北美大平原上，最值得注意的是，人们从猎杀几种大型动物变为只猎杀一种——北美野牛。只有在大平原上，大型动物狩猎仍是一种可行的生活方式，这种生活方式一直存续到文明时代。

自冰川时代后期以来，北美地形发生了很大变化，野牛的增加与地形变化密切相关。在公元前 9000 年前后，北美已变成一片辽阔的草原地带，从阿拉斯加南部边缘一直延伸到格兰德河河岸（这条河现在是美国和墨西哥的分界线）。这个"大野牛带"主要位于落基山脉东部的雨影区。在一年的大部分时间里，大平原都处于干燥环境中，春夏两季的雨水有助于一种特殊矮草的生长，它的大部分草体都藏在地下，根部储存水分。野牛有本事吃到这种植物的根茎，从而确保了自身的生存。[30]

远古时期的野牛体型极其庞大。有些野牛的双角从一端到另一端的距离可达 6 英尺甚至更长，其遗骸分布于从艾伯塔到得克萨斯、从加利福尼亚到佛罗里达的广大地区。冰川融化后，野牛的数量大大增加，但它们的体型变小了。

平原印第安人有一种独特的生活方式。大多数情况下，他们小规模地持续流动，定期开发相对少的地点。这些活动在一定程度上取决于某些细粒岩石的分布情况，他们用这些岩石打制大型工具，猎杀像野牛这样的大型迁徙动物。[31]

从克洛维斯石器到福尔松石器的变化实际上与人类从猎杀大猎物转向猎杀野牛这一变化有关。福尔松石刀比克洛维斯石刀要小，而且上面有大量的凹槽（两面都有凹槽，凹槽长度占石刀总长的大部分）。在远离刀尖的底部有两个"耳"。虽然没有人知道它们的确切用途，但有人推断"耳"用于将这种工具固定在矛上。尽管凹槽能增加工具威力，减轻工具重量，促进动物体内血液的流出，加速动物死亡，但此时它可能也具有宗教功能。这种推测源自如下事实：对早期平原印第安人的遗迹分析表明，在制造过程中，许多有凹槽的石刀都是做坏了的。如果没有合理的理由，谁会

237

罔顾频繁的失败坚持给石刀开槽呢？

　　根据出土的人类和动物遗迹，我们可推断出很多结论。首先，这些遗迹表明，公元前 9000 年前后，史前印第安人对猎物的选择缺乏经验。后来，他们主要猎杀母牛和小牛。有证据显示他们的石制工具越来越标准化，他们也形成了一套成功的屠杀方法。史前印第安人似乎是定期猎杀很多猎物，这些猎物并不是一次就能吃完的。这难道意味着他们在寒冷的冬季猎捕动物，然后靠这些保存下来的肉食度过严冬吗？其次，众多遗址显示，西南地区印第安部落的规模要比北部地区小。这是否意味着西南地区野牛的习性更难以预测？这是否阻碍了复杂定居社会的发展？

　　猎捕野牛最常见的方法是集体驱赶。难道这些定期的事件或者说不频繁的活动不仅提供食物，还具有仪式功能吗？集体驱赶猎杀动物的遗址已被发现，包括邦菲尔岩屋、林登迈尔和奥尔森-楚伯克，它们全都位于科罗拉多。在这些地方，动物被驱赶至悬崖边、沙丘或者没有出路的峡谷。在有些遗址上，多达 250 至 270 头野兽堆叠在一起。这些"无节制的杀戮"发生在公元前 10000 至前 3000 年之间。并非所有杀戮都发生于冬天。因此，我们推测不同的部落可能在一年中固定时间里聚集在一起，举行仪式性狩猎。这种聚会不仅能解决食物问题，还有助于异族通婚，同时具有宗教功能。华盛顿特区史密森学会的丹尼斯·斯坦福德是"史前印第安人"项目的负责人，他辨认出一个野牛围栏旁一根"粗壮木桩"的痕迹，并在附近发现了鹿角笛和小箭镞。他认为这根垂直的木桩可能充当"萨满柱"，附近的人工制品可能是仪式用具。[32] 在一个较新遗址中取得的发现也揭示了宗教的一个侧面。这个新遗址位于俄克拉何马的塞尔塔辛，人们在集体猎杀的遗迹中发现了一条满是野牛骨的河谷。在河谷中央发现了一个头骨，头骨前额饰以红色的闪电状标志。

　　根据 18 和 19 世纪目击者的叙述，倘若没人打扰，野牛并不是特别怕

238

人。但是它们也可以很快变得紧张起来。"人们可以毫不费力地将它们赶出一英里左右，而一旦打破野牛群的平静，它们就会狂奔，这时几乎不可能让它们停下来。"[33] 目击者说，捕猎者会按照规定的方向缓慢地驱赶野牛，这需要花费几天的时间，有时捕猎者会披上野牛皮作为伪装。他们还会冲着野牛大喊，让它们受惊四处跑动，当野牛无路可逃时（站在悬崖边、困入沟渠或是沙丘），就只有死路一条，捕猎者会利用野牛的习性来猎杀它们。在逃跑过程中，当野牛掉下悬崖或困于沙堆时，每个捕猎者便会选择一头困兽，将他的长矛刺过猎物的胸腔直插心脏。[34] 威斯康星大学史前考古学家乔治·弗里森将黑尔峡谷（位于威斯康星州根西县西北部）中发现的矛尖绑在开槽的松木杆上并用松脂密封加固，制成一根 11 英尺的长矛。这根长矛不论是刺还是投掷，都能刺穿公牛皮，力道更大些甚至能刺到心脏。

　　从某种意义上说，猎杀相对容易。一旦围捕结束，捕猎者接下来要面临很长时间的艰苦劳动，他们要集体协作，将猎物切成小块。首先，他们让野牛身躯朝腹部弯曲，然后从后背切割牛皮；然而他们沿两侧将牛皮剥离下来，用它来包裹牛肉。每头野牛大约能出 470 磅肉，45 磅脂肪和 35 磅可食用的内脏。一次集体猎杀所获得的食物能够维持 100 人一个多月的生活。[35]

239

　　这些细节在部分程度上来自 18 和 19 世纪目击者的叙述。不过，从公元前 9000 至前 6000 年直至今天，捕杀野牛的方式不大可能发生太大变化。猎杀野牛持续了如此之长的时间，这说明它是一种成功的适应方式。我们知道，在北美洲许多地区，农业直到欧洲人到来前 500 年左右才出现。这些都表明农业的出现并不是必然的。很多考古学家和古生物学家将农业的发明视为人类最伟大的思想、最革新的发明。然而，整片广袤的新大陆并没有任何农业需求。温暖、略微干燥的气候，适宜的草种，不可驯化但数量充足的大型哺乳动物，所有这一切共同造就了这个地球上最大的非农业区：北美地区。这对于文明的发展产生了巨大影响。实际上，它也影响了"文明"概念本身。

鲑鱼与墓地

公元前 6000 年前后，新大陆发生了另一个深刻而缓慢的变化。经历了数千年的起落后，冰川融化，陆地抬升，海平面趋于稳定。这所造成的结果之一就是：大量鲑鱼群开始溯游到西北大西洋沿岸的大河，在那里繁殖和死亡。我们知道这一点，是因为这一时期的贝冢中鲑鱼骨的数量大大超过其他东西，而且捕鱼的叉尖取代了细石器。这里有大量的鱼群可供捕捞：定期到达的鲑鱼群数量极其可观，人们捕鱼就像丰收一样，简直比收玉米还简单。

人们学会将鱼切成片、晾在架子上晒干和风干；或者将鱼悬挂在顶棚，用烟熏的方法保存。除鲑鱼外，西北海岸的印第安人还捕杀海豹、水獭、鹿和熊，他们也采集浆果、橡子和其他坚果。[36] 丰富的野生食物和定期捕捞的鲑鱼意味着"喀斯喀迪亚"（源自喀斯喀特山脉）土著印第安人有条件成为最早在此建立永久村庄的居民。我们知道，他们成就斐然，出现了专门的工匠，还有证据表明他们从事黑曜石贸易。村庄人口增加，领袖出现，但社会发展到这种复杂程度是公元前 500 年以后的事情了。[37]

不过除了几个柱坑外，喀斯喀迪亚村庄没有房屋的迹象。[38] 大概是因为那些房屋是季节性的，不太坚固，因此没有留下什么痕迹。他们过着一种半定居的生活。

在随后几千年里，人们发明了新的捕捞技术，从而使捕捞数量大大增加，捕捞鲑鱼的规模变得更大。有些部落试图占有鱼量最丰富的河流：我们之所以这样推断，是因为这里有部落间定期战斗的证据——暴力致伤的

240

尸体遗骸。[39]

不列颠哥伦比亚中部沿海地区发现的纳姆遗址位于贝拉贝拉附近，正对着亨特岛，其年代约为公元前10000至前5000年，在这里出土了许多公元前7000年左右的燧石片和大量海洋哺乳动物遗骨。不过在公元前5000年左右，他们的食物变为鲑鱼和鲱鱼，"此时的他们冬天在此过半定居生活可能已成为常态"。大约在公元前3000年，其饮食中出现贝类。鲑鱼和贝类的膳食组合持续了2 000年。

鱼类作为食物在内陆不像海岸那样占主要地位，但是大约公元前5800年以后，河流沿岸的鱼骨出现得越来越多。半定居的坑屋定居点通常也会发现鲑鱼遗骸。

这一时期的房屋和棚屋遗址保存得很好。考斯特遗址位于伊利诺伊河谷畔，其年代从公元前8500到公元1200年，总共分为14层。它属于季节性营地，占地0.75英亩，在第11层（年代为公元前6000年左右）发现了若干临时居所。考古学者发现一个25人左右的大家庭多次返回同一地点，从他们所用的工具来判断，他们可能在千里之外的西弗吉尼亚和密苏里居住过。在此还发现几座椭圆形坟墓，葬有4名成人和3个婴儿，在附近的浅坑中还埋有3条狗。[40]

第8层（前5600—前5000年）的房屋长20至35英尺，宽12至15英尺，整体占地面积1.75英亩。房屋的长墙由直径10英寸的木柱组成，柱子间距是8至10英尺。柱子之间的空处用树枝和黏土填充。全年生长的植物分析表明，这里从春末到秋初都有居民居住。他们只收获容易采摘的植物，这种转变（食物选择面的缩小）在中西部地区的其他遗址中也有所反映。[41]

佛罗里达州泰特斯维尔附近的温德奥佛为我们观察公元前6000至前5000年的印第安村落提供了一个不同的视角。温德奥佛是古代早期的墓葬区。在那里，手工制品沉积在一个池塘里，死者在死后 48 小时以内被浸泡到泥炭和水中，泥池中的中性化学物质确保尸体获得近乎完美的保存。在泥池里发现了七件不同的纺织品，它们由用萨瓦尔棕榈或锯棕榈搓成的线编织而成。斗篷（披风）采用每厘米 10 股的编织法做成。他们也使用葫芦瓶，这或许是北美地区所发现的最早容器类型。[42]

大约在此时期，我们看到了迁徙方式的变化——从"随意的迁徙"到"有根据地的迁徙"，换句话说，他们不再从一个临时营地迁到另一个临时营地，而是年复一年地返回固定的根据地。这种变化发生在公元前 4500 年前后。此后，河流本身发生了变化：冰川时代过去很多年了，回水和 U 形河曲形成。因此，某些地区的水产资源变得非常丰富，在一个地方待上几个月因此是值得的。这可以通过贝冢规模变大判断出来。[43]

还有两个线索可以证明定居区的规模在增长——更多的房屋和墓地。考斯特给我们提供了长期性住房的最佳证据，但在其他地方，如密西西比河流域的汤比格比河上游谷地，我们也看到了特殊制备的陶制地砖。我们知道，这些地砖造于公元前 4300 年之前。

这一时期，特别是在密西西比河流域中部，正式的墓地出现了。这些墓地通常比较大，有的浅坑中密密麻麻地摆放着 40 具尸骨。墓中随葬品似乎不是专门给某个人准备的。"一切证据都表明当时还处于平等社会，个人的身份无足轻重，领导权和权威主要反映在年龄、经验或捕猎技术上，而非物质财产上。"男性与女性或社会等级之间的差别极小。不过，有八个人（主要是男性）被埋在陶土封顶的墓坑中，这表明他们是特别重要的人物。另一个墓穴中出土了一只鹰爪、一只熊掌遗骨及其他物品，这些随葬品是否暗示这个墓葬的主人是萨满呢？[44]

在肥沃的河谷地区突然出现的墓地和坟堆标志着史前印第安人的生活发生了重大变化。一旦人们通过土葬来标记他们的家族，他们便开始对这片土地及土地上所产的重要食物资源提出了所有权要求。事实上，他们认为一旦他们的祖先占有这片土地，那么这片土地就归他们所有，为了保卫土地，他们必须世代在此居住。[45]

早在公元前 4000 年，密西西比河流域中部地区就出现了定居点。随着对固定领土的认同，固定的边界第一次出现，这至少引发了部落之间零星的战争，也许正是由于这些战争，导致了一种独特的领土标记方式的出现：在山脊顶端修建坟墓，数英里之外的人们都能看到它们。这种习俗延续了 5 000 年之久，直到玉米农业传入中西部地区。在有些地区，这种习俗直到文明时代仍占有重要地位。[46]

大约在同一时期，新生动物和动物幼崽的比例在挖掘出的遗骨中从总量的四分之一翻番到二分之一。这可能反映了富有经验的动物饲养员的选择，也可能反映了动物幼崽死亡率上升或传染病的暴发（这也是我们依然要面对的难题之一）。

在这里，我们看到一幅与欧亚大陆截然不同的景象。在美洲大陆，我们看到了定居生活的发展，这与西亚地区并无二致，但在这一时期，大多数定居点采取临时村庄或营地的形式，人们只是在每年的部分时间段在此居住（以后定期返回），领土边界的划定不是通过房屋，而是通过墓葬。

243

农业在新大陆出现的时间并不比旧大陆晚太多（有可能是同时出现的），新大陆也生长着"等待着收获者"的植物。但是，似乎所有重大的变化都发生在旧大陆——当然，并不是旧大陆的所有地区。在新大陆，农业的出现并没有导致陶器、冶金的出现，也没有使农村发展为城镇。虽然在新大陆某些地区的确出现了城市，但在其他大部分地区，半定居式生活、放牧及狩猎采集持续了数个世纪，甚至几千年，甚至持续至今。

几乎可以肯定的是，这种情况与猎物及其他食物的充足和相对稀少的人口有关，至少在北美洲是这样的。鉴于这种情况，这一地区根本无须农业：半定居式生活、驱赶牛群及狩猎采集就是相当有效而持久的生活方式。

但是，这确实具有重大影响。由于处于不停的迁徙中，狩猎采集者不需要永久性的建筑物。他们不需要陶罐，因为它们太重，而且易碎，不适于迁徙中携带。此外，狩猎采集者所信奉的神灵也不尽相同：他们居住在不同的环境中，依赖不同的动植物生活，所以他们对神灵的描述也是千差万别的。对他们而言，天气及河流不是那么重要，或者说它们的重要性体现在其他方面。因此，他们崇拜的神是有区别的。

对狩猎采集者和游牧人而言，物质资料不是不重要，而是因为他们需要不停迁徙，所以需要更轻便、更柔韧的东西，便于卷起来随身携带。他们需要的是包、袋子、网、绳索、毯子，而非陶器，这也意味着织布、缝纫和打结对他们而言比制陶和冶金术更重要。碰巧的是，包、袋子、草鞋（利用碳元素测定法，最早的草鞋制于公元前 7500 年）、定制的衣服、毯子、网、篮子和纺织品都属于易腐烂的物品。当然，不仅这些物品不复存在，用于装饰它们的物品和它们所具有的象征意义也随之消失了。

244　　公元前 3500 年之前，新大陆的人类发展史上发生了一场明显但渐进的变革：美洲先民慢慢适应了他们周围的自然界，对农业没有实际的需求。他们不得不处理与野生动物的关系。这里的野生动物不易驯服，彼此不同：山羊和绵羊或者马和牛之间的相似性比美洲豹、野牛和鲑鱼之间的相似性大得多。因此，美洲不同社会之间的差异比旧大陆不同社会之间的差异大得多。

245　　从古至今，美洲大陆都是一片富饶的土地。那个永远得不到满意答案的老问题又来了：为什么农业在旧大陆发展起来了？

第三部分

新旧大陆人性演化的差异与原因

15

埃利都与阿斯佩罗：相距 7 500 英里的首批城市

在第 7 章，我们跟随雅克·沙文的描述，了解了中东地区纳图夫文化和基亚姆文化中大母神和公牛崇拜的发展历程，其时间大体在公元前 10000 至前 9500 年，恰好在驯化出现之前。沙文明确指出，这种发展是为了回应当地出现的新情况——大母神是一个古老、传统的崇拜对象，而公牛既是男性法则和纯粹力量的代表，也是在温暖环境下先民们所接触到的新型动物代表。我们还将看到，这些偶像仍以这种或那种形式存在了数千年之久。

在新大陆，我们掌握的有关宗教活动的最早证据要稍晚些（前 7000—前 5000 年）。但是在这里，环境的影响也是至关重要的。这些偶像存在的时间几乎一样长。不过，思维过程是截然不同的。

新大陆宗教活动的早期证据出现在智利的新克罗人中间。这些人似乎很早以前就在太平洋沿岸过着定居生活，这是特定原因造成的：这片旱地拥有几个独特的环境特征——地质构造稳定，季节变化温和，全年气温宜人，淡水资源易取，海产品丰富（他们特别依靠猎捕海狮为生）。如果新克罗人是从北部的秘鲁沿海地区来到这里，他们应该已经掌握了某种航海技术；如果他们是从内陆安第斯高地来到这里，那么他们很可能来自的的喀喀湖，并且具备某些渔猎经验。

249

新克罗人使用投掷棒、鱼叉、带坠鱼钩、石刀和篮筐。对他们遗骸的微量元素分析表明他们以鱼、海洋哺乳动物和海鸟为食，他们的头骨显示出外耳道外生骨疣的迹象，而这种病状与冷水潜水有关。他们从很久以前便过定居生活，定居点规模不等，所谓的阿查 2 遗址只有几个棚屋，而安托法加斯塔的卡莱托阿波陶遗址拥有大约 180 个棚屋。他们将尸体做成木乃伊的习俗尤其引人关注：新克罗人的木乃伊比更广为人知的埃及木乃伊要早 2 000 年。南美洲的许多沿海遗址——从厄瓜多尔到秘鲁，时间最早到公元前 8000 年——表现出对海洋的适应性，但是其他地方没有发现人工制作木乃伊的证据。这一习俗发端于卡马罗内斯河谷并延伸到智利北端、与秘鲁接壤的阿里卡。这两个地方都是阿塔卡玛沙漠的组成部分，按照美国国家航空航天局的说法，阿塔卡玛沙漠是世界上最干燥的沙漠。这种干旱条件在宗教背景下显得至关重要，因为正是在这样的环境条件下（例如几千年后的埃及），尸体才能自然形成木乃伊。当这些早期居民发现某些祖先的尸体并没有像大多数尸体那样腐烂，而是持续保存下来，似乎处于一种生与死之间的状态，他们该是多么震惊呀！

对自然形成的木乃伊进行观察后，新克罗人发展出他们自己的人工制作木乃伊技术，这项技术是极其复杂的，按照内华达大学拉斯维加斯分校兼智利塔拉帕卡大学人类学教授伯纳多·阿里亚萨的说法，该项技术涉及解剖学和干燥等具体知识（即使几千年后，有些木乃伊的面部特征和生殖器仍完整无缺）。新克罗人也显示出其他文化创新之处，如死后颅骨环锯术、弓箭和有意的颅骨整形（通常被视为提高集体认同感的一项策略）。

他们的颅骨脑容量是1 400毫升，与现代正常人无异。[1]

随着时间的发展，新克罗群体出现了三种形式的木乃伊制作工艺。黑色木乃伊是将软组织移除后对尸体进行拆解和重组制成的，不留下任何明显的标志并用木棍代替长些的肢体。绝大多数木乃伊都用布包裹着。从某种意义上说，他们就像尸体雕塑，有些木乃伊有再次涂绘的迹象，这表明它们在群葬之前被持续展示了相当长时间。红色木乃伊是后来出现的，表面用黏土涂绘，故呈红色。泥巴木乃伊是第三种类型，泥巴似乎是覆盖而非涂绘在它们上面，泥巴木乃伊"似胶般固着于"墓坑底部。事实上，新克罗人之所以使用泥巴，是为了让木乃伊与墓室底部结合得天衣无缝，使其成为脚下土地的组成部分，这表明他们死后被直接埋葬，从未移动过。阿里亚萨推测，这代表着"神学"方面的一次变革——时人认为木乃伊是"属于"这片土地的，也许是因为该社会正面临来自外部的威胁。

但是，关于这些木乃伊，最令人感兴趣之处除年代久远外，还在于他们最早制作的木乃伊似乎是婴儿。在发掘出来的木乃伊中，大约26%属于年龄小于1岁的婴儿，这一比例与新克罗墓地中所发现的胎儿和新生儿的高死亡率是匹配的。这是令人震惊的，因为一般来说，在多数文化中婴儿死后所获得的关注要比成人少，尤其是死胎等从未出生的胎儿。新克罗人并不是十分重视陪葬品——他们在大多数成年人遗体旁放少量食物和几件渔具——但是他们确实更加重视那些从未实现潜能的婴儿。阿里亚萨认为，新克罗人作为一个海洋民族，采纳了渔民的法则——将小鱼扔回海里，让它们获得第二次生存机会，长得更大。这就是将婴儿遗体做成木乃伊所要达到的目的。

有令人信服的证据证明，新克罗婴儿的死亡率异常之高，这很可能是由于慢性砷中毒。例如，在木乃伊制作的发源地卡马罗内斯河谷地区，平

250

均砷含量达 1 000 μg/L，而世界卫生组织认为可接受的标准是 10 μg/L，前者是后者的 100 倍。长期暴露于砷含量高的地区可导致自然流产、胎死腹中和早产。即使在今天，安托法加斯塔（这里的砷含量是 30—40 μg/L）妇女的生育率比智利南部和中部地区妇女的生育率明显偏低。慢性砷中毒还会导致角化病（皮肤上有鳞片状增生）、肺癌和膀胱癌。据阿里亚萨记载，根据最近的一项研究，孟加拉国（饮用水的砷含量达 100 μg/L）的缺陷儿童生育率是其他未受砷污染地区的 3 倍。照此推算，新克罗妇女的缺陷儿童生育率将会比其他地区高 30 倍。[2]

因此，将尸体做成木乃伊具有特殊的意义，可能有助于缓和集体悲伤情绪。正如阿里亚萨所说："新克罗木乃伊变成了'活的'实体，像生者一样使用着相同的空间和资源。"[3] 实际上，死者成为生者的"延伸"，木乃伊甚至成为否定死亡的思想内容：通过将尸体做成木乃伊，它获得了某种形式的不朽，肉体和灵魂借此存留下来。而且，由于木乃伊为灵魂提供了栖息之地，因此它们被视为活着的实体。在已发现的木乃伊中，自然形成的木乃伊与人工制作的木乃伊之比近乎 1∶1，这可能表明新克罗人将制作木乃伊视为一个自然过程，他们相信他们能够将"不朽"赋予那些百里挑一之人。

除了砷中毒的危险，在这片河谷之中，古往今来频繁发生的地震和海啸也制造了恐怖气氛。我们从历史文献中得知，这片地区曾经被 1604 年、1868 年、1877 年和 1987 年的地震严重摧毁。在 1868 年和 1877 年，大海啸几乎毁灭了阿里卡全镇，当时巨大的海浪甚至将船只冲到了城镇中央。考古学家证实，古代秘鲁的普列塔圣地曾在公元前 700 年遭受过巨大的海啸冲击。有些新克罗人的墓地位于远离海洋、海拔较高的山坡上。[4] 即使在今天，强烈的近海洋流也给捕鱼业造成不小的困难。

这些墓葬习俗的最后一个特点是：新克罗人墓葬中发现了致幻剂用

具。"这表明，"阿里亚萨说，"在将木乃伊呈现给祖先的典礼过程中，为了与另一个世界相沟通并重新整合族人，新克罗人或某位宗教领袖会服用致幻剂。"[5]这项习俗持续时间很长，在沿阿塔卡玛沙漠一带一直延续到公元 500 至 1000 年。在那里的墓地中，人们发现了装饰精美的鼻吸板和鼻吸管。阿里卡发现的木乃伊头发浓密，这为人们测试古人吸食致幻植物的种类提供了独一无二的机会。气相色谱分析和质谱分析证明了骆驼蓬碱的存在，死藤 / 卡皮木（第 12 章介绍过）是可能的来源。在研究小组检查过的 32 具木乃伊中，3 名男性在骆驼蓬碱检测中呈阳性，这种生物碱对强力致幻药具有催化和增放作用。作为该项研究的首席专家，特拉帕卡大学的胡安·奥加尔德认为，骆驼蓬碱与医疗实践密切相关，它并非萨满所专用。研究小组在对一个婴儿木乃伊的头发进行致幻剂检测时发现阳性结果，这进一步支持了如下观点：这种致幻剂要么是作为药物使用的，要么是通过其母亲的乳汁摄入的。[6]

蒂瓦纳科文明是繁荣于公元 500 至 900 年的内陆文明，其分布范围从阿塔卡玛沙漠延伸到玻利维亚的的喀喀湖周边。这一文明期出现了数量庞大的精致鼻烟用具，这一现象表明致幻剂的使用不仅没有减少反而增加。奥加尔德也注意到，卡皮木是亚马孙河流域所产植物，它并不在阿塔卡玛海岸区生长。因此，古代肯定形成了一个广阔的植物贸易网络。这凸显了灵魂飞升对于新克罗人的重要性（这可能也暗示，当他们从热带雨林迁徙到这片地区时，也将这一习俗带到了这里）。

在 32 具木乃伊的致幻剂检测中有 3 具木乃伊呈阳性，这个比例与我们所知的原始部族中萨满所占比例是完全一致的。木乃伊与萨满教之间的另一个联系的推测意味比较强。我们知道，萨满最常看到的幻象或梦境是自己被肢解，或化为一堆白骨，然后再重新组合，重获新生。萨满教和新克罗人的共通之处就在于此——新克罗人就是通过这种方式拆解和重新

252

组合木乃伊，不过我们可能永远也无法知道古代新克罗人对此问题作何理解。

我们可以肯定的是，正如旧大陆一样，南美洲的土地—沙漠的局部条件之间具有由全球天气系统所引起的交互作用，这使得尸体的木乃伊化成为一种自然过程，这反过来促成了新克罗人的生死观，而这与萨满教的实践是相吻合的。他们为了实现这一目标而大规模向南迁徙，从而进入秘鲁和智利。新克罗人将木乃伊陈列在地面上，使其与社会剩余成员"互动"。在阿里亚萨看来，这一事实至少表明，丧葬仪式在阿塔卡玛沙漠地区可能持续数周甚至数年。这不仅是祖先崇拜，而且是一种生活方式。通过这种方式，他们让祖先出现在部群之中，充当超自然世界的引导者和中间人，在面对变幻莫测和不利形势时充当保护者的角色。萨满死后很可能被做成木乃伊，以保证他们的永恒存在并维持他们的超自然力量。

正如我们将要看到的，虽然新克罗人最终消失（大约公元前 1500 年），但他们的丧葬习俗以及生死观和来世观却在后来的南美文明中存续下来并进一步演化。尽管埃及木乃伊的出现比阿塔卡玛沙漠木乃伊晚 2 000 年左右，但其宗教意义大不相同，也远没有那么持久。

新克罗人对我们的这项研究意义重大，因为他们在沙漠沿海地区的早期定居生活违背了第二次世界大战后的正统说法：在文明发展进程中，农业是决定性的变革。新克罗人定居在那里，明显有两个原因：第一，他们偶然发现鱼可以作为可靠的食物（蛋白质）来源；第二，自然发生的尸体木乃伊化，连同高发的出生缺陷，为他们提供了方便的宗教变革条件，这是他们适应生存困境的权宜之举。这让我们想起了第 3 章中所提到的一种理论：萨满最初可能是被选出来的，因为他们显示出极地歇斯底里的症状。我们也可以回顾一下第 11 章所讨论的马铃薯陶器，我们在那一章提到，具有面部缺陷的人在某种程度上被视为特殊之人或神圣之人。由于缺乏现代

253

医学知识，先民们对精神或身体疾病和缺陷可能持截然不同的态度。

海洋假说

　　虽然新克罗人在公元前1500年左右消失于历史长河，但他们的几个文化因素仍存在于南美洲，这表明那里的文明之路是多么与众不同。

　　传统学术观点认为，世界五大"原始"文明的形成是这样的：美索不达米亚文明大约形成于公元前3500年（副产品革命时期）；埃及文明产生于公元前3000年左右，印度文明产生于公元前2600年左右，中国文明产生于公元前1900年左右，墨西哥文明则产生于公元前1200年左右。在这些文明中，复杂社会的发展遵循一个类似的模式：剩余食品刺激人口增长和人口密度增加（参见第5章保罗·惠特利关于早期城市化和宗教仪式中心的理论），同时促进了书记员、艺术家、匠人和早期形式科学家（如占星师或术士）等非直接生产者的出现，而它们有助于界定文明的含义。在创造剩余产品的过程中，一个中心要素便是灌溉。灌溉使得沃土的数量增加，但灌溉本身需要精密的组织。因此，它也是一个自催化过程。文明的第二个界定标准是陶器。先进、复杂的社会需要储藏食物，原因在于：第一，防止来年歉收；第二，进行贸易，用其交换社会所需商品。作为容器的陶器在进行贸易时被运到国外，为了识别各自的陶器，标识的发明是十分必要的。如前所述，这些标识最终导致文字的出现。

　　在20世纪70年代早期以前，关于旧大陆早期人类发展的这种观点一直相当受人推崇，墨西哥文明与旧大陆诸文明的相似性似乎加强了这幅画面的真实性。不过，到20世纪70年代，事情开始发生变化，因为新出现的证据显示最早的新大陆城市复合体（第一批文明）的形成并不是剩余农产品所导致的结果。如前所述，新克罗人早在公元前6000年左右便已定居于智利沿海地区，他们主要是海洋民族。可能有人会说，他们根本没有

254

"文明"——例如，没有大型建筑。但是这一短板并不适用于稍晚和更靠北的古代秘鲁居民。

在 20 世纪 70 年代早期，哈佛大学考古学家（现就职于佛罗里达大学）迈克尔·莫斯利在秘鲁首都利马以北、苏佩河河口的阿斯佩罗发现了一个重要的古代遗址，面积达 32 英亩。这个遗址的不同寻常之处在于：首先，它拥有六个台式土丘——也就是大型纪念性建筑；其次，这里没有谷物农业或陶器存在的迹象；最后，它与新克罗遗址处于相同的海岸线上且地貌特征相同。像新克罗一样，阿斯佩罗属于渔猎社会。贝冢研究以及人类遗骸的骨化学分析显示阿斯佩罗人大约 90% 的食物来自海洋。阿斯佩罗人会种庄稼，但它既不是谷物，也不是任何一种食物，而是棉花。棉花在内陆地区略有种植，种植目的是用其加工渔网。

莫斯利认为，一旦居民学会耕种棉花并将其织成渔网，在阿斯佩罗定居并创造剩余产品就是完全有可能的。一旦有了剩余产品，就会导致劳动分工，一些人专门捕鱼，一些人耕种棉花，还有一些人用棉纤维织网。他还推断这里种植有少量的果蔬，不过发展农业的首要目的是生产渔网的原材料。只有编织足够的渔网，才能维持水产品供给。莫斯利说，这里很可能已经出现社会分层。祭司-技师充当社会领袖或组织者，由他们组织建造供奉神的金字塔，而这些金字塔正是阿斯佩罗的主要特色。

1975 年，莫斯利出版著作《安第斯文明的海洋之基》。在这本书中，他大胆地得出这样的结论："考古学界公认的理论——只有农业才能支撑复杂社会的兴起——并不是普遍适用的真理。"他指出，秘鲁渔民已经逐渐形成了许多文明元素。虽然充分发展的城邦可能随着谷物种植和制陶术的出现（公元前 1800 年后）才得以成形，不过"复杂而关键的元素在先陶时代的海岸就已经奠定了基础"。[7]

一开始，莫斯利的理论（海洋假说）被视为旁门左道的观点。不过，后来的放射性碳测定表明阿斯佩罗早在公元前 3055 年便达到繁荣状态。此后，他的理论开始流行。到 20 世纪 80 年代，这种理论成为正统说法。1996 年，经验丰富的秘鲁考古学家露丝·沙迪进一步完善了这一理论。她花费两年时间在这一地区，尤其是卡拉尔遗址（离海岸 12 英里，位于苏佩河上游流域）进行考古发掘。在工作期间，她逐渐相信卡拉尔和阿斯佩罗属于同一种文化，而且卡拉尔实际上是一个真正的城邦，几乎与阿斯佩罗同属一个时代，"但是规模更大，更先进"。她说道："那使我意识到我无意中发现了一个问题，而这个问题将改变我们对历史的认识方式。"她仍然坚持海洋假说的基本前提。但是，当她与莫斯利进行探讨后，他们提出了一些细化理论。其中最重要的是：卡拉尔最初可能是阿斯佩罗的殖民地，一个农业"卫星城"，建造该城的目的是供应织网用的棉花；但事实上，卡拉尔位于秘鲁最东部，那里有条件建立灌溉系统。而且，随着卡拉尔的发展，它的棉花产量随之增加，而且热带水果、豆类、辣椒、葫芦和木材的产量也增加。卡拉尔居民拥有了足够的剩余产品，他们可以用这些产品与阿斯佩罗和其他沿海城镇交换鱼、软体动物和盐，也可以与邻近的谷地和山区内地居民进行更广泛的贸易。沙迪发现，卡拉尔有几种外来货物——来自厄瓜多尔的贝类，来自安第斯山地的染料，来自亚马孙盆地的致幻鼻烟。[8]

256

　　沙迪指出，这种贸易获利丰厚，因此卡拉尔在规模和复杂性上迅速超越了阿斯佩罗，城市人口达 3 000 人。这里至少有足够的居民定期重建金字塔。这是通过一种特殊的方式完成的：旧建筑用装满岩石的芦苇袋（称作"石卡拉袋"）填充，同时放入的还有祭品（陶雕，甚至人牲），然后用一层切割石和彩色灰泥覆盖表面。多层平台的顶层遗迹显示祭司在此进行燔祭，每个社会阶层都从下面仰看献祭仪式。考古工作者进一步发掘出制造珠宝首饰（由贝壳和比较珍稀的石头做成）的作坊，还在一个点燃圣火的半圆形剧场发现由秃鹫和鹈鹕骨头制成的笛子。社会上层坐在用蓝鲸椎骨制作的凳子上。[9]

因此，卡拉尔的重要性体现在两个方面。首先，卡拉尔繁荣于公元前3055年前后，它是新大陆最古老的文明之一，虽然它不如苏美尔文明古老，但与埃及文明年代相近，比印度或中国文明更加古老。其次，与旧大陆文明相比，它的兴起是通过一条不同的路线：不是通过以谷物为基础的灌溉农业，而是通过渔猎/棉花（可能也有灌溉），产生了同样复杂的社会。由于新旧大陆农业建立在不同的基础之上——旧大陆以种子种植为主，新大陆以缘体栽培为主，这使得美洲大陆居民的早期岁月与欧亚大陆迥然不同。

但是，在2001年以及2004年，两位美国考古学家对此提出了重要的修正理论。尤其值得一提的是，2004年圣诞节前几天，由乔内森·哈斯和威妮弗蕾德·克里默组成的夫妻团队宣布，他们发现了大约20个独立的大居住区，分布于三个山谷中，面积超过700平方英里，位于利马以北大约100英里处。他们说，95个全新的放射性碳元素测定数据证实这些遗址的大致年代是在公元前3000至前1800年之间。他们将包括卡拉尔在内的这一地区命名为"小北"。他们认为小北文化是一个完整的文化体系，那里的人们建造金字塔和下沉式广场，他们还认为它是一个存在了2 000多年的文明。它当然可以与同时期的埃及文明相提并论。[10]

小北的发现促使哈斯和克里默开始质疑莫斯利和沙迪关于卡拉尔（或小北）文明沿海岸兴起的理论。他们说，内陆遗址与阿斯佩罗和其他沿海定居点属于同一时期，而且在内陆地区，灌溉系统似乎才是剩余产品产生的基础和管理阶层出现的自动催化剂。同时他们承认，安第斯地区的复杂社会在陶器发明之前就已形成，他们也承认，虽然在灌溉系统的帮助下，包括棉花、南瓜、辣椒、豆类和鳄梨在内的各种植物在各地广泛种植，但几乎找不到储存玉米或其他谷物的证据。他们同意莫斯利和沙迪的说法：即使在内陆遗址，也发现许多鱼骨和贝壳残骸，不过他们指出，这些东西在内陆不及沿海地区常见。他们总结道："这种早期文化似乎是在既无陶器和手工技艺，也无主要谷物食品的情况下形成的。我们知道，谷物通常是复杂社会最初的大规模农产品……古代秘鲁人的文明之路与旧大陆截然不同。"[11]

这种差异到底有多重要？可以这么说，早期人类与周围环境的关系决定了他们的思想（政治和宗教思想）信仰，而思想信仰随后影响了他们未来的发展。从这个意义上说，这种差异对新旧大陆来说是极其重要的。例如，渔业受月球运行周期和潮汐周期的控制，而农业由太阳运行周期和降雨周期决定。大型灌溉系统需要大量人力的通力合作才能维持运行，开垦土地同样需要大量人力。而苏佩河流域的小型运河只需家族或部落成员便可维持运行。在渔业领域，一艘由少量人员操控的小船便可捕到绰绰有余的食物，一年到头都在"收获"。西班牙人大征服时期，在太平洋沿岸的大部分地区，北美或南美土著人的捕鱼和农耕是两个互不相关的职业。而且种群相互隔离，人们在各自的职业群体内通婚，往往讲不同的方言。沿海居民在海岸线上种植多多拉芦苇，用以制造船只。他们不像农民那样种植谷物或缴纳贡赋。实际上，这两个群体之间存在一种共生关系，渔猎部落用海洋蛋白质来交换农业部落的碳水化合物。据此推测，更早以前可能也存在类似的局面。[12]

因此显而易见的是，在文明发展轨迹上，卡拉尔文明与旧大陆原始文明存在重大的、根本的差异。而且，通过对阿斯佩罗、卡拉尔和其他小北地区文明遗址的鉴定和年代测定，现在我们至少能够将同一时期新大陆和旧大陆某些特定的早期遗址进行对比，同时详细探究两者之间的共性与差异。在每个地点，我们所探讨的习俗／制度都恰巧处于公元前4000年代末

258

期。假使早期人类是在 12 5000 年前离开非洲的，那么文明在世界不同地区出现的时间存在 300 至 500 年的差距，几乎是可以忽略不计的。它们本质上是平行的，这个问题意义重大，我们不应视而不见。

宗教变得更重要了吗？

美索不达米亚在气候变化方面与南美洲存在某些共性和差异。事实上，除美索不达米亚外，其他地区的气候变化更加剧烈：考古记录显示，在爱琴海东南地区、（以色列以西的）东地中海地区、亚喀巴湾、红海地区以及沙特和也门半岛全境，全新世早期（在 10000 至 6000B.P. 之间）的气候更加湿润。据推测，当时的湿度比现在大 10%—32%。在 10000 至 7800B.P. 期间有一个"大雨季"，7000 至 6500B.P. 之后，阿拉伯半岛上空的季风逐渐减弱，这导致各地的气候逐渐变得干旱。正如同一时期的南美洲海岸，这些地区的海平面在约 6300 至 6000B.P. 期间维持稳定状态。从 15000 至 5500B.P. 开始，但主要是 8000B.P. 前后，在波斯湾从霍尔木兹海峡到巴士拉的地区逐渐被淹没，海洋预计以平均每年至少 100 米的速度蚕食陆地，蚕食面积大致相当于大不列颠岛的面积，但之后速度逐渐降下来，直至几乎停止。这个所谓的"海侵"可能对殖民思路产生了深远影响，也可能催生出"洪水"观念，而洪水观念后来被融入《圣经》。人们定居在海湾地区——考古学家已在沿岸地区发现橄榄油压榨作坊和贝冢。按照伯明翰大学杰弗里·罗斯的说法，在约 8000 至 7500B.P. 期间，高达 40 至 60 个考古遗址（居民点）"几乎在一夜之间"沿这片海岸冒了出来。全新世早期至中期的美索不达米亚居民点发现了许多海洋生物化石，而且这些化石不是呈线性分布的，这表明那里有丰富的海洋资源，可能形成了海上贸易网络，却暂时没有灌溉的需要。

到那个时候，农业在美索不达米亚已经发展繁荣了数千年。这一地区北部尚无须灌溉，因为这里雨量充沛，足以在荒漠地带形成河流。而在两河流域南部，随着气候变得越来越干旱，这里开始发展灌溉系统。"公元前4000年代中期的文献证明了气候的变迁（按照克里夫特和普拉姆的说法，这个变化是由季风减弱引起的），它发生在200至300年的时间范围内，似乎遏制了定期淹没大片土地的洪水，并在相对短的时期内排干了大片区域。因此，巴比伦尼亚的大片地区变成永久定居的理想之所。"[13]

考古发掘证明，伴随这一气候变迁而出现的（按照古纳·海恩索恩的说法，气候变迁引发了环境灾难）是居住模式的突然变化：从非常分散和相当小的单独居民点演变为前所未有的、规模大得多的密集居民点。这些地理条件似乎促进了公共灌溉系统的发展——这些灌溉系统并不复杂，至少在那一时期是这样。尽管如此，它们仍使大麦产量有了明显提高（当时大麦已从二棱大麦突变为六棱大麦），而且灌溉系统也教会人们协同劳作。[14]

有人说，事件的发生在时间上或在地点上密切相关，因此此事乃彼事之因。对这种说法，我们应该一直持谨慎态度。但是，美索不达米亚的气候与灌溉系统似乎确实存在这种关系。美索不达米亚独特的气候条件——这里的灌溉能明显提高庄稼产量，这里还有足够的可用水——让这里发展得更容易、更迅速。关键的问题是：一方面，这里的土地适于居住；另一方面，这里的可用水如此丰沛，几乎每块可耕地都可以轻而易举地直接获得灌溉水。"这里年年丰收，这一情况……造成了一片'乐土'的诞生。"另一个因素是：两河流域南部的冲积平原缺乏其他产品，如木材、石料、矿物和金属。这片"乐土"所产的剩余食物被用来交换这些产品，从而促进了密集关系网的形成，同时为城市人口专业分工的发展提供了条件。[15]

这可能是导致城市人口多样化的因素之一，而人口多样化正是早期城市生活的一大特征，超越了简单的亲族集团。这是令人振奋的进步：人们第一次投入到与食物生产没有直接关系的活动中。不过，这个发展可能会

260

引发群体焦虑：为了获得必需品，人们不得不依靠他人，而不是他们的亲属。这种潜在的焦虑可以解释那些史无前例的规划与工程——巨大的、劳动密集型的建筑事业，因为它们有助于培养团体精神。出于同样的原因，宗教很可能在城市里变得比在以前的社会组织里更加重要。[16] 这是不是印证了霍恩索恩的理论：文明诞生于灾难之中？

261　　学界普遍认可的最早城市是埃利都，其遗址位于距离波斯湾 100 多英里的内陆地区，现称阿比沙雷恩。它的实际位置十分独特，因为它正处于海洋与陆地之间的一片过渡地带。它靠近冲积平原，紧邻湿地，这意味着它能够轻易得益于三种生态系统——冲积层、沙漠和湿地，并因此发展出三种不同的生存方式：农耕、游牧和捕鱼。但是，还有一个宗教原因可解释埃利都的出现（让我们回想一下保罗·惠特利的《四方之极》）。这个城市位于一座小山丘上，四周洼地环绕，地下水在洼地中聚集。城市周围的地区不啻为一片湿地，在雨季形成一个相当大的湖泊。因此，这种地理构造完全符合（或解释了）美索不达米亚人的宇宙观——美索不达米亚人将地球描绘成一个圆盘，四周环绕着巨大的水体。由于埃利都的地理构造映射了这种宇宙观，因此它就成为圣地。[17]

　　"埃利都"意为"强大之地"，它在苏美尔神话中是水神恩基的阿布苏神庙所在地。在苏美尔语中，"阿布"意为"水"，"苏"意为"远"，阿布苏神庙被称为"地下水之宫"，是文明之源。这里发现了大量的鱼骨堆积，这可能表明阿布苏信仰持续了千年之久。按照苏美尔神话，水神从地下蓄水层汲取力量，在人类没被创造出来之前，地下水域是众神生活之所。捷克史前史学家彼得·查瓦特说，埃利都被认为是一切智慧的汇集地，也是知识之神驻扎地。在这里，最初的宗教圣所可追溯到公元前 4900 年，持续存在于 18 个地层，时间跨度在千年以上。他认为，"最早的、通俗易懂的普世宗教似乎诞生于埃利都"，在当地陶器上所使用的三色组合与宗教崇拜有关。红色证明尘世的存在，黑色代表死亡，白色表示永恒的生命和纯洁。

在城市文化出现之前，小北地区似乎也发生过一个重要的气候事件。但是，它是一个截然不同的事件——海平面稳定下来。在我们看来，它至少产生了三个影响。第一，它使海产品的类型固定下来，从而促进了渔猎技术的发展和巩固。第二，它使海岸线渐趋稳定，从而使定居更加容易和持久，进而促进了生活方式的形成与成熟。第三，它使得从安第斯山脉流向太平洋的河流坡度稳定下来，河道不再变更，进而为人们沿河而居（包括建设灌溉沟渠）创造了便利条件。三角洲地区也因此稳定下来。

在每个案例中，城市化都不是"直接发生的"，而是被一场特殊气候事件所引发。我们已经在第5章讨论过这些事件：旧大陆的季风渐趋衰弱，新大陆的厄尔尼诺现象越来越频繁。

两地之间还有另一个相似之处：两者都被视为圣地。露丝·沙迪相信卡拉尔的神圣性。这可能还是由于卡拉尔是个易于灌溉之地，因此小北地区的居民认为它是神所眷顾的地方。事实上，2003年小北地区发现了一个瓜瓢残片，放射性碳元素测定其年代为公元前2250年，在该残片上有一个清晰的、卡通式的人物形象——獠牙外露、手持棍棒，这可能是美洲地区已知最古老的神灵形象。[18]

另一方面，对于海恩索恩的理论，克里夫特和普拉姆不得不赞同的是：显著的环境事件（大灾难）会造成足够大的创伤，从而引发大范围的剧变，这就是我们在城市起源相关考古发现上所看到的。它也强调了惠特利的观点：最早的城市是宗教实体。

埃利都和阿斯佩罗／卡拉尔之间的一个深层差别是：底格里斯河和幼发拉底河流速缓慢，为了在两河之间的土地进行耕种，必须挖掘相当长的公用沟渠，而在小北地区，由于河流流速快，严重切割了地形，加之荒漠散布其间，短沟渠才是必要的或可行的，而且沟渠的挖掘和维护仅凭家族

262

力量即可，无须更广泛的社会力量。

这一差别到底有多重要？我们无法得知。到公元前 3000 年代中期，乌鲁克成为"郊区"的中心。这个"郊区"实际上是受乌鲁克影响的乡村地区，以乌鲁克为中心向外延伸大约 12 至 15 公里。在这片地区之外是大约 2 至 3 公里宽的未受乌鲁克影响的区域。接下来是另一个城市乌玛的郊区。美索不达米亚至少有 20 个这样的城市。这种布局，尤其是这种郊区，是战争所造成的吗？考古学家认为，在城市发展的某个阶段，它们的原始功能是防御。但是，这种说法已经站不住脚了。最初，即使在城墙高大而复杂的中东地区，城墙也是在定居之后才出现的。例如，乌鲁克在公元前 3200 年前后已大体形成，但直到 300 年后，也就是公元前 2900 年左右，居民才建造城墙。这可能意味着城市与公共灌溉相互支撑、协力发展，这随后促进了人口的迅速增长。几代人以后，人口越来越多，可耕地的争夺也日益白热化，战争随之爆发。[19]

也许，我们还要考虑如下事实：埃利都和卡拉尔都是圣地——这是城市生活的原始动力，如保罗·惠特利所言，某种形式的公共崇拜可能是由灾难所引起的。与美索不达米亚形成鲜明对比的是，在小北地区，不仅任何城市周围都没有城墙，而且没有任何武装冲突的迹象。没有发现武器，没有残缺不全的尸体，没有烧焦的房屋。这是不是证明鱼是小北地区食物的主要来源呢？如果小北地区的城市不像两河流域的城邦那样依赖耕地，它们就没有必要为之而斗争。而且，人不能像占有土地那样占有海洋，秘鲁沿海地区的鱼类资源如此丰富与充足，争斗也是没有必要的。除此之外，小北地区具有特殊的自然地貌：这里的山谷相对陡峭，步行到其他地方至少需要一天，其间散布荒凉的沙漠，这就意味着许多城邦并不相邻。它们之间的直接联系较少，因此冲突较少。即使是现在，这片地区容易浇水的土地仅占到海岸可耕地的 2%。美索不达米亚和小北地区的另一

263

个差别是它们各自用以交换的剩余产品。关于这一点，我们尚未进行充分探讨。谷物种子保存时间较长，虽然它不是无限期的，但能保存相当长的一段时间。与之相比，鱼容易腐坏，除非人们发现保存它的技术。

264

考古发现已经证实，至少在美索不达米亚，这些早期城邦通常分为三个区域。首先是城墙包围的内城，内城里有城邦守护神的神庙、统治者/行政人员/宗教领袖的宫殿以及大量私人住宅。其次是外城，由规模小得多的住宅、公共园地和牛圈构成，为市民提供日常农产品和给养。最后是商业区。虽然被冠以"港口"之名，但这片地区是陆路贸易的场所，也是外国商人和本地商人的居住地。在很多情况下，城市的名称显示了它们的视觉外观。[20]

在卡拉尔，神庙位于中央地带。中央地带周围是上层社会居住区，住宅是灰泥结构，墙体抹上灰泥，色彩鲜明。再往外就是迈克尔·莫斯利所说的"下层社会贫民窟"，这里的房屋由藤条造成。小北地区（但不是在卡拉尔）发现了石造武器库和制作首饰的（抹有灰泥的）石造作坊。卡拉尔城内有一个处于低洼地带的天文观象台和一个圆形剧场，乐师演奏用的鹈鹕骨笛也已发现。小北地区没有发现文字，这意味着我们不能确定它的文明是否发展到美索不达米亚文明那样复杂的程度，但它的神庙令人过目不忘。神庙的重要性不仅在于它证明了有组织信仰的存在，而且因为它的建造是以有组织的劳动力为先决条件的，而且劳动力的规模应大于几个核心家庭，因此是复杂社会的证据。[21]

在这些最初的城市中，大部分生活围绕着神庙进行，不过神庙并不总是被用作神庙。我们之所以这样说，是因为神庙内经常布满"日常物品"，如普通陶器。而且，神庙似乎不总是保持整洁状态，就好像它们至少在某些时候向公众开放。在废物堆中发现了许多鱼骨。宗教崇拜相关人员是最显赫的社会成员，在埃利都和乌鲁克，平台式神庙的存在证明已经有公共机构来组织建设这样的建筑——这些是继巨石建筑之后的纪念性建筑典范。随着时间的推移，这些平台式神庙越建越高，最终变成顶端矗立神殿的多层寺塔。这些寺塔被称作"兹古拉特"，这个词是在亚述词语的基础上发展而来的，可能来源于更早的阿卡德语词汇"zigguaratu"，意即顶端或山顶。这种日益复杂的建筑必须有人维护，而这需要高度组织化的信仰。"兹古拉特"这个词也让我们想到了山脉在美索不达米亚的文化意义。

意义重大、规模庞大的神庙在早期城市的经济生活中起着中心作用。巴巴是拉伽什的守护神。来自巴巴神庙的记录证明，公元前2400年前不久，这座神庙的地产面积超过1平方英里。土地上种植着各种作物并维持1200名神庙服务人员的生存。这里既有专业面包师、酿造师、羊毛工、纺织工，也有奴隶和一名管理人员。确切地说，佃户不是奴隶，他们与神庙的关系似乎是封建制的早期形式。除了前面已经提到的新分工，我们还可以加上理发匠、珠宝匠或金属匠、裁缝、布料商、洗衣工、制砖工、园丁、渡船夫、"卖唱者"以及考古学家最感兴趣的书记员。神庙区以外是居住区和宽阔的墓地，这是埋葬社会精英的地方，由于从来没有两个以上成年人埋在同一座墓中，这可能表明当地盛行一夫一妻制。[22]

在布局、形式、大小和种类上，苏美尔和小北地区的纪念性建筑有着惊人的相似性。它们的大型建筑神庙都是突然出现的（这支持了环境灾难引起这一变化的说法），它们都采取角锥体形式。不过，我们有必要提及以下下这个虽然无趣的事实：在没有金属或水泥的条件下，底部宽、向顶部逐渐收窄的角锥体可能是大型建筑所能采取的唯一形式。苏美尔和小北地区都是几个金字塔聚集在一起——通常是有个大金字塔，周围环绕着大约6个小一些的金字塔。在这两个地方，大金字塔似乎被献给重要神灵，而小金子塔被献给次要神灵。在接近更高级别的神灵之前，可能先要安抚级别低的神灵。

在阿斯佩罗的 17 个台式建筑中，有 6 个是棱锥台结构（平头角锥体）。其中最大的叫作偶像圣殿，长 40 米，宽 30 米，高 10.7 米，台顶建有顶房和庭院。高台横饰带由黏土制成，样式规整，色彩鲜明。这些台式建筑显示有卵石、玄武岩砌块砌体以及土坯结构的迹象。它们由石墙房屋构成，石墙房屋属于前后相继的历史时期，台庙是通过不断填充先前的房屋建造而成。外层平台的墙体建造方式如下：先将巨大而尖锐的玄武岩石块嵌入黏土灰浆，然后用灰泥磨平，偶尔用色彩加以装饰。

在卡拉尔，最大且最复杂的金字塔底部大约是 140 米 × 150 米，高约20 米。这个重要的金字塔的地基长 153 米，宽 109 米，从底部到顶部的高度有 28 米。帕拉伊索，位于夏龙河河口向内陆 2 千米的地方，毗邻冲积平原，是先陶时代最大的纪念性建筑，比它同时期建筑大 3 倍，曾是全南美地区表现组织力和劳力投入的最突出代表。[23] 该遗址由 10 多个台式建筑组成，分布于 60 公顷的地区，中心建筑群由 7 个台式建筑构成，布局上大致呈 U 形（其中最大的建筑位于 U 形臂上），围绕其中的是一个地势低洼的广场。这种布局在南美的建筑构形中十分普遍，我们将在后面考察它的宗教意义。* 两个最大的建筑用于居住，"没有发现不合家用的人工制品"。[24] 该遗址统一朝向北偏东 25 度，与公元前 1500 年冬至的日出相垂直。帕拉伊索的石墙厚达一米，表面抹有灰泥。石料是从附近的山上采来的，略加修整。由于完全是石造建筑，其总重超过 10 万吨。

这一地区后来的（也就是公元前 3000 年代和前 2000 年代）建筑甚至更加壮观。佛罗里达圣殿长 250 米，宽 50 至 60 米，高 30 米，是当时最大的建筑，U 臂下端向侧翼延伸 500 米，形成了一个可容纳 10 万人的大广场。遗址石墙覆以灰泥，并被涂成黄色和红色。[26] 随着时间的流逝，其

266

---

* 人们发现在南美某些岩穴壁上绘有"内视"图像，其中包括许多"U"形。[25]

267 他几个变化的迹象是很明显的。例如，先陶时代的遗址，如阿斯佩罗、里奥塞科、普列塔圣殿和德绍盐滩，全都位于太平洋沿岸；而在陶器时代初期，台式建筑建在远离海岸线的地方，这反映了从海洋生计向灌溉农业的演变。公元前 1800 年前后的人口增长，也就是向灌溉农业转变之前的人口增长，可能依赖于丰富的渔业资源。

　　卡拉尔人主要栽培番石榴、棉花、葫芦和菜豆。主食可能包括两类玉米、一种甘薯和姜芋。莫斯利说，如果这几种代表了当地所种作物，我们很难理解单靠园地栽培如何能够供养大量人口，而且在卡拉尔找不到主食遗存，这进一步增加了如下推断的可能性：居民不可能常年生活在那里。人工种植主食类植物是非常重要的，因为人们能够收获丰富的主食并储存起来，在来年收获之前维持人们的生存，而水果或豆类做不到这一点。因此几乎可以肯定的是，卡拉尔人的蛋白质是通过棉花和栽培产品换取的海产品获得的。渔民实际上养活了沿海农民。

　　莫斯利说，新克罗人的证据证实了这一点。正如我们所看到的，那里制成的木乃伊包括大量婴儿木乃伊，这些婴儿受到优厚的丧葬处理，这是早期阶级形成的表现。毋庸置疑的是，阿斯佩罗 / 卡拉尔文明的基础是海洋，原因有两点：第一，在这些地方几乎找不到农耕证据；第二，骨化学分析证明当地人的食物有 89% 来自海洋。

　　埃利都和阿斯佩罗 / 卡拉尔各自的消亡方式进一步凸显了两者之间的共性与差异。埃利都经历了逐渐的衰落过程，从公元前 21 世纪开始，直到公元前 6 世纪彻底灭亡。权力向北方的瓦尔卡和乌鲁克转移。不过，为了纪念它的辉煌历史，埃利都后来得以重建，可能充当了宗教中心。但由于沙丘的侵蚀和盐水的上涨，这座城市逐渐消亡，传奇的富饶之地终成历史。

268 　　与之相对比的是，最近的证据证明：厄尔尼诺的出现促进了阿斯佩罗和卡拉尔的创建，因为公元前 3800 年前后，为了应付日益频繁的 ENSO

事件，人们开始建造神庙。正所谓"成也萧何，败也萧何"，越来越频繁的厄尔尼诺事件最终也宣告了小北地区的消亡。按照迈克尔·莫斯利的说法，一系列地震、特大暴雨、洪水以及土壤沙化，开启了几代以后小北文明终结的过程。这一说法得到了露丝·沙迪和缅因大学气候变化研究所的地质学家的支持。[27]

　　苏佩人（苏佩河流域的居民）的强盛持续了大约2 000年，但大约3 600年前，一场预计至少达到里氏八级的剧烈地震及其连锁效应毁灭了整片地区。地震摧毁了金字塔群的墙壁，这些建筑材料因此与山崩带来的泥石混在了一起。漫延的洪水紧随而来，但这仅仅是开始。山谷四周的山脉在地震（及随后的余震）的作用下剧烈晃动，大量的岩石挟带其他碎片倾泻而下。随后的厄尔尼诺事件引发大暴雨，暴雨将岩屑冲进海洋，与海岸平行的强大洋流将岩屑和沙土重新堆积成巨大的海岭，这就是今天的梅迪奥蒙多——它封锁了那里的海湾，迅速将它们变成充满沙土的死亡区域。常年存在的强大离岸风将沙子吹回陆地上，阻塞了灌溉系统，掩埋了田地土壤。按照莫斯利及其同事的说法，在几代人的时间内，曾经富饶多产的地区沦为几乎无法居住的不毛之地。[28]

　　埃利都和阿斯佩罗/卡拉尔的发展轨迹具有很大的启发性，原因有二。第一，它们进一步支持了前述观点：旧大陆的生活（宗教和经济生活）主要与日益衰弱的季风相关，而在新大陆，主要问题在于自然过程的不可预测性和暴力性。第二，它们的发展轨迹突显了美洲大陆的自然世界与欧亚大陆的自然世界的巨大差异。缺乏驯养动物不仅意味着新大陆缺乏关键的食物来源，而且意味着它也缺乏关键的能量来源，因此美洲人追求的生活方式必然更加受限。在后面的章节中，我们还将不断体会驯养哺乳动物和游牧方式的缺失在新大陆发展史中的重大意义。

269

270

16

大草原、战争与"全新的人类学类型"

有人将青铜时代（约前3500—前1250年）称为"旧大陆历史上最令人关注和最重要的时代"，这其实冒着夸大其词的风险。毫无疑问，根本性转变在其他时代也发生过。不过，当我们回顾青铜时代发生的革新，考虑物质材料方面的转变，尤其是看到意识形态方面的变化，无可讳言，这个时代的确是个无与伦比的时代。我们可以先列举这些变化／革新，然后自问：它到底造成了什么样的长期影响？

在上一章中，我们探讨了第一批城市的兴起。不管是城市的建造，还是它们的灭亡，城市本来就是青铜时代欧亚大陆的主要特征之一。例如，1946年，美国学者塞缪尔·诺亚·克雷默将苏美尔楔形文字泥板文书翻译出版，在此过程中，他在早期伊拉克人城邦的遗址和记载中识别出至少27项"历史创举"，其中包括最早的学校、最早的史家、最早的药典、最早的钟表、最早的拱形结构、最早的法典、最早的图书馆、最早的农事历书以及最早的两院制议会。苏美尔人最早利用园林提供阴凉，他们记录下最早的格言与寓言，他们创作了最早的史诗和最早的情歌。探寻这种非凡创造力爆发的原因并非难事：城市里持续上演着激烈的竞争，其试验性氛围比以往任何时间和地点都要浓厚，公元前 4000 年代后期的某个时候，人们开始聚集在大型城市里生活。这个转变改变了人类的经历，因为新环境要求男人和女人以前所未有的方式合作。城市是文化的摇篮，所有我们最珍视的理念几乎均诞生于此。

271

群居工具

正是这种密切接触，这种面对面的新型同居生活，解释了新思想尤其是基本的群居工具——文字、法律、官僚机构、专业化职业、教育、度量衡——的扩散。在这一时期，这一变化的迅速程度可以从汉斯·尼森的调查报告中找到答案。根据汉斯的调查报告，公元前 4000 年代末，乡村居民点的数量远远超过城市居民点，其比率达 4∶1。600 年后，也就是公元前 3000 年代中期，这一比例完全倒转，变成 1∶9，城市居民点占据了绝对多数。[1]

这些城市和城邦取得的成就惊人，一直延续了约 2 600 年。正是巴比伦尼亚发展了音乐、医药和数学，绘制了最早的地图，创立了化学、植物学和动物学等学科。巴比伦之所以成为如此众多"创举"的故乡，是因为它也是文字（发明中的发明）诞生的故乡，因此我们是通过一种前所未有的途径了解巴比伦历史。[2]

在旧大陆，文字起源于用黏土印章密封和鉴别货物容器的习俗，这些货物用于苏美尔城邦和其他地方之间进行的交易。在 20 世纪 60 年代后期，得克萨斯大学奥斯汀分校的教授、中东研究专家、法裔美国人丹尼斯·施曼特-巴塞瑞特注意到，近东地区发现了数千个"世俗性质的黏土物件"。虽然大多数考古学家认为它们微不足道，但施曼特-巴塞瑞特有另外的想法，她认为它们可能构成了一个久被忽视的古代系统。因此，她参观了带有这类符号的各种收藏品。在研究过程中，她发现它们有时是几何形式的——球形、四面体、圆柱体，有时是动物或器物形状的。她终于意识到它们是用火硬化的首批黏土物品。不管它们是什么，在它们的制作过程中肯定倾注了人们的大量心血。[3]

最终，她无意中在努济（位于伊拉克北部，可追溯到公元前 2000 年代）发现了一个刻在空心泥板上的账本。上面的楔形文字铭文写道："筹码代表小牲口：21 只产崽母羊，6 只母羊羔，8 只成年公羊……"当人们将空心泥板打开后，在里面发现了 49 个筹码，正好与清单上的数量一致。在施曼特-巴塞瑞特看来，这就像"罗塞塔石碑"；她揭开了一个古老记账系统的面纱，而这个记账系统导致了文字的产生。[4]

第一批追溯到公元前 8000 至前 4300 年的符号相当简单直白，种类也不多。人们在阿西阿普丘（位于伊朗，约前 7900 至前 7700 年）等遗址中发现过类似符号。在这些地方，人们依然主要靠狩猎采集为生。大约从公元前 4400 年开始，更复杂的符号出现，它们主要与神庙活动相关。不同的类型代表不同的物品：例如，圆锥似乎代表谷物，卵形代表一罐油，圆柱体代表家畜。这些符号之所以流行，是因为它们可以使人们无须再记忆某些事物，还可以让人们免于口头交流，因为操不同语言的人们之间交流时可以使用这些符号。它们的出现是由于社会经济结构的变化。随着村落间贸易的增加，村落首领有必要记录下不同生产者所生产的不同物品。[5]

复杂的符号似乎已经传入苏撒（埃兰的主要城市）和乌鲁克。这些符号可能用来记录城市作坊产品的数量和种类（大多数符号是在公共建筑而非私人建筑中发现的）。这些符号也提供了一种新的、更精确的征税和计税方式。它们通过两种方式联系在一起。一种是串联，另一种是附在黏土封印上。在我们看来，后者更为重要。正是这些封印在外面的标记显示出里面的内容和涉及的人物。这似乎就是楔形文字产生的过程。当然，新的文字系统很快使这些符号本身变得多余，结果是前 3500 至前 3100 年，也就是青铜时代初期，压印在黏土上的楔形文字取代了古老的符号系统。封印变成了泥板，这一方式为楔形文字的发展和成熟开辟了道路。[6]

　　首先，楔形文字没有语法。单词（主要是名词，但也有几个动词）能够以随意的方式放在另一单词后面。其中的部分原因在于：乌鲁克的文字或原始文字不是用来读的。它是帮助不同语言的人们相互理解的一种记忆法。我们知道，书写和阅读似乎形成于两河流域南部的舒鲁帕克，这种语言是苏美尔语。无人知晓苏美尔人的起源，他们的文字可能是"官方"语言，正如几千年后的梵文和拉丁文，使用范围仅局限于文化阶层。当对应某个已知物体的语音被推广到其他符合该语音的词汇或语境时，文字发展的下一个阶段出现了。用英语举例的话，我们可以用"bee"（蜜蜂）来说明。画一个有条纹的昆虫代表"bee"。然后将它进行变化，以应用于"believe"这样的词汇。举例来说，在苏美尔语中，表示"水"的词汇是"a"，它的符号就是两条平行的波浪线（≈）。人们会通过上下文来判断"a"到底是表示水，还是表示这个语音。

　　虽然来自舒鲁帕克的最早文本包含语法因素，但其词序仍然极具变化性。突破性的进展——按照实际说话顺序来书写——似乎最早发生在安纳吐姆任拉伽什国王时期（约公元前 2500 年）。直到这时，文字才将语言的方方面面转化成书写形式。学习这样的文字作品是十分困难的，需要借助广博的知识和其他目录文献。《圣经》和其他文献里记载，人类"知道各种东西的叫法"，例如鸟或鱼，这意味着他们达到了阅读的程度。有些清单是王表，但是当其中的文本开始越出纯粹王表的界限，记载关于统治者的评价、他们之间的冲突、他们所实施的法律时，这些列表就呈现出另一种进步：历史第一次被记载下来。例如，关于枣椰的清单包括数百个条目，不仅包括枣椰从树皮到树冠的许多部位，而且有各种腐烂组织的称呼以及木材的用途。换句话说，这就是知识的最初形式得到整理和记载的过程。[7]

274　　这些清单使得新的智力活动成为可能。此外，它们促进了比较与批评。清单上的名目从文中移走，脱离了给予其口头意义的上下文，就变成了抽象事物。人们将它们以前所未想的方式抽离出来并加以归类，这就引起了一些疑问，而这些疑问从未在口头文化中出现。例如，天文表清晰表明了天体的复杂运行模式，标志着数理天文学和占星学的开端。

　　因此，在美索不达米亚和埃及，读写能力受到高度尊重。公元前2100年前后的苏美尔国王舒尔吉吹嘘道：

> 在我年轻的时候，我研究了泥版书舍里的书写艺术，从苏美尔到阿卡德的泥版文书，无不阅目。没有哪位贵族能写得像我一样好。

　　最晚从公元前3000年代上半叶的后期起，乌尔开始培训书吏。他们在文件上签名时常常加上父名和父职，这些标记表明他们通常是城市统治者、神庙管理者、军官或祭司的后代：读写能力被局限在书吏和管理阶层。[8]

　　公元前3000年代末，国王舒尔吉在尼普尔和乌尔创建了两所学校，它们可能是世界上最早的学校，但他只是略有提及，未加详细描述。因此，学校在此之前可能已颇具规模。巴比伦人将学校或书吏所称为"埃杜巴"，字面意思是"泥版书舍"。这里有专业的教师教授语言、算数和土地测量，但是日常教学是由"大师兄"完成的，"大师兄"是字面意义，可能是指那些资历深的学生。[9]

　　书写文化的传播范围远远超过美索不达米亚。一开始，埃及人使用芦苇笔在旧陶器碎片上书写；后来，他们利用石膏抹面的无花果木板，这样刮掉石膏后就可以重复使用。纸莎草纸是最昂贵的书写材料，只有最精通书写并因此浪费最少的书吏才能使用。[10]

不是所有文字都与商业有关。苏美尔的早期文学文本当然也包括最早的宗教文学作品，尤其是赞美诗。最早的图书馆出现在美索不达米亚。不过，一开始它们更像是档案馆而非真正意义上的图书馆。它们收藏美索不达米亚诸城邦的日常事务和活动记录。我们必须知道，图书馆在大多数情况下迎合的是祭司的需要。在美索不达米亚诸邦，神庙拥有巨大地产，因此日常事务档案——记录各项交易、合同和货物——与仪典一样都是为神服务的，属于宗教崇拜的内容。但是，宗教宣传的需要和精英集团的出现是新文学形式产生的促进因素。因此，《吉尔伽美什史诗》或《创世史诗》之类的文本可能用于宗教仪式。但是，除了平淡的事务记录外，这些作品还涉及某种形式的思想活动，似乎于公元前 3000 年代中期最早出现在尼普尔的文本中。下一个进步发生在埃布拉、乌尔和尼普尔。这些后来的图书馆全都拥有学术性更强的新文本：收藏目录。在收藏目录中，想象文学与宗教作品是分别编目的。然而，目录的排序仍然相当随意，依字母顺序排列的方法直到 1 500 多年后才产生。[11]

毫无疑问，古埃及也有图书馆，但是由于埃及人是在纸莎草纸上书写（婴儿时期的摩西应该就是被隐藏在纸莎草纸之中），因此保留下来的很少。希腊历史学家狄奥多罗斯在描述拉美西斯二世（前 1279—前 1213 年）的建筑群时说，其中有一座神圣的图书馆，图书馆上刻有"灵魂诊所"的题词。[12]

在美索不达米亚，国王的一大职责是主持正义。由于文字的发明，第一批成文法典出现，它们通常刻在石头上，置于公共场所展示，每个人都能看到法律内容或者让别人读给自己听。已知最古老的法典是苏美尔人的法典，可追溯到公元前 2000 年代。通过这些法典，我们可以看出两河流域的法典主要有两种形式：一种是明文法，另一种是决疑法。明文法是绝对的禁令，例如"不可杀人"。决疑法是这样的："如果有人将钱物交给他的邻居保管，钱物被偷，那么如果小偷被抓住，他要付双倍钱物。"《汉谟拉比法典》颁布于公元前1790年前后，至今保存完好，其序言清楚表明它确实是要公示众人的。它们并不是我们所认为的法规：它们是王室规定，是一系列的典型案例而非正式的原则声明。汉谟拉比想让这部法典适用于整个巴比伦尼亚，取代先前各不相同的地方法。[13]

文字的最后一个早期影响是：它有助于消除萨满教型宗教领袖的权威。现在，仪式的、神圣的和超自然的体验能够被记录下来，这意味着传统而非个人天赋开始发挥作用。

虽然现在的考古学家将人类的"年代"按照石器时代、铜石并用时代、青铜时代和铁器时代的顺序排列，但几乎可以肯定的是，人类最早使用的金属物质是铁，时间大约是30万年前，因为考古发现人类在这时喜欢用赭石做装饰。赤铁矿特别受欢迎，可能是因为它的颜色——红色是鲜血和生命的颜色。如果金属的颜色、光泽甚或重量对早期人类产生了影响，那么人类最初接触它们时，它们应该是矿石形态或者散落在河床上。此后，他们可能发现有些岩石（例如燧石和黑硅石）在加热后更容易使用，而其他矿石（如天然铜）在加热后更容易锤炼成有用的工具。因此，随着时间的流逝，金属相对于石器、木器和骨器的优势逐渐变得明显。不过，当我们提到古代冶金时，主要指的是一件事——熔炼，这是一种十分神奇的转化：当坚硬的金属以某种方式进行热处理时，它们会变成熔态金属。我们很容易想象这会对早期人类产生多么巨大的影响。[14]

铜矿广泛分布于肥沃的新月地带，但总是分布在丘陵和山区。因此，考古学家倾向于认为：山区而不是河谷才是冶金术的发源地。山区享有得天独厚的条件，"这里的居民除了拥有矿石和燃料外，还接受了某种形式的定居生活,享用着铜石并用的文化"。冶金术的发源地很可能是厄尔布尔士山脉和里海之间的地区,但兴都库什山和其他地区也是有可能的。"这一发现肯定是偶然的,因为人们不可能仅凭动脑就发现易碎的深蓝色孔雀石与延展性强的红铜之间所具有的联系。"由于当时的人认为这种联系是神奇的,因此早期的铜匠被认为具有超人的力量。[15]

277

史学界曾认为"篝火是最初的熔炉"。现在学界不再这么认为了。很简单,公元前 4000 年左右,篝火达不到足够高的温度。不仅篝火的温度达不到熔炼金属的程度,而且由于篝火不是密闭的,这种环境也不利于"分解"。另一方面,在熔炼术发现之前,某些陶窑在烧制陶器时达到的温度要高得多。这些窑室的空气具有强烈的分解性。现代实验证实,海绵铜能通过这种方式熔炼。古代陶工用孔雀石给陶器上色时可能发生了意外,"从而使得它呈现的颜色与人们预想的颜色截然不同,这让他们震惊不已"。[16]

我们知道,到公元前 4000 年,熔炼技术已经传播到西亚许多地区,到公元前 3800 年,炼铜在古代世界"相当盛行"。"到公元前 3000 年代早期,苏美尔人创造出了已知的第一个重要文明,金属在其中扮演着重要角色。"(已知最古老的大批金属器具可追溯到公元前 2900 年。)从这时起,直到公元前 2000 年,铜一直是西亚和北非地区最重要的金属。[17]

就早期冶金而言,熔炼术发明后的两个进步是至关重要的。其一是青铜的发现,其二是铁的发现(我们将在后面考察铁)。就中东地区而言,围绕青铜时代的出现有两大谜团。第一个谜团是:锡在自然界是相对稀少的,但为什么最先出现的合金是铜锡合金(青铜)呢?第二个谜团是:为什么冶金术的进展如此神速,以至于到公元前 3000 至前 2600 年之间,除钢硬化外,人类已经取得冶金史上的所有进展?[18]

从某种意义上说,我们应该将早期青铜时代称为合金时代。这是因为在公元前 2000 年前后的若干年内，我们所说的青铜器皿的化学构成是非常不同的。铜合金可能包含锡、铅、铁和砷，含量从 1% 到 15% 不等，这表明早期人类虽然了解一些让铜变得更坚硬、更有韧性，让器具变得更锋利的知识，但他们并非完全明白这一过程的细节。青铜的确切成分因地区而异，例如塞浦路斯、苏美尔和克里特的青铜就有很大不同。从铜到真正青铜的最大转变出现在公元前 2000 年代上半叶早期。"锡不同于铜（和贵金属），因为在自然界从来没有发现过纯粹的锡。相反，它总是存在于化合物中。因此人们必须提炼锡。不过，考古学家在考古发掘中几乎没有发现金属锡（这是另一个谜团）。（事实上，迄今只发现一块纯锡，距今有 3 500 多年。）"[19]

虽然我们并不清楚青铜的确切起源，但青铜的生产方法一旦稳定下来，它相较于铜的优势是足够明显的，它的日益普及使古代世界的经济发生了相当大的变化。虽然古人在相当多的地方发现了铜，但青铜的分布并非如此，因为在亚洲和欧洲，锡矿的分布并不广泛。这一限制因素意味着哪里可以开采锡矿，哪里的地位就会变得越来越重要。因为锡矿开采地在欧洲特别富集，因此欧洲大陆拥有亚非大陆无法取得的优势。青铜比铜的流动性更强，因此它更适合铸造，而它在武器和工具方面的广泛应用表明：只要锡含量保持在 9%—10% 的范围内，青铜器的强度通常比铜器高 70%。[20] 青铜器的边缘硬度至少是铜器的两倍，这一点至关重要，因为这意味着短剑的剑刃变得和剑尖一样锋利了，这促进了剑的发展。[21]

冶金术从一开始就是一项极其复杂的技术。焊接、钉子和铆钉是早期的发明，从公元前 3000 年起开始投入使用。镀金技术早在公元前 3000 年代便已出现。紧接着，工匠为了铸造青铜雕塑发明了失蜡法。金属的三个用途似乎在思想方面产生了十分深远的影响。这三个应用分别是匕首、镜子和硬币。匕首在前面已经提过，而镜子在中国特别受欢迎。罗马人擅长

制作镜子，他们发现，由 23%—28% 的锡、5%—7% 的铅和剩余比例的
铜制成的合金，制作镜子效果最好。后来人们认为镜像与人的灵魂息息相
关。早在公元前 3000 年代，美索不达米亚的居民便开始使用贵金属铸锭
交换商品。这些金银铸锭具有统一的重量，被称作迈纳、舍克勒或塔兰
特。货币对人类思想产生了深远影响，但那是后来的事情。[22]

　　青铜时代在公元前 1400 左右达到巅峰。在这个时代，铁是珍贵而稀
有的金属。埃及法老图坦卡蒙只统治了几年时间，在公元前 1350 年前后
去世。1922 年，卡那封勋爵和霍华德·卡特发现了他的陵墓并将其发掘
出来，成为轰动一时的事件。在他的墓里，除了大量金器、珠宝和极其精
美的饰品外，他们还发现一把匕首、一个头枕和一只手镯，它们全是铁质
的。还有一些很小的器物模型，几乎只有一英寸长，它们也是由铁制成
的。所有这些器物的材料都是冶铁，而非陨铁。[23]

　　关于青铜冶炼技术，最后也最重要的一点是：它与草原地区马的驯
化和车轮的发明是同时发生的。因此，战争形式突然发生了改变——事实
上，在青铜时代晚期，战争形式的改变比其他任何时代都快，这种局面直
到公元 10 世纪中国人将火药用于军事才被打破。

马车的兴衰

　　车轮是青铜时代的另一项重大发明，我们在第 8 章已经有所介绍。公
元前 7000 年前后，北欧亚北极地区的早期渔猎部落已经开始使用最早的
交通工具——狗拉雪橇。公元前 4000 年代后期，也就是青铜时代早期，
乌鲁克图画文字中出现了"交通工具"的标志。瑞士苏黎世的一个遗址中
发现了真正的轮轴组合遗迹，其年代与前者大致相同。这些交通工具拥有
坚固的轮子，轮子由一块或三块木头制成。从公元前 2000 年以前的考古
遗迹来看，这些所谓的盘形轮分布于从丹麦到波斯的广大地区，分布密度

最大的地区位于黑海以北。这可能表明这个地区是车轮最先传入的地区。牛和驴可能最早用于牵引轮车。[24]

280　　这些四轮货车的行进速度是非常慢的——据估计是 3.2 千米 / 小时。两轮马车快得多——慢跑时达 12 至 14 千米 / 小时，飞驰时达 17 至 20 千米 / 小时。在楔形文字中，苏美尔人所说的"沙漠之马"是指驴，"山区之马"指的是马。称呼轮式交通工具的词汇有三个：mar-gid-da 指的是四轮货车，gigir 指的是两轮车，随着时间的流逝，narkabtu 用来指两轮马车。英国考古学家斯图亚特·皮哥特说道，由于两轮马车的出现，"古代史的伟大篇章由此展开：由两匹马牵引的轻便两轮车发展为一项技术和一个制度，在这个制度内，社会秩序是权力和声望的标志"。最早的坚固轮子发明出来后，辐条轮产生。这种轮子必须用合适的木头在拉伸状态下制造，但是它的轻巧使得马车的速度大大提升。战车作战盛行于公元前 1700 到前 1200 年之间，也就是青铜时代向铁器时代过渡的时期。[25]

田纳西州纳什维尔市范德比尔特大学的古典学荣休教授罗伯特·德鲁斯将两轮马车描述为"公元前 2000 年代早期的巨大技术成就"。马车由轻巧的硬木制成，有一个驾驶者站立的"革网"台，通身重量仅为 30 公斤。[26] 他说，最近的考古发掘已充分证明马车在公元前 17 世纪就已具有十分重要的军事意义。在此之前，它们主要用于展示，促使用途发生改变的因素似乎是马车与复合弓的结合。复合弓起源于中欧草原，由陈木、筋腱和角制成，它们组合到一起所积蓄的能量比单纯的木头大得多，因此射程是单弓的三倍。德鲁斯认为，几十辆马车（每辆车由一位熟练的驾驶者和一位弓箭手操控）能战胜一支传统的步兵队伍。[27]

到公元前 15 世纪中期，在麦吉多等战役中，国王所部署的马车多达 1 000 辆。在公元前 14 世纪的卡叠什战役中，据说赫梯国王部署了 3 500 辆马车。不过，大多数王权国家可能只有几百辆马拉战车。马拉战车的建造和保养都需要昂贵的费用，因此德鲁斯认为，许多马拉战车队的实际规模比史书上所记载的小得多。复合弓可能要花费数年时间制造（因为制弓用的树木必须长到足够的年龄），盔甲或甲胄由多达 500 个铜鳞片制成，因此它们同样费时费钱。虽然马拉战车是卓越的军事机器，但它极其珍贵，由专门的官僚（"马厩史"和"马车长"）负责。"战车御手无论走到哪里，都要称呼其名，而步兵只用编号。"[28]

281

考古记录中的马拉战车数量并不多，但是在它们的鼎盛时期，马拉战车充当着弓箭手的移动平台，在马车全速前进的同时，弓箭手将冒火的箭射出去，这种作战方法在这一时期广泛应用于从近东、印度直到中国的广大地区。[29]出土于努济的文献证明，战车御手的装备包括头盔、甲胄、一支鞭子、一把剑、一张弓和一个装有三四十支箭的箭袋。埃及第 18 王朝的第六位法老图特摩斯（前 1479—前 1425 年）在《卡尔纳克编年史》中记载他俘获了敌军的 924 辆战车和 502 张弓。其他涉及米诺斯人或迈锡尼人战役的文献和考古资料表明，在公元前 1600 至前 1200 年，弓箭的作用比以往任何时代都重要得多。在青铜时代晚期的所有王国中，复合弓和马拉战车都是主要的攻击武器。在《梨俱吠陀》和《摩诃婆罗多》中，马拉战车被描绘成战场的主宰。[30]最小的战术编队似乎是 10 辆战车，文献中的它们总是以 10 辆的编队进行部署。

马拉战车的发展是为了应对国家的扩张，而国家的扩张又是农业剩余产品增加所造成的必然结果。随着国家规模的扩大，它们更可能侵犯他国领土，同时也需要用武力控制更大范围内的臣民。因此，在领土扩张的情况下，轮式交通工具显然优于步兵。货车能够将更多的后勤给养运送到国家或帝国的边远地区。但是，马拉战车在青铜时代成为主要的战争工具需要两个前提条件：第一，公元前 1800 年前后，马取代了牛和驴；第二，辐条轮出现。直到这时，这种轻便得多的车辆才能跑得比人更快，直到这时，它才可以轻易地漂过河流，而河流本来是天然的屏障。传统上说，复合弓的制造花费高昂、耗时过长（5 年以上），但是安装到马拉战车上后，这项投资便物有所值了。单弓的射程是 60 至 90 米，而安装到战车上的复合弓射程达到 175 米。在敌方没有能力装备同样数量复合弓的情况下，战车队能够在弓箭手的射程之外攻击敌方步兵，而后从容撤退。

282

正如我们将要看到的，这种优势只保持到公元前 1200 年前后，但是在此之前，马拉战车的出现和马车战争还使早期人类在自我思考方式上发生了另一个深刻的变化。

大母神的衰落

在青铜时代，人类的意识形态发生了一次关键的转变。如前所述，宗教图像，尤其是古代宗教图像可能是极其复杂的，具有许多重合和相悖的意义。尽管如此，学者们一致认为，青铜时代的发展——部分原因在于战事的增加，马拉战车的作用日益重要是其集中的体现——是由大母神崇拜向男性神崇拜的一次渐进式转变。将这个转变完全归结到马拉战车身上肯定是错误的，但战事的增加肯定起到了一定作用，我们接下来还将探讨其他的因素。

但是千真万确的是，从公元前 3500 年至公元前 2000 年代初，在迈锡尼王宫、克里特的米诺斯王宫里，在埃及、苏美尔和印度河流域文明中，人们的崇拜对象主要是不同版本的大母神。在克里特岛，大母神是蛇神形象，往往袒露丰满的胸膛，有时处于出神状态；双刃斧大厅的女神有时也是袒胸露乳的，有时手持公牛角形状的双刃斧，或是手持生命树。在其他场景中，女神手持谷物或罂粟籽，破土而出，这个形象在希腊本土也很常见，如谷物女神得墨忒尔之女珀尔塞弗涅。[31]

蜜蜂神、圣结女神、鸟神、戴罂粟冠的女神、戴鸽冠和公牛角的女神、两神一童的图像——所有这些都体现了新旧思想的融合，但在所有情况下，人们所崇拜的神都是女性。在有些情况下，被崇拜的女神是哺乳神：从女神朱诺的乳头吸吮一小口奶水便能得到神性和永生。萨满教的痕迹在世界树的形象中显露端倪，世界树是地下世界与天空的纽带，地下世界本身也是萨满教的痕迹。克诺索斯王宫走廊地面上画的迷宫（时间跨度长达1 000 年）也许为我们的进一步探究提供了素材。据说，这幅迷宫图与某位年轻女性或女神有关，描绘了一段仪式舞蹈的行进路线，充当与女神沟通的一条途径，很可能是诱导灵魂飞升的一种方式。[32]

在米诺陶时代，克里特也有大量公牛形象，安妮·白令和朱尔斯·凯什福德认为，在古代克里特，国王通过仪式被献祭给神，这是为了确保人类的丰收、动植物的活力不会随国王力量的衰弱而减少。但是到了某一时期，公牛代替国王成为祭品。[33]正如我们以后将要看到的，这是一次重要的替换。

白令和凯什福德认为，女神文化是青铜时代早期的标志性文化。他们在安纳托利亚、印度河流域、埃及和美索不达米亚都追溯到女神形象的踪迹：苏美尔的伊南娜或伊什塔尔，原始海洋女神纳姆，众神和人类之母、野生动物和家畜（牛、绵羊和山羊）之母基-尼努尔萨克（在苏美尔语中表示"羊圈"、"阴户"和"子宫"的词是同一个）。基-尼努尔萨克的圣畜所产之奶保存在圣殿区和圣田，滋养着人民。[34]伊南娜是大地女王，也是谷物、葡萄、枣椰、雪松和橄榄之神。伊南娜和伊什塔尔是性爱女神，鼓励神庙里的卖淫行为。伊南娜和伊什塔尔在美索不达米亚的其他地区拥有配偶，叫作塔穆兹和杜穆兹（可能原来是同一个词）。他们有时被描绘成"人民的牧人"，这个头衔最初是源于他们与母神（作为牧神）的关系。不过，他们可能随身带着一把金槌。[35]伊南娜往往以裸体形象示人。

在埃及，伊西丝是天后、地母和冥后，常常呈现牛首人身或头戴牛角冠的形象，有时是双腿叉开、在猪背上生产的形象。[36] 奈芙提丝是女蛇神的形象，塞赫麦特是狮首人身的形象。努特是天空女神和日月星辰之母。

在巴比伦，提亚玛特是最初的母亲神，但是她最为人知的一面是巴比伦创世神话《埃努玛·埃利什》中所记载的故事。这部史诗是奥斯汀·亨利·莱亚德于 1849 年在尼尼微（位于伊拉克的摩苏尔）的阿舒尔巴尼拔图书馆废墟中发现的。莱亚德所发现版本的年代大约是公元前 7 世纪，但故事的创作年代可追溯到公元前 18 至前 16 世纪，在这个时期，该故事流行于整个古代世界。从我们的观点来看，这个故事的中心内容是原始的母亲神提亚玛特被天空之神、风神和太阳神马尔杜克打败的故事。[37]

> 她的身体膨胀，她的大口张开。
>
> 他射出利箭，刺破她的腹部，
>
> 她的身体被刺穿，心已四分五裂。
>
> 他由此将她征服，她的生命不复存在。
>
> 他将她的尸体丢在地上，站在上面。
>
> 主神在提亚玛特的腿上践踏，
>
> 用他无情的权杖打碎她的头颅。[38]

这个神话可能指的是巴比伦征服苏美尔时发生的一场真实战斗，但是它也涉及在公元前 2000 年代（以及青铜时代让位于铁器时代的公元前 1200 年前后）发生的一场影响更深远的变革。这就是大母神几乎被男性神全面取代的过程。这不仅仅是性别的改变，我们将在适当的时候看到，这么说是有充分理由的。

我们在前面已经提过一个理由。马的驯化以及轮子和马车的发明改变了战争的形态。它们是在旧大陆的城邦和帝国不断发展的背景下出现的，并由此创造了一个新世界。在这个世界里，战争比以往任何时代都更频繁、更可怕，影响也更为深远。在这种情况下，男性价值比女性价值更为重要，社会变得更"英雄化"，而英雄毫无疑问是男性。

除此之外还有另一个因素，或者说另一种生活方式。它形成于公元前3000 至前 1000 年之间，却从未在新大陆存在，也不可能在那里存在。它在大母神消亡的过程中也发挥了重要作用。那就是游牧生活方式的扩散。

285

游牧部落的兴起

我们在第 7 章和第 8 章中已经看到，在西欧北部传统农业的黄土带以外，边远土地上的生活是艰难的。犁（牛作为牵引力）的出现大有作用，但一种替代的适应方式则是畜牧业的发展——农民不仅耕种部分土地，也饲养畜群，他们可以在不适合种植谷物的土地上（例如山区）放牧。这种生活方式对意识形态所产生的最初影响体现为巨石文化的形成（我们已经在第 7 章探讨过巨石的象征性目的）。在其他地区，尤其是欧洲东部地区，这一趋势发展得更为深入。

在欧亚大陆，一个引人注目的地貌是欧亚草原地带——虽然有很多人，尤其是西欧沿海地区的人民不常意识到这一点。这片地区幅员辽阔，面积比美国本土还要大，从匈牙利平原向东延伸到蒙古和中国东北，东西跨度达 10 000 公里。该地区南北宽 600 公里，位于北纬 58° 和 47° 之间。莫斯科国立大学的埃琳娜·库茨米娜认为，该地貌的主要特征和起因在于"大陆性"气候和缺乏降雨（年均降雨量不足 500 毫米）。这决定了该地区的主要植被是根系发达的窄叶抗旱草。它们腐烂后会形成富含腐殖质的土壤，吸引有蹄类和啮齿类动物（这是许多哺乳动物的发源地）。[39] 这片草原宽广辽阔，一览无余，北方以茂密的西伯利亚森林为界，南方以高加索山（位于黑海和里海之间）、阿尔泰山（中亚）、兴都库什山（阿富汗 / 巴基斯

286

坦）和帕米尔高原（从阿富汗延伸到中国）等一系列高地山脉为界。草原南缘还有大量沙漠，其中最恐怖的是塔克拉玛干沙漠和戈壁沙漠。[40]

欧亚大草原在某些方面类似北美大草原，这个对比颇具启发意义。虽然大草原的面积逐渐缩减，但它们也能展示动物类型（野生或驯养）能够在多大程度上改变相似地貌上活动的人类。

正如我们在第 14 章所看到的，北美野牛是北美大草原的主宰，这是一种块头很大的动物，活泼好动，野性十足，难以驯服，但它们也是人类重要的肉食来源。猎杀野牛是一种仪式，除提供肉食外，小部落的狩猎采集者还能通过狩猎场合每年聚上几次，以便交换物品。这个制度十分稳定，持续了千年之久，直到欧洲人到来才被破坏。欧亚大草原将会走上一条截然不同的发展道路。

从地质构造上看，欧亚大草原是一个巨大的东西通道，与另一条东西走廊——南面的亚洲沿海地带——是平行的。在折叠式地图上，我们可以看到，人类、动物、制成品和思想沿这条通道传播，对欧亚大陆的历史发展，例如对丝绸之路的形成，伊朗、印度和中国文明的兴起（草原游牧部落将轮式交通工具，尤其是马拉战车、马和冶金术传入中国）产生了深远影响。[41]

按照 A. M. 彼得罗夫的话说，丝绸之路"绝不仅仅是一条路……它是一个巨大的、流动的历史文化空间，从古代到中世纪，从亚洲两端到西方国家，不同民族间的相互迁徙得以实现"。[42]法国历史学家费尔南·布罗代尔认为，游牧部落是一支破坏性力量，"经常打断缓慢的历史前进周期，引起迅速的变化和动荡……在一个以缓慢为特征的时代，这些人是快速机动和突如其来的集中体现"。[43]杰拉德·沙利昂同意这种观点，他将大草原称作欧亚大陆的"大动荡地带"。我们将在下文中看到他们的说法是多么正确。

287

畜牧业出现在干旱地带，而俄罗斯科学院民族研究所的 A. M. 卡扎诺夫认为畜牧优于其他农业形式。定居畜牧生活最先出现在大草原的边缘地带与定居农业区相重叠的地区。在公元前 4000 年代与前 3000 年代之交，这种类型的畜牧业在伏尔加河与乌拉尔河之间的地区扎下根来并逐渐取代了其他农业形式。卡扎诺夫认为，如果没有马的驯化，很难想象会有畜牧业的出现。大草原是马的天然故乡，因此在公元前 4000 年代和前 3000 年代的遗址中，80% 的骨骸由马的骨头构成，这并不令人惊奇。[44]

卡扎诺夫认为，关键的变化直到公元前 2000 年代后半叶才发生——游牧方式大规模扩散。有迹象表明有些游牧部落开始向城镇化发展，但在公元前 1800 年前后放弃了这一尝试。在这个时期，游牧部落发展壮大，从而引发大规模迁徙，同时奶制品产业形成（因为他们放弃了谷物种植），卓越的骑术成为游牧部落的标志。他们似乎已经成功将双峰驼驯化。运载他们帐篷的货车可能最多由 22 头公牛牵引。[45]

游牧民（nomad）一词来自 nomas，意为"游荡的牧羊人"。[46] 决定性的变化出现在公元前 2000 年代，季风日益衰弱，气候变得越来越干燥，这促使游牧民族穿过大草原，远达中国。有些牧民来到中国后"不以谷物为食"，[47] 用中国人的话来说，"他们逐水草而居"。

游牧的范围可能十分广阔。以欧亚大陆北部牧民为例，他们花 4 至 5 个月的时间在冬季放牧，2 个月的时间在夏季放牧，在两段牧期之间游荡 5 至 6 个月时间。[48] 为了维持游牧生活，一个家庭（或 5 名成员）究竟需要多少动物？关于这个问题说法不一，有人认为需要 8 匹母马、1 匹种马、1 头公牛和 10 头奶牛（总共 20 头），有人认为需要 30 至 50 匹马、100 只绵羊、20 至 50 只山羊、15 至 25 头奶牛（总共 225 头），还有人认为需要 800 甚至 1 500 只绵羊。内蒙古的研究显示，如果一个人有一匹马，他能照看 500 只绵羊。[49] 大草原辽阔无边，但是如果畜群规模如此庞大，牧民

288

们就需要照料巨大空间内的牧群，因此我们将暂时搁置这个问题。

牧群一般分为大型牲畜（牛、马或骆驼）和小型牲畜（绵羊和山羊）。大体上，小型牲畜分布在更靠近中东的地区，主要由后来的闪米特人牧养，大型牲畜分布在大草原，也就是"雅利安人"或印欧民族活动的区域。虽然西藏也有牛和马，但数量很少，因为那里的海拔太高。不管是过去还是现在，大草原多数时候气候温和，这对于迁徙路线的设定具有重大意义。这些路线大多数是沿直线或经线延伸（也就是，夏天在北方放牧，冬天在南方放牧。在北方的冬天，饲料的营养价值将降低至 1/4）。迁徙路线在数百年和近千年时间里几乎没有变化。[50]

畜牧业的三大产品是（而且仍然是）牛奶、肉和血。这种经济组合的出现意义重大，它将食物生产扩展到其他农业形式无法开展的边远地带。斯特拉波记载："即使在克里米亚，欧亚大草原上最富饶的地区之一，收获量也只能达到播种量的 30 倍，而在美索不达米亚，则能达到 300 倍。"[51]

除马以外，绵羊可能是所有驯养动物中最适应平原生活的动物，因为绵羊能够更近地啃食地上的草，这就意味着羊能从贫瘠地区得到更多的食物（不过，山羊更适于啃食陡峭山林中的植被）。绵羊比山羊的繁殖力更强，一只母绵羊平均生产 7 只羊羔；与鹿相比，它们能以更干燥的物质为食，甚至能够啃食土壤。一般说来，牧羊较为容易——绵羊自然地成群觅食，它们可以与山羊混养，阉割过的公羊几乎不会制造任何麻烦。[52] 根据考古发掘的绵羊遗骸，它们在形体上发生最大变化的时期是在公元前 3000 年左右。从那时到现在，不管是绵羊骨头的大小，还是角的大小都在缩减。在欧亚大陆，纺织品也发生了普遍变化，从新石器时代利用亚麻制造纺织品，到青铜时代改用羊毛制品。我们将在后面叙述羊毛在手工业中日益增长的重要性。

考古发现表明，畜群规模有着巨大的差异，从 2 000 头到 27 000 头不等。而且，人们饲养动物最初是为了获取它们的奶和血，为了获取肉而饲养动物是后来才出现的，因为肉被视为一种庄重的食物，只在宗教仪式上才被食用。即便如此，牧民们也想方设法等到秋天再宰杀牲畜，因为这样在难熬的冬季就可以少喂几头牲畜。[53]

绵羊没有受到广泛的崇拜——它们在亚述被当成贡品，在印度和其他地方则存有绵羊雕像。一般来说，牧羊人的生活被视为一种独居生活。[54]M. L. 赖德告诉我们，绵羊比其他任何动物更能改变地貌，一方面是因为牧民让它们散布在广大区域内，另一方面是因为绵羊身体上携带植物种子，因此帮助了植物的传播。

山羊通常与绵羊混养，并且大约与绵羊同一时期被（安纳托利亚扎格罗斯山区的）人类所驯化。虽然山羊与绵羊相似，但它们拥有三个优点，这在困难时期会起到极其重要的作用。首先，山羊奶相比其他奶的蛋白质和脂肪含量稍高；其次，山羊不只吃草，还啃食灌木和小树，而绵羊和牛只吃草；最后，山羊的寿命（16 至 18 年）比绵羊（12 至 16 年）的更长。虽然山羊毛远不及绵羊毛优良，但上述三个优点（而且山羊皮和山羊内脏用处很大）在有些情况下可能起到决定性作用。既然绵羊和山羊能够令人安心地混养在一起，拥有混合羊群总是很有意义的。

在文明发展史上，公牛和奶牛的驯化具有深远的影响，其影响之大丝毫不逊于绵羊的驯化。在第 7 章，我们探讨了犁耕和挤奶的重要意义，但在此之前，人们可能已经出于宗教原因驯化了公牛和奶牛。世界各地驯养的牛都来源于一个野生物种——原牛。这种史前哺乳动物身高 2 米，身长 3 米，在其全盛时代分布于欧亚大陆的整个温带地区，不过它们从未到达爱尔兰、斯堪的纳维亚半岛或美洲。那时的世界比现在更湿润，它们栖息在河谷和沼泽丛林中，演变成完全的食草动物，但它们不仅吃草，还吃树叶和树干。

洞穴岩画是我们了解早期人类与野牛接触情况的主要途径。一个理论是：大约公元前 7000 年，野牛最初被人类所驯养，而人类之所以选择驯养野牛，是因为牛角的形状像新月，因此被视为丰产和再生的象征。[55] 人们可能把它们圈养起来，将其后代献祭给神，在圈养过程中无意中挑选了更温顺的品种，由此驯化成功。牛是天生的群居动物，一旦形成一个小规模牛群，其他牛自然会加入进来。

近东地区、印度河流域和撒哈拉东南部可能是牛的早期驯养地。不过，它们迅速成为各地的财富来源；象征性的牛头是近东地区最早使用的符号之一，我们知道，这些符号最终导致文字的诞生。我们在《汉谟拉比法典》的 282 个法条中，可辨别出 29 条与伤害牛有关的罪行。后来在罗马，有个人被审判并遭流放，就因为他杀死了一头劳动寿命还没到头的公牛。从公元前 3000 年代起，瘤牛（背部有个突起）逐渐进化得更抗高温，更适应潮湿的环境，更抗蚊虫叮咬。因此，它们开始被卖往更远的广大地区。中国商朝人利用牛肩胛骨进行占卜，他们将牛骨置于火上灼烧并根据它产生的裂纹预测未来。

公牛因其力量和繁殖力在各地受到崇拜，其中包括近东、埃及和印度。许多国王拥有公牛头衔，在印度的印章和小雕像上经常出现公牛的形象。在漫长的历史长河中，每个重要文化都利用天空的金牛座代表它们的特殊神话。"牛"在希腊语中用"Tauros"表示，在拉丁语中用"Taurus"表示，在梵语中是"Vrishaba"，波斯语是"Gav"，阿拉伯语是"Thaur"。[56] 对公牛崇拜最完整、最好的叙述来自《梨俱吠陀》。在第 2 章和第 9 章，我们已经介绍了这部颂歌集，据称它由征服者雅利安人写成。雅利安人是来自亚洲内陆地区的游牧民族，他们在公元前 2000 年代将他们的公牛神崇拜带入印度。在这里，我们稍微扩展一下论题。我们知道，关于雅利安人是否曾存在于印度（如果存在，他们到底是什么人），学术界有相当大的争议。但是公牛崇拜广泛存在于印度，地中海周围的其他许多文明也是如此，例如克里特文明、希腊文明和罗马文明，这些地方至今还普遍举行公牛祭。

母牛远不如公牛强壮有力，但仍然受到广泛崇拜，而且在印度更为明显。在印度，11月份还有个特别的日子被称作"Gosthastami"，专为母牛而设置。印度人认为最强大的圣物是五牛药液，这种溶液由母牛的五种产物（牛奶、酥油、凝乳、尿和粪便）制作而成，据说它具有净化功能，能够避邪和赐予婚姻幸福。所有吠陀仪式都使用牛的产物；湿婆是公牛神；世界的守护者毗湿奴也被说成是牧人之主和Govinda——"给母牛带来快乐的神"。[57]

我们也不应忘记原牛的"第三版"，也就是阉割的公牛。阉割的公牛虽然丧失了野性，但仍保有强壮的体力，这使它们特别适合犁地和牵引。最初，公牛通过绳子牵引犁，而绳子就套在它们最明显的特征牛角上，但公元前3000年左右牛轭被发明以后，牛轭被套在更强壮的肩膀上。摩亨佐-达罗宽阔的街道证明这里使用牛车，在这里发现的牛车陶土模型则是另一个证据。[58]

不管青铜时代的天空是否像灾变学说所说的那样不安定，人们似乎一致赞成：在公元前2000年代后半叶发生了重要的气候变化。而且这次气候变化是导致牧民放弃农耕，变成完全的游牧民族的最后刺激因素。不仅如此，正如游牧是对干旱气候的一种回应，欧亚大陆形成的宫殿国家也是对相同气候变化作出的不同回应。

公元前2000年代早期的某些艺术形式刻画了骑马人的形象。不过，这时候他们还没有马鞍和辔头，因此哈扎诺夫说，这些人不能被称为真正的骑马人，因为他们还不能用马打仗或放牧。在那个时期，畜群的规模可能很小，牧民们在狗的帮助下放牧，牲畜也不能离群太远。他说，第一批真正的骑马者出现于公元前 2000 年代中期，这个时期出现了所谓的"草原青铜文化"，牧民们已经深入草原内陆，某些游牧遗址距离河流竟有 90 公里。但在那个时候，草原环境比现在更湿润，游牧生活更加机动，拖家带口的牧民跟随畜群迁徙，或者步行，或者乘坐牛车、马车，也可能有些人骑马前进。

在这些草原文化中，最著名的就是辛塔什塔–彼德罗夫卡文化，而更广为人知的可能是分布于里海和咸海东北、繁盛于公元前 2300 至前 2000 年的安德罗诺沃文化。安德罗诺沃地区完全没有猪（这意味着安德罗诺沃人没有完全定居），但安德罗诺沃人创造了四大成就：第一，冶炼铜和锡，制造青铜；第二，建造设防的定居点（在一段时期内），保护他们的矿藏；第三，制造了轻型战车；第四，拥有三种不同的马，一种适合拉货车，一种适合拉战车，一种适合骑。贵族勇士阶层、马祭和马随主葬是他们的标志性特征。他们是游牧"蛮族"的原型，从铁器时代以后，这些"蛮族"将成为欧亚大陆生活的一大特色。[59]

"大动荡地带"：世界政治的必要基础

同样重要的是，游牧经济体系终归是受限的。诚如哈扎诺夫所说，它不全然是发展的死胡同，但是"游牧的生态基础就是如此，它们几乎没有为复杂经济的发展留下空间……游牧注定要停滞，因为游牧经济是粗放型的，它不允许以集约生产为代价永久性地解决这一平衡问题。例如，在古代占据现在蒙古地区的匈奴人每人所拥有的牲畜数量几乎与 1918 年进行的一项研究中发现的数据完全一致"。[60]

简单地说，游牧的基本原则是自我约束。当你四处游荡时，你不能储存饲料和干草。骑在马背上的人能够照看 100 匹马——是的，但若要喂饱这 100 匹马，你就必须不停迁徙。这本身带来深层次的问题：在 20 至 25

年的时间里，牧场的生产力会下降 3/4，它们的恢复则需要半个世纪。[61] 因此，每一代牧民都需要新领土。在古代，持续迁徙意味着婴儿高死亡率，这进一步限制了人口的增长。牛奶是主要的蛋白质来源（如果定期杀死动物以获取肉食，他们就毁掉了自己的财富根基），所以他们让哺乳动物持续哺乳，防止它们受孕，直到哺乳期结束。四处迁徙意味着你需要轻装简行，不能带太多东西；这一情况加之游牧社会难以累积剩余产品的事实，意味着手艺人不可能大量出现，这样就不会有高度发达的手工艺品或奢侈品，因此牧民可供交换的产品就更少了。[62]

正是游牧生活的自限性导致了"大动荡地带"的产生。"大动荡地带"的概念是法国战争高等学校的兼职教授杰拉德·沙利昂提出来的，这是旧大陆自青铜时代末期以来的两千年历史中非常重要的一个因素。这个地带"威胁着从中国到俄罗斯以至匈牙利等广大地区的定居民族，其中包括伊朗、印度、拜占庭帝国，甚至埃及……在欧亚大陆，发端于中亚的游牧民族与定居社会的对峙在两千年的时间内一直是世界政治的基础。游牧民族没有共同的语言，大多数没有文字，种族起源复杂多样（归属于数个主要分支，如突厥、蒙古、满族），但是他们拥有共同的草原战略文化，这种文化的基础是骑马射手的流动骚扰和实施打击前的迂回策略。这是一种战略文化，形成了从远处基地迅速集结并克服语言障碍的能力，而这些能力的获得要比定居民族容易得多。"[63]

沙利昂的正确观点得到了埃内斯特·盖尔纳的赞同。"时刻警惕野生动物或其他牧人掠夺畜群……构成了暴力方面的长期训练。"[64] 我们有充分的机会看到，游牧经济固有的不稳定性和自限性将对旧大陆的政治、社会和意识形态发展产生重要影响，而且这种影响的方式并不总是能够被预见的。第一次重要影响发生在公元前 2000 年代末，即青铜时代向铁器时代过渡的时期。

293

294   在正常或者安定的时期，游牧民族用他们的马匹（矮壮的草原马）和羊毛交换谷物、茶叶或丝绸。他们的重心位于蒙古草原北部和贝加尔湖之间，但在必要情况下他们会长途迁徙。由于孩子从幼年起就学习骑术，因此他们都是绝佳的骑手。射箭也是他们的必备技能，当年头不好时，他们的主要候补战略就是突袭，他们可以通过这种方法骚扰定居民族，又不会冒正面冲突的风险。大草原不同地区的气温差别很大，从 35 摄氏度到零下 40 摄氏度不等。这种气候条件锻炼出游牧民族的强健体魄和超强适应力。当敌人因他们的骚扰而实力削弱时，游牧民族就会在马背上用他们发明的剑和长矛发动正面袭击。当然，他们还发明了马嚼、缰绳和马镫。[65]他们以数百、数千或数万的规模对定居民族进行突袭。

虽然游牧民族的迁徙路线在公元前 3000 至前 1000 年之间是相对固定的，但他们的迁徙距离很长，同时需要大量牧场养活他们的大量畜群，因此当年头不好时，冲突就不可避免。事实上，在公元前 2000 年代末，彼此之间的冲突越来越激烈。埃琳娜·库茨米娜告诉我们，到公元前 12 世纪时，大草原已经被完全开发，游牧民族已经没有更多的领土用来扩张了。[66]这些冲突发生在不同的游牧集团之间，不过沙利昂认为，更重要的冲突是游牧民族与草原边缘定居的农耕民族之间的冲突，这条边缘地带从黑海和美索不达米亚北缘一直延伸到中国。由于定居社会的规模日益扩大，加之他们利用战车来保卫自身扩张的领土，游牧民族与农耕民族之间的冲突日益加剧。

狄宇宙认为，马背上的好战民族于这一时期在欧亚大陆中部地区进行了一次大扩张。[67]他写道："公元前 10 世纪的伊朗和前 9 世纪的亚述的图像材料证实了这一新人类学形态的出现。公元前 8、9 世纪的亚述和希腊文献将这些集团称为'辛梅里安人'、'斯基泰人'和'塞种人'，这些同样证实了他们的存在。"[68]在阿马尔那和萨卡拉，刻画卡迭什战役的浮雕中

出现了最早的骑马人，可追溯到公元前 13 世纪；在公元前 12 世纪，亚述　　295
就已出现武装骑兵（分为两种，分别持有弓箭和长矛）。在《列王纪·上》
中，骑马勇士是以色列军队的组成部分。[69]

　　罗伯特·德鲁斯在《青铜时代的终结》中提出，在公元前 12 世纪
初，蛮族发动了数次袭击。他所说的蛮族并不全是游牧民族。他认为，蛮
族的共同点是具有暴力倾向。在气候变化的压力下，他们与东地中海地区
的宫殿国家发生冲突，不管是不是游牧民族，他们在军事技术和军事策略
上都显示出高超的水平，其中最主要的成就是打败了迄今为止战无不胜的
战车。这一成就的获得，要么归因于骑兵的发展，要么归因于让步兵改头
换面的新武器。就骑兵而言，人们最终学会如何骑马，这主要归因于大草
原上的马背生涯，同时得益于马鞍和缰绳以及后来的马镫的发明，因为这
些能够让人们更好地控制马匹。一般人们认为，在马背上射箭比在战车平
台上射箭要难得多，但是随着骑马者（如帕提亚人）的技术变得越来越娴
熟，这个困难也渐渐被克服了。

　　同时，剑、矛、双刃投枪、箭和长矛（长矛最早出现在公元前 17 世
纪的安德罗诺夫文化中）的发明提高了步兵的作战能力。这些武器连同金属
盾牌的出现，意味着步兵不再像先前那样，在与战车搏斗时不堪一击了。

　　因此，从公元前 12 世纪开始，也就是青铜时代和铁器时代之交，出
现了我们所谓的"一场完美风暴"。这时，武器、骑术、气候和政治组织
的发展，共同导致旧大陆广大地区发生了一场突然的转变。在这场变化
中，最重要的因素（至少在刚开始）是战争性质的突然变化。按照德鲁斯
的观点，它最终导致从希腊到印度河流域的约 300 个古代城市被毁。[70] 在
《摩诃婆罗多》、《伊利亚特》，甚至《旧约》中都能发现这个毁灭时代的映
射。一个苏美尔书记员记载，游牧民族"从来不知城市为何物，他们屠城
迅疾如飓风"。[71]

296

对于死亡的新态度

据历史学家考证，这些"部落"是闪米特人和亚述人（以及后来的"蛮族"）。据说在战争性质发生变化后，除了羊群（绵羊和山羊）外，他们还向农耕地区传入他们所信仰的神。在思想形态上，游牧民族与定居民族有着很大差异。尽管游牧民族属于不同的种族，但他们拥有相似的宗教基础，信仰至高无上的天空之神腾格里以及一大群次要神，有着数不清的仪式和禁忌。他们还普遍信仰萨满教，萨满的任务就是向神问询，解释神的回应讯号，并且治愈疾患。[72] 如前文所提，这种转变的体现是男性神马尔杜克击败了母亲神。

这场影响深远的思想变革（它被称为"人类思想发展过程中的一个关键支点"）具有几个相互联系的因素。首先，从青铜时代中期开始，男性神的地位变得越来越重要：在城市生活中（相对于乡村生活），在扩张的国家中（这样的国家拥有广袤的领土，需要迅捷的轮式交通工具，战车是最有效的战争机器），男性的作用变得更加重要，"英雄"的概念诞生，神的性格便如法炮制。其次，这一发展建立在游牧民族的武士精神的基础上，它使人们更加重视个体。游牧民族由于居无定所，不事农耕，因此他们崇拜对他们至关重要的、不可预测的力量：暴风雨、风、闪电（闪电对牛群的震慑力远大于对牧民的震慑力）、太阳和火（在游牧生活方式下，更难保存火种）。

从本质上说，牧民也过着动物的生活。他们与牛马朝夕相处，以奶、肉和血制品为食。这意味着他们与果蔬的关系并不密切，也不关心植物的生长周期。而且，他们与牛和马的关系主要是一种控制或统驭关系。所有这一切都导致他们将自然与人类生活相分离，实际上这就是自然的世俗化。由于严酷的草原和沙漠生活、不断的迁徙，以及频繁的战斗，风暴神和风神便具有了这些性格特征。

297

当时人们对死亡的态度也发生了变化。由于持续的冲突和突袭，暴力致死的事件时有发生。死于别人手下第一次变得像死于饥荒或其他自然灾难一样平常。因此，死亡现在被视为最后的结局，生命的绝对终结。[73] 基于月亮阴晴圆缺而形成的"死而复生"观念在许多地方都消失了。正如战争的无处不在一样，天神同样具有更加恐怖的特征，于是杀戮和斗争变得习以为常，死亡成为终结。

安妮·白令和朱尔斯·凯什福德写道："神文化的道德秩序发端于雅利安人和闪米特人部落，建立在对抗与征服的范式之上：将生命，尤其是自然看作是'另一种'需要被征服的事物。有形世界与无形世界在本质上是分离的，无形世界位于自然界以外，属于至高无上的神之领域。"[74]

美国神话学家约瑟夫·坎贝尔同意上述观点。他在《神的面具：西方神话学》中写道："在青铜时代晚期和铁器时代早期之前，也就是北方牧牛的雅利安人和南方牧羊的闪米特人尚未进入古代世界的古老崇拜地之前，古代世界显然奉行一种本质上有机的、植物性的、非英雄主义的自然观和生命观，这种观念与勇士精神格格不入，因为勇士们并不是辛勤的耕耘者，而是持枪的战士。对他们来说，劫掠是财富和快乐的源泉。"[75]

这些发展将导致前所未有的、影响最深远的精神革命，但这场革命在新大陆从未发生。在第 18 章，我们将对此进行探讨。

即使如此，关于这个伟大的青铜时代所发生的变革，我们仍言之未尽。战车价值不菲，只有少数出类拔萃者才能驾驭战车作战，在大多数情况下，战场上驰骋的仍是成百上千的骑兵和步兵，以及成千上万的普通人。在这种新体制下，战士的价值得以延续，但现在更多的男人，事实上几乎所有身体健全的男人，只要愿意都能成为一名战士。虽然游牧战士的出现改变了人们的意识形态，但大规模步兵的出现，也会适时导致其自身的变革，而这次变革将发生在政治层面上。

298

299

17

美洲豹之日

在青铜时代让位于铁器时代之际，旧大陆的物质条件和精神条件发生了重大变化。与此同时，美洲热带地区出现了两大文明。虽然我们知道，小北地区的阿斯佩罗／卡拉尔作为原型城市的实体，其出现时间只是稍晚于美索不达米亚的类似城市结构，但新大陆的城市现象并没有发展到欧亚大陆那样普遍的程度。这与第 11 章所讨论的事实有关，即玉米作为新大陆最重要的粮食，需要更多的处理才能转化成一种能够产生剩余产品的谷物，而且玉米的最早用途是制作用于宗教仪式的啤酒。因此，两者的发展轨迹是完全不同的。另一个原因是，新大陆缺乏驯养哺乳动物，而且只使用石制工具，这就大大限制了新大陆毁林开荒的规模，边缘土地不能得到有效利用。

我们目前没有证据表明，在小北文化衰落和本章所述两个文明兴起之间，新大陆兴建了任何城市建筑。诚如布莱恩·费根所言，公元前 2000 年，中美洲全境还散布着数以千计的村庄，仅仅千年之后，便"突然"出现了先进的文明，两者之间存在着巨大的鸿沟。[1]这个跨越式发展让考古学家既感兴趣又困惑不解，因为他们一直想知道，至少在中美洲，是否存在一个祖先文化并由此衍生出后来的城邦？抑或这些后来的城邦是独立发展起来的？

1925 年，考古学者在拉文塔岛识别出一个"母亲文化"的候选者。拉文塔岛位于托纳拉河流经的沿海沼泽地带，而托纳拉河则排向墨西哥湾韦拉克鲁兹低地的北岸。丹麦考古学家弗朗斯·布洛姆和他的同事、人种学学者奥利弗·拉·法奇正是在拉文塔首次发现超过 80 英尺厚的土层。他们在那里还发现了巨大的、类似王座的石质建筑遗迹，上面刻有人和猫科动物的形象。一开始，人们认为这个遗址属于玛雅文化的衍生文化，因为人们已经在狭窄的中美洲地峡东部发现几个这样的遗址。但是，当时德国学者赫尔曼·拜耳将它们命名为"奥尔梅克文化"。他说，这些遗址发端于奥尔曼，那是离此地 300 公里远的阿兹特克人的"橡胶之乡"。[2]由于这一主张，人们最终发现，在拉文塔周边发现的雕像和玉器确实有着与众不同的"奥尔梅克"风格。它们并不属于考古学家所以为的玛雅文化的衍生文化。

1938 年，华盛顿特区史密森学会的马修·史特灵在玛雅文化边缘区的特雷斯萨波特斯进行考古发掘。直到这时，奥尔梅克文明的发展轨迹才被人们完全了解。在马修发现的众多遗物中，有一个标记为 C 的石碑，其一面雕有一张美洲豹的脸，另一面则刻有日期，经换算是公元前 31 年。我们之所以提到它，是因为这个年代比玛雅文化兴起的年代早得多。正如费根在书中所描绘的那样，史特灵断定的年代在考古学界引起了巨大的争议，因为它表明奥尔梅克文化不仅不是玛雅文化衍生出来的后来文化，反而是比玛雅文化早得多的文化。史特灵再接再厉，将研究重点转向拉文塔。他在那里进行了深入的发掘并取得大量重要的发现，其中

300

包括四个巨大的石制头像（每个头像均重达几吨）、许多雕有半人半豹形象的王座以及一个巨大的宗教仪式中心（由金字塔、神庙和大型广场构成）。

由于这些发现出现在放射性碳测年法发明（1947年）之前，因此在一段时期内，关于奥尔梅克文化的年代，人们一直争论不休。但是在1955年，拉文塔木炭样本的年代被测定为公元前1110至前600年之间。[3] 此后一段时间内，至少有一部分考古学家认为奥尔梅克文化是中美洲"母亲文化"，比那里发现的其他任何文明都要古老得多。现在，许多考古学家不再认同上述观点，但是这并不能改变奥尔梅克文化是中美洲形成的第一个城市文明的事实。

301

水、雨与眼泪

现在人们已知的奥尔梅克遗址有数百个，但只有十几个得到了妥善的发掘，其中比较著名的是圣洛伦佐、查尔卡茨因格、马纳蒂、拉古那德罗斯凯罗斯和特雷斯萨波特斯。圣洛伦佐和拉文塔是第一批得到发掘的遗址，两者相距不超过40英里。圣洛伦佐最早的碎石平台大约建于公元前1500年，根据那里发现的石材（玄武岩、绿岩和黑曜岩）来判断，圣洛伦佐居民进行了广泛的贸易。在公元前1250年前后，他们用高岭土（热带地区的一种黏土，颜色往往呈红色或橘红色，用来制作精细陶瓷）烧制出一种极富特色的陶器，还制作同样别具一格的纪念雕塑。这两个文化成就显得"十分成熟"，也就是说，在中美洲找不到明显的先例。[4]

到公元前1150年，圣洛伦佐达到全盛。它的陶器和石雕遍布内陆，远达250公里以外的北部城市查尔卡茨因格。当时，这座城市拥有一个宏伟壮观的仪式中心，其所在的平台高出周围的河盆160多英尺。此外，圣洛伦佐还有许多小型金字塔和一个球场。这可能是墨西哥最早建造的球场。球场是新大陆所特有的，我们将在第 21 章加以讨论。

新大陆有几个谜题尚未完全解开。其中之一是圣洛伦佐的宗教建筑群为什么建成一只大鸟向东飞的形状？这是圣洛伦佐的发掘者、耶鲁大学的迈克尔·科提出的问题。另一个谜题是：为什么仪式中心本身在城市迅速衰落之前（始于公元前 900 年前后）没有完成而是在 200 年后才完成的？第三个可能也是最神秘的问题是：仪式中心有八个巨石头像，每个头像都比真人高很多，重达数吨，是用 50 英里以外开采的玄武岩雕刻而成。他们是如何完成这项工作的？有些考古学家认为，这些鼻子扁平，戴着头盔式帽子的头像是遴选出来的个体雕像，他们属于社会的精英统治者，最早的社会分层也由此出现。由于这些头像有着扁平的鼻子，有些人因此认为他们是很早以前到达中美洲的非洲黑人。

拉文塔文化稍晚于圣洛伦佐文化。直到公元前 1000 年左右，拉文塔才变成一个重要中心。拉文塔也有巨石头像（重达 11 至 24 吨），它们高高在上地俯瞰着下面众多的土丘和广场。除此之外，在拉文塔还发现了埋葬重要人物的复杂墓葬，里面有大量的贵重随葬品。墓中壁画已经遭到严重毁损，这可能意味着它最终被敌人洗劫（或是被故意毁坏，以防止这些物体的"能力"被滥用）。拉文塔的一个巨石雕像在形象上可与圣洛伦佐的另一个巨石头像配对。这个拉文塔巨石头像上系着的细绳与圣洛伦佐头像上系着的带子十分相似，这可能意味着这两位重要人物有政治或宗教联系，也可能表示圣洛伦佐的那个人被拉文塔的这个人所俘虏。

最近的研究发现，奥尔梅克社会精英的出现有赖于农业的发展，因为农业能够让这些精英给属民提供食物。但是农业的确切形式是相当复杂的，至少比一开始看起来要复杂得多。事实上，奥尔梅克社会有两种农业类型。第一类分布在主要定居点附近的高地低处，种植雨季和旱季的玉米和木薯作物。不过，奥尔梅克人还从事一种园艺农业，地点是天然河堤，

302

夏季的雨水每年将这里淹没并带来大量腐殖质，因此土壤肥沃，农作物连年丰产。

在这些奥尔梅克文化遗址中，最突出的两件事是精英人物的出现和相关的美洲豹主题。在拉文塔发现了五块类似王座的石头，每块石头上都雕有一个坐着的人像（可能是首领），半藏在石凿壁龛中，每个人像都手持绳索，将其与相邻的人像（可能是他的亲属或战俘）连接起来。这些"石头宝座"也装饰有美洲豹形象。考古学家认为，这可能象征着奥尔梅克人认为他们源自美洲豹。在南美洲也发现了类似的主题。我们将在后面看到，后来的玛雅人首领也坐在美洲豹宝座上。

美洲豹主题也普遍见于拉文塔金字塔所藏物品中，有些发掘者认为，金字塔本身就是美洲豹头像的抽象形式。在金字塔内部发现的祭品包括美洲豹造型的玉石面具、一幅蛇纹石镶嵌画（人们认为描绘的是美洲豹的面部）以及其他一些玉石和蛇纹石小雕像，具有秃顶、斜眼、嘴角下垂的特点，有人认为这展示了由人向美洲豹转变的过程。

在一段时期内，人们以为奥尔梅克手工艺品的分布范围相当有限，但现在人们知道，它的分布范围十分广泛，甚至远达太平洋沿岸，从墨西哥的特瓦特佩克到萨尔瓦多这片广大地区内的 20 个遗址中，都发现了人形小雕像和美洲豹雕塑。[5] 莫雷洛斯的查尔卡茨因格似乎是各种物品的分配中转站，有些物品虽未见于奥尔梅克人领土，但价值很高。发展中的奥尔梅克精英很可能经由查尔卡茨因格输入黑曜石或绿岩制成的奢侈品，从而巩固他们的地位。另一方面，查尔卡茨因格也受到奥尔梅克文化的强烈影响，这体现在当地所产手工艺品以及刻在岩石表面的大量浅浮雕上。[6] 最突出的一件浮雕作品表现的是一位首领坐在岩洞内的宝座上，而岩洞看起来像是美洲豹的大口。雨云从洞口散出，可能暗指豹神的呼吸能带来降雨。美洲豹形象在查尔卡茨因格随处可见，不管是在露天的仪式中心，还

303

304

是在附近山脉（绿岩的开采地）的洞穴里。

正如费根所说，奥尔梅克统治者是中美洲最早通过永恒形式记录他们统治权的人，因为巨石头像、雕刻、陶器和精细的小雕像表明，在奥尔梅克人中间，主体意识形态的基础是人与美洲豹的关系（成年人怀抱豹婴的浮雕，半人半豹形式的石斧，表现猫科动物攻击人类的岩石雕刻。人们既害怕美洲豹，又崇拜美洲豹。之所以害怕，是因为它力量惊人、狡诈多端，不管黑夜，还是白天，它都是雨林的统治者。之所以崇拜它，是因为它的性能力（也就是说，几乎没人看到美洲豹"性交"）以及它对周围环境（水、土地和树上的"上层世界"）的掌控能力（有人看到美洲豹为了抓鱼，用尾巴敲打河面）。它们与雨和丰产密切相关，它们的咆哮被视为雷声，宣告雨水的到来。

我们在前面提过，有几个奥尔梅克小雕像似乎表现的是人向美洲豹的转化。有学者认为，这其实可以用来证明奥尔梅克的统治者是萨满王，这些个人精英在致幻剂的作用下，能从人变成美洲豹。考古发掘已经证明，有些奥尔梅克地区种植酸浆属植物。作为茄科成员，这种植物可能具有致幻性。萨满王通过与超自然的美洲豹交流，控制雨水和洪水。在考古遗址中还发现哨子和其他东西，哨子既可能在宗教仪式上使用，也可能作为乐器使用。这些东西通常被雕成动物形状，例如鸟或猴子的形状。[7]

305

最近的研究证实奥尔梅克人的思想意识本质上是萨满教，他们的首领既具有萨满的职能，也具有政治职能，被视为"世界树"的代表。在奥克托蒂特兰的洞窟壁画和拉文塔的祭坛上都发现了"世界树"，它还被刻在某些石斧或仪式用斧上。[8]在马纳蒂雨林发现的空地被认为是圣地，萨满的居所便位于此。

同时，新的思想因素传入奥尔梅克社会，虽然在形式上有所改变，但存在了两千年之久，甚至更长时间。

正如世界其他很多地方一样，对奥尔梅克人来说，真正的问题在于水太多（沼泽、湖泊和频繁的洪水泛滥），而不是水太少。为了解决这个问题，他们建造巨大的排水系统，设计各种各样的崇拜仪式，以确保风调雨顺，避免洪水泛滥导致颗粒无收。这些崇拜通常采用的形式是：将斧头置于房屋最高处且斧刃指向天空。[9]他们认为，风暴之主和闪电之神拥有一把斧头，他用这把斧头击倒森林里的树木。黑曜石被称作"闪电石"，奥尔梅克人认为，发现黑曜石的地方，就是被闪电击中的地方（在韦拉克鲁斯，萨满被认为是"冰雹之人"）。宗教仪式上使用的斧头和其他物品（例如面具）被扔进天然井池中，目的是为了控制降雨量。事实证明，雨神对后来的中美洲文明意义重大。

与水崇拜相关的还有山崇拜和有色石（如赤铁矿）崇拜，如果泉水位于公认的圣山之中，这样的地方就可能变成崇拜中心，已不会用作居所，而是用作朝觐和崇拜之所。考古学者根据被扔进泉水和天然井中的一些物品来推断，崇拜者遵循一套特殊的饮食，目的是让他们与自然保持更紧密的联系。[10]婴儿被肢解后，其尸骨也要被扔进泉水中。墨西哥人类学家庞西亚诺·奥尔蒂斯和玛利亚·戴尔卡门·罗德里格斯认为，这代表了食人仪式，从而进一步证明了宗教成员遵循一套特殊饮食的理论。[11]自大征服时代以来，不止一位西班牙编年史家记载：献祭儿童是中美洲一种常见的、与水和丰产有关的仪式——中美洲印第安人认为婴儿的眼泪类似于雨水。在世界许多地方都有献祭儿童的风俗，因此我们不必认为奥尔梅克人是从新克罗人（参见第15章）那里"继承了"这一传统。

在奥尔梅克人的观念中，雨神和玉米神有所重合。在所有奥尔梅克文明区（例如拉卓亚），玉米都不是人们的主食。我们在第11章曾经指出，美洲印第安人花了很长时间才将野生蜀黍驯化成功，玉米最早用来酿啤酒，而不是充当谷物。但是，从公元前900年左右起，玉米开始在奥尔梅

306

克腹地的某些地区种植，因此有些社会可能已经定居，并开始积累农业剩余产品。财富增长了，社会分化出现，艺术品激增（可能是由于专业手工艺人的发展而引起的），玉米的象征意义由此产生。

在奥尔梅克人看来，人的身体充当着宇宙的一个模型，玉米神与生命树有关，与基本方向（相对于太阳运动的轴线）有关，与其他珍稀材料（如玉石、翡翠和绿咬鹃羽毛）有关。玉米神的头部常常是人的脑袋，但有时是鸟头，也有时是其他动物的头。

玉米神与绿咬鹃羽毛的联系特别有趣。绿咬鹃是中美洲最引人注目的鸟，它那长长的绿尾毛尤其令人赞叹。（在纳瓦特语中，"绿咬鹃"的意思是"华丽的大尾羽"。）与羽毛、玉石和玉米相联系的绿色是丰产的象征。

正是在这种背景下，美洲第一次诞生出一个形象，一个概念，一种神圣的思想。那就是羽蛇神。羽蛇形象可能有两个并不相悖的起源。我们知道，奥尔梅克人面临着水满为患的问题。在这样的环境中，蛇会比其他地方更常见。同时，奥尔梅克人认为，响尾蛇的蛇尾类似于玉米穗。这些因素都有助于解释蛇与鸟羽的结合。但是，蛇在图像中出现的次数似乎比人们原先设想的多得多。伊利诺伊大学香槟分校的大卫·C.格鲁夫在2000年发表的一篇论文中重新解释了许多图像，如岩画、绘画、小雕像等。他指出，人们原先认为这些图像刻画的是美洲豹，但实际上它们画的是蛇（这种解释不无道理，中美洲艺术很可能是高度抽象化的）。毫无疑问，仍然有大量奥尔梅克图像刻画的是美洲豹，但是如果格鲁夫是正确的，美洲豹在当时的地位就不那么重要了。蛇开始频繁地出现在图像中，它与玉米和绿咬鹃羽毛之间的联系由此开始。[12] 因此，我们在羽蛇神身上能看到玉米秆（地球表面的多产植物）、蛇（等同于地下世界和生命之水）和鸟（等同于空中天堂）。实际上，我们拥有了一个更新后的世界树。

与此相类似的是考古学家称为"地球怪物"的大量图像。它们通常酷似巨大的口，呈正方形或正方十字形。在这种图像中，地球既是巨大的吞噬者又代表生命的创造者，它每天种下种子后便吞掉太阳，每天早上就会生成一个新的太阳，就好像种子"消失"后生长出来的谷物。当时的人们生活在一个明显平坦的世界，意识不到地球的绕日运动。因此在他们看来，每天的日升日落就是奇迹，种子被地球"吞噬"后长出植物，这也是类似的奇迹。[13]

奥尔梅克图像上的另一个变化出现在公元前 1150 至前 850 年间。加利福尼亚大学洛杉矶分校的理查德·G. 勒叙尔发现，那一时期的陶器出现了重大发展，陶器造型从动物形象（主要是动物头像）向更抽象的样式（直线、曲线、波浪线、火焰状）转变。勒叙尔观察到，早期的陶碗上刻画的动物是村里人天天都能接触到的动物。"成年人杀死它们，给它们剥皮，然后吃掉。孩子们用小木棍戳它们。"另一方面，他指出，公元前1000 年以后，陶器的图案变得更加抽象，它们代表超自然的实体，被想象成"承载着多种动物特征的奇异生物。动物的主题从日常存在的生物变为特殊的神秘生物；这是从寻常到非同寻常的转变"。[14]

他说，重要的是这种解读不能"走极端"，它并没有出现在奥尔梅克文化区的所有地方。但是他确实认为，新的图案证明象征主义转向了一个更高层次的宇宙观。一个可能的解释是：人们发现在大规模群体或社会范畴内，标识社会成员身份变得越来越重要。为了证明这一点，他提出动物图像总是被放在个体成员所使用的碗上，而后来那些更抽象的图案更可能被放在全家族使用的碗上。[15]

他接着总结道，抽象图案可能"属于"精英集团，他们懂得这些图案的"语言"，这种能力将精英集团团结起来，不仅有助于将他们与普通大众隔离开来，而且使他们通过一种"意识上的不平等"凌驾于普通大众之上。他还说，在更动物化的理解与更抽象的超自然理念之间可能有过一场思想斗争。

　　将这些截然不同的想法联系在一起的是食物：与圣井相关的特殊饮食；玉米驯化的成功；地球怪物之口；饭碗图画的改变。我们在这里所看到的，是奥尔梅克人为适应玉米农业的发展而在意识形态上所做的调整，这种调整是循序渐进的，可能是零散的。但是，玉米的出现导致社会财富的增加和贫富不均。巨石头像雕刻和小雕像可以证明上述观点。有些小雕像显示出头骨变形的迹象，这是地位标记的常见形式。

　　古老的萨满思想继续存在，但是新观念也出现了，特别值得注意的是艺术（纪念性艺术）的发展、复杂的神灵观念（神灵身上体现了不止一种动物或植物的特征）以及新的时间测量方法（有证据显示当时出现了一种基本的仪式历法[16]）。如果当时奥尔梅克人已经开始种植玉米，这一切都顺理成章。

　　大卫·格鲁夫说，没有实际的证据证明不同的奥尔梅克部落之间发生过战争，他因此总结道：当时的政治状况"可能大体上是一种协作关系而非竞争关系"。[17] 他还说奥尔梅克人"似乎尚未构想或崇拜正式的神灵集团。相反，统治者通过与自然力量的接触，调解并控制自然力量。奥尔梅克人利用各种各样的艺术形式刻画超自然物，这些超自然物代表着方方面面的自然力（雨、水等），而不是特定的'奥尔梅克神灵'"。[18]

　　我们可以将奥尔梅克文明与旧大陆文明进行对比，旧大陆的牧民也崇拜自然力（风、雨、雷电），但是他们赋予其主神姓名（腾格里）和性别（男），并且与（本质上是女性的）丰产神相联系。如果格鲁夫是正确的，那么在那一阶段，奥尔梅克人的不平等意识和他们的初始农业神便组成了一个过渡的信仰世界，这个世界也是萨满教的，至少部分上也属于自然力崇拜。不过，这些相似之处颇具误导性。正如我们即将看到的，美洲人走上了一条完全不同的崇拜道路。

309

卡伊帕查

查文德万塔尔位于秘鲁的安第斯山区。查文文化繁荣于公元前 900 至前 200 年，因此它与奥尔梅克文明在时间上大体重叠，只是稍微晚一些。正如我们在前面章节所看到的，安第斯山脉自然环境恶劣，但是也有自身优势，因为在热带雨林常见的许多昆虫和疾病在这里几乎绝迹。这里有着天然的屏障，而且大量动物和可食植物已经适应了这里的环境。

在查文文化出现前，南美洲已经出现几个城市文化中心。我们在前面已经介绍过小北地区的阿斯佩罗和卡拉尔文化（大约公元前 3000 年）。其他城市还包括萨利纳斯德绍（这里拥有建于公元前 2000 年的 80 英尺高的金字塔）、帕拉伊索（位于利马附近的夏龙河流域，这里拥有建于公元前 1800 年左右的 U 形平台和广场）、佛罗里达圣殿（位于内陆地区，距离帕拉伊索几英里）和塞琴阿尔托（位于卡斯马河谷低地），每个城市都拥有巨大的塔丘和广场，年代在公元前 1700 至前 1650 年。没有人真正知道在这些巨大的仪式场所曾举行何种信仰仪式，但是唐纳德·莱斯拉普认为，这些圣所象征性地充当着人类世界与精神世界之间的坐标轴。他认为 U 形是一种集中型排列，旨在吸收左右对立力量之间的神圣能量。但实际上，没人能说清楚这其中的奥秘。

除了这些 U 形建筑外，安第斯山区的早期文明还有其他一些共同特征，并在查文文化中表现得非常充分。它们之所以拥有共同特征，部分原因在于它们的地理位置相似，都位于山区，只有 2% 至 4% 的土地适于种植农作物。这意味着灌溉系统仅由几条小沟渠构成，而且可能由单一的大家庭管理。这里不像旧大陆的几个文明区，不需要大量的官僚来管理灌溉系统。与之相联系的是，玉米虽已出现，但它在任何地方都没有成为人们的主食。正如前文所提，玉米常被用来制作仪式用酒，并不是制作主食的材料。

310

在宗教图像中，美洲豹和其他猫科动物（如美洲狮）无处不在，经常以咆哮或其他凶猛形象示人。有相当多证据证明斩首仪式和儿童祭葬风俗（将3到5岁的儿童葬在建筑物下面）的存在。至于食人俗，也有部分迹象可以证明。在帕克帕姆帕、彭库里、库比斯尼克和王者圣殿都发现了猫科动物的形象，在库比斯尼克、瓦伊拉-耶卡和考托什发现了"战利品头颅"。彭库里的一幅彩陶画显示一个被砍掉的头颅在"汩汩冒血"。[19]在帕克帕姆帕，神庙广场（连接天空和地下世界的中间地域）用"Kaypacha"（卡伊帕查）来表示，这个词的意思是"人和美洲豹居住的世界"。除美洲豹外，图像中也经常出现鹰、蛇的形象。例如在帕克帕姆帕，美洲豹、蛇和鸟的图像经常一起出现。[20]因此我们认为，这三种动物代表着天空、大地和地下世界这三个"领域"，不过，我们没有看到玉米元素。这是因为查文地区的土地太稀缺了，不适合发展栽培农业。

这些早期文化的另一个伟大成就是棉花的驯化和利用。前文已提及，在小北地区，驯化棉花的目的是编织渔网。若干世纪过后，安第斯山区的编织和印染技术发展到当时其他任何地区都无法匹及的高度。研究证明，安第斯山区发现的2 000多年前的棉布至少涵盖109种色调，这些布料实在太精美了，以至于西班牙人刚看到它们的时候，竟把它们当作丝绸。安第斯山区培育出了不同品种的棉花，分别适应不同的海拔高度。编织技术讲究对称和角度，这一技巧还应用于其他材料（如陶器）的装饰中。色彩鲜艳的拟人形象、蛇、猛禽和猫科动物的图案随处可见，反映了人类世界与精神世界的联系。在这些早期社会中，集体比个人重要，通过棉布和陶器上表达的主题来判断，这种相同的理念普遍存在于南美洲，而且持续了相当长的时间。

若要纺织品图案栩栩如生，需要大费周章。据我们所知，这里的纺织品要水平摆放，而不是垂直摆放，它们很少被用作服装。难道当地人会在

311

这些纺织品上跳跃，作为灵魂飞升仪式的组成部分？[21] 查文的纺织结很可能导致了后来印加人"基普"的出现（参见第 23 章）。[22]

1991 年，查文德万塔尔重见天日。[23] 它是秘鲁考古学家胡里奥·特略在安第斯山脚下偏僻的普科查河谷发现的（顺便提一句，查文可能来自加勒比语中的"chavi"一词，意思是"像猫一样的"，不过，在克丘亚语中，"chawpin"表示"在中心"）。[24] 查文的主要建筑是一座石造塔庙，庙内有石碑、独石和许多种陶器。陶器上的装饰图案涵盖各种各样的森林动物，如猫科动物、蜥蜴、鳄鱼、猛禽等。此外还有许多半人半兽的形象。所有图案都表现出同样的特色。同样重要的发现有：这里的陶器图案与秘鲁北部沿岸、安第斯山区其他地方、荒凉的帕拉卡斯半岛以及南方的的喀喀湖发现的陶器图案极其相似。

查文艺术中的动物都是热带动物。为什么会这样？特略的回答是：查文文化是安第斯印第安文明的"母亲文化"。民族学记述提到，萨满为了获得超自然的知识进行长途奔袭。直到今天，高地和沿海地区希瓦罗人或阿楚亚拉人的萨满和医师仍不远千里前往热带雨林，因为他们认为热带雨林是药材和圣知的源泉。后来，考古学家不再全盘接受民族学记述，但是"查文现象"仍然处于南美文明发展轨道的中心。秘鲁圣马科斯大学的丹尼尔·莫拉莱斯·乔卡诺在位于秘鲁北部的卡亚玛卡附近的帕克帕姆帕进行考古发掘。他发现，在公元前 3000 至前 500 年之间，南美森林的规模比现在小得多，气候也更干旱，这促成了陶器制造业的出现，因为陶器制造需要不那么潮湿的环境。在这种情况下，人们可能会从亚马孙地区向四处扩散。[25]

查文位于一片海拔 10 000 英尺的小山谷，处在干旱的太平洋沿岸和亚马孙盆地的热带雨林之间。其选址可能是因为当地农民能够轻易到达几个非常不同的生态区，仅需步行即可实现。[26] 山谷底部有灌溉玉米田，高处

312

和斜坡上是马铃薯园子，在高海拔的草地上可以放养美洲驼和小羊驼。

查文周边的地形十分适于高海拔农业和牧驼（主要是美洲驼，也有小羊驼和栗色羊驼）。在查文时期，只有驯养的美洲驼才能扩散到它们的自然领域以外。这种扩散可能是由于美洲驼十分适合做驮畜，而且它们在长途运输过程中无须补给（美洲驼能够驮运 20 至 60 公斤重物，日行 15 至 20 公里，而且因为它们跟随头驼前进，一个驼夫最多能驾驭 30 头美洲驼）。[27]

最初，在公元前 850 至前 450 年，查文不过是个小村庄，只有一座圣祠，位于安第斯山区和太平洋沿岸之间各种贸易通道的交叉点。这一时期的查文遗址中零散发现了海洋贝类、各地的陶瓷碎片，还有几块美洲狮和美洲豹的骨头。理查德·布尔赫尔是查文遗址的主要发掘者之一，他认为这些骨头不属于本地物种，它们是从外地引入的，用于法器之上。

不过，约公元前 450 年以后，查文发生了一场重大变化。在 60 年左右的时间内，所有人口都涌入河岸的神庙区。没有人知道发生这一变化的确切原因，但是很可能是由于思想意识的变化，因为这时的查文变成了一个朝拜中心。之所以得出这一结论，是因为在这个时期的遗址中发现了许多奇异物品，这些物品来自安第斯山脉的许多不同地方，至少有一些是祭品，还有一些是日常用品，可能是旅客带到这里并留下的。

此后，查文城的面积迅速扩大四倍，占地超过 100 英亩，可能有 3 000 名居民。当时，它被视为一个宗教仪式中心，用"西方"的话来说是个圣地。理查德·布尔赫尔认为，其地位等同于后来的耶路撒冷或罗马。许多异国情调的物品在这里制造，还有很多源自进口，其中最著名的莫过于粉色的海菊蛤壳，它们是从 500 英里远的厄瓜多尔沿岸引入的。其中一些贝壳用来装饰猫科动物的图案。[28]

313

查文城神庙采用 U 形结构。大多数建筑高约 40 英尺，朝向太阳升起的东方，有时也朝向森林。查文艺术所刻画的是大多数动物所栖息的地方。主神庙似乎重建过几次，最终形成一个由相互联系的庭院、通道、室内走廊和小房间组成的复杂建筑。房间的通风系统通过垂直的管道实现。[29]这些室内走廊没有自然采光，因此必须用树脂或油脂火炬来照亮，它们通过短而窄的楼梯相连接。布尔赫尔认为，这样建造的目的在于创造一种混乱感或迷失感，"由此切断个人与外部世界的联系"[30]。最里面的区域放着一块神秘的白色花岗岩独石，它被保存在一个十字形密室中，而密室几乎处于神庙正中央。这块独石又细又长，大约15英尺高，竖直放置，因此被称作"兰松"（意即"像长矛一样的"）。有一种理论认为，它是在神庙其他部分建造之前竖立起来的，其他建筑部分都是围绕它来建造。

这块独石被雕刻成人的形状，其主要特征是一张长着獠牙的大口。它的左臂放在体侧，但右臂举起，露出锋利的爪子。它的头巾用美洲豹的侧面轮廓来装饰。"许多小豹子头装饰的腰带缠在腰部。"[31]

"兰松"的整体形状（又细又长，本质上是竖直的）和位置（嵌入地板和房顶）让现代考古学家认为，这位神充当着地下世界、人类世界和天庭之间的通道。事实上，图罗发现了另一个十字形走廊，这个小得多的走廊就在主走廊之上，两个房间挨得很近（只用一块石头分开）。因此，图罗提出了一个观点：这种布局是为了发布神谕，在小房间占卜并唤起"兰松"的回应。

事实上，查文可能有两位主神。"兰松"是其中之一，它也被叫作"微笑神"；第二个神是所谓的"杖神"，它的形象出现在神庙出土的另一块石碑上（在第15章提到过一个杖神，它被认为是美洲同类肖像中最古老的一个）。这位杖神是一个倒立人的形象，龇牙咧嘴，佩戴蛇形头饰，手持两根杖，每根杖子都用猫科动物头像和美洲豹之口来装饰。理查德·布尔赫尔认为，查文宗教至少关注两件事。第一是试图调和潮湿的雨

314

林与干燥高冷的山区之间的天壤之别；第二件事是萨满教的变身思想——人形与动物形（尤其是美洲豹）之间的转换。

在查文神庙建筑群发现的大量浮雕进一步证明了上述观点。其中一幅浮雕描绘了布莱恩·费根所谓的"身着华丽的豹蛇装饰的'豹人'"。[32] 在查文艺术中，猛禽（尤其是角雕）经常被刻画成"曾经的美洲豹"或者是寻找人头的"空中美洲豹"。[33] 然而，这个豹人手里拿着圣佩德罗仙人掌。圣佩德罗仙人掌是一种致幻植物，至今仍有某些部落的萨满在通灵时用到它。正如前文所提及，圣佩德罗仙人掌含有麦司卡林，这种物质能够帮助萨满转换精神状态。在查文，圣佩德罗仙人掌的自然生长区域离神庙仅有几百码的距离。

祭司能够变身美洲豹，以便"联系和影响神灵的行为"。在查文，这种信仰是普遍存在的，而且能够得到大量证据的支持。致幻鼻烟和饮料能够加速他们的变身，吸食或饮用致幻物是查文宗教仪式的必要组成部分。致幻物在查文艺术形式中的广泛出现很好地证明了致幻物的这一作用。正如理查德·布尔赫尔所说："我们可以这样说，这些艺术形象为致幻物的使用和神庙祭司的宗教权威提供了神话起源和神圣凭证。"[34] 在查文已经发掘出小型金质鼻烟容器，呈动物造型。此外还出土了绘有咀嚼古柯叶场景的器皿，这表明在查文时期，人们已经在利用古柯叶了。[35]

布尔赫尔进一步指出，致幻鼻烟在萨满变身过程中的作用清晰体现在牢牢嵌入旧神庙墙壁中的头像上。这些头像代表宗教首领"在药物的作用下变身为美洲豹或羽冠雕的不同阶段"。雕塑显示它们的面部长有杏仁状眼睛、球茎状鼻子以及紧闭的嘴巴；它们拥有与众不同的发型（顶部是一种结）和皱巴巴的面部，"就好像它们正在痛苦地呕吐"。这常常是进入通灵状态的症状。

布尔赫尔说，第二组头像"刻画了强烈扭曲的人形脸"，它瞪着圆眼，

315

"少许或涓涓细流般的"鼻涕从鼻孔流出——它们的面部表情和发型证明它们与前面一组属于相同的人。布尔赫尔还不无讽刺地说道："在重要公共场合刻画流鼻涕的人，这与西方宗教传统格格不入。"此言非虚。但是它的意义已为西班牙早期编年史家所了解，不止一位编年史家看到哥伦比亚的穆伊斯卡人将致幻鼻烟粉放入鼻中。在致幻药的作用下，鼻涕从鼻子流出，"一直流到嘴里，他们通过镜子来观察，如果鼻涕是笔直地流进嘴里，这就是个好兆头"。[36] 致幻药刺激鼻黏膜而引起的流鼻涕"是精神状态转变的最明显外在指标"。[37] 哈佛大学人类学系兼敦巴顿橡树园研究所教授加里·乌尔顿是研究前哥伦布时代的专家，他认为鼻子在查文的图像文化中被视为身体的一个主要孔口。[38]

316　　　第三组头像结合了人的面部特征，如眼睛和鼻子形状，也有大犬牙和其他非人类特征。不过，在第四组头像中，头像的脸完全变成了美洲豹、猛禽或两者混合的面部。在有些雕塑中，这些阶段是前后相联系的。例如，其中一张脸长着一只圆鼓鼓的眼睛和一只杏仁状的眼睛；另一个则是流着鼻涕的美洲豹面部形象。

　　在查文和其他大量遗址（如马提巴姆巴）中发现的小石钵进一步证实了致幻性鼻烟在通灵过程中发挥的重要作用。这些研钵实在是太小了，它们的凹处又过于平滑，根本不适用于研磨谷物，研钵的顶部还雕有美洲豹或猛禽式样。在类似的地方还发现了石托盘、药匙、勺子和管子，这些东西经常出现在查文艺术形式中，所有这些都证明了致幻鼻烟在宗教仪式中的使用。

　　最后一个元素体现在石雕带上。这是查文圆形广场的特色之一。雕带上刻画了一个手持圣佩德罗仙人掌的拟人形象，它长着显眼的獠牙和美洲豹的爪子。[39] 在同一排，布尔赫尔说，还雕刻着一对长着杏仁状眼睛和球茎状鼻子的拟人形象，"这让人想起了第一组嵌入墙内的头像"，从它们的头饰上悬下美洲豹的尾巴，"这同样让人想起萨满的变身"。在这些浮雕下面，还有很多长着鹰爪的美洲豹的形象。[40] 布尔赫尔认为，这两排或两层是相互联系的，因为下层飞翔的美洲豹可能代表上层的拟人形象处于"完全变身"的状态。换句话说，这些雕刻表现的是祭司们通过吸食鼻烟或饮用圣佩德罗仙人掌饮品变身超自然神灵的场面。

圣佩德罗仙人掌的致幻作用不如色胺衍生物强烈，色胺衍生物是埃佩纳（从维罗拉树干中提取的一种树脂）和维尔卡（从蛇状阿那豆中提取）的有效成分。布尔赫尔指出，厄瓜多尔的安第斯山脉东部斜坡带上的现代希瓦罗人使用几种致幻物，但是药效最强的只能由祭司们服用。他还注意到，与查文本地生长的圣佩德罗仙人掌不同，最常用来制作鼻烟的植物产自热带雨林。例如，维尔卡种子得到精心储存和广泛交易。它们可能被视为奢侈品。

317

查文浮雕描绘了萨满在致幻药的作用下变身美洲豹的过程——如前所见，这是一个古老的主题。布尔赫尔还指出，安第斯偏远高地至今仍举行类似的仪式。

自然灾害之地

查文似乎进行过一次重要的文化尝试，试图将丛林、海岸、高原等南美地区截然不同的自然环境融入一个无所不包的思想体系中。这个尝试激发了众多的技术革新，例如彩绘纺织品和壁挂，新的陶器和金器样式，这些都标志着思想的进步。

布尔赫尔指出："如果认为自然环境只是一个消极的、亘古不变的背景，那就大错特错了。"他提醒我们，秘鲁是一个"自然灾害之地"，无论过去，还是现在，地质活动频繁都是它的特色。这些地质活动周期性地"肆虐于秘鲁"，[41] 引发地震等自然灾害。近代以来，仅 1970 年的地震就杀死 75 000 人。而在 1746 年，一场浪高达 18 米的海啸完全摧毁了秘鲁的主要港口卡亚俄。地质活动和厄尔尼诺现象的交互作用使得这一地区受到严重的干扰，迈克尔·莫斯利将这种干扰称为"激烈的环境变化周期"。

布尔赫尔进一步补充了这种观点。他观察到，在安第斯地区，宗教建筑充当着"潜在危险的超自然力的"施威焦点。出于同样的推理，圣马科斯大学的路易斯·伦布雷拉斯指出，大神庙里的大量风道和导水管超过了社会的实际需要。他因此认为，从旧神庙流出的水声可能因管道的作用而失真和放大，发出的这种声音可能传到广场和下面的平台。声音放大的效果后来被实验所证实。坎波马伊奥等地发现了专供崇拜而非农业使用的沟渠，这进一步证实了上述观点。[42]

戏剧效果并非仅此一处。查文位于莫斯纳河与瓦科克萨河交汇处。考古发掘证实，莫斯纳河的河道很可能被人为改造过。查文艺术中曾出现长着翅膀和尖牙的人们手持螺号游行的画面。其他考古发现为这一艺术画面提供了佐证。实验证明，螺号能够产生"巨大的声响"以及一种循环的"令人侧耳的节拍"。[43]而且，"兰松"石柱是通过一个通风管从上方照亮的，这就使它沐浴在一种神秘的、浮动的氛围中。神庙建筑还包括令人敬畏的巨石，它重达 15 吨，是从 20 公里外运来的。最后，室内通道和内部悬式楼梯的建造方式能够让祭司在神庙正面的不同地方出现、消失又再现，这样设计的目的在于让观者产生敬畏之情。[44]

斯坦福大学人类学教授约翰·W.里克认为，我们在这里目睹的可能是萨满/祭司的一种做法。他们试图利用自然界赋予他们的神圣力量，通过对宗教观念有意的戏剧性操控，达到巩固其权威的目的。

最引人瞩目的一点可能是查文文化与相当遥远的奥尔梅克文化在美洲豹变身问题上的共通性。我们没有必要证明这两个大体同时期的文化之间存在直接联系——实际上也没有证据证明这种联系。美洲豹在广大地理范围内无处不在，对美洲豹的凶猛、强壮和繁殖力的欣赏，以及无处不在的致幻植物，共同促进了类似宗教行为的产生。这些行为源于遥远的过去，但随着城市社会的来临，传统的思想需要改变。

查文文化与奥尔梅克文化的另一个相似之处是：一种新的宗教思想开始在查文发挥作用，尽管两个地方的新思想不属于同样的类型。这种新思想被称作"查文文化圈"，它表明查文思想的传播范围很广，它不是一种"地方信仰"，其艺术形式和以美洲豹为核心的宗教思想扩散到十分广大的地区。诚如布尔赫尔所言，它"深刻影响了信奉这种思想的不同人群"。大多数考古学家认为，这些信仰的传播是渐进平和的，更像是近代非洲信仰的传播方式（涵盖不同的种族群体），或是古希腊宗教的传播方式（崇拜对象虽有所差异，但都敬畏相同的神谕），而不像西方传教士那样咄咄逼人的方式或是以武力威逼。这些广泛传播的仪式促进了各地的开放性和普适性，减少了因地方信仰所引发的地方政治问题，至少鼓励了宗教人员、朝圣者和从事宗教用品贸易的商人跨越种族和政治边界自由流动。

帕查卡马克当地的卢林崇拜可能就是一个很好的例子。帕查卡马克位于利马东南方向 25 英里，以卢林河河口为中心，而卢林崇拜一直延续到西班牙人征服之前。有些考古学家认为它很可能与查文崇拜有关联。卢林崇拜的主要内容是神谕崇拜，而这个神谕被置于一个大型土坯平台的顶部。神谕接触权局限于祭司团体内部。人们相信，神谕能够调停各种力量，抵御疾病，预测种植和丰收的适宜时间。"地震发生和庄稼绝收都是神不满的表现。"有意建立附属神庙的部落虽然可以自由地向中央宗教机构申请，但它们必须展现足够虔诚的意愿，表达方式包括提供劳力，支持中央崇拜活动，贡献谷物、美洲驼、干鱼和金子。最终，分支神庙网络建立了起来，范围远及厄瓜多尔，附属神庙被看成是主神谕场所的妻子、子女和其他家庭成员。查文艺术在南美地区的分布表明它的崇拜运作模式大

319

体与帕查卡马克的卢林崇拜模式相似。[45]

在距离中心比较远的地方，崇拜多多少少有些变化。例如，在距离查文 530 公里的卡尔瓦，虽然当地人是按照查文式样生产纺织品和其他装饰，但美洲豹形象主要是作为次要的主题，鳄鱼和杖神才被描绘为主神。而且，杖神被刻画成一个女性形象，有着丰满的乳房和齿状的阴道。[46]或者，按照帕查卡马克的模式，她可能被视为杖神的妻子、姐妹或女儿。有时候，她的头饰上会出现棉铃的形象，因此她可能被看成棉花的保护神或赠予者。卡尔瓦纺织品上出现了一系列的同心圆、螺旋和"S"形图案，有些学者认为这些图案是对圣佩德罗仙人掌横切面的一种程式化呈现。

总而言之，查文艺术传播到了几百英里外的伊卡、兰巴耶克、瓦努科、帕克帕姆帕。查文艺术与奥尔梅克艺术的一个重要区别在于查文图像没有政治背景或政治借鉴。关于这一点，布尔赫尔已经注意到。他说："不同于奥尔梅克艺术，查文艺术没有描绘历史人物、征服和臣服场景，也没有通过超自然神灵来明明白白地确认高贵的统治权威。查文图像艺术的不问俗世与秘鲁晚期艺术中处处体现的社会政治主题形成了鲜明对比。"[47]

在查文以北、秘鲁北岸的扎尼亚谷地，我们可以看到类似查文艺术的图案——杖神、美洲豹、鸟和不同变身阶段的拟人形象。这里还发现了用来磨制致幻鼻烟的研钵以及勺子、药匙和其他吸食用具。研钵本身呈美洲豹、鸟和蛇的造型。

查文崇拜的另一侧面也值得一提，即查文崇拜的影响力主要归功于当时的大量技术进步。这些进步包括金银锻造和退火（这种技术在古代南美没有先例）、焊接、熔焊、压花装饰、熔炼合金、填漆等技术，当时的人利用这些技术能够制造出极其精美的立体金属制品（有人认为查文艺术代表了前哥伦布时代的艺术顶峰）。[48]多姿多彩的纺织品也显示出明显的进

320

步。正如布尔赫尔所说："宗教利用艺术或技巧来表达或唤起宗教敬畏的能力，会有助于人们认可其神圣的主张及其代表的权威。"[49]宗教信仰的成功扩散会导致对于手工艺人的需求增加，而手工艺人则会进一步提升精英的声望。这一切都与单纯的生存技术形成鲜明对比，因为后者一直维持在初级水平。[50]

　　所有这些发展都与社会分化加剧密切相关。这时开始出现厚葬，尽管数量很少。厚葬墓中的随葬品由许多金器构成，包括金冠、金项链、金胸饰、金耳环、金片、金珠子、金针、金指环、金垂饰和小金勺，其中小金勺用于盛放具有致幻作用的鼻烟。另外一种常见的小工具是金镊子，男人们用它来除掉不雅观的脸毛。有个墓葬埋有 7 000 个石质和贝壳的珠子，这些珠子原来可能是一件衣服上的装饰物，只不过衣服因为氧化作用分解消失了。在一些遗址中，某些精英的遗体被埋在宗教建筑中央的顶层神庙里，这暗示这位精英可能同时拥有政治和宗教两种职能。但在另一些遗址中，祭司通过与众不同的方式被埋葬。例如，其中一位祭司的口中放着一块石英晶体，另一位祭司的右腿里被插入一个鹿骨响环，还有的祭司陪葬品是用于吸食致幻剂的药匙。这些陪葬品并不十分名贵，表明祭司虽然德高望重、与众不同，但不一定属于统治集团。

　　虽然奥尔梅克社会与同时期的查文文明有着众多的差异，但是通过比较奥尔梅克艺术和查文文化的装饰图案和技巧，我们确实发现它们共有的两个现象，对于本书的主题而言，它们具有重要意义。首先，萨满教的法器和技法持续存在，魅力不减，它们使得各种致幻物的使用从未断绝，而且美洲豹的重要地位贯彻始终。其次，我们也看到，这两个社会已经开始突破仅与美洲豹相联系的萨满模式。猛禽和蛇逐渐崭露头角，查文社会中以杖神形式出现的超自然人像就是很好的证明。我们可能会问：为什么会这样？难道是因为随着城市化和农业的出现，美洲豹的重要性下降了，而鸟和蛇等其他动物在新的城市文化中与人更亲近吗？随着精英阶层的出现，杖神（人的形象）思想难道是精英阶层加强自身统治地位的一种途径？

322　　在这两个社会，我们似乎瞥见了新大陆最有生命力的神"羽蛇神"奎策尔夸托的雏形。有些考古学家认为，羽蛇神实际上就是玉米秆、鸟（鹰）、蛇和猫科动物（如美洲豹）的混合体。这样一个神将统治前哥伦布时代印第安人宇宙观所涵盖的三个传统领域：天空、大地和地下世界。我们将跟随这一宗教现象的发展，探寻这一现象对于后来的新大陆文明有何意义，它又如何影响美洲印第安人的思想和社会发展轨迹。这一转变的影响之深远，丝毫不亚于同时期的旧大陆变革。不过，两者的内容截然

323　不同。

18

旧大陆一神教的起源与祭祀的终结

　　1949 年，德国哲学家卡尔·雅斯贝斯出版了大作《论历史的起源和目的》。在这本书中，雅斯贝斯认为，公元前 900 至前 200 年是人类历史发展的一个关键时期，可谓精神领域的黄金时代。在这一时期，"持续滋养人类社会的、伟大的传统文化"在四个独具特色的地区开始形成：中国的儒教和道教；印度的佛教、耆那教和奥义书印度教；以色列的犹太教；希腊的理性主义哲学。他说，这是佛陀、苏格拉底、孔子、耶利米、《奥义书》神秘派、孟子、以赛亚和欧里庇得斯的时代。[1]他将这一时期称为"轴心时代"。

　　在某种意义上说，雅斯贝斯有点言过其实了。我们现在知道，他所说的圣人琐罗亚斯德并不像他所认为的那样生活在公元前 6 世纪，而是早得多。不过，本章和后面一章旨在证明，雅斯贝斯在某种程度上低估了这一时期所发生的变化：这一时期的变革比他想象的还要巨大。许多思想和知识领域的革新（而非技术方面的革新）都发生在那几百年间，在这一时期，两个半球间的巨大鸿沟展现出来。一系列相互联系的变化——涉及宗教、军事、政治、经济、科学和哲学等方面——以一种新大陆前所未见的方式改变了旧大陆人类对自身的理解。

如前文所述，在青铜时代让位于铁器时代之际，旧大陆发生了许多重大变化。罗伯特·德鲁斯指出，在公元前 13 世纪末到前 12 世纪初的四五十年间，从希腊到印度之间的广大地区，几乎每个重要城市或宫殿都被毁灭了，其中有许多再也没有得到恢复。这给整个社会带来了性质上的差别："更早的时期是由国王及其幕僚统治的，而在铁器时代，平民开始有了一定的话语权。"[2]

正如第 16 章所概括的那样，德鲁斯的基本论点是，战事中的一项根本革新是"蛮族"突然在军事上比历史悠久的文明王国更有优势。简而言之，他认为在公元前 17 到前 13 世纪，强大的王国依赖精英战车兵团，而"散兵"与之并排作战，步兵在本质上则是跟在战车兵后面收拾战场的人，伤亡却是最严重的。德鲁斯指出，这种列兵布阵在遇到新型骑兵和步兵时就不堪一击了。[3] 随着马嚼、缰绳、合适的马鞍和马镫等骑马装备的发明，骑兵变得比战车更加机动灵活，因此更有效率，也更强大，而步兵由于配备了长剑和投枪，也更具战斗力。这些作战技巧加之游牧民族发明的游击战术，从未在平原上大规模尝试过，因此游牧民族在攻击文明国家时取得了极大的成功。权力因此从大王国转移到德鲁斯所谓的步兵"杂牌军"手中，这些步兵来自落后的山区或不适合农耕的地区。

我们不必追究这些战斗的细节。我们关注的是这一系列冲突所引起的两个广泛的思想变化。第一个变化正是本章的主题，出现在宗教 / 思想领域。第二个变化则是第 19 章的主题，它引起了社会、政治、经济或思想领域的重大革新，这些革新推动了旧大陆的进一步发展，使得新旧大陆的发展轨迹渐行渐远。

新神性

在轴心时代，许多真正杰出的人物或多或少同时出现在旧大陆的广大土地上，这些人本质上传达了同样的信息。在许多方面，他们专注于创造一种新的个体，而刺激因素可能是青铜时代晚期和铁器时代早期发生在这片领土上的动荡与战争。这波战争浪潮实际上是由游牧民族引发的，他们的草原家园发生旱灾，畜产品产量减少，迫使他们前往其他地方寻求生计。除此之外，它还引起宗教观念方面的明显变化。

在轴心时代之前，祭祀仪式对于宗教诉求来说是至关重要的。人们通过神圣的表演来体验神的意愿。卡伦·阿姆斯特朗所称的"轴心圣贤"改变了这一局面。宗教仪式仍然很重要，但是德性现在置于精神生活的中心。体验"神"、"涅槃"、"大梵天"或"道"的唯一方式就是过上一种慈悲的生活。[4] 此外，人必须一开始就致力于有道德的生活。只有积久渐常的善行而非形而上的信念，才会带来人们所追求的"超然"。[5]

在轴心时代，最早寻求神性的一批人是生活在俄罗斯南部草原上的游牧民族，他们自称"雅利安人"，属于一个松散的部落联盟，拥有共同的文化。在漫长的时间长河中，他们逐渐形成了对天空之神和其他神灵的崇拜。在第 10 章介绍过的致幻植物苏摩也受到崇拜。[6]

卡伦·阿姆斯特朗认为，所有这些圣灵都不是我们所谓的神：他们不是无所不能的，必须服从（更高的）将宇宙维系在一起的神圣秩序。这种安排本质上反映了雅利安人的社会状况。雅利安人不得不缔结关于放牧权、婚姻、商品交换的约束性协议。这些协议是一套流动的合约，服务于一种半抽象的文化，之所以说它是流动的，是因为它并不固于一处。

祭祀是雅利安人宗教仪式的重要组成部分。通常情况下，在苏摩饮用仪式中，同时用于献祭的还有牛、谷物和凝乳。只有通过宗教仪式或人道宰杀的肉才能被食用。人们将马、羊或牛宰杀，将苏摩提取出来，萨满或

326 祭司将祭牲的精选部分放到火里，以便阿耆尼能利用冒出来的烟将祭品送到众神之地。在北美印第安人中间盛行一种叫作"散财宴"的仪式，其过程与雅利安人的祭祀仪式类似，通过这种祭祀仪式，能够提高散财人的社会地位。最初，雅利安人并没有来生的观念，但是到青铜时代末期，他们出现了一种观念，即贡献大量祭品的富人在死后会进入众神的天堂。[7]这种观念普及开来，一种新的思想观念随之萌芽，即一个人今生的所作所为对其来世的生活至关重要。

原来的雅利安人崇尚互惠、尊重动物，这些都是狩猎采集时代的遗风，很好地保留在游牧社会中，因为在游牧社会，人与动物之间的关系是至关重要的。但是，随着大草原日益干旱，冲突和暴力事件增加，随之而来的是抢劫牛群。这种咄咄逼人的气势也反映在因陀罗的肖像上，他是一位驾着战车穿梭云间的屠龙者，他的勇猛业绩备受尊崇。但是，在一片混战之中，伊朗先知琐罗亚斯德（他的名字可能表示"金骆驼的拥有者"）宣称，最高神阿胡拉·马兹达委派他重新恢复大草原的秩序。结果，所谓"轴心时代"的第一缕曙光出现了。同样重要的是，传统观点认为，神的力量存在于岩石、河流和植物等自然万物，而琐罗亚斯德宣称，阿胡拉·马兹达不再是固存于自然界的，而是"超然于物的"，是正常的感知觉察不到的，因而在性质上不同于以前的其他任何神。与此相联系的是"大审判"思想，人们只有经过审判才能进入来世。在古代世界其他地方，此前从未出现过这样的世界末日观。[8]

最重要的是，琐罗亚斯德所倡导的精神是建立在非暴力基础上的。青铜时代晚期的大冲突导致男性风暴神和天空神从草原传入内陆，大母神被男性神击败，正如第16章所讨论的，这些冲突引起了广泛而深远的反响。它还体现在另一个革命性的观念上：能进入天堂的不只有精英，还有每一个人。[9]

　　传统上，雅利安人最为人所知的一个方面是他们向印度次大陆的迁徙。据认为，他们的到来导致印度河流域文明（摩亨佐-达罗和哈拉巴）的消亡，他们将马、印欧语言传入印度，可能还传入了牛，偷牛被雅利安人视为一项神圣的活动。当然，在印度学者看来，雅利安人的迁徙缺乏足够的考古学证据支持。吠陀赞歌的确描述了一个恐怖动荡的世界，以母神雕像为特色的哈拉巴证据似乎被取代。爱德华·布莱恩特在其关于雅利安人的最新研究成果《探寻吠陀文化的起源》中认为，不管是入侵说，还是"雅利安人本土论"都缺乏令人信服的证据支持。读者在阅读下文时应牢记这一点。[10]

　　从公元前 1000 年代早期的吠陀经典来看，雅利安人形成了"梵天"（"最高存在"）的观念。梵天不是一个传统的神，而是拥有更多的权力，"比以往的神更崇高、更深奥、更根本"，是将宇宙凝聚起来的一种原始力量。因此，梵天是无法被定义或描绘的，只有在"无解问题的神秘碰撞中才能被感知，人们惊愕地意识到语言的无力……印度的哲人正在超越概念和言语，进入一种静心体会、无法言喻的状态"。[11]与此相关的是从祭祀仪式中消除暴力的愿望，这可能与下述事实相关：如果我们接受雅利安人迁徙到印度的说法，那么雅利安人迁徙后，他们的生活变得安定了，生存经济越来越依赖农业而非劫掠，因此人们越来越赞成停止周期性的破坏活动。

　　文化方面的一大表现便是祭祀仪式的明显变化。传统上，祭祀是宗教仪式的高潮，涉及血腥的动物斩首，雅利安人认为这是重现因陀罗屠杀布利陀罗的场景。但是在新环境下，因陀罗的地位下降，人们在改造后的仪式中让动物窒息而死，尽可能地让它们感觉不到痛苦。卡伦·阿姆斯特朗说，在这个早期阶段，司祭人正朝着不杀生的方向前进。当然，"不杀生"到后来成了印度轴心时代的主导价值观。[12]

327

除此之外，任何关于战争的描写都被从《火坛祭》的文本中移除。这些圣诗歌颂了勇士集团的东迁及对新领土的征服。现在，人们的注意力从外部世界转移到内部领域，即所谓的"自我"（atman）。[13] "逐渐地，'自我'一词用来指代人的本质和永恒的核心，即他 / 她的独特之处。"这就是印度人的精神追求所发生的一个明显变化。

欲望之险恶

随着时间的流逝，印度北部恒河流域的生活越来越安定，但古老的传统依然具有影响力。例如，有些男人会做出一些在我们看来极不正常的举动：放弃稳定的家庭生活，去过艰苦的独居生活，让头发上长满野草，四处乞食。他们就是所谓的"遁世者"。《梨俱吠陀》说他们"戴着松垮的长锁链"，"身着脏兮兮的土黄色长袍"，能够目视千里，在空中穿梭，"前往神去过的地方"。很明显，这里融合了萨满教的思想，不过他们似乎不像早期萨满那样具有社会职能。遁世者崇拜楼陀罗，而楼陀罗是一位凶猛的神，有着长长的辫发，"住在山林里，捕食牛和儿童"。遁世者喜欢将公羊皮披在肩上，并且练习"三呼吸"（"通过一种控制的方式"吸气和呼气），从而带来意识状态的改变。这种早期的瑜伽形式也明显源于萨满教，它对于遁世者的精神世界是至关重要的，后来又扩及整个印度。我们看到，这里出现了一种更少暴力、更内化的宗教形式，这在梵行期门徒的实践中得以体现。这些门徒为了跟随老师学习吠陀而离开自己的家庭。他们身着动物皮毛，但除此之外，他们独自栖息林间，禁绝狩猎和伤害动物，也不能驾驶战车。这种"梵行"或者说"神圣生活"只能通过非暴力和吃素食来实现，"坐在火旁"或控制呼吸则不行。这些仪式被认为是将"圣火"内化于心的途径，此后圣火将伴随门徒的整个梵行期。据说，这种苦行主义方式令个体"升温"并证明印度轴心时代的新"英雄"不再是勇士而是致力于"非暴力"的修行者。[14]

这种新方式集中体现在《奥义书》的经文上。《奥义书》又称《吠檀多》,意即"吠陀之终极"。《奥义书》里确实涵盖马祭的内容,因此与早期实践的联系并没有被忽略或遗忘。不过,《奥义书》的主要关注点不再是仪式的表演,而会考虑仪式的内在意义。"Upanishad"一词的意思是"挨着坐下",这个词暗示有一种秘传的神秘知识,一定要由大师传授给具有精神天赋的门徒。早期《奥义书》几乎没有提及农耕景象,反而在很多地方提到编织、陶器和冶金,表明那时的印度社会正处于城市社会的早期阶段。《奥义书》还描述了某些人独行千里向圣人求教的事情,这表明当时的交通也有所进步。《奥义书》体现了如下观点:人类自身内部包含神圣的火花,而且这种神圣的火花来自与梵天相同的血统。它将生命和意义赐予整个宇宙。[15] 因此,这种新精神的目标是探寻一种本质上不可知的事物:自我。在这个漫长而缓慢地寻求自我发现的过程中,人们变得"宁静、安详、沉着、耐心";发现自我成为一场经历纯粹快乐的旅程,一种灵魂的解脱。随着时间的推移,人们逐渐形成一种观点:这是摆脱痛苦和死亡的无限轮回的唯一途径。[16]

与之相联系的是被称为"数论派"的思想体系。这种体系也关注"内在之光",数论派采纳了"苦"("生命的纠结")的理论,"苦"不可避免地带来折磨,而这只能通过瑜伽(修行)来克服。卡伦·阿姆斯特朗认为,该理论是印度最伟大的成就之一。"'瑜伽'意即'上扼',原先用来描述将挽畜拴在战车上的动作。"实际上,瑜伽被视为达到忘我状态的一种途径,能够解除我们在生活中所经历的许多痛苦。数论派的追随者并不认为自己在接近神。相反,他们在发展人类的自然内在能力。他们认为他们的新方法能使他们体验一种新的人性境界:体验"虚无",这是让他们摆脱"苦"的一种新途径。[17]

330

事实证明，"苦"的观念在印度根深蒂固。到公元前 5 世纪，在此基础上又加入"业"的理论，认为人类陷入了无休止的生死轮回之中。"如无欲望，一家之主便无以为父，若不想成功，便种不好田，做不好生意，人在不断的造业过程中，卷入无法改变的轮回。"该理论的永恒不变性让许多人感觉无望，因此纷纷寻求出路，耆那教和佛教应运而生。

但是，这并不是变革的唯一因素，还有社会经济因素。在这个时代，规模更大的永久社区开始形成，冶铁技术（包括犁）使得人们有可能将更大的林区开发成农田并加以灌溉。因此，农民能种植更多种类的作物，变得日益富足。贫富不均出现，小酋邦被更大的政治单位兼并，武士阶层再次变得举足轻重。[18] 除此之外，新的政治实体、新的国家纷纷鼓励贸易，同时货币取代牛作为财富的象征，进一步促进了商人阶级，甚至商业帝国的发展。不管是武士，还是商人，往往都不重视祭司和传统的祭祀仪式，因此个人主义开始在新城邦取代部落的认同感。

在这个新的社会分工体系下，社会失常蔓延，城市受害尤深。吠陀宗教似乎越来越脱离现实，尤因牛变得越来越稀有，而祭祀显得越来越浪费和残酷。[19] 在社会普遍失常的形势下，人们的目标不再是寻找形而上的真理，而是获得心灵的宁静。

正是在这种情况下，公元前 5 世纪末，来自喜马拉雅山脚下萨迦共和国的一位刹帝利削发剃度，换上"遁世者"常穿的藏红色长袍，前往摩揭陀国（印度东北部的古代王国），他就是乔达摩·悉达多，他当时 29 岁。备受父母宠爱，当他离家出走时，父母伤心欲绝。后来，他叙述了那天晚上他是如何悄悄走进妻子的卧室，默默地看了妻儿最后一眼，然后转身离开。[20] 在他那个时代，有很多人关心苦和生死轮回，但是乔达摩深信，这种困境是可以改变的，人类的窘境肯定有积极的对应物。因此，他开始了自己的探寻之路，他的求索之旅十分成功，后人至今仍称他为"佛陀"，意即"觉者"或"知者"。

一开始，乔达摩与众多修行者研究并体验了各种各样的冥想状态。然而他的结论是，不管是理论还是冥想，都不能让他实现真正的转变。他所能留下的只有他自己的"悟"，这是他的中心教义之一。他说，任何事都不应转手他人，也不能仰仗权威。乔达摩像他的先辈一样，坚信欲望是一切痛苦的根源，前进之路在于彻底改变这一困境。他认为消除与生俱来的欲望、渴望和贪婪是至关重要的。无私的同感、同情、希望其他所有人幸福，乃是摆脱苦的渠道。[21]

乔达摩的思想体系中没有为上帝或神留下位置。乔达摩没有给神灵歌功颂德，他只是完全没有考虑他们。他说，道德的生活就是利他的生活。当然，这意味着他的宗教不像婆罗门教那样服务于精英阶层，它是"普度众生的"。他像希腊的苏格拉底一样希望自省其身，发现自身的真理，为了达到这个目的，他深信人必须表现得好像自我不存在。[22] 佛教后来分为两大派。上座部佛教提倡遁世和寻求自我解脱。大乘佛教更加入世和民主，强调怜悯和慈悲的美德。[23]

如果说印度的思想发展唯有佛教，那就大错特错了。随着公元 320 年笈多王朝的建立，印度的宗教信仰变成了有神论。人们发现或者说重新发现，原来印度教有着"奢华铺张的神庙、多姿多彩的宗教游行、普遍的朝圣和大量的外来神"。"绝对存在"现在等同于人性化的楼陀罗／湿婆，它能够让信徒们从痛苦的生死轮回中解脱出来。事实上，许多人需要一个比佛教更感性的宗教，能够提供互惠。这种宗教关心和爱护其信徒，奖赏宗教虔诚的巴克提行为。巴克提是一种颇有影响的思想，我们可以在世界其他地方发现类似的理念。它的意思是"服从"。[24]

著名的印度教经文《薄伽梵歌》是轴心时代最后的经典之一。按照最新的研究，它是在公元前 5 世纪到 1 世纪之间创作完成的，标志着宗教转型时代的终结。《薄伽梵歌》的内容是大战开始之前王子阿周那与大神克利须那之间的一场对话。它所传递的信息是：只有效法克利须那，才能远离以自我为中心的欲望。克利须那告诉阿周那，最重要的是弃绝欲望。"物质世界如同战场，凡人奋争以求自明，超然、谦逊、非暴力、诚实与自制是为武器。"[25]

虚无、虚空与寂静

在这一时期，中国的宗教思想经历了几次转变。虽然它们在一定程度上有点类似于印度和其他地方，不过这些转变仍具有典型的中国特色。

商朝自公元前16世纪起统治黄河流域，历代商王都坚持自己是天子。在商朝都城殷，城墙的周长只有800码，住宅群只包括商王及诸侯的居所，周围被高墙环绕，以防洪水或敌袭。这表明商朝重视等级和等级制，商朝贵族把所有的精力都用在宗教祭祀、打仗和狩猎上。[26]

他们不屑农耕，但是土地是有意义的，山川河流、风雨雷电都是重要的神灵。祭祀十分重要，统治者死后要杀掉很多士兵殉葬。这些仪式之所以重要，是因为商朝人认为商朝的命运依赖先王的意志。举行祭祀仪式时，王公贵族都要装扮成逝去的亲属，相信他们被自己所扮演的祖先所附体。

但是，最高神"帝"和祖先是不可预测的，如果他们不满意的话，就可能带来干旱、洪水和其他灾难。因此，中国人在祭祀方面毫不吝啬，光是一次祭祀仪式，就献祭百头祭牲之多。在有些情况下，天子死后可能还要杀掉成百上千名家臣随葬。

商朝的这些信仰和实践与新大陆举行的宗教仪式可谓异曲同工。关于这些，我们将在第21章和第22章探讨。公元前1046年，周朝取代商朝，中国开始朝着轴心时代前进。在周朝统治时期，铁器传入中国，这使得周朝成为中国历史上统治时间最长的朝代。周朝盛行这样一个观点：商朝腐败，上天"怜悯众生之苦"。最高神"帝"的"目光"落在周王身上，周人将道德理想引入宗教信仰，但在此之前，宗教与道德并无联系。周人认为，上天不受猪、牛等祭祀品的影响，只因怜悯和公义而行动，这让人想起了《希伯来圣经》里的话。[27]

但是我们必须谨慎处之，不能认为中国的宗教与其他地方的宗教过于相似。在中国，铁器时代早期是一个外患重重的时代，周朝边界持续遭到游牧民族的侵袭。这意味着最高的周王根本不是那么高高在上——他可能无法控制中原地区的城邦。事实上，卡伦·阿姆斯特朗说，只有一个东西能将所有城邦凝聚在一起，那就是宗教崇拜。在周朝统治下，这种崇拜的性质有所不同。"中国人从不关心超越自然秩序的神灵。他们对于寻找'外部的'神圣事物并不感兴趣，他们更愿意让这个世界变得完全神圣，其方法就是让这个世界符合上天的原型。"国君在大多数时候拥有至高无上的权力，但也仅此而已。不论何时，天子必须遵循天道。[28]

然而到公元前 9 世纪末，深层次的变化开始出现。王权地位的下降可能是最令人不安的发展，这可能与当时天灾频仍有关。[29] 其他的变化是周朝自身造成的。在周朝统治下，周人大量砍伐林木，开垦越来越多的土地用于农耕。但是，这意味着狩猎和放牧的领地越来越少。商周在铺张的祭祀和赐礼仪式中往往宰杀成百上千头动物，这一切都对乡村丰富的野生生物造成了伤害。因此，周朝迈出了朝向轴心时代的第一步：制定祭礼，限制滥杀的数量。这同时产生了连锁效应，有助于新的中庸精神在贵族范围内传播。久而久之，精英阶层的一切活动变成了烦琐精细的仪式：一切活动都得遵循"正确的"方式。"凡事皆有宗教价值以及与之相配套的仪式。"

在中国，宗教仪式的特殊重要性在于：它导致一个重要的礼制学派在鲁国诞生。在鲁国，精通仪礼者深刻理解中庸和忍让的重要价值。例如，他们极为推崇尧和舜（传说中的远古圣王），据说他们凭借超凡的魅力统治人民，而这种魅力完全不同于武士阶层的魅力。尧是一位谦谦君子，在他的统治下，天下太平。传说尧和舜共著《尚书》，书中不言自明地批判了依靠武力和高压统治人民的前朝君主。中国的王权思想通过这种方式开始发生变化，从高压统治转向道德统治。[30]

在黄河流域，公元前 7 世纪是一个动荡的年代。但是，鲁国文人发起的礼制变革产生了深远的影响：礼作为仪式方法已为人所知，它迫使武士阶层的行为举止越来越像谦谦君子。结果，战争持续时间通常很短，"不能为了一己私利而打仗"，实际上，战争变成了礼节性的斗争。"如果杀戮无度，贵族将丧失地位；杀死俘虏的数量不能超过三个，即使如此，处杀时也必须紧闭双眼。"获胜后扬扬自得是不合礼制的。在朝廷上，所有臣僚都得致力于改进和完善礼仪，因此他们必须一直穿着得体，举止文雅，谦卑恭顺。"到公元前 7 世纪，这些理想似乎已经将周朝从一个粗鲁无礼、挥霍无度的社会转变成一个重视中庸和自制的社会。"[31]

不过，这种局面很快被打破。公元前 7 世纪下半叶，游牧民族发起了又一轮侵袭。由这些侵袭所导致的持续动荡导致楚国的崛起（公元前722—前481 年）。楚国位于中国的中南部地区，楚人奉行一种新的进攻策略。他们对于礼仪化的战争完全没兴趣。相反，他们以凶猛残暴而著称。据说，公元前 593 年，由于楚人的长期围攻，宋国人竟然沦落到"易子而食"的地步。[32]

混乱之际发生了几件事情。首先，在新一轮的暴力冲突中，士族们肯定受到野心和贪欲的驱使，也试图摆脱旧门阀的统治。这是中国朝着更平等政体前进的坎坷之路。与此同时，尽管士族的地位上升（至少在一段时间内），但在中原地区的郑国进行了一系列经济改革，力图改善农民的

335

处境。公元前 6 世纪下半叶，郑国颁布成文法典，平民可以据此反抗贵族的任意专权。*同时，礼仪之风日趋衰落，奢靡之风日渐盛行，资源遭到透支，给经济造成沉重负担。造成的后果之一便是破落贵族的数量明显增加。[33]

值此多事之秋，一位叫作孔丘（公元前 551—前 479 年）的年轻人完成了他的学业，准备步入仕途。孔子出身宋国的没落贵族，其父去世后，其母受正室排挤，被迫携孔子迁入鲁国。孔子自小聪慧，少而习礼。20 岁左右起就在鲁国充当小吏，30 岁时掌握礼制之学，40 岁时已经成为当时有名的博学之人，对于礼制有了更深刻的认识。他认为，"礼"能够让中国回归"天道"。孔丘的门徒后来尊称他"孔夫子"。在西方，他被称作"Confucius"。[34]

336

卡伦·阿姆斯特朗告诉我们，孔子不是孤独的苦行僧，他是通晓世故之人，"喜食美食，爱喝美酒，风趣健谈"。他像苏格拉底一样，并不是闭门造车，而是在与别人的交谈中不断完善自己的理论（著名的《论语》是在孔子死后由其弟子编纂而成，主要记载孔子及其弟子的言行）。

像轴心时代的其他人一样，孔子深切感受到自己与所处时代的疏离，但他坚信当前乱世的根本原因在于人们对传统礼仪的漠视。如果说他像苏格拉底一样通晓世故，那么我们同样可以说，他像乔达摩一样不屑于形而上学——"子不语怪、力、乱、神"，"敬鬼神而远之"。他主张"人应效法天之沉寂，虔诚守静"。过分关心来世是没有必要的，他认为，"未能事人，焉能事鬼？"孔子及其门徒所关心的终极目标不是"天"而是"道"，要小心前行，不是奔向一个地方或一个人，而是"一种超然至善的状态……'礼'就是指引他们步入正轨的路线图"。[35]

---

* 公元前 536 年，郑国执政子产将郑国的法律条文铸在象征诸侯权位的金属鼎上，公之于众，史称"铸刑书"。这是中国历史上第一次公布成文法，具有重要的进步意义。——译注

孔子认为，人们完全能够自觉和觉醒其身。修身养性是至关重要的生命过程，在本质上是互惠的。"己欲立而立人，己欲达而达人。""己所不欲，勿施于人。""'道'就是'成人之道'。"这其实也包含平等主义思想。在孔子时代之前，只有贵族实行礼制。现在，他坚持认为人人都可习礼。

孔子的方法既是心理方法，也是个性化方法和政治方法。他希望生命的核心在于尊严、高贵和神圣，并深信只有通过每天的努力才能达成。"提高仁性"是目标，它不能通过强制来实现。相反，过一种仁慈、推己及人的生活才能让你超越自身。[36]

孔子死于公元前479年，此时中国的轴心时代尚未结束。在那个时期前后，中国进入另一个动荡而可怕的时代，历史学家称之为"战国时代"（公元前475—前221年）。中原地区变得比以往更加动荡，战国七雄和北方的游牧部落混战不断，铁器的恐怖威力在战场上发挥出来。动荡局势造成的一大后果便是宗教思想领域的继续繁荣。成千上万的农民被征召入伍，越来越多的土地荒芜，农民兵成为经济政治生活中的一个重要因素。像其他地方一样，贵族的战车兵团逐渐被淘汰。到公元前4世纪，骑兵完全取代了战车，从军在很大意义上成为下等阶层的活动，士兵也在与游牧民族的交战中学会了打仗。中原人也使用游牧民族发明的剑和弩等武器。这使得战国时代变得更加可怕。由于人们放弃了中庸，"放纵"无度，天子与诸侯混战，他们先是与以前的对手结盟，然后更换结盟者，战士群体变得不可信任。于是，天子诸侯越来越求助于"贤士"，即博览群书、精通礼仪和伦理的学者。[37]

在这样的环境下，出现了另一位主张"非攻"的教育家——墨子。墨子（约公元前468—前376年）是墨家学派的创始人，其学派成员约有180人。他们身着农民或手工业者服装，遵循严格的规章，平等相处。墨家学派认为，他们的任务不是打仗，而是制止战争。墨子主张，人们应劝人用相爱代替仇恨，他的目标是用"兼相爱，交相利"代替人们的极度利己主义。墨家学派的中心概念是"爱"："爱人如己"。墨家学派不同于其他学派，因为他们更愿意做好事而不是当好人。他们将自身的技能、学识和意志力都用来服务社会。如果说在战国时期墨子比孔子更广受推崇，似乎也不足为奇。[38]

尽管这段时期局部战争不断，但是在公元前4世纪，中国的政治和经济转型仍然以惊人的速度向前推进。尤其是城市，它们不再仅仅是政治和宗教中心，而是开始成为商业和手工业中心，容载成千上万的居民。这个忙碌、混乱、前所未有的世界出现了各种新哲学或新思想。其中之一便是杨子*学说。杨子主张"为我"，听起来像是一种现代都市人的态度，他的主张，尤其是"忍"的思想——"冥想以克制激情，清空心智"，随即引起所谓"新儒家"的回击。[39]"忍"是中国修行方式发展过程中的一大背景因素。中国的修行以"气"理论为基础，"气"是基本的生命能量，也是"原始精神"。庄子采纳了这一思想，主张生命是连续的变化，有些事情，我们无法避免，但万变不离其宗——变化、死亡和幻灭都是正常的。道是无法表达的，大义不能言明，但自我是得道的最大障碍。[40]

孟轲又称"孟子"，西方人称其为"Mencius"。他发现了一个历史模式。他认为，国力每况愈下，部分原因在于人们试图用武力统治。而在他看来，"善"才具有"改造作用"。他推崇实际行动，认为凡人皆有"四端"，"四端"能够发展成"四德"：仁、义、礼、智。他也相信己所不欲，勿施于人这个黄金法则。"凡人只要达到至善至仁、天人合一的境界，皆可成为圣人。"[41]

到公元前3世纪，轴心时代的理论在世界其他地方或多或少均已就

338

----

*　即杨朱（约公元前395—约前335），战国时期魏国（一说秦国）人，杨朱学派创始人，其见解散见于《列子》《庄子》《孟子》《韩非子》《吕氏春秋》等。——译注

位。但在中国，战争仍然绵延不绝，人民强烈渴望和平。当时的政治形势极其严峻，中国人并没有像希腊人、印度人或以色列人那样专注于科学、形而上学和逻辑学之类的课题：在如此的乱世，这些事情似乎是无关紧要的。在这种背景下，出现了轴心时代最后一位伟大的中国圣人：老子（我们并不清楚他的生卒年月，他可能生活在公元前 5 世纪至公元前 2 世纪之间的某段时期，不过还有人认为他只是传说中的人物）。* 他也提倡"虚空、统一和宁静"，** 清心寡欲、清静无为和非暴力。[42]

中国的轴心时代与其他地方有很多相似之处，这是显而易见的。但是，中国人也吸取了另一个重要的经验教训，那就是没有一个学派能够垄断真理："道"，终究是不可道的。尽管如此，儒家学派的优势逐渐显露，到公元前 136 年，儒生董仲舒鉴于学派众多、鱼龙混杂，建议罢黜百家，尊儒家六经作为官学。即便如此，中国人也常说，白天为儒，晚上论道。[43]

从巴力到耶和华：犹太神的发展演变

影响力最大的轴心时代地区可能是以色列及其周边地区。"西方世界"虽非直接产生于此，但最终牵涉进来。关于以色列的信息有很多，这是因为它在那一时期的思想观念的发展轨迹在很大程度上被载入《圣经》。《圣经》是最早用字母文字书写的书籍之一。对此，我们将在下一章进一步阐述。

如果《圣经》是可信的，以色列人说过他们总是感觉自己异于其他人，不过这可能是"事后诸葛亮"，但这里面可能包含某些真相，因为他

---

* 关于老子的生存年代，历来众说纷纭。在 20 世纪 20 至 30 年代，围绕这个问题，中国学术界爆发了一场激烈的学术论争。以梁启超、钱穆、冯友兰为代表的学者认为"孔前老后"，老子是战国中晚期之人，而以胡适代表的学者则认为"老前孔后"，老子是春秋末期人。这场论争虽然激烈，但并未彻底解决老子的年代问题。现在国内通常采用春秋末期说。——译注

** 这可能对应着"致虚极，守静笃，万物并作"（《道德经》第 16 章）。——译注

们是半游牧民族，放养"小群"绵羊和山羊。他们不同于他们所接触的许多人，如埃及人、腓尼基人和迦南人，后三者都是定居民族。早期，亚伯拉罕、以撒和雅各崇拜迦南的最高神埃尔，但公元前14世纪以后，巴力逐渐取代埃尔的位置。巴力被描绘成一位勇猛之神，"在战车里腾云驾雾"，他往往以肉博方式与其他神灵战斗，还能呼风唤雨。换句话说，他是一位与因陀罗有许多相同特征的（男性）神。雅威在早期与巴力也十分相似。后来，以色列人背叛了巴力，就像他们背叛其他神一样。他们一开始认为巴力是鼓舞人心、给人启示的，不过他们同时也崇拜其他神（雅威最初是一位战神，直到公元前6世纪才变成以色列人的唯一神）。

与半游牧民族相称的是，以色列人没有祭祀中心，但是他们将约柜从一个圣地带往另一个圣地（如示剑、吉甲、示罗、伯特利、西奈和希伯伦），放在不同的神殿里。[44]我们知道，约柜里面放着刻有"十诫"的石板。当时摩西上西奈山四十天，等待上帝的指示，以色列人久等不来，亚伦就用以色列人的金饰铸造了一头金牛犊崇拜。摩西回来后，用装有"十诫"的约柜取代了金牛犊。这个故事可能反映了以色列人从早期的公牛（或母牛）崇拜向后来思想的转变。

但是，雅威一开始是战神，他不具备农业或丰产的知识。这进一步说明以色列人过去是草原游牧民族。勇猛的战神和风神也能带来降雨。雅威具备这些力量，但当时以色列人并不只崇拜雅威这一个神（大多数以色列人还崇拜部落神，雅威周围还有一些次要神）。只有少数人一直将雅威视为他们的唯一真神。[45]

印度有"遁世者"，中国有"贤士"，而近东地区有先知。先知不是能预测未来的人，而是神的代言人，负责传达上帝的启示。先知的传统广泛流行于从西部的迦南到东部的幼发拉底河流域等广大地区，但它的形成在很大程度上是以色列人的功劳，可能是由于他们的命运多舛。

340

在巴勒斯坦，先知作为宫廷幕僚，其职能之一是向君主献言进谏，确保君主保持独尊雅威的信仰。

第一位有影响力的先知是以利亚，他在以色列遭遇旱灾的时候崭露头角。以利亚认为这是一个决定性的时刻，以色列人必须在雅威和巴力之间做出抉择。他设计了一场神之间的比赛，在这场比赛中，两头公牛被放在两个祭坛上，一头献祭给雅威，另一头献祭给巴力。以利亚请求雅威从天上降下圣火，烧尽燔祭，结果正如以利亚所求。雅威获胜。接下来，以利亚又祈求天降大雨解除旱象，祈祷再次灵验。[46]

但是，以利亚的雅威是一种新型神：他是隐性的，"不再呈现为狂暴的自然力，而是以轻声低语的形式传递启示"。先知几乎总是关心社会公义，保护弱者，这体现了新型神的精神。像其他地方一样，这场宗教改革的催化剂是这一地区的暴力事件，它激发了人们建设一个道德社会的愿望，让人们认识到传统宗教仪式对于道德建设于事无补。除此之外，在西方的闪米特语世界，识字的人越来越多，这是由于字母发明后能够用文档来记录古代历史：后来的所谓《摩西五经》便是最早的文学作品之一。

那时候，政治、社会事务和宗教全都混杂在一起。因此，随着贫富分化的加剧，先知通过宗教形式来解释这种现象。例如，阿摩司和何西阿批判政府（国王）不去帮助穷人，将他们自己的利益置于人民利益之上。他们说，在这样的环境下，雅威要的不是仪式和祭祀，而是精神的变革，是忍让和大公无私。[47]

这不是一个简单的过程。犹太神的发展演变可从《创世记》中"E"派和"J"派的共存窥探端倪。"E"派指的是埃洛希姆派，他们称上帝为埃洛希姆（Elohim），"J"派则称上帝为"雅威"（Yahweh）或"耶和华"（Jehovah）。一般认为，"E"派出现得更早，因为"J"派有时似乎是在回应"E"派。"J"派将上帝描述成一个人，"如君主般漫步于伊甸园，享受着凉爽的晚风"。但是，按照"E"派的描述，上帝从未显现人形，通过"天使"或化身"火焰中的荆棘"间接与他们联系。这两种风格代表着重要的转变。"J"派提到了上帝和犹太人之间的特殊联系，但没有提及圣约，这说明圣约是公元前 6 世纪加入的内容，这一时期犹太人处于流放期间，他们在巴比伦吸收了琐罗亚斯德教的思想。[48]

　　另一个新因素也与祭祀观念有关。在古代世界，最先出生的孩子或最先长出的庄稼，往往被视为神的"财产"。这就是他们被当作祭品"返还"给神的原因。但是在《圣经》里，为了检验亚伯拉罕的信仰是否虔诚，埃洛希姆要求亚伯拉罕将亲生儿子献祭。这是新鲜事物，部分原因在于这个要求太过随意，但是其检验的意味十分明显。一直以来，进行祭祀的目的是将能量传送给神灵，以便他们能够履行神的职责。但是埃洛希姆 / 雅威是无所不能的神，他们不需要任何能量供给：他给亚伯拉罕设定的检验是个新的突破。当然，在最后关头，埃洛希姆派出天使阻止了杀子事件的发生，让亚伯拉罕献祭一只羔羊代替。这个事件标志了另一个重要的转变：动物祭祀代替人祭。[49]

　　这具有重要意义，因为它在人与神之间设置了一条鸿沟，而且这条鸿沟比以往任何时候都大得多。以前，宫殿王国的神灵众多，他们各司其职。现在，只有一个神，无所不能，超越一切。"雅威不再只是以色列人的神，而是全世界的主宰者。"以色列人的这种思想——雅威能控制其他国家的神——明显反映了以色列人目空一切的爱国主义，只有周围全是强国的弱小国家才能存在这种思想。[50]

　　这是公元前 7 世纪犹太教产生的历史背景。玛拿西（前 687—前 642 年）在任时，犹太王国附属于亚述。他建造了巴力神坛，将亚舍拉*的肖

342

---

* 亚舍拉是亚述掌管生育繁殖的女神。与亚舍拉相对应的男性神即巴力。——译注

像转移到耶路撒冷，并继续用儿童献祭。鼓动人们独拜雅威的先知们坚持说，玛拿西的言行会激怒上帝并最终被何西亚推翻。圣殿的男妓之屋被洗劫，献祭儿童的炉膛亦是如此。乡村的神龛被关闭。申命派发动了深层次的变革。可能在一小群文书的召集下，《申命记》于公元前 6 世纪完成。这本书申明，以色列人只能在一个圣所，即"雅威为自己选定立名的地方"进行祭祀。耶路撒冷之外的其他神庙必须被清除掉。这使得中心崇拜的地位大涨。《申命记》规定，虽然个人可以在自己家里举行动物献祭，但不可食血（生命之力），必须将血泼洒到地面。申命派还建立了特殊法庭，审理宗教案件，国王被剥夺了某些权力：他不再被视为神一样的人。"他唯一的职责是诵读摩西律法；他须服从于法律。"

正如卡伦·阿姆斯特朗所说，在某种意义上说，《申命记》是一部现代文献：它建立了一个世俗领域，一个独立司法系统，一位立宪君主和一个中央集权国家。更重要的是，上帝是一种抽象事物——你看不到他，也不能通过献祭来讨好他。他不像早期雅威崇拜所设想的那样住在神殿里，神殿现在只是一个祈祷的地方。[51]

所有这些变化都在发生着。接下来，在公元前 597 年和前 586 年，新巴比伦王国的尼布甲尼撒二世两次攻陷耶路撒冷，尤其是后一次，令耶路撒冷遭到更严重的破坏，2 万名以色列人被掳往巴比伦。以色列人丧失了一切，他们不仅失去了财产，还丧失了自信。很自然地，有些犹太人转向内心的探索。由于一无所有，无家可归，以色列人必须学会适应寄人篱下的生活。在这种恶劣环境下，上帝变得深不可测、完全超然，"超越了人的范畴"。[52]

以西结充分利用了这个绝望的困境。他主张不是上帝辜负了以色列人，而是以色列人辜负了上帝。以色列人只有完全悔悟，上帝才能让他们重返故乡。在《先知书》中，先知教导人们，所有人必须虔诚地生活，

"好像他们在神殿中那样侍奉神，因为上帝就生活在他们中间"。这个新的伦理革命是在以色列人背井离乡的情况下发生的。就这样，完全自主的"神"的概念产生了。用后现代的术语来说，雅威是"他类"。这个思想的重要内容之一就是尊重每个生物的神圣"他性"。"凡物皆不可被奴役或占有，土地亦是如此。"流放经历让以色列人加深了对他人痛苦的理解。这与印度的非暴力思想并不相同，但是相近。

现在，祭祀行为又发生了改变。《先知书》说，以色列人能够献祭和食用他们饲养的绵羊和牛。这些动物是"洁净的"或"纯洁的"，因为它们是社会的组成部分，因此共同享有上帝与以色列人的圣约。[53] 野外"不洁净"的动物被禁止捕杀。

以色列人从流放地返回后，由于法利赛人的出现，他们的思想完成了最后的转变。法利赛人是极其虔诚的，认为整个以色列应该成为一个先知国家。也就是说人们既可以在圣殿中体验上帝，也可以在最简陋的家中体验。而且法利赛人坚持认为，罪过能够通过善行而非祭祀来弥补。这个黄金法则从此变成了指导原则。拉比传授经文，但没有更高的地位，也不会更容易接近上帝。卡伦·阿姆斯特朗说，在拉比时期，轴心时代的犹太教得到了充分发展。研习变成人与上帝的"动态邂逅"，只要认真研读，任何犹太人都能受到启示。

因此，犹太教经历了不同的发展阶段。正如我们将在第 22 章所看到的，基督教本身在一开始也是作为犹太教的一个分支出现的。[54]

异教徒的一神教："合而为一"

在定义和描述轴心时代时，卡尔·雅斯贝斯集中论述了他认为最重要和最新颖的一个方面：新精神的认同感，这种新精神建立在怜悯、非暴力、黄金法则的基础上，本质上说，它是道德的发现和"人人皆可领悟"

344

的主张。不过，在某种意义上说，那只是描述了事情的一个方面。另一个方面是一神论思想的发明或出现，这个神是超脱一切的，要求信徒绝对的忠诚与崇敬。

纵观历史，以色列人 / 犹太人的功绩在于他们发明了一神教，这是新大陆从未发生过的一个思想变化。然而，最近有学者认为，这个思想变化看起来像是独一无二的，但实际情况并非如此。

"多神教"和"一神教"都属于近代概念，它们出现于 17 世纪，很可能掩盖了实际情况。[55]20 世纪 90 年代末，牛津大学召开了一次会议，与会人员围绕一神教的出现进行了广泛讨论，并在 1999 年出版了《古代后期异教徒的一神教》一书。[56]该书认为，一神教思想在古代后期得到日益广泛的传播，尤其是在文化程度较高的希腊东部。例如，波利米尼亚·阿萨纳西亚蒂和迈克尔·弗雷德认为，异教和基督教之间的差异并非刻板和简单的。"公元前 2 世纪是一个自然分水岭：与过去希腊的决裂标志着全新的开始。希腊宗教理论弥漫着'一神多名'的思想。"斯多噶学派的克莱安提斯和柏罗丁都改造了传统的崇拜以适应一神信仰。"埃利乌斯·阿利斯提德和凯尔苏斯都认为天界与人界的管理是相似的，大部分总督服从于皇帝或大王。"[57]

我们也不应忽略如下事实：基督教的一神教思想是以柏拉图式的语言表达出来的。按照奥林皮奥多鲁斯的话来说："我们意识到第一动因是'一'，也就是神，因为不可能有许多个第一动因。"通过仔细研读神谕铭文和文本，我们也可以看出，神谕问询者的神学兴趣受两个问题的控制：一神教和崇拜（也就是宗教仪式）。克拉罗斯的阿波罗神庙祭司认为传统的异教神不是神，而是神的天使。最高神崇拜和迦勒底启示证明存在一个"第一原则"，它如太阳般炽热。柏拉图学派和亚里士多德学派认为神"绝对是无形的，因此超越了感观世界"。实际上，基督教思想充斥着这种观点。阿萨纳西亚蒂和弗雷德认为，事实上相当大一部分异教徒在思想意识上是主张一神论的，从历史的观点来看，基督教的一神论只是广大范围内的发展成果之一，而最初它只是另一种形式的犹太教。[58]

社会在朝着一神教的方向前进。荷马很早以前就曾说过，宙斯是"思想的主宰"。他不否认其他神的存在，但他们的地位都比主神低：这被称作单一主神教，它是一神教的前身。甚至更早以前的公元前 2000 年代后半期，在巴比伦人的创世史诗《埃努玛·埃利什》中，马尔杜克就挺身而出，将众神从提亚玛特及其随从的压迫中拯救出来。作为回报，他要求获得最高的权力。[59]在古代，阿那克西曼德可以被视为一神论者，因为他认为一切事物都来源于单一的神圣法则。色诺芬尼也提及"一神"，"虽不是唯一存在的神，但是远远高于其他神"。巴门尼德构想了一位"控制一切的"女神，但他也设想了其他次要神。恩培多克勒的"四圣根"每隔一段时间融合为统一体，变成单一的神，称为"气"。希罗多德也有最高神的思想，他说，这个神"深谋远虑"，统管整个世界。[60]

想要将基督教的观点与柏拉图、亚里士多德、芝诺及其追随者的主张完全区分开来绝非易事。斯多噶学派提到了"那位神"，柏拉图的造物主承认三个原则：神、理念和物质。[61]

阿萨纳西亚蒂和弗雷德认为，那时候的柏拉图学派、逍遥学派和斯多噶学派形成了"清晰的认识"，因此"古代后期绝大多数哲学家"相信一神论。"他们相信这个神不仅享有极乐之地，而且是一位独一无二的神，他是第一原则，依照天意决定和统领现实世界。"[62]他们甚至还将一神论分为"严格一神教"和"柔和一神教"。"严格"一神教包括犹太教和伊斯兰教，而"柔和"一神教适用于希腊宗教（宙斯是最高神，但还有一些次要神，因为圣体无所不在）。按照这种说法，基督教是介于两者之间的一神教，是"一元论和多元论的巧妙结合"。[63]最能支撑这一论点的是公元 2 至

346

3 世纪的最高神崇拜。最高神是一位形单影只、遥不可及的神，人们以传统的异教人形象来崇拜他。最高神崇拜流行于色雷斯（公元 25 年以后）、黑海地区、马其顿以及犹太人中间（《马可福音》中提到过这种崇拜）。阿萨纳西亚蒂和弗雷德在其著作附录中列举了东地中海地区提及最高神的 293 部文献。[64]

347

犹太人作为牧人的特殊地位

虽然阿萨纳西亚蒂和弗雷德很好地说明了公元前 1000 年代一神教在中东地区的普遍出现，但他们没有解释其原因。男性神的出现不一定导致一神教的产生，不过神作为最高统帅的思想的确可以从青铜时代后期的大型战争中找到根源。正如佛教、《奥义书》和儒家思想中所反映的，对于怜悯、更平等的道德以及内心寻求更大自觉的普遍倾向，可能也催生出超然存在的思想。但是，按照丹尼尔·希勒尔的观点，就以色列人而言，一神教的产生还有一个特殊的原因。

他的观点如下："因为希伯来人是游牧民族，居住并占据几个生态区域，他们容易认识到万物的最高统一体，而这是一神教的中心原则，容易将各类崇拜的'自然力'对象整合成一个包罗万象的'自然力'。"同时，随着一个松散的部落聚合体变成一个紧密结合的国家，这进一步强化了一神教的思想。另一个因素是：儿童祭祀和动物祭祀都没能阻止犹太人的不幸降临，这最终导致犹太人的思想发生变化，其结果就是雅威终于告诉他们：他不需要祭品。[65]

希勒尔说，游牧社会不同于农业社会，因为游牧民族往往强调和崇拜"雄性动物的兽欲和生殖力，例如公牛和公羊"。由于他们也依赖雨水，因此动物神和雨神都是他们的崇拜对象。"他们实现了至关重要的统一，因为作为游牧民族，他们比古代近东不同地域居住的其他任何民族经历的事情更多。"长老一开始是牧羊人，但是由于干旱和其他灾难，他们被迫迁徙，由此遭遇其他环境和地形。希勒尔提醒我们，绵羊和山羊一定是在 6 英里范围内活动——这是它们能够每天两次往返水源地的距离，这也让它们穿越不同类型的乡村环境。牧民比狩猎采集者在猎杀对象上更有选择性，他们只杀雄性而非雌性动物，这让他们加深了对性别和动物价值的认识。这可能还与如下事实有关：当雅威的天使告诉亚伯拉罕用羊羔代替他的儿子时，儿童祭祀最终被动物祭祀所取代。游牧民族通过延缓断奶来控制人口增长，因此牧民的孩子可能更少，相应地也更宝贵。无论如何，这是朝着更人性观点迈进的重要一步，也是祭祀发展史上的一个重要阶段。[66]

我们能够在《旧约》中发现游牧生活的其他内容。例如，牧民和农民之间已经建立起良好的贸易联系，但是两者之间的关系并不稳定，该隐和亚伯之间的冲突可能代表了古代农民和牧民之间的冲突。我们知道，这种冲突是世界历史的重要推动力。[67]同样，被逐出伊甸园也是关于农业开端的民间记忆。由于这个转变，人类不再像牧民那样逐草而居，而是变成"辛苦的谷物种植者"。众所周知，族间仇杀在游牧社会占据重要位置——偷牛被视为一项神圣的活动，牛是游牧部落主要的财富形式。"以眼还眼"是《旧约》中常见的处世态度，因此雅威要求以色列人不要给他塑造雕像。游牧民族由于不停地迁徙，不像农耕民族那样需要手工技艺或艺术品，无须塑像的神更适合他们。[68]

希勒尔进一步指出，游牧民族的不安定生活迫使他们不停迁徙，寻找牧草和水源，这很可能就是希伯来人进入埃及的原因。在那里，他们建立起一个稳定的社会，找到了充足的水源。但是，对埃及人来说，希伯来人更像是典型的"他类"，这可能让希伯来人认为他们在某种程度上是与众不同的，他们与上帝立下盟约，上帝是他们（"他类"）的神。[69]

最终，希伯来人离开埃及。希勒尔推测，离开埃及的希伯来人肯定比

348

349 　《圣经》上说的人数少得多，因为没有任何大型部落能够全体活着走出沙漠。但是重点在于，他们离开埃及时带走了他们的羊群，因为当摩西在旷野中等待上帝时，希伯来人建立了牛犊崇拜。这意味着他们在埃及的时候（数代人的时间）"还没有抛弃游牧传统"。他们保持着他们的"他类"地位。[70]

　　《十诫》没有明确规定固定的仪式，也没有提及祭祀。希勒尔认为，到了这个时候，希伯来人已经想放弃游牧生活，转而变成农民。他们的不安全处境让他们不信任自己之外的任何人。但是一神教形成于此，对他们来说，这是民族统一的象征，新的信仰让他们显得与众不同。[71] 圣殿的重要意义在于它充当着民族信仰的中心，不管是平民还是国王贵族，都在这里崇拜雅威。埃尔是早期神灵的名字，希勒尔说，这个名字来源于"ayil"，这个词的意思是"公羊"，同时含有"领袖"或"头领"之意。[72]

动物信仰的改变

　　耶稣诞生前后，两个更深刻的变革即将发生在旧大陆，尤其是地中海地区／近东地区。这就是祭祀（血祭）的终结和字母文字的出现。这些导致了本书所述宗教的诞生。[73]

　　公共血祭的终结意义重大，因为它最终导致了宗教仪式的全面重构。在埃及，自第一王朝（前3050至前2800年）后，就没有保留祭祀；印度到《百道梵书》时期（前8至前6世纪），经历了从人祭到血祭再到果蔬祭的过渡过程；在中国，人祭似乎终结于公元前384年。[74] 沃尔特·伯克特是研究近东文明对希腊文化影响的专家，他利用一系列的两河流域神话传说描述了"祭祀被替代"的发展过程。例如，两河流域的人们将山羊或公羊打扮成人的样子献祭给神，以求解除瘟疫，竟然蒙混过关。[75]

　　以色列人的耶路撒冷圣殿在公元70年被提图斯摧毁。这最终导致祭
350 祀习俗的终结（按照公元前97年的罗马法，人祭是不合法的，但是根据

米兰达·安德豪斯·格林的研究，在公元 400 年以前，人祭在罗马帝国范围内仍有发生，不过很罕见而已）。由于祭祀的休止，祭司变得无关紧要了。[76] 仪式活动也发生了转变。不管是在犹太人那里，还是在其他人那里，血祭在以前一直是古代宗教的中心程序。但是现在，古代近东世界正在重新考虑它在一神教中的地位。君士坦丁二世就认为祭祀是荒唐的行为，应该予以禁止。除此之外，盖伊·斯特劳姆萨认为，古希腊思想界就祭祀的必要性和价值问题进行了一场大辩论，这体现在琉善、提奥特拉斯图斯和波尔菲利的著作中。后者的著作《论禁食肉类》广为人知。[77]

这些事情之所以发生，是因为当时人们对动物尤其是牲畜的态度发生了根本改变。在公元前 1000 年左右，动物祭祀在印度已经被不流血的祭品所代替，印度人还开始转向果蔬祭祀，不伤害生灵的思想已经反映在婆罗门教的律法书中。[78] 西方并没有转向素食主义；这里的反应更为复杂。例如，在希腊，人们观察到神和动物拥有共同之处：他们都不是人。同时，动物与人打交道，它们拥有动物社会，与人有很多共同特征——肢体的数量、对后代的关爱、必须肉体结合才能产生新个体等等。[79]

地中海经济依赖畜力和动物资源，基于动物与人的亲近程度而构建的等级制已经出现。这涉及一个重要的互惠因素：农业动物受到保护，作为交换条件，它们要为人类服务。在那时，人们使用牲畜主要是因为它们的力气、皮毛和奶，而肉只是次要因素。在祭祀仪式上，人们一定要用松弛的绳子引导它们入场（也就是说不能强拉硬拽它们），然后在它们头上浇一杯水，让它们点头，表示"同意"被杀。这似乎让人想起了狩猎采集时代人类与所杀动物之间的相互关系。

然而在公元前 1000 年代，人类对动物的态度开始发生改变。这个转折点似乎始于亚里士多德和斯多噶学派。按照斯多噶学派的观点，动物是"aloga"，即没有理性或信仰的生物。希腊人重新分析了动物的心理能力，

351

亚里士多德总结道：驯养动物比野生动物高级。既然动物没有理性，斯多噶学派由此认为，它们被创造出来就是供人使用的。这种观点被犹太人和基督徒袭用，在《圣经》中就有类似的表达。[80]

然而，事情不只如此，某些动物能够行为得当：例如有些动物性行为适度，而有些动物不食肉。希腊人由此得出推论：如果动物能够行为得当，它们就应该得到公正的对待。格里卢观察到"狮子和马从来不是其他狮子和马的奴隶，就像人与人一样"，阿波罗尼乌斯不进行血祭，也不穿动物皮毛做成的衣服。他相信动物是"其自身的目的"，并不像斯多噶学派所说的那样，只是为了人而被创造出来。其他人提出了不同的道德问题，例如对动物残忍会不会让人们残忍相对？[81] 很明显，动物能够感受痛苦，因此伤害它们是不公正的，尤其是那些无害于人的驯养动物。这导致希腊人和罗马人对于驯养动物和野生动物采取了完全不同的对待方式。

同时，人们开始与动物拉开距离，以便与神靠得更近。罗马人有时鄙视埃及人，原因之一就是埃及人崇拜动物神。埃及人之所以崇拜动物神，是因为有些动物是恐怖的，或奇特的，或者拥有人类所不具有的性质（埃及人崇拜鳄鱼是因为它没有舌头，由此埃及人产生了一个想法：神的语言不需声音。埃及人崇拜甲虫是因为它滚粪球的方式就像太阳每天在天空中东升西落）。[82] 动物之所以被崇拜，另一个原因可能是它们看起来比人更神秘（并因此更聪明）。而且，它们不会变化，因此象征着永恒。奥维德在《变形记》中问道：变成动物意味着什么？不过，《变形记》认为变成动物是降低了等级。在罗马竞技场，人与动物之间的差别变得十分残酷。

所有这些意味着人与动物之间的关系发生了重要变化，从互惠关系变为统治与被统治的关系，密特拉教公牛祭的引入更加强化了这一点。在公牛祭中，公牛在一个坑的上方被杀死，祭司站在坑里，大量的鲜血浇淋到他身上。密特拉教徒认为，与大量鲜血接触能够让祭司变得更加神圣。[83]

352

波尔菲利在《论禁食肉类》中认为，没有必要吃掉祭祀动物，人们应该怜惜动物——尤其是驯养动物，物质神需要祭物，非物质神则需要精神祭品。动物祭祀现在被定义为野蛮人的习俗——他们缺乏精神追求。事实上，这变成了一条文化分界线。波尔菲利说，公正对待动物能够改善人性（同时，他捍卫了人们捕杀危险的野生动物的权利）。不同于斯多噶学派或亚里士多德，波尔菲利承认动物有理性和语言，但是他认为人类比动物更加理智，动物的灵魂不能得到拯救。例如，猪"从来没有抬头看看天"。在他看来，精神祭祀比动物祭祀更加文明、更加高尚。[84]

《创世记》赋予人类对动物的"统御权"。实际上，《圣经》中的动物更像是人类的奴隶而不是伙伴（《圣经》中只有蛇和驴会说话）。鱼和绵羊都被视为有益无害的动物。牧羊人是一个卑微的职业，但是绵羊的经济价值很大，也是最受欢迎的祭祀动物。在《圣经》中，牧羊人主要用作隐喻，隐喻那些看管人群的导师。马的价格昂贵，是战争和贵族的象征，而爱护后代的绵羊和母鸡表达了动物世界的柔情与怜惜，而基督教试图借用的就是这种怜惜之情。[85]

在《创世记》中，人是按照上帝的形象创造出来的。事实上，由于基督徒"将动物落在后面"，因此他巩固了人和动物之间的界限。在基督教和祭祀目的的影响下，动物被逐出圣域。当然，这与新大陆是截然不同的。我们知道，在新大陆，萨满与美洲豹和其他动物的界限是不固定和模糊不清的。在旧大陆，圣奥古斯丁（354—430）果断地肯定了动物的非理性，以及动物与人类的分离。[86]当然，边远地区仍然沿袭着旧风俗。例如，在斯拉夫人中间，幼畜献祭之风一直持续到 12 世纪。

宗教的私人化

公元 70 年，耶路撒冷圣殿被毁。这是一个政治和军事的事件，严格意义上讲，它与人们对于动物态度和信仰的变化无关。但事实上，它完美地充当了后者的催化剂。圣殿的消失加速了礼拜仪式的精神化，因此祈祷代替了日常祭祀。这进一步导致仪式朝着无祭司的方向转变；没有祭祀的崇拜仪式变得更加高尚，礼拜仪式可以在任何地方进行：拉比是导师，不是祭司，他没有主持礼拜仪式的功能。现在，犹太人放弃了血祭，转而进行精神祭祀（祈祷）。"我们在这里看到了宗教的私人化，从公民宗教转变为个人和家庭的安静礼拜仪式。研究《摩西五经》代替了祭祀。"而且，祈祷、斋戒和施舍成为圣殿倒下后的三大支柱。"犹太教现在变成了一个疏离上帝的宗教……人们不再召唤上帝而是祈求上帝。"[87] 这也是一种信仰的内化。

基督教与犹太教有共性，但并不相同。《圣经》手抄本的出现（许多基督徒将它与犹太人使用的《妥拉经卷》区分开来）让基督徒能够安静地阅读，这是另一种内化形式，也是罗马帝国时期文化变革和宗教实践中的基本要素。而且，不同于犹太人和其他异教徒的是，基督徒没有共同的土地、语言或着装，而到目前为止，这些都是集体认同感的标志。因此，基督徒构想了一种前所未有的新人："这种新人以他们的信仰为标志，信奉一个神话，而这个神话保存在一部圣书中。"[88] 为了让所有人获得基督的拯救，上帝的启示必须转化成人们看得懂的语言。因此，第一批基督徒建议将《圣经》翻译成任何可能的语言。它造成的结果之一便是语言文学的出现——语言原来只是口头的，例如亚美尼亚语和哥特语。[89]

虽然盖伊·斯特劳姆萨认为异教徒也有圣书的观念，但书籍在基督徒和异教徒之间所起的作用相当不同。基督教的传播带来了其他方面的发展。不管在东方还是西方，修道院文化的基础是连续不断地阅读《圣经》。另一方面，在东部大城市，基督徒成功地将希腊罗马学问基督教化，建立了一种事实上的双重文化，包罗两种完全不同的文学传统，即斯特劳姆萨

354

所谓的"欧洲文化双螺旋":《圣经》和某些重要的古典文本（尤其是斯多噶学派和柏拉图的著作）的并存。"这确保神学变成基督教的组成部分，对于西方思想结构（哲学与神学的'合谋'）具有决定性意义。"[90] 这个重要进展会在第 22 章得到进一步阐述。

从根源上看，基督教当然以祭祀为基础，但基督教重新解释了祭祀的思想。基督徒表达了对血祭的极端厌恶，这种厌恶对于改变血祭习俗具有重要意义。但是我们不应忽略如下事实：殉难包含祭祀思想的因素。勒奈·吉亚德在《暴力与神圣》中证明，基督教"彻底终结了古代所有宗教的祭祀暴力"，但是他补充道，祭祀思想并未消亡。[91] 实际上，灵魂变成了"内心的神庙"。

祭祀以前一直是公开进行的，它是集体认同感的一种表达方式。祭祀的终结伴随着公共仪式的终结。神庙过去建在中心地带，但现在，正如斯特劳姆萨所指出的，"新宗教有了新的地理学"，这反映了一种新的社会思想，不再那么中心化，更加深入民间，更加私密，因为信徒必须听取和讨论"基于文本的新信仰"。所以基督教（和后神殿时代的犹太教）教义是理智的 / 抽象的，而不是基于仪式的。虽然罗马异教信仰包含遵守仪式的内容，但后神殿时代的犹太教和基督教首先是心灵宗教。这进一步表明，新宗教将它们自己限定在政治构架之外。[92]

所有这一切都意味着不管是个人身份，还是集体认同感，人们定义身份的方式发生了巨大的分裂。在希腊化世界，身份本质上是从文化的角度来理解的，但到了公元 5 世纪，身份变成几乎总是从宗教角度来理解的事情。[93] 与此同时，确立身份的标准发生了深刻变化：智者被精神导师所替代。虽然希腊哲学家提出了关于世界的解释，但基督教导师不同于哲学家和智者，因为基督教修士并不会引导他的学生各行其道（像苏格拉底、释迦牟尼和孔子那样），而是让他们跟随自己"寻求救赎"，直至目标达成。

355

"精神导师的目标，就是阻止灵性信徒独立思考……压抑情感、无知和服从则受到赞扬。"[94]基督教主张，"除非通过既是人又是神的导师的中介"，否则不能得到救赎。实际上，这样的机构和实践在古代世界的其他地方从未存在过。

"他类"理论

虽然篇幅很长，但平心而论，本章对轴心时代发生的深刻宗教改革只是做了肤浅研究。作为总结，我们可以说，每个轴心文明虽然都有与众不同之处，但都经历了几个相似的变化。它们具有如下几个相互联系的特征：

• 第一是同情心、公义感和道德进步的出现，将穷人和弱者的利益摆到与统治阶级相同，甚至更高的地位。

• 第二是平等主义精神的扩散，这与适度、谦卑、平静、亲近、缄默、先人后己等品质的提倡密切相关，毫无疑问，所有这一切是对青铜时代末期和铁器时代初期风行欧亚大陆的暴力行为的反应。

• 第三是围绕着一种新神或新的宗教/伦理实体，新精神得以发扬光大。这种新神或新实体本质上是不可言喻的、不可知的、隐秘抽象的、超脱一切的、完全"他类"的，但是人人都可以平等求助于他，因为虔诚信仰的人都能获得新神给予的"救赎"。

• 第四是新的超然实体并不需要血祭。在这些社会里，驯养动物的经济价值越来越高，而公共仪式渐趋衰落，被更加私密的崇拜形式所代替，最典型的私密崇拜形式是祈祷和研究圣书。

• 第五是由于能够更好地编纂翻译，文字本身也改变了宗教，改变了宗教等级形式，超越了狭窄的政治界限。正如我们所见，修道院制度促进了神学和其他活动的蓬勃发展。

　　在所有这些变化和变革中，最伟大的变革在于神超脱一切、完全"他类"的思想以及平等主义精神。平等主义本质上可视为当代世界的一种政治思想，它从来没有在新大陆文明中获得普及（不过，在更早期的发展阶段，它的确存在于新大陆社会）。在平等主义思想进入政治领域之前，它先是作为一种宗教思想在旧大陆出现的。不过，过去政治和宗教的重合度要比现在高得多。

　　然而，宗教变革不是轴心时代的唯一变化。其他变化与宗教变化相伴发生，而这一系列步骤从未在新大陆发生过。

357

19

民主、字母、货币的发明与希腊自然观的出现

青铜时代末期旧大陆的特点是战争频仍，这一方面深刻影响了宗教和自我意识的发展，促使人们开始思考人类的本质和意义；另一方面引发了其他许多方面的变革，而这些变革在新大陆从未发生过。在这些事件的共同作用下。两大半球的发展道路渐行渐远。

我们前面已经看到，游牧民族的重大成就之一就是骑马术。这对于权力从战车向骑兵的转移具有决定性的影响。在新式骑兵队伍中，战士们往往结对骑马作战。这是因为在马镫发明（前 800—前 500 年）前，单个骑兵很难做到射箭和控制马匹两不误。因此，在两人驾驶两匹马的情况下，一位骑手控制两匹马的缰绳，另一人就可以射箭。这具有一定的优势，因为马比战车便宜，如果一匹马被敌箭射中，两个人还能骑在第二匹马上逃离，这比从一辆损坏的战车上转移容易多了。随着马镫的发明，战车迅速被骑兵所取代。

即便如此，铁器时代的骑兵也总是排在步兵之后。部分原因在于：战

车的局限性开始显露（它们不像马或步兵那样机动灵活，而且十分昂贵），
而随着城市的发展，城市居民越来越多，征募更多的步兵并不困难。例
如，这一时期亚述的一支军队有 1 351 辆战车，却有 50 000 名战士，平均
37 人对应一辆战车。无论战车上的人有多厉害，我们都无法想象一辆战
车能胜过 37 人。公元前 12 世纪的许多埃及纸莎草纸文献提到了大量蛮族
人，尤其是利比亚人和美什维什人，他们在底比斯制造了很大的混乱。[1]
几乎可以肯定，这些人是职业步兵。我们知道在铁器时代早期，亚述依靠
步兵，并且与至少有 2 万步兵的部落作战。在希腊，墓葬和荷马史诗都证
明，黑暗时代（前 1200—前 800 年）的希腊人是徒步打仗的（黑暗时代的
墓葬品中几乎找不到箭头）。最近的研究甚至证明，希腊"骑士"会骑马
奔向战场，但一旦到达战场，他们便下马进行步战厮杀。事实上，通过最
近对黑暗时代希腊战争技术的复原，人们发现大量步兵在城邦对战时占据
显著位置，持矛步兵一线排开，或列成方阵。"在诗人的故事中，决斗的
贵族是必不可少的，但在现实中，披甲勇士远不如站在他们前列的无名小
卒重要。"[2]

358

　　按照后来的标准看，黑暗时代的希腊步兵并不突出，但关键问题是：
步兵是城邦社会主要的，通常也是唯一的防御力量。到公元前 8 世纪末，
武器制造取得了相当大的进步，希腊城邦越来越有能力装备大规模的步兵
队伍，取代规模小得多的贵族战车队。结果，到前 700 至前 650 年间，荷
马时代那种单打独斗的老派武士逐渐被淘汰。[3] 这是一个重要的社会和军
事变革，因为它意味着战争不再是贵族的特权。公民无论出身与地位多么
卑微，只要能够承担得起购置武器的费用，都能加入这支声名赫赫的部
队。因此，一种新的平等观跟随重装步兵队伍应运而生。重装步兵队伍是
一支民族的队伍，它的成员来自前所未有的广泛男性群体。

　　这是与过去的重大决裂。"赫西俄德认为，抛弃传统英雄主义理想的

时候到来了；重装步兵队伍促成了这一分离。"追寻个人荣耀的个体武士现在已经不合时宜。相反，重装步兵战士本质上是一个团队。对于重装步兵方阵来说，一损俱损，一荣俱荣。"'优秀'被重新定义。优秀人才是具有爱国精神和甘为公众利益献身之人。重装步兵不会极力追求个人的声望与荣誉，他要把自己的需要融入整个方阵的利益之中。它促进了无私和利他伦理的诞生。"[4]

这一改革即便是无心之举，也极大地改变了希腊；它奠定了民主的根基。"在方阵中与贵族并肩而战的农民再也不可能以同样的方式看待贵族了。"普通人对贵族的尊重逐渐消失。没过多久，下层平民就开始要求他们的组织（公民大会）在城邦管理中占据主导地位。重装步兵的改革彻底改变了城邦的自我形象。[5]

这次彻底革新具有广泛影响。例如，自由的演说本来是贵族英雄的特权，现在扩展到方阵的全体成员。不过，方阵使用的是一种不同的语言。直接而实际的"白话／言语"与荷马和英雄时代的诗歌完全不同。传统上能征善战的贵族认为，战争让生命更有意义。[6] 但是，"白话"的产生源于实际的需要。人们需要知道"发生了什么事"，"我们该怎么做"。至关重要的是，任何一名士兵都能从容地质疑与他们每个人都息息相关的作战计划。重装步兵的"白话"没有取代诗人的"神话"——两者并行不悖。不过，随着越来越多的公民成为重装步兵，"白话"继之成为一种独特的做法。到公元前 7 世纪，斯巴达比雅典更能体现这种新理想。到公元前 650 年，所有男性公民都成为重装步兵，人民成为最高统治者。[7]

公元前 6 世纪初，阿提卡乡村地区的农民因不满贵族的横征暴敛，联合起来进行反抗。这时重装步兵发挥了重要的作用（尽管是间接作用）。内战似乎不可避免，但此时的贵族不再拥有他们传统上所享有的军事优势。由于附近的吕底亚发明了货币，农民所受的剥削进一步加深。货币在希腊人中间迅速推广开来，财富增加，更多人能够获得土地。土地需要保卫，这一需求与新武器一起进一步促进了重装步兵方阵的发展。与此同时，货币的发明使得贫富差距进一步加大。

360

贫富差距的加大可归结为如下原因：仅就谷物种植而言，阿提卡的土地虽然在理论上可以满足人们的需要，但它仍旧是贫瘠的。因此，遇到不好的年份，贫苦农民就不得不向富有的邻居借粮。以前，借一袋粮食还一袋粮食即可。不过，随着货币的发明，农民借的是价值一袋粮食的货币，在谷物稀缺的时候购买粮食当然会很贵，但还钱的时候通常是谷物丰收的时候，而这时的粮食又很便宜，卖不出好价钱也就还不上钱。这就造成了债务。在阿提卡，法律允许债权人扣押无力偿还的债务人，把他及其家人变为自己的奴隶。这种"富人法"已经够糟糕了，但随着文字的传播，德拉古监督下制定的成文法更加遭人痛恨，因为它量刑过重，鼓励富人强制执行他们的权利。因此有人说"德拉古法是用血书写的"。[8]

人民的不满与日俱增，积累到一定程度后，雅典人竟然走出了我们无法想象的一步。他们指派了一个僭主进行调停。"僭主"一词最早用于近东地区，它本来不是像现在这样带有贬义的词汇。它是一个非正式称谓，类似于"老板"或"首领"。僭主通常在战争后出现，最主要的职能是在获胜将士间公平地分配敌人的土地。不过，梭伦在雅典被选为僭主，是因为他具有丰富的阅历。除了血统高贵外，他还写诗批判富人的贪婪无度。人民于是授权他改革政制。[9]

梭伦见识过人，他并不满足于制定并通过几部法律。他认为让农民和贵族都意识到自身的责任才是更重要的，每个人都应为当前的混乱局面负责。不过，他真正的突破在于，他认为神灵不会干预人类事务，不会向人类揭示任何神圣法则，也不会帮助雅典人解决他们的问题。因此，梭伦一举让政治世俗化，这就是卡伦·阿姆斯特朗所谓的"轴心时刻"。按照以前古代人的憧憬，公义是宇宙秩序的组成部分，但是梭伦没有这种想法。在他看来，方阵中的所有战士都要为了整体利益一致行动，而城邦和重装步兵方阵的运作方式是一样的。为了调和社会两大派（农民和贵族）之间的矛盾，他宣布取消农民债务，并按财富而非出身重新划定等级。这是一种全新的划分方法。任何人只要每年收入的谷物、酒或橄榄油超过 200 麦斗以上，皆有资格担任公职。

在公元前 5 世纪初，当雅典与波斯的战争迫在眉睫时，重装步兵又扮演了重要的（同样是间接的）角色。波斯是一个强大的帝国。公元前 499 年，安纳托利亚西海岸的希腊殖民城邦米利都起义，反抗波斯统治，雅典不明智地派兵前去支援。波斯阿黑门尼德王朝国王大流士（前 550—前 486 年）将起义镇压后，随即将目光转向希腊大陆。面对强大的威胁，雅典人民选择推举出身并不显赫的泰米斯托克利担任执政官，他劝说战神山议事会建造军舰，大力发展海军。[10]

雅典人民并没有海战的实际作战经验，重装步兵才是他们的骄傲，因此这一措施有些冒险。尽管如此，他们建造了 200 艘三列桨战船并训练了一支由 40 000 人组成的海军。这也是有争议的。首先，战争的巨大威胁意味着所有体格健全的男性公民，包括贵族、农民和最低等级的日佣级公民（年收入不足 200 麦斗）都要被征召入伍。他们都坐在相同的划桨板凳上。以前只有负担得起军事装备的公民才有资格加入重装步兵，现在每个人都可以成为军队成员，这进一步扩大了民主的理念。最重要的是，重装步兵过去是面对面地与敌人进行肉搏战，现在则要坐在三列桨战船上，背对敌人，他们认为这既不光彩，也有损身份。

重装步兵肯定对泰米斯托克利的计划十分不满。在公元前 490 年，波斯舰队进入希腊海域，占领纳克索斯岛并登陆马拉松平原，此地距离雅典仅有 25 英里。雅典派遣重装步兵前去迎战，虽然波斯军队占据数量上的优势，但雅典军队纪律严明、指挥有方，最终打败了入侵的波斯军队。"马拉松成为新的特洛伊；雅典重装步兵像现代民族英雄一样受到崇拜。"[11]

但是，泰米斯托克利已经预见到接下来会发生的事情。在前 480 年，波斯帝国新王薛西斯率领 1 200 艘战船和大约 10 万士兵向雅典进发。换句话说，波斯战船的数量是希腊的 6 倍，军队数量则是希腊的 2 倍多。即使有其他希腊城邦援助，希腊人在数量上还是远远落后。

362

泰米斯托克利十分清楚两军之间的差距，因此在波斯军队到达之前，他做出了决定，将包括儿童和奴隶在内的雅典全部人口撤离雅典，转移到萨拉米斯岛上。所以，当波斯人到达雅典后，他们发现这是一座空城。波斯人在雅典大肆抢劫并放火烧了雅典卫城。接下来，他们向萨拉米斯进发。

但是，萨拉米斯不只是一座岛城。它有一个重要的特征：若要进入萨拉米斯，必须通过一道狭窄的海峡，而这道海峡并不是所有波斯舰船都能挤进来。这也是泰米斯托克利选择萨拉米斯的原因。事实上，希腊人的战船早已静候在海峡入口，当波斯大型战舰堵在海峡难以动弹时，希腊战舰趁机各个击破。波斯军队溃不成军，仓皇撤退。

萨拉米斯海战是另一个轴心时刻。在这里我们看到，那时在希腊发生的四个重大变化都与重装步兵有关。这四个变化分别是：民主政治的发展；政治的世俗化；理性和逻辑训练的发展（理性思维正是通过理性和逻辑从情感中抽象出来的）；实验性的生活方式，知道何时摒弃传统并采用新条件下产生的新思维模式。[12]

鉴于接下来的内容，花些篇幅来介绍一下雅典民主政治的其他方面是值得的。从本书的立论来看，雅典民主政治中最重要的机构是前 508 至前 507 年由克利斯提尼创立的五百人议事会。议事会成员不仅包括贵族，还有财产不多的人。[13] 当时雅典人已经形成以下观念和实践：民主需要公共空间，它不是作为宗教会场，而是向全体公民开放的、商讨公众事务的场所。"对许多人来说，阿哥拉（雅典的主要公共场所）就像是雅典人的第二个家。"雅典人的生活离不开大大小小的神灵，不过早在公元前 5 世纪 40 年代，阿布戴拉的普罗泰戈拉就告诉雅典人：人是万物的尺度，神可能根本不存在，它只是人们的想象。约翰·基恩在其大作中也指出：希腊人的神灵体系本身已发展成一种民主形式：神灵们互相协商，能够被说服，能够改变主意。为什么许多雅典人认为他们的民主是一种贯彻并执行神灵意志的体系？原因也在于此。当然，"神灵反过来又批准了人所行使的权力"。公民大会拥有最高权力，但这种权力是神所赋予的。[14]

民主政治与奴隶制度并行不悖。在雅典，商业与政治各行其道。公共奴隶往往将那些应该参加公民大会但在市场闲逛的公民赶入会场。五百人议事会成员的座位不分高低尊贵，所有事务都是面对面讨论，发言人站在一个小平台上，以便其他人听得更清楚。通过的法令被书写下来并保存在城邦档案馆中。传令官和弓箭手随时待命，以防争论演变为暴力，因为雅典人直言快语，这很容易引发小规模冲突。五百人议事会的轮值主席是通过抽签选取的。雅典公民必须担任陪审员；法律面前，人人平等。陪审法庭实行秘密投票制。[15]

也许最重要的是，民主政治强调了事物、事件和人的偶然性。"民主政治的原创性在于，它直接挑战了人类看待世界的惯常方式，挑战了看似不可避免或'自然而然'的生活。"开放式的统治催生出扣人心弦的情节和人们对权力和权威的质疑；生活是开放的。雅典民主政治触发了平民对既得利益者的强烈质疑，并常常给位尊权高者拆台。君主制、僭主制和寡头制被批判，因为它们"不合天性"。人有差异，出身好只是幸运而已。雅典戏剧就证明了这一点。戏剧刻画个体公民甚至奴隶的品性。所有角色身上普遍体现着困惑。剧本可以被重写，结局是未知的。[16]

当然，许多人反对民主政治，其中包括柏拉图。从表面上看，民主政治好景不长。公元前 260 年，马其顿人占领雅典，民主政治消失了几个世纪。但是，这种人民当家作主的形式并不是雅典民主时代的唯一遗产：民主政治所揭示的偶然性和开放性，信念、平等和世俗化的作用，对传统的质疑，都刺激了其他活动的出现，而这些活动不可能被简单镇压下去。

364

事实上，民主政治的遗产还体现在其他两个主要方面。第一，希腊人是最早真正意识到世界可知性的人。他们认为这种知识可以通过系统的观察获得，无须神的帮助。世界和宇宙存在一种秩序，它超越了祖先神话所能解释的范围。第二，自然与人类事务之间存在差异，前者按照不变的法则运转，后者不存在这样的秩序。但是，秩序可以强加于人或通过协商制定，它能够采取各种各样的形式，并且是变化不定的。以前存在两种认识论，一种认为只有通过神的启示才能认识世界，另一种认为世界根本是不可知的。与这两种认识论相比，雅典人的认识论是一个巨大的转变。[17]

从跳舞到形而上学

秩序是个很有意思的问题。在那个新思想层出不穷的时代，有一个与政治或军事没有直接联系的创新。历史学家告诉我们，它本身是一项脑力创造，它不仅使地中海 / 欧洲世界与新大陆分离，而且使它与东方（尤其是中国）分离。这就是字母的发明。

很多学者对"字母效应"大书特书，其中一些观点显然夸大其词。不过，字母仍然是重要的、革命性的创造，原因有二：一个是社会政治方面的，另一个是宗教方面的。字母具有如此巨大的改造作用，根源在于人们能够轻松掌握它。在其他文化中，书写是书记员的特权，其他人无法知晓书写的秘密。那些能写会读的人比文盲拥有更大的优势，他们往往将书写看成神所赐予的能力。但是，字母的形成结束了文化精英的优势。[18] 由 20 至 30 个符号构成的字母体系取代了大约 6 000 个字组成的复杂音节（以及解释这些字的复杂语法）。至于这些字母符号，即使是孩子和不太聪明的社会成员也能轻松学会。字母大概可追溯到埃及象形文字，埃及象形文字包含一整套表示 24 个埃及辅音的 24 个符号。[19] 但是，埃及人没有将它继续发展成合适的字母，正如我们所见，字母本身是民主化的工具。

字母产生了进一步的连锁效应。由于丧失了与精英的联系，文字越来越多地被用于不同的活动。这也是希腊哲学、戏剧和历史学繁荣的原因之一：识字的人越来越多，文学、戏剧等作品的市场就会越来越大。出于同样原因，字母的简单实用允许人们将知识系统化，而这也使更大范围的公民受益。信息和知识变得更加容易保存和检索。

字母也促进了抽象思维。由于字母符号与它们所代表的实体完全脱离，因此字母促使人们去发现事物的本质或共通性。[20] 正如伦纳德·史莱因所言，将看似不同的事件联系在一起的是规律，发现规律便是理论科学的本质。这有助于深入研究和理解自然。换句话说，字母的到来引起了人类思维产生微妙而深刻的变化。

这还不是字母文化带来的唯一的变化。字母文化的传播对宗教产生了深远影响，因此字母成为本章和前一章之间的纽带（前一章探讨轴心时代在旧大陆超越人性的精神变革）。按照某些学者的观点，字母文化促使人们抛弃偶像崇拜和动物图腾崇拜，开始祭拜更加抽象的"逻各斯"。[21]

埃内斯特·盖尔纳在其名作《犁、剑和书：人类历史结构》中写道，超验诞生于此刻，"因为意义不再依赖言说者或听者而存在"。[22] "他类"之概念获得真正的独立；正如盖尔纳所说，那些曾经被"处理掉"并因此与"社会相联系"的概念，现在被写进学说，不依赖于社会和普罗大众而存在。形而上学诞生了，它为文化提供了担保，"这是一个全新的形势"。[23]

　　学界对于最早的字母存有争议。传统上说，腓尼基人被认为是字母的发明者，其依据主要是希罗多德的记述。希罗多德在《历史》中记载，腓尼基人将大量成就传入希腊，其中最重要的就是书写艺术。后来，考古学家在迦南发现公元前 1600 年左右的更早的字母证据。*但是，即使这个证据确实无疑，它的普及也是很久之后的事情了。除此之外，腓尼基和迦南不像是有可能构想字母的文化类型。腓尼基人不是农业民族——他们的土地几乎不曾延伸到离海 10 英里以外的内地——他们的商业城市遍布地中海地区，各城市之间也有相当大的距离。除舰船设计外，他们的文化并无过人之处。他们唯一的文化遗产似乎就是发端于毕布罗斯的字母。

　　对腓尼基人最生动的记述并非来自腓尼基人自身，而是来自罗马人。我们知道，罗马人曾经围攻腓尼基人位于北非的大本营迦太基，他们详细记载了腓尼基人的信息。按照罗马人的记载，腓尼基人为了安抚他们的火神摩洛克，从最好的家庭中选出几百名儿童并将他们投火献祭。在迦太基发现了大量盛有儿童骨灰的骨灰瓮，这便是绝好的证明。

　　另一个间接证据是：腓尼基人没有实行宗教改革，而且字母文化的传入也没有对宗教信仰产生深刻影响。相反，他们的神灵仍然是严苛的风暴神和凶猛的性力战神，这与当时中东地区的其他文化相似。[24]

　　事实证明，迦南本身亦非字母的发源地。在阿马尔那发现了迦南人的大量书信，年代约为公元前 1450 年，但它们是用楔形文字书写而成。不过，迦南人的几篇铭文的确是用字母文字书写而成，但铭文内容并没有表现出很高的文化水平和思想水准。埃及则在很久之后才出现字母。

367

　　另一个可信度很高的理论认为，最早的字母文字出现在西奈。1905年，人们在西奈半岛的西拉比特·阿尔卡德姆神庙首次发现"原始西奈字

---

* 汉字的起源可追溯到公元前 1300 年，或许更早。[25]

母"。学者认为，它们是在此为埃及人开采铜矿的西奈德人留下的。西奈德人在《圣经》中被称作"基尼人"和"米甸人"。摩西被逐出埃及、"逗居"沙漠期间，便是与这些人生活在一起。最早出现的两个闪米特字母是aleph 和 bet，它们在闪米特语中代表"牛头"和"房子"。然而最近在巴勒斯坦和叙利亚北部拉斯沙姆拉取得的发现，已经对上述理论提出了严峻的挑战。[26]

最早加入元音和断字的语言并非腓尼基语，而是希伯来语和阿拉米亚语，希腊人后来又对其进行了极大的改进（最早的希腊铭文可追溯到公元前 8 世纪）。元音的加入创造出一套语音字母，书面语言和口头语言由此便可一一对应。[27]

罗伯特·K. 洛根在《字母表效应》一书中认为，字母表促进了数学、法律编纂、演绎逻辑的发展，而所有这些为现代西方抽象科学的发展创造了条件。他认为，由于语音字母使书面语和口语更为接近，这促进了直叙文和叙事文的发展，并为更新颖、更精确的历史叙述体的诞生创造了条件。他说，这对于希伯来人这样的游牧民族来说尤其重要，因为他们四处迁徙，缺乏地域感，书写历史能够使他们从中获益。洛根进一步指出，《旧约》中的"十诫"包含了以色列人生活中三个不同的革新：

- 第一次使用字母文字。
- 第一次遵从一套成文的法律和道德体系。
- 第一次接受一套完全的一神教形式。

368　　　因此，上帝之"言"变成了一种启示。

而且，字母文化强调线性和一致性。洛根认为，这实际上促进了社会职能的集中化。[28]字母的简单易学促进了成书宗教的发展，书中记载的教义只是规定了宗教的特征，而不是其他形式的宗教认同，如出生地或典礼仪式。这最终会导致宗教不宽容的观念和宗教信仰转变的可能。早期宗教并不存在上述两种情况。

洛根还认为，字母效应的最明显方面是抽象思维的大量出现，突出体现在希腊世界哲学、戏剧和科学的高度繁荣。字母系统也导致知识的体系化达到前所未有的高度。抽象思维和知识系统化直接导致了逻辑学的发展以及更加复杂的分析。分析和逻辑又导致知识的再次系统化，因此促进了反思观察和人类对自然的发现（和探索）。散文的叙述性同样导向了线性因果观念的诞生，这是早期科学的另一个中心要素。[29]

有些学者曾经提出这样的问题：字母的发明者是否可能正是希伯来人？"十诫"的神秘起源为什么对于第一本用字母文字写成的宗教典籍《旧约》如此重要？原因是否正在于此呢？字母系统在一神教的发展过程中是否发挥了一定作用呢？一本书在宗教中占据举足轻重的地位，《旧约》在历史上实属第一次。

智慧的较量

如果政治和民主是希腊人留给我们的最著名理念，那么紧随其后的应该是科学，而科学导致了激进自然观的出现。近年来，学者们对早期自然观进行了大量探讨。最重要的问题是：驯养动物（尤其是驯养哺乳动物）的存在促进了人与其他生命形式之间支配与被支配关系的形成。在《圣经》里，人对动物的支配权是"上帝"赋予的。这与狩猎采集时代的自然观形成了鲜明对比。在狩猎采集时代，人完全是自然的组成部分，正如蒂姆·英戈尔德所言，自然界充满各种角色，人只是其中之一。[30] 然而，人类与自然分离了。这种分离反过来又帮助希腊人将"自然"视为"外在的"，正是这种"外在性"，在字母所支撑的知识系统化的助力下，令科学

369

诞生了。

人们普遍认为，这个最有价值的人类活动区域始于伊奥尼亚，位于小亚细亚的西部边缘（现代的土耳其）和爱琴海沿岸诸岛。按照埃尔温·薛定谔的观点，科学之所以发端于伊奥尼亚，原因有三：第一，这片地区不归强国统治，而强国通常敌视自由思想。第二，伊奥尼亚人是一个航海民族，介于东西方之间，拥有强大的贸易联系。商业交流始终是思想交流的主要动力，它往往源于解决实际问题：航海术、交通工具、水供给、手工技艺。第三，这片地区不受"祭司控制"；与巴比伦或埃及不同的是，这里不存在一个拥有特权的祭司阶层（现有体制的既得利益者）。[31]

通过对比古希腊和古代中国的早期科学，杰弗里·劳埃德和内森·席文认为，古希腊哲学家／科学家所受的资助比同时期的中国科学家少得多，中国科学家往往受雇于皇帝，专注于推演历法，这是一项国家事务（在某种程度上，这也适用于中美洲文明）。这使得中国科学家的观点更为审慎，也不太容易包容新思想，因为稍有不慎，他们就会失去很多，结果是他们很少像希腊人那样争论问题。在中国，新思想总是要被纳入现有理论，产生"一连串"的意义；新思想从来不用与旧思想一决胜负。但在希腊，存在着"智慧的较量"，就像体育竞赛一样（体育本身也被视为一种智慧形式）。劳埃德认为，在希腊科学文献中，有很多叙述都使用第一人称单数形式，而在中国则少得多。希腊科学家常常描述他们的错误，更愿意承认他们的不确定性，也更愿意自我批判。希腊戏剧常常嘲弄科学家，即使这样，它也是有帮助的。[32]

伊奥尼亚人领悟到：如果不厌其烦地进行正确观察，世界是可以被认识的。世界不是众神的游戏场，这个世界并不是他们在一时冲动下任意行事，被爱、愤怒或仇恨等激情所驱使而创造的。伊奥尼亚人对于这个发现惊诧不已（人们常说希腊人"发现了"自然）。正如薛定谔所言："这是一种全新的观念。"巴比伦人和埃及人了解很多天体运行的知识,但他们认为这些知识都是宗教秘密。

莫特·格林在分析《神谱》时指出,从赫西俄德关于火山的叙述来看,赫西俄德早已获得了一些自然科学知识。虽然他仍将火山说成是神灵,但他的观察能力及其在观察基础上做出的仔细描述表明:他清楚地意识到火山具有不同的类型。赫西俄德的神灵具有不同的自然属性。[33]

第一位真正意义上的科学家是公元前 6 世纪的米利都人泰勒斯。不过,"科学"是个现代词,我们第一次使用它是在 19 世纪早期,古希腊人不可能这样表述它。他们认为科学与其他领域的知识没有边界,实际上,他们探寻的是科学和哲学的共同起源。泰勒斯并不是第一位思考宇宙起源和本质的古人,但是他是第一位"运用合乎逻辑的语言而非神话语言来表达自己观点的人,他用自然原因代替了神话原因"。[34]他曾经经商,游历埃及,懂得很多数学知识和巴比伦人的天文学知识,并且成功预测出公元前 585 年 5 月 29 日的日全食(亚里士多德在两个世纪之后写道,这标志着希腊哲学的开端)。不过,泰勒斯更为人津津乐道的是他所提出的基本科学/哲学问题——世界是由什么组成的? 他的回答是水,虽然这个答案是错误的,但他提出这个基本问题本身就是一个巨大的创新。他的回答也是前所未有的,因为它暗示世界不是由多种物质构成的,而在本质上由一种物质构成。换句话说,宇宙不仅是理性的、可知的,而且是简单的。在泰勒斯之前,世界是由众神创造出来的,神的目的只能通过神话间接为人所了解或根本无法了解。这是一个划时代的思想变化(虽然最初它只是影响了很小一批人)。

泰勒斯的直接继承人是另一位伊奥尼亚人阿那克西曼德。他认为宇宙的最终构成不可能是一种可辨别的自然物质。因此,他提出万物不是由水构成的,而是由"无限"构成的,他所谓的"无限"不具有化学属性,但

371

有"对立性"。如冷热、干湿等。我们可以认为，这是朝着"物质"的一般概念前进了一步。阿那克西曼德也提出了一种进化理论。他摒弃了人是由神和泰坦间接演变而来的观点，认为所有生物最初都出现在水中，"浑身包着多刺的壳"。后来，由于部分海洋干涸，有些生物出现在陆地，它们的壳破裂，变出新的动物种类。阿那克西曼德由此得出结论，"人原来是水中生物"，物种自身可以转化。在这里，我们同样很难用只言片语来概括这个划时代的思想变化——它摒弃了用神和神话来解释万物的思维方式，将观察作为推理的基础。人是从其他动物而非神演变而来，这种观点是与过去思维的决裂。[35]

阿那克西曼德痴迷于世界现有的秩序。对于现有秩序的确立过程，他也充满了好奇。通过与胚胎学相类比，他提出如下观点：现有秩序是发展而来的，而且会继续发展下去。这是伊奥尼亚实证哲学的一项重要集体成就：人能够改变和影响他们的未来。有意思的是，阿那克西曼德是用散文体而非诗体写作，这表明了他与神话思维的决裂。他还形成了"宇宙和地球具有数学和几何学特征"的观点。他认为，天体就像战车轮，呈圆形排列，不是什么神圣的东西。也许，他还通过阿哥拉的形状得出了环状宇宙372 的观点。

阿那克西美尼是第三位伊奥尼亚科学家。他认为，"气"是最基本的物质。它是密度可变的雾气。他说："当气处于最平稳状态时，肉眼是看不到的……气凝结后形成风，并在压力下运动。又凝结形成云，再凝结形成水，水再凝结便从空中落下，便出现冰雹和雪（冰雹和雪分别是干、湿两种状态的水）。"这个推理看上去颇有道理，它导致了100年后德谟克利特原子论的诞生。[36]

不过，在德谟克利特之前，还有另一位伊奥尼亚科学家，那就是毕达哥拉斯。他生于米利都以北土耳其沿海的萨摩斯岛，后来迁居意大利南部的克罗顿。据说他之所以迁居克罗顿，是因为萨摩斯国王波吕克拉特尽管奖掖文艺并建造了雄伟的城墙，但宫廷生活放荡不羁，这是信仰虔诚的毕达哥拉斯所不能容忍的。纵观他的一生，毕达哥拉斯身上可谓矛盾重重。他教授给门徒大量的迷信知识，如不能用刀去拨火（这样会伤到火，而火会报复你）。但他的名气在很大程度上依靠以他名字命名的毕达哥拉斯定理。我们应该记得，毕达哥拉斯定理不仅仅是个抽象的定理：在建造房屋时，保证绝对的垂直是至关重要的。毕达哥拉斯对数学的兴趣还引起他对音乐和数字的痴迷。毕达哥拉斯发现，当手指停在琴弦的四分之三、三分之二或二分之一处时，七弦琴就能发出纯四度、纯五度、纯八度的音，若将这些乐音适当排列，就能演奏出"令人落泪的"美妙音乐。这个现象让毕达哥拉斯坚信，"数"掌握着宇宙的秘密，"数"而非水或其他任何物质，才是基本"元素"。对于"和谐"的特殊关注让毕达哥拉斯及其追随者笃信数字之美，不过这种痴迷也导致毕达哥拉斯走向了我们所谓的"数字命理学"：信奉数字的神秘意义。[37]

毕达哥拉斯学派也可能是最早知道地球是球体并得出这一结论的人。他们的推理以月食发生的影子轮廓为基础（他们还知道月球本身不发光）。水星和金星的不同亮度让赫拉克利特认为，它们与地球的距离发生了变化。这些轨道增加了天体的复杂性并证实了行星是"漫游者"（"planet"一词的本义）的事实。

米利都的琉基普斯和阿布戴拉的德谟克利特是主要的两位"原子论者"，他们探寻着宇宙的本源问题。他们认为世界由无穷的小原子构成，原子在"无尽的虚空里"漫游。这些原子是细小的微粒，肉眼无法看见，它们形状各异，但没有性质的区别。正是它们的"运动、碰撞和短暂的构形"组成了世界上千差万别的物质和我们所经历的不同现象。换句话说，现实是一台无生命的机器，在这台机器里发生的一切都是惰性物质粒子依

373

其本性运动而产生的结果。"没有任何精神或神闯入这个世界……没有目的或自由的空间。"[38]

克拉佐美奈的阿那克萨戈拉部分赞同原子论者的观点。他认为某种基本粒子肯定存在，"头发是由头发的种子生成的，肉是由肉的种子生成的"。但是他也感觉到，没有一种常见的物质形式（如头发或肉）是纯粹的，任何事物都是由某种混合物构成的。这种混合物来自"原初的混沌"。他为"精神"（nous）留下了一个特殊的位置，在他看来，精神是一种物质；精神也是由精神的种子发展而来。唯有精神是纯粹的，也就是说，它不与任何物质混合。公元前 468/467 年，一块巨大的陨石降落到加利波利半岛上。这件事似乎让阿那克萨戈拉对于天体产生了新的想法。他提出太阳也是"这样炽热的石头"，"比伯罗奔尼撒半岛大"，其他星星也是这样。我们之所以感受不到它们的炽热，是因为地球距离它们极其遥远。他认为，月亮与地球是由相同的物质构成的，"月亮上有平原和洼地"。[39]

原子论者的言论惊人地接近真理，这是两千多年后的实验所证实的（薛定谔认为，作为一个理论，它是等待被唤醒的所有"睡美人"中最美丽的一位）。但不可避免的是，当时不是每个人都接受他们的观点。阿克拉伽斯的恩培多克勒与琉基普斯几乎是同代人，他认为所有物质都是由四种元素或"四根"构成的：火、气、土、水（分别对应着神话中的宙斯、赫拉、埃多纽斯和奈斯提斯*）。从这"四根"中"衍生出过去、现在和将来的世界万物，包括男人女人、花草树木、飞禽走兽、水中游鱼，以及永生的神灵……正是这四根的相互组合，构成了世间万物的不同形态"。但是，他也认为物质的构成本身不能解释运动和变化。因此，他提出了两个非物质的原则："爱"和"争"，这两者"是四根聚合和分离的

374

---

* 埃多纽斯是冥神，相当于哈迪斯。奈斯提斯是西西里的水神。——译注

推动力"。[40]

伊奥尼亚实证主义者认为：偶然性（机会）在人类事务中扮演着重要角色；生命可能始于尼罗河。他们发现，尼罗河每年泛滥后都形成新的冲积层，从厚度来看，可能已经累积了 10 000 至 20 000 年；他们注意到化石并了解它们的性质；他们明白天气变化源于自然原因而非神的干预；他们甚至知道自然灾难的本质。

听起来，他们的思维足够现代，但实际上并非如此。E. R. 多兹认为，恩培多克勒的思维是典型的萨满主义混合体，融合了巫术、自然主义和希腊神话；恩培多克勒关于天地分离的论述，让人想起前两章所讨论的远古神话。但是，赫拉克利特认为人有能力增长见识，伊奥尼亚哲学家普遍认为人应该顺应自然，这些思想都是人类思想史上的重大变化。[41]

不同的人物还有不同的侧面：赫西俄德是一位商人之子，色诺芬是贵族，（按照某些记载）赫拉克利特是一位退位的国王，克莱安提斯当过拳击手。换句话说，虽然许多希腊哲学家家境富裕，但他们的世界绝不是封闭的；与民主政治相称的是，这种等级制并不是僵化的。

关于伊奥尼亚实证哲学，我们无须再做赘述。毕达哥拉斯名声赫赫，归于他名下的许多事情可能并非他本人亲自为之，甚至毕达哥拉斯定理也可能是他后来门徒的成果。这第一批"科学家"就好比是一支由小船组成的"船队"，小船虽然向四面八方驶去，但又因为对未知水域的痴迷而团结在一起。

375

哲学的起源

有些现代学者将伊奥尼亚哲人的思考称为"伊奥尼亚实证主义"或"伊奥尼亚启蒙"。它呈现出两种形式：科学形式和哲学形式。泰勒斯、阿那克西曼德和阿那克西美尼既被誉为最早的哲学家，也被称作最早的科学家。哲学和科学都源于如下思想：宇宙是合乎逻辑的，合乎自然秩序的，假以时日，人们是可以认识宇宙的。杰弗里·劳埃德和内森·席文说，希腊哲学家发明了"自然"这个概念，"以此来强调他们比诗人和宗教领袖优越"。[42]

泰勒斯和他的追随者通过观察来寻找关于自然秩序问题的答案。但是，巴门尼德是第一个发明"哲学"方法的人。公元前 515 年左右，巴门尼德出生于南意大利（也就是后来所谓的"大希腊"）的埃利亚。现在我们很难评价他的功绩，因为他的诗《论自然》留存至今的只有 160 行左右。但是，他是一位绝对的怀疑论者，质疑现实的统一性，认为观察作为理解现实的方法也是不可靠的。相反，他更喜欢运用原始的思维，即纯粹的心理过程来解决问题，他称之为"noema"。他相信这是一种可替代科学观察的可行方法，并建立了精神领域的一个分支且存在至今。[43]

巴门尼德被称为"智者"。一开始，这个词的意思是"有智之人"或爱智慧的人，但现代意义的"哲学家"掩盖了智者在古希腊的实际职能。正如古典学家迈克尔·格兰特所言，智者是（西方）高等教育的最初形式，后来发展成四处授课以获取报酬的职业教师。他们教授的内容既有修辞学（以便学生能够在公民大会上清晰有力地讨论政治话题，这种口才是古希腊人极其推崇的一种能力），也有数学、逻辑学、语法、政治学和天文学。因为他们四处游历，学生不同，环境各异，因此智者善于提出不同的观点，这有助于培养学生的怀疑精神。但智者不断强调自然法则与人类法则之间的区别，这无益于培养怀疑精神（强调这种区分符合智者的利益，因为自然法则是不可改变的，而人类法则能够被有教养的人——也就是他们所教的学生，他们收入的来源——修订和改进）。

希腊最有名的智者是阿布戴拉的普罗塔戈拉斯（前 490/485—前 421/411 年以后）。他甚至怀疑神的存在。"我对神一无所知，既不知道他

376

们是否存在，也不知道他们长什么样。"色诺芬尼也对神持怀疑态度。他曾质疑：为什么神的外形应该像人？照此而言，如果马能崇拜神的话，它们肯定崇拜马神。普罗塔戈拉斯之所以被人们所铭记，可能是由于他的一句名言："人是万物的尺度：是存在者存在的尺度，也是不存在者不存在的尺度。"[44]

这就是哲学起源的过程，在此过程中，自然观逐渐融入希腊轴心时代发生的巨大变革之中——民主政治、科学、世俗化。希腊轴心时代是个政治的时代、科学的时代和哲学的时代，但不是宗教的时代。[45]这就是苏格拉底、柏拉图和亚里士多德这三大哲学家如今还尽人皆知的原因。

一神教

如前所述，早在公元前3000年代，美索不达米亚人就已开始用稀有金属块交换商品，这时出现了统一重量的金银，有着不同的称呼，如迈纳、舍克勒或塔伦特，它们在大宗商品交易时是十分有用的。[46]但是对于只想卖一篮子粮食或买一囊酒的普通人来说，金子还是非常罕见的。真正的货币是在吕底亚发明的，吕底亚位于现在的土耳其，当时是一个毗邻希腊的小国，希腊也因此成为这个革命性创新的首批受益者。

荷马史诗中没有提到货币，也没有说过市场的重要性。在美索不达米亚、中国、埃及和其他几个地方，市场确实存在。但是，直到公元前640至前630年间，吕底亚的国王意识到需要铸造小而便携的金属锭，"其价值不超过几天的劳动或农民收入的一小部分"。金属锭有标准重量并印上标志（一个狮子头），即使是不识字的人也能辨明它们的价值。按照杰克·韦瑟福德的话来说，这样做的好处是"成倍扩大了商业的发展并改变了这个世界，为新的商业人口开辟了新的空间"。[47]

最早的货币是由银金矿（一种天然纯在的金银混合物）制成的。货币

377

的出现使得人们不需要再像以前那样每次称量金银的重量。许多穷人甚至没法称重，因为他们买不起称重的秤。人们被坑骗的机会也减少了。

这个创新引发了吕底亚的商业大发展，同时见证了零售商业的传入。在零售市场，任何人都可以卖他们想卖的商品。商业对吕底亚人十分重要，因此希罗多德称他们是一个"商业"民族。但是，货币的出现引起了广泛的社会变化，尤其是女性的地位，因为女人可以通过自己的手艺积累财富并有能力自己选择丈夫。有些新服务也是货币带来的后果，如娼妓（已知最早的妓院建于古代萨迪斯）和赌博。

货币和市场在地中海世界迅速传播，但是希腊人最早受益，获利最多。"随着货币和伊奥尼亚字母的传播，一个新的文明崛起于希腊诸岛及毗邻的希腊大陆。"货币为商业提供了稳定的基础，货币容易储存和运输，这就为社会组织的扩张和复杂化提供了可能；货币的使用不需要面对面的互动和亲缘关系。货币加强了人们之间的社会联系，削弱了传统的亲缘模式，但这种联系更普遍、更快速、更短暂。[48]

铸币影响了政治层面，但又不仅限于政治。在梭伦改革中，货币在政治民主化进程中发挥了作用。不仅如此，商业在希腊的蓬勃发展促进了神庙、市政建筑、学园、体育场和剧场的建设以及艺术、哲学、戏剧、诗歌和科学的繁荣。与此同时，古典希腊城市的中心从宫殿或神庙转移到市场所在的阿哥拉。商业发展累积的财富使得人们有了更多的休闲时间，精英们便可以通过运动、哲学、艺术和美食等方式扩大他们的公民生活。随货币体系而来的还有一种新的智能训练——人们在识字以前，需要学会计数和使用数字。杰克·韦瑟福德说，计数和计算促进了人类思维理性化的趋势，而这种趋势在没有使用货币的传统文化中并没有表现出来。思维变得不那么个性化了，而是更抽象了。货币文化的精密性促进了一门绝对合乎逻辑和理性的学科的发展。

　　另一个同样重要的连锁效应是：地中海市场成为新信仰的交流中心。从伊比利亚到巴勒斯坦的广大地区，人们在市场里所讲的希腊语并不是亚里士多德时代的古典希腊语，也不是荷马时代的古希腊语。它是"一种混杂化的市场希腊语"。这就是耶稣的门徒传播基督教思想时所用的语言。在以弗所、耶路撒冷、大马士革、亚历山大里亚和罗马，早期基督徒用这种"市场希腊语"记载他们的事迹。这些记载原来被讥讽为"上帝的贫乏希腊语"，后来经过整理成为《新约》。

　　货币和市场的综合效应，在所谓"货币一神论"的形成进程中继续扩大。在希腊商业体系横扫近东世界之前，每个国家都有自己不同的神灵。然而，近乎普世的商业文化为一种共同信仰的兴起开辟了道路。"基督教作为一种全新的、革命性的宗教观念，星火燎原般传遍地中海地区的城市。"它是一个独一无二的城市信仰，没有丰产神或日神、月神、风神、雨神等与农业相关的神灵。基督教"是第一个试图跳过人们之间的社会和文化分歧并将所有人团结在一个共同信仰之下的宗教"。早期基督徒的传教方式与商人运用货币创造普世经济的方式大体相似。

　　一神教、货币、字母（和随之而来的"线性"），加之"自然"作为一个实体与人性相分离的观念……所有这些现象都没有在新大陆出现。它们向前推进的轨迹将在第22章延续下去。

20

祭司王、世界树与幻象蛇

公元前 1000 年代，美洲大陆主要有两大文明：中美洲的奥尔梅克文明和南美洲的查文文明。这至少在数量上比欧亚大陆逊色很多，因为旧大陆至少拥有北非文明、地中海文明、近东文明、印度文明和中国文明，更不用提其他几个游牧文明了。不过，在接下来的千年里，也就是公元 1000 年代，新大陆的局面有所改观。在公元 1 至 1250 年间，南北美洲兴起了许多文化并达到高度繁荣的状态。

纳斯卡文化是印加文化兴起之前的美洲传统文化之一，也是我们即将考察的几个文化之一。这些文化在沿海地区和高地繁荣昌盛了很长时间，但由于干旱、地震和厄尔尼诺现象毫无预警地摧毁了它们的政治和经济环境，因此迅速衰亡。这种发展模式，我们还将反复看到。

纳斯卡文化是由小王国组成的联盟文化，这些小国发端于秘鲁钦查河畔，阿卡里河谷以南，靠近现在秘鲁和智利之间的南部边境。纳斯卡居民人口不多，因为这一地区的河流很短，流量不够，但是人们为了对付频繁的干旱，挖掘水渠（500 米长），滋养蓄水层，并将水引到专门建造的储水池中。这样，在公元 1 至 750 年间，他们形成了发达的陶器和纺织品技艺（将棉花和驼毛纺到一起）。2009 年，新墨西哥大学阿尔伯克基校区的利迪奥·瓦尔迪兹报道了一个"前所未有的发现"。他在阿卡里河谷早中期遗址阿马托一栋精心规划的建筑内发现几十个被斩头颅。其中几个头颅与颈骨相连，颈骨上留有刀痕，腕骨和踝骨被绑在一起，头骨上有"挡开性骨折"，明显暗示了"绝对的暴力"和冲突，这也与有围墙的定居点和定居点之间的缓冲带相符合。[1]

381

纳斯卡文化闻名于世，首先是因为纳斯卡"线条"，这些绘制在沙漠地上的巨大图案至今仍是个谜。这片沙漠覆有一层沙土和小砾石，纳斯卡人能够将其清理掉，从而创作他们的线条。有些线条小而粗略，有些大得像机场跑道，有的线条长达五英里，不管穿越平地或高山，走的都是绝对直线。有些线条是三角形的，有些是"之"字形的，有些是螺旋形的，有些线条在地上看不出什么名堂，但如果从直升机上看，就会发现它们其实是鸟、猴子、蜘蛛或植物的图案，甚至还有鲸鱼的图案。纳斯卡人为什么要创作这些从空中才能看明白的图像呢？他们又是如何做到的？他们是为了天神的利益而这么做的吗？

许多考古学家试图搞清这些线条及其意义。原纽约长岛大学教授保罗·柯索提出了一种理论。他偶然观察到，太阳正好落在帕尔帕村附近的一个线条的端点。这让他觉得纳斯卡线条应该具有天文学的功能。这个理论被他的德籍同仁玛利亚·赖歇继续跟进。玛利亚一直在秘鲁为德国领事馆工作，她花了数年时间测量这些线条的排列，经常整夜置身于沙漠中，研究她深爱的这些图案。她的结论是：这些线条的布局再现了古代的星座，它们在地上的位置对应着天神的活动区域。她认为，原来的纳斯卡人先造出巨大的图案模型，然后利用剑麻绳的长度在沙漠地上排列这些图案（因此他们知道这些巨大的图案从空中看起来的样子）。[2] 后来的研究者并不完全赞同赖歇的观点，因为几乎没有几个图案与纳斯卡文化繁荣期的天象有关。到 20 世纪 70 年代，考古学家在纳斯卡领域外的地面也发现了表示动物、人或抽象标志的图案。如今，所有这些已被广泛研究。人们发现，这些图案的分布范围超过 800 平方英里，某些图案中的直线长达 12 英里。有些从山上辐射下来，有些通向水量充沛的地区（因此这些线条可能充当着道路），许多图案被后来的线条盖住了，就好像它们只有暂时的意义。有人认为，有些图案描绘了变身的萨满——他们在纳斯卡世界的两个领域间扮演着媒介的角色。[3]

公正地说，上述关于纳斯卡线条的理论，没有一种是令人彻底信服的。不过，最近由约翰·莱因哈德提出的理论令人眼前一亮。约翰是国家地理协会的驻站探险家，还是一位著名的登山家和人类学家。他考察了800 平方英里范围内的所有"地质印痕"，看到它们与湖泊、河流、海洋以及山脉密切相关。他进一步指出，山神信仰在安第斯地区随处可见。当地人认为，山神是人类和家畜的保护神，鉴于山脉是河流之源，山神在祈雨仪式中也扮演重要角色。玻利维亚的许多基督教教堂位于纳斯卡型线条的终端，直到今天，当地酋长还会在线条终点举行献祭祈雨仪式。[4] 由赫莱因·西尔弗曼率领的考古队最近在卡瓦奇进行考古发掘。卡瓦奇是一座巨大的遗址，占地 370 英亩，遗址中心是一座高高的金字塔。考古队在遗址中发现了仪式中心、坟堆、墓葬和圣所，还有几个线条直指仪式中心。卡瓦奇不是一个城市中心，而是天然泉眼所在地。这是一个曾经出现、后来又消失的仪式场所。在这里还发现了人头，这些人头好像是战利品，因此在卡瓦奇可能还举行过其他宗教仪式。这些线条本身是神圣的，因此，就像朝圣者前往仪式中心朝拜一样，卡瓦奇人可能通过行走特殊的路线、跳舞、穿着精美服装和服用致幻剂等方式进行膜拜——每个人都可以参与这

382

个萨满仪式过程。这一推断得到慕尼黑大学的托马茨·戈尔卡最新理论的支持。托马茨沿着这些线条发现了由土壤密度变化而引起的地球磁场异常。他认为土壤密度变化可能是由于祈祷仪式中人们不停来回走动引起的。"这个活动与线条沿线放置的陶器（可能作为祭品）密切相关。"[5]

纳斯卡文化的衰落似乎是厄尔尼诺现象和环境恶化共同作用的结果。最近的花粉样本研究表明，在公元 500 年前后，这里的角豆树被玉米地和棉花地取代。这证明了农业的开始，而角豆树在这片地区有着至关重要的作用：它们根系发达，为了获取水源，它们的根深可达地下 60 米，因此是非常有效的土壤固化物。在花粉样本发生变化的地方，科学家发现了很多角豆树树桩残骸。因此很可能在农业过渡时期，纳斯卡农民砍伐了大量固化土壤的角豆树。树（尤其是树根）一旦消失，这片地区便更难以抵御极端天气的侵蚀。[6]

383

美洲狮与马铃薯

多年来，秘鲁和玻利维亚高地的研究工作受到政治因素的阻碍——游击队占领了该地区的大片区域，使得考古工作举步维艰。不过，最近他们迎来了一个又一个的重大突破。其中最重大的发现就是蒂瓦纳科或者说泰比卡拉（意为"中心之石"）的发现。这座拥有 50 000 人口的昔日古城位于的的喀喀湖南岸。[7]公元前 400 年左右，这片地区已有人居住，但大规模的建设直到公元前 100 年左右才开始，并持续了近 300 年时间。它与另一个南美洲沿海文化——莫切文化是同时期的，我们将在后面谈到它。不过，蒂瓦纳科文化比莫切文化存在时间更长，它直到公元 1000 至 1100 年前后才消亡。

在公元 650 年前后的文明高峰时期，蒂瓦纳科拥有众多宫殿、广场和神庙。神庙不仅色彩艳丽，还饰有众多镀金浅浮雕。它是"一个建筑杰作，以众多大门和巨型石质建筑为显著特征"。由单块巨石雕凿而成的大门，构成了蒂瓦纳科人的宗教实体，尤其是这位"门户之神"可能是太阳神，位于大门上端正中央，戴着一个以阳光四射为主题的头饰，射出光线的顶部要么是圆圈，要么是美洲狮之头。这个神身穿束腰外衣和半裙，戴着一条项链，手持两根秃鹰头装饰的棍子。他周边围着三排长翅膀的人首或鸟首怪物形象。[8]

384

有充足证据表明，蒂瓦纳科人的宗教信仰围绕人祭而展开。被肢解的躯体遗骸在蒂瓦纳科全境皆有发现。陶器图案经常表现戴美洲狮面具的勇士砍下敌人头颅或手举头颅战利品的景象。扯下舌头的人头被用来装饰腰带。

除圣门以外，这里还有一个高 50 英尺、长 650 英尺的大型人造平台，可俯瞰全城。平台顶部是一个下沉的庭院，庭院周围住着祭司。每当下雨时，雨水通过下沉庭院导向周围的台阶并进入神庙，然后排入一条围绕仪式中心区的护城河。有些考古学家认为，这个构造意图呈现一个圣岛的形象，蒂瓦纳科的精英阶层就在这个巨大的台阶上出现，他们穿得像神一样，或者像秃鹫、美洲狮一样，祭祀用刀垂挂腰间，旁边是战利品头颅。平台底部附近至少出土了十多个人牲的遗骸。[9]

蒂瓦纳科还有其他广场和庭院，其中一些装饰有石质骷髅或人头，有些竖有人形独石，有些饰有被征服者的图像，这可能意味着他们的神灵以及属民被禁锢在那里。

最近的考古发掘证明：蒂瓦纳科的农业远比人们设想的先进。他们创造出畦田，也就是用灌溉的沟渠将土地分割开来的田地。这项农业技术产生了巨大的影响。当霜冻降临高原的时候，沟渠里的水能够让空气更温暖，有助于在清晨形成保护性的薄雾，从而起到保护畦田的作用。在这种农田里种植的马铃薯收成更好、更稳定。[10]公元 6 世纪的旱灾过后，蒂瓦纳科的统治者为了开拓高原土地，在这种畦田制上投入了巨大的人力物力。当时的农田产量可能是现代农民收获量的四倍，因此能够养活大约 4 万到 12 万的人口。

美洲驼和羊驼提供了驼毛和食物中的蛋白质。前者用作驮畜，平日驮运陶器、纺织品、木雕和金属器。按照安第斯文明的标准，蒂瓦纳科文化规模大，持续时间长，在莫切文化消亡后又存在了两三百年，直到一场持续数十年的旱灾将这一地区彻底击垮。即使是畦田制，也没能挽救它。

385

折磨、战俘与贵金属

铜和金饰最早出现在从厄瓜多尔到玻利维亚这片地区的考古记录中，年代可追溯至公元前 1500 年。但是，直到莫切文化出现后（公元 100 年前后），金属制造工艺才达到顶峰：金匠能够焊接金属，甚至能够镀金和镀铜。莫切人也能制造华丽的纺织品和精美的陶器，这些使得莫切文化成为前哥伦布时代美洲的一颗明珠。正如布莱恩·费根所说，莫切人从未发明文字，但他们高超的手工制品让我们能够生动地了解他们的生活。[11]

莫切从不是个大王国，它位于秘鲁西北沿岸的一条狭长地带，从兰巴耶克河谷延伸到尼佩纳河谷，长度不超过 250 英里。大多数莫切人生活在短河（50 英里以内）流域。这个王国的繁荣归功于水资源的有效管理——灌溉沟渠和田垄。农民把大部分精力花在清理灌溉沟渠上。产业化收集的海鸟粪进一步促进了农业的发展。在秘鲁沿海，海鸟粪资源极其丰富。在 19 世纪末和现代固氮技术革命发生以前，秘鲁每年出口数吨鸟粪。当地人十分珍视鸟粪，繁殖季节进入鸟巢区的人会被处死。[12]

莫切文化的主要仪式中心是瓦卡，这是一种截头金字塔，莫切最大的瓦卡是太阳金字塔，高出平原 135 英尺。这些金字塔由晒干的土砖建造而成，而太阳金字塔由 1.43 亿块砖造成。每块砖上都有一个印记，表明晒制它的群落和它的土源地。迈克尔·莫斯利是太阳金字塔的挖掘人之一。他推算，完全建成这座金字塔需要 100 年左右的时间。

这些神圣的金字塔充当着神庙，象征着山脉。社会上层则住在宫殿里，主持人祭。莫切人军事征服的主要目标是获取俘虏，举行人祭（战争的目标是抓获敌人，而不是杀死敌人，俘虏要被献祭）。精英阶层也被葬在金字塔里，并有大量随葬品。数万人松散地聚居在金字塔／神庙周围，它们是一种有别于美索不达米亚或中美洲城邦的"城市"或"城市结构"，不过仍然拥有数量可观的人口。

莫切人是美洲最早熟练加工金属的民族，他们最先制造出精致陶器。他们掌握了失蜡法，能够在贵金属上制作立体人物形象。他们利用盐或苏打开发出许多改变黄金颜色的技术，以生产各种各样的物品。出于同样的原因，他们的陶器种类堪与古典希腊媲美，许多陶制饮具就像雕塑，呈现房屋、盲人、治疗病人的医师、人形动物、乐师、人神交配、美洲豹袭击人等造型。"战俘器皿"是一种特殊的器皿，呈现人牲坐姿、绳子绕颈、手缚于背后的造型。在祭祀用的人牲旁边放有很多罐子，祭祀前通过仪式将其打碎。[13] 莫切人是南美洲最早利用模具制造陶器的制陶人。陶罐上绘以战争景象，有时候描绘斩首场面或者俘虏在统治者面前鱼贯走过的场面。有一位考古学家在研究了 125 000 件莫切艺术品之后表示，每件作品都具有象征意义。

在莫切图像中，有不少展现了人们使用古柯、圣佩德罗仙人掌和"乌璐库"的场面。"乌璐库"是一种奇特的水果，虽然尚未被人类所识别，但它很可能是一种致幻物，与古柯和猫科动物有关。在莫切社会，它代表雷电和雨。还有一种植物叫埃思品果（尼克樟属），是奇查酒的添加剂之一。按照一位西班牙征服者的话说，喝了这种酒后，萨满就像"疯了一样"。[14] 木瓜具有抗凝血的特性，因此被广泛使用，祭司／萨满在杀死祭品后要用到它。

莫切人似乎信仰很多神，但他们的最高神是一位天神造物主，长着美洲豹的尖牙，居住在山巅。[15] 莫切图像中的一个重要主题是个体所遭受的折磨。在有些情况下，人牲被离弃于山顶而死，有些情况下是被剥皮而死。[16] 这种折磨旨在让人牲痛苦喊叫，以便神灵听到，待人牲精疲力竭之后引来邪恶力量。莫切人相信有一种名叫"阿玛鲁"的神秘力量，住在高山之巅的泻湖里。每隔一段时间，阿玛鲁就会狂暴地出现，路过之处万物尽毁，在大地上留下满目疮痍。"阿玛鲁出现说明人类的不端行为引起了祖先的愤怒，说明人类缺乏对宗教礼仪的尊重。"这很明显与火山有关。强调宗教仪式则是为了加强萨满／祭司的作用。

还有另外一位神。伊丽莎白·班森称之为"神子"，这位神长着猫科动物的口，戴着美洲豹或日出形象的头饰。他可能是从查文文化继承而来，关心人类的所作所为。这位重要的神灵长着美洲豹的样子，但形象严重拟人化，有时候豹首人身，有时候与人纠缠在一起，不知是在袭击人类，还是在与人类交配。[17] 猫科动物形象在金饰和贝壳饰品中很常见。[18]

后来发生了一个微妙的变化，因为一位新神似乎开始"与这位尖牙神共享权力"。他是一位勇士，身披勇士盔甲和头盔。他可能有美洲豹相随，但是他自己的嘴里也长有尖牙，头上有蛇缠绕。

某位莫切精英的墓葬中随葬有大量珍贵物品（十个金质美洲豹头像等），一起随葬的还有他的妻妾和仆人。莫切精英都是勇士，莫切艺术品上有数不清的战斗场面和献祭俘虏的场面。考古学家认为，祭祀与丰产之间可能存在某种联系，因为莫切艺术以其性爱内容而闻名，表现男女交配、人神交配和男性阴茎的画面尤其多。在祭祀仪式上，当人牲被勒死或斩首时，他们的阴茎可能会勃起——莫切祭司可能因此形成了祭祀与丰产之间具有联系的观念。

387

388

像查文文化一样，莫切艺术中的动物主要是热带雨林动物，如美洲豹、美洲狮、猴子和豹猫。它们常常与植物和世俗物体结合起来，代表某些奇幻形象，例如长着腿的头盔或武器，布莱恩·费根说，这"几乎肯定"代表萨满的幻象。

莫切文明在公元 800 年左右突然消失。研究显示，这一地区在公元 562 至 594 年间发生了一场持续的干旱，在公元 650 至 700 年间又遭受一场大地震的破坏。泥石流堵住了灌溉水渠并干扰了沿海地区的生活。后来又发生了一次重大的厄尔尼诺事件，这次事件所引发的狂风暴雨直接卷走整个村庄和城镇以及丰富的凤尾鱼资源。社会精英向北迁徙，放弃了太阳金字塔，但是一个半世纪后，另一场厄尔尼诺事件带来了更加严重的破坏。

迈克尔·莫斯利及其同事认为，摧毁莫切文明的厄尔尼诺事件比 1997 至 1998 年的厄尔尼诺事件威力还要巨大。我们知道，1997 至 1998 年的那场厄尔尼诺事件始于秘鲁，持续八个月之久，杀死 2 100 人左右，经济损失高达 330 亿美元，连续的暴雨和泥石流持续数周，波及肯尼亚、波兰、加利福尼亚和马达加斯加。众所周知，一次厄尔尼诺事件的影响能持续 18 个月以上，但是莫斯利及其团队认为，公元 600 年以后摧毁秘鲁的这次巨型厄尔尼诺事件，其影响持续的时间远比 18 个月长得多。[19] 得克萨斯大学奥斯丁分校的史蒂夫·博格特认为，太阳金字塔的战俘祭祀仪式是在危急关头举行的，这场危机与厄尔尼诺事件所引发的狂风暴雨有关，因为有些人牲是在下暴雨时被杀死的。[20]

厄尔尼诺事件可能是引起莫切文化衰亡的主要因素，但是另一个因素可能也起了一定作用，那就是平民反对统治阶级的斗争：人民不堪沉重的负担，因而起义。当时，兰巴耶克山谷帕姆帕格兰德地区的贵族居所被人民烧毁。我们后面将会看到，这并不是前哥伦布时代拉丁美洲发生的唯一一次平民起义。

玛雅人的银河：夜空戏剧

古典玛雅文化与阿兹特克文化和印加文化一样，是热带美洲最有名的文化之一。它繁荣于公元前 200 至公元 900 年，比另外两个文明早得多。它的地理范围包括现在的危地马拉和墨西哥东南部，面积达 10 万平方英里。事实上，玛雅文化区大约有 50 个独立的城邦和上万个村庄。[21] 它们贸易广泛，城邦首领被神化，建造过巨大的城市建筑群，包括金字塔以及球场在内的其他纪念性建筑。

他们的世界是一个将自然世界与超自然世界混杂在一起的世界。实际上，其古典时期可能始于一场巨大的火山喷发，这次火山喷发发生于公元 200 年前后，是全新世规模最大的火山喷发之一。对玛雅人来说，宇宙分为三层：上层的天界、中间的凡世和神秘的冥界。将这三层联系起来的是"世界树"（字面意思是"抬起来的天"），它的根在冥界，树干在中间的凡世，枝叶在天界。死者的灵魂能通过这棵树进入其他层次的世界。

这棵世界树的实际位置由国王的身体所固定或象征，当国王"站在塔庙顶上进入恍惚状态时"，这棵树就会出现。这个行为是国王行使的最神圣的王权形式，它是通过进入恍惚状态和流血的方法获得的，它打开了进入灵魂世界的门户。在玛雅宗教信仰中，"门户"是一个非常重要的概念，它是通往地下"另一世界"（叫作"西巴尔巴"）的入口或通道。洞穴和天坑都可能是门户，天坑是尤卡坦北部低地区的主要地貌特征，有人认为，这是 6 500 万年前一颗巨大的小行星撞击墨西哥湾土地时造成的。天坑可能是非常深的水池，水池里修有通往深水区的阶梯，大量祭品被投入水中。在奇琴伊察的祭祀井中，人们已经发现了许多祭祀品的残骸。[22]

玛雅文化研究领域的权威琳达·谢勒和大卫·弗莱德尔认为，玛雅人在天空也能看到世界树，银河就是天上的世界树，天空中还可以识别出许多其他图像，大多数与玛雅人的宇宙创世论有关。在夜晚，银河出现在天

389

390

空，呈独木舟状。玛雅人认为最早的人类就是乘坐它进入创世之地。换句话说，在某些重要的夜晚，天界发生了重大的宇宙变化。[23]（银河在有些地方显得比较暗，在热带的某些地区则显得比较亮。）

玛雅人的宗教仪式中会出现烟雾缭绕的景象，自然形成的烟圈就像一条盘绕塔顶的大蛇扶摇直上云霄。"这是幻象蛇，是羽蛇，（也许是）玛雅王权最强有力的象征，是自然界和超自然界之间的那条曲折之路。"[24]玛雅人一般通过放血仪式召唤幻象蛇，最常见的放血方法是在舌头上打孔，然后将一条细绳穿过舌孔。这个痛苦的仪式会让人进入恍惚状态，从而看到幻象蛇。幻象蛇是"祖先进入凡世、训诫后人的渠道"。[25]我们将在下一章更详细地探讨银河和幻象蛇。

山脉、面具与回忆

放血似乎是玛雅人生活中最基本的仪式。所有场合，不管是婴儿出生，还是婚礼和葬礼，都会举行放血仪式。通常情况下他们会利用鱼脊刺或黑曜石石片切割舌头或阴茎，从而获得人血。大多数情况下，几滴血就足够了，但在某些重要场合，玛雅人规定了复杂的净化仪式，人们（男人和女人）要将一条"手指粗的绳子"穿过舌头或阴茎，让鲜血稳定地流出，滴在随后将要焚烧的圣纸之上。（对此，我们也将在下一章进行更充分的讨论。）

玛雅人相信，神灵可能化身为山脉或其他地貌。因此，金字塔有时候代表圣山，国王的形象被雕刻在石碑上，大量的立石聚在一起，组成了一个"国王之林"。即至今天，正如琳达·谢勒所言，萨满仍然利用木棍和玉米秆制作景观模型，他们将这些模型放在洞穴或圣山脚下，以便与超自然的力量交流。

玛雅人有一种圣历，也可以说两种圣历。他们不是这种历法的发明

391

者，实际上它是十分古老的（始于公元前 600 年左右），以早期中美洲计数系统为基础。这种计数系统的核心是数字 20，可能来源于人体手指和脚趾的数量总和。*至少从奥尔梅克时代以来，祭司们就制定出一种卓尔金历，这种历法是将一年分为 13 个月，每个月 20 天，全年 260 天。这种周期的来历仍然不为人知，但目前为止最合理的"猜测"是：它起源于女人的平均妊娠期——从怀孕到生产的 266 天（如果从最后一次月经算起，妊娠期是 280 天）。大体说来，这也是玛雅文明区内基本的农业生产周期。古代祭司可能因此认为 260 天的周期是神圣的或特殊的。[26] 如果属实的话，它就能证实我们在第 7 章提到的那个相对晚近的发现——性交与生产之间的联系。

　　但是，他们也使用第二种名叫哈伯历的历法。这种历法形成较晚，它将一年分为 18 个月，每个月 20 天，还加 5 天作为禁忌日，这样全年就是 365 天了。这可能也是一种农业历法，但是，不同于世界各地其他文明的历法，玛雅人的卓尔金历和哈伯历并没有利用月亮的盈亏周期，将一年分为 12 个月，也没有设置闰月，因此，每隔四年哈伯历所表示的时间会比实际的回归年少一天，这就意味着每过 1 460 个回归年则提前一年。

　　这种历法体系的另外两个特征也值得一提。第一，在公元 0 年前后，两种历法交织在一起，每隔 18 980 天，也就是 73 个卓尔金年和 52 个哈伯年，两种历法就会重合。因此，玛雅人将 52 个哈伯年视为一个大周期。第二，他们形成了所谓的"长纪年历"，这种历法是利用 52 年的周期来回溯宇宙的起源，按照玛雅人的推算，宇宙诞生于我们所用历法的公元前 3114 年 8 月 11 日。这可以让玛雅国王在历史的长河中给自己定好位置并

392

---

* 这种计数系统由点（表示 1）、横（表示 5）和零（零的标记有点像一只眼睛）构成。Peter S. Rudman, *How Mathematics Happened: The First 5000 Years*, 2007 总结道："玛雅计数系统是一种珠算标记形式，我们有理由相信玛雅人会做珠算加法。"[27]

建立他们的谱系，从而增加统治的合法性。不过在这一切表象之下，玛雅人持有一种历史循环观。他们认为，在适当时候，历史事件将会重演（参见第 2 章和第 5 章关于循环时间观起源的论述）。

琳达·谢勒和大卫·弗莱德尔记述了玛雅社会王权迅速诞生的过程。他们认为王权在本质上是萨满教性质的，是神圣的"阿瓦"通过放血通往超自然世界的门户。国王对天气、疾病甚至死亡负有责任。[28] 他们还指出，这种王权思想似乎直到公元前 50 年左右才出现于墨西哥湾的一个小城镇塞罗斯。不过考古学证据显示，那个时候的居民因为某种原因故意离开了他们位于中心区的家园，并在这里修建了 T 形神庙，神庙矗立在土石建成的塔台之上，祭司们在那里举行萨满教仪式（这让人想起了奥尔梅克人的建筑）。[29] 这座纪念性建筑的正面涂以灰泥（这是玛雅人的成就之一）并饰以政治和宗教信息场景，描绘王权的角色与职能。

从广场到塔台顶部的神庙有一段巨大的台阶，台阶上有巨大的孔洞，象征世界树和基本方向（与日出和日落有关）的树干就放置在那里。这是祭司王举行放血仪式、进入恍惚状态从而与神和祖先交流的地方。金字塔底层装饰有巨大的美洲豹头像，这些头像代表美洲豹太阳神和玛雅传说中的双胞胎始祖。

按照考古学家的说法，塞罗斯的神庙区仅在一代人时间内就发展成如此巨大的规模，达到原先建筑规模的三倍，光是金字塔上的高台就高达 52 英尺。附近还有其他塔台和球场。在一段时间内，塞罗斯是一个令人敬畏的宗教中心。不幸的是好景不长，这座城市很快衰落，可能是由于人民起义。这种发展模式已经发生在奥尔梅克文化圈的圣洛伦佐，以后还将在中美洲不断上演。

393　　塞罗斯的终极意义在于它形成了中美洲的社会等级体系，而这种等级体系将会在米拉多、蒂卡尔和乌夏克吞等玛雅古典城市中延续下来。玛雅社会具有明显的四层等级划分，其中上层等级享用专有食物，这直接导致他们的身高平均比其他人高出 10 厘米。[30] 我们之所以了解很多关于米拉多、蒂卡尔和乌夏克吞的信息，一方面是因为现在铭文已经被释读成功，另一方面是由于《波波尔乌》的发现。《波波尔乌》被誉为玛雅人的"圣书"，它有助于我们了解玛雅人的宇宙观以及祭司王在玛雅人宇宙观中的重要地位。

米拉多是最早形成的玛雅大城市，位于危地马拉北部佩登省的湿地和低山丘陵之间，繁荣于公元前 150 年至公元 50 年，占地面积约 6 平方英里。其城市中心是一座大金字塔，周围还有其他许多宗教建筑和广场，所有建筑都建在土台之上，由高度组织化的精英阶层所控制，他们雇用工匠、祭司、工程师和商人为其服务。某些最早的玛雅文字出现在米拉多，但是还没有被释读出来，因此米拉多在公元 1 世纪迅速衰落的谜团至今仍未解开。

米拉多衰落后，蒂卡尔和乌夏克吞（相距仅 40 英里）填补了这里的政治真空。前者位于湿地，在公元前 600 年左右时仅是一个小村庄，从事黑曜石和石英岩贸易。后来，这里逐渐出现了平台和广场等大型公共建筑，饰以石膏面具（典型的发展中的玛雅艺术风格）。值得注意的是，从这一时期王族坟墓中出土的个体遗骨比普通人的遗骨更高大、更粗壮，这再次证明贵族比平民吃得好、长得高。王族成员的放血工具成为随葬品，但是王冠是世代相传的。

乌夏克吞的发展与蒂卡尔几乎是平行的，它建有六座神庙，神庙装饰有巨大的石膏雕像和面具，其中一个面具刻画了一座圣山和一个坐在原水之中的怪物，幻象蛇的头分列两边。通往中央庙宇的阶梯两侧是美洲豹面具。"正是在乌夏克吞，我们第一次看到玛雅国王纪念自己的行为。"[31]

在米拉多消亡之际，蒂卡尔和乌夏克吞差不多已经平起平坐。公元

219 至 238 年间，亚克斯·莫切·霍克创建了蒂卡尔王朝。他和他的继任者在铭刻中被刻画成萨满，不仅具有古老的王族血统，而且与神秘的美洲豹关系密切。这里和奥尔梅克一样，美洲豹被认为是地下世界的主宰者，强大、超自然的王权象征，勇猛的战士以及宗教权威的象征。有时候，祭祀战俘在"阿瓦"脚下呈现畏惧之态，捕获高贵的俘虏是一个重要的王权评判标准，国王的神圣能力是通过高贵的血液获得的。

蒂卡尔和乌夏克吞势均力敌，两城之间的较量在蒂卡尔的第九任国王"美洲豹之爪"漫长的统治期达到白热化程度。"美洲豹之爪"在公元378年 1 月 16 日占领乌夏克吞，这场战事的规模似乎是史无前例的，发动战争的目的也不是获取俘虏、向神灵献血，而是领土征服。[32]

那时候，墨西哥谷地的特奥蒂瓦坎也开始进入历史舞台，并可能已经对尤卡坦半岛产生了影响。到公元 4 世纪末，由于特奥蒂瓦坎建立了广泛的贸易联系，它的手工制品在蒂卡尔已随处可见。

新的战争崇拜在玛雅人的生活中确立下来，因为蒂卡尔的统治者按照"战争之星"金星的周期来安排他们的战事，特拉洛克-金星成为王族徽章的标准内容。通过这种方式，蒂卡尔的"烟蛙"成为乌夏克吞的统治者。

蒂卡尔由此进入高度繁荣期，直到公元 6 世纪中期，卡拉科尔的统治者推翻了蒂卡尔的政权。接下来，卡拉科尔开始了数年的大征服，最终被公元 7 世纪后期重新崛起的蒂卡尔政权推翻。蒂卡尔政权重新确立后，建造了许多新建筑。按照铭刻，蒂卡尔的统治者受到了美洲豹神的保护，大量战俘通过繁琐的仪式被献祭给神灵。最新证据显示，蒂卡尔的最终衰落是由于资源耗竭。传统上，蒂卡尔的神庙用人心果木建造而成，因为人心果树十分粗壮，但木材易于雕刻。不过，公元 741 年以后，建造神庙的木材由人心果木变成洋苏木，"洋苏木是一种多瘤的小乔木，几乎不可能用于雕刻"。古人类学家大卫·伦茨认为，如果不是因为人心果树砍伐殆尽，神庙建造者永远不可能使用洋苏木。[33]

帕伦克在所有玛雅城市中最靠西,这座城市拥有一个独一无二的四层塔建筑。它也因拥有最完整的书写史和最详细的铭文而独树一帜。这些表明,帕伦克有铭文记录的历史始于公元 431 年 3 月 11 日巴鲁姆·库克即位,这个王朝一直存续到公元 799 年。帕伦克的另一惊人之处在于:考古学家于 1952 年在碑铭神庙最里面发现了一段隐藏的楼梯,这段楼梯向下通往金字塔的内部,内部密室中安放有帕卡尔大帝(统治帕伦克 67 年之久)的遗体。帕卡尔大帝的石棺盖上刻有华丽的浮雕,描绘了帕卡尔随世界树掉入冥界的画面。他的儿子还建造了更多的纪念性建筑,现在人们认为,上面的铭文是为了重新书写历史,进一步彰显王朝的荣耀与正统性(在玛雅文化体系中,地点是很重要的。世界树的位置——撑起天的地方——被认为是世界的中心,万物起源之地)。但是,帕伦克在公元 9 世纪也衰亡了,帕伦克人返回乡村,"散落在盛极一时的城市废墟四周"。[34]

位于现在洪都拉斯的科潘处于玛雅文化圈的南端,但是它的存续时间相对较长。科潘拥有的铭文和雕刻比其他任何玛雅城邦都要多。它的金字塔和广场、它的祭坛和石碑,占地面积约为 30 英亩。从公元前 1400 年开始,这片地区一直有人居住,但是直到公元 400 年,它才变成一座拥有众多建筑的城市。铭文显示,所有科潘国王都自称是先祖亚克库克莫的后裔。有几位国王统治时间很长,有些国王则在战争中丧命。王室陵墓中发现的手工艺品包括祭祀用刀和放血用的黄貂鱼脊刺。帕伦克衰亡于公元 830 年前后。

在公元 8 世纪末和 9 世纪初,尤卡坦半岛局势混乱。南方许多城邦土崩瓦解,但北方情况不是这样,有些城邦一直存在到西班牙人入侵的年代。为什么会这样?我们并没有明确的答案。有一种生态学理论认为,南方衰落的原因在于环境恶化、作物歉收、干旱、营养失调和饥荒。可以肯定的是，公元 8 世纪的科潘人骨骼遗骸显示出生活困难的迹象。更为有趣的政治学理论认为，在等级森严的社会里，统治者的魅力基础在于精心设计的仪式表演，这样的统治者实际上对事件（尤其是"超自然"事件，如火山喷发或地震）的控制能力是十分有限的，他们从来没能建立稳定的政治实体，因此最终垮台。而且，他们没有役畜，没有货车，没有伐林开路技术，没有马匹载其长途奔袭。在这样的情况下，玛雅政治实体的规模自然是有限的，为了宗教祭祀而获取俘虏的战争行为可能只会令这样的社会雪上加霜。

闪电与云人

玛雅北部和西部地区两个城市或城邦的出现，对后来的玛雅历史产生了重要影响。这两个城市是蒙特阿尔班和特奥蒂瓦坎。蒙特阿尔班在奥克萨卡河谷发展成为萨波特克文明的中心。大约公元前 2000 年左右，玉米和豆类农业已在那里出现，早在公元前 1350 年，圣何塞莫哥特已拥有一些简单建筑。那里发现了螺号、舞者雕像、面具以及与放血相关的鱼脊刺。到公元前 1000 年，中心城区扩大到 50 英亩，到公元前 600 至前 500年，第一批象形文字和历法出现了，同时出现的还有美洲豹和羽蛇形象。几乎可以肯定，这些文化是从奥尔梅克文明"继承"来的。

大约在同一时期，奥克萨卡河谷三个河口的交叉点形成了一个重要的中心——蒙特阿尔班。这个新居民区发展迅速，居民人口很快达到 5 000人，形成了中美洲真正意义上的城市。关于这个地方，有两件事值得注意。第一，这里没有可耕地。第二，该城的金字塔、宫殿和广场规模很大、结构复杂，它们一定形成了某种象征性景观。这里修建了近 2 英里长的石墙，不是作为防御工事，而是为了将高耸的城堡与下面的河谷隔离开来。印第安纳州普度大学的理查德·布兰顿认为，蒙特阿尔班是一个贫瘠山地上的"中立"城市，充当着政治首都的角色，在战乱时期为那些不必联合的人提供防御。不过，没有迹象显示这个城堡曾遭到攻击，因此它很可能是一个纯粹象征性的中心，象征着权力和统治地位，这个地方几乎没有竞争，因为它的经济价值不大。

不过，这个城市的地位和规模不断提升。到公元前 200 年，城市人口达到 15 000 人左右。到那时，一个强大的精英阶层统治奥克萨卡河谷，蒙特阿尔班到处都是石造神庙、宫殿和巨大的广场。最显眼的建筑是舞者神庙，建于公元前 500 至前 200 年。神庙中有大量石板，石板上雕刻了许多裸体男性，摆着奇怪的"弹性"姿势，好像在游泳或跳舞。这样的形象不少于 140 个，但是学界现在通常认为，这些人不是在游泳或跳舞的人，而是尸体，是被蒙特阿尔班精英杀死的地位尊贵的敌人。有些男性的腹股沟上有卷纹图案，就好像从他们的阴茎流出了血。正如布莱恩·费根所言："放血仪式的隐含意义提供了与萨满教信仰的明显联系，这是中美洲文明的推进剂和信仰源泉。"[35]

这座横跨三座小山的城市明显是一个等级社会，贵族不仅有专属墓地，15 个居住区，每个居住区还有自己的广场、巨大的中心和壮观的球场。在这座城市还有个神秘的高地 J，这是一个箭头形状、布满拱形隧道的建筑，指向西南方。这栋建筑的矮墙上有 40 块石板，石板上描绘了祭祀场面。在每年某些特定的时期，这栋建筑就会指向一颗十分明亮的星星。难道这是一栋战争纪念屋，为了纪念某个吉日发生的某场战争？

在公元前 200 至公元 200 年，蒙特阿尔班的势力处于巅峰期，全城居民大约 25 000 人。此后，它不再扩张，但是与特奥蒂瓦坎保持着贸易联系，继续维持了几百年的繁荣。直到公元 8 世纪萨波特克首领丧失公众支持后，蒙特阿尔班才开始衰落。

米斯特克是常常被与萨波特克相提并论的美洲文明。它位于中美洲太平洋沿岸，比萨波特克稍微靠西，首都位于蒂兰通戈。米斯特克人是中美洲等级最森严的民族，极其重视出生排序，统治者有时会娶自己的亲姐妹，以确保后代的高贵血统。巴布罗·达尔格伦在分析前哥伦布时代的米斯特克法典时列举了众多王室婚姻，其中与侄女通婚的案例有 11 个，与外甥女通婚的案例有 14 个，与同父异母或同母异父姐妹通婚的案例有 1 个，与亲姐妹通婚的案例有 4 个。米斯特克王室内部愈演愈烈的内婚制最终导致毗邻的谷地分离出去。他们的统治者最终变得与普通人格格不入，甚至王族身体的不同部分还有专门的称呼，以有别于普通人。[36]

不管是萨波特克人，还是米斯特克人，他们都培育出抗旱型玉米，崇拜风、云、闪电、雷、火、地震等伟大的自然力。两大文明的陶器都以"火蛇"和"豹人"为特色。萨波特克人最恐惧的自然现象似乎是闪电，而米斯特克人最害怕的是暴雨。在米亚瓦特兰南面群山中居住的萨波特克人认为，四种闪电"居于特定的山峰，面向世界主要方向"，一年分为四个"cocijos"（闪电）。肯特·弗兰纳里、乔伊斯·马库斯和罗纳德·思保斯认为萨波特克人的世界有四个方向，他们拥有分为四区的方形宇宙观，每个分区具有特定的颜色，这样的思想在北美、中美和南美印第安人中间普遍存在，也同样见于亚洲的广大地区，"这表明它可能是穿越白令海峡的第一批移民的文化遗存"。[37]

萨波特克人主张万物有灵论，在我们看来无生命的事物，在他们看来都是有生命的。马库斯指出，严格意义上讲，他们不是一神论者，但是他们确认存在着一位无始无终、"创造万物而非受造"的最高神。这位最高神创造了闪电、太阳、地震、云等等。在萨波特克人看来，闪电是最强大、最恐怖的超自然力。马库斯说，萨波特克人还认为闪电是最古老的超自然力。在世界诞生之前，在高山之巅，居住着古老的闪电火神"柯基尤伊威"。他的宝座脚下有四个巨大的罐子，分别装着（关着）云、风、雹和雨。四个罐子分别被四个小闪电神看守。按照其神话传说，神灵在某些情况下会由于人类的祈求，释放出这些力量。云被萨波特克人视为先祖。彩虹被赋予"Pelaquetza"（羽蛇）之名。表示闪电的单词"cocijo"经常成为统治者名字的组成部分。

萨波特克人用献祭活动（通常是在偏僻的山区）安抚这些神秘力量。399最常见的祭品是战俘或儿童。他们也利用黄貂鱼脊刺或黑曜石石片进行放血仪式，鲜血落到草或鲜艳的羽毛上，然后被献祭给神灵。祭品的肉体烹调后可以食用，头骨有时被当作礼物交换。他们的祭司有能力进入出神状态，萨波特克人和米斯特克人在宗教仪式上都使用酒和致幻剂。龙舌兰汁液制成的龙舌兰酒是一种受欢迎的酒精饮料，致幻剂主要是蘑菇（裸盖菇属）、牵牛花（里韦亚属）和曼陀罗属植物。[38]

按照理查德·布兰顿的说法，米斯特克文明和萨波特克文明的基础是宗教与战争的密切联系。随着时间的流逝，他们的社会精英承担了越来越重要的宗教职能，精英控制了人们的思想观念，尤其助长了"政治组织间的冲突"。战争增强了社会凝聚力，提供了获取更多贡赋的机会。但是布兰顿认为，宗教的主要关注点是推动战争与冲突——因为它使统治阶级对仪式的控制合法化并维护了他们的地位。

我们可能会问，为什么必须要打仗？持续的战争明显是个高风险策略。有些人的答案是：战争是统治阶级能够控制的威胁，至少在某种程度上如此。他们能够选择对手，能够选择何时开战。相比之下，来自自然的威胁，也就是超自然的威胁——闪电、暴雨、飓风、地震和火山喷发——是无法预测或控制的。在这样的局面下，统治阶级作为仪式专家、历法专家的地位不时受到威胁，因为他们的方法起不到作用。通过"预测"其他政治集团的威胁，统治阶级能够重新确立自己的地位，反击任何质疑其权威的倾向。为什么米斯特克人和萨波特克人在这一时期的艺术中表现出强烈的宣传性？为什么他们持续专注于谱系，尤其是与神灵的血统联系？这些问题都可以从上述解释中找到答案。

即便如此，我们仍然不清楚他们的衰落到底是由于环境恶化、自然灾害、经济危机，还是因为人们开始质疑占主导地位的意识形态造成的。此外，他们的衰落与图拉的兴起在时间上是一致的（参见第23章）。[39]

600 金字塔之城

在中美洲城市中，我们最后谈到的是特奥蒂瓦坎。墨西哥谷地居民与奥尔梅克文明有着长久的贸易联系。从公元前1000年左右，这里就有两个城市获益于奥尔梅克文明的滋养。它们分别是奎奎尔科和特奥蒂瓦坎，不过前者被附近的火山爆发所毁灭，而后者保持了长期的繁荣。到公元0年前后，特奥蒂瓦坎人口达到4万，到公元500年，城市人口介于10万至20万之间，这使它成为当时世界上最大的城市之一。

特奥蒂瓦坎规模巨大，但是它不同于其他许多城市，并不是随意发展起来的。相反，特奥蒂瓦坎的布局经过精心规划，拥有人造假山等象征性景观。城中有600多座金字塔，500个作坊区，2 000个公寓群，一个大市场和数不清的广场。一条南北向、长约3英里的"亡者之路"将城市分为东西两部分。直到今天，它仍是令人叹为观止的建设成就。

城市的繁荣和存在的目的似乎与它附近的黑曜石矿藏有关。奥尔梅克、玛雅和其他地区的石工都十分珍视这种玻璃似的深绿色石头，用它来制造祭祀用刀和镜子。但是特奥蒂瓦坎也位于一条重要的商贸线路上，而建在湿地上的大规模灌溉基础设施为玉米和豆类作物的高产提供了条件。所有因素叠加起来使它成为一座圣城。它很可能是周边地区居民的一个朝拜地。

太阳金字塔的建成进一步提高了特奥蒂瓦坎的圣城地位。这座金字塔建在火山喷发后形成的天然洞穴之上——我们知道，在中美洲人的信仰中，洞穴是冥界的门户，它还是萨满教的仪式中心，因此理所当然地成为建造神庙／金字塔的理想之所。巨大的金字塔建于公元2世纪后期，到500年，特奥蒂瓦坎占地面积超过7平方英里。它的商业势力波及中美洲全境。

特奥蒂瓦坎是一个色彩明亮的城市，其街道和广场整齐而洁净，通常被刷成白色或红色。城市壁画多以玉米和水为主题，但奎策尔夸托和特拉洛克也是常见的描绘对象。奎策尔夸托（羽蛇神）是墨西哥的远古神灵，地位仅次于特拉洛克。特拉洛克是雨神和水神，有时也是战神。这两个神后来在阿兹特克文明中发扬光大。[40]*

美洲豹形象在特奥蒂瓦坎处处可见。艺术史家乔治·库布勒写道："他们似乎在表演各种各样的驯兽行为，例如跨立于碾谷盘上，戴花和羽毛飞边，吹螺号，浪中游泳，摇动响环。"有一个仪式是围绕着美洲豹—蛇—鸟展开的，它最先见于特奥蒂瓦坎，后来在托尔特克人的图拉城得到进一步发展。特奥蒂瓦坎的大多数美洲豹形象都与人相关，例如人类穿着美洲豹服装，或者缠着一条有美洲豹装饰的腰带或头饰。美洲豹也总是离不开鸟和蛇的形象。三者与人之间的联系只出现在特奥蒂瓦坎。不过，后来在托尔特克和阿兹特克文明的图像中出现了美洲豹与鹰的联系。从图像和艺术风格来判断，特奥蒂瓦坎美洲豹的前身是奥尔梅克美洲豹。日本考古学家在对月亮金字塔进行考古发掘时发现，用于献祭的战士被捆绑着，他们旁边有木笼痕迹以及美洲豹、狼和鹰的遗骸，这些动物可能是被活埋的。[41]

这表明在中美洲宗教信仰中，美洲豹崇拜是与蛇崇拜交织在一起的。

401

---

* 热带地区的降雨难以预测。不过该地区有一个独特现象：当太阳刚刚从头顶消失时，人们能够听到最初的雷鸣。[43]

美洲豹代表了权力和丰产，而蛇代表了地下世界。这些思想进一步体现在羽蛇神和特拉洛克崇拜中。[42]

公元 500 至 750 年间，特奥蒂瓦坎逐渐衰落。这一时期城市图像中最突出的主题是战争：全副武装的神灵、持枪带盾的祭司等。750 年左右，城市消亡，仪式中心区毁于一炬。特奥蒂瓦坎衰亡的原因可能是环境恶化，因为城市周边的许多土地被夷平，以便为大规模建筑工程提供石灰和灰浆，这可能加速了土地的侵蚀，造成农田不可挽回的损失。除此之外，旱灾可能是导致其衰亡的另一个原因。在旱灾和环境恶化的双重打击下，特奥蒂瓦坎完全无法抵御周边半游牧民族的袭击。

正如我们一再看到的，当一个城邦或文化在中南美洲摇摇欲坠之际，另一个城邦就会逐渐崛起。秘鲁沿岸的莫切文化消失后就是如此，因为莫切文化灭亡后，在安第斯高地的阿亚库乔地区出现了一个新的城邦瓦里。它最终变成 2 万至 3 万人的家园，实行严格的种族隔离制，分为不同的亲族集团、社会等级和职业。这个城市的每个地区都有各自的住宅区和用于祭祀仪式的广场，统治阶级与手工业者（如制陶工）居住在各自的区域，相互隔绝。[44]

瓦里人是杰出的工程师，他们修建了长长的运河，将高地的泉水引入陡峭的梯田，为玉米的种植和丰收创造了条件。瓦里横跨安第斯地区一条主要贸易路线两端，因此瓦里人的神是门户神。经过他们改造的门户神也是玉米神，呈人形，从头饰上长出玉米穗。瓦里人出色的工程技术使他们能够拓殖到别人无法拓殖的地方，最终他们的领土南北延伸 600 多英里，跨越众多山间盆地。在每个殖民地，瓦里统治阶级都与当地居民共同劳动和生活，但是独立管理行政事务，不容外人染指。虽然他们与沿岸居民建立起良好的商业联系，但他们从来没有在那里建立殖民地，更喜欢在高地地区维持他们的统治地位。

瓦里繁荣于公元 500 至 900 年，此后便开始衰落，可能还是由于人民起义。

普韦布洛现象

北美洲从未出现中南美洲那样发达的文明。原因可能在于：第一，北美野生动物资源丰富，早期生活方式（狩猎采集）对这里的 800 个部落来说是有效的谋生方式。[45] 第二，新大陆的主要作物玉米到很晚才传入北美地区：这种出现在热带地区的植物需要很长时间来适应北美地区的不同条件。第三，北美许多地区缺水，这进一步限制了玉米农业的发展。

尽管如此，到公元 1000 年代，在我们现在所谓的北美西南地区和中西部地区出现了小城镇、雄伟的建筑、精致的陶器和天文观测的证据。当地人挖掘小沟渠，引水灌溉天然生长的成片植物，这"促进了"小草本植物（如留兰香和洋葱）的生长。最近人们还在北美地区发现了对抗严寒天气的畦田，它们与南美地区的畦田十分相似。到公元 200 年，玉米养活了数百个村庄的人口，这些人世代定居于此，相互隔离，住在坑房之中。[46] 因为北美地区冬夏温差很大，当地人形成一种独特的居所，使成排的房间彼此紧邻，这是应付当地独特气候的一种有效热处理方式，这些房屋就是考古学家所谓的"普韦布洛"建筑。

最引人注目的普韦布洛建筑位于查科峡谷普韦布洛博尼托的阿那萨齐镇。事实上，遍布悬崖峭壁的查科峡谷是 13 个普韦布洛部落的家园。每个部落都有一个基瓦会堂。另外，附近还有 2 400 处考古遗址。这些遗址证明查科峡谷早在 8 000 年前就已经有人居住，但是普韦布洛人直到公元 700 至 900 年才出现在这里。大多数普韦布洛建筑围成半圆形，原因可能是通过这种方式让每个居所与沉陷的基瓦会堂保持相等的距离。基瓦会堂是普韦布洛人仪式生活的中心，人们在这里崇拜羽蛇。基瓦会堂之所以沉

403

陷，是为了代表原始的地下世界，"人类最初的发源地"。按照霍皮人的创世神话，"太初，宇宙中只有无尽的空间……后来，太阳神塔瓦和其他一些次要神出现。当时还没有人，只有类似昆虫的生物，它们住在深不可测的黑暗洞穴"。太阳神带领这些生物穿过两层世界，最终他们爬上一根杆，穿过空中的一个门，进入上面的世界。"神将玉米赐予他们并让他们在每个基瓦的地面上挖出 'sipapuni'（一种小孔，代表原始生物出现的地方）。"因此，基瓦象征分层的宇宙结构，它既是人们讨论社会事务（何时种玉米，何时收玉米）的地方，也是举行宗教仪式的地方。[47] 它类似于中美洲的世界树。

普韦布洛和基瓦可能是天文景象的映射。例如，查科峡谷的卡萨林科纳达有一个很大的基瓦。其主门面向北天，星辰似乎围绕这个点转动。基瓦内还有四个放置大树干的坑洞，它们象征着人类先祖进入这个世界时所攀爬的杆子。每到夏至日或冬至日，太阳射出的第一缕阳光透过门道，照到基瓦中的一个壁龛上，这个壁龛象征太阳光线的最北端。正如北美洲其他印第安文明一样，这里的天文学家也是萨满，他们利用致幻剂从凡世进入精神世界，变身动物（北美洲的萨满变身为狼，而不是美洲豹）。在艺术形象中，有些萨满像在两个世界之间翱翔。人祭在这里并不常见，但也存在。

查科峡谷建有九个半圆形"大房子"，建造时间都是在 11 世纪，其中许多建于主沟渠附近，目的是为了获取季节性水源。普韦布洛博尼托由围绕半圆形广场的 800 个房屋构成。每个房屋需要四根完整的松木作为承重梁，每根松木都要从 40 英里远的地方运来，[48] 由此我们可以看出这个工程的规模是多么宏大。

早先的一个不解之谜如今已被解开。据推算，虽然查科峡谷的普韦布洛建筑共有 6 500 间，但该地区的土壤仅能产出不到 2 000 人的口粮。因此，对很多人来说，查科峡谷似乎只是一个仪式中心，与蒙特阿尔班或查文德万塔尔异曲同工。近年来，人们发现许多来自外面的小径最终汇集到查科，这可能进一步证明了上述观点。这些未铺砌砖石的史前道路通常是笔直的，有时沿途排列着石头，有时路面挖掘数英寸之深，它们将查科与其他 30 个居民点连接起来，形成一个绵延 400 英里的道路网。这个网络虽不如印加道路网或纳斯卡线条有名，但它的每一部分都令人印象深刻。

查科也是一个商业中心，绿松石是该地区的主要特产，用于制造各种仪式用品。但是查科（普韦布洛）现象扩及 25 000 平方英里的领域，包括现在的新墨西哥和科罗拉多，似乎与某个广泛的思想体系有所联系。它虽已失传，但可能与圣地观念有关。

到 12 世纪末，普韦布洛体系土崩瓦解，其导火索可能是一场长期的旱灾。我们知道，这场旱灾在公元 1100 年之后影响圣胡安盆地近半个世纪。但是也有人怀疑查科社会的衰落源于它自身的过度扩张，因为至少有两万棵松树被用于建造普韦布洛，这还不包括严寒季节用于取暖的大量木材。那么，其衰落是不是由于过度砍伐导致植被遭到严重破坏，从而引起土壤沙化？我们知道，在其他地区就发生过这种情况。

梅萨维德位于科罗拉多西南部地区，从新墨西哥西北部的查科峡谷驾车到这里需要三小时。1888 年的某个雪天，两个牛仔为了寻找走失的牛，无意中发现了这个令人叹为观止的地方。悬崖峭壁之下有一个巨大的岩穴，岩穴中有 200 多个房间和 23 个圆形基瓦。后来的考古研究表明，梅萨维德始建于公元 600 年左右，最初居民有 150 人，他们住在坑房内。到公元 9 世纪，梅萨维德社会日趋繁荣，建造了大型基瓦。到公元 11 世纪，定居人口达到 2 500 人，但附近还住着另外 3 万人。居住在梅萨维德的阿那萨齐人是杰出的工程师，他们为了引水和集水建造了一系列沟渠和水库。公元 1150 至 1250 年是该文化的繁荣期，在三个大峡谷中分布着大约

405

30 个峭壁民居群，包括 550 个房间和 60 个基瓦。他们耕种峡谷之上的土地。不过到公元 1300 年左右，可能由于持续的旱灾，阿那萨齐人放弃了这一地区。[49]

莫戈隆人从公元 200 年左右就居住在亚利桑那和新墨西哥西南部的干旱山区。莫戈隆文明比大多数北美文明持续时间长，直到 1400 年以后才消亡。莫戈隆人居住在沿河岸而建的小普韦布洛之中，因其精致的陶器而从一众文明中脱颖而出，其中最著名的陶器由明布雷斯人制造。每个村庄都有专业的女制陶师，她们用细腻的河泥制作精良的薄壁陶坯。陶坯烧制完成后，她们用丝兰属植物制成的刷子给它们上色，正是这些陶器上的图案令明布雷斯陶器声名远播，成为古代北美最精良的陶器。陶器上描绘日常生活（如捕鱼）、动物、昆虫、身着各种服装的人、吹笛者、戴动物面具的跳舞人（在某种萨满教仪式上）。有意思的是，莫戈隆人还从墨西哥进口铜铃，这进一步增加了北美和中美两地区商业交流的可能性。[50]

不是所有北美古代民族都建造普韦布洛。还有许多民族建造丘庙。在正式发掘出来的丘庙建筑中，年代较早者位于吉拉河（亚利桑那州萨卡顿附近）畔的蛇镇。这里虽然地处荒漠区，但在吉拉河的滋润下成为一片肥沃的绿洲，吸引了大量鹿和水鸟到来。霍霍坎人可能从公元前 200 年起便居住在蛇镇，一直生活到公元 1450 年。他们精通水利建设，挖掘了长达 3 英里的沟渠，用来灌溉他们的农田。有些考古学家认为霍霍坎人是墨西哥移民，这有助于解释两者在文化上的某些相似性。但其他考古学家认为这种观点不切实际。

他们的住房并不算高级。有些是坑房，有些是围柱而建的地面建筑，里面填满柴枝。但是这些房子彼此聚在一起，位置靠近中心广场，广场四周则是低矮的台丘。这些台丘跨度大约有 50 英尺，高约 3 英尺，顶部用泥土夯实，霍霍坎人在上面建造祭坛和神庙。附近有两个球场，大约 130

406

英尺长，100 英尺宽——这是霍霍坎文化与中美洲文化具有联系的证据。不过，霍霍坎球场远不如中美洲球场那么结实（往往是用沙土而非石头建造），而且这里也没有与比赛相关的人祭迹象。蛇镇的贸易品来自太平洋沿岸和墨西哥湾，在这里曾发现各种各样的金刚鹦鹉羽毛。

407

布莱恩·费根认为，某些"流行"观念毫无疑问从墨西哥向北得到传播，但是北美西南部的阿那萨齐、莫戈隆和霍霍坎文化是土生土长的，具有自己的鲜明特色。严酷的环境、反复的干旱和偶尔的充沛降雨等因素共同阻碍了这些文明的高度发展。这些民族大部分信奉萨满教。[51]

北美玉米

19 世纪初，当欧洲殖民者乍看到俄亥俄和中西部的巨大土丘时，他们大都不相信本土印第安人能够创造如此伟大的成就，因此"消失的民族论"盛行。但是这种观点还没持续一个世纪便不攻自破了，因为美国民族学局的研究人员在威斯康星和佛罗里达之间地区发掘出 2 000 多个土丘，并得出结论：所有这些都是由本土部落及其祖先建造的。[52]

这些土丘文化中最有名的是阿登纳文化、霍佩韦尔文化和卡霍基亚文化。1720 年，法国探险家勒·帕吉·杜·普拉茨拜访纳切兹人首领"文身蛇"。纳切兹人总共有 4 000 人左右，分布在围绕大土丘而建的七个村庄里。在拜访期间，"文身蛇"突然死亡，普拉茨由此能够见证首领的葬礼。他记载道，这位首领的遗体在安葬前先供人瞻仰，他身着华丽服装，面部彩绘，头戴"红白相间羽毛冠"。他的武器和仪式专用烟斗放在身旁。主葬礼在土丘神庙上举行，他的两位妻子和其他六个人祭跪在仪式垫上。他们头上挂着动物皮，他们"为了失去知觉"而吃下烟草球。接下来，精挑细选的刽子手迅速将他们勒死，然后神庙被付之一炬。[53]

这种土丘葬礼可追溯到公元前 2000 年左右，那时候的部族成员往往将死者葬在俯瞰河谷的山脊上。这些葬礼通常与传说中的种族创立者或祖先有关，同时它也是宣称土地所有权的方式。

土丘建筑的主要中心之一是俄亥俄州的阿登纳。在发掘出来的 2 000 个土丘中，阿登纳土丘占四分之一。一开始，这里实行单人葬，后来他们将死者的尸体合葬于原来的墓地。公元 0 年前后，简单墓地被大型墓室所取代，墓室位于圆形房子下面。这里不只安葬尸体，还随葬铜手镯、贝壳和精雕细刻的烟斗。从铜制品和烟斗的质量来看，这些墓室中安葬的既有统治阶级，也有萨满。

到公元 1 世纪初，阿登纳文化被霍佩韦尔文化取代。霍佩韦尔人的墓葬文化也很发达，他们将死者精心打扮后葬入丘冢中，随葬品种类丰富，来自北美全境，包括铜、银、石英晶体等。这些东西沿着狭窄的小径从佛罗里达、墨西哥湾、落基山脉和大湖地区流通而来。

有时候，土丘还能告诉我们一些墓葬以外的信息。例如，在俄亥俄州的纽瓦克，土丘是通过一系列圆形、正方形、八边形的道路网联系到一起的。正如秘鲁的纳斯卡线条一样，我们只有从直升机上才能真正看出这些土丘之间的联系。土丘的平均高度是 30 英尺，直径是 100 英尺，体积是 50 万立方英尺。据推算，移走每个土丘的土方需要 2 万个工时。最壮观的土丘是大蛇土丘，这个土丘上有个蛇形标记：蛇盘缩躯体，蛇尾置于蛇脊之上，蛇口大开，好像要吞下另一个大土丘。[54]

分析显示，霍佩韦尔丘冢中埋葬了数百人的骨灰。不过，霍佩韦尔首领和祭司的埋葬方法与普通人不同，他们被葬在内置圆木的坟墓中，有时安葬在特殊的墓屋里，一般随葬有标志其部落的仪式用具。

尽管霍佩韦尔的墓葬风俗很复杂，土丘建筑很雄伟壮观，但霍佩韦尔人几乎完全靠狩猎采集为生。大约从公元 500 年起，霍佩韦尔文化逐渐开始衰落。其原因甚为复杂：可能是由于气候变冷，驱使猎物跑到其他地方；也可能是由于弓箭传入后，战争日益频繁；还可能是因为玉米和豆类农业的发展。

显而易见的是，最后一个原因是促使卡霍基亚崛起的重要因素。玉米在公元1000年代传入北美洲东北部地区，但直到公元2000年代初，玉米才成为人们的主食，因为这时玉米和豆类品种进化得更抗寒、更高产。事实上，卡霍基亚可能是新大陆唯一一个符合（旧大陆）"农业催生文明"模式的地区。[55]

卡霍基亚是古代北美洲最大的城镇和仪式中心。如今，尽管东边的圣路易斯让它相形见绌，但在公元1050至1250年间，卡霍基亚占据5平方英里的领土，"一大片茅草房、土丘和小广场"建立在美洲低地（伊利诺伊河和密西西比河汇合处南部的一个低洼冲积平原）的腹地上。这里坐落着史前北美洲最大的土方建筑僧侣土丘，高达100英尺，占地面积16英亩。按照中美洲的标准来看，这个规模并不算很大，但是在周围平原的映衬下，它仍然显得十分壮观。过去，土丘之上有个大神庙，充当人们社会生活的中心。土丘旁边的广场、丘冢和藏骨房都被一圈高高的木栅栏围绕，有效地将200英亩的中心区与外面的世界隔离开来。中心区旁边矗立着一组用48根木桩围成的圆形木阵，其直径有410英尺，里面有一个中心观测点，用于校准春/秋分日和夏/冬至日的日出位置。[56]

统治这片地区的首领被埋葬在丘冢中（至少有一个首领是这样），在其中一个丘冢中发掘出大约2万颗贝珠、800个箭镞、铜、云母片以及15块磨光石盘。首领遗骸周围葬有其他男女，这些人可能是他的亲属。除此之外，还有四个男人的遗骸，他们不仅被斩首，手也被砍掉了。附近的一个坑里还有50个年轻女人的遗骨，她们的年龄在13至18岁之间。据推断，她们可能是窒息而死。

卡霍基亚是聚落群的中心区，在它周边还有其他九个大聚落，每个聚落都有自己的首领和丘冢。在聚落群之外，还有 40 个小村庄和农庄。所有这些都位于美洲低地区域。"连数百英里外的萨满和首领都熟知卡霍基亚工匠的铜制品，面具和人形、动物形陶器。"[57]

总之，卡霍基亚及其周边村镇得益于密西西比文化，但当时的密西西比文化已经超越密西西比河流域扩散到阿拉巴马、佐治亚，最远到达佛罗里达。它的繁荣期从公元 900 年一直持续到欧洲殖民者到来。其他文化中心也相继出现，比如穆德维勒，这里有大型土丘和沿河岩壁群落。墓葬显示大约 5% 人口构成了统治阶级，他们住在特殊的区域，死后其遗骨连同象征其尊贵地位的服饰或王冠都储藏在特殊的房屋里。

密西西比文化似乎并没有发展到阿兹特克文化或印加文化那样成熟的程度。在中西部地区，包括首领家庭在内的所有家庭都要耕地和捕鱼。虽然每个村庄都有一些人擅长利用陶土或其他材料制作器皿或工具，但专门的工匠几乎没有。不过，似乎有外围村落向卡霍基亚等城邦朝贡，这表明它们确实控制其他一些民族，因此它们可能正处于向国家过渡的阶段，但在欧洲殖民者到来之前并没有彻底完成。研究显示，所收贡赋来自不超过九英里远的地方。由于没有驯养动物、货车或马来运载贡赋，贡赋的规模自然是有限的。

不过，贡赋仍然很重要。奇珍异品可能会用于仪式活动，它们增加了宗教等级制的合法性和权威性。

有细微的证据显示，密西西比文化的基本理念在一定程度上来源于墨西哥。不过对于这种观点，支持者与反对者平分秋色。许多雕像显示的是哭泣的长鼻神形象，图像主题多为风、火、太阳和人祭。这些观念十分古老，并且扩散到北美南部的广大地区。哭泣的双眼与中美洲的祈雨有关。我们前面提过，中美洲部落有时会将少女献祭给神，因为人们相信少女的眼泪能够带来雨水。另一个信仰体系围绕火和太阳：在纪念新的玉米种植

季开始的仪式上，重新点燃火是密西西比首领（象征太阳）的任务。　411

最后，虽然密西西比文明中心位于温带地区，但北美的构造、山脉系统的聚合性和"热喇叭效应"（详见第 5 章）意味着北美在冬天会遭受极端的严寒和霜冻。这自然限制了人口规模的扩大。简言之，真正的文明难以在此形成。

总之，在公元 1000 年代，西半球是许多发展中的文化和文明的家园。对于本书来说，这些文明最令人感兴趣之处在于它们对社会阶层的极度关注、统治阶层对宗教仪式的紧紧把控、对战争的痴迷和祭祀的无处不在。

没有人会否认旧大陆的社会同样等级森严。但是民主思想的诞生和祭祀的终结是旧大陆区别于新大陆的显著特征。我们将在下文看到，这些差异会将旧大陆引向何方。　412

21

放血、人祭、痛苦与散财宴

现在，我们开始关注新大陆特有的实践与习俗，并探讨它们的意义。这些实践与习俗涉及一些看似非同寻常的暴力形式。我强调的是暴力"形式"，而不是暴力"等级"，因为现代社会已经目睹了大量规模空前的侵略与暴行。古代新大陆的暴力形式在我们看来很不寻常；而且，暴力往往针对施暴者自身。在下文中，我们首先要探究这些暴力产生的背景，也就是阐述中南美洲社会敬奉的神灵，并评价它们是否不同于旧大陆神灵。如果不同，具体表现在哪里？

我们在前面已经叙述过玛雅人基本的宇宙观。它是由神的世界、人类世界和地下世界构成的，其中地下世界需要通过洞穴或者湖泊和天然井等水体进入。[1]中美洲人相信大海服从于陆地并构成湖泊与大洋。人类世界朝向四个主要方向，最重要的方向是东方，那是太阳升起的地方。西方同黑暗、夜晚和死亡相关。宇宙中心是世界树，它将三个世界联系在一起。

玛雅人的圣典包括《波波尔乌》《契兰·巴兰》以及幸存下来的四部

玛雅手抄本，前两者是玛雅文献的拉丁文抄本，后四部是文学叙述、占卜书和历书。它们都证明神、历法和天文学在中美洲具有不可分割的联系。玛雅人的信仰可能起源于奥尔梅克文明，包含有三个要素：美洲豹崇拜、萨满教以及纳瓦力信仰。纳瓦力信仰主张每个神都有与之匹配的动物"替身"，通过这个替身，他可以借由致幻仪式直接与人类联系。[2] 到玛雅时代，萨满与祭司阶层相互融合，他们负责祭祀仪式、保卫神庙和占卜。

413

玛雅人最重要的神是查科·特拉洛克，他是雨神和风暴神，性格十分残暴。瓦纳普-库是抽象神，比其他神的地位更高，他是如此超然，无法用言语来描述。伊查姆纳是最先被崇拜的造物神，还是重要的保护神与文字的发明者。伊查姆纳不同于其他神，他的作用总是积极的，从未与死亡或战争联系在一起。

瓦纳普-库与旧大陆的一些抽象神有相似之处，但是他从来不是中美洲唯一被祭拜的神。事实上，中美洲在这一时期有数不尽的神，他们可归为四类：自然现象神、人形神、动物形神以及动物。有些神青春永驻，有些神是年迈的老者，它们在艺术形象上各具特色，不过各自的特征也可能发生变化。不同神之间的界限并不总是泾渭分明。[3]

这些世俗现象反映了本质上属于萨满教的观点，这种观点认为山川、河流、洞穴以及其他无生命体实际上是有生命的，并且具有精神力量。然而，如果从人性和它们与人的相互作用的角度来看，它们表现得并不像神。相反，它们构成了神圣环境和神圣宇宙的一部分，与人类一起居于神圣的氛围中。血、云、闪电、玉米、烟雾都是神圣的，它们全都展现在玛雅人的艺术作品中，其中弯弯曲曲的线条似乎代表它们的神秘力量。对于它们的解释必须结合玛雅人的背景和情境来进行。

行星、动物、植物与死亡都以神的身份出现，大部分呈现半人、半动物或半植物的形式，与旧大陆早期的神灵不无相似之处。新旧大陆宗教的主要差别在于：第一，比起旧大陆，新大陆的宗教变化较少。例如美洲豹、太阳和月亮一直受到崇拜，对水和地下世界的看法也没有变。第二，新大陆居民与神灵建立联系的方式与旧大陆不同。我们知道，进入超自然世界原本是萨满的特权，往往通过灵魂飞升或服用致幻剂的方式实现。这首先意味着，新大陆的宗教体验比旧大陆的崇拜方法（动物祭品、仪式与祈祷）更加生动、更引人入胜、更具说服力。由于各种原因，新大陆的社会变革比旧大陆缓慢得多，生动的宗教体验绝对是美洲宗教信仰变革缓慢和困难重重的原因之一。

　　以上引出了本章讨论的主要问题：新大陆的宗教信仰是否存在变化？这些变化是何时发生的？为何采用这些变化方式？

　　在玛雅人中间，灵魂飞升依然是宗教体验的核心，并且一直保持着生机勃勃的态势。但是，除了服用致幻剂，诱导灵魂飞升的各种新方式也有所发展，这些新方法更激动人心，也是更好的表演形式。因此，它们更加适合以人口众多的城市文化为基础的、精心策划的公共仪式。新大陆的这些新发展体现在暴力与痛苦领域。

"漂浮在血泊中"

　　第一种实践是放血。中美洲印第安人故意用刀或黄貂鱼脊刺来刺穿身体的各个部位，从而产生大量鲜血。他们让鲜血流到神圣的纸张上，然后用这些圣纸举行燔祭。在放血仪式中最常被刺穿的身体部位是耳朵、舌头和阴茎。

　　古典玛雅艺术中随处可见放血的画面。[4] 考古遗迹中也发现大量放血仪式的证据。例如，坟墓中经常发现黄貂鱼脊刺，它们经常被置于死者遗骸骨盆处。黄貂鱼脊刺可能系在死者腰间，但由于时间久远，腰带已经腐烂消失。

放血仪式似乎对玛雅统治阶级至关重要。琳达·谢勒和玛丽·艾伦·米勒将它说成是"宗教生活的黏合剂"。放血仪式出现于婴儿出生、葬礼、建筑物落成、种植庄稼等诸多场合，不过最常见于统治者登基典礼上。放血带来的疼痛似乎是不可避免的。有描述称，习惯于这一仪式的人不会感到任何痛苦，不过这可能是使用烟草和致幻剂的结果。他们有时利用灌肠法吸收致幻剂，这能够使人昏睡并产生幻象。此外，人体大量失血也会让人进入类似灵魂飞升的状态。焚烧血迹斑斑的圣纸会产生大量烟雾，烟雾盘旋着上升到空中，就好像"幻象之蛇"，神和祖先从圣物的口中显现。唤起这些意象的能力是统治者权力的象征，正如早期萨满能进入超自然世界并与神和祖先接触一样。

即使不进行放血仪式，玛雅人也会将放血仪式所用的各种物件穿戴在身上。他们将布条和环形结绑在手臂和腿上，穿过耳垂，系在头发和衣服上。由无花果树皮制成的祭纸先是用作布，然后被撕成条，用于放血仪式中。接着，它被浸到血液里，最后作为祭品燔祭给神灵。

玛雅人相信血是人类世界（处于地下世界和神的世界之间）的主要成分，神明需要人类的血，人血经过燃烧上升到神的世界。对玛雅人来说，烟雾和血液难以区分，不过是同一圣物的不同表现形式而已。玛雅人相信，神明利用他们的部分躯体创造了世间万物，因此人们要用人体最重要的血液来回报这一慷慨行为。

正如谢勒和米勒所言，最惊心动魄的放血仪式画面出现在现今位于危地马拉和墨西哥交界处附近、佩登省南缘的亚斯奇兰古城建筑的横梁上。这些图画展现了放血仪式可能要经历的几个不同阶段，也许与公元 681 年"盾豹王"及其正妻霍克夫人的登基有关。系列图刻展现的第一个阶段是：一个干瘪的祭品头颅绑在盾豹王的头顶，他的妻子跪在他面前，一条满是荆棘的绳索穿过她的舌头。她将沾有血迹的绳索放入脚边的篮子。篮子中

416

已经装满血液浸泡过的纸条。

后一段横梁上的画面展示了放血仪式的"结果与目的"。霍克夫人依然跪着，向上凝视着幻象，一个特拉洛克武士从幻象蛇的血盆大口中出现。（特拉洛克是位眼珠突出的雨神、丰产神和水神，同时也是冰雹神、雷电神、历法的发明者。人们对他充满敬畏，献给他的祭品是童男童女。）

在这组图画中，霍克夫人左手端着装血的碗，右手握着一个头颅和蛇标。我们可以明显看到，大蛇扭曲的身躯穿过象征性的血液盘旋而上，"表明幻象源于血液本身"。在登基仪式中，统治者的妻子经历了放血仪式，她因此能够与一位战士形象的祖先交流，可能是向其寻求指引。[5]

根据谢勒和米勒最新的精神病学研究成果，内啡肽（在化学方面与鸦片制剂相关，是大脑为回应大量失血所产生的一种物质）会引起幻觉反应。我们知道，玛雅人使用过某些致幻剂，但是这种实践以及铭刻画中出现的幻象蛇，是不是意味着他们发现可以在不用致幻剂的情况下体验幻象？如果是这样的话，这一发展是如何起源的呢？

放血仪式和疼痛经历不是玛雅人使用的唯一办法。他们精心准备的仪式在壮观的建筑中进行，同时伴随着音乐、舞蹈以及精心打扮的参与者。大量参与者"戴着放血仪式所用的祭纸或系成三个结的纸布"，坐在露台上观看仪式。根据西班牙传教士的叙述，这些参与者经过斋戒和蒸汽仪式等准备活动后，在放血仪式上达到高潮。这时，统治者和他的妻子从最壮观的建筑中出现，在众人瞩目之下，统治者划破他的阴茎，刺穿其妻子的舌头，并用绳子穿过伤口，血液随之流向纸条。血液浸泡的纸条被拿到火盆中焚烧，产生大量黑色的烟柱。"参与者早已被集体的歇斯底里和大量的失血弄得眼花缭乱。从文化角度来看，他们在这种环境下会期望幻象体验。盘旋而上的烟雾提供了完美的场景，让他们看到了幻象蛇。"[6]

亚斯奇兰古城图像描绘的最后一个场景是：盾豹王穿着棉盔甲，手持

417

利刃。他的妻子站在他的身旁，鲜血正从她受伤的嘴里流出，而她手持丈夫的美洲豹头盔和盾牌。她帮助丈夫准备战斗。捕获战俘后，他要举行祭祀仪式。他通过最后的祭祀仪式巩固了自己的统治权威。

这一组仪式图似乎相当古老，根据碑文来看，至少可以追溯到公元199年。这段铭文进一步证明，仪式的前期阶段比后期阶段早52天。在前期仪式中，幻象蛇缠绕在国王巴克-图尔的肩上，大蛇的尾巴是一把石刀（表明它是祭祀用品）。画面上还有人牲，他们的身体被砍成两半，降落到世界树下，国王从树中长出。这就是国王与超自然实体的身体接触（类似萨满）。[7]

与放血仪式相关的各种物件也被视为圣物。用于切割的黄貂鱼脊刺和燧石刀经常被装扮为"穿孔神"。雕刻和陶土物件描绘了国王或者将来的国王割破阴茎、绳索绕颈的场面。这种手法表明，为了仪式的持续，悔罪者的形象往往由俘虏来充当，他们是玛雅社会的最底层，在仪式高潮上被献祭给神明。一些小雕像展示了某些人在放血仪式中痛哭尖叫的场面，另一些人则没有显示出痛苦的表情。对于痛苦泰然处之，可能会受到人们的尊敬。不过，在有些情况下，致幻剂会减轻人牲的疼痛（我们将在下文中看到）。另一些小雕像描绘了男人的跳舞场面，他们的阴茎在淌血，有些人的伤口周围包裹着大布条，还有些人穿着美洲豹毛皮裙。[8]玉米神也被请到仪式现场，这进一步证明了前面的论点——玛雅人将玉米视为人类血肉的本质。在其他一些表现放血仪式的浮雕上，祭司的脸上画有骷髅状线条。这表明祭司／萨满在该仪式的幻象部分扮演特殊角色（我们知道，致幻剂在热带雨林会引起骷髅幻象）。其中一个图案取自所谓的"窖藏器皿"的盖子上。这些窖藏器皿实际上是口对口放置的两个碗或者深盘，在新建筑举行落成典礼时被放置在地板下面，用它们盛放祭品，如被割下的头、燧石刀、黄貂鱼脊刺和荆棘。谢勒和米勒谈及，这个特殊盖子上展示的放

419

血画面，在背景上使用了液体形式的图案，就好像"整幅画面漂浮在血泊中"。[9]

折磨、挣扎与俘虏献祭

在中美洲，最早的有记载的战争发生在公元4世纪，而8世纪似乎是战争最激烈的时期。这些记录常常表现俘虏被征服者踩在脚下的场景，这其中隐含一个重要问题：玛雅人的战争（就像莫切人和米斯特克人的战争）目的是俘获其他部落的战士（不是杀掉，至少不是在战场上立刻杀掉），这些俘虏会被用于放血仪式或者神圣的祭祀仪式。在战场上成功俘获杰出战士的统治者，经常会给自己加上"……的俘获者"的头衔。[10]

这些铭刻表明，俘获战俘并非易事，只有经过激烈的肉搏战才能做到。失败方被卸下盔甲和华丽服饰，被带往胜利方的城市。如果被打败战士的勇猛远近闻名，就会被关押一段时间，被迫参加放血仪式或忍受折磨。最终，没有任何俘虏能够逃脱死亡，他们都会被献祭给神。

在浮雕中，我们往往通过战俘大腿上写的名字来识别他们的身份，他们的形象一般都位于雕刻下方，衣衫褴褛，被踩在地上，或被抓住头发。有时他们会被绑起来，不过总是呈现卑微之态。与之相反，胜利一方身着华丽的棉质盔甲，头戴美洲豹头盔，脚穿美洲豹靴子以及绑腿，身披美洲豹披甲，还挂着先前祭牲的干瘪头颅。

在中美洲文明早期（公元100—700年），胜利者的服饰不仅限于美洲豹皮毛，还包括各种各样的装饰图案和材料（如羽毛）。然而，从8世纪起，也就是在中美洲后期艺术中，"身着鸟类羽毛的战士通常成为身披豹服战士的俘获对象"。谢勒和米勒说，当时中美印第安社会甚至达成这样的共识：身着鸟类羽毛的战士代表着失败。正如我们将要看到的，在阿兹特克人的信仰中，他们所处时代始于特茨卡特利波卡战胜奎策尔夸托之时，特茨卡特利波卡有时被想象为美洲豹，而奎策尔夸托被想象为一条长满羽毛的大蛇。"可能在8世纪期间，宇宙灾变的观念在阿兹特克人中间已经普遍流行了。"这与8世纪的普遍战乱有关吗？这与第16章所探讨的青铜时代与铁器时代之交的旧大陆是否有相似之处呢？[11]

在古典时期，很多强有力的玛雅国王开始相信金星的位置能够引导战争的胜利走向，他们也会祈求金星的帮助。与这类祈灵相关的日期显示，打仗的吉日是金星第一次作为"昏星"出现之时，也就是"金日上合"（金星从太阳后面经过）之后。

在玛雅宗教仪式中，正如放血与国王登基相关那样，俘虏祭祀同样与国王登基脱不开干系。在毕得拉斯尼格拉斯（位于危地马拉的佩登省）出土的一块石碑上，我们看到一个俘虏被绑在格状底座的木质看台上。接下来，这个俘虏的心脏被挖出，他的身体被丢在看台底下。新国王跨过俘虏的尸体，在盖着布的梯子上留下血淋淋的脚印。他登上看台顶端的王座，在那里获得公众的认可。换句话说，俘虏献祭（或血祭）给登基仪式披上了合法性的外衣。[12]

其他图像表明，这一高潮只有在漫长的放血仪式后才会出现。一个铭刻画记录了金星"下合"（即金星从太阳前面经过，几天后，金星重新作为"晨星"出现）时发生的一场战争。该铭刻画显示国王查安-穆安正炫耀着他的九个俘虏和一颗鲜血淋淋的头颅。在这幅画中，还有个人正在拔一个俘虏的手指甲或者剪俘虏的手指头，鲜血流到这个俘虏的胳膊上。俘虏的面颊凹陷，可能是由于他的牙齿已经被拔掉，鲜血从他嘴里流出。还有人检查其他俘虏的手，俘虏们在挣扎中哭号，另一些已经死去的俘虏尸体上有切割痕迹，正如谢勒和米勒所言，在杀死俘虏之前，胜利者就是用这种"猫和老鼠式"的手段折磨他们。其他一些浮雕刻画了俘虏被剥下头皮和开膛破肚的场景，还有一个俘虏的后背被绑上引火物，这意味着他将

421

被焚烧。最后，在另一个石碑画面上，八个俘虏被绑在一起，征服者的胸膛上似乎绑着一个完整的皱缩人体。*

谢勒和米勒总结道："我们通过观察玛雅人描绘的战事场面可以看出，玛雅人没有表现出对物质利益的诉求。相反，他们关注战争以及作为王权基础的祭祀仪式。"与其说他们渴求领土（当然，他们并不是对领土完全无动于衷），不如说他们需要俘虏，因为俘虏的鲜血能够用来滋养神灵。[13]

关乎生与死的比赛

玛雅人的球赛是一项艰苦的运动，不仅需要强健的体魄，而且其结果可能关乎生死。它要求球员娴熟操控沉重的橡胶球，最后往往以失败球队被献祭而告终。这种球类运动发明于公元前 2000 年代，曾经风靡于中美洲全境。在西班牙人征服之前，中美洲至少有 1 500 座球场。科尔特斯对它的印象极其深刻，以至于他在 1582 年带领一支球队远赴欧洲。[14]

游戏规则以及球场面积因地而异，平均长 120 英尺，宽 30 英尺，形状类似于大写字母"I"，两侧的墙用砖石砌成（有时是垂直的，有时是倾斜的），中间是一条用泥土或石头铺筑的球道，即"I"形球场的中间部分。球场通常被刷成白色或亮色，并装饰有石质人头、美洲豹、猛禽和巨蛇。在某些刻画球队的浮雕中，球员的眼睛呈闭合状态，人类学家认为，这是表现死者在地下世界进行的比赛。骷髅架表明输家会被砍头，他们的头颅会在球场附近展示，以宣传失败的后果。

比赛目的无非是如下几种：一、娱乐；二、宗教原因；三、作为战前和战后的仪式；四、结盟；五、使统治合法化。按照迈克尔·惠廷顿的研究，墨西哥普埃布拉州的坎通纳市拥有 24 座球场，是美洲球场数量最多

---

* 它也可能只是一个小雕像。

的城市。这个地方繁荣于公元 600 至 1000 年。[15]

正如中美洲其他许多事物一样,这项赛事似乎也始于奥尔梅克人。我们知道,早先球队中有女球员,她们拥有明显的第二性征(隆起的胸脯,乳头涂成红色),在身份标记方面则没有特殊之处,说明她们只是普通人。然而在公元前 1300 年左右,当球赛获得宗教意义后,女球员从记录上消失了,球赛受到统治阶级的操纵。这是统治阶级为达到自身目的而利用宗教的另一范例——这让人想起了米斯特克人。[16]

球队由 1 至 4 名队员组成,他们必须在手不碰球的情况下控球。如果球弹起两次以上或者被击打出球场,便可以得分。比赛的亮点和最终目标是将球击入一个高高固定在墙上的石环(石环离地可能高达 20 英尺)。但是,这个石环只是比球稍大,因此这样的得分十分罕见,如果确实出现这种情况,通常标志着比赛的结束。球一般是用煮过的硬橡胶制作而成,并被涂成黑色,直径在 12 到 18 英寸之间,看起来更像现代的健身实心球,而不是中空的篮球。它们可能重达 8 磅。不过,奇琴伊察(位于尤卡坦半岛的瓦拉多里德和梅里达之间)或埃尔塔欣(韦拉克鲁斯附近)的球是中空的,人的头骨被置于其中。弹跳的球会产生很大的声音,而这也成为比赛的激动人心之处(一些铭文上弯弯曲曲的线条表示球的声音和运动)。在美洲,最靠北的球场位于美国西南部。球场通常位于古代城市祭祀中心的中央,与重要的神庙建筑群融为一体。[17]

在新大陆,有几种植物能产生黏性树脂,其中多刺的梨形仙人掌黏性树脂有时被用来制作神像,或在崇拜仪式上被当作焚香。但是卡斯提橡胶树广泛生长于中美洲和安第斯北部地区,早在公元前 1600 年已被用于宗教仪式中。[18] 它有多种用途。在给石斧装木手柄时,橡胶可用作黏合剂并具有减震功能;橡胶可用作仪式鼓槌的尖头;可用橡胶制作盔甲、鞋、容器的防水密封层、蜡烛芯(放在用柯巴脂制成的罐中),制作中空或实心

423

雕像；它还有很多医学用途，可治疗唇疱疹、耳痛，用作栓剂，治疗生育和泌尿疾病。

　　它的很多用途具有宗教或巫术特点。例如在祈雨仪式上，人们将融化的橡胶泼洒在树皮纸书上，因为中美洲人认为雨点（泼洒的橡胶代表雨点）是特拉洛克斯（微小的超自然神灵，雨神的助手）派遣到人间的。[19]在这种情况下，橡胶主要与雨神联系在一起。在奇琴伊察的祭井中打捞出几个橡胶制品，其年代在 850 至 1550 年间。通常情况下，涂有橡胶的物品在仪式高潮中被焚烧，产生"浓厚而芳香的黑色烟雾"。[20]

　　在到达新大陆以前，欧洲人使用的球类是用木头、皮革或布做成的，因此球的弹性有限。当欧洲人看到中美洲橡胶球的"绝佳弹跳性"时，其惊异之情溢于言表（正如弗雷·迪亚戈·杜兰所说的那样）。

　　橡胶树可以长到 65 或 80 英尺高，喜欢与其他种类的树共生，偏喜潮湿的环境。人们通过在灰棕色树皮上切割斜缝并等待橡胶树"流血"的方法收集白色的乳胶。正是橡胶树与血之间的这种联系，让橡胶成为一种圣物。乳胶是黏稠的，呈白色，但是暴露在空气中后，它会变得更黏稠，颜色也会发生改变，先变黄，然后变灰，最后变成黑色。用化学术语说，它是一种碳氢聚合物。一旦收集完毕，人们便将乳胶与同一地区其他植物的汁液和根部放到一起煮沸，最常与橡胶一起煮的是牵牛花属的某些品种。我们在前面提过，牵牛花是一种致幻剂（因此它对于古代墨西哥人来说也是神圣的）。若是在混合物中添加少量的硫黄，就能使橡胶更柔韧、更耐用，甚至更有弹性。《门多萨手抄本》记载，托克特佩克（现在的瓦哈卡州）每两年必须向特诺奇蒂特兰进贡 16 000 个橡胶球。[21]这些球由单独的橡胶块或相互缠绕的橡胶条制成。其他时候，这些橡胶带就像丝带一样卷起来。

　　橡胶球与运动和生命有着宗教上的联系。在纳瓦特语中，"橡胶"（olli）

与"运动"（ollin）*似乎密切相关。同时，在尤卡坦半岛的玛雅语中，"k'ik"既有"血"的意思，又有"橡胶"的意思。在《波波尔乌》中，球赛用球被称为"quic"，这是基切语词汇，有"血液"之意。[22] 球的形状又将它与天体联系到一起。在画有球的几幅古代图画中，球总是与代表太阳的神明联系在一起，这时的太阳神降落到地下世界，在那里死亡，然后重生。在其他图画中，球可能叠加在输球队员的头骨或被砍下的头颅上。

参赛者会穿着特殊保护装备，因为球实在是太重了。他们的手臂、手腕、膝盖都要包裹起来，他们也在腰部围上木质或石质的束腰，束腰上有凸起部分，有助于操控球。球员的雕像显示他们可能会在比赛中受伤（例如眼睛肿胀），这无疑会增加比赛的刺激感。

不过，大部分戏剧性场面与比赛的格斗性有密切关系，这些比赛的主要目的是测试俘虏的体力和他的求生欲望。例如，阿兹特克人让饥肠辘辘的俘虏轮流对打，直到剩下最后一个。打输的战俘被用于祭祀，他们的心被挖出来，献祭给神灵。在个别情况下，他们还将输家的头颅制成球。尽管令人毛骨悚然，但铭文确凿无疑地证明了这一点。[23]

为了娱乐，阿兹特克贵族也参加这项比赛，甚至还选派自己的队伍，并压上很大赌注。等级低的人会拿自己的孩子作赌注，有时甚至愿意牺牲自己。根据西班牙编年史家的记载，伟大的球员受人尊敬并能陪伴国王左右。[24]

但是，大多数比赛具有宗教意义。其中一个例证是：玛雅人的球赛在他们的神话中占据重要地位。《波波尔乌》记载了英雄双胞胎参加球赛的传说。在这个传说中，这对名叫乌互纳普和乌古互纳普的双胞胎是世界上最棒的球员。但是当他们进行比赛时，重重的橡胶球会无休止地弹来弹

---

* 据说，西班牙语的"橡胶"（hule）便来源于这个词。

去，打扰和惹怒了住在地下世界的神灵。于是这些神便引诱双胞胎到地下世界进行比赛。神灵们通过欺骗的手段赢得了这场比赛，双胞胎被献祭，其中一个被烧死，另一个的头颅被挂在树上，昭示神的胜利。后来，地下世界的一位贵族女子走到悬挂着的头颅下面，与它交谈。头颅将唾液吐到她的手上，她奇迹般地怀孕了。她的父亲勃然大怒，要求将她献祭，她被迫逃到人类世界，隐居于双胞胎生活的房子中。后来，她在那间小屋中生下了一对双胞胎。他们长大后发现了原来那对双胞胎的比赛用具，并学会了比赛技巧。这次，他们故意激怒冥界神灵，再次被噪声激怒的神灵邀请第二对双胞胎来到地下世界进行另一场比赛。这一回，双胞胎智胜地下神灵。后来，他们升到天界，变成太阳和月亮，或太阳和金星。[25]

426　　　这个传说强调了球赛的宗教意义。球赛是进入地下世界的门户，俘虏参加比赛是宗教仪式的组成部分，虽然他们输了会被砍头，但这也会将他们带往天国。在玛雅文化中，比赛象征着宇宙，球的前进或后退是天体运动的再现。因此，统治者作为比赛的发起人，被认为是设定天体路线的执行人。

球赛还有第二种形式，或者说第二个阶段，就是与阶梯或台阶的对抗，它与球场上进行的比赛完全不同。在这种形式中，参赛者（可能是球赛的输者）被捆绑成球形，滚下阶梯。这是一个痛苦的过程，可能会致命，它也许是正式祭祀之前最后的仪式。[26]

谢勒和米勒说，祭祀是比赛的最后结局，是"完整的仪式性比赛的必要组成部分"。[27]与球赛相关的象形文字经常被刻在阶梯及其梯级竖板上。被打败和被砍头的球员经常出现在铭刻中：他们的头被砍下后，鲜血从他们的脖颈处汩汩冒出。血流变成大蛇，"浇灌"土地。

在一些情况下，球员装扮成战士，穿美洲豹服的球队打败穿鸟羽服的球队。

有些铭刻表明，美洲人对与球赛相关的意识状态发生了改变。在奇琴伊察，有一则铭刻显示获胜的球员手持被打败球员的头颅，败者的剩余躯体跪在胜者面前。从跪着的球员脖子上伸出七条巨蛇，但是在这个场景周围环绕着一种植物，可能是曼陀罗属植物，而我们知道它具有致幻作用。在与球赛相关的物体上出现了大量睡莲图案。睡莲与水和丰产具有明显联系，但是迈克尔·惠廷顿说，睡莲的根茎具有致幻作用，这就引出了一个观点：美洲人利用精神作用类物质进入另一个不同的世界。睡莲也是强效催吐剂，这赋予它仪式净化的功能。在特奥蒂瓦坎的球场浮雕上描绘了这样一幅图画：特拉洛克口里衔着一支睡莲和一朵致幻牵牛花。惠廷顿注意到，奇琴伊察大球场的浮雕上可能有曼陀罗属植物的身影。[28]

427

此外，球员束腰上有时会刻有蟾蜍图像，尤其是含有致幻毒素的墨西哥大蟾蜍。早在前古典时期，美洲人的装饰性束腰上就出现了蟾蜍和猫科动物的身影，这些动物都被视为冥界的象征。[29]

或许我们永远无法得知球赛的全部意义，致幻物证据是不是表示球员在比赛中或赛后的祭祀仪式上使用了它们？它们的出现是否有隐喻意义？是不是提醒人们球赛本身是进入另一个世界的门户？

球赛在古典时代后期最为风行，这一时期兴建的球场占到总数的一半以上。一般说来，开放球场逐渐会演变为封闭球场。[30]奇琴伊察衰亡后，球赛在尤卡坦半岛逐渐被淡忘。不过我们知道，它在更靠北的地方以及后来的阿兹特克帝国重新流行起来。

428

黑暗萨满与"疼痛"的意义

学界对于新大陆的有组织暴力和疼痛问题进行了广泛研究，其中放血仪式、祭祀实践（例如活体挖心）和球赛是研究最深入的领域。很多年来，人们一直相信这种暴力实践在新大陆出现于较晚的历史时期，例如托尔特克文化（公元800—1000年）和阿兹特克文化（公元1427—1519年）。不过如今的学者并不介意重新审视这些宗教仪式，他们认为宗教狂热让早期西班牙人的叙述言过其实了。过去三十年的研究与发现完全改变了先前的看法。如今我们已经知道，有组织的暴力在很早以前便盛行于整个中美洲，从哥斯达尼加到巴拿马、中墨西哥、蒙特阿尔班（南墨西哥瓦哈卡州）一直延伸到南美洲北部的哥伦比亚、纳斯卡、阿斯佩罗。查文、奇穆、莫切、瓦里、蒂亚瓦纳科、整个印加帝国以及其他很多地方都有这样的实践。按照约翰·韦拉诺的说法，学界每年都有重大的新发现。[31] 再一次申明，让研究者感兴趣的不是暴力的"等级"，而是暴力的有组织性、暴行的特殊形式以及人们对待痛苦的态度和实践。

现在我们知道，儿童祭祀在古代美洲非常普遍，大规模的祭祀、砍掉俘虏的头作为战利品也司空见惯。杀人方式包括活体挖心，开膛破肚、砍头、勒死、绞刑、剥皮以及活焚。其他暴力画面还包括拔牙，削掉襁褓婴儿的耳朵，自我砍头等。不过，这些图画到底是真实事件的重现，还是代表想象的宗教仪式场景，我们并不确定。

近些年来，古代中美洲的赛事面貌变得越来越明晰：除了以输者献祭神灵的球赛外（在有些情况下会将胜利者献祭给神灵，例如韦拉克鲁斯的埃尔塔欣，理由是神灵更愿意接受胜利者的祈求），还有十分残酷的拳击比赛。在比赛时，拳击手身穿保护服，头盔经常是美洲豹面具的样式，拳头上绑上石球或石质指节环，通常会带来致命的伤害。[32] 有些图画显示拳击手遍体鳞伤，不成人形；有些图画将拳击手描绘成挥舞石球的美洲豹。参赛者在这些赛事中要饮酒，他们有时候是醉醺醺的。

这些就是古代美洲流行的赛事，考古学家和人类学家总结道，疼痛在今天看来只有医学上的意义，而在古代美洲，它充满了象征意义和思想内涵。

事实上，疼痛以一种近乎哲学的方式与生活中的某些消极事件联系在

429

一起。例如，史蒂夫·博格特已经证明秘鲁北部沿海地区至少有四种祭祀与暴雨（可能是厄尔尼诺事件）存在联系（考古学证实，在史前时代的南美洲，有很多沿海遗址遭到大水的毁坏或毁灭）。[33] 在帕查马克，下雨事件和祭祀也有明显联系。不过，我们不能确定举行祭祀的意图到底是祈求下雨，还是祈求雨停。博格特发现，海狮遗骸的增多与祭祀有关，与洛马斯[*]有关。洛马斯是厄尔尼诺事件发生期间在某些山坡上暴露于盛行风之下的雾状植被。他认为，洛马斯预示了厄尔尼诺事件即将发生，而在厄尔尼诺事件真正出现的时候，靠近陆地的海洋温度升高，海狮的正常食物消失，它们会变得暴躁，直接与人类争夺食物，从而引起人与动物之间的激烈对抗。因此，人们被迫猎杀比平时更多的海狮。

430

无论如何，厄尔尼诺事件改变了祭祀行为。献祭儿童（或青年）的仪式（被称为"capa hucha"）经常在高海拔地区举行，至少在某些情况下，孩子身上被画上"之"字形曲线（尽管不是所有孩子），好像是将这些孩子献祭给闪电。拳击比赛有时也在山顶举行。[34]

最近学界发现，天气被很多古代中美洲人视为一种疾病形式（因此隐含痛苦），自然灾害则被视为更严重的疾病，例如之所以发洪水是因为地球腹泻了，之所以干旱是因为地球的皮肤太干燥。天气萨满懂得这些联系（例如洪水会引发与水相关的疾病），并将这种或那种暴力形式（例如举行放血仪式是因为血与雨相联系）视为治疗方法，既治疗灾难，也治疗与此相关的疾病。[35]

431

最近，"黑暗萨满"现象已被人们所认识。它的目标是制造恐惧氛围并控制乡村社会，黑暗萨满将自己变成美洲豹或其他动物，"施行巫术攻

---

[*] 洛马斯（西班牙语意为"山丘"），也称为雾绿洲和薄雾绿洲，是秘鲁和智利北部沿海沙漠中被雾气滋养的植被区，主要分布于南纬 5° 到南纬 30° 之间的太平洋沿岸，南北跨度达 2 800 公里。洛马斯的面积大小不等，其植物群包括许多特有物种。除了河谷和洛马斯，沿海沙漠几乎没有植被。——译注

击，以便惩罚和消灭敌人"。[36] 人们认为，黑暗萨满是打雷、闪电、刮风、洪水、干旱、地震等坏天气的制造者，而这些都能引起疾病。他们还对其受害者下毒，通过这种方式引起受害者的焦虑和恐惧（在圭亚那的偏远乡村地区依然存在这种行为），致命一击是从背后向受害者发动的袭击。受害者被认为是邪恶力量，削尖的叉状棒被插入他的肛门，然后强行抽出，带出一段直肠并将其割断，"从而创造出一种痛苦万分、耗时极长的死亡方式"。这种仪式持续时间很长，若干天后，黑暗萨满还要探访有罪之人的坟墓并品尝腐尸的某一部分，这样仪式才算最终完成，"他们用这种方式摧毁受害者的灵魂"。在很多社会中，美洲豹-萨满被认为是疾病的主要根源，如若被捕获，他们就会被斩首。斩首本身往往在击败邪恶力量方面发挥重要作用，不过它可能也与生育和宇宙创世论有关。[37]

黑暗萨满教可能是相当晚近的进展。如果是那样的话，它便与当时在中美洲依然盛行的古老的萨满教传统形成了鲜明对比——这种传统就是，在玛雅人中，男性有时穿上女性服装参加放血仪式。大致相同的现象也发生在智利。在那里，男性也伪装成女性来施展他们的技艺。出于同样原因，这一时期的秘鲁挂毯和纳斯卡陶器上都描绘了萨满变身美洲豹、秃鹫和其他动物的场面，（在杯子上）还有饮用致幻饮品的图画。萨满教传统依然长盛不衰。[38]

关于疼痛和暴力主题，我们仍然存有一些疑问，例如中美洲战争的实质到底是什么？它是"西半球式"的征服吗？还是为了祭祀仪式而捕获战俘的手段？在中美洲地区的铭文中，有几个表示战争的图画符号，它们可能代表不同类型的战斗。我们知道"荣冠战争"，这是一种低强度战争，目标是捕获几个战俘或者刺探敌军的力量——实际上是具有宣传性质的小规模战斗。此外，还有"毁灭性事件"和"壳层星"事件，后者很可能是指领土征服。在没有马匹、战车和金属武器的情况下，对于某些部落来说，守住他们通过战争获得的领土是十分困难的，尤其是当他们的主要目标是获取祭祀俘虏时（不过，印加人和阿兹特克人设法守住了领土）。如前所述，战争在公元 8 世纪似乎变得更加频繁，这可能与气候变化有关。[39]

与我们所处的时代相比，疼痛、暴力和祭祀杀生对古代新大陆居民具有不同的意义。这一观点的证据体现在几个方面。例如有证据显示，将自己孩子献祭的家庭会因此获得更高的社会地位；还有证据显示，球赛的胜利者有时也被献祭；另一个证据是，在与球赛有关的赌博中（例如在阿兹特克世界），有人会为比赛结果赌上身家性命；我们也知道，特拉斯卡拉（阿兹特克的同盟国）的高级祭司试图在舌头传木棍儿的比赛中相互赶超——记录显示有些人成功传了 405 根，另一些人则"只"传了 200 根；[40]还有证据显示，在某些文化中，战利品头颅可用来制作球，这些球能够"弹跳、滚动，能够被拍打"。安德里亚·库齐纳和维拉·蒂斯勒记录道，在低地玛雅中心区，"比较容易买到当地奴隶的儿女或者孤儿……当本地人无法通过这些方式获得婴儿时，他们狂热的信仰会促使他们奉献自己的儿子或侄子"。不幸的是，自杀十分常见，但是古代铭文显示，那些砍掉自己头颅的人，对疼痛持一种完全不同于现在的态度。最后，根据前面所讲内容以及阿德里亚纳·阿圭罗和安尼克·丹尼尔提供的证据，在韦拉克鲁斯（上述两人的研究对象），所有人都生活在离球场仅一小时的路程范围内。观看痛苦不堪、血淋淋的致命比赛在此地非常盛行。[41]

433

很多参赛者或人牲的图像没有显示出遭罪的表情。他们可能正处于昏迷状态。但是另一些图像确实显示出人的痛苦，其面部表情扭曲，面颊带泪或从他们嘴里发出涡卷状哭喊。

简·史蒂芬森对此总结道："暴力没有毁灭这个社会，它实际上将社会成员凝聚在一起，让他们充当血腥表演仪式的共同参与者。流血、痛苦和死亡是仪式的一方面，供养、重生和生命是仪式的另一方面……不断重复的砍头表演可能减少了人们对它的恐惧感并造成宿命论观念的形成……有组织暴力和利用血祭为整个社会谋福利的做法，是前哥伦布时代美洲大多数文化的世界观基础。"[42]

大亮星与暴躁星

如前所述，整个中美洲都形成了精确的历法系统，其中某些元素可能根源于奥尔梅克文明和萨波特克文明。这已经在前面的章节讨论过，但是当时没有提及"长纪年"，这种纪年方式经常写在铭文的开头，通常由5个数量等级构成：巴克盾、卡盾、盾、乌因纳尔和金。金代表"1"，即一天（它也有"太阳"之意）。这是一种独一无二的纪年法，我们利用它可以推算出自玛雅"零年"之后的所有天数。按照这种纪年法，1乌因纳尔是1个月，由20金构成；1盾是18个月或360金；1卡盾是20盾或7 200金；1巴克盾是20卡盾，即14.4万金。除"金"之外，卡盾也是基本单位，大致相当于20年。这与一代人的时间长度差不太多，接近个体记忆的上限，可能还是地震、厄尔尼诺、火山爆发等自然灾害的平均间隔时间。

我们在"金-巴克盾"历法体系的基础上，推算出玛雅人的"零时"是公元前3114年8月2日。这一时间的选择仍然是个谜，但它应该具有宣传价值，强调玛雅统治者能追溯到遥远过去，确定他们的祖先，从而增强他们的权威。这种纪年可能也有助于将我们所谓的历史时期（真人的时期）与神话时期区分开来。玛雅数学构建了其他计数单位。例如，匹克盾由20个巴克盾构成，理论上，可涵盖过去的数百万年。这种方法也许能够帮助古典时期的玛雅统治者建立与神的联系（生活在遥远的神话时期），巩固其统治权威。

　　玛雅人的时间观念还与金星的角色和运行有关。我们已经在第 20 章看到，玛雅人很重视银河。银河从形状上看像世界树，它在夜晚旋转，变成独木舟，玛雅人认为最早的人类就是乘坐它进入创世之地的。中美洲人着迷于这种变化，可能是受萨满变身的影响。

　　玛雅人对金星的关注很可能是由于它在星空中的突出位置以及失而复现的运行规律（正如月亮的盈亏）。玛雅人称金星为 "Noh Ek"（大亮星）或者 "Xuc Ek"（暴躁星），叫法很多，它的会合周期（它的一年）为 584 天（精确的时间是 583.92 天），分为 4 个时期：第一个时期持续 240 天，在此期间，金星为晨星；第二时期相当于上合期，金星消失大概三个月；第三时期的金星作为昏星重新出现，时间也为 240 天。最后是下合期，它又消失两周。玛雅人知道 5 个金星年相当于 8 个太阳年，他们还知道演算过程非常复杂，需要经常修订。

435

　　对于玛雅人来说，金星的重要性在于它与战争相关。表示"战争"的象形文字通常是金星的标志加上他们计划征服城邦的名称。可能是因为金星总是在"失败"周期（消失的时期）之后再次出现，这也许可以部分解释它与战争之间的联系。无论如何，波南帕克（位于墨西哥恰帕斯州）等地方的壁画描绘了胜利的战士（身着装饰有金星标志的长袍）、被砍头的俘虏和向神献祭俘虏的场面。[43] 科潘（洪都拉斯西北部）有一座金星庙，它有一个狭长的窗户，宫廷天文学家可以通过这个窗户观察天象，预测昏星出现的时间。在太阳升起之前，玛雅国王会在晨星光芒的沐浴下举行祭祀，通过符合天体运行规律的行为，加强与重申自己的权威。

　　难以推算的金星周期以及它的消失与再现，在门外汉看来是十分神奇的，可能比太阳和月亮的运行周期更加神奇（这可以用来解释金星在天文记录中的突出地位）。天文学家和统治者预测金星消失与再现的能力可能是萨满占卜能力的深刻体现。根据中美洲其他文化传统，托尔特克人和阿兹特克人信奉的神祇奎策尔夸托被玛雅人称为"库库尔坎"，它被逐出地球之后变成了金星。他们注意到，当金星处于晨星期时，它正好在太阳之前升起，就好像是在宣告它的归来。

事实上，中美洲所有城市都是以天体为导向的。特诺奇蒂特兰便是一个极好的例子。考古挖掘显示，大神庙所处的位置非常特殊，当春分日太阳升起时，阳光正好能照射到主建筑双顶之间的槽口。一旦太阳升起，城镇传令员便会记录下这个时间，启动一年中最早的祭祀仪式，此后一年十八个月每个月初都举行祭祀仪式。考古发掘还发现了很多装在木笼中的动物祭品，以及人祭遗骸，他们往往被捆绑着，戴着突眼面具，东西向摆放。[44] 这些复杂的仪式并没有被考古学家完全了解，但它们似乎将丰产、玉米、战争与祭祀融合在一个神圣的地界中，中美洲城市便是这个神圣地界的组成部分。历法是这些仪式的基础。

作为宣传形式的文字

对新大陆文字系统的研究表明，新大陆有四个文明形成了某种形式的文字，它们分别是萨波特克、米斯特克、玛雅和阿兹特克文明。这四个文明的文字系统在本质上都是象形文字：新大陆没有任何一种文字与楔形文字相似或相当，在前哥伦布时代也没有传入字母表。我们即将看到，这是因为象形文字的书写目的一般来说不同于其他形式的文字。

我们尚不能确定目前被研究得最多的玛雅文字是否由更早的文字形式（奥尔梅克文字或萨波特克文字）发展而来。但是，玛雅文与它们在某些文字符号上有所重叠，新大陆其他地方在早期也没有出现文字。基于以上两点，玛雅文字的形成很可能与奥尔梅克文明或萨波特克文明有关。

一般说来，中美洲文字写在直柱上，文字阅读顺序是从左至右，从上至下。这些文字符号被旧大陆人称为"glyph"（来源于希腊语"γλύφειν"，

436

意为"雕刻或刻画")。每个字符都有一个被限定符包围的中心元素。这种文字系统很难破译,一方面原因在于铭文学家或语言学家更惯于释读印欧语系的语言,而中美洲语言不属于这一体系;另一方面原因在于这种文字是"混杂"的,也就是说有些字符是意音符号(每个符号表示一个完整的词),有些字符是表意符号(每个符号表示一件事或一个想法),还有一些字符是表音的。此外,中美洲人喜欢用多种方式表示每个词。

玛利亚·隆盖纳以"美洲豹"(玛雅语是 balam)为例,向我们解释了这种文字的多样性。"美洲豹"可以用美洲豹的头像来表示,或者是美洲豹的整体轮廓,或者是 ba-la-ma 三个音节(最后一个"a"不发音)。[45] 还有一种可能的形式是将美洲豹头的图像放在象形符号"ba"和"ma"的中间。还有其他复杂情况出现,因为有些词在不同语境中有不同含义。例如,"chan"可以表示"蛇"、"天空"或"4"。

在目前的研究阶段(这依然是相对新的领域),玛雅文字中的意音符号似乎比表音符号更常见。玛雅文字的语序与英文有所不同,它会说:"他夺得——镶有宝石的头颅——鸟豹王",而英语的语序是"鸟豹王夺得镶有宝石的头颅"。尽管如此,由于中美洲象形文字主要由中心词和不同的限定词构成,在原则上这与埃及象形文字并无不同。

真正的不同之处在于文字在新大陆的用途,这使得它们与美索不达米亚的楔形文字截然不同:楔形文字的起源与经济或贸易相关,而前者并非如此。

乔伊斯·马库斯关于中美洲四大文字系统的最新权威研究表明,我们对于铭文的理解经历了几个阶段。[46] 当破译处于早期阶段时,研究人员对于大量的历法纪年印象深刻,导致一些人产生了中美洲人崇拜时间的印象。然后到了第二阶段,即 1949 年前后,研究人员意识到文字系统中提到的许多人是曾经真实存在的人物(他们是统治者,而不是神灵),因此

437

开辟了正确展望中美洲历史的道路。但是马库斯的意思是："不要操之过急。"她认为并不是中美洲社会的所有人都具备读写能力，不是现代西方人所认为的那样。相反，她的观点是：在她所研究的四个中美洲文化中，唯有统治阶级具有读写能力，他们将语言分为"高贵的语言"与"平民的语言"两类，文字读写能力有助于将统治阶级与平民阶层区分开来。

她表示从等级社会或首领权威出现的那一刻开始，"统治阶级之间就存在激烈的竞争……神话为地位低的成员和地位高的成员提供了不同的起源，在神话的强化下，统治者之间的竞争导致乡村之间互袭频繁，甚至引起同一望族内部成员之间的冲突……中美洲象形文字产生于这种权威与领导权的争夺氛围中，文字自出现后几乎立刻成为他们将竞争升级的一大工具……中美洲文字出现于基于世袭不平等的强权社会形成之后"。[47] 她说道，这可以解释为何最早的文本记录杀敌情况，为何真正的国家建立后才出现地名。显然，中美洲文字就是被设定为一种宣传形式。在中美洲社会里，神话、历史和宣传或多或少是一个意思，古埃及社会大致如此，美索不达米亚社会则不然。

马库斯区分了出两种类型的宣传：纵向的（自上而下的）宣传和横向的（同一阶层的）宣传。纵向宣传体现在公共纪念物上，统治精英借此向平民说明他们统治的合法性（上面描绘了俘获大量俘虏并将其献祭的细节，骷髅架则展示了不接受这种合法统治而付出的代价）。横向宣传则是针对统治阶层内部的，在性质上更为私密——例如法典和宗谱，书写它们的目的是让其他人牢记某一特定家族的继承权。马库斯展示了很多伪造的例子，其伪造的目的就是证明书写铭文之人的合法地位。

另外，玛雅文字中还有煽动式宣传和融合式宣传，前者旨在动摇现任统治者的权威；后者正好相反，旨在增强统治的稳定性。

马库斯总结道，在西班牙殖民统治之前，四大文化的文本最常涉及八大主题：第一，确定征服对象；第二，确定统治者的政治疆域；第三，确定被征服地缴纳的贡赋；第四，统治权的合法继承性；第五，登基大典的日期；第六，统治者与重要配偶的婚姻；第七，继承人的出生；第八，他们获得的各种尊称。此外，马库斯还展示了这类文献一贯的伪造本质：一位帕伦克统治者声称自己的先祖（或母亲）上任时 800 岁，并且在 700 多岁时生过孩子。阿兹特克文献显示，霍洛特里统治了 117 年，泰佐佐莫克统治了 180 年。[48] 对米斯特克 1 661 名男性贵族名字的统计分析显示，如果每个人都按出生日期命名（因为贵族应该这样取名），那么他们取的名字就会大大偏离现有模式。这表明他们为了让自己的名字符合吉日，故意篡改了出生日期。[49]

马库斯得出结论：中美洲社会不是一个人人识字的社会，"因为识字能力本身并不是目的"。中美洲的重要差别不在神话、历史和宣传之间，而是在贵族语言与平民语言之间。"贵族语言就像埃及法老的'玛阿特（真言）'，不管多么不真实，在名义上总是正确的。平民语言是混乱的、无知的、充满谎言的。因此，象形文字是看得见的贵族语言形式。"换句话说，书写是一种技能，用来维护统治者与被统治者之间的巨大鸿沟——这是通过统治者和被统治者出身有别的神话来实现的。它大体类似于埃及的"伟大文化"观念，一种由宫廷创造出来的传统，"成为王室统治的工具"。当然，这里与米斯特克统治阶级将战争和宗教结合的手段具有异曲同工之处。[50]

文字可以结合中美洲历法来看。马库斯说，学者们应该承认长纪年历法体系中日期的潜在正确性，但是，"追求精确不是这种历法体系的目标。*

439

---

* 希腊的"安提基泰拉"装置（Antikythera mechanism）发现于公元 87 年的一艘沉船上。它拥有多个齿轮，主齿轮转动 19 周，另一齿轮正好转动 235 周，就好像 19 个回归年对应着 235 个朔望月。这似乎与玛雅人的数学机理是相同的。[51]

毕竟，以精确为目标的历法不可能让某个人在 754 岁生孩子，让王室祖先在 815 岁登基"。她引用了一则很有说服力的例子，在这个例子中，某位统治者的年龄根据骨骼来推断，与文字记录上宣称的年纪差别很大。在其他例子中，有些统治者竟然在人类进入新大陆之前就已登基。

马库斯的研究成果提醒我们，新大陆的铭文研究还是一个相对新的领域。但是她的分析确实证明了中美洲的文字现象与美索不达米亚的文字现象有所不同，后者最终导致字母文字的产生。两者都可称为文字，就目前情况而言，这种叫法是正确的。但是，它所隐藏的差别可能更有启迪意义。

与财产的战斗

在中美洲之外的北美大陆，有另一种新大陆独有的习俗值得我们研440究：散财宴。我们在这里需要特别注意，因为类似的习俗也存在于大洋洲，而且在欧洲人到达之前，散财宴似乎局限于较小的区域内——太平洋西北沿岸，但欧洲人的到来帮助它迅速传播到其他相邻地区。

"Potlatch"（散财宴）是奇努克人的专门说法，表示"给予"。在一场散财宴中，主人将值钱的礼物送给大量受到正式邀请的客人，在许多早期欧洲观察者和传教士看来，这似乎是一种浪费行为，对经济有害无益。考古学证据显示，这种仪式早在公元前 1500 年就已始于佐治亚海峡地区（位于温哥华岛和加拿大大陆之间）。起初，这一习俗沿西北太平洋沿岸从阿拉斯加铜河附近的埃雅克人居住区传到俄勒冈州哥伦比亚河附近的奇努克人那里，并扩散到北极、亚北极和高原区附近的许多部落。[52]

20 世纪早期著名人类学家弗朗茨·博厄斯曾研究不列颠哥伦比亚地区温哥华岛上的夸扣特尔人，他将散财宴描述为一种获得社会地位的方式和能产生收益的投资，因为散财宴的举办者知道，领受他们慷慨赠予的人可能在将来某一天以更多的赠予来回报他们。但是这一观点似乎混淆了两个过程。在散财宴筹备过程中，主人可能会借礼物，这是要还本付息的，但是散财宴本身不需要还本付息，甚至根本不需要偿还。在此基础上，其他不同意博厄斯观点的学者认为，散财宴的举办者是出于自豪感而举办的，而不是贪财或试图用更多捐赠来"瓦解"他们的对手。[53]

在《礼物：古代社会中交换的形式与功能》（1967）一书中，马塞尔·莫斯得出结论，散财宴是社会发展过程中的一个特殊阶段，实质上是一种失常行为，是"赠予制的怪胎"。正如露丝·本尼迪克特所说，整个社会被一种"妄自尊大"的观念所统治，不同的群体试图通过赠予甚至破坏越来越多的财产来互相攀比。在某种程度上说，这是一种不正常的炫耀性消费。[54]

现在，大多数人类学家似乎都接受了散财宴与社会等级有关的观点，即这是个体展现自身地位和自尊的一种方式，强调社会和经济等级，同时促进商品的分配和再分配。还有证据显示散财宴与战争的减少有关，它是战争的替代品，是"与财产的战斗"。现在更周全的观点（尽管实际情况随不同部落有所差异）是，散财宴是一种公开确认群体成员资格和领导者地位的方式。"散财宴竞争"的确发生过，但是只有当两个氏族成员要求获得相同的社会地位时才会发生。最近学界发现，这种习俗扩散到了太平洋西北沿岸以外的地区，甚至传到环太平洋边缘区，但是这一扩散是在西班牙大征服之前还是之后发生的，尚未可知。[55]

散财宴与本章所述其他习俗的联系在于，尽管我们也许不应过度解读，但它们都关乎社会地位和等级。随着首领权威和早期国家的出现，社会地位在新大陆成为一个主要问题。战争或者说对战争的关注是普遍存在的，但是在一个没有马匹或战车的社会，战争只能是局部的。而且由于所有的交通都靠步行，这就决定了守卫征服领土的困难性要大得多（前提是

441

征服者想守住领土，当然这种情况并不经常发生）。因此，政治实体仍然很小，人们基本不会就彼此的神灵交流思想。每个人都不怎么与他人往来，没有像旧大陆那样，由于骑马牧民的广泛分布和不断变化的环境条件，在广阔的区域内发生大规模的冲突。新大陆也没有像阿拉伯语或拉丁语那样的"国际语言"，可以让人们在广阔的区域自由流动。

之所以在本章详细讨论散财宴，还有另外一个原因。它的存在表明，西北太平洋沿岸地区的食物非常充足，这要归因于第 14 章所述及的富产鲑鱼的河流。这与中美洲文明形成鲜明对比。在中美洲，身高和饮食上的差异是区分贵族和平民的标志，这种差异表明食物匮乏仍是一个问题，也是等级制的因素。这提醒我们"文明"并不总是像人们所认为的那样"进步"。它也有助于我们理解中美洲的暴力宗教仪式。它们和其他很多事情一样，是为了维护社会分化，巩固统治者和贵族的特权。按照这种理解，痛苦是一种宣传形式。

442　　在最后两章里，我们将要提出本书最重要的问题：宗教、战争和统治阶级地位之间的联系。新大陆的统治阶级为了维护他们的特权地位，不顾一切地发动战争，以便控制威胁等级，这是非凡和独特的做法。正如在前一章所介绍的，它似乎与新大陆的宗教本质有关：广泛存在的"超自然力"威胁，如地震、火山爆发、飓风等等，它们不可能为人类所掌控，而战争在某种程度上是可以由人掌控的。我们将在第 23 章中继续关注这条
443　发展路径。

22

修道院与官话、穆斯林与蒙古人

在第 18 章中，我们已经研究了一神论在旧大陆的发展演化过程以及由此引发的某些重要结果，而在前哥伦布时期的美洲，这些现象从未出现过。在一神论的发展初期，以色列人（游牧的希伯来人）的经历和思想显得十分突出。尽管从历史的角度来看犹太教的发展至关重要，但许多历史学家还是认为，基督教的出现（耶稣的出生、死亡与复活）从文化上说更有长远意义。他们的论据是，尽管基督教开始出现时是作为犹太教的分支，但随着时间的流逝，它变得越来越不同于以往出现的其他任何事物。按照圣奥古斯丁、圣托马斯·阿奎那、A. N. 怀特海德、亨利·皮雷纳、埃内斯特·盖尔纳、约翰·吉尔克里斯特、大卫·林德伯格和罗德尼·斯达克等人的观点，这正是欧洲在公元 1500 年前后获得进步并导致哥伦布发现新大陆的原因。

按照这种观点，我们现代世界所理解的神学，其存在的前提在于人类认为宇宙间只有一位真神，而且他（总是男性）是理性的，正如希腊人所理解的那样。按照这种观点，近代世界（也就是发现美洲的世界）之所以出现，是因为古典希腊理性主义被基督教的理性神观点所取代。

罗德尼·斯达克在他的新书《理性的胜利：基督教如何导致自由、资本主义和西方的成功》中坦率地提出了这一观点。他开宗明义地指出，多神教的神"无法使神学经久不衰，因为这是完全不合理的"。实际上，神学的存在必须建立在如下理念基础上：神是有意识的和理性的，是一个全知全能、无所不在的超自然体，"他关心人类，给人类施加道德准则，对芸芸众生负责"。只有这样，才会出现如下问题：为什么罪恶依然存在？婴孩在什么时候获得灵魂？[1] 为了强调他的论点，斯达克提出，东方没有神学家。道教、儒教和佛教虽然设想了"道"或"涅槃"，但无法使人满意。他认为一个人可能"永远"在思索这样的本体，但几乎不可能推出（像大卫·林德伯格所说的）"上帝是理性的象征"这样的推论。埃内斯特·盖尔纳赞成这个论断，并补充道，尽管"超自然理念"的形成在人类思想史上是一个全新的阶段，但它仍然需要像耶稣这样的人物，仍然需要神的干预，因为"人类可能惧怕高高在上的神，但不会在高深的理念面前战栗……抽象不会令人畏惧"。[2] 这就是神迹的作用。相比于其他宗教，神迹在基督教中显得尤为重要，自由意志亦是如此。

直到公元 5 世纪圣奥古斯丁对基督教教义进行补充后，上帝赋予人类自由意志的理念才出现。这是一个前所未有的创新，因为它立刻让星象学和宿命论这样的理论无法立足。其直接结果就是：建立在"理性"基础上的新教义出现了。正如亚历山大里亚的克莱门所言："不要以为我们说的这些事物只是凭信仰得到的，它们也要通过理性来维护。实际上，单靠无理性的信仰是不安全的，因为没有理性，真理便无法存在。"[3]

基督教脱颖而出的原因在于，穆罕默德或摩西的"经文被认为是传递了神的旨意，因此促使人们拘泥于一字一句"。耶稣未写一物，因此，教

444

父们需要探究耶稣流传下来的言语所表达的意思：《新约》是一部选集，不是像《古兰经》那样一体化的经文。这造成的直接结果就是，自保罗开始"演绎神学"，他就承认"我们的知识并不完备，我们的预言也不尽完美"。这与《古兰经》第二章的表达形成鲜明对比，因为它声称"这部经，其中毫无可疑"。[4]

这表明，基督教神学家从一开始就认同如下观点：理性的应用能够让人们愈来愈精确地理解上帝的意志。这是基督教与其他信仰的重要区别，盖尔纳称之为"社会焦虑"，[5]圣奥古斯丁早就指出，尽管"我们仍然不能领会与救赎教义相关的某些问题……终有一天我们能够做到"。在13世纪，图迈的吉尔伯特也提出这样的观点，他写道："如果我们仅仅满足于已知的东西……那永远也不会发现真理。"因此我们可以推断，基督徒比其他宗教的信徒更倾向于通过理性手段来推动进步，这一理论在13世纪后期于巴黎出版的托马斯·阿奎那《神学大全》中得到集中体现。这部著作试图达到"合理证明"基督教教义的目的。它也主张上帝是理性的象征。它所引发的一个重要后果是：《圣经》"并不总是从字面上理解"。[6]

因此，整个中世纪盛行的观点是随着人类理解能力的不断提高，理性的上帝——他崇尚井然有序、协调统一的自然——会逐渐显现。实际上，既然宇宙是上帝个人的创造，那么，它"必然"具有理性的、合法的、有序的、稳定的结构，等待人们更加深入的认识与理解。这是揭示基督教世界真相的钥匙，也是为什么怀特海德、内森·席文（宾夕法尼亚大学）、李约瑟（剑桥大学）等学者认为，真正的科学只在欧洲出现。"只有在欧洲，炼金术才发展成化学；只有在欧洲，星相学才发展成天文学。"怀特海德说道："对科学的普遍信仰……是中世纪神学的衍生物……有一个秘密，一个可以被揭开的秘密……它一定来源于中世纪对上帝理性的坚持。"怀特海德认为，其他宗教的神，尤其是亚洲的神，"过于冷漠，不合理性，

445

因此阻碍了科学的发展"。从这个意义上说，科学是作为神学的婢女而出现的。*

446　　　例如，中国的官吏们以信仰"无神"宗教而自豪，这类宗教（如道教）将超自然力量视为主宰生活的"本质"或"原则"。李约瑟在他的《中国科学技术史》中总结道，中国知识分子与基督教神学家形成了鲜明对比，他们"追求'启蒙'，而非'解释'"。在中国，"从来没有形成'神圣立法者规定自然法则'的观念"。[7]莫特·格林同意道："启蒙知识的特点之一就在于它无法言表。"[8]

　　　历史学家 A. R. 布里德伯利说，希腊人如出一辙，像巴门尼德这样的人认为宇宙处于一成不变的完美状态中。柏拉图的理想主义反对变化或创新的理念。伊斯兰教也大致如此，所有制定自然法则的尝试都被斥为对神灵的亵渎，因为它们否认了安拉的行动自由。而且正如凯撒·法拉赫所言，阿拉伯知识分子几乎将希腊知识奉为神圣经典，认为它们值得信赖，无须检验和调查。这同样与基督教学者形成鲜明对比，正如内森·席文和杰弗里·劳埃德所说的那样，后者在重新发现亚里士多德和其他希腊学者的著作之前就已养成了辩驳的习惯。[9]

　　　从政治和道德（心理）层面来说，基督教关注个人，主张"罪"是个人主义所导致的私事，主张道德自由，行必有果。"最重要的教义是自由意志。希腊神与罗马神不关心人类的不当行为（除非人类没有用适当的方式安抚他们），但基督教的上帝是一个惩恶扬善的判官……上帝平等对待众生是基督教的基本信条；上帝拯救所有人。"教宗卡里斯图斯（卒于公元 236 年）就曾经为奴。

　　　自由意志理论所引发的另一个重要结果是：至少在理论上，神学家能

---

* 这有点夸大了一个有趣的论点：例如，基督徒继续相信圣母玛利亚终身童贞，这一观点在 12 世纪最为盛行；反对其他理性成就的拥趸也不少，比如那些反对哥白尼发现的人。

够在不被指控为异端的情况下提出新的理论。当然，基督教并不总是那么包容。不过"如果说过去的圣贤或圣徒对宗教真理的理解有不完善之处或局限性，佛教徒、儒教徒、印度教徒和穆斯林肯定会嗤之以鼻"。[10]

447

宗教资本主义

基督教的第二个（可能也是仍然令人惊诧的）影响体现在它对资本主义的发展方面。资本主义萌芽于9世纪初，这归功于大修道院里的天主教僧侣。虽然这些僧侣不问俗世，但仍然做出了许多创新。他们的动机是确保日益庞大的修道院财产的持续安全。

圣奥古斯丁在很早之前就已提出，欺诈不是商业与生俱来的本质属性。与其他任何活动一样，它取决于商人是否按照教会的教导生活。但是，到公元9世纪，由于下面即将讨论的几次技术变革，修道院经济不再限于自给自足的农业，而是变得越来越专业化。修道院可以靠出售产品来盈利，从而实现现金经济。他们找到了一个现成的出口，将利润再投资给贵族。对贵族来说，修道院实际上成为一种银行形式。修道院的这种金融创造力，就是美国社会学家兰道尔·柯林斯所谓的"宗教资本主义"，这一机制为中世纪经济奠定了基石。

这一发展得益于下述情况：在整个中世纪，教会是欧洲最大的土地所有者，其流动资产和年收入不仅远远超过最富有国王的资产，可能比全欧洲贵族资产的总和还要多。修道院不仅接受捐赠的土地，还排干沼泽，开发贫瘠土地，从而控制了大范围的地产。到11世纪时，克吕尼修道院可能已经拥有1 000个下属修道院，但是它绝不是唯一的庞然大物：中世纪欧洲的大修道院建立50个或更多分支绝不是稀罕事。正如保罗·约翰逊所说，许多熙笃会修道院占有田地达10万英亩，甚至更多。[11]

有些修道院专门生产葡萄酒，有些专门驯养良马，有些专门生产谷物，还有一些专养牛羊。三项重要的发展成果移植到这一早期体制之上。第一，伴随着高瞻远瞩的天才领导者，精英管理体制出现。第二，从以物易物到现金交易的重大转变——这个转变大体发生于公元 9 世纪。[12] 第三，信用现象出现。现金与利息很容易理解和计算。历史学家莱斯特·利特尔已经证明，在 11 和 12 世纪，像克吕尼这样的修道院为何能将大笔资金借给勃艮第贵族。到 13 世纪，这种借贷导致抵押贷款的诞生，按照这种制度，借款人抵押土地作为担保，贷款人（修道院）在协议期间收取该土地上的所有收入。一旦违约，修道院还会获得更多土地。

这还不是全部。最重要的是，修道院僧侣还提供圣礼*服务，这类收费服务进一步增加了他们的收入，正如卢茨·卡尔巴所言，"将其提高到奢华的级别"（据说英格兰国王亨利七世为了获得心灵的慰藉，支付了不少于 1 万次弥撒的费用）。因此，修道院现在有钱雇人耕种和管理他们占有的土地。到 13 世纪，"许多修道院俨然像现代公司那样"管理有序，能够快速应对市场或技术变化。这本身就是意识形态领域的明显发展。

如果将基督徒在修道院所表现出来的工作态度与中国的古代官僚（"他们将手指甲留到惊人的长度，以强调他们不干体力活"）相对比，我们就会发现这一变革的重要性有多大。基督徒态度的演变与基督教教义的发展与完善密不可分。例如，阿奎那宣称获利"在道德上是合法的"，甚至花费时间证明了利息的正当性。换句话说，正如斯达克所言，教会与资本主义和平相处，主要原因在于教会自身从资本主义中获利良多。

更确切的说法可能是，教会"重新发明了"资本主义，因为罗马鼎盛时代已形成完善的货币经济；虽然许多学者不再使用"黑暗时代"的概念

---

* 早期基督教的圣礼比较简单，只有洗礼和圣餐礼 2 种。到了中世纪，基督教的圣礼增至 7 种（由圣托马斯·阿奎那编成法典，再由特伦托会议颁布），即洗礼、圣餐、坚振礼、告解礼、婚配礼、终傅礼和授圣职礼。——译注

来形容中世纪，但欧洲人在公元 400 至 900 年间的生活水准确实明显下降了。(在英国萨福克郡发现的属于罗马帝国晚期的霍克森宝藏有 14 000 枚硬币，但在离霍克森几英里处发现的属于公元 6 世纪的萨顿胡宝藏只有 40 枚硬币。[13])

　　教会不仅在经济方面取得了长足发展，在为民主提供道德基础方面也发挥了重要作用，甚至远远超过了古典哲学家的设想。研究伊斯兰教的西方大家伯纳德·列维斯承认，从深层意义上看，政教分离思想属于基督教，这样的事物不可能存在于穆斯林世界。"在其他大多数文化中，宗教是国家的重要方面，统治者往往被视为神。"但耶稣本人在《新约》中规定了政教分离："让恺撒的归恺撒，上帝的归上帝。"保罗进一步指出，除非被强制违反戒条，否则基督教徒应服从世俗统治。圣奥古斯丁认为，国家在维护社会秩序方面是必不可少的，但是仍然缺乏全面的合法性——正如他所言，"如果没有正义，国家和抢劫集团有什么分别？"[14] 教会并不认可君权神授学说，事实上，由于主张王权的世俗性，教会提高了它的地位，并突出世俗权力的自然历史，这就是后来所谓的"现实政治"。

　　还有最后一个因素，它涉及教会与欧洲地形之间的相互作用。事实证明，这个因素也是必不可少的。正如经济历史学家埃里克·琼斯所指出的，欧洲包含众多山脉、河流、半岛、岛屿和内海的地形造就了一个由大量小型政治实体构成的大陆。在 14 世纪，欧洲大约有 1 000 个独立的小国，这产生了三个重要后果：第一，它造就了弱小的（世俗）统治者和强大、集权的天主教会，天主教会作为一股力量受到世俗统治者的欢迎（见下文）；第二，这种巨大的多样性和地方的衰弱导致了激烈的创造性竞争；第三，大量政治实体的存在意味着如果无法在此地立足，便可前往其他许多地方。这种状况至少促使某些政府积极响应。规模小、领导有方的独立小国利用帝国、天主教会和拜占庭的野心，加之商业的独立发展促进了权

449

力的分散，这一切加强了贵族、神职人员、军事力量、商人、银行家、工场主以及行会的控制力，而拥有庞大官僚机构的中央王权日渐衰微。因此，欧洲出现了后宗教资本主义和早期民主形式的并行发展。这种早期的民主形式在威尼斯、米兰、佛罗伦萨、卢卡、比萨和热那亚等意大利城市共和国中表现得最为明显。[15]

450

超国家实体

事物总有另一面。在支离破碎的欧洲表象之下，潜藏着一个至关重要的凝聚因素——基督教会。在那个时候，"Europe" 一词（拉丁文为 Europa）很少被使用，它是一个古典词汇，可追溯到希罗多德的《历史》，虽然查理大帝自称为 "欧罗巴人之父"，但直到公元 11 世纪，对它更常见的称呼是 "基督教世界"。

教会的最初目标是领土扩张，接下来则是修道院改革。遍布基督教世界的修道院领导了皈依者的信念之战。教士独身制确保欧洲不会出现印度和新大陆某些社会那样的世袭僧侣阶层。在此基础上，教会史进入第三章：用教皇的集权统治取代分离的地方主义。大约公元 1000 至 1100 年，基督教世界进入一个新阶段，这一方面是由于千禧年并没有出现宗教意义上的任何奇迹或启示，另一方面是由于十字军东征。十字军东征在确认伊斯兰教为共同敌人的同时，也起到了团结所有基督教力量的作用。所有这一切在 13 世纪达到高潮，集中体现在教皇与国王／皇帝争夺最高控制权，有些君主甚至因此被逐出教会。*

然而在此表象之下，某种思想已然形成，这正是我们当前的关注焦

---

* 西欧各国君主与教皇之间的斗争集中在主教策封权之争上，尤以德意志神圣罗马帝国皇帝与教皇之间的斗争最为激烈，集中体现在 11 世纪海因里希四世与格列高利七世、13 世纪腓特烈二世与格列高利九世之间的冲突。——译注

点。庞大且无所不在的教会组织，以及教会与君主之间的关系，所有这些都引起了许多教义和法律的问题。因为这些问题在当时建立的修道院和学校中被讨论和辩论，因此这些修道院和学校被称为"经院"。英国历史学家 R. W. S. 萨瑟恩向人们展示了经院学者作为"超国家实体"如何助力欧洲的统一。

经院学者的作用明显体现在他们所使用的语言——拉丁语上。在整个欧洲，不管是在修道院、学校，还是在发展中的大学，抑或主教宫殿，教廷使节以及各地受过教育的人在交流思想和信息时都使用拉丁语。彼得·阿伯拉的敌人认为他的书是危险的，不仅因为内容，还因为它们的传播范围太广，"它们在不同的民族、不同的王国间传播……它们穿越大洋，翻过阿尔卑斯山……在各省和各国都能看到它们的踪迹"。正因如此，教廷职位十分国际化。法国人可能被派往西班牙，德国人被派往威尼斯，意大利人被派往希腊和英国，然后到克罗地亚和匈牙利，就像1218 年至 1230 年辗转于欧洲各地的贾尔斯·韦拉基奥那样。就这样，在公元 1000 至 1300 年间，欧洲形成了思想的统一和讨论规则的统一。通过讨论在重要事务上达成共识，这在当时世界上其他地方尚未出现，这不仅体现在严格意义上的神学问题上，而且体现在建筑、法律和人文科学上。[16]

按照萨瑟恩的观点，在 12 到 13 世纪，神学、法律和人文科学是欧洲秩序与文明得以建立的三大支柱，"也就是说，这一时期是 19 世纪之前欧洲在人口、财富和世界抱负等方面扩张最快的时期"。这三个思想领域的连贯性和世界影响力得益于欧洲范围内重要学校的发展。欧洲各地的老师和学生来到这些学校游学，又将他们所学的知识带回故乡。知识的传承之所以能够实现，是因为人们除了使用共同的语言外，还使用相同的、不断扩充的教科书。而且，他们都了解类似的授课、讨论和学

451

术训练规则，都相信基督教是能够被系统、权威地描述的，且能够被证明的。[17]

从古代世界遗传下来的知识在很大程度上是不协调的。当时学者的目标是"尽可能拯救堕落的人类，恢复创世之初人类曾经拥有或能够获得的那种完美的知识体系"。人们相信，这些知识在人类堕落和大洪水之间的数世纪里被丧失殆尽，但后来在《旧约》先知的启示和希腊罗马哲学家的努力下又慢慢恢复了。然而，在蛮族入侵基督教世界的中世纪早期，这些成果再次被破坏并部分丧失。尽管如此，许多重要的古代文本得以保存，特别是亚里士多德的著作（尽管是以阿拉伯译本和注疏的形式）。人们认为，大约从1050年起，新学者的任务就是要继续担负起恢复人类堕落期间丢失的知识的责任。"合乎标准的寻求目标是这样的：它们能够为公正地看待上帝、自然和人类行为提供解释，能够促进人类的拯救事业……人们期盼，整个事业在不太遥远的将来得以实现。到那时，整个世界回归到人类的先祖时代，拯救堕落人类的目标就会实现。"[18]

经院哲学的理论基础是：所有知识都需要重新获取——在人类堕落前，这些知识可供人类自由获取——随着时间的流逝，权威的教义会慢慢浮现。到1175年，学者们不仅把自己看作是古代知识的传递者，而且是这个综合的、多面的、"快速达到顶峰的"知识体系的积极参与者。在稳定和推动神学、法学研究的过程中，经院学者帮助创建了一个井然有序、具有前瞻性的社会。欧洲作为一个整体，从这个过程中受益良多。[19]

基督教影响欧洲重生的另一个因素是十字军东征。起初，基督徒希望重新占领圣地，并在必要时通过武力让穆斯林皈依基督教。欧洲在1095年宣布进行第一次十字军东征，但到1250年，当欧洲人发现蒙古人及其庞大的人数和统治疆域，看到蒙古人不可思议的骑马技术以及横贯中亚大草原和沙漠的巨大贸易网时，正如萨瑟恩所言，他们明白了一个显而易见的事实："每一个基督徒，对应着十个甚至可能一百个异教徒。"[20]这促使西欧基督徒转而研究阿拉伯思想并借助阿拉伯人的译本研究希腊哲学和科学。当时，摩尔人已经进入西班牙，而那里的再征服运动将在后来发现美洲的过程中发挥作用。

　　十字军东征不管从宗教和意识形态的角度来看是成功抑或失败，它都 453
确实促进了贸易模式的改变，特别是欧洲上等羊毛与东方香料和丝绸的交易。十字军东征带来的商机也推动了西北欧农业、矿业和制造业的发展；这是一个快速城镇化的时代，城镇化的发展又促进了商品交易会的革新。在许多地区，布料产业与银行业相辅相成、齐头并进：人们对布料的需求很旺盛，产品又不是易碎品，即使发生沉船事故，也能轻易补充货源；这是值得冒的风险。[21]具有讽刺意味的是，十字军东征促进了欧洲商业重心从东部和南部向西部和北部的转移。

　　无论如何，弗兰德尔 * 是个绝佳的牧羊之地，但是在 11 世纪，纺织业经历了一次技术革新，由于水平织布机被垂式织布机所替代，工人的生产效率提高了 3 到 5 倍。[22]因此，当时主要针对本地的弗兰德尔贸易开始转向更广泛的出口。以至于到中世纪末，布鲁日和根特已经挤满了来自法国、意大利、葡萄牙、英格兰、苏格兰、德国的外国商人和银行家。

　　十字军东征的另一个连锁效应是推动了轮船制造业的蓬勃发展。从 1104 年起，随着威尼斯兵工厂的建立，各国开始集中力量造船。在此之前，造船一直属于私人事务。此行不管是帆船还是划桨船，在设计和尺寸方面均取得巨大进步。有些船甚至可承载 1 000 名乘客或朝圣者。航海图、指南针和星盘在此时已传入欧洲，它们就像保镖一样，减少了航行的风

---

* 又译为佛兰德，传统意义上指的是佛兰德伯国涵盖的地区，大致对应今比利时的东、西佛兰德省，法国北部省份以及荷兰南部的泽兰佛兰德，如今"佛兰德"一称指代更大的区域，用于表示比利时整个荷兰语区。——译注

险。但是，航行需要新的资本主义形式作为保障，尤其以兄弟会的形式最为典型，因为在兄弟会中风险资金由家族企业的每个成员共同承担。[23]

现在大家应该很清楚了，所谓的"黑暗时代"根本不是我们以前所没想的那样。迈克尔·麦考密克、卡罗·M.奇波拉、罗伯特·洛佩兹和其他学者也已指出，"黑暗时代"的提法往往是错误的。在那段时期，也就是基督教直接占据统治地位的中世纪，基督教国家的技术和科学赶上和超过了世界其他地区。我们细细审视一下中世纪就会发现，那段时期是一个创新和发明层出不穷的时代：6世纪的水磨，7世纪的犁具，8世纪的农作物轮作技术，9世纪的马蹄铁和挽具。卡罗·奇波拉指出，磨坊的应用促进了其他产业的革新，例如，861年的制酒工艺，1138年的制革工艺，1276年的造纸术，1384年的鼓风炉。1086年的《末日审判书》记载，当时英格兰的3 000个社区中有5 624个磨坊。虽然英格兰河流众多，水磨集中于此似在情理之中，但我们没有理由认为英格兰在技术方面比欧洲其他地区更先进。因此，羊毛业和纺织业成为英格兰和弗兰德尔的主要特色。据罗伯特·洛佩兹观察，大多数水磨坊归属于修道院，它们也修建了越来越多的堤坝，利用水力锯木、切割石头，利用水力发动机床，用来磨刀磨剑、漂洗布匹、拉丝和造纸。"纸的观念产生于欧洲以外的地方，但是在新的学术氛围中，造纸术传入欧洲后得以迅速传播。"[24]

由于马蹄铁和马蹄钉的发明，风力和畜力（马力）得以广泛应用。马轭和马挽具的发明能够更好地发挥马队的威力。现在，两列马可以并肩行走。车轮制动装置和旋转轴的传入也使得交通变得更加便捷。1325年，铸钟工艺经过改进后用于铸造大炮。教会鼓励人们吃鱼——不仅可以在星期五吃鱼，在宗教节日也可以吃。这样算起来，一年中约有150天可以吃鱼。在教会的鼓励下，人们纷纷挖掘人工湖和池塘，熙笃会尤其热衷于此事。修道院僧侣发现鱼塘底部的淤泥可做肥料，因此经常排干池水，挖掘淤泥。[25]

　　当然，除教会之外，还有许多其他因素促进了欧洲的崛起，意大利经济历史学家卡罗·奇波拉指出，欧洲有别于东方的一个方面是：欧洲拥有更大比例的未婚人群，从而减少了财产的分割，削减了大家族的数量，这两个因素都有助于改善贫穷现象。

　　正是在这段时期，三圃制使农业面貌发生翻天覆地的变化。在《西方世界的兴起》一书中，道格拉斯·诺思和罗伯特·托马斯指出，在中世纪盛期，即公元 1000 至 1300 年间，欧洲"从一片巨大的荒凉地带变成一个宜居的地区"。欧洲人口明显增加，实际上欧洲成了世界历史上第一个人口"饱和"的地区。多瑙河、莱茵河和罗纳河／索恩河等欧洲主要河流的支流深入到欧洲腹地，这也有助于人口的扩散。所有这一切，不仅导致古老的封建结构发生改变，也让愈来愈多的人渴望发财，占有土地。土地所有权的扩大，最终导致专业化的出现（起初专门种植庄稼，后来专门提供配套服务），接下来是贸易的兴起、市场的扩张和货币经济的发展，这些是资本主义越出修道院经济范畴，获得更大发展所依赖的条件。[26]

455

　　在二圃制时代，开垦出来的所有耕地只有一半用来种植庄稼，另一半休耕，以使其恢复土壤肥力。在三圃制下，土地被分成三部分，典型的做法是一部分在秋季播种小麦，一部分在春季播种燕麦、大麦或各种豆类，一部分休耕。第二年再轮着耕种和休耕。这使得土地产量大幅提升了50%。由于农民的劳动在一年中分配更加平均，故效率提高了；同时由于作物可收两季，故饥荒发生的概率也降低了。另外，由于家畜（尤其是绵羊和牛）可放养于休耕地，其粪便加速了土地肥力的恢复。用休耕地放牧也对中世纪经济产生了重大影响。粪肥十分有用，但是绵羊的作用更大，它们不仅为人类提供奶、黄油、奶酪、肉和羊毛，甚至它们的皮还可以用来制成衣服和羊皮纸。事实上，羊毛在中世纪是主要的工业原料，羊毛纺织业在资本主义早期占据了主导地位。织布机、梳毛机和缩绒机被发明出来或加以改进。[27] 这一时期也见证了挽畜由牛到马的转变，因为后者的拉力比前者高 50% 到 90%。

456 　　诺思和托马斯认为，这时期的欧洲有两个变化：第一，越来越多的人与土地发生了关系；第二，人们不想再四处游荡。这两个发展具有两个心理影响：第一，它使人们变得更加个人主义，因为他（或她）现在开始与某事发生利害关系。一个人的身份不再被定义为某集团的成员，或者某位庄园主的农奴。第二，它导致了效率观念的出现。因为欧洲人口"饱和"，资源平均起来就是有限的。伴随着不断发展的专业化生产和生机勃勃的市场（提供了远方的诱人商品），这场深刻的社会-心理革命最终导致文艺复兴的发生。[28]

　　在这里，我们需要特别提到两位学者，因为他们对西方思想的发展做出了巨大贡献。一位是罗伯特·格罗斯泰斯特（约 1186 至 1253 年）。他毕业于牛津大学，曾在巴黎学习神学，当过牛津大学校长。他是一位经典著作翻译家、《圣经》学者和林肯教区主教。但更重要的是，他也是实验方法的发明者，这种方法强调精确性，引发了人们对测量的关注，进而带来了一场深刻的心理和社会变革。这一变革最先发生在 13 至 14 世纪的西方。1284 年镜片被发明出来并投入使用，这促进了精确度的提升并明显提高了社会生产力。在此之前，许多人到 40 岁就不能工作了。现在，他们戴上眼镜可以继续工作，他们的经验可以更充分地发挥出来。

　　同样是在那段时期，欧洲人发明了时钟（13 世纪 70 年代）。在此之前，人们认为时间是流动的（由漏壶或者水钟来计时），时钟因季节而调整。因此，夏季白天的 12 个小时长于冬季白天的 12 个小时。有了时钟后，人们可以更精确地调整他们的活动。钟楼开始出现在城镇和村庄，田野的劳动者可以根据敲响的钟声来计时。在这种情况下，精确性和效率得到了结合。[29]

　　第二位学者是托马斯·阿奎那（约1225至1274年）。他试图将基督教与亚里士多德以及古典哲学调和到一起，这是一项极具创造性和突破性的成就。在他之前，世界除了与上帝的关系外，既无意义，亦无模式。我们所谓的"托马斯主义革命"至少在原则上创造了自然和世俗的界限。正如科林·莫里斯所说，通过区分"自然的国度和超自然的国度，自然的世界和恩典的世界，理性的世界和神启的世界，从（阿奎那）开始，对自然秩序和世俗国家的观念的客观研究成为可能"。阿奎那坚信，万物存在一种自然的、潜在的秩序，这似乎否定了上帝神奇干预的力量。他说，宇宙间存在一种"自然法则"，这是理性能够领会的。[30]

457

　　复兴古典文化具有深远的影响，不过这种复兴仍以信奉上帝为前提条件。坎特伯雷的安瑟伦（1033—1109）将这种变化的态度归结为理性的力量，他说："在我看来，这完全是疏忽大意造成的，如果我们的信仰变得坚定起来，我们就不会想方设法地认识我们的信念。"大约与此同时，宗教与世俗权力之间的长期斗争达到顶峰。巴黎大学于1215年获得教皇颁发的书面宪章，保证其追求知识方面的独立权。当时巴黎有一位名叫大阿尔伯特的学者，他是阿奎那的老师，在中世纪第一次明确区分出两种不同来源的知识——神学知识和科学知识。他在强调世俗知识的价值和经验观察必要性的过程中，无意间引起了一场变革，而这场变革的力量是他最初无法想象的。

　　阿奎那接受了其老师关于知识分类的理论，也同意大阿尔伯特的观点，即亚里士多德哲学是人类理性在未受基督教启发下所产生的最伟大成就。他还将这一观点加以补充，即亚里士多德部分描述的自然是有价值的，因为上帝使其存在。这意味着哲学不再仅仅是神学的婢女。"人类的才智和自由从上帝那里获得了存在的意义。"人类只有通过自由追求知识才能认识自身。阿奎那说，人类不应该害怕或谴责这种追求，因为上帝已经设计好万物，而世俗知识只能更加透彻地揭示上帝的设计，从而帮助人类更加深入地了解上帝。[31]

458　　　与阿奎那同时代的其他巴黎学者，如布拉班特的西格尔，主张哲学和信仰不能调和，并认为两者相互矛盾，因此，"理性和科学王国在某种意义上一定处于神学领域之外"。这也是一个重要的突破。

　　在怀特海德、洛佩兹、奇波拉和林德伯格等人观点的基础上，斯塔克最近提出，上文讨论的三个元素——基督教理想以及层层累积的基督教思想；众多小型政治单元；多种多样、相互配合的利益集团——"没有出现在世界其他地方，它们创造了政治和思想的自由，而这为现代世界的发展提供了必要的前提条件。"[32]

再次动荡的地带

　　这并非全貌。不乏学者认为，到 11 世纪，甚至到 12 世纪，旧大陆许多原先毫无联系的部分已融入一个交易体系中，显然全都从中获益。例如，欧亚大陆的许多地区在当时都处于文化艺术的繁荣期：中国宋朝的青瓷、波斯的绿松石釉面碗、埃及马木鲁克王朝的金银镶饰家具、西欧的天主教教堂建筑、印度的印度教寺庙群。相比之下，欧洲此时仍是旧大陆最不发达的地区，它可能是从这个交易体系中获益最多的。[33]

　　此外，在 1250 至 1350 年间，国际贸易经济逐步发展起来，从西北欧一直延伸到中国。主要贸易品是布料（丝绸、羊毛、亚麻和棉花）和主要生长在东方的香料。在制冷技术不发达的时代，香料在西部地区主要用于肉制品调味。尽管人们操着各种语言，但由于穆斯林自公元 7 世纪以来的宗教征服，阿拉伯语的覆盖范围十分广泛，因此促进了贸易的发展。这有点类似于拜占庭帝国境内的希腊语、西欧的拉丁语和中国的官话（不过阿拉伯语并没有像伊斯兰教那样传播到印度尼西亚等地）。各地流通的货币不尽相同：欧洲实行银本位，中东实行金本位，中国流通铜币，但这也并非不可逾越。

459

在这一点上，如果说有哪个国家处于领先地位，那么按照珍妮特·阿布-卢格霍德的观点，这个国家应该是中国。中国在 12 世纪拥有的冶金水平，欧洲在 16 世纪之前都是无法企及的，中国的造纸术和印刷术也比欧洲先进几个世纪。更重要的是，她说，纸币（交子）和信贷最早出现在中国，而不是欧洲的修道院。中国在 9 世纪就出现了纸币、信贷、资本汇集和风险分配体系，起初传到阿拉伯地区，接着是地中海地区，然后是西欧。[34]

因此，阿布-卢格霍德等学者认为，欧洲并不像斯塔克等人所描绘的那么领先，东方也不那么落后。原因有三：第一，欧亚大草原的陆路贸易逐渐遭到破坏。在公元 1000 年代，草原游牧部落继续沿袭他们祖先的传统，不断劫掠和袭击大草原边缘地区的农耕文明和定居民族。公元 5 世纪，阿提拉率领的匈奴大军在欧洲大陆势如破竹，在罗马帝国风雨飘摇之际，其势力远及莱茵河流域。后来，塞尔柱突厥人不断向西进攻，在 12 世纪时实际上控制了整个伊拉克（两河流域）和埃及。而另一集团花剌子模突厥人也从 12 世纪开始控制中亚河中地区。正如阿布-卢格霍德所言："这片荒凉之地是一连串游牧部落的发源地，这些群体正是从这里出发，劫掠富庶地区。从远古时代起，不断有游牧部落涌出这片贫瘠的地带，寻找更好的牧场、更广阔的空间，或通过'原始'积累攫取肥沃地带和商业城镇所生产的剩余产品的机会。"[35] 她的这种观点也得到了其他学者的认同。

至少在理论上，自 9 世纪开始，有三条连接欧洲与亚洲的路线，三者均穿越近东"陆桥"。到 14 世纪后半期，三条路线大部分荒废。北边路线从君士坦丁堡出发穿越中亚大陆；中间路线经由巴格达、巴士拉和波斯湾将地中海地区和印度洋地区连接起来；南边路线将亚历山大里亚、开罗、红海一线与阿拉伯海连接，然后到达印度洋。

但直到 13 世纪，蒙古人在自封为"世界征服者"的成吉思汗领导下西进之后，北部路线才真正得以巩固。尽管当时陆地运输比海上运输贵 20 倍左右，但成吉思汗及其子孙的汗国在一段时间内保证了北方陆线旅行者的安全。

如前所述（第 16 章），游牧作为一种生活方式终归是受限的，特别是在相对贫瘠的草原发生干旱的时候。为保护东西商旅往来而强征通行费，符合蒙古帝国的统治模式。虽然陆路通行费用高昂，但商队很快明白，蒙古人提供的安全至少能保证他们的成本核算更加精确。更重要的是，陆路不会像海路那样受制于印度洋的季风气候。因为如果赶上错误的时间，强烈的季风能够让商船在港口停留半年时间，这大大延长了商旅周期。而且，发端于中国内陆的北方路线也短得多。

就这样，蒙古人在 13 世纪开辟了一条穿越中亚的商路，由此动摇了南方路线的主导地位。在这一时期，大草原仍然是一片空旷、荒凉、环境严酷的地区，旅行者必须一次性带够 25 天的随身补给，整个旅程大约需要持续 275 天，西起黑海盆地北侧的塔纳，东到中国的北京，分为七个长途阶段。尽管困难重重，穆斯林和犹太商人仍然组织起大型商队，穿越广阔的草原地带。蒙古人对这片广大地区的统一实际上减少了沿途收费关卡的数量，同时大大提高了安全性。[36]

最初，西欧完全不了解这个地区和体系，而中国比西欧也强不了多少。这条路线上双向流传着各种奇异民族的传说，如无嘴人、肩膀之间夹脸的人等等。后来，在寻找皈依者的教廷使节和著名的波罗家族的努力

460

461

下，西欧人逐渐开始了解这片地区。蒙古大汗还给予波罗家族在蒙古土地上安全通行的保证。这个所谓的"蒙古大和平"逐渐使地中海—蒙古贸易繁荣起来。当时主要的贸易品是丝绸，经由热那亚到达法国香槟地区。总体来说，在蒙古人统治下中亚大部分地区的统一，使欧洲和中国在一千年以来第一次直接接触，但正如我们将要看到的，大一统的意外后果就是一场大瘟疫的流行，*这导致世界体系的形成推迟了 150 年左右。[37]

1227 年成吉思汗去世后，他的领土被几位继承者瓜分。可以预见，这些继承者很快便互相攻伐。虽然在 13 世纪后期，忽必烈统一了大部分地区，安定了局面（正是在他治下的安全局势下，波罗家族穿越了整个东亚），但争斗仍未终结。阿拉伯人统治的亚洲地区在十字军东征中幸存下来，甚至在 1258 年蒙古人血洗巴格达后仍绵延未绝，但在 1400 年最终沦陷于帖木儿之手，草原之路再次被切断。这样，东西方之间的北方草原路线经历了兴衰，再兴衰，终于支离破碎。这显然交替着阻碍和促进了贸易的发展，不过另一个完全不同的后果仍未显现。

第二个削弱东方发展势头的因素是中国的闭关锁国政策。在美洲被征服前夕，中国正处于政策的调整期。中国人传统上倾向于通过亚洲内陆路线与西方交流，但当游牧民族发起进攻时（这就是最初修建长城的原因），他们就转向海上路线。15 世纪初期，明朝派出一支由 62 艘船组成的大型舰队出访印度洋沿岸港口，第二次远洋舰队在 1408 年出发，由 48 艘船组成，到达占城、马六甲和锡兰。1412 至 1430 年间又陆续组织了五次远洋航行，到达婆罗洲、非洲西海岸和波斯湾。按照某些学者的考证，他们还曾在 1421 年到达美洲。但后来，这些出访终止，明朝撤回舰队并终结与外国的关系。其实在那个时候，中国在技术上比欧洲先进得多，按照某些

462

---

* 这里是指 14 世纪中叶黑死病在欧亚大陆的流行。——译注

权威人士的观点，中国的闭关锁国对于后来东方落后于西方产生了决定性
影响。

对于明朝政策的突然转变，学界存在两种解释。一种观点强调儒家
思想的影响，因为儒家学派鄙视市人汲汲营营，贬低工商业。另一种观点
认为，中国精英分为官僚士大夫和商人两个阶层，前者控制国家政权却不
从事（实际上是蔑视）商业贸易，而后者由于这种划分而无法获得政治权
力。不管中国闭关自守的原因如何，这一政策无疑是事关紧要的。

羊毛与瘟疫

第三个因素是 1348 至 1351 年的瘟疫，这场瘟疫对亚洲造成的影响比
欧洲更大，"由于特异的人口缺失，改变了交易条件"。[38] 按照威廉·麦克
尼尔的观点，在基督教时代之初，旧大陆有中国、印度、中东和地中海地
区共四个不同的文明区域，每个地区都有 5 000 万至 6 000 万人口，与当
地自然环境（包括地方病）达到相对平衡的状态。这些地区彼此相对隔绝
（以及季风气候带来的停港休航），防止了"怪病"（外来病）在这四种生
态系统间的快速扩散。公元 200 至 800 年间，中国和欧洲尤其遭受麻疹、
水痘和腺鼠疫（黑死病）的侵袭，因为它们处于交通链条的两端，这两个
地区不仅应对这些疾病的经验最少，居民所建立的免疫力也最低（某些历
史学家认为，罗马暴发的瘟疫导致罗马势衰，这是促使蛮族人进攻罗马帝
国的原因之一）。[39] 但是按照麦克尼尔的说法，旧大陆居民经历多次瘟疫后
逐渐适应了下来。

蒙古人成功稳定了草原秩序并开辟了一条沟通东西的北方贸易和旅行
路线，这也为传染病的传播提供了一条新路径。尽管陆路旅行花费巨大，
但是这个能够连续数天在草原上策马日行百里的交通网络造就了麦克尼尔
所谓的"人类流行病网络"，它"很有可能"将草原野生啮齿动物带到伏

尔加河流域和克里米亚地区，从而引发腺鼠疫。"不仅蒙古人无法抵御这种疾病，他们的坐骑和驮畜（马、骆驼和驴）也为受感染跳蚤迅速传到草原穴居啮齿动物身上提供了安全的寄居之处，这种病菌甚至可以在地穴内度过严冬。"大概在 1331 年，腺鼠疫从中国传到克里米亚。1346 年，围攻贸易城镇卡法的蒙古大军暴发黑死病，这支蒙古军队被迫撤离，但在此之前，他们已经进入卡法城内。因此，瘟疫从那里通过海路传播到整个黑海和地中海地区。[40]

这一点是至关重要的。如果查看一下地图我们就会发现，每一条东西交通路线都要穿过一条介于红海—波斯湾北端与黑海之间的相对狭窄的陆桥：伊拉克、埃及、巴勒斯坦和叙利亚。陆桥所经城市受瘟疫影响尤其严重，因为它们周围被沙漠环绕，这里的居民无法逃离。据统计，在 1348 至 1349 年，开罗人口死亡数量达到每天一万人。由于疥疮在骆驼群中传播，前伊斯兰时代的阿拉伯人很早就对传染病有所认识。他们知道如何通过隔离动物来控制疾病蔓延，也认为这并不一定是天谴。[41]

这也不是全部。不仅由东到西的传统路线遭瘟疫肆虐，连多瑙河、莱茵河和罗纳河这些欧洲主要河流也未能幸免，河流沿途城镇人口损失惨重。瘟疫横行的影响是双重的，第一，这对西地中海港口造成了压力，促使人们开发前往东方的替代路线。第二，瘟疫（在亚洲和中东最严重）的传播和路径有助于解释北欧的兴起。

还有一种与之相对的理论，将瘟疫的传播归咎于家畜。按照这种解释，大瘟疫其实是炭疽病，这是一种牛的传染病。森林的砍伐导致可食用的野生动物减少，为了增加肉食供应，养牛场大量增加，并且过度拥挤，导致牛群感染这种病菌。据文献记载，在黑死病暴发前的十几年，英国修道院里至少有十头牛已经感染炭疽病。[42]

人一旦感染黑死病，其后果是相当可怕的。从 1347 年起欧洲暴发黑 　464

死病的三年时间里，欧洲大约有 3 000 万人死于此病，占到欧洲全部人口的三分之一。但是瘟疫对社会和经济造成的影响更为复杂，其破坏性不像我们所认为得那样强大。起初劳工短缺，工资上涨。然而，这些劳工在帮助他们的"老板"渡过难关后，许多农奴获得的回报是变成了自由佃农。他们的生产积极性得到了提高，因此造成食物产量高于食物需求。这就是通货紧缩，通货紧缩造成土地对农民的吸引力日益下降。虽然城市瘟疫更加严重，但仍有大量农村人口流向城市。在这种新形势下，城市更快地复归繁荣，羊毛产业从中受益最大。

"最早将资本主义带到北欧的是粗纺毛织物。"羊毛比亚麻更结实、更便宜、更保暖。当时，亚麻只能种植于从地中海东部到印度的地区，但这片地区遭受瘟疫的重创。相较之下，绵羊的适应力很强，寿命可达十几年，而且不易受洪水、干旱或严寒的影响。弗兰德尔和英格兰以出产优质羊毛而著称，两国通过羊毛获得的收益比欧洲生产的其他任何商品都多。羊毛加工业得到英格兰政府的大力支持，因为英格兰低洼易涝的土地不适宜种植粮食，而优质的英格兰羊毛毫不费力地弥补了这一不足。"羊毛产业促进了布鲁日、根特、安特卫普和阿姆斯特丹等城市的相继崛起，地中海地区的酒、东方的香料和丝绸都被用来交换羊毛。"[43]

还有一个事实是，地中海港口和低地国家之间的路线将船只带往开阔的大西洋海域，这种航海和航运经验得益于十字军东征所激发的技术进步和革新，而这些技术进步和革新将在随后的数年发挥更大的作用。

一种更具试探性的观点认为，瘟疫和文艺复兴有关。黑死病重创了意大利北部的许多大城市，这就是乔万尼·薄伽丘的《十日谈》所设定的背景。《十日谈》讲述佛罗伦萨上流社会的十位青年男女逃到乡下躲避瘟疫，希望在此继续精彩生活的故事。有人可能认为瘟疫应该唤起人们的深刻反省，而不是薄伽丘所讲的那种粗俗故事，但正如诺曼·坎特所言，可能正

是人口的大量死亡削弱了传统信仰，促使人们开始寻求以更自然主义的方　465
式了解自然。[44]

　　然而，在公元 0 年后的 1 500 年里，基督教意识形态不同程度地促进
了欧洲在思想、经济和各个方面的创新。同时，在 14 至 15 世纪的欧亚大
陆，马和绵羊等驯养哺乳动物再次证明了它们在旧大陆历史进程中的重要
作用——不管是在好的方面，还是在坏的方面。　466

23

羽蛇、第五太阳纪与四区

当西班牙人初登美洲大陆时，新大陆与加勒比海诸岛形成鲜明对比的是其两个重要的文明。它们就是墨西哥的阿兹特克文明和秘鲁的印加文明。当时两大文明都处于繁荣期，都有精心规划的首都、有组织的宗教信仰、发达的历法和相关的手工艺品。两个社会都有着严格的社会等级制度、成功的粮食生产方法。而且，阿兹特克和印加文明的内涵远比时人看到的丰富得多。

西班牙人于 1519 年首次到达阿兹特克，比到达印加早 13 年。当西班牙人翻越特诺奇蒂特兰周围的崇山峻岭，下到墨西哥谷地，看到阿兹特克帝国核心区令人惊叹的城市景观时，他们简直不敢相信自己的眼睛：城内湖网密布，活火山环绕。城市规划之复杂、规模之庞大，令科尔特斯的手下都不敢确定眼前景象是真是幻。但是，西班牙征服者很快发现，这些墨西卡人（阿兹特克人的自称）"用人祭的淋淋鲜血统治着这个金字塔和神庙组成的城市"。即使心狠手辣的他们，也得需要些时间来适应。科尔特斯的助手贝尔纳尔·迪亚斯·德尔·卡斯蒂略在其《征服新西班牙信史》中写道："沉闷的鼓声再次响起，中间夹杂着海螺、号角及类似喇叭的响器发出的轰鸣声。这是多么可怕的声音啊，我们亲眼看着俘虏被拖到刑台上献祭。当印第安人将他们押到神殿前的一个小地台时，我们看见他们让俘虏戴上羽毛头饰，手里拿起类似扇子的东西，然后就逼他们跳舞。跳完以后，印第安人强迫他们躺在一些很窄的、用作祭台的石头上，接着用石刀割开他们的胸膛，挖出突突乱颤的心脏献给神灵。然后，他们将尸体踢到台阶下面，在下面等着的印第安屠夫砍下尸体的四肢，剥下尸体脸上的皮……"[1]

467

在 1529 年，一位年轻的方济各会传教士贝纳迪诺·德·萨哈冈在墨西哥湾登陆，他着手学习阿兹特克人的语言纳瓦特语，并走访德高望重的长者，以便编撰一部阿兹特克人的历史。在这些长者的帮助下，他亲眼看到很多不为外人所知的用树皮纸做成的手抄本。在接下来的二三十年里，萨哈冈潜心著述，写成著名的 12 卷本《新西班牙物品通史》。鉴于美洲印第安人的绝大部分原始史料被毁，我们很庆幸他完成了这项伟业。

萨哈冈观察到诸多现象，其一是大多数阿兹特克人都声称自己是托尔特克人的后裔，不过作为一个政治、种族或文化实体的托尔特克人早已消失。托尔特克祖先被视为伟大的战士和英雄，他们的理想社会充当着墨西卡国家的蓝图。正如萨哈冈所言："托尔特克人聪慧博学，他们的作品样样都好，完美无缺，不可思议……事实上，所有非凡的、珍贵的、不可思议的事物都是他们发明的。"[2] 按照阿兹特克人的叙述（当然主要是口述），托尔特克人身材高大，长相俊美，才华出众，"极其正义"，他们还发明了历法。

每个人都希望自己有优良的血统，阿兹特克人也不例外。但是现代考古已经证实，关于托尔特克人的生动描述确实有些夸张。自第二次世界大战以来，考古发掘证明，墨西哥城以北 50 英里处伊达尔戈省的图拉，实际上就是托尔克特人的首都托兰。按照中美洲的标准来看，这个城市并不值得大书特书。它在鼎盛时期人口最多达到 60 000 人，与特奥蒂瓦坎和特诺奇蒂特兰相比，实在是相形见绌。

468

直到 7 世纪中期，图拉还是一个小村庄。但到 900 年左右，这个村庄逐渐崛起。它的繁荣是由于它拥有珍贵的绿色黑曜石矿藏，而这个矿藏以前受特奥蒂瓦坎控制。托兰 / 图拉人也作为羽蛇神崇拜圣地而获得了持久的声誉，羽蛇神这时正成为强大的宗教和政治力量——事实上，它可能是中美洲最经久不衰的宗教政治力量。*正是在这里发展出"I"形球场、骷髅头架和精美的蛇形柱。

杰弗里·康拉德和亚瑟·德马雷斯特提醒我们，"中美洲宗教复杂到令人恼火的程度"，这是事实。而且，他们还认为中美洲的神实际上不是西方意义上的神："他们是神的复合体，可以呈现无数面，这取决于特定的时空关联。"最后，同样重要的一点是，他们是"永远危险的"。[3]

羽蛇神（奎策尔夸托）在中美洲历史上长盛不衰，背后有几个原因。其名字的含义是"长着羽毛的蛇"。

夸托的意思是蛇，奎策尔 / 绿咬鹃可能是热带雨林中色彩最鲜艳的鸟。尼古拉斯·桑德斯等学者认为，羽蛇神最初是三种动物的聚合体：美洲豹、蛇和绿咬鹃。就其本身而言，它代表了三个领域的三种动物：上层天界（绿咬鹃）、中间凡界（美洲豹）、地下世界（蛇）。后来美洲豹逐渐从这个复合体中消失，或许是因为在其他地方美洲豹崇拜本身就很盛行，也许是因为绿咬鹃的绿色羽毛适合代表玉米叶，而有组织的农业在中美洲世界扮演着越来越重要的角色。羽蛇神也与金星有关。可能是因为在某一时

---

* 之所以说"可能"，是因为我们绝不能忘记有大量原始书面材料被西班牙征服者所摧毁，损害了我们的理解。

期金星消失和再现的周期是八天，这与玉米种子种入土中和首次发芽之间
的间隔大体相同。

469

　　普林斯顿大学宗教史教授大卫·卡拉斯科研究过至少六个中美洲城市
的羽蛇神神庙，它们包括特奥蒂瓦坎、乔鲁拉、图拉、霍奇卡尔科、奇琴
伊察和特诺奇蒂特兰。这表明羽蛇神是一种城市神。它有时具有不同的称
呼。例如，玛雅人称之为"库库尔坎"，危地马拉的基切人称其为"古库
玛兹"（Gux= 绿羽毛；Cumatz= 蛇）。现在我们知道，玉米最初被用来制作

470

宗教饮品，它成为人们主食的时间比我们过去所认为的要晚很多。羽蛇神
崇拜稳定存在于玛雅古典时期（公元 200—900 年），表明玛雅的长期繁荣
和文化昌盛归因于玉米的驯化及其他很多方面。[4]

　　但是，关于羽蛇神的说法不止这些。羽蛇神的蛇性也许与玛雅祭司看
到的幻象蛇之间存在联系。但是玉米崇拜的出现是超越萨满教、朝着祭司
制度迈进的一步——可能是最初尝试性的一步。判断羽蛇神祭司的标准不
再是他们能否进入另一个世界（只有他们才能看到），而是他们是否有能
力保证粮食丰收（人人都可以看到）。灾难仍会不时发生，这当然可能归
因于黑暗萨满教。因此萨满教继续保留，但现在还有一个强大的祭司阶层
与它并存。

　　这是图拉繁荣起来的原因。如前所提，在 8、9 世纪，中美洲因战争
频仍而面目全非，这些战争可能由灾难性的或渐进的气候变化引起，它使
该地区陷入经济困难的境地。除此之外，这也是古典玛雅文化衰亡的时
期。公元 750 年以后，图拉的崛起促进了特奥蒂瓦坎的消亡。值得我们注
意的是，中美洲在动荡期之后的后古典时代（公元 900—1000 年）出现了
新事物。这就是一位文化英雄的诞生。许多学者认为这是一位有血有肉的
人物，一位采用了羽蛇神名分的、真实存在的统治者。他被同时代人称为
"凯·阿卡特尔·托皮尔岑·奎策尔夸托"。在中美洲传奇中，他被赋予各

种品质：他是一位有超凡魅力的立法者，宇宙的创造者，理想王国的创建者，智慧和文明的使者。

时势造英雄。"托皮尔岑·奎策尔夸托"既是个方便速记的名字，又能将这位统治者与羽蛇神区分开来。如果记载属实，托皮尔岑的统治始自公元 968 年左右，也就是说在动荡的 8、9 世纪之后不久。传说他是一位强有力的领袖，在一系列的灾难（自然灾难及随后的人为灾难）之后帮助人们重建文明。如果这就是当时发生的情况（到目前为止，这里提供的都只是推测，尽管它们符合我们所了解的事实），那么接下来的发展更加引人入胜。

我们知道，在霍奇尔科有一个掌形符号，符号中的手掌抓着一根绳子，绳子上系着一个历法标志。这个历法标志从一个位置被拉到另一个位置。这意味着历法的重新校准。[5] 校准历法是一个大事件，可能是由于一次或一系列自然灾难引起自然节律发生了明显变化。此外，中美洲的古代史料描述了一系列事件，其中讲到托皮尔岑·奎策尔夸托虽然是一位极其重要的文化英雄，但他也有失败之处。在他统治期间，爆发了一场"什么祭品最合适"的宗教大争论。托皮尔岑反对人祭，建议用鹌鹑、蝴蝶、蛇和大蚱蜢来替代。但是，战士阶层有他们自己崇拜的神——嗜血的战神，烟镜神特茨卡特利波卡，他们反对这个建议。按照传说，托皮尔岑在烟镜神的安排下喝醉了酒，随后不省人事，竟然和妹妹睡在了一起。酒醒后托皮尔岑自觉颜面无存，被迫和他的侍从逃到图拉。

据传，托皮尔岑·奎策尔夸托到达了墨西哥湾。他在那里乘坐蛇皮筏远航，并发誓一定会回来（这个誓言将带来重大的后果）。不过在另一个版本中，相传他逃到另一座城市，可能是奇琴伊察。这里仍然"盛行人祭，崇拜羽蛇神"。[6] 按照这个版本，由于奎策尔夸托在图拉的祭祀改革未能成功并因此被迫逃离，所以他在这里完全改变了立场，采用新的进

471

攻政策，而这种穷兵黩武的政策正是托尔特克人的特色和阿兹特克人的楷模。

关于这些传说，有两点需要说明。第一，如果托皮尔岑·奎策尔夸托是一位历史人物，那么我们正好可以将这一系列事件与青铜时代晚期旧大陆发生的事情相对比。中美洲在 8、9 世纪的大规模战争和杀戮过于血腥和恐怖，是不是让托皮尔岑觉得这一切应该适可而止了？还有没有其他理由促使他建议用动物代替人作为祭品？他的观点违背了新大陆数个世纪以来的传统。在旧大陆，这种"废除主义"思想最终促成了轴心时代的开启。但在中美洲，托皮尔岑并未取得成功，他在争论中败北并转变了立场。

第二，如果这些传说接近事情的真相，那么阿兹特克人如此崇拜的托尔特克文明很可能脱胎于灾难之中，其中既有自然灾难，也有人为灾难。正如我们稍后将要看到的，阿兹特克人的宇宙观将历史视为一系列重复的灾难，每个时代都以灾变告终。图拉宗教大讨论所引发的决裂似乎是个重大事件，铭记在阿兹特克人的宇宙观中。他们将托尔特克人理想化，可能是因为托尔特克人代表着 8、9 世纪灾难之后的全新开始。

羽蛇神并不是阿兹特克人的唯一真神，甚至也不总是最重要的神。但是，他的经久不衰，他保持不变而又变化一切的能力，他将中美洲宇宙观和历史的诸多方面（农业、金星、真实人物、祭祀及其意义）融于一身的事实，表明他的能力随着时间的推移而增长，祭司阶层不断将更大的特权强加于其身。羽蛇神的许多品质要求祭司在从事祭祀仪式之前必须经历漫长而严格的训练。纵观整个古典和后古典时期，祭司—萨满由于羽蛇神（但不止它一个神）崇拜而变成一个重要的社会阶层。就像米斯特克人那样，这个阶层掌握祭祀大权，小心守护着他们的特权。

随着托皮尔岑·奎策尔夸托的离开，战士阶层控制了图拉。他们通过一系列活动将势力扩大到北方。他们形成了广阔的贸易网，开发了更多的灌溉地，设立驻屯兵，向被征服民族收取贡赋。这种方法后来被阿兹特克人所采用。

甚至专门研究中美洲社会的考古学家都将"冷酷的"托尔特克人说成是"名副其实的好战分子"。例如，在他们举行宗教仪式的建筑上，到处都是"凶猛的、趾高气扬的托尔特克战士，他们右手拿着羽毛装饰的梭镖投射器，左手拿着许多飞镖，身着绗缝铠甲，肩扛圆盾，头戴羽帽。高大的战士石像矗立在六层金字塔的顶端"。几个地方的神庙里都发现了查克穆尔雕像。这种雕像呈人形，半躺仰卧状，腹部嵌入圆碗——这是用来盛放人心的容器，在祭祀仪式上，从俘虏人牲身上刚刚挖出来的心脏便被放置在这里。图拉金字塔北侧长达131英尺的"蛇墙"上刻画了一幅残忍的画面——几条大蛇"以一种奇特的死亡之舞的形式吞食着人体，这些被食之人的头只剩下脑壳，四肢的肉也与骨头相剥离"。其他地方的神庙上还雕刻着美洲豹、土狼、吞食人心的鹰，而另一个神灵特拉维茨卡尔潘特库特里的雕像则表现他"从一只饰有羽毛和蛇标的美洲豹口中"出现的场景。布莱恩·费根认为这些"具有强烈好战倾向的"图拉铭刻是新奇的，他们的暴行可能暗示了当时对于土地和自然资源的激烈争夺，因频繁旱灾和农作物歉收而引起的战争造成了政治动荡。[7]

上述论点还有下述事实作为证明：12世纪后期，图拉在瓦伊马克统治期间毁于暴力。献给羽蛇神的金字塔被粗暴地拆除，城市被付之一炬，居民被迫逃往周边乡村。但托尔特克遗产继续留存在游牧民族中间，尤其是奇奇梅克人——这个民族努力维护着他们对墨西哥谷地湖边领土的统治。大约1325年，阿兹特克人游牧到墨西哥谷地。当时这个地区最好的土地已经被占领，因此他们选择了特斯科科湖湿地的一个小村庄作为他们的根据地。经过150年的建设，阿兹特克人彻底改变了这个小村庄的面貌。

火雨、美洲豹、大洪水与飓风

尽管托尔特克人野蛮且好战，但阿兹特克人很可能有过之而无不及。贝尔纳尔·迪亚斯在科尔特斯手下充当持盾步兵，他自称参加过 119 场战役，并写下了著名的回忆录《征服新西班牙信史》。他和他的同伴都对阿兹特克人祭的规模极为震惊。他记录了阿兹特克祭司举行人祭的许多方式：箭射或焚烧俘虏、砍掉俘虏的头、让俘虏溺亡、从高处将俘虏扔到下面的石床上、活剥头皮或压碎头颅。但最常见的方法是挖心。他们的神灵，如战神与太阳神威济罗波奇特利、庄稼神西佩托堤克，似乎永远无法得到满足。"为了敬奉西佩托堤克，年轻人要披上从人牲身上剥下来的皮，直到人皮腐烂再将其扔掉，一个新的、干净的年轻人出现了，这象征着从老玉米壳中发出新芽。"

在实际的祭祀仪式中，祭司会在人牲身上涂绘红白相间的条纹，将他们的嘴抹成红色，将白色的羽绒粘到他们头上。打扮好之后，人牲在金字塔下面排成一队，之后一个接一个朝金字塔上方走去，象征着升起的太阳。四个祭司将人牲压在祭祀石上，第五个祭司紧紧按住他（或她）的脖子，导致其胸部挺起。首席祭司敏捷地将黑曜石刀插入人牲的胸腔并将仍然跳动的心脏挖出。人牲的数量难以统计。两位西班牙征服者说他们在骷髅架上看到 136 000 个头骨，但是大多数学者认为这个数字太夸张了。[8]

尽管这些实践现在看来令人憎恶，但它们与阿兹特克人的信仰是紧密结合在一起的。无论祭祀的想法是如何被构思出来的，这种行为在阿兹特克人时代反映了如下概念：太阳神每天在天空穿梭，他必须获得人心的给养才能坚持下去（可能在不太遥远的过去，这里发生过一场火山喷发，许多人因此丧生，太阳也被火山灰所遮蔽，之后太阳才慢慢显现。这似乎可以说明这种信仰的产生过程）。

当欧洲人发现阿兹特克人时，阿兹特克国王莫克提祖玛二世正统治着

475

一个庞大的帝国，整个帝国的人口至少有 500 万人，也可能有 1 500 万人。其疆域东起墨西哥湾，西到太平洋，北起墨西哥北部，南到危地马拉。虽然早在征服初期，阿兹特克人的书籍即已被毁（因为欧洲基督徒认为阿兹特克人是异教徒，他们的书是邪恶的），但后来陆续发现了一些藏起来的手抄本，关于阿兹特克文化的系统研究终于开始了。这些手抄本不是现代意义上的书籍：它们是备忘录，是供阿兹特克精英阅读的提词本——这些精英担负着维持口述传统的重任。在此基础之上，萨哈冈和其他修士收集了大量传奇故事和史实，包含"一批官方认可的族谱和露骨的政治宣传，这些文献至今仍让学者困惑不已"。[9]

根据这些材料，一个叫作阿兹特兰的湖中神秘小岛上居住着一个受托尔特克人统治的小部落，他们可能就是后来的阿兹特克人。当时他们是"半开化"的农民，在 12 世纪的某个时候因不明原因向南迁徙到墨西哥谷地。这个早期的阿兹特克社会至少由七个部落组成，他们在山林中游荡了很多年，并与其他部落遭遇，发动了一系列小型战争。他们有时依附于强大的托尔特克联盟。[10]

按照传说，在战神威济罗波奇特利（意为"南方蜂鸟"）的精神指引下，阿兹特克逐渐由弱小部落转变为强大帝国。据说，威济罗波奇特利显身于一支部落的几位首席祭司面前，告诉他们假如见到一只老鹰站在仙人掌上，那里便是他们永久的居住之所。阿兹特克祭司找到了这个圣地，并自认为明白了这幅场景的象征意义：仙人掌果实是红色的、尖尖的，就像威济罗波奇特利吞食的人心；鹰象征太阳神威济罗波奇特利。"不到一个半世纪之后，美洲最伟大的城市在此诞生。"[11]

这座城市名为"特诺奇蒂特兰"，意为"仙人掌之地"，位于特斯科科湖南端的一个小岛上，当时墨西哥谷地的大片地区都是沼泽地。通过挖掘运河网、开垦湖面畦田、与邻邦建立军事和外交结盟等一系列努力，阿兹

476

特克的经济和军事实力逐渐强大起来。1426 至 1428 年，在伊兹夸托及其侄子莫克提祖玛一世和特拉卡伊勒尔的领导下，阿兹特克人发动了对宗主国特潘尼克的进攻。在这场伟大的独立战争之后，他们通过建立三方联盟巩固了自己的地位，这个三方联盟由三座湖城构成：特诺奇蒂特兰、特斯科科和特拉科潘。阿兹特克是个好战的民族，他们的战士令整个墨西哥谷地闻风丧胆。每击败一个对手，他们必将对手的所有抄本付之一炬，让他们的历史湮没无闻，这样他们就能宣称自己是令人敬畏的托尔特克人的真正传人。通过不断地宣传，他们的战神威济罗波奇特利变成一位凶猛的战士，要求人们献祭。战士阶层拥有不断增长的特权，对于宗教的狂热亦有愈演愈烈之势。这可能是阿兹特克人的最可怕之处。

阿兹特克社会是等级制社会。其中心机构是基层组织卡尔普利，成员共同拥有村社或城区土地。在 14 世纪中期，特诺奇蒂特兰共有 15 个这样的基层组织。每个卡尔普利都拥有独立的学校和神殿，其成员在军队编队中往往并肩作战。[12] 随着时间的推移，卡尔普利首领地位逐渐变为世袭继承。阿兹特克社会日益强调等级差别，不同等级在服饰、受教育程度和财产所有权方面的分化日益明显，正如之前的米斯特克人和托尔特克人，阿兹特克社会实际上变成了一台战争机器。他们的主要原动力是神所预示的灾变幻象，"宇宙间各种力量的持续战争"，他们在其中所起的作用是：为太阳提供至关重要的人血能量来源，以保证太阳的正常运转，避免末日灾难的发生。

这也是一种偏离萨满教的举动。祭司的能力如何，要通过每天太阳的运转情况来判断，而太阳能否每天东升西落，取决于战争能否胜利，能否俘获足够的献祭俘虏。战争何时发动才能获得胜利，这是由祭司决定的。每个人都能看到祭司的预测是成功还是失败。黑暗萨满在灾难时期继续存在，但大部分时候，祭司阶层拥有更大的权威。[13]

军事征服是以战神、太阳神威济罗波奇特利的名义进行的，并且得到贵族和武士阶层的狂热支持。当莫克提祖玛·伊鲁伊卡米纳（"愤怒之神""天空射手"莫克提祖玛一世）当权时（1440—1468年），他宣称战争就是"阿兹特克人的主要事业，战争的目的不仅是扩大帝国疆域，还要确保获得源源不断的俘虏，以满足威济罗波奇特利永无止境的需求"。[14]在新政策的影响下，每年都有成百上千名俘虏被献祭给战神。

莫克提祖玛一世之后，各种各样或强势或软弱的统治者相继上阵。在此期间，现属危地马拉和圣萨尔瓦多的部分领土被并入阿兹特克帝国，每次征服都强化了人祭的欲望。1487年，亚威佐特利（1486—1501年）镇压了瓦斯特克人的起义（他们占据墨西哥湾沿岸一带），并将其领土并入帝国。这次兼并恰好与特诺奇蒂特兰大神庙的竣工同时完成。随后共同举行的庆祝仪式规模宏大，既有大量礼物的馈赠，又有不少于20 000名俘虏被献祭。阿兹特克人将绳子穿过一些俘虏的鼻子，串联成四队，让他们跑下神殿，"沿着城中四个堤道向外行进"。每个俘虏的心脏都被挖出来，整个典礼持续4天（阿兹特克人的典礼有时持续20天）。[15]

据目击者说，负责抓捕俘虏的战士通常会举办一场盛宴以飨亲友，"在宴会中，人牲的肢体之肉经过精心炖制之后被端上餐桌"。中美洲各地的首领都受邀目睹这一壮观景象并收到很多礼物。按照一位目击者的口述，礼物包括33 000束异常美丽的热带鸟羽。科尔特斯的一位随军传教士说，很多人牲似乎抵制祭祀，但他们中的大多数在"一言不发"的气氛下被献祭了。[16]

阿兹特克人是狂热的宗教信徒，凡事莫不问于神（出土的大量宗教器物证明了这一点）。向雨神特拉洛克献祭的仪式，标志着阿兹特克人新年的开端（特拉洛克崇拜延续了托尔特克人的传统）。接下来是为期几个月的春神（庄稼神）西佩托堤克崇拜。9月到3月祭拜战神、猎神与火神等

478

旱季神灵。阿兹特克人使用本书第 20 章所介绍的神历和太阳历两种历法，其中神历的一年分为 13 个月，每个月 20 天，每天都以神的名字命名，具有特殊的含义。例如，酒神玛雅乌埃尔是兔子日的保护神，"因为醉汉走路摇摇晃晃，趾高气扬，像只兔子"。[17] 某些天是吉日，另一些则明显不是。如前所述，阿兹特克祭司决定何时播种玉米，何时发动战争。

商人被称为"波奇特卡"，粮食从湖田运到市场上贩卖（市场入口由国家派人把守），工匠阶层有赖于商人提供的外地原材料。我们知道，可可是珍贵的奢侈品，只有贵族才能享用它（据说适量食用"使人愉悦"，过量服用"使人眩晕"）。可可豆也可以作为一种货币形式，就像棉布和铜币一样。

然而，最重要的市场并不在特诺奇蒂特兰城，而是在它的卫星城特拉特洛尔科。多达 2 万名农民、商人和游客沿运河抵达这里，货物也通过独木舟被运送到这个新大陆最大的贸易市场。贝尔纳尔·迪亚斯告诉我们，他看到市场上的商品琳琅满目，金银、稀有宝石、异国羽毛、绣品等一应俱全，人们在这里买卖奴隶、"绳子、便鞋以及水獭、豺、鹿、山鸡和其他野生动物"。[18] "从一里格之外"就能听到买卖活动的喧嚣之声，当西班牙人来到这个市场后，他们不禁为市场的井然有序而大为惊叹。这里还设有法庭，每日开庭来解决争端。

富于进取的波奇特卡会向更远的地方探险，同时充当着阿兹特克国家的耳目。尽管他们只能通过打仗寻求显贵身份，但大办盛宴或买进奴隶献祭给战神也是提高社会地位的方式。他们还可以通过类似散财宴的活动向他人分发可可和致幻蘑菇。一个食用了致幻蘑菇的人回忆道："食用过量的人眼前会出现很多幻象，或者令其骇然失色，或者令其狂笑不止。"[19]

阿兹特克人将神历和太阳历搭配使用，52 个太阳年的天数正好与 73 个神历年的天数相等，由此形成一个周期。阿兹特克人认为这一刻是特别

479

危险的，因为时间本身需要更新。到了这一天晚上，他们熄灭所有火种，毁掉所有财产，"惊恐不定地"保持清醒状态，直到特诺奇蒂特兰附近圣山上处在隔离口的祭司在"一个人牲的胸腔内重新点燃圣火"。这一典礼就开启了一个新的时间周期。[20]

这种观点也反映在阿兹特克人的创世神话中。按照这个神话，在目前的第五太阳纪之前，四个太阳纪共持续了2028年。众神起源的实际地点不为人所知，但人们相信众神在黑暗中聚集并进而生成太阳，结果"当太阳出现时，所有神都死了"。[21] 在第一太阳纪，巨人生活在地球上，但是676年之后，他们被美洲豹吞食。在第二太阳纪，地球上的人被一场大飓风卷走，变成了猴子。生活在第三太阳纪的人被威力巨大的火雨毁灭，变成了蝴蝶、狗和火鸡。在第四太阳纪，人们被大洪水卷走，变成了青蛙。大卫·卡拉斯科说，每个太阳纪的时长都是52年周期的倍数，并有各自的名字和"性格"。在阿兹特克创世神话中，各个太阳纪的名字不是来自它的创造者，而是来自毁灭者。"每个太阳纪必定都以灾难结束。这种神圣的对抗，这些火雨、美洲豹、大洪水和飓风，似乎永远不会完结。自然的力量以绝对的暴力摧毁了为数不多的人口。"第四太阳纪之后，地球被黑暗笼罩了52年，"没有阳光的照射，没有破晓的黎明"。[22]

阿兹特克人认为他们生活在第五太阳纪，这个世界迟早也会被毁灭。只有向神灵献祭，才能避免或推迟这个可怕事件的发生。因此，他们每天用"珍贵的液体"（人血）来供养太阳神，这是阿兹特克人的神圣职责。供养太阳神更是武士当仁不让的责任。阿兹特克诗人将身穿棉质盔甲的武士比作"春天时节茂盛生长的树"。[23] 阿兹特克文明的教育、艺术和诗歌全部围绕这一神圣职责来组织，确保擒获足够的俘虏，从而使神获得充足的养分。

480　　　阿兹特克人的祭祀中心位于特诺奇蒂特兰的大神庙，考古学家在20

世纪 80 年代对其进行了考古发掘。神庙最初规模并不大，经过六次重建后变得愈发雄伟壮观。神庙的 86 间"地窖"中出土了大约 6 000 件文物，其中大部分是贡品或战利品。大神庙的设计和布局显示，阿兹特克人认为地球处于宇宙的中心，周边被水所包围，就像特诺奇蒂特兰一样。上方是天界，下面是地下世界，大神庙是处于两者之间的人类世界的中心点，它是连通三界的垂直通道的门户。正是在这里，最高统治者经由门户和垂直通道向神灵祈求。大神庙金字塔的顶端有两个神龛，供奉着两位最高神灵威济罗波奇特利和特拉洛克。威济罗波奇特利是战神，用人心献祭；特拉洛克是地下世界的雨神，以孩童献祭。窖藏祭品大部分出土于特拉洛克神龛下面，其中包括一副完整的美洲豹骸骨。[24] 这证实了墨西哥著名历史学家恩里克·弗洛雷斯卡诺的观点：在远古时代，中美洲的重要神祇都出自冥府，他们拥有"毁灭和生杀大权"。[25]

潜在的叛乱贵族被强行要求每日入宫觐见，同时被迫为频繁的战事提供战士和物资。而且，他们往往与皇家"后宫"的女眷联姻，血缘纽带将统治阶级更加紧密地联系起来。

布莱恩·费根认为，阿兹特克帝国并不像罗马帝国那样大一统，更像是一个由朝贡体系组织起来的松散联盟。"它没有常备军，但有税吏。例如，每个宫殿由 26 个城镇供应柴火。其他贡赋包括金砂、热带鸟羽、美洲豹皮、树胶等等。"阿兹特克社会的战士阶层分为两个集团：身着动物皮毛的美洲豹勇士，以及身披角雕羽毛华服的雄鹰勇士。两者之间的竞争确保双方都保持了很高的战斗力。[26]

481

神圣的暴行

但这一切是否让阿兹特克人看起来比实际上要冷酷无情？前面提到的普林斯顿大学宗教史教授大卫·卡拉斯科认为，事实的确如此。他进一步指出，许多关于祭祀仪式的学术著作忽略了阿兹特克人的案例，而且阿兹特克人的习俗困扰了现代读者数个世纪。虽然我们已经意识到这个"令人震惊的习俗"近 500 年之久，但"学术界在探寻阿兹特克人大规模杀戮仪式的证据和性质方面一直裹足不前"。[27]

卡拉斯科并没有这样的顾虑，他公开承认不管对专家还是普罗大众而言，宗教暴力都有一种奇特的吸引力。在《祭祀之城：阿兹特克帝国和暴力在文明中的作用》（1999）中，他探讨了四个被其他人忽略的元素：1440 至 1521 年间祭祀仪式的增加；阿兹特克人信仰深处的焦虑与偏执；剥皮现象；将妇女和儿童献祭给神的现象。换言之，他正视了古代墨西哥最极端的暴力仪式。

卡拉斯科将祭祀增加的原因归结为阿兹特克人对宇宙秩序（宇宙的生命就是一场无尽的战争）的焦虑，这种焦虑"强化到了宇宙恐慌的程度"。[28] 阿兹特克人一旦平定叛乱，就会重建和扩建圣殿，举行更大规模的祭祀仪式，以震慑其他潜在的叛乱民族。现在，贡品不再是羽毛、金子或玉米，而是被献祭的活人。这些人牲被带到特诺奇蒂特兰后，在仪式上被改造成神灵的模样，然后被杀。卡拉斯科指出，这些祭祀不仅数量更多，而且更为广泛。它不再局限于大神庙，而是在城市全境举行。事实上，城墙上处处都是被献祭者的血，这是统治权增强的另一种标志。有些节庆持续数月。在某些情况下，被献祭者在被杀之前会获得某些特权，比如妻妾成群。但是卡拉斯科的主要观点是：祭祀杀戮的增加源于阿兹特克人对其地位的深层焦虑。这符合康拉德和德马雷斯特的观点，但我们在结论中将另有说法。前文第 20 章和第 21 章概述米斯特克人的发展脉络时，我曾透露过这种观点。

在讨论剥皮现象时，卡拉斯科是这样描述的：在人心献祭仪式之后，人牲被分尸之前，阿兹特克人先剥掉人牲的皮肤，然后"披着他们的皮走街串巷并进行激烈的模拟战"。[29] 这本质上是一种萨满教仪式，或者说来源于萨满的变身仪式。在这种情况下，人皮具有了一种"职业属性"，在战士之间相互传递。人皮逐渐腐烂后就被埋入土中。没有拿到人皮的人会试图从穿人皮的人那里抢夺，哪怕是碎片。阿兹特克人认为人皮具有神奇的力量，人皮被全部剥下来的那一刻象征着人牲的重生。西佩托堤克曾经剥下自己的皮，让人类食用。他名字中的"托堤克"意为"可怕之物布满全身的、令人敬畏的恐怖天神"。

被献祭的女性（在阿兹特克人祭中占到三分之一）有时也会被剥皮，这是卡拉斯科认为学者们不愿涉足的另一个领域。他在考察这个问题时写道："阿兹特克人是不是太野蛮了？阿兹特克人的暴行是不是一个更复杂严酷的恐怖故事，它所涉及的宗教方面实在难以言表，说出来会把人吓跑？或者，特诺奇蒂特兰人祭的残暴程度已经超出了我们所能理解的范畴？"他承认，自己花了很长一段时间才能研读妇女和孩童被献祭的细节。童祭在阿兹特克年历的第一季度进行。很显然，献祭时会有很多人哭，但是为了保证雨水充足，这种祭杀活动持续进行着。年轻女子与嫩嫩的玉米粒、宇宙的柔性部分联系在一起，所以她们的皮用来保护打仗的男人。[30]

不管这些仪式是否令人厌恶，它们肯定是很可怕的。我们描述了大卫·卡拉斯科的观点，即在 1440 至 1521 年间，阿兹特克人的人祭大幅增加，他认为这是由于社会焦虑的增长，而社会焦虑归结于贡赋的征收以及由此给统治者带来的压力。但是这个解释虽然本身足够真实，但仍不是根本原因。归根到底，为什么阿兹特克人要征收更多的贡品？为什么阿兹特克人的焦虑感越来越强？

我们可从三方面来解释。首先要证明中美洲社会焦虑程度如此之高的原因。亚瑟·乔伊斯和马库斯·温特关于米斯特克人的研究成果为我们提供了答案。我们在第 20 章提过，在米斯特克社会，宗教和战争之间存在

483

明显的联系。为什么这样？乔伊斯和温特说，随着时间的推移，米斯特克社会变得越来越等级森严，统治阶级特意且愈益担负起仪式专家的角色，他们的思想意识里有一部分重要内容，那就是推动战争。在世界历史上，这种思想可能不是独一无二的，但它肯定是不同寻常的。我们该如何解释这一现象？乔伊斯和温特的回答是：瓦哈卡人宗教信仰的主要元素来自自然和超自然力量的各种威胁。超自然力量就是人类无法预知的、具有威胁性的自然力量。然而宗教精英无法控制超自然力量，如火山喷发、厄尔尼诺事件、海啸、美洲豹袭击等。因此，他们倡导战争至上的思想，这实际上是在"欺骗"民众，因为只有战争这种威胁在某种程度上是可以控制的。虽然也许不能完全控制，但这足以强化他们的权力和特权地位。战争有可能获胜，但面对火山和飓风这样的自然威胁，人类不可能获得最后的胜利。而且，在城里看到战俘便是威胁存在的铁证，将俘虏献祭同样能够很好证明统治阶级保护民众的能力。统治精英通过垄断历法、天文和文字等知识形式，维护他们的统治地位。[31]

这是一个高风险的策略。其他政治实体的其他精英也试图对他们做同样的事情，这可能就是众多中美洲城邦（蒙特阿尔班、凯罗-德罗斯米纳斯、尤库努、奇琴伊察）突然灭亡的原因。

正如杰弗里·康拉德和亚瑟·德马雷斯特所指出的，第二个因素是阿兹特克人担心供给太阳的营养不够，而这是血祭需求变得比以往更强烈的原因。[32] 这可能意味着什么？如果这一地区的火山正在喷发，特别是当他们看不到火山但火山灰已遮住太阳光线时，他们就会认为太阳神缺少营养了——他已经虚弱到无法现身、无法在早晨升起的地步。这便可以解释阿兹特克人的忧虑和卡拉斯科所谓的阿兹特克人的"宇宙恐慌"。

火山证据支持了这种推测。1519 年，西班牙人发现了阿兹特克人。但是在那一年，波波卡特佩特火山喷发（从特诺奇蒂特兰可以看到），在随

484

后的四年里，火山活动依然活跃。史密森学会的调查证实，大约与此同时，圣萨尔瓦多、危地马拉和尼加拉瓜也发生了火山喷发。我们对此不是很确定，因为古代的记录并不完整，但是如果波波卡特佩特火山和其他某些火山在 15 世纪后半期和 16 世纪早期尤其活跃（正如史密斯学会编订的年表中所显示的），这个事实本身似乎可以解释缘何在此时期阿兹特克社会的恐慌和暴力在增加。火山喷发可能导致很多人丧生，引起庄稼歉收，或者太阳在火山灰的遮盖下，人们无法正常生活。在这样的局面下，阿兹特克人可能认为，像以前那种规模的崇拜已经无法满足神的需求，由此引起神灵震怒，因此他们必须加倍努力，奉献更多的人祭。这种火山活动模式或可以解释阿兹特克社会的深层忧虑。

阿兹特克统治者是中美洲最强大也最受到敬畏的人，而且阿兹特克国家正处于顶峰期。但是覆灭的阴影正逐渐逼近。在这种信仰体系下，阿兹特克人必须不断扩张领土，以获得更多贡品和祭牲。"帝国因暴动和叛乱变得越来越脆弱。阿兹特克人的谚语和诗歌显示，社会上出现了两种截然对立的思想：一方面是残忍的军事主义与人祭，另一方面是仁慈、谦卑和与人为善的观念。"[33] 但是，正如之前的托尔特克人，这一时期军事主义占据了上风。

485

这反过来突显了这一体系内在的不稳定性。在墨西哥，每年可能有 15 000 人被献祭，即使这一数字有夸大之嫌，但它仍然意味着阿兹特克人必须到更远的战场获取俘虏。但是他们没有马匹或战车，支撑他们的只有强大的战斗力和宗教狂热。即使这样，他们也不容易守住遥远的领土，那里不断地爆发叛乱或存在叛乱的威胁。在制冷手段欠发达的时代，外围属地由于距离遥远，无法向中心输送易于腐烂的食物。取而代之，他们只能提供奢侈品，这些奢侈品会提高统治阶级的自我形象，但是对于改善本土的食物短缺毫无益处。而之所以出现食物短缺，是因为能够下地种田的人已被阿兹特克人献祭给神灵。

一旦阿兹特克人的扩张受阻，他们祭祀的俘虏减少，其解读框架下的神灵便会对此不满。然后，阿兹特克人只有付出双倍努力。但是远方的民族会因打败阿兹特克人或成功抵御阿兹特克人的进攻而士气大振。如果阿兹特克人以增加贡品来回应，外围民族不可能轻易就范。

这其中致命的悖论是：阿兹特克人的战争摧毁了他们的生存机制，因为他们杀掉了成千上万的食物生产者。祭祀崇拜越来越不适应社会的发展。它之所以继续存在是因为仪式历法标记了很多适于祭祀的日子，通过这种方式，祭司和战士能提升其社会地位。可是祭祀和生存之间存在冲突。

随着扩张步伐的减缓，阿兹特克人需要其他途径来获取祭牲。于是，奴隶商出现了。但是阿兹特克人认为只有战俘才能用来祭祀，所以奴隶并不完全符合要求。于是，所谓的"荣冠战争"出现了，城邦之间定期进行战斗，目的只是"抓获"战俘用于祭祀——如果它是真实存在的，这真是令人匪夷所思。但是，这只是这一体系不稳定的征兆之一。

如果没有大征服，阿兹特克人会怎样？莫克提祖玛二世看出了国家面临的窘境，但是，就像托皮尔岑·奎策尔夸托和托尔特克人一样，宗教486狂热最终胜出，他所倡导的改革被否决。很明显，不论欧洲人当时是否到来，三方联盟的辉煌都将走向终结。

阿兹特克人传说中的羽蛇神终有一天会从海外归来，这个传说只会让阿兹特克帝国在科尔特斯（阿兹特克人在一段时间内将科尔特斯视为羽蛇神）面前瓦解得更加轻易而已。

永生与近亲通婚

印加人称他们的帝国为"塔万廷苏尤"，意为"四区之地"。从首都库斯科中心广场相应地延伸出四条大路，将王国分成四个区域，这是仿照印加天界四区的规划而建。[34] 印加帝国在疆域最广时北起哥伦比亚边境，经厄瓜多尔和秘鲁沿海地区，向南穿越玻利维亚高原和阿根廷西北部，南达智利中部和南部，南北纵贯4 300公里。它是赤道以南有史以来最大的古代帝国，人口约有1 000万。

印加国土呈弯曲的细长条形，拥有高山、海岸沙漠和热带雨林。[35] 帝国最富饶的两个地带位于国土的两端。首都库斯科周边的安第斯中部地区是帝国腹地，由的的喀喀湖西北的山间盆地和周围的广阔牧场组成。前者被称为"阿尔蒂普拉诺"（意为"高原"），白天炎热，夜晚寒冷，这种气候有利于冻干马铃薯的制作（参见第11章）；后者适合牧养美洲驼，美洲驼不仅可提供驼毛，而且是很好的驮畜（驯养哺乳动物对人类历史的影响，是本书的探讨主要内容之一。我们注意到，根据2011年5月的最新研究成果，印加人正是由于利用美洲驼粪便作为肥料，才使自己从种植藜麦转为大规模种植玉米，而玉米营养更丰富且易于储藏。正是农业效率的提高，刺激了印加人领土扩张的欲望）。

再往北走，海岸沙漠本来不适于人类居住，但由于它被众多短小、湍急的河流分割成很多区域，形成发达的灌溉系统，从而使这个地区承载大量人口成为可能。所有这些表明，帝国人口最稠密的地区位于"四区之地"相对两端的位置。印加帝国的成就在于，它将这些不相干的区域整合到单一的文明中，它是同类国家中铜石并用技术推广最广泛的国家。

印加人自称拥有引以为豪的悠久历史，但这一说法并没有得到考古学证据的支持（他们从来没有发明文字，因此无从查阅本土编年史）。实际上，印加只是蒂瓦纳科衰亡后兴起的几个小部落之一（其他几个是科拉、卢帕卡和克丘亚），竞相争夺高原的控制权。正如阿兹特克人自称为托尔托克人后裔一样，印加人声称自己是蒂瓦纳科人的合法继承人。其实，当时他们只是当地农耕部落之一。

487

早期西班牙编年史学指名道姓地列举了公元 1200 到 1438 年间的八位统治者，但没有一个能够得到考古学证据的证明。当库斯科开始发展壮大的时候，名副其实的印加统治者才出现。西班牙史家所谓的第八任统治者维拉科查·印加似乎是第一位真正守住其征服领土的统治者。

但是守住领土并非易事。大约在 1438 年，维拉科查·印加的领土遭到昌卡人围攻，另一方敌人也从北部袭击库斯科。这位年事已高的统治者逃入山中，将城防任务交给他的儿子尤潘基。年轻且缺乏经验的尤潘基冲破万难，率军打败了昌卡人，成为城市的最高统治者。为了纪念这项功绩，他为自己取名"帕查库提"，意为"重塑世界之人"。作为一位非凡的领袖，帕查库提的一大成就便是重建库斯科城，城市明显仿照美洲狮的形状而建，用巨大的堡垒作为头部，用东面一条狭窄的三角形街道作为尾部。[36] 据说他至少征募了 2 万名外地劳工参与这项工程，这些外地劳工的任务是开采矿石并利用麻绳和皮革挽带将这些石头长途拖拉到库斯科。

库斯科的房子是单层的，尖尖的房顶由茅草搭成。铺筑的道路有石砌的渠道，水流从中间快速流过，提供了有效的卫生条件。一条河流经其中一个中心广场，将城市分为两部分。西区称为"库西帕塔"，东区称为"奥卡伊帕塔"。其中东区较大，同时是印加王宫和宗教建筑的所在地。王宫大门由多彩岩石建成，令人印象深刻，王宫大厅可容纳 4 000 人。

中心广场南面是太阳神殿科里坎查，神殿围墙用黄金包边，围绕着一个庭院。西班牙征服者在庭院中（围墙有 15 英尺高），亲眼看到"很多金制美洲驼、女人、投手、罐子和其他物品"。此外，还有一个黄金植物花园（用银玉米秆和金玉米穗做成的玉米仿制品）。神殿中心是一间屋子，屋内有一座巨大的用黄金制成的太阳神像，制作精美，嵌有许多奇珍异石。

同样令人印象深刻的还有建造宫殿所用的方石，这些石头完美地契合

488

在一起，"连刀片都插不进去"。任何两块相邻的石块都有凸起的榫头和相应的凹陷结构，以确保石块之间严丝合缝。这样精细的砌石工程需要成千上万个小时的工作量，"但是时间和劳动力不是统治者考虑的问题，他们拥有大量的人力，且没有西方的时间概念"。[37]

除此之外，库斯科还是一个巨大的仓库。在这个没有货币的社会，印加人将他们的必需品（和贡品）放入一排外观相同的仓库里，其中"堆满了斗篷、驼毛、武器、金属、布匹和该国生产的其他所有商品。这里有武器和数千支鲜艳的蜂鸟羽毛，这些羽毛的用途是装饰贵族所穿的服装"。对西班牙征服者来说，最让他们叹为观止的是仓库里的衣服，尤其是"覆以数层金片和银片的斗篷"，[38] 让人眼花缭乱。

印加社会除核心家庭之外，最基本的单位是氏族公社阿伊鲁，它实质上是亲族集团，不过有可能扩展到村庄以外的范围。在公社内，男性按父系组织，女性按母系组织，近亲之间禁止结婚，这个体制属于族内通婚。氏族成员共同拥有公社土地，首领职位往往世袭。[39]

由于领土广阔，印加帝国形成了庞大的道路网，总长度超过 19 000 英里。根据西班牙编年史家的记载，印加帝国的道路建在悬崖上，他们开山穿石，沿河筑墙，道路整洁，没有垃圾。沿途设有旅馆、神庙和货栈以方便旅客，其路网比当时欧洲的道路系统更完善。国家信使运用这些道路来帮助统治者管理帝国，驿站每隔 1.5 英里就有一个，这样信息能够以每天 125 至 150 英里的速度传达，或者说从库斯科到基多的往返一趟只用 10 至 12 天。这些道路也是重要的商业和军事通道，大量驼队和军队沿着这些道路行进。

印加人用西印度轻木建造大型帆船，船帆呈长方形。他们驾驶这些帆船在太平洋沿岸进行贸易。印加的金银和其他珍贵货物远达北部沿海地区。事实上，欧洲人最早碰到的印加人就是一群驾驶帆船的印加人。"他

489

们携带大量金银饰品……包括花冠、头饰、腰带和手镯……他们用这些来换取鱼壳，然后用鱼壳制造红色和白色的棋子。"[40]

除了建设库斯科、发展道路网之外，帕查库提的另一个主要成就是重塑了国家意识，这同样是个翻天覆地、改头换面的工程。康拉德和德马雷斯特再次提醒我们，新大陆的神灵更像是一个"复合体"，能够按照时间和地点变换属性和权力，不像西方神灵那样职责明确。以印加人为例，他们的天神有三个重要身份：维拉科查（宇宙的创造者）、太阳神因蒂和伊拉帕（与雷暴和天气相关的神灵）。[41] 他们还指出，印加人的天神似乎来源于蒂瓦纳科的"门神"（兼有造物主、天神、天气神等多种身份，参见第20章）。阿兹特克人特意提升了威济罗波奇特利在诸神中的地位，而帕查库提提升了太阳神因蒂的地位，将它作为印加人的保护神。人民相信自己处在因蒂的保护之下，他们的统治者就是太阳神之子。

这一切似乎没有特别值得关注的地方，但是对于印加信仰，有两点值得注意。第一个是 capac hucha 或 capacocha 风俗，按字面可大致翻译成"神圣祭祀"。但事实上，它在多数情况下指的是童祭，而童祭经常发生在安第斯高海拔地区。这是学术研究领域的最新进展，它包括几种仪式。在其中一种仪式中，男童和女童——尤其是出自酋长家庭的长相好看的五六岁儿童，有时多达 1 000 人——会被集体送往库斯科，"侍奉因蒂"。[42] 首都以他们的名义举行宗教仪式，然后他们被发送回去，要么回家，要么被送到帝国各地的圣地 / 瓦卡，在那里被献祭。在另一种仪式中，每个区每年向库斯科奉献一名儿童，他们在那里参加祭祀仪式，然后被送回原地，献祭给太阳神。提供祭童的家庭，其地位将会提升，如果祭童家庭成员在孩子被献祭时表现出任何的不满或伤心，这将是极大的冒犯。

与此相关的是，最近的研究已经证实，包括童祭在内的许多祭祀发生在 17 000 英尺以上的高海拔地区。印加及之前的安第斯文明崇拜山脉，并按照不同的高度给山神划分等级，最高的山代表最重要的神灵。山被视为水之源。许多高海拔地区的祭祀是为了祈雨和祈求风调雨顺（有时候特意将被献祭者冻死，再献祭给神灵）。[43] 纺织品、美洲驼、奇查酒和古柯叶全都被用作祭品。史蒂夫·博格特认为，在山顶进行的崇拜仪式标志着雨季的开始。[44]

有些殖民者记载印加人每年献祭数百人。考古表明他们显然在夸大其词，但如果发生干旱、地震、饥荒、战争、冰雹、闪电暴雨、雪崩和其他灾难，印加人的确会举行童祭。1954 年，人们在智利的埃尔普罗莫山（海拔 17 716 英尺）山顶发现一具冻死的儿童木乃伊。他的脸被涂红，还被画上四条黄色锯齿状线条，可能是代表闪电，在其他山顶祭祀遗迹中，这个图案也出现在包裹随葬小雕像的布上。[45]*

491

秘鲁的祭祀似乎与天气有关，但是为何常常选择儿童献祭，我们仍不清楚，可能是由于儿童看上去更容易被替换（因为儿童没有成人活的时间长），或者是因为儿童更加珍贵，会受到神灵更多的关注。

在印加宗教信仰中，还有一点十分引人注目：他们认为神圣的统治者本人不应死亡，而只要继续崇拜国王的木乃伊，他的灵魂就能永生。这一观念起源于奇穆人（他们居住于德鲁吉罗的莫切河谷中，尤潘基在 15 世纪早期征服了此地），但被印加人继承并发展。[46]

我们可以看看这种祖先崇拜思想的起源和发展过程。我们在第 15 章中讲到，西南美洲旱地的某些人在沙漠中非正常死亡并变成木乃伊，于是人们认为这些人处于一个奇怪的（因此是神圣的）、介于生与死之间的

---

* 帕特里克·蒂尔尼在他的著作《最高祭坛：人祭的故事》（1989）中声称，秘鲁和智利安第斯山脉的偏远地区仍在举行人祭，并至少在两个案例中引用了似乎令人信服的证据。他还在书中收录了祭祀歌曲，这是他们在靠近海边的梅萨山上"安置"了一名男孩祭品后咏唱的，歌词如下："现在请带走这个男孩 / 我们正在帮您 / 我们正将这个男孩交给您 / 我们都是孤儿 / 神啊，您为何要惩罚我们？ / 我们把这个男孩献给您 / 我们把他送给您，作为礼物 / 这样海潮才能平息 / 这样灾难才不再发生。"另一位知情人告诉《探索》杂志记者蒂尔尼："这里的人有在天气变坏时献祭人的习俗。"[47]

半路世界，因为他们的尸体不能正常"腐烂"。或者在一场灾难中，有些人被超自然的力量"带走"，他们可能就是众神拣选的人，因此应该被崇拜。不论起源如何，印加人之间逐渐兴起了这种祖先崇拜。它的特殊之处在于，这一观念的中心内容是"分割继承"（同样起源于奇穆人中间）。在这一体系下，当统治者死去，他的一个儿子继承他的王位、统治权、发动战争的权力和征税权。但是，儿子不能从父亲那里继承任何物质财产。先王土地上包括建筑、奴隶和仆人在内的所有东西依然属于先王，并且被委托给他的"帕纳卡"（他的其他男性后裔）来管理。"帕纳卡服务于先王，充当他的朝臣，保养他的木乃伊，并从他的慷慨馈赠中获益。"[48] 按照这种信仰，印加统治者不仅不会死去，还会通过他的帕纳卡继续维持宫廷的豪华。皮萨罗在 1517 年这样写道："已故先王相互之间串个门是习以为常的，他们会举办大型舞会和宴会。有时死者会去活人家里转转，有时生者也会拜访死者。"人们在先王的木乃伊跟前点亮火把，通过焚烧的方式将食物献给先王享用；人们还会提供玉米酒。有具木乃伊的胃部被掏空，然后塞上一块团状物，这个团状物是用金粉和印加国王的心脏干粉制成的。印加人认为，这种特殊的木乃伊掌管气象，例如雷鸣、下雨、冰雹和霜降。[49]

除此之外，在重要的典礼期间，印加人按照辈分顺序，将国王木乃伊放在库斯科太阳神庙的特殊壁龛中，它们旁边还有因蒂的塑像。印加人给它们摆上祭品，供其享用，每个人都对它们顶礼膜拜。

按照这种体制，新任统治者继承不到任何物质财产，因此他们必须去获取新的财富。在一个没有货币的社会，财富意味着土地和劳动力。印加法建立在米塔制基础上。所谓米塔制，就是个人每年向国家提供一定数量的徭役，国家以产品作为回报。如果新任统治者要获得成功，他首先需要获得新领土，以便履行自己的职责。对于统治者来说，分割继承制意味着随着时间的推移，新土地会越来越偏远，越来越多的肥沃土地会属于已故

492

国王，现任统治者无法利用。同样，越来越多的人在帕纳卡的土地劳作，在印加统治者新征服土地上劳动的人会变得越来越少。

　　与祖先崇拜密切相关的是瓦卡，它是"印加宗教观念的集中体现"。[50]瓦卡是与神或超自然力量相关的人、地方或事物，实际上，它可以用来指代任何古怪或不寻常的事物。按照某些说法，仅在库斯科一地就有328个瓦卡，印加人必须每年向每个瓦卡献祭一次。[51]

　　这种明显不适应社会发展的体制能带来哪些好处呢？它的目的似乎是维持苦苦支撑的贵族特权。忠心耿耿地为印加开疆拓土的贵族会获得土地、仆役和其他特权，例如佩戴贵族发带和耳栓的权利（平民被禁止拥有奢侈品，例如黄金制品，或任何超出其基本需求的物品）。正如阿兹特克人一样，英勇杀敌才是关键。贵族和拥有王室血统的人占据了军事、宗教和政府机构的所有重要职位。像阿兹特克人一样，印加人认为自己受到神的眷顾，这有助于增强他们的民族认同感，将他们与邻国区分开，让他们在世界居民中处于特殊地位。[52]

　　一旦征服了新领土，印加帝国会从库斯科派出一些训练有素的官员，他们使用结绳记事法或"基普"清点一切事物，这个方法能够储存精确的信息。若被征服土地的人口达到100，帝国将任命一位世袭的库拉卡进行统治，而库拉卡通常是本地人。若被征服土地人口众多，帝国将派遣印加贵族前来治理。

　　在西班牙大征服之前，印加帝国拥有近1 000万人口，分居于村庄和较大的政治中心。印加帝国看似风光无限，当然如果从人口数量来判断，它的确很成功。但是就像阿兹特克人一样，印加体制内部存在不稳定因素。先王征服的土地由帕纳卡管理，新任统治者只能去征服新领土——这种体制运转的前提是扩张领土。然而，随着时间的流逝，越来越多的土地集中在已故国王手中，新王只能去征服更加偏远的土地。从征服亚马孙热

493

带雨林开始，印加人越来越不适应新领土了。他们无法应对潮湿的环境、昆虫、植被，也无法应付亚马孙印第安人的游击战，这不是印加人精通和惯常的作战方式。对印加人来说，在亚马孙丛林作战是一场灾难。

这引发了印加帝国的精神危机，并让部分印加人意识到他们应该改变帕纳卡制。当然，这直接与军事贵族的利益和愿望相抵触。

1525 年，帕查库提的孙子瓦伊纳·卡帕克在印加帝国最后的征服战中死去。随后，他的两个儿子，同父异母兄弟瓦斯卡和阿塔瓦尔帕之间爆发激烈的权力之争。这也突出了印加社会的特殊性，因为印加王权并不实行长子继承制。相反，王位应该传给正妻所生的最有能力的儿子。然而，这个严格的等级制社会为了尽可能保持王室血统的纯正，逐渐形成了这样一个传统：皇帝必须娶他的姊妹之一作为正妻，乱伦崇拜可能是族内通婚的外延，类似于米斯特克人的王室婚俗（参见第 20 章）。尽管在瓦斯卡和阿塔瓦尔帕身上，缺陷基因似乎并未在发生的事件中发挥作用，但这种婚姻明显具有风险。

瓦斯卡是合法继承人，是瓦伊纳·卡帕克与其姊妹（正妻）所生之子，而阿塔瓦尔帕是瓦伊纳第二位妻子所生的庶子。尽管瓦斯卡的基因更正统，但他很清楚印加帝国已经扩张过度，因此建议终止木乃伊崇拜。此举引发了武士贵族的不满，他们站到阿塔瓦尔帕一边。内战持续了三年（1529—1532 年），最终阿塔瓦尔帕击败了他的对手。

正如当初的托尔特克人和阿兹特克人一样，在印加帝国，同样是武士贵族占据上风，这表明军事贵族一定会想方设法维持他们在体制内的特权，尽管这个体制明显不稳定而且最终会垮台。然而，印加体制从未迎来其命定的终结，因为凯旋的阿塔瓦尔帕在前往库斯科加冕的途中遇到了弗朗西斯科·皮萨罗及其带领的 168 名西班牙人，而其中一些西班牙人还骑在马上。

结　语

24

萨满与牧羊人：大分离

伊比利亚时刻

15 世纪末，欧洲人（尤其是伊比利亚半岛上的西班牙人和葡萄牙人）在各种历史力量的综合作用下产生了强烈的海外探险欲望，而且他们既要探险又要征服。他们之所以这样做，缘于复杂的动机，其中两个最主要的动机是占有欲和宗教热情。寻找通往东方的新航线固然是动因之一，但正如前往西印度群岛的贝尔纳尔·迪亚斯所言，"侍奉上帝和陛下，照亮黑暗中的人们，如人人梦想般地发财致富"[1] 才是大航海的主要原因。

这种思想观念在西班牙贵族中间尤其盛行，因为他们在西班牙经历了长期的反穆斯林战争，已经习惯了战争状态，这给他们提供了"时机和理由"。早年由于成吉思汗的征服，基督教世界其他地方在很长一段时间内没有受到来自东部和南部边缘穆斯林势力的威胁。成吉思汗的速战速决、驰骋疆场的高效骑兵以及宗教宽容政策，使得朝向东方的旅途更为安全，商业贸易也获得发展。欧洲北部的君主国当时已丧失了组织十字军的兴趣并停止了反伊斯兰教的战斗。

不过，奥斯曼土耳其人的出现是个危险的信号。他们刚刚完成伊斯兰化，从骑马者变成水手，在 1453 年占领君士坦丁堡，建立了中东地区最强大的国家。奥斯曼土耳其人是一个让西班牙人害怕的、遥远又来势汹汹的威胁。当时欧洲仅存的穆斯林国家是古老而又高度文明的格拉纳达王国。

在伊比利亚半岛内，基督教国家和穆斯林国家比邻共存了数百年之久。在适当的时候，双方还会结盟。而且，半岛已经变成两种文化的交流中心。尤其在托莱多，犹太人、阿拉伯人和基督教学者合作开展了一系列重要工作，目的是保证希腊思想精髓的传承。他们将希腊文本翻译和润色后，在 12 世纪以来的新兴大学中传授。哲学、天文学和医学著作在这一文化传统中占据了显著地位。

但是，格拉纳达王国只是外强中干而已，现在它不得不向卡斯提尔纳贡。西班牙基督教王国的统治者很清楚，将这个强大的王国兼并只是时间早晚的问题。那一刻随着 1474 年伊莎贝拉的登基到来了。出于强烈的宗教热情和对东部潜伏威胁的担心，伊莎贝拉开始着手征服邻国。从 1482 年开始，格拉纳达王国的乡村和城镇被相继蚕食，再征服运动持续了十年，最终以 1492 年西班牙人攻克格拉纳达王国首都而告终。

正如 J. H. 帕里所言，东方的奥斯曼土耳其人与西班牙的卡斯提尔人有着不可思议的相似之处。"卡斯提尔人像奥斯曼土耳其人一样，从来不是严格意义上的马背上的民族，但是他们在安达卢西亚和其他地方雇用了机动骑兵来打击当地居民。长期以来，卡斯提尔人还是更喜欢追求游牧生活，喜欢半游牧性质的放羊和放牛，而不是耕种农田……马背上的人和娴熟的牧人能够很好地适应这样的环境……随着征服运动的持续，卡斯提尔人或者说他们中间的战斗阶层，保留了他们对游牧的兴趣和痴迷、他们的机动性和战斗力以及他们对马背民族的尊重。"[2]

这些人正是新大陆的殖民者，它有助于解释为什么一小股骑马的西班牙人能够打败那么多印第安人。之后，他们作为半封建领主定居下来，一方面保持着畜牧的兴趣，另一方面依赖为他们种植谷物的被征服农民（因为他们没有自己的家畜）。

这仍然是在延续本书的主题：旧大陆的驯养哺乳动物对历史进程产生了重要影响。但是这绝非整幅画面，还有其他许多因素在起作用：瘟疫让欧洲的重心转移到西部和北部；由于尼德兰和不列颠的羊毛纺织业，欧洲北部发展迅速，地中海和英吉利海峡之间的贸易路线成为大西洋沿岸地区开发的推动因素之一；航海技术和造船技术的革新（十字军东征是促进因素之一）；派到国外的十字军本身在部分程度上改变了当地人的信仰；人们重新发现了托勒密，他对地球大小的估算误导了探险家；不正确的和过时的游记强化了人们的错误认识；人们发现在热带地区航海比预想的容易；深海捕鱼业也有助于水手认识和习惯大西洋；海洋中大量岛屿的发现，让冒险者认为还有更多的陆地可供利用。

所有这些心理和技术因素集合到一起，促成了我们所谓的"伊比利亚时刻"，这也是为什么西班牙人和葡萄牙人能够最早穿越大西洋并发现新大陆，而不是莫克提祖玛的海军航行到非洲或欧洲。

长时段模式

本书的叙述并不按照线性叙述；而且我也不打算让它读起来像是一篇"井然有序的"故事。我在导论中说过，我们所探究的是一项自然实验，但是我们不可能弄清这个实验的所有细节。即使如此，我们大体上仍可以提供一个假说，以此来解释两大半球相互分离的原因。同样重要的是，本书也提供了一个视角来观察人类自身的意义。在某种意义上说，本书重新

500

501

探寻了横扫人类历史的真正影响因素。

人类社会按照一定的标准，沿着相似的道路发展。根据调查研究，早期人类社会的相似性体现在以下几个方面。大多数社会是平等主义社会，村庄不设防。但随着居民人口达到 150 至 300 人的时候，这种局面就会被打破。非游牧社会将形成宗教中心。村庄规模继续扩大后，世袭首领、烦琐仪式和战争纷纷出现，几乎 25% 男性死于暴力。由于战争盛行，男性"优势"出现。各地精英形成独具特色的生活方式。这样的相似性普遍存在于世界各地，这个事实是人类行为潜在统一性的明显证据。[3]

本书对于世界各地不同人类社会的相似性及其意义持肯定态度。这正是本书的主旨。不过，本书的目标是集中探讨差异，在相似性的基础上展示富有成果的差异和对比。乔伊斯·马库斯的著作在这里值得一提。本书第 21 章曾提过，马库斯考察了四个中美洲文化的象形文字，并推断它们并不是我们所认为的文字社会。她认为识文断字并不是米斯特克人、萨波特克人、玛雅人和阿兹特克人的目标。这一结论可能适用于所有使用象形文字的文化：文字主要用于宣传，提高社会自尊，证实统治政权的世系，强化社会阶层的划分。因此，拥有文字的社会不一定是文化社会。这是一个颇有价值的注解，同时是一个重要的学术进展。

现在可以看出，在新大陆居民和旧大陆居民之间已经出现某些深刻的差异，我们终于可以全面地探讨这些差异。我们可以说，究其本质，人"变成人"，变成全面的、综合的、反思的观察者，经历了"三个阶段"的过程。

在这个"三阶段"过程中，第一个因素是：人不可避免地处于环境之中。首先，他们生活或居住在山坡，或山谷、丛林、河边、海边，或干旱的沙漠，寒冷的类冻原丛林、广阔的草原。有些人在不同的地貌间迁徙。其次，他们周围有各种各样的动物，如鸟、鱼或者食肉动物。他们与草、

502

灌木、树和花（有些很有营养价值，有些具有药用价值，有些具有强烈的致幻性）等各种植物共享山水。再次，人们无时无刻不受气候的影响，他们生活在阳光、雨、风、冰雹、闪电的包围之下，遭受地震、火山喷发、飓风、台风等自然灾害的侵袭。他们还生活在太阳、月亮和星星（包括银河）等天体之下。最后，陆地是人类的家园。大陆随机分布于地球表面，与大洋有着不同的联系。陆地主要呈南北走向或东西走向，这两种构造对于天气和气候及其历史是很重要的。所有这些因素汇聚起来，创造出世界的两大实体和两大构造，它们的共性和差异有助于解释东西两半球居民各自独立的发展过程。

从本书的内容可以明显看出，这些综合环境因素会促使人类去思考。这就是"三阶段"过程的第二阶段：思想意识阶段。思想意识是人类看待世界的方式，是理解和解释世界的方式，是理解自然现象的方式。显而易见，旧大陆的思想意识比新大陆的更为多样。

在此过程的第三阶段，人类思想意识继续与环境相互影响。人类思想意识是他们周围环境和技术发展所导致的结果；当然，人与环境之间的相互影响也不断发生变化，这一方面是由于地球的发展演变，以及宇宙、天文和地质事件的到来；另一方面是由于人类自身的变革。[4]

至此，在人类最初的思想意识基于"天人合一"（环境／气候／人类合为一体）的认知之后，本身得出了第二个饶有意趣的观点概括："天人合一"正是布罗代尔和法国历史学家所谓的"长时段历史"决定因素。历史实际上就是叙述人类不断变化的思想及思想与环境（在经济、生态和技术方面）的相互作用。[5]

如果这种分析是正确的，那么它有助于我们理解两大半球不同的发展轨迹。正如第 5 章所概括的那样，美洲大陆比欧亚大陆小得多。而且，正如黑格尔、贾雷德·戴蒙德等人所指出的，新大陆是南北走向的，而旧大

503

陆是东西走向的。相对来说，南北走向阻碍了人类发展，因为它会减慢植物的传播速度，并因此减慢动物的迁徙速度和文明的发展速度。当然，这并非全然是坏事。它意味着在特殊地区可进化出许多物种（例如，热带雨林占据地球表面陆地面积的 7%，但这里生长着 50% 以上的动物和植物物种。雨林中的主要动物是昆虫和小哺乳动物，能量沿食物链输送，因此这里的大型哺乳动物相对较少——大型哺乳动物在我们的历史中起着关键作用）。[6]但是新大陆的南北走向的确延缓了美洲人的发展速度。它首先限制了技术传播，但是也有其他连锁效应。

与大陆的地理走向共同起作用的是气候变化，其中最重要的是季风、厄尔尼诺南方涛动（厄尔尼诺现象）、火山喷发、地震、狂风暴雨等。季风的重要性在于，自最后一次大洪水发生后的 8 000 年里，季风的威力逐渐减弱。我们已经在第 5 章中描述了季风的变化以及它与旧大陆文明出现之间的联系。在这里需要补充的是，如果将旧大陆禾本植物的驯化时间定于 10 000 年前左右，那么，欧亚大陆在那段时间的主要环境 / 思想问题就是丰产。陆地正变得越来越干旱。

在新大陆，影响气候的主要因素一直是日益频繁的厄尔尼诺现象，从 6 000 年前的每百年几次，发展到现在的每几年一次。除了厄尔尼诺事件本身，厄尔尼诺与火山活动的联系，加之太平洋板块的构造也都是很重要的因素。我们在第 5 章看到，中南美洲是世界上火山活动最活跃的大陆地区，在这里形成了主要的美洲文明。综合考量，美洲大陆在过去几千年里最重要的环境问题就是日益频繁的毁灭性天气。

我们不敢肯定地说这些差异是绝对的，也不能说它们能够最终解释系统的思想变化。我们已经指出，在我们的自然实验中有太多的变量，因此无法满足纯粹主义者的期望。我们只能说东西两半球在气候方面的系统差异，与旧大陆和新大陆的历史发展模式似乎是吻合的，在这个意义上说，它们有助于我们理解新旧大陆不同的发展轨迹。

神灵为什么青睐旧大陆？

除地理和气候因素外，决定新旧大陆基本差异的另一个重要因素在于生物学领域——植物和动物。在植物领域，两半球有两大主要差异。第一个差异是谷物。欧亚大陆天然生长着小麦、大麦、黑麦、粟、高粱、稻米等各种各样的禾本植物。它们容易被驯化，而且由于欧亚大陆的东西走向，一旦被驯化成功，它们能够获得较快传播。因此，旧大陆居民能够相对快速地积累剩余农产品，文明正是在此基础上形成。在新大陆，最有价值的谷物是从墨西哥蜀黍驯化而来的玉米，但墨西哥蜀黍的形态在驯化前后存在极大差异，这与旧大陆的情况完全不同。而且我们知道，由于玉米含糖量高（它是一种热带植物，而非温带植物），因此它最初被用作仪式饮品，而非主食。除此之外，由于美洲大陆的南北走向（这意味着气温、降雨量和日照在南北各地差异很大），玉米即使在变成食物后，也很难在新大陆迅速传播。因此，玉米作为剩余产品的积累十分缓慢艰难。可能只有卡霍基亚走上了一条与旧大陆大体相近的发展轨道。所以，新大陆的重要谷物的驯化之路截然不同于旧大陆。

新旧大陆植物的第二个重要差异体现在致幻植物领域。致幻植物的历史影响在以前可能没有得到充分认识，但现在我们很清楚地发现，致幻植物在全球的分布是不平均的。仅就数字来说，新大陆自然生长着 80 至 100 种致幻植物，而旧大陆只有 8 至 10 种。

同样明显的是，致幻剂在新大陆（尤其是中南美洲，这里形成了美洲最先进的文明）的宗教发展史上扮演了极其重要的角色。

从本质上说，致幻剂的作用和效果体现在两方面。第一，它们让美洲人的宗教体验比旧大陆人的生动清晰得多。第二，由于它们对神经的刺激

505

作用，致幻剂促进了如下思想的形成：人与其他生命形式之间的"变身"思想，以及灵魂在宇宙的下层、中层和高层之间游走或飞升的思想。美洲缺乏轮式交通工具或驮畜，大陆构造又是南北向的，美洲人相对来说更不容易进行长途跋涉，因此他们将向上和向下的旅程看得更加重要。在致幻剂的强烈刺激下，人们的意识状态改变，在灵魂飞升中看到鲜活的异域场景，体验到可怕的变身。这些经历让美洲人感觉宗教体验是如此真实，因此更加抗拒改变。而在旧大陆，骑马和轮式交通工具（如货车和战车）让拥有不同信仰的不同群体更加频繁地接触，因此更加容易发生变革。

506　　这并不是说旧大陆没有致幻物，也不是说旧大陆的致幻物不重要。正如第 10 章所言，鸦片、大麻和苏摩是欧亚大陆各地区广泛使用的仪式用品。由于各种各样的原因，这些致幻性更强的物质相对早地让位于性质更温和的酒精饮品。这是不是因为人们需要清醒的意识以便控制家畜（骑马、驾车、犁地、挤奶需要专心）？还是因为畜牧生活方式更加分散，牧民不用频繁聚集在一起举行萨满仪式，而为了加强社会联系，性质温和的酒类更加合适？或是因为他们聚集到一起面对外部威胁，药效强烈的致幻剂在这种情况下是不合适的，而酒则是加深战士感情的很好载体？酒因此成为旧大陆的标志，而致幻剂在美洲更为常见。这引起了欧亚大陆思想意识方面的变化，促进了萨满教的相对消亡。

在旧大陆，人们崇拜两个丰产神：大母神和公牛神。虽然公牛崇拜是丰产崇拜的重要内容，但我们应该铭记代表公牛的往往是独特的带角公牛头（牛头和牛角），而非它的阳物。可能像许多学者所认为的那样，这归因于公牛角与新月形状的相似性。除此之外，也许还得加上月亮周期与月经周期之间的联系。在旧大陆历史上，大母神的形象是正在生产一头公牛的女性，公牛头从她的子宫里出现。这是一个奇怪的组合，没有任何人看到过女人生公牛，而古人对人类的生育原理明显存在困惑。如果公牛代表自然的强大力量，即丰产力，这些图像可能暗示当时人并不知道生产的真正原理，他们认为公牛头所代表的某种自然力使女人受精。不管他们的真实信仰如何，本质问题是，纵观新石器时代的旧大陆，不管崇拜物是大母神、公牛、母牛，还是河流湖泊，中心主题是丰产，尤其是人类多产，人丁兴旺。

507

在新石器时代的旧大陆，丰产存在着两大威胁。其一，逐渐减弱的季风。它影响了所有生物的繁殖力；其二，由于定居生活和以谷物为主的饮食，女人的骨盆通道变得越来越窄。对于这两点，学界现在才认识到，以前的学者要么压根不知道，要么没有给予足够的重视。

除此之外，人与驯养动物之间日益增强的相互作用产生了巨大的思想和经济后果。我们按照时间顺序，将发展历程简要陈述如下：

一、牛、绵羊和山羊的驯化促进了贫瘠土地的开发。畜牧业发展了起来，农牧民因此迁徙到村庄以外的地方，居民的分布更加分散。这种分散反过来又影响了宗教意识进一步与萨满教相脱离。在牧民中间，因为驯养动物的繁殖期各异，历法并不是那么重要（牛能在一年的任何时间分娩，山羊通常是在冬天或春天，绵羊的繁殖期取决于它们与赤道相距多远——在温带地区，绵羊春季产仔，但在更温暖的气候下，绵羊可在一年四季产羔。马的自然繁殖期是 5 月到 8 月）。而植物，尤其是温带植物，与季节周期密切相关。

驯养哺乳动物的另一面是它们的全部生活实际上都是在地面上进行的。植物需要播种，在种子发芽前的一段时期里我们看不到它们。但动物没有那么神秘。在畜牧社会里，冥府的观念不太重要，不太必要，也不太常见。加之致幻植物的相对缺乏，共同导致了旧大陆对阴间的关注度相比新大陆低得多。

这可能产生了其他后果。虽然新大陆居民从来没有造出轮子，但他们确实具有圆的概念——他们造出了比赛用的橡胶球；他们有时候将人头或俘虏身体做成"球"，并让这些"球"顺着塔庙台阶滚下；拳击手将石球戴在拳头上进行比赛。毋庸置疑的是，新大陆居民白天会看到太阳，晚上会看到月亮，他们肯定也见过日食和月食，但似乎从来没有考虑过地球本身是球体。这是因为在一个素食为主的世界，人们体验了如此真实的冥府后（通过致幻剂也可以进入其他"领域"），"平坦"和"层次感"显然比圆的感觉要来得更加强烈。由于新大陆人不会进行长途探险，尤其是没有利用风向穿越海洋，因此他们几乎没有机会来体验地球的球体性。

二、马的驯养产生了许多不同的影响。伴随着轮子和战车的发展，骑马术也相应出现。这些巨大的进步共同促进了欧亚大陆的人口流动。特别是宫殿国家出现后，马匹和战车大大便利了广大地区的征服和占领。同时，轮子和货车意味着更多的货物能够被运往更远的地方，促进了商业的发展和思想的交流与繁荣。这些因素不时汇聚于战争中，而战争让人员、语言和思想在更大范围内得到交流。在这种意义上，旧大陆是流动的，而新大陆是故步自封的。

三、马和牛是大型哺乳动物，因力气大而受人青睐。不过，这种力量既是有用的，也有潜在的危险。在这样的环境下，定期而频繁地使用致幻物是很危险的。灵魂出窍的萨满不可能控制住一匹马或一头母牛，更不用说一头公牛了。除此之外，分居各地的人口形成了集会的习惯，可能为了选择配偶、结婚或抵御外来威胁（现在外来威胁更大了，因为牲畜可以被偷走，而土地不能），人们放弃了致幻剂（它们虽然能够提供强大、生动的体验，却只是个体体验），转而饮酒（酒性质温和，令人愉悦，能够加强社会联系）。这是朝着脱离萨满教迈出的重要一步。

四、通过这种方式，畜牧业成为旧大陆历史的推动力之一。这是因为它内在的流动性，也因为日渐衰弱的季风引起草原（游牧民族的天然家园）的干旱，这意味着他们不能再像以前那样轻松地养家糊口，他们必须向远方迁徙，入侵大草原边缘的定居社会。东西走向的中亚大草原保证了人员和思想在欧亚大陆的传播。对游牧民族来说，天气比植物丰收更重要；而且，他们以牛奶、血制品和肉为生，因此他们信仰的神是天气神（风暴和风）和马。他们的宗教意识截然不同于定居社会的宗教意识，游牧民族和定居民族的大规模冲突既是毁灭性的，但从长远来说又是创造性的。

五、不断的冲突在欧亚大陆持续了 2 700 多年（从公元前 1200 至公元 1500 年），这是因为高度机动的游牧民族总是或多或少受到气候因素的威胁。而气候变化引起的游牧民族迁徙是导致青铜时代终结和大宫殿国家毁灭的因素之一。持续的冲突最终引发伟大的思想变革，这就是所谓的"轴心时代"。轴心时代是一个划时代的转折，它促成了一种新的思想意识或道德规范的产生，并在一神教思想上达到顶峰。按照丹尼尔·希勒尔的观点，正是由于游牧的希伯来人在众多不同生态环境中游荡，才使他们产生"至高无上的上帝统御一切"的思想。

六、希腊理性主义和希腊科学（尤其是希腊自然观）是希腊人在仔细观察家畜并将其与人类对比的基础上获得的（它们是否具有灵魂，它们是否拥有道德，它们是否拥有语言，它们能否承受苦难）。希腊理性主义一旦与希伯来人的单一抽象神思想结合，便最终产生了唯一理性神的基督教思想。这位理性神赞成自然界的秩序，他的天性能够在未来逐渐被人们所发现。这种"前进可能性"和"上帝逐渐显露自身"的思想，有助于新事物和新方法的出现，而新事物和新方法能够促使人类穿越海洋，探索地球。

510

七、许多不同的游牧部落时不时地从中亚大草原逃离，这种状况一直持续到公元 1500 年。这对于商品和思想的流动既有促进作用，也有阻碍作用，但维护欧亚大陆全境的快速流动是主流。事实证明，马是疾病（瘟疫）传播的载体，从长远来看，这具有双重影响：既促进了羊毛纺织业在北欧的发展（绵羊提供了世界上第一个大型工业所需的原料），也促使西地中海地区的居民去寻找另一条前往东方的路线（东方有数不清的香料、丝绸和其他奢侈品）。这些因素共同促进了大西洋地区的开发。

我们必须强调，这些进步在时间、地点和最终效果上是各自分立的；它们没有什么必然联系。虽然它们都涉及驯养哺乳动物，但实际上每一个进步都是独立的。在某种意义上说，这是一个元叙事历史，但它绝不是一条直线，甚至不是一条线，更像是一系列不时被打断的事件，唯一将它们联系在一起的就是哺乳动物的驯养。

进一步来讲，这类活动大多发生在旧大陆的温带地区（北纬 7 度至北纬 50 度之间），这是一个四季分明、植物的种植和生长期相对固定的地区。丰产崇拜的季节性特征促成早期宗教信仰的安排有序，但是它也产生一个更重要的心理结果：崇拜起作用了。以丰产崇拜为核心的宗教建立在一个简单的生物现象基础上：植物总归要再次生长。当然，一旦干旱、洪水或其他因素干扰了这个节奏（《圣经》里所说的"丰年"和"荒年"），植物的种植和生长周期就会发生变化。但是异常情况总是比较少见，因此丰产崇拜得以延续。在文字产生以前，在季风逐渐减弱的背景下，宗教仪式变得越来越复杂，祭司丧失了某些权威，而一神教的形成和更为抽象的神明的出现大体上只是时间早晚的问题。而且，动植物的驯养消除了人们的某些恐惧（例如饥荒）。不过，依赖极少数植物为生总是有风险的。[7] 人们想要植物生长，人们想要动物繁殖，人们想要某些事情发生，这些都具有丰产崇拜的性质。最终，神灵向人类报以微笑。

新大陆的"地质构造宗教"

美洲人的思想生活是截然不同的。除了南美洲的美洲驼、羊驼和原驼

511

以外，这里就没有其他驯养哺乳动物了。缺乏驯养哺乳动物的后果之一，就是美洲人的生活以植物为主，与之相伴随的是相关思维的出现。

最简单、最明显和最重要的问题是：植物需要种在地下，它们要经历从种子到发芽的转变。这有助于解释古代美洲人为什么将宇宙分为上中下三层。同时，萨满通过服用致幻植物进入灵魂飞升的出窍状态，与神灵或祖先交流。萨满的这种体验进一步加深了美洲人的分层宇宙观。在新大陆，丰产也受到重视，但热带雨林一年四季气候温暖，植物茂盛，生机盎然，因此丰产从来不是压倒性的话题，这与旧大陆温带地区形成鲜明对比。

在新大陆的思维模式中，占据更重要地位的是令人敬畏的美洲豹和天气神——闪电神、雨神、冰雹神、风暴神、雷暴神以及火山喷发、地震和飓风等。佩里格林·霍尔登和尼古拉斯·珀塞尔将之称为"危险天气"。[8]他们还认为，作为"地质构造宗教"的火山活动，构成了"人类与地下世界亲近的证据"。[9]随着厄尔尼诺现象的频繁增加，至少在过去 5 800 年间，神灵不光没有眷顾新大陆居民，反而越来越易怒。

第三个因素能够进一步证实上述概括。这就是古代中南美洲宗教中普 512遍存在的暴力证据。我们在第 12 章提过，卡西纳瓦人在致幻剂的作用下看到大蛇、倒下的大树、恐怖的美洲豹、森蚺和短吻鳄。我们知道，玛雅人惧怕地下世界的蘑菇，有时崇拜风暴神。我们知道，可可与火山有关，盛放可可的圣器是火山灰制作的。我们在第 14 章看到，美洲豹与雷电有联系，它总是呈现尖牙呲露而咆哮的形象，它的爪子要么在袭击人，要么在按着人心。我们知道，在某些中美洲城市，用来剥离人牲心脏的黑曜石石片象征着美洲豹的牙齿。在第 17 章，我们注意到奥尔梅克人饱受洪水泛滥之苦，他们有"洪水"崇拜、风暴神、闪电神，他们的萨满被称为"冰雹人"。我们注意到，查文人虽然没有居住在热带雨林里，但查文艺术中经常出现咆哮着的美洲豹形象，他们的宗教建筑是为了抵御"危险的超自然力"袭击而建的。在第 20 章，我们记录了火山变成神灵的过程、地震对查文文化的影响以及厄尔尼诺事件对莫切文化的毁灭。我们看到玛雅人崇拜山脉，萨波特克人和米斯特克人崇拜自然力、雨和闪电。在第 21 章，我们探讨了"黑暗萨满"的概念。在新大陆社会中，对威胁和负面事件（需要尽力避免的事件）的掌控是极其重要的。

在第 21 章，我们讨论了斯蒂夫·博格特的著作。他证明了秘鲁北部沿海地区的祭祀与暴雨之间的直接联系。在山顶附近祭祀的孩童身上有 Z 字形装饰，好像他们是被献祭给闪电神的。"气候"萨满的存在证明了天气的重要性，美洲人将天气等同于疾病，暗示天气的负面作用是人们主要的关切。在托尔特克人中，特茨卡特利波卡是一个恶神——"他引发瘟疫、干旱、霜冻、食物中毒、饥饿、恶灵现身和大屠杀"。[10] 在第 23 章，恩里克·弗洛雷斯卡诺告诉我们，从图像学证据来判断，"在古代大部分时间内，中美洲的重要神位被冥界神灵所占据。这些神灵掌握着毁灭、衰落和死亡的力量……"我们也在第 21 章注意到，亚瑟·德马雷斯特和杰弗里·康拉德将阿兹特克人的神灵说成是"永远危险的"。[11]（莫克提祖玛·伊鲁伊卡米纳是愤怒之主、天空射手。）正如我们在第 23 章所见，阿兹特克人宇宙观的每个时代都是以毁灭性力量而非创造性力量命名。"每个开端注定要以灾难结束，神圣的敌对力量（火雨、美洲豹、洪水、飓风等）似乎看不到终结。人们对这个'变化、祭祀、死亡和毁灭'主题的持久存在印象尤深。"[12] 我们还注意到西佩托堤克神，他名字的第二部分意为"恐惧"。最后，阿兹特克和其他文化以美洲豹勇士为突出特征。拳击手戴着美洲豹面具；在阿兹特克神话中，美洲豹崇拜击败了鹰崇拜，所有这些事实都强调了我们前面所提到的一点：对美洲豹的恐惧是美洲人最主要的情绪。

综合起来，我们可以发现，在旧大陆神灵和新大陆神灵之间，存在一个关键的区别。

如果你崇拜"怒神"，不管是海啸、地震、火山喷发，还是美洲豹，你的崇拜本质上采取的是抚慰或祈求的形式，祈求那些神不要发怒。如果是火山神，就求他不要喷发；如果是雨神，就求他不要暴雨滂沱；如果是厄尔尼诺现象，就求他不要产生灾难性海啸和狂风；如果是美洲豹神，就求他不要攻击人类。在中南美洲，崇拜的主要形式旨在让那些不好的事情不要发生。

这里有一个关键问题：如果崇拜不起作用了，该怎么办？崇拜不可能每次都灵验，或者说它的成功率不可能像旧大陆居民崇拜丰产神那样高。毫无疑问，崇拜有时候会起作用，比如数周之内村里没有一个人因美洲豹丧命；比如几年甚至十几年之内没有发生海啸；比如火山逐渐沉寂（就像2010年和2011年的冰岛火山）。但关键在于，怒神永远不可能完全息怒。他们的怒气迟早会再次爆发（有证据显示，公元1300年左右的一系列地震对当时仍存在的玛雅文明产生了影响）。

我们也知道，厄尔尼诺事件一直以来在变得越来越频发。由于拥有精确的历法，奥尔梅克祭司（或玛雅祭司、托尔特克祭司、阿兹特克祭司）可能已经发现崇拜不起作用了。无论宗教仪式举行到何种水平，都不足以抚慰这位怒神。这就是米斯特克祭司主张发动战争的原因，这是为了在社会中制造他们能够控制的威胁。

在这种情况下，宗教祭司可能认为，既然现有水平的崇拜不起作用了，那么他们可选择的道路只有两条：要么操控战争这种他们有能力控制的威胁，要么加倍努力地讨好怒神。这就可以解释新旧大陆之间在人祭领域所出现的最深刻和最具启发意义的差别。由于家畜在旧大陆十分常见，人祭逐渐被动物祭祀所取代，公元70年以后，由于家畜与人类的亲密关

514

系，血祭被完全取消。但在新大陆，人祭不光没有被禁止，反而变本加厉。到 15 世纪，阿兹特克人每年献祭成千上万名人牲。印加人的祭祀规模没有阿兹特克人那么庞大，但仍然有数百个山脉"圣地 / 瓦卡"。根据记录，在某一次献祭中，印加人曾杀死数百名孩童。我们现在能够解释这个明显异常的情况并探讨它与本书主题的重要关联。

永远发怒的神灵

在南美洲，人们存在这种观念：至少对部分人来说，死亡不是生命的终结。生与死之间存在一种过渡形式，这种形式见于自然形成的木乃伊遗体上，而制作木乃伊成为早期居民宗教仪式的重要内容。这种观念的最突出体现便是印加的分割继承制和帕纳卡制。通过这些方法，死去的先王实际上仍被视为生者。

515　　在这种情况下，死亡明显不是我们现在所认为的"终结"，祭祀也没有我们所认为的那么可怕。这并不是说人牲没有痛楚或无须遭罪，而是说人祭没有听起来那么可怕。我们在第 21 章曾经说过，新大陆居民对待死亡的态度与旧大陆居民是截然不同的：球场上的球员在拿自己的生命做赌注，有时候球场上的胜利者也会被献祭给神灵；将自己孩子捐献出来的印加父母不能表现出任何负面情绪。前文提到一件雕刻作品，它描绘了一位受伤球员痛哭哀号的景象，这似乎证明尽管新大陆的致幻植物能够让人牲麻木，但在祭祀仪式中痛苦是真实存在的。人牲是痛苦的，仪式主导者和自我放血的首领也是痛苦的，如果我们认为这两种痛苦毫不相干，那就错了。痛苦具有宗教意义。

我们在此能够提供的一个解释是：尽管与现代西方的后基督教观念完全背道而驰，但在新大陆诸文明中，禁欲主义、坚忍克己和刚毅不屈受到人们的普遍赞赏与重视。另一个更好的解释是：它反映了新大陆居民在思想观念上的微妙而明显的变化。在新大陆宗教仪式中，血是十分重要的，放血是萨满教体系的一次演变。传统萨满利用致幻剂进入通灵状态，由此控制小规模社会（由数十人或数百人组成的小村庄）。在后来的大城市中心，人口规模数以千计或数以万计，领导者需要采用一种新体制，既不完全脱离原来的传统，又要加以扩大和改善，以便震慑更大规模的人口，与此同时为萨满王与神灵的独特联系提供支持。首领故意让自己流出大量鲜血，在此过程中体验痛苦，进入灵魂出窍状态。痛苦和与之相关的恐惧变成某种形式的权威——痛苦越强烈，流血越多，获得的权威越大。在这个体制内，祭祀、自我祭祀，甚至死亡就是权力的终极形式，这既适用于印加帝国，也适用于阿兹特克帝国。萨满教和通灵状态下看到的逼真他世让新大陆的人们更加相信他世的存在。而这是旧大陆的宗教仪式所达不到的。置身于这样一种宗教氛围下，人们对祭祀的态度会是多么与众不同：你越是坚信他世的存在，就越容易摒绝一切痛苦。

516

我们不知道这种体制的产生过程，可能将来也无法弄清楚。但是我们知道，新大陆至少有某些战争是为了获得战俘，而不是领土。而且有些首领或贵族在被献祭前经历了很长时间（数月或数年）的痛苦折磨，有可能其中一小部分贵族勇士被俘并遭受折磨，他们在那段时间因失血过多进入通灵状态，并因此获救。这样的个体一旦回到他们自己的村庄或城镇，可能会重新唤回他们的体验，并让自己成为仪式的主演。

我们有必要思考一下，为什么祭祀之风在中美洲和安第斯山脉附近如此盛行？毕竟我们在先前看到，许多思想和实践在这两个地区间并不容易传播（文字和美洲驼是两个例子）。这似乎支持了如下观点：祭祀起源于灾难。不管是中美洲，还是安第斯山脉附近都是火山活动活跃的地区，都位于同样的地质构造边缘，都处于厄尔尼诺构造带的东端。祭祀实践可能是在两个地区独立发展起来的。

在旧大陆，动物祭祀大体终结于公元 70 年，而人祭和其他各种形式的暴力则在美洲愈演愈烈，这一事实提醒我们，环境和思想意识的相互作用能够让人类行为（人性的意义）产生多么大的差异。

我们不应该忽略偶然性在历史上的作用。本书一直在探讨两半球之间的系统差异，从而为旧大陆和新大陆的不同历史轨迹提供解释。但是偶然性肯定也起了一定作用。如果将新大陆的阿兹特克文化、印加文化同旧大陆的游牧民族进行一次对比，便可为此提供绝佳的例证。正如第 23 章所说，阿兹特克社会和印加社会本质上都是不稳定的，为确保祭祀战俘数量持续增加而实行的某些做法、对先王的崇拜，最终都对社会发展不利。若非西班牙征服的干扰，这些不适应形势的政策会走向何方？我们并不清楚，但前景并不乐观。

在地球的另一面，游牧民族的生活方式同样是不适应形势的——从长远来看，他们不可能始终按照传统的生活方式生存下去，这就是他们不断离开草原的原因。但是他们有地方可去，可以侵袭农耕社会，可以与农耕民族进行贸易并最大限度地利用他们。从长远来看，他们的短处产生了特定的结果。不过，我们对此不必展开叙述。

本书主要探讨不同的文明（不是全部文明，而是主要文明）。许多人类群体从来没有发展成为文明体，但是这不意味着那些群体是失败的。北美大平原的印第安人和美洲太平洋西北沿岸的印第安人肯定可以被视为成功的社会，前者与北美野牛共同生存了数千年，后者在过去很长时间里沿富产鲑鱼的河流而居。澳大利亚、美拉尼西亚、密克罗尼西亚和非洲的土著居民虽然也从来没有发展出"高度发达"的文明，但它们也可以说是成功的社会。例如，当欧洲人在 17 世纪首次到达澳洲大陆时，澳大利亚的土著居民还处于石器时代（拥有自身的萨满教）。[13] 澳大利亚考古学家彼得·贝尔伍德在《人类征服太平洋》（1979）一书中总结，直到公元 0 年前后，东南亚大陆才在印度和中国文明的集中影响下形成城市文明；新几内亚没有大型动物——不管是哺乳动物，还是其他动物；波利尼西亚仅仅形成了"半文明"。尽管如此，"史前东南亚人民的生活质量可能并不差，也许比中国、苏美尔或埃及城市里的居民生活得更好"。[14] 他们已经适应了自然：那就是人们的生活方式。通过阅读本书，读者应该清楚发现，文明不过是一种适应形式而已。

现在我们可以看出，旧大陆文明与新大陆文明的主要差异在于它们 518 对不同环境条件的适应模式，旧大陆的思想变革比新大陆的更加频繁且激烈。虽然这在一定程度上归因于两者在气候与地理上的差异——旧大陆日益衰弱的季风和新大陆日益频繁的厄尔尼诺事件，但它也与旧大陆驯养哺乳动物和新大陆致幻植物的作用有着很大关系。因此，我们可以用稍微有些夸张的方式说：旧大陆历史的核心在很大程度上是由牧羊人的角色所规定的，而在新大陆扮演同样角色的是萨满。直到 1972 年，秘鲁的特鲁希略还有一个露天萨满市场，人们在这里买卖民间传统药物。[15] 萨满和牧羊人代表了新旧大陆的大分离。

在旧大陆，驯养哺乳动物的存在将人们从固定的地点解放出来，流动性、丰产模式以及日益减弱的季风共同促进了思想的繁荣，基督教/希腊思想（崇拜一个抽象的理性神）的出现将这场思想变革推向顶峰。在新大陆，至少在出现文明的拉丁美洲，具有巨大破坏力的天气和令人如临其境的通灵萨满教让人很难用理性的方式来对待世界。新大陆的神灵并不像旧大陆的神灵那样友好、容易控制、容易理解、易于合作。所有这些因素使得新大陆环境相比旧大陆的更难适应。

本书所探讨的这项自然实验得出如下结论：现有证据表明，宗教和崇拜是早期人类在身处困境时完全自然的回应。萨满教、动物祭祀、人祭、放血仪式和服用致幻药等诸如此类的信仰和实践与早期人类所处的周围

环境有着明确联系。犹太教、基督教和伊斯兰教可能比大部分宗教更"发
达"，但它们也无一例外地符合这一普遍法则。在人类文明的发展进程中，
人类不断尝试解释自己所处的世界以及塑造历史的巨大神秘力量，因此从
人类学意义上讲，宗教（或"思想观念"）就是人类探索世界和神秘力量
的部分尝试，它也是新旧大陆大分离的原因所在。

518

519

附录 1

关于新大陆的永不停息的争论

我在导论中已说过，人们在一定程度上仍纠结于前哥伦布时代旧大陆和新大陆孰优孰劣的问题：哪个半球拥有最大的城市？哪个文明在什么时期最为"邪恶"？哪个地方的鞋最合脚？本书的目标就是将这一话题和专门的评论及对比置于一个富有意义的背景中。在这篇附录中，我们将讲述关于新大陆的"争论"史。虽然它与我们的主题并非直接相关，但这份年代表能够展示出人们对新大陆的态度在数世纪内发展演变的过程，而这往往能揭示新大陆民族的特征。但通常情况下，人们只是关注文明本身而已。

从一开始，旧大陆在同化新大陆的问题上——它的历史、它的心理、它的确切意义——就困难重重。最初，帝国的回报令人失望，就像哥伦布与印第安人在瓜那哈尼的第一次重要遭遇并不如想象中那样美好。哥伦布的远航引发了基督教信仰、西班牙语言和文化的大传播，同时也引起了两大陆之间植物、动物和微生物的变化与交流，其隐义仍待阐明。[1] 我们知道，殖民者携带去的天花和流感等欧亚疾病让缺乏相应免疫力的美洲人口锐减，而旧大陆的人们也是花了数千年时间才建立起免疫力。梅毒似乎是从新大陆传到旧大陆的，不过最近的证据与此相悖。

523　　哥伦布的发现，其最初的影响在某种程度上可通过下述事实反映出来：他的第一封信在 1493 年出版了 9 次，到该世纪末达到 20 版。法国人路易斯·勒罗伊写道："我认为根本不存在比发明印刷术和发现新大陆更荣耀的事迹，我始终觉得这两件事可谓前无古人，后无来者。"[2] 不过约翰·埃利奥特提醒我们，事情还有另一面，16 世纪的许多作家从当时的历史角度很难认清哥伦布的业绩。例如，当哥伦布死于巴利阿多利德时，地方志并没提及他的离世。哥伦布的英雄地位的形成是非常缓慢的。他离世100 年后才有多篇意大利诗歌记述他的事迹，直到 1614 年，他才在一部西班牙戏剧里被描绘成英雄的形象，而这部剧是洛普·德维加的《克里斯托弗·哥伦布所发现的新世界》。[3]

　　最初，人们对于新大陆的兴趣仅限于两点：一是在那里发现了黄金，二是那里有需要皈依基督教的新人类。实际上，直到 1912 年，西班牙作家胡利安·胡德里亚斯才在《黑色传说》中首次使用了书名中的这个术语。他抗议其他欧洲国家将西班牙"简单归结"为"一个无知、迷信、充满宗教狂热的落后国家"。[4] 事实上，与其说西班牙殖民者并不残暴——有太多证据证明他们的暴行——不如说他们不是唯一犯下暴行的殖民者，其他欧洲国家嫉妒西班牙在新大陆的早期成功，因此处心积虑地散播着"黑色传说"。

　　可以肯定的是，最先对西班牙人在新大陆所犯暴行提出谴责的正是西班牙同胞。他们主要是传教士，其中最著名的是多明我会修士巴托罗缪·德拉斯·卡萨斯。他曾任恰帕斯（位于墨西哥）主教，反对使用奴隶劳动的"监护征赋制"，他在自己提交的法律动议失败后，出版了《西印

度群岛覆灭简史》，"该手册迅速成为黑色传说的奠基之作，在此后的数个
世纪里，西班牙与其欧洲劲敌或美洲殖民地的每一场新冲突，都伴随着该
书的翻译与再版"。[5]

524

　　西班牙殖民者的残暴众所周知，在此无须详细的阐述与重温，我们只
会简单提及一些。在海地，西班牙人将美洲人吊在绞刑架上慢慢烤死；在
伊圭，他们只让妇女吃草，致使其无法哺育子女；在佛罗里达，为威慑当
地人，西班牙人竟将他们的鼻子、嘴唇和下巴"从脸上割下"。

　　许多当代历史学家更倾向于认为，黑色传说是文艺复兴时期普遍兴起
的种族主义的组成部分，它的出现与大探索时代众多新地方及新居民的发
现以及赶走阿拉伯人、收复西班牙等事件密不可分，它也是基督教好战性
的体现——信仰这一宗教的信徒认为基督教才是一种真正的信仰，而其他
所有宗教信仰都是劣等的。

西印度群岛的道德史

　　发现美洲这一历史事件对欧洲思想界影响巨大，因为新的土地和民族
挑战了欧洲人对地理、历史、神学甚至人的本质的传统看法。只要美洲能
够提供欧洲所需要的商品，它就具有经济意义并因此具有政治意义。巴黎
律师艾迪安·帕斯奎在 16 世纪 60 年代写道："令人吃惊的是，我们的古
典作家对于我们称为'新大陆'的美洲竟然一无所知。"[6] "美洲"不仅超
出欧洲的阅历范围，而且超乎预料。对大多数欧洲人来说，虽然非洲和亚
洲相距遥远、不甚了解，但总算有所耳闻。而对于美洲，他们完全是闻所
未闻，这也有助于解释为什么欧洲对于这个新闻的适应速度如此之慢。安
东尼·帕格顿曾经说过，直到 18 世纪初，欧洲人才开始接受新大陆的存
在，或干脆将美洲印第安人视为一种欠发达的生命形式，就像女人或孩子
一样。[7] "野蛮主义"到底有三个、四个，还是更多阶段？在这个发展过程

中，各种各样的印第安政体处于哪个阶段？围绕这些问题，过去的人一直争论不休。

525　　埃尔南·德桑提兰等人认为，印加帝国的统治形式完备，值得效仿，[8] 弗朗西斯科·德维托利亚等人主张，上帝不会创造无用之物，因此必须努力了解印第安人的生活方式。[9]

在16世纪，拉斯·卡萨斯和何塞·德阿科斯塔坚持认为，若想了解印第安人，经验知识是必不可少的，前者强调自己的观点独一无二，自己的眼界无人可比，后者将其历史作品分为两部分，第一部分论述"自然的造物"，第二部分论述"自由意志的造物"——美洲人的行为规范、信仰模式和过去的历史。[10] 阿科斯塔推测，印第安人不可能凭借航行到达美洲，还携带着美洲豹和美洲狮这样的猛兽。因此他断定美洲人肯定是经白令海峡到达美洲的。他还看到印第安人"活在对神的敬畏之中"，并指出这是印第安人与基督徒的一个重要区别。[11] 事实证明，阿科斯塔确有真知灼见。

新大陆的很多种语言在词汇量上是否与旧大陆的语言一样丰富？它们是否能够抽象地描述基督教的哲学和神学概念？关于这些问题存在争议。约翰·洛克认为，因为美洲印第安人的语言"只需适应一种简单、贫乏的生活，几乎没必要了解商业或数学"，因此印第安人不需要"背叛"、"法律"或"忠诚"这样的词汇，其词汇量不可能超过1 000。[12] 安东尼·帕格顿认为约瑟夫-弗朗西斯·拉菲托的著作（1740）具有划时代的意义，因为后者在其著作中第一次充分注意到印第安人的亲属称谓和丧葬习俗。这是在用社会学的方法取代心理学的方法来研究印第安人，这是认识论方面的变化，虽然只是适度的进步，却具有决定性意义。[13]

让新世界符合《圣经》所勾勒的历史框架固然十分棘手，但探险家和传教士还发现，若想继续传播福音，了解当地居民的风俗传统是十分必要的。因此他们开始详尽地调查印第安人的历史、土地所有制以及继承法则，在某种意义上说，这标志着应用人类学的开端。[14]

西班牙人每发现一处新文明，便将当地美洲人的文字材料尽数毁灭，这无疑使得这项研究更有必要性。按照普林斯顿大学宗教史家大卫·卡拉斯科（我们在正文中介绍过他）的说法，对这段历史的任何研究都不得不面对一个事实：在西班牙人的大规模破坏下，印第安人本土文字（或绘画）作品只有 16 部保存了下来，而焚书的罪魁祸首往往是那些专注于消除"异教"的托钵修士，也正是他们后来逐渐意识到自己的所作所为产生了多么严重的后果，于是竭尽全力挽救印第安人的知识。若要重构前哥伦布时代美洲地区的生活图景，我们所能利用的材料并不仅限于 16 部文献。卡拉斯科意识到另外六种实物或多或少有些用处。它们分别是：故事书（也就是图画书），或是在西班牙人资助下产生，或是由印第安人独立写成，附有西班牙文注解；用纳瓦特语（阿兹特克人的语言）和西班牙语写的早期散文作品，大部分是匿名的；印第安精英的后代所创作的散文；见证大征服及其后果的西班牙人所书写的信件和史书；传教士的著述，如萨哈冈的作品；考古证据。《中美洲印第安人手册》用整整四卷介绍了诸如此类的人种学材料，其中包括散文、图片、教士著述、绘画以及大量地图文本。[15]戈登·布拉泽斯顿在《第四世界之书》中尝试重新构建和认识前哥伦布时代的历史，列举了大约 163 种这样的材料。[16]

卡拉斯科同时指出，即使面对这些材料，我们也要批判地对待，因为翻译可能有讹误，作者或编者可能存在偏见或成见，注释者可能故意隐藏某些事情。有些材料隐藏在印第安人社区或其他地方，很久之后才出现在公众的视野中。例如，《博尔基亚抄本》直到 1792 至 1797 年才为人所知，《费耶尔瓦里-迈尔抄本》直到 1829 年才被重新发现。所有这些都使得重构前哥伦布时代的印第安历史困难重重。

在人性本善的信仰支持下，早期传教士理所当然地认为当地人性情

526

"质朴、温顺、脆弱、善良"，换成拉斯·卡萨斯本人的话说，印第安人就像白纸，"可以轻而易举将真正的信仰书写在白纸上"。结果，这些传教士大失所望。在《新西班牙印第安人史》中，多明我会修士弗雷·迪亚哥·杜兰认为："除非我们了解印第安人所实践的各种信仰，否则我们不可能改变或纠正他们的观念……因此，从一开始就将印第安人所有古代画书烧毁的那些人犯了一个大错误，他们热情有余，但谨慎不足。我们的处境如此糟糕：即使他们在我们眼皮子底下进行偶像崇拜，我们也茫然不知其细节。"在上述观点的支持下，16世纪后半叶的传教士对征服前的印第安历史、信仰与社会进行了细致调研。[17]

西班牙王室直接参与进来，并在此过程中引入问卷调查的方式，用这种新的管理工具约束他们的西印度群岛官员，其中最著名的是16世纪70年代在西印度事务委员会主席胡安·德奥万多领导下起草的那些文件。这一时期，每个知识领域都有分门别类的迫切要求，探索美洲知识也是潮流之一。1565年，来自塞维利亚的医生尼古拉斯·莫纳德斯创作完成了他关于美洲药用植物的著作。1577年，约翰·弗拉姆顿将其翻译成英文，书名为《来自新世界的好消息》。[18] 1571年，腓力二世派遣一支远征队前往美洲，目标是系统地搜集植物标本（同时评估印第安人皈依基督教的可能性），领队是西班牙博物学家和内科医生弗朗西斯科·埃尔南德斯博士。同年，西班牙王国新设职位西印度群岛宇宙学和编年史官。新设职位的初衷既有科学方面的，也有政治方面的。政治动机是将西班牙人在新世界所取得的成就详细记述下来，以对抗国外的批评。在科学方面，西印度事务委员会的成员们对于他们所统辖的领土普遍不甚了解，为了消除这种状况，科学界也必须有所作为。[19]

但是直到1590年，也就是哥伦布发现新大陆以及何塞·德阿科斯塔的西班牙文大作《西印度群岛的自然和道德史》出版近一百年后，新大陆才最终融入旧大陆的体系之内。这个融合本身就是百年思想转型的最高成就。在这场转型中，新大陆的三个不同层面被纳入欧洲人的观念。首先是美洲大陆，它出乎意料地成为自然界的新成员。其次是美洲印第安人，他们使得欧洲人／基督徒必须重新审视对人性的理解。最后，美洲作为一个实体，它的存在改变了欧洲人对历史进程的理解。[20] 所有这些首先是对经典知识的一场挑战。按照《圣经》以及过往经验，世界上有三块大陆——欧洲、亚洲和非洲。改变这种观念就像认为南半球没有热带一样完全违背传统。而且，直到 1728 年发现白令海峡以前，人们一直弄不清美洲到底是不是亚洲的一部分。1535 年，雅克·卡蒂埃在蒙特利尔以北的圣劳伦斯河遭遇急流，他将其命名为"中国急流"。近一个世纪以后的 1634年，一位法国探险家让·尼科莱特被派往西部调查内陆海的传闻，据说这个内陆海通往亚洲。当他到达密歇根湖，看到他面前的格林湾悬崖时，他自认为已到达中国，为了表示庆祝，他还穿上了一件中国丝绸做成的长袍。[21]

在发现新大陆的那个时期，最有影响力的观念之一便是对人的双重划分，也就是按照人们的宗教立场（犹太—基督徒或异教徒）或者文明／野蛮程度来加以判断。[22] 不过，印第安人到底有多理性？这并不容易确定。费尔南德斯·德奥维多确信印第安人是更低级的存在形式，"天生无用，生性邪恶"。他认为他们的劣等性体现在其头颅的大小和厚度上，这意味着他们身体的某一部分是畸形的，而这部分与人的理性能力相关。[23]在 16 世纪 60 年代，弗雷·托马斯·德·梅尔卡多将黑人和印第安人都归为"野蛮人"，因为"他们从来不为理性所动，只为情感所动"。这与臭名昭著的"自然奴隶制"理论相去并不遥远。这也是当时的主要话题之一。16 世纪的异教徒被分为两类，一类是"并非全然的无知者"（犹太人和穆斯林，他们听过真言却无动于衷）；另一类是"全然的无知者"，如印第安

529　人，他们从未有机会聆听上帝之音，因此不应受责备。然而，这种理论很快发生分歧。例如，苏格兰神学家约翰·迈尔等人认为，有些人生而为奴，有些人则是生来自由的。[24]1512 年，斐迪南召集了一个委员会来讨论雇佣当地劳工是否合法的问题。现在留存下来的文献表明当时许多人认为印第安人是野蛮人，因此是"天然奴隶"。1530 年前后，后来声名鹊起的"萨拉曼卡学派"使这一理论更加完善，该学派由神学家组成，包括弗朗西斯科·维托利亚和路易斯·德·莫利纳。他们的观点是即便印第安人不是天生的奴隶，也是"天生的儿童"，也就是不成熟之人。在《论印第安人》一文中，维托利亚认为美洲印第安人是介于人和猴子之间的第三种物种，"神将他们创造出来就是为了让其更好地服务于人"。[25]

不过，并非每个人都认同这些观点，另一些更同情印第安人的人士力图证明印第安人并非毫无建树。罗纳德·怀特说，在 16 世纪 50 年代，有些服务于萨哈冈修士的阿兹特克人从另一个侧面记下了关于这场文明冲突的最精确叙述。它就是《佛罗伦萨抄本》的第 12 卷。其作者是匿名的，可能是为了保护他们免遭审查。不过，约翰·埃利奥特认为探寻印第安人的德行与才能，能够提升 16 世纪有识之士的思想修养。例如，巴托洛缪·德·拉斯·卡萨斯指出，上帝通过自然安排一切，印第安人因此是上帝的造物，"是像我们一样的人"，因此他们可以接纳信仰。他引导人们注意墨西哥"非常古老的拱顶原始建筑"，因为它们是"印第安人深谋远虑和良好政体的伟大标记"。不过，这种观点遭到塞普尔韦达的完全反对，他指出蜜蜂与蜘蛛也能创造出人类无法模仿的作品。[26]但是，印第安人社会和政治生活的其他许多方面也给欧洲观察者留下了深刻印象。16 世纪 30 年代，弗朗西斯科·维托利亚写道："他们处理事务井井有条，因为他们的行政组织安排有序，他们有明确的婚姻制度、地方长官、统治者、法律、工场和交易体系，所有这些都需要运用理性；他们也有宗教信仰。"[27]

这才是重中之重。合乎理性，尤其是社会生存能力，被认为是文明 〔531〕
的标准。但是如果它可以出现在基督教世界以外，那么基督教徒与野蛮人
之间的古老差别还有什么意义呢？"不可避免的是，它开始变得越来越模
糊，它作为决定性力量的意义也开始下降。"[28]

即使没有催生出令人惊讶的新观点，但美洲的发现仍迫使欧洲人开
始反思自身，促使他们正视自己文化中业已存在的概念、传统和问题。例
如，尊崇古典世界意味着他们认识到还有其他文明的存在，这些文明具有
不同于他们自身文明的价值与态度，并且在许多方面超越他们自身的文
明。有些人，如约瑟夫-弗朗西斯·拉菲托，甚至希望借助"近代"美洲
的"野蛮人"来了解古典世界的样子。事实上，异教古代的存在与成功是
16 世纪两部最著名论著的立论基础，这两部论著都试图将美洲纳入一个统
一的历史视野之内。

第一部是巴托洛缪·德·拉斯·卡萨斯的巨著《辩护史》，写于 16 世
纪 50 年代。该论著在作者生前从未出版，实际上它到 20 世纪才被重新发
现。塞普尔韦达在其颇具争议的著作《反印第安人的正义事业》中诋毁印
第安人野蛮成性，将他们与猴子相提并论。卡萨斯的这部作品正是在愤怒
之下对前者的回应。卡萨斯认为印第安人是完全理性的个体，具有良好的
自治能力，适合接受福音。他中肯地评价了阿兹特克人、印加人和玛雅人
的艺术水平，并指出如果印第安人认为有价值，他们就有能力吸收欧洲人
的观念与实践。[29]

何塞·德·阿科斯塔的《论新世界的特质；为外邦人传扬福音，使
印第安人得救》创作于 1576 年，比卡萨斯的论著稍晚。他的著作推动了
人们对人类学的理解，其最具创新性的贡献是先将野蛮人分为三类，然后
再区分出三种"土著人"。他说，最高级的土著人拥有稳定政体，能够制
定法律，拥有法庭、城市和书籍，如中国人和日本人。其次是墨西哥人和

531 秘鲁人等土著，他们缺乏写作艺术、"公民和哲学知识"，但是拥有管理形式。最后一类土著人"没有国王，没有契约，没有行政管理阶层或共和政体，居无定所——即使定居下来，其居所也类似于野兽的巢穴"。[30] 阿科斯塔的著作是以调查研究为基础，这使他能够区分出阿兹特克人和印加人与楚科斯人、乞里瓜内人、伊斯凯因格人及其他巴西民族之间的区别：前两者形成帝国，定居下来，"不再像野兽那样游荡"，而后几个民族都是游牧民族，缺乏任何已知的文明管理形式。虽然印第安人具有某些法律风俗，但他们仍然是有短板的，或者说与基督教的实践相冲突。他说，这表明在哥伦布发现新大陆之前，撒旦已经先行一步。

这些论点需要审慎地体会。过去的理论认为，文化的多样性首先是由地理和环境所决定的，这种观点正逐渐被取代。新观点认为，迁徙决定了文化的多样性。"如果美洲居民是诺亚的后裔——正统观点始终坚持这一点，那么他们在飘荡过程中显然已经忘记了社会美德。阿科斯塔认为他们是经陆路从亚洲到达新大陆的，在迁徙过程中逐渐变成猎手。随后，他们中的一些人聚居在美洲某些地区，恢复了社会生活习惯并开始形成政体。"

宿　怨

从表面上看，教会发现数百万人没有享受基督教的惠泽，这为其扩张势力提供了无与伦比的机会。但实际上，其影响更为复杂。梵蒂冈一直宣称自己统治着全世界，但《圣经》既没有关注新大陆，也没有提到它。[31] 某些怀疑论者认为美洲远远没有做好进入历史主流的准备，也没准备接受基督教和其他文明，梅毒是上帝对人类的惩罚，一方面是因为"过早"发现美洲，另一方面是因为西班牙人在征服期间犯下了滔天罪行。[32] 美洲野牛是犀牛、奶牛和山羊杂交所生成的失败品，毫无意义。科尔内耶·德波 532 夫神父在《百科全书》中写道，"纵观全美洲，从合恩角到哈得孙湾，从未出现哪怕一位哲学家、艺术家或博学之人"。[33]

　　《圣经》中没有提及美洲，是否意味着它是后来从洪水中出现的一个特殊创造物？或者，她所遭遇的洪水与旧大陆不同，在时间上较晚，如今她正从这场灾难中恢复过来？为什么新大陆的气候与欧洲差异这么大？例如，北美五大湖区与欧洲处于同一纬度，但其结冰期长达半年。为什么新旧大陆的动物差异如此之大？为什么美洲人如此原始，人口如此稀少？特别是，为什么美洲人皮肤是古铜色的，而不是白色或黑色？更重要的是，这些"野人"到底来自哪里？他们是不是以色列失落部族的后裔？阿姆斯特丹的玛拿西·以色列认为答案是肯定的，因为他发现有"确凿证据"证明秘鲁的庙宇与犹太教的会堂有异曲同工之妙。割礼的广泛实践在某种程度上强化了这种解释。他们是不是漂洋过海来到这里的失落的中国人呢？他们是不是最伟大的导航者诺亚的后裔呢？美国历史学家亨利·康马杰认为，最为人所接受且最符合常识的推论是：他们是鞑靼人，这些人从俄国的勘察加来到阿拉斯加，然后沿新大陆的西海岸航行，之后扩散到新大陆各地。[34]

　　对某些人来说，美洲的出现本身就是个错误，而落后是它的特色。弗朗西斯·培根说道："对于美洲人口的稀少和印第安人的粗野与无知，我们不必大惊小怪。因为你们必须承认美洲居民属于一个年轻的民族；至少比世界其他地区年轻 1 000 年。"[35] 在法国，著名的自然史家布封伯爵认为，美洲自大洪水中出现，只是在时间上晚于其他大陆，这便是美洲土地上沼泽众多、植被繁茂、森林密布的原因。他认为万物皆不能在此繁荣，动物不管是智力方面，还是体质方面"都发育不良"，"因为自然之母对待美洲更像是一位继母，而非亲生母亲，她拒绝将爱的情感或繁衍的欲望赋予美洲印第安人。野蛮人的生殖器官小而无力……在体质上远不如比欧洲人强壮。他们还远不如欧洲人敏感，比欧洲人胆小、怯懦"。伊曼纽

533

尔·康德甚至认为美洲印第安人不能被教化。[36]

不过在布封之后，伴随着 1768 年《关于美洲人的哲学研究或服务于人类种族史的趣味回忆录》的出版，对美洲的诽谤可谓达到"登峰造极的高度"。这本书的书名虽然是法文，但出版于柏林。作者是一位"脾气古怪的普鲁士牧师"科尼利厄斯·德·波夫。德·波夫是一位典型的百科全书派学者，用讽刺性的语言自大地展示着他渊博的知识。他在书中声称美洲人是"退化的"人类，比旧大陆的人更缺少感性、人性、品位与直觉。他说在美洲的气候条件下，许多动物失去了尾巴，狗不再吠叫，某些动物的生殖器形同虚设。在那里，铁不仅微乎其微，也没有强度，所有这些都归因于这个大陆所经历的地震、洪水和大火灾。[37]

另一位神父约瑟夫·佩尔内提不同意德·波夫的观点，他认为，即使如此，这个所谓"被诅咒的不幸之土"仍为欧洲人提供了蔗糖、可可粉、咖啡、胭脂虫红以及珍贵木材。而且，美洲男人"与美洲女人的配置比例比欧洲人更好"，巴西丛林和巴拉圭的这些"野蛮生物"甚至比非洲土著更勇敢无畏。[38]

事实上，有许多名人感觉自己有责任参与到这场争论中来。伏尔泰认为美洲的"潮湿空气"非常有害健康，它们产生"大量毒物"，导致食物异常短缺。[39]《威克菲尔德的牧师》的作者奥利弗·戈尔德史密斯将佐治亚描绘成一个"阴沉干燥"之地，蝎子、蝙蝠和响尾蛇横行，"猛虎伺机扑食，还有更凶猛的印第安人"。他说这里的主要植被是"遍地的丛林，连鸟都忘了唱歌"。他在《地球与生物界历史》中再次恶语相向，不过书中讹误众多，或许正是因为这些讹误，这本书竟获得"出乎意料的成功"。[40]

对于这些贬抑之词，移居美洲之人予以回击，其中之一便是托马斯·杰斐逊。针对新大陆土地贫瘠的指控，他列举宾夕法尼亚进行反击。
534 他说，宾夕法尼亚是"一个真正的伊甸园，溪水长流，鱼翔浅底，绿草茵茵，鸟儿歌唱"。既然"全欧洲都到我们这里购买玉米、烟草和稻米，新大陆的土壤怎么会像他们所说的那样贫瘠呢？不论哪个美洲人，都比欧洲的大多数贵族吃得好"。分析数据显示伦敦和巴黎的降雨量高于波士顿和费城，怎么能说美洲的气候让人萎靡不振呢？[41] 1780 年，一位年轻的法国外交官巴尔贝·马布瓦侯爵产生了一个想法：他向美洲国家的几位管理者提出了一些各自国家的组织和资源方面的问题，希望由此得出某些结论。杰斐逊的回答最为详细，也最有说服力，那就是迄今仍闻名遐迩的《弗吉尼亚札记》。虽然现在看来书中有些地方不尽真实，但就当时而言，他对于各种美洲负面观点的反驳确实是相当犀利的。杰斐逊同布封及其欧洲随从进行了面对面的会谈。他用精确的统计数据比较了美洲人和欧洲人的工作效率，并指出美洲人的优势。布封声称，美洲没有任何东西能与"高贵的大象"和"强大的河马"或狮子和老虎相媲美。杰斐逊认为纯属无稽之谈，他指出美洲有巨爪地懒。"还有什么动物长有 8 英寸长的爪子？狮子的爪子不过 1.5 英寸。"至 1776 年，大量出土的猛犸化石表明猛犸是新大陆土生土长的动物，而它们每一个的体形都比大象大"5 到 6 倍"。[42]

布封和其他法国启蒙思想家说印第安人是未开化之人。杰斐逊反驳道："你会改变观点的。"[43] 他提到明哥斯酋长罗根的修辞与辩才：这表明他们的头脑同欧洲人一样能很好地适应环境，他们的身体亦是如此。

托马斯·潘恩指出，欧洲人所认为的美洲"荒地"能够"在没有历史羁绊的条件下推动纯粹人文和友爱社会的发展"。[44] 而相比之下，旧世界是不完美的，也是落后的。智利经济学家曼努埃尔·德萨拉斯将他的国家形容为"受到恩典的土地……这里没有野兽，也没有昆虫和有毒的爬行动物"。他也不认为美洲人无法将自己提高到精密科学的层次。

535

墨西哥耶稣会教士弗朗西斯科·哈别尔·克拉比赫罗也是一位饱学之士。他在《墨西哥古代史》中就针对阿兹特克文明的怀疑论进行了有力反击。托尔特克人、特斯科科人和阿兹特克人的历史就是勇猛、爱国、智慧和忠诚等品德的最好例证，与希腊和罗马历史别无二致。不过，他也同意阿兹特克的宗教是"愚蠢、残酷和迷信的"，他们的建筑尽管不如欧洲，"却比亚洲和非洲大多数民族的建筑先进"。[45]

赫尔德对美洲的态度比大多数人温和，他的文化平等论，加之浪漫主义运动对于被征服民族和异国文化的普遍同情，大大改善了阿兹特克人的名声。在其著作《关于人类历史哲学的理念》（1784—1791）中，赫尔德在第六卷中用六章的篇幅来讨论美洲，他在该书中还指出人类在本质上的统一性，并认为北美洲比西属拉丁美洲发展得好，但大多数美洲人都表现出"孩子般的善良与天真"。赫尔德富于同情心，但他并不比批判美洲的人更了解美洲。与狄德罗一样，他主要担心西班牙人的野蛮政策最终会让所有文化趋同，消除世界的多样性，抹杀历史发展的成就与意义。[46]

歌德认为美洲是一块福地，没有封建残余或"宿怨"。美洲的现状以及"自身未受外界打扰"[47]的程度让他印象深刻。他的德国同胞亚历山大·冯·洪堡、格奥尔格·黑格尔、弗里德里希·冯·施莱格尔和阿图尔·叔本华同样直截了当。洪堡游历了南美和北美，对美洲不乏溢美之词，他喜欢这里多彩多姿的自然风光，"古老嘈杂的冲突"让他更觉亲切，这里的植物与旧大陆不同，动物更大，河流更宽更深。他攀登高山，探索河流，收集未知的动物和植物标本。如他所见，这里的动植物色彩更加鲜艳，这是其他地区所没有的。

536　　安东内洛·热尔比在其著作中写道，这场争论"在洪堡和黑格尔的对立中达到顶峰，与此同时，双方的分歧走向了两个极端"。[48]以包罗万象的历史和哲学理论著称于世的黑格尔总是不能确定如何将美洲纳入他所构建的世界体系中，但是他又不能对如此巨大的一片大陆置之不理，因此他只能从哲学的角度将地球划分为新世界和旧世界两部分。两个世界在各个方面都有差异。他说旧世界就像一个马蹄铁环绕在地中海周围，新世界则呈南北向的细长条状；旧世界完美地分成三个相互联系的部分（欧洲、亚洲、非洲），而新世界则被分为两部分，通过一个"可怜的合页"连接在一起。[49] 两个世界的山脉和河流有着不同的走向（旧世界的山脉是东西向，而新世界则为南北向；旧世界的河流是南北向，而新世界则为东西向）。当然，这些观察结论不一定准确，但黑格尔认为，新世界虽然朝气蓬勃，但并不都值得称赞：那里的一切都是新的，"新"意味着"不成熟和脆弱"，新大陆的动物更羸弱，植物更怪异。新大陆文明缺乏两个重要的"进步工具"——铁和马。在旧世界，没有任何一个大陆被完全征服，"美洲则全部沦为欧洲的牺牲品"。[50]

与黑格尔同时代的施莱格尔也认为，从生物学角度来看，美洲根本不同于旧大陆。他认为美洲有两种人：从亚洲迁徙过来的人和食人族，后者是"唯一土生土长的美洲人"。[51] 他也认为南北半球之间的差异是地球上最大的差异，无论在旧大陆，还是新大陆，北半球都比南半球发达得多。然而，拿破仑横扫欧洲之后，施莱格尔的确考虑过欧洲人（尤其是欧洲精英）在美洲复兴的可能性。

我们要提及的最后一位德国人叔本华认为，美洲人善于模仿鸟类和爬行动物，但不善于模仿哺乳动物。他认为只有三个原始种族：高加索人、埃塞俄比亚人和蒙古利亚人，这三个人种都属于旧大陆。因此，他将美洲人总结为"受气候影响而被改造的蒙古利亚人……简而言之，生存意志［他的中心思想］在西半球的物化形式似蛇也似鸟，却不太似哺乳动物，全然不似人类"。[52]

1859 年，叔本华在其代表作《作为意志和表象的世界》的附录中阐述了这些观点。同年，达尔文发表《物种起源》。达尔文在年轻的时候就熟读了亚历山大·冯·洪堡的著作，并且清楚地意识到美洲曾经存在许多种

537

巨型动物，但均已灭绝。这是一个谜。它们的灭绝不可能由一场巨大的地质灾害引起，因为在岩石记录中没有显示出任何迹象。况且，如果确实发生的话，小型动物应该先于大型动物灭绝。达尔文像洪堡一样善于利用观察力。他发现美洲某些地区的动物种类繁多，而其他一些地区的动物种类稀少，与欧洲的情形完全一致。这说明黑格尔等人的归纳和总结肯定是不精确且过分简化的。而且，有些来自欧洲的驯养动物在美洲已经变得野性难驯，这也归因于环境。虽然他确实保留了布封的某些偏见，但进化论的主体思想在达尔文乘坐"小猎犬号"远航时已经成熟，尤其是当他身处厄瓜多尔附近的加拉帕戈斯群岛和巴塔哥尼亚的时候。就是在那些地方，他形成了物竞天择和生存斗争的观念。[53]

在大局方面，美洲印第安人的地位问题总是压倒一切的问题。到 19 世纪，美洲当地已经有很多人与印第安人直接接触过，这往往使他们更加热情地宣扬他们的观点。1875 年，人类学家刘易斯·H. 摩尔根在《古代社会》中从另一个层面质疑了某些西班牙编年史的记载，他认为阿兹特克人处于蒙昧阶段的中期（他将人类的发展历程总结为三个阶段：野蛮阶段、蒙昧阶段和文明阶段），并总结道阿兹特克人不可能拥有真正意义上的帝国——他们只是处于简单的部落联盟阶段。在阿道夫·F. 邦德利耶的著作中，阿兹特克人的成就不仅越来越真实，而且越来越小，而西班牙的成就则令人印象深刻。按照他的描述，在大征服时代，阿兹特克人和他们的邻居之间战争不断，似乎从未停止过。[54]

长腿的鱼，长鳍的狮子

美洲的动物和植物同样引人注目，其中尤其是植物在哲学、神学和商业三个领域都引起了人们的广泛关注。就动物而言，早期的失实报道和人们对"怪物"的持久兴趣（长腿的鱼，长翅膀的鬣蜥，背上长肚脐的猪，长鳍的"狮子"——也就是美洲狮）在一定时期内妨碍了人们的正确认识。一些旅行者称，他们在墨西哥看到大象，在阿根廷看到独角兽。还有一些关于犰狳（一种"批甲的马"，据说不吃东西）、美洲驼、羊驼、秘鲁小羊驼的描述，我们知道羊驼的毛绒质量要比西班牙美利奴绵羊的羊毛更好。[55]

　　动物性药品是殖民早期的另一个关注点：蛇皮可用作春药，负鼠尾巴浸泡的溶液可用作止咳药、止泻药或助产药，捣碎的豪猪刺可以治疗肾结石。将新动物纳入现有分类学（海牛被称为"牛鱼"）的尝试似乎不无道理，几位作家甚至自视为"新世界的普林尼"。人们注意到新大陆的大型动物并不见于加勒比群岛，这说明它们不是被以前的旅行者带过来的，或许它们是另一次创世的产物。[56]

　　早期造访新世界的受教育人群中有很多是牧师，他们的主要兴趣在于寻找这个自然世界的宗教意义。德裔西班牙人胡安·尤西比奥·涅雷姆贝尔格认为，可能存在一种介于动物和植物之间的造物类别。博学的耶稣会士阿塔纳斯·基歇尔花了不少时间考虑新发现的动物应该安置在诺亚方舟的什么位置。他的观点是：动物会变成其他形式，那些从欧洲动物转变而来的新大陆动物已经退化，以至于很难找出这个动物到底出自哪个"父母"。另外一些人则认为美洲的独特气候造就了独特的动物形态。[57]

　　总体上，随着时间的推移，更多的科学家着眼于改进图解和描述的客观性，甚至开始解剖美洲本地或从别的地方带回来的标本，因此人们逐渐意识到两大陆动物之间的差别并没有刚开始看起来那么大。牧师及其他一些人试图将新大陆动物纳入"伟大的存在之链"（达尔文之前占主导地位的分类法），而美洲的一些动物正好符合链条中的某些环节，填补了某些空白（诸如猴子与其他物种之间的空白）。人们也渐渐认识到，美洲动物并没有什么神奇的力量。事实上，正如米格尔·德阿苏阿所说："它们并

539

没有什么新奇之处。"[58] 这是一个足够明智的结论，本应产生更大的影响。洪堡之后，美洲大陆逐渐为人所熟知，而达尔文之后，美洲大陆更加容易被融入普通人的思维模式。第一次世界大战期间，美洲开始援助欧洲。此后，这场争论彻底烟消云散。

"印第安人体弱易死"

到 20 世纪，科学方法开始逐渐取代宏观理论。科学方法的形成与德国人爱德华·赛莱尔有着密不可分的关系，他对印第安抄本认真审慎的注解"树立了严谨治学的标杆，至今仍未被超越"。[59] 赛莱尔治学极其严谨，他从未写过关于中美洲的通史著作，但是他提出了大陆模式以及旧世界/新世界之间的诸多类比。尤为突出的是，他拆穿了旧世界影响新世界的谎言，并认为阿兹特克人精通复杂天文学、数学、雕塑，有着丰富的诗意想象和自我表达能力。毫无疑问，他在墨西哥非常受欢迎。

由于 1910 至 1917 年的墨西哥革命，墨西哥经历了一段特殊的民族主义时期。但除此之外，20 世纪早期大量文明遗址的发现，也让人们开始关注古老的美洲文明。这些文明遗址包括 1911 年发现的马丘比丘（印加文化）、1919 年发现的查文德万塔尔（查文文化）、1925 年发现的拉文塔（奥尔梅克文化）和 1945 年发现的圣洛伦佐（奥尔梅克文化）。

如果说探索新世界的科学方法正在兴起，那就意味着有新的领域提出不同意见。第二次世界大战后，前哥伦布时代的文明被越来越多的人所知，根据所推崇文明的不同，学者们分为玛雅派和奥尔梅克派。大征服期间新大陆的人口问题是另一个争议颇大的问题，有时争论还很激烈。事实上，威廉·M. 戴尼文认为，这已经变成了"史上最大的争论"。[60] 至少有两个原因能解释这个问题的重要性。第一，人口规模是衡量一个文明成功程度的标准，它虽然粗略，但容易理解——它反映出社会能够生产或管理多少剩余食品，而剩余食品的增多能使越来越多的社会成员摆脱农业劳动，从事更高级的活动，而这构成了文明的基础。第二，因为我们相当精确地了解美洲在 16 世纪后半期和 17 世纪的人口规模，所以 1492 年的数据能够让我们判断有多少美洲印第安人被殖民者屠杀或死于战争和疾病。

人口数据不仅可以作为一个反对依据，而且产生了一个连锁效应：一场关于"传染病是否在美洲广泛而迅速传播"的激烈讨论由此爆发。这具有现实的相关性，因为准确的数据评估需要考虑人口在经历灾难后的恢复速度。

仅就大征服前的美洲而言，虽然关于人口规模仍然存在很大分歧，但最近的研究似乎更倾向于较高的人口数字。对这场辩论有兴趣的读者可以参考威廉·M. 戴尼文编纂的《1492 年的美洲土著人口》。这本书于 1972 年首次出版，在 1992 年（1492 年哥伦布发现新大陆 500 周年之际）再次修订出版。戴尼文明确指出，近些年来有不少学者估算了 1492 年的美洲土著人口数字，甚至有人推测当时美洲人口达到 1 亿。但是他在 1992 年提出的 5 390 万，可能是大多数学者都能接受的数字。同样重要但争议更少的是欧洲人到来后美洲土著因战争、饥饿和疾病而减少的人数。这样减少的人口数量巨大并且不均匀。戴尼文说他发现了"数百篇"人口锐减的报道，光是一种传染病就摧毁一半村庄，而很多部落在几十年内"完全消失"。威廉·麦克尼尔甚至说，疾病（尤其是天花）是新大陆被欧洲人轻易征服的原因之一。也正因为如此，西班牙人才认为"印第安人体弱易死"。[61] 除了天花，其他主要杀手还有麻疹、百日咳、水痘、黑死病、斑疹伤寒、疟疾、白喉、阿米巴痢疾、流感和各种蠕虫感染病。新大陆在 1492 年之前就存在的疾病包括传染性肝炎、脊髓灰质炎、脑炎、梅毒、南美锥虫病和黄热病。

到 17 世纪，美洲人对旧大陆疾病已经形成一定的免疫力。但这时，

541

其他因素又造成了人口的损失，如战争、营养不良、饥荒，以及因部落减少使土著人无法找到合适配偶而造成的生育率低下。[62]非洲贩奴船带来的疟疾则是另一个重要打击。[63]正如戴尼文所说，发现美洲大陆带来了"世界史上最大的人口灾难"，不同于早期危机的是，这场灾难后，印第安人口增长缓慢，再难恢复到原来的水平。新大陆所遭受的灾难可通过人口学家亨利·多宾斯在 1966 年的研究成果窥见一斑。按照他的研究，在 1650 年，也就是大征服 150 多年后，中南美洲人口只有 400 万，而 1492 年人口在 8 000 万至 10 800 万之间，也就是说，人口减少了 95% 至 97.3%。对于一次性统计数据而言，这些数据并不需要太过细致。

拉塞尔·桑顿在著作《美洲印第安人的浩劫和幸存者：1492 年以来的人口史》中，将 1492 年美洲本地人口数量（他的数据是 7 200 万以上）和 1500 年旧大陆其他地区的人口数量进行了对比：意大利，1 000 万；葡萄牙，125 万；西班牙 650 万至 1 000 万；英国，500 万；法国，1 500 万；荷兰，少于 100 万；等等。总而言之，1500 年世界上非美洲人口的数量是美洲原住印第安人数量的七倍。

但是他也指出，这些数字并不能代表一切。据估计，新大陆居民的寿命与非美洲人的寿命差距并不大。桑顿说，我们有理由认为新大陆居民明显没有得过那些折磨欧洲人的严重疾病。早期到美洲大陆的旅行者看到印第安人"精力充沛，体魄强健"，没有得过"胸膜炎、疟疾……肺痨……中风、水肿、痛风……痘、麻疹或其他类似疾病"，"他们的寿命可达 60 岁、80 岁，甚至 100 岁"。[64]威廉·麦克尼尔在《民族和瘟疫》中同意这种观点。他指出，人类很多传染疾病都来源于哺乳动物（人牛共染疾病有 50 种，人与绵羊和山羊共染疾病有 46 种，人马共染疾病有 35 种），而在美洲，与旧大陆家畜体形相似的驯养哺乳动物只有美洲驼和羊驼，它们居住在高寒的安第斯山脉。在这里传染病很难肆虐，而且在小的族群里也很

542

难形成疾病链。1492 年前美洲唯一的主食玉米和马铃薯比旧大陆大多数谷物的卡路里值都高，仅仅次于大米。[65]

本土印第安人确实饱受杆状菌、阿米巴痢疾、病毒性感冒、肺炎、锥虫病、非性病梅毒、糙皮病、沙门氏菌以及食物中毒的折磨。但是桑顿认为，毫无疑问，美洲人对疾病似乎有更好的抵抗力，其理由颇为有趣。

他认为美洲人之所以不易得病，可能的原因是当古人横跨白令海峡向美洲大陆迁徙时，严寒的气候充当了"病毒过滤器"，迁徙者身上携带的传染病毒由此被清除殆尽。例如，在土壤温度低于零下 59 摄氏度的情况下，十二指肠虫的任何虫卵或者幼虫都无法生存。而且由于移民是小规模存在的，他们的人口数量和密度都不足以形成疾病链。[66]

并非所有的旧大陆疾病都是马上出现的，例如多宾斯认为天花出现于 1520 至 1524 年；麻疹出现于 1531 至 1533 年；流感出现于 1559 年；斑疹伤寒出现 1586 年；白喉则出现于 1601 至 1602 年。但是传染病暴发的影响是毁灭性的，有些地方的土著人口锐减 97%，甚至超过 40 年"印第安战争"中死亡人数的总和。[67]

桑顿给出的最后一组数字证明欧洲人的出现给印第安人的生活方式带来了多大变化：美洲野牛的数量在 1492 年时是 6 000 万，到 1800 年减少到 4 000 万，到 1870 年减少到 1 400 万，五年后由于野牛阻挡了大平原的开发，随后的疯狂屠杀使其数量锐减到 100 万。[68]

柯克帕特里克·塞尔在《征服天堂》一书中对欧洲侵略者进行了激烈批判，就其尖锐程度来说，恐怕无人能及。[69]在塞尔看来，哥伦布是个虚伪的（自以为是的）机会主义者，而欧洲"早已风光不再，有的只是贫瘠的土壤和饥荒，传染病盛行，社会动荡"。人道主义已使基督教教会岌岌可危，民族主义正在崛起，至于亲密、神圣和崇敬，早已难觅踪迹。无论如何，哥伦布不是美洲的发现者，因为在 15 世纪至少有其他 20 位航海者已经看到或停靠在新大陆沿海地区。哥伦布也不关心自然，"他想要的是财宝"。从穿着来看，新世界的泰诺人并不像人们所认为的那样落后。泰诺人的住宅比南欧农民"拥挤、邋遢的茅草屋"更宽敞整洁，泰诺人的农作物产量和日常饮食也优于当时欧洲人的水平。所谓的残暴和食人俗"只是不明就里的唬人之词"。[70]

塞尔进一步声称，在发现新大陆后，欧洲并没有出现真正的知识大爆炸，印第安人对欧洲人的"感情冷漠"困惑不解。若论野蛮残暴，西班牙人与发动北部殖民的英格兰人可谓不相上下，而后者正是旧大陆社会的一个缩影。[71]

他坚持认为，尽管土著印第安人的农业技术不如欧洲先进，但它实际上更适合美洲的自然环境，从生态学角度来看也更合理。通过数据分析，我们可以看出，在被征服的几十年内，140种动物和鸟类灭绝，其中包括17种灰熊、7种蝙蝠、美洲狮、海雀和狼，此外还有200种植物灭绝。这与土著人谨慎的狩猎方案形成鲜明对比。土著人限制捕杀动物的数量并且懂得过度杀戮的危险。换句话说，在塞尔看来，前哥伦布时代的北美洲是"一个令人惊讶的、人类堕落前的伊甸园"。[72]

其他学者同样收集了土著印第安人对于殖民侵略和征服的记录，这些记录强调了西班牙人的残暴无情以及土著居民的热情好客。美洲人记载道，西班牙人的捕猎太过分了，以至于他们更新条约时赠予外族动物皮毛的风俗无法维持下去了，这样一个关乎荣誉的风俗从此消失。[73] 在各地都难觅鹿的踪影。由于不知道部族会议篝火对他们的意义，侵略者还扑灭他们的篝火，这令他们非常愤怒。西班牙人每征服一处，便因为"基普"保留了异教仪式和教义的相关信息，而禁止其使用并将其焚毁。[74] 在秘鲁，西班牙人同样花了数年时间寻找并销毁印加人的祖先木乃伊。迪亚戈·德·兰达修士承认，他和其他人曾经发现"大量"玛雅书籍，"因为

544

书中充斥着大量迷信和邪恶的内容，我们将其全部付之一炬，这让玛雅人十分难过，给他们造成了很大的痛苦"。[75]

仅次于残暴行径的是欺骗，这严重激怒了土著印第安人。外来人食用牛肉和猪肉的做法同样惹恼了土著人。阿兹特克人认为，食用这些动物的人将来会变成牛或猪。对于混血儿童，他们有一种复杂的情感：有的人把混血血统当作秘密，有的人以此为荣。印第安人用他们自己的语言称呼侵略者，他们将拓荒者称为"长刀"。北美洲印第安人认为自己是由红黏土做的，而白种人是由白沙做成的。[76]

与此同时，这些学者没有忽视美洲本土印第安文化的适应能力。比如，在 1992 年，安第斯山区仍有 1 200 万人讲印加语，600 万人讲玛雅语。[77]

这场争论无休无止，极少人能够全身而退，这似乎可以证明，人类总爱偏袒一方。本书所叙述的暴力献祭和自我献祭仍具有很强的震撼力。但是现在，通过正视两个半球之间的历史差异，我们就能更清晰地认识这些实践的来龙去脉。前哥伦布时代的美洲大陆并不像许多作家描写的那样美好。然而，如此与众不同的社会，如此迥异的心理状态，被如此无情地消灭，这不能不说是一场空前的人类悲剧。

545

546

附录 2

从 10 万个亲族到 193 个主权国：文化发展模式探析

考虑一下如下观察结果：非洲不同部落的居民和欧洲的吉卜赛人均将垃圾用作边界标志，以标示他们领地的起始点；西非热带地区的约鲁巴人和西方发达国家的许多人，都认为城市居民比农村居民更"高级"（在英国，乡下人被蔑称为 hicks，即"土包子"）；在甄巴加人等新几内亚部落和亚诺马米人等亚马孙雨林部落里，成年男性战死的数量与被部落同胞杀死的数量几乎相同——都是 25%。这些是偶然或意外的巧合？还是能作为更基本、更深层的证据，证明人性就是人性，不管环境或地点如何，在哪里都是一样的？

这是一本关于人性多样性的书，它讲述了多样性有多重要，什么导致了行为多样性，以及它对历史产生了什么影响。但因为那是我们关注的焦点，我们便不能忽视过去肯定出现过的巨大相似之处，某些特别的相似之处甚至弥合了两个半球之间的巨大分歧，这一点很重要。

平等主义与等级制的出现

人类学家和考古学家已观察到，随着时间的推移，人类社会从简单的形式进化到复杂的形式。总体上说，人类社会变得越来越大，人口密度越来越高。他们还发现，就这些社会的结构而言，这种发展带来了一种具有广泛相似性的架构。例如，艾伦·约翰逊和蒂莫西·厄尔在研究人类社会的具体发展过程时考察了 14 个社会，其中 4 个在欧亚大陆，4 个在新大陆，4 个在太平洋诸岛，还有 2 个在非洲。他们将文化发展的层次区分如下：家庭、地方群体、大人物集体、酋邦、古代国家和民族国家。他们估计，在新石器时代有 10 万个以上家庭或地方群体规模的独立政治单位，它们最终演变成现在联合国的 193 个主权国。

这些变化伴随着社会规模、社会组织和信仰／行为方面的变化。由 5 至 8 位成员组成的单一家庭可能先聚集到营地，组成人口规模在 30 人左右的小村庄。地方群体（部落）通常在 150 至 300 人不等。到目前为止，这些群体主要是平等主义社会，村庄没有防御设施。等级制往往出现在下一个层次，约翰逊和厄尔称之为"大人物集体"。在这种社会，人口规模从 350 到 800 人不等，随着领土压力的增加和等级制的出现，战争变得普遍，因为首领必须组织防御和进攻，并协商解决日益紧迫的土地问题。酋邦在某种程度上属于"大人物集体"的聚合体，总人数可能会有成千上万，其特征之一是首领实行继承制，他们往往声称自己是神的后裔，从而使他们的统治合法化。正是在这一点上，意识形态得到了更好的定义，萨满教实践被祭司取代，因为祭司领导人民崇拜大人物、酋长或国王所声称的祖先神灵。古代国家的总人口可能有数百万，但是它们由 300 至 400 人的大型村庄或城镇组成，每个村庄或城镇由地方首领和官僚机构来执行酋长的意志和规划。首都人口从 3 000 到 10 万人不等。

其他系统变量包括基本物品财政与贵重物品财政之间的差别。在基本物品财政中，剩余食物（和其他产品）被储藏为食物和其他产品，按照首领的决定进行再分配。基本物品财政的主要缺点在于，基本物品的数量庞大，使得它们难以长距离运输。在贵重物品财政中，剩余产品以货币或贵重物品的形式存在。随着酋邦的出现，奢侈品经常在一个单独的交换领域内流通，因此它们不再易于交换基本商品。这限制了普通人获得奢侈品的机会，并使得精英阶层能够控制奢侈品经济。正如约翰逊和厄尔所言："奢侈品的交换是流动而广泛的联盟得以形成的媒介。"贵重物品财政的主要优点在于其集中化的能力，因此真正的大国只能通过使用税收和支付的货币体系来发展。在新大陆，真正的货币没有产生，新大陆同时缺乏驯养哺乳动物，这抑制了轮式交通工具的发展。所有这些，都在很大程度上限制了主权国家的规模（不过，对于这个普遍适用于新大陆的观点来说，印加算是个例外）。

约翰逊和厄尔进一步将觅食（狩猎采集）、农业和畜牧区分成不同的文明发展路线。狩猎采集者不像农耕者那样倾向于建造大型仪式建筑。牧民生活在农耕者之外的区域（经常处于农耕区的边缘），并且利用休耕地。因为新大陆几乎没有驯养哺乳动物，所以休耕地不能像欧亚大陆那样被利用，这是一个最显著的区别。在农业社会附近，畜牧社会的存在有助于发展区域交流系统，有助于促进生活方式截然不同的民族和种族的融合。游牧社会与定居的农业社会比邻而居，每种社会均有自身的优点和缺点，两者碰撞之处和碰撞之时总会造成内在的不稳定，进而导致冲突，而冲突既可能是创造性的，也可能是破坏性的。

与此相关因素还包括，在觅食过程中进行的高强度体力劳动往往会削弱女性的生育能力；在更小群体中，仪式往往是临时特设的，而不是像后来那样规范和制度化；热带土壤往往比温带土壤更脆弱；植物性食物往往令每天采集的食物更稳定，但每年的采集量则不那么稳定，动物性食物则相反。

在家庭以上的地方群体层面，有些事情变化巨大。领导阶层出现使得仪式增多，战争频率增加，高达四分之一的成年男性被暴力杀害。性别关系也发生了变化，"文化上强调男性的勇敢、攻击性和炫耀地位，有助于树立男性优越的公共形象，并相应贬低女性活动的价值和女性的品质"。祖先的重要性也有所上升。随着大人物和复杂仪式的出现，仪式商品的生产变得更加重要，这样的仪式也越来越具有神圣性。

经济一体化有四个渐进的过程：防御、风险规避、技术资本投资和贸易（不过后者往往更适合被称为"交换"，因为它可以采取食物分享或配偶交换的形式）。到某一阶段，出现了价值标准——非洲、澳大利亚和中国的贝币、中美洲的可可豆、北美太平洋海岸渔民的毯子。

这对于全面理解文化发展是至关重要和必不可少的，但过于笼统。现在我们需要进行一些具体的比较，看看它们到底有多接近。我们将进行四项研究，涉及三个主题：城市化；政治、宗教和社会组织；以及哲学、文学、艺术等思想领域。

1600 年的两个循环

罗伯特·亚当斯在专著《城市社会的演变：早期美索不达米亚和前殖民时期的墨西哥》中分析了这两个早期、独立的城市社会的规律。他认为这两个社会是目前文献记载最为丰富的。他首先引用了刘易斯·摩根关于历史调查的两种路径理论：一种是通过发明和发现，另一种是通过基本制度，将我们引向人类发展的主要阶段。摩根认为发明和发现是累积的，而制度是"展开"的。

亚当斯认为，美索不达米亚冲积平原和墨西哥中部都经历了三个连续的发展阶段，时间大致相同。这些阶段包括神权政体、军事型政体，以及征服型国家，例如公元前 3900 至前 2300 年的美索不达米亚和公元前 100

到公元 1500 年的墨西哥中部。

他承认，这幅画面依赖于偶然发现。在 1966 年，新大陆的考古发现比旧大陆少得多，但后来在某种程度上逐渐追上了。在城市化发生之时，旧大陆存在文字，但它未见于中美洲，这一观点是偏见的来源之一，同时限制了可供进行的比较。他接着指出，在中美洲，玉米、豆类和南瓜这三种食用植物的野生祖先需要更长时间的选择性育种，才能成为产量丰富的驯化植物，从而取代一系列的狩猎和采集产品。因此，完全定居的村庄生活开始得比旧大陆晚得多。美洲驯养动物的作用非常有限，只有狗和火鸡曾在秘鲁之外具有重要的经济价值，这导致了美洲发展的滞缓。如前文所述，最近的学术研究已经详细阐述和修改了其中的一些结论。

他认为工作时间与休闲时间的比较研究呈现出明显的差异。在中美洲传统的烧耕农业体制下，墨西哥库埃纳瓦卡南部的特伯茨特兰的居民需要 143 至 161 个工作日才能提供大量的剩余商品。美索不达米亚的居民大约需要 125 个工作日才能维持生计（收支平衡）。不过，传统上每户人家每年农业劳作的时间多达 249 天。在这两种情况下，估算天数只涵盖男人在田间和作物运输方面的工作。

在中美洲，不同地区维持生计所需要的土地量差别很大。在热带雨林低地区传统的"刀耕火种"农业体制下，每个家庭需要 7.5 到 15 公顷或更多的土地。在高原地区，除了烧垦土地，还要维持永久性菜园子，这使得每户家庭所需土地减少到 6.5 公顷。在有灌溉系统的地方，数字大幅下降——减少到不超过 1 公顷，因为降雨和灌溉允许每年收获两季作物。在墨西哥谷地湖区，由于居民采用特别密集的"奇南帕"耕作法*，这一数字

---

* 奇南帕是中美洲墨西哥谷地原住民在浅湖床上开垦耕地种植农作物的方式。由于墨西哥谷地多湖，农民为扩张耕地面积，常利用泥土抬高浅湖床。新的耕地四周通常建有运河，其整体视觉效果类似于漂浮的人工岛，因此也被称为"人工浮田农业"或"浮动园地农业"。——译注

降至不到半公顷。在美索不达米亚，每户家庭拥有灌溉土地的中位数是 6
公顷。

鱼类是南部美索不达米亚人饮食中蛋白质的主要来源；据文献记
载，在早王朝时期，拉伽什的巴乌约有 1 200 名社员，其中有 100 人以上
在文献中被列为渔民（另有 125 人被列为桨手、领航员、码头工人和水
手）——这一事实进一步证明了上述观点。同样，早期雕刻艺术对神圣畜
群的关注，以及早王朝文献中对神庙和王室地产中家畜的大量记载，都证
实了家畜是一种重要的蛋白质来源。在同一文献记载中，近 100 名社员被
列为职业牧民，早期崇拜牧羊神杜姆兹的中心均位于苏美尔牧区边缘的城
市中。

虽然大体上相似，但中美洲模式在某些重要方面是不同的。"有一些
密集定居的飞地，虽然其条件适于利用当地作物和技术开展可持续或密集
农业，但由于地形崎岖，它们彼此分隔，最多允许边缘定居。"海拔高度
影响了土壤和降雨，进而影响可耕种作物的复杂性，从而影响生计和奢侈
品。适应特定地区的、不同品种的玉米几乎生长在每一个宜居地区，但
辣椒和龙舌兰（龙舌兰又被称为"the Century Plant"）只生长在高原地区。
龙舌兰是中美洲人膳食中氨基酸的重要来源。另一方面，棉花和可可豆种
植于海拔较低的地带。沿海地区获取的食盐是另一种重要的可交换商品。

在美索不达米亚，至少到阿卡德时期（前 2350—前 2100 年），也许
更晚些时候，国家机构在经济上的主要关注点在于，以配给形式管控生计
产品的再分配。市场上基本没有这类交易。与之相比，在中美洲，特别是
阿兹特克社会，城市精英的主导方向是促进对外贸易。正如亚当斯所说：
"因此，当西班牙人到达墨西哥中部时，他们能看到高度发达的市场制度
就不足为奇了。例如，每天出入特拉特洛尔科市场的人有 6 万，甚至在特
拉克斯卡拉这样小得多的城市，其市场上也有 3 万人。"到公元 1000 年代

中期，巨大的市场已经在特奥蒂瓦坎出现，不仅拥有配套的建筑，还有精心的安排（包括维护市场规范的司法机构）。美索不达米亚就缺乏这样的市场。

与美索不达米亚相比，中部墨西哥全境的水利系统是松散分布的。而在美索不达米亚，几乎不需要做什么工作来适应自然特征，这些工作由神庙官员监督。"简而言之，没有任何证据表明美索不达米亚南部王朝权力的兴起与大运河系统的管理需求有关。"

即使是美索不达米亚最大的城市，如占地450公顷的乌鲁克，也没有一直建在城墙之内。这里有开阔的地方，甚至还有人工种植的花园。总人口大约5万，这个数字似乎与其发掘遗迹相一致。不过，只有极少数的苏美尔定居点人口接近这个数字。这意味着在公元前3000年代前半段，整个冲积平原的人口总数可能也就是50万到100万的水平。

对西班牙征服时代中美洲人口数量的各类估计有差异很大。亚当斯引用了一组数字，认为墨西哥中部的总人口约为2 000万；而且大约有500万人生活在阿兹特克人控制的腹地。他提出，墨西哥谷地农村人口密度高达每平方公里800人，而在特奥蒂瓦坎-特拉特洛尔科城市核心区，人口估计高达36万人。他认为墨西哥的人口水平很可能远远高于早期美索不达米亚的人口水平，"但很难让人相信，它们之间的差别像这些数字所暗示的那样，能够达到一个完整的数量级"。

阿兹特克灌溉系统与美索不达米亚灌溉系统不同吗？研究表明，阿兹特克人有400套相当古老的、分散的灌溉系统，大多是地方性的，与城市人口中心相符。然而总的来说，他的结论是阿兹特克的灌溉系统无法与旧大陆和秘鲁的灌溉系统相媲美，这意味着在灌溉系统、人口压力/密度与军事征服之间没有联系。其他地方灌溉的管理需求不能被视为国家发展的刺激因素，只有在美索不达米亚有这种可能性。"在这两个地区，在一个由生存技巧、政治等级和经济联系所构成的功能上相互依赖的网络中，灌溉只是一个配套部分。"对亚当斯来说，美索不达米亚和墨西哥中部的城市定居模式不如它们的生态环境重要。

他观察到，在亲族和居住群体之间，两地在阶级差异方面都有惊人的相似之处。这两个地方都出现了贵族内部通婚，这些贵族在财富、教育、饮食、衣着等方面与其他人有着显著区别。中美洲就像美索不达米亚一样，有大量的土地由国王支配。（蒙特祖玛有 32 个城镇和 26 处地产供他私人收益，三城同盟的三位国王保留了三分之一的被征服领土供自己使用。）两者的不同之处在于奴隶问题。美索不达米亚的奴隶数量并不多，但在墨西哥有两个专门的奴隶集散地，这是因为中美洲没有役畜。其中一个集散地被指定用于运输商品。

亚当斯说，早期的美索不达米亚和中部墨西哥的发展模式都与单一的、基本的发展模式略微不同。在这个发展过程中，最初控制土地的亲族逐渐被手中私人地产日益增长的城市精英所取代。

这两个地区另一个很大的相似之处是，它们的生态都呈现出一定程度的不稳定，反映在干旱、饥荒、洪水和类似灾害的反复出现上。因此，我们"毫不惊讶地"发现，最早的神灵总与保证丰产和每年五谷丰登、六畜兴旺联系在一起。在美索不达米亚，"阿什南神的名字最初表示一种谷物，拉哈尔神的名字表示绵羊，苏姆甘神的名字表示野驴和瞪羚"。花的主题明显象征着一般意义上的植蔬，被刻画在原始文字时期的寺庙外墙上，同时作为可供神圣牧人享用的食物，被刻在原始文字时期的印章上。

亚当斯在这里看到了它与墨西哥中部漫长的古典时代（300—900 年）在宗教上的相似性。例如，他表示特奥蒂瓦坎的这位神通常被用他后来的阿兹特克名字"特拉洛克"来称呼，在壁画上表现出美洲豹、蛇、羽蛇、蝴蝶、猫头鹰和贝壳的特征。这使他不仅是雨神，而且是万物之神、生命之神。"在这两种情况下，丰产是千变万化的问题。"

也许，更有趣的一点在于这两个地区神灵之间的差异。例如，在美索不达米亚，伊南娜（性爱、生育和战争之神）早期被描绘为符号；不过不久之后，她和其他神也被描绘成人形。这些早期的神拥有非凡的超能力，但同时也有普通人的欲望和缺点。不过相比之下，特奥蒂瓦坎的神灵与人相隔遥远，其神力令人敬畏，"与恶魔和动物的属性密切相关，他们戴着面具，更缺乏人的特性。"正如我们所见，这是一个深刻的差异。

亚当斯指出，社会分层的发展可能与神的人格化有关。随着阶层化的发展，精英在艺术领域转向了肖像画，这转而激起了他们描绘神的欲望。在此过程中，神被赋予了人性。这是一个在新大陆被大大推迟的举动。

可能与此相关的是，美索不达米亚的庙宇发展成圣地和再分配中心以及管理活动的中心。与此形成对比的是，在中美洲，人们的注意力转向了外部。精英们更关心战争（出于宗教原因）和贡品，这自然促进了贸易，而且在一个没有货币的世界里，战争和贡品变得更加重要。他们克服了遥远的距离，也克服了缺乏长航道和役畜的劣势，造就了亚当斯所谓的"区域间交换或贸易的惊人大发展"。

对于亚当斯来说，特奥蒂瓦坎作为一个城市中心，其规模与美索不达米亚的任何城市都"有着本质的不同"，其巨大的规模（最大时占地将近30平方公里）完全不同于古代伊拉克地区。与乌鲁克的恩纳区一样，特奥蒂瓦坎最大的围墙区域内既包含仪式建筑，也包括住宅结构。但是，特奥蒂瓦坎的仪式用品虽然展现了高质量的工艺，"但在技术上没有进步"，对于可能的材料也没有进行任何实验。更没有任何证据表明管理活动是为了改善工艺。特别是符号的使用只是为了仪式，而非行政。尽管有这些差异，但美索不达米亚和特奥蒂瓦坎地区的政治与宗教的权力体系大体上是没有差别的。

在这两个地方，关键的发展也包括军事集团的影响扩大，以及社会日益等级化和专制化。这伴随着宗教色彩的转变，从强调神圣的祭司或水神和植物神，转为崇拜天上的战神。在墨西哥，以鹰和美洲豹为象征的战士社会与这些神有着密切联系，他们凶猛的本性和欲望只能通过持续不断地献祭战俘来安抚。另一方面，在美索不达米亚，表示王的术语是"卢伽尔"，字面意思是"大人物"，因此从词源学上看，它似乎在本质上是世俗的。但是早在阿卡德王国时期，纳拉姆辛就明确提出了个人神性的主张，后来也有零星的类似主张。这两个地方都有一个权力大致相同的机构——长老会议。

这两个地方出现的王权有相似之处。宫廷生活极其奢华。埃利都和基什的宫殿占地面积超过 1 万平方米，四面围以高大的围墙，内部划分细致的私所，能容纳大量的卖艺人和仆人；此外，还配有经济、行政机构以及住宅设施。每天有 5 400 人在萨尔贡面前进食。位于特斯科科的内扎瓦尔科约特尔宫殿占地 80 公顷，拥有行政办公场所、花园，甚至还有一个私人动物园，据说有 3 000 人一直陪在国王左右。（宫殿中心建筑群每天消耗 500 只火鸡。"我只能说在西班牙没有类似的东西。"科尔特斯在写给皇帝的信中这样写道。）两地对奢侈品不断增长的需求促使宫殿内出现了工匠住所。

人祭是两地多数王室葬礼的一个显著特征。美索不达米亚有 70 至 80 名王室随从给国王及其配偶陪葬。阿兹特克国王的墓葬中尚未发现类似的遗骸，但有一份关于蒙特祖玛葬礼的文献提到："根据习俗，他们杀死了许多奴隶和随从，因为这些人能在来世继续服侍他。"

在这两个地方，征服带来政治上的优势，但这种优势并未均匀传播于整个社会。它使得这个社会整体上富裕起来，但只是大大有利于精英，增加了社会内部的阶层分化，有助于巩固政治集团的权力基础，而这些政治集团本来一直是共同事业的主导因素。

虽然亚当斯开始寻找美索不达米亚和中美洲之间的许多相似之处，并且确实有所收获，但在某种程度上，他发现并总结的某些差异更加有趣（而且由于阿斯佩罗和卡拉尔已经取代了墨西哥作为新大陆第一个城市复合体的地位，随着时间的推移，关于美索不达米亚和中美洲两者之间差异的争议越来越少）。

尽管乍一看可能不是这样，但两者之间的确存在一个十分重要的差异，即墨西哥的主要定居点之间被广袤的复杂地形分隔开来，同时由于缺乏可航行的水路，相互之间的交通进一步受到阻碍。这种情况加之缺乏大型家畜，意味着军事活动主要以突袭为特征：后勤保障有限，因此排除了阵地战和长期围攻。由此产生的连锁反应是，新大陆没有发展出良好的防御工事。而且由于没有青铜器，没有发展技术优势的基础，因此军事优势依赖于更高水平的技能、组织、人数和士气。事实上，正如我们在第23章所看到的那样，这是通过大力发展意识形态而实现的：向战士们灌输狂热的宗教热情。

与之形成鲜明对比的是，中东城市的城墙是在抵御围攻的过程中形成的。围城战持续时间长，双方都需要尽可能避免，这使得军队在战术上更加娴熟。金属武器的使用也促进了战术上的进步，例如盾牌促进了方阵的出现（其重要后果在第19章中讨论过）。在墨西哥，敌对势力之间距离遥远，地形复杂，再加上缺少家畜，这就意味着俘虏在被献祭之前会被当作役畜使用。墨西哥缺乏金属，也缺乏具有延展性的金属，这意味着中美洲在技术上比美索不达米亚更稳定。

另一个重要的区别是，阿兹特克贵族实行的一夫多妻制确保了其人口相对快速的增长，以至于如果这种情况再持续一两代人，就会造成过度的贡品需求，而这必然造成统治集团越来越显著的离心化倾向，并最终导致政治分裂。关于这个问题，我们已在第 23 章有所讨论。

总的来说，亚当斯认为，由于中美洲主要城市中心之间距离遥远，仅能靠人力运输，交通也很困难，因此阿兹特克人的世界观是一种启示录式的世界观，他们认为不存在普遍的秩序或稳定。在每一次征服行动中，威齐洛波特利都要单独面对另一个城市的神，即使结果是注定的，至少对他的人类主角来说是不可知的。相比之下，在史前时代的美索不达米亚，神圣的等级制度就已开始被编纂，甚至在主要城邦作为政治对手登上历史舞台之前，它们就已经被神庙的书记员抄写了无数遍。那时，宇宙观是封闭的、稳定的，而不是开放的、存疑的，改变政治命运的问题不得不与（共同崇拜某些神灵的）社会的集体决定相调和，而不是投射到一个由遥远而可怕的力量构成的、本质上未知的领域。

从许多方面来说，正如我们所见，这是最深刻的差异。

城邦与领土国家

虽然亚当斯的观察犀利且富有价值，但迄今为止最全面的比较研究可能要归功于加拿大麦吉尔大学的考古学家和民族历史学家布鲁斯·特里杰。作为研究休伦印第安人的专家，特里杰在 2003 年出版了《了解早期文明》。

他煞费苦心地指出，相较于相似性，考古学家和古生物学家通常对人类之间的差异性更感兴趣。他自己也遵循这一模式，在其著作中研究了 7 个早期文明（古埃及、美索不达米亚、商代中国、墨西哥谷地的阿兹特克人及其毗邻民族、古典时期的玛雅、印加和约鲁巴）。他认为在最基本和普遍的层面上，除那些围绕家庭或亲族集团组织起来的社会外，所有复杂社会都形成了阶级结构，所有社会都拥有某种共同的宗教信仰，所有社会都采用了两种不同的社会政治组织中的一种，要么是城邦（美索不达米亚、商代中国、阿兹特克人、玛雅人和约鲁巴人），要么是领土国家（埃及和印加）。

特里杰认为，早期文明的社会政治组织比纯粹的地理因素更具相似性，而且随着越来越多的玛雅文本被释读成功，玛雅文明看起来也越来越像其他早期文明。换句话说，我们知道的越多，相似之处就越多。

另一个基本结论是，在撒哈拉以南的非洲和美洲，"没有任何一个土著社会在与欧洲人接触时已发展到早期文明的水平"。他表示，一个可能的例外是后古典时期的玛雅（900—1530 年）。在那里，国王的权威不够高，艺术强调集体和社会主题而不是王室主题，宫殿和寺庙的建造规模比古典时期更加适度，至少一个主要中心（奇琴伊察）拥有贵族联合政府。尽管如此，没有证据表明他们的宗教信仰或社会组织的其他方面发生了任何变化。

特里杰证明，早期文明在两个半球上构成了一张相互毗邻的自治城邦网络，城邦很少孤立地出现，大多数人口在 5 000 到 20 000 之间，尽管有些规模稍大些。在美索不达米亚，一般的城邦直径约为 40 公里，与玛雅城邦基本相同，但阿兹特克人的城邦要小得多。

在这些城邦里，国王所拥有的神权在大多数情况下不如领土国家那么"广泛"，原因显而易见：领土国家的平民很少看到他们君主，为了激起忠君意识，或威慑不同政见者，越分散的政体就越有必要激起人们对神权惩罚的恐惧。出于大致相同的原因，领土国家表现出更明显的社会分层，因为它们更需要由中央去控制行政等级体制。领土国家几乎天生比城邦更广阔，人口密度也更低；随之而来的是，它们拥有的剩余食物比城邦更多，"因此能够创造出更大规模的艺术和建筑作品"。因为领土国家更广阔，它更要加强中央对经济和贸易的控制。这意味着要把剩余产品收集并储存起来，以便交换/转化为奢侈品，这是君主巩固上层精英忠诚度的手段。这样做的影响之一是人口在领土国家内的迁移，以便从土地中获取最高回报。这一政策意味着，领土国家的上层阶级和农民之间的经济差距大得多。"上层阶级有机会使用奢侈品，而这些奢侈品通常由技艺精湛的全职工匠利用国外进口材料制作而成。"相比之下，农民只能利用当地市场购得的传统材料制成当地生产的商品。在领土国家，大城市构成上层阶级生活的中心，而在城邦，农民住在城里，每天离城去田里干活。他们在建设和维护道路和人行道方面通常很少花费力气。

大多数城市都有相同的结构。主要的庙宇、宫殿和市场位于市中心，那里人口密集，居住着精英阶层。正如特里杰所指出的，麻疹、风疹、天花、感冒和流感等许多疾病需要 30 万到 50 万之间的互动人群才能成为地方病，这意味着它们会在城市里造成大流行，而在纯农业社会里，这是从未有过的。此外，旧大陆城市中拥有的驯养动物更多，这就意味着更大的传染病传播概率。不过，丽贝卡·斯托雷从特奥蒂瓦坎获得的数据表明，南北半球人口的人均寿命都相对较短（这与附录 1 中讨论的柯克帕特里克·塞尔的观点相冲突）。即使在那时，城市人口也可能无法增加人口，只能靠农村人口的不断涌入而生存。

尽管城邦之间的战争是常态，但有城墙的城市在新大陆比旧大陆少得多。特诺奇蒂特兰是一个特殊的例子，它通过带有活动桥的堤道来进入。然而，墨西哥谷地的其他大多数城市都没有物理屏障，不过有些城市位于湖沼之间，不利于进攻者入侵。在城邦中，不管是旧大陆还是新大陆的，菜园和果园都位于城市辖区内。

在更广阔的领土国家，国王不得不花更多的时间巡视地方首府，视察官僚机构。这些"行省"精英通常居住在城墙环绕的特殊区域，公众无法看到。这符合领土国家有意为之的政策，即让君主尽可能远离人民，建立一种神秘感，从而有助于构建君主作为神或神之后裔的形象，这种形象的建立有助于民众对政府的服从。出于同样的原因，神殿遍布于领土国家各地，为民众提供崇拜场所，有助于缓和情绪，并促进皇室"威仪"的传播。

在所有早期文明中，精英阶层都形成了一种独特的生活方式，军事、行政和宗教精英与商业精英分离，并凌驾于商业精英之上。禁奢法普遍见于各地。社会进步在军事和祭司领域可能发生，但只是在一定程度上：两个领域的更高级别人员均由皇亲国戚填补。对外扩张为获取军功提供了最好的机会，而这也是社会地位攀升最常见的途径。特里杰认为："人类对复杂社会中不平等本质的认识相当一致。"这些差异在领土国家中更为明显；在城邦中，如果城邦越小，由于精英们往往互相认识，因此就越没有必要进行正式的区分。

贵族在人口中只占很小的比例，成员资格通常是世袭的（但美索不达米亚或约鲁巴除外）。每个地方都有奴隶，但没有一个地方的奴隶制能达到希腊和罗马古典文明那样的程度。许多人因债务而被奴役，而这些债务可通过工作来摆脱。城邦比领土国家更有可能拥有奴隶，例如在秘鲁的印加或中国商朝几乎没有奴隶制的证据。

男性主宰着所有早期文明，但他们并不一定是父系的。在每个社会里，男人和女人穿着不同，行为各异。此外在所有地方，女性都被分为"可敬的"和"不可敬的"两类：妓女和女巫在所有地方都被视为对道德秩序的威胁。事实上，女性的地位似乎随着时间的推移逐渐下降，这部分是由于城市里分工日益专业化（女性不得不在家里照顾家庭），部分是由于对战争的推崇，战争是社会流动的主要根源，同时主要使男人获益。没有一个城邦实行"民主"统治，也就是由公民大会统治，但它们确实有不同层次的法庭，在法庭上审理法律案件。当证据不确凿时，法官通常会使用拷问和神裁等手段。各地都形成了自己的法典，"但没有一个地方形成

'法律面前人人平等'的观念。相反，法律往往捍卫社会的不平等"。事实上，所有早期文明都是在不平等观念的基础上形成的——为数众多的纳税农民供养一小撮精英。在所有早期文明中，70% 至 90% 的劳动力都投入到粮食生产中。

新大陆的人口密度往往更高。据估计，在美索不达米亚，每平方公里有 26 人（乌尔有 66 人）；中国商朝中原地区的人口密度为每平方公里 40 至 60 人，而约鲁巴人的密度为每平方公里 30 至 60 人。在中王国时期的埃及，人口密度是每平方公里 108 至 165 人，在印加时期的秘鲁，每平方公里 12 至 122 人，玛雅是每平方公里 120 至 282 人，而阿兹特克是每平方公里 200 至 500 人。特里杰推测，新大陆人口密度更大，是因为没有来自家畜的疾病，而且这里没有其他大型哺乳动物与人类争夺食物资源。

土地通常是集体所有的，不能被买卖，而是成为亲族集团或内婚群体不可剥夺的财产。神庙和王室地产倾向于种植谷物，而普通市民则选择种植蔬果。在考古记录中，神庙总是比宫殿更早被识别出来，而且神庙经常催生出庞大的官僚机构。

布料的生产在各地都成为一项主要活动，在妇女的生活中发挥着巨大的作用，就像农耕在男人的生活中所起的作用一样。高品质的布料往往成为一种重要的地位象征，具有仪式意义。

由于早期文明都是低能源社会，人类劳动力是主要的且往往是唯一的能源来源，因此全年温暖的地区更容易生产剩余品，因为这些地区的人们在住房、取暖和保暖衣物方面的投入较少。奢侈品被认为是对节能原则的故意违背，在低能源社会中，这使它们成为更有力的象征。

基本的崇拜行为

在所有的早期文明中，人们相信神控制着自然过程，具有与强大人类相似的人格，但神不一定被赋予人性。或许只有约鲁巴人相信宇宙具有某种道德秩序。早期文明中的神常常彼此争斗，他们出生，或被创造，有些死亡，有些被杀，还有一些变老，失去了神力。他们绝不是无所不知的，可能优柔寡断或胆小怯懦，他们彼此欺骗，有时甚至被人类耍弄。换句话说，神与人之间的差异远少于现代一神教与信徒之间的差异。特里杰说，随着社会的扩张，宗教在某种程度上变得更加重要，而亲属关系作为凝聚社会生活的因素，其重要性则在下降。宗教现在成为理解当时社会秩序的主要框架。

由于所有早期文明都建立在近海地区，人们总是推断海水环绕着整个地球。天空布满运动的天体，因此它是有生命的，大多数宇宙观设想出"天空在上、大地在下"的宏图。创世时代通常被认为是一个至高权力与绝对秩序的时代，此后的人类尽其所能地模仿神。对宇宙的基本理解通常被认为是对秩序的一种解释。人们相信神创造了宇宙，并使其运转，主要是要确保他们自己的生存和幸福。

除了这些普遍的观念外，与超自然现象的接触主要采取宗教仪式的形式，这主宰着其他形式的奉献。宗教仪式的中心元素通常是祭品，它被视为神的养料。特里杰认为，祭祀与祈祷一样是"两种基本的崇拜行为"。大多数人通常被排除在祭祀圣域之外，但很多人应该会参加其他仪式。这是一种主要的社会"黏合"形式。整座城市被规划成宇宙四方图，这一现象符合保罗·惠特利的观点。

大量财富被用在庙宇、祭祀、宗教节日和祭司身上。但是，早期文明并不是神权政治，祭司也没有构成特殊的社会阶层；他们来自不同的社会等级，并仍然是其成员。在某种程度上，他们通过强调普通人在宇宙秩序中的作用，帮助大众抵抗精英阶层的剥削。

人们通常认为，第一批人类不仅是由神创造的，而且在一定程度上是由神的物质创造的。毫无疑问，人类是由比神更小的材料构成的，尽管上层阶级常常坚持这一限定条件并不适用于他们：他们是由与超自然实体相同的材料构成的。人们最初认为，人的身体是被几个超自然力量而不仅仅是单一的灵魂所推动，"人死之后的命运与生前的行为密切相关"的想法是"极其脆弱的"。特别是在竞争激烈的城邦中，上层阶级将世界视为一个危险的地方，他们与平民一样，存于世上就是为了侍奉神灵。

早期文明不存在"为艺术而艺术"的概念。特别是在领土国家，最好的艺术家总是为政府或国王工作，但他们通常是无名之辈，其身份更接近于熟练工匠，而不是现代艺术家。艺术品上的国王往往比其臣民形象更高大。"最好的艺术产生于存续时间最长的两个领土国家。"

庙宇在各处拔地而起。在城邦，宫殿似乎比庙宇形成得更晚。在领土国家，歌颂国王和中央政府权力的纪念性建筑就像宗教建筑一样多。

通常情况下，上层阶级讲更文雅的民族语言，或者与普通民众完全不同的语言。虽然在许多地方都有能读会写之人，书记员也被赋予很高地位，但雄辩能力在各地都受到高度重视，而且旨在被人所铭记的材料也是用格律或诗歌形式写成的。所有早期文明都发明了一种以太阳年为基础的时间计量单位，一般将一年分为若干月——"月"近似于月亮的一次盈亏周期——以及 4 到 10 天为单位的"周"。在城邦，医师（收费）治疗所有阶层，而在埃及和印加这样的领土国家，精英阶层拥有自己的医生。

特里杰最有说服力的观点之一是，"在早期文明中，上层社会最重要的智力活动是改善与超自然力量的关系，而超自然力量是宇宙的驱动力。"然而，米格尔·莱昂·波蒂利亚对此颇有异议。

他的《阿兹特克思想和文化：古纳瓦特尔人的思想研究》在 1956 年初版时标题为《纳瓦特人哲学》，1963 年发行英译本。该书研究了大约 90

部纳瓦特文本，表明阿兹特克人并不逊于希腊人、罗马人或中国人，他们完全有能力享有丰富的智慧生活（哲学、诗歌和一定程度的科学），他们在许多方面与旧大陆的思想家一样先进，他们的思想和旧世界一样先进和复杂。

他首先考虑了思想，这表明他把思想放在最重要的地位。其中最深刻的一种思想是怀疑，即阿兹特克人是否能够用怀疑的眼光看待置身其中的神话，是否"试图使用抽象和普世性语言来提出有关人及其世界的问题，从而使其理性化"。他指出，纳瓦特语就像希腊语或德语一样，充满了"由各种词根、前缀、后缀和中缀并列而成的长复合形式"。他引用了下面这首诗，这首诗即使在翻译后，也表达了三种哲学态度。

> 心归何处？
>
> 如若全心全意做每一事，
>
> 必将一无所获；摧毁汝心。
>
> 你究竟能找到什么？

在纳瓦特语中，"心"和"运动"来源于同一词根，所以他说，这首诗暗示了"人类内在的动态特性"。第二行和第三行诗中包含了第二个重要的观点，即全心全意去做每一件事，将一事无成。同样，就其人生目标而言，这样的人会失去信心。在最后一行，诗人质疑是否有可能找到能满足他内心的东西。考虑到阿兹特克人对来世和宇宙的其他层次有着如此明显的感受，波蒂利亚坚持认为这显然是怀疑精神的范例。

其他诗歌也提出了同样深刻的问题：

> 花会去往冥界吗？

> 在来世，我们是死还是活？
>
> 既然发光之物隐藏了自己，那么光之源在哪里？

　　这些诗歌显然暗示了对来世神话的"不信任"，波蒂利亚表示阿兹特克诗歌中有很多这样自问的例子。这种自问通常由"tlamatini"进行，"tlamatini"一词来源于动词"mati"（知道），"tla"意为事物或某物，所以"tla-mati-ni"是指"洞知世事之人"，是智者，或我们所称的哲学家。在其他诗歌中，"tlamatini"谈到了世代相传的东西，即我们现在所谓的"集体智慧"或"传统"，某位智者将其称为"火炬"，一盏"不冒烟的灯"。智者也"把镜子放在别人面前"，使其"谨慎小心"。换句话说，哲学家也是道德家，迫使人们自我观照。智者分为不同类型，有通晓历法者，有掌管宗谱者，有管理疆界和城界者，有负责传授诗歌者，等等。

　　波蒂利亚说，在另一首诗中，纳瓦特人显然意识到基于观察和经验的概念与基于巫术和迷信的概念之间存在差别。

> 真医生……
>
> 使用药草、石头、树木和树根
>
> 其疗法经过检验……
>
> 假医生……
>
> 则不愿透露他那黑暗的秘密……

　　波蒂利亚说，纳瓦特天文学家亲手用六分仪来测量恒星的运动，他们有两种非常精确的历法，从哲学意义上说，他们对精确的渴望和它的成就一样重要。（阿尔弗雷德·克罗斯比曾指出，直到中世纪盛期，旧大陆才开始真正讲求精确性，参见第 22 章；也请参见乔伊斯·马库斯关于新大陆精确性的结论，参见第 21 章。）

波蒂利亚进而在阿兹特克人关于世界周期性发展的思想（历史上曾存在四个太阳纪，目前世界处于第五太阳纪）中发现了一个潜在的进化概念，而这个进化概念又与构成世界的四元素密切相关——地、风、火、水四元素与希腊哲学家恩培多克勒所设想的四元素一模一样。此外，阿兹特克人的宗教正如旧大陆早期文明那样，以两种形式存在，一种是流行的观念，另一种是更深刻、更理性的观念，以一种普通农民不感兴趣的方式将神灵联系和组织起来。

然后是奥梅堤奥托，创造自身的二元之神。波蒂利亚认为这种二元性体现了 20 世纪神学家（如卡尔·巴斯）所谓的"他类"思想，即上天和诸神居住的世界与人类居住的世界在性质上是完全不同的，奥梅堤奥托代表来世、异域、神和超自然世界的不可见性和不可感知性，（不管萨满怎么说）这是人类永远不可能知道的。这不是一神教的神，但它接近于一个抽象的概念。阿兹特克人既有他们的"亚里士多德派"，这些人因能借助观察和实验来了解事物而兴奋不已，也有他们的"柏拉图派"，这些人相信"如花之歌"（他们对诗歌的叫法）包含了时代的智慧。

阿兹特克人的教育观和实践体现了关于人性的各种想法，其中包括儿童是"空白"的，需要被修饰，他们有学习能力，但也需要被传授自控与自律能力，因为这些能力能够帮助他们战胜星象决定的命运。关于教育有两个词，一个表示从道德层面"使人变强"，另一个表示传授智慧。波蒂利亚告诉我们，他们的课程通常包括大量道德课，强调学生对社会的义务。他们还学习我们所谓的修辞和绘画等技能（尽管他们认为艺术家是天生的，而不是后天培养的）。他们还学习历史和传统，以及如何利用这些来"赢得辩论"。总之，波蒂利亚认为，隐喻在阿兹特克诗歌中的广泛使用表明了他们思想的复杂性，这使得他们"觉得美也许是唯一的现实"，这是世界不同地区、不同时期各不相同的人不约而同得出的一个结论。

戈登·布拉泽斯顿在《第四世界之书：通过文学阅读美洲原住民》中对此作了进一步阐述。当时，也就是 1992 年，越来越多的中美洲铭文被释读成功。多年来未被破译的玛雅象形文字，现在或多或少可以被释读了；文本按音节，即辅音加元音的组合方式排列；大多数玛雅动名词是辅音-元音-辅音组成的单音节词。在数学方面，正如旧大陆发明进位法和印加发明结绳记事的基普一样，中美印第安人也发明了进位记数法。他进一步证明，虽然基普的主要用途是记录驼群，但也被用于历法计算、祭祀仪式、特殊标测，甚至被用来讲故事。人们在破译后发现，这些"书籍"总是表现出严格遵守宗教 / 数字命理学的特征，章节对应着宗教 / 历法 / 行政事务。他还证明，玛雅古典时期出现了一种个人崇拜，"甚至发展到要求画家或抄写员签名的地步"。中美印第安人有他们的刻板印象——早已消失的托尔特克人的技能得到广泛赞扬，而奥托米人（墨西哥高原的土著居民）被认为是粗鲁的"笨蛋和吵闹的化装师"。甚至还有一些故事，比如特茨卡特利波卡欺骗托尔特克人首领托皮尔岑使其乱伦的故事，这让人想起了俄狄浦斯在忒拜的故事（参见第 23 章）。

但是他确实注意到，在新大陆上存在着一种典型的对立关系，即农耕社会与缺少畜牧的狩猎战士社会之间的对立关系。正如我们反复看到的，旧大陆游牧民族与农耕民族的对立是很重要的。布拉泽斯顿指出，秘鲁印加人驯化并牧养美洲驼，这里出现了一种游牧方式，尽管时间上晚了很多。他注意到，印加人也进化出一种接近于一神论的宗教形式：一个作为牧者的神，凌驾于其他神灵之上，更凌驾于人类之上。布拉泽斯顿引用了一首献给维拉科查（印加人及前印加民族所信奉的伟大造物主）的诗歌，它似乎与《圣经·诗篇 23》的诗句"上帝是我的牧者"大致相同。布拉泽斯顿说，许多人仍虔诚地崇拜更具萨满教风格的瓦卡/圣地，但的确出现了一个神，他能护卫君权，并像牧者一样引领前行。同样，在被称为"四方帝国"的印加帝国，美洲驼成为祭祀仪式中人牲的重要替代物。这是一个重要的变化，在新大陆其他地方并未发生，但在旧大陆出现了类似的变化。美洲驼成为价值单位这一事实，同样属于这种情况。

布拉泽斯顿也认为《波波尔乌》在字符上显示出某种遗传学思想——这些字符展示了各种形式的"羽化"，即玉米和人类是同一生长过程的不同方面，他们的铭文表明他们知道季节的会合年（365.24 天）和恒星的恒星年（365.56 天），这种差异说明他们很早就有了岁差的概念。他也注意到两个半球的宇宙进化论的相似之处：用黏土塑造人；取食禁果的女人；大洪水。他还注意到，新大陆关于宇宙时代的看法具有时间深度，这些时代虽然被各种地质灾难所打断，但比《圣经》中的年代要准确得多。

最后，在这个关于新旧大陆相似性的简要总结中，我要提一下丹尼斯·泰洛克的近作《玛雅文学两千年》（2010）。他在这部书中指出，既然我们现在对玛雅语至少有了更充分的了解，我们就可以看出，玛雅文实际上记录了口语的发音，这一结论与早期研究人员的看法相反（这在一定程度上是玛雅人自己发现的，因为他们在被西班牙人殖民后，结合欧洲语言和玛雅语进行创作）。他还证明，玛雅手抄本与欧洲中世纪的拉丁文本一样，既可以是一种视觉体验，也可以是一种知识体验——例如，玛雅手抄本大概相当于欧洲修道院制作的泥金装饰抄本《圣经》。此外还发现了玛雅人的涂鸦，这表明至少在一段时间内，玛雅人的读写能力比人们原先所认为的要广泛。泰洛克说，刻在更耐用物体表面的铭文为失传书籍提供了线索。这些铭文内容包括木星周期、各种王朝的继承、与贡赋相关的账目，以及冗长的叙述，其中有些与发生在远古时代的玛雅人历史事件有关，这表明玛雅人拥有与精确日期相关的复杂历史概念。而且，因为玛雅书籍就像屏风一样是折叠的，他们可以在需要的时候展开，以传达一种欧式书籍不可能具备的图文全景。

　　当然，这些相似之处并非详尽无遗。随着越来越多的古代文明真相被考古学和碑铭学所揭示，越来越多的相似之处可能会被人们所发现。但是这篇附录提供了迄今所有成果的一个概述。它表明布鲁斯·特里杰在《了解早期文明》一书中所言非虚，他自己的考古学出身使他更关注相似点而非差异；而在文献中很少有可用的对比研究。也许这就是它应有的样子。在过去某些时候，民族间的差异给人们造成了太多的伤害，而这些差异往往是似是而非的或微不足道的。但这并不是我的本意。当人们寻找相似之处时，他们基本上会找到。在这里，我的目的恰恰相反：寻找重要的系统性差异，看看是否有什么能告诉我们关于自身的信息。我希望我已经证明，考察不同民族间的差异和研究相似性一样有趣，一样富有启发性。

注　释

导　论

1. B. W. Ife, editor and translator, Christopher Columbus: *Journal of the First Voyage: 1492*, Warminster: Arts & Phillips, 1990, p. 13.
2. Ife, *Op. cit.*, p. 15.
3. *Ibid*, p. 25
4. *Ibid*, p. 27.
5. *Ibid*, p. 246 n.
6. *Ibid*, p. xxi.
7. *Ibid*, p. xxiv.

1　从非洲到阿拉斯加（一）：基因、语言与 石器揭示的伟大历程

1. S. J. Armitage et al., 'The Southern Route "Out of Africa": Evidence for an Early Expansion of Modern Humans in Arabia', *Science*, Vol. 331, pp. 453—456, 28 January 2011; Michaeol D. Petraglia, 'Archaeology: Trailblazers across Africa', *Nature*, Vol. 470, pp. 50—51, 3 February, 2011; Brenna M. Henn et al., 'Characterizing the Time Dependency of Human Mitochondrial DNA Mutation Rate Estimate', *Molecular Biology and Evolution*, Vol. 26, Issue 1, pp. 217—230, 2008; Geoff Bailey, 'World Prehistory from the Margins: The Role of Coastlines in Human Evolution', *Journal of Interdisciplinary Studies in History and Archaology*, Vol. 1, No. 1 (Summer 2004), pp. 39—50. P.M. Masters and N.C. Flemming (editors), *Quaternary Coastlines and Marine Archaeology: Towards the Prehistory of Landbridges and Continental Shelves*, London and New York: Academic Press, 1983, passim.
2. Brian M. Fagan, *The Journey from Eden: The Peopling of Our World*, London and New

York: Thames & Hudson, 1990, pp. 234—235. Spencer Wells, *Deep Ancestry: Inside the Genographic Project*, Washington D.C.: National Geographic Society, 2007, p. 93. Tedn Goebel, 'The "Microblade Adaptation" and Recolonisation of Siberia during the Late Upper Pleistocene,' *Archaeological Papers of the American Anthropological Association*, Vol. 12, Issue 1, pp. 117—131, January 2002.

3. Wells, *Op. cit.*, p. 96.

4. *Ibid*, p. 100.

5. *Ibid*, p. 99.

6. Sijia Wang et al., 'Genetic variation and the population structure of Native Americans', http://dx.doi.org/10.1371%2Fjournal.pgen.0030185. Also: personal communication. Ugo A. Perego at al., 'Theninitial peopling of the Americas: A growing number of founding mitochondrial genomes from Beringia,' *Genome Research*, Vol. 20, pp. 1174—1179, 2010. Brenna M. Henn et al., *Op. cit.*

7. Douglas Wallace, James Neel et al., 'Mitochondrial DNA "clock" for the Amerinds and its implications for timing their entry into North America,' *Proceedings of the National Academy of Sciences*, 1994; 91 (3), 1158—1162.

8. Brian Fagan, *The Journey from Eden*, London and New York: Thames & Hudson, 1990, p. 198.

9. Fagan, *Op. cit.*, p. 205.

10. John Hemming, *Tree of Rivers: the story of the Amazon*, London and New York: Thames & Hudson, 2008, p. 278.

11. Tim Flannery, *The Eternal Frontier: An ecological history of North America and its peoples*, London: William Heinemann, 2001, pp. 231—232. James Kari and Ben A. Potter (editors), *The Dene-Yeniseian Connection*, Anthropological Papers of the University of Alaska, New Series, Vol. 5, Nos. 1—2, 2010/.

12. Nicholas Wade, *Before the Dawn: Recovering the Lost History of Our Ancestors*, London, Duckworth, 2007, p. 99.

13. Wade, *Op. cit.*, pp. 151—152. 关于没有妻子的男性留下子嗣的情况：Peter Bellwood, personal communication。

14. Brian Fagan, *The Great Journey: The Peopling of Ancient America*, London and New York: Thames & Hudson, 1987, p. 122.

15. Fagan, *The Great Journey, Op. cit.*, p. 127.

16. *Ibid*, p. 125.

17. Merritt Ruhlen, *The Origins of Language: Tracing the Evolution of the Mother Tongue*, New York: John Wiley, 1994, p. 295.

18. Ruhlen, *Op. cit.*, map 7, p. 90, and map 8, p. 108. Nelson Fagundes et al., 'Genetic, Geographic, and linguistic variation among South American Indians: possible sex influence', *American Journal of Physical Anthropology*, Vol.117, 2002, pp.68—78.

19. *Ibid*, pp. 134—137.

20. Joanna Nichols, *Linguistic Diversity in Space and Time*, Chicago and London: University of Chicago Press, pp. 9—10.

21. Nichols, *Op. cit.*, p. 298.

22. *Ibid*, p. 330.

2 从非洲到阿拉斯加（二）：由神话、宗教与
岩石揭示的远古灾难

1. John Savino and Marie D. Jones, *Supervolcano: The Catastrophic Event that Changed the Course of Human History*, Franklin Lakes, N.J.: New Page, 2007, p. 123.

2. Savino and Jones, *Op. cit.*, p. 123.

3. *Ibid*, p. 125.

4. Jelle Zeilinga de Boer and Donald Theodor Sanders, *Volcanoes in Human History: The Far-reaching Effects of Major Eruptions*, Princeton, NJ and Oxford: Princeton University Press, 2003, pp. 155—156.

5. Savino and Jones, *Op. cit.*, p. 125.

6. *Ibid*, pp.132 and 144. See also: Michael D. Petraglian et al., 'Middle Paleolithic Assemblages from the Indian Subcontinent Before and After the Toba super-eruption,' *Science*, Vol. 317, pp. 114—116, 6 July 2007.

7. Michael Petraglia et al., *Op. cit.* See also: Kate Ravilious, 'Exodus on the Exploding Earth,' *New Scientist*, 17 April 2010, pp. 28—33.

8. Savino and Jones, *Op. cit.*, p. 47.

9. Stephen Oppenheimer, *Eden in the East: The Drowned Continent of South East Asia*, London: Weidenfeld & Nicolson, 1998, p. 17.

10. Oppenheimer, *Op. cit.*, p. 18.

11. *Ibid*, p. 19.

12. *Ibid*, p. 20. Peter Bellwood, *First Farmers: the Origins of Agricultural Societies*, Oxford: Blackwell, 2005, pp. 130 and 133.

13. *Ibid*, p. 21.

14. *Ibid*, p. 24.

15. *Ibid*, p. 32.

16. *Ibid*, p. 33.

17. *Ibid*, p. 35.

18. *Ibid*, p. 39.

19. *Ibid*, p. 62.

20. *Ibid*, p. 63.

21. *Ibid*, p. 64.

22. *Ibid*, p. 76.

23. *Ibid*, p. 77. 对奥本海默的批评，参见 Peter Bellwood, 'Some Thoughts on Understanding the Human Colonisation of the Pacific,' *People and Culture in Oceania*, Vol. 16, pp. 5—17, 2000, especially note 5。

24. Oppenheimer, *Op. cit.*, p. 77. Geoff Bailey, 'World Prehistory from the Margin', *Op. cit.*, p. 43.

25. *Ibid*, p. 83.

26. David Frawley and Navaratna Rajaram, *Hidden Horizons: Unearthing 10,000 Years of Indian Culture*, Shahibaug, Amdavad-4, Swaminarayan Aksharpith, 2006, p. 61.

27. Frawley and Rajaram, *Op. cit.*, p. 65.

28. Georg Feuerstein et al., *In Search of the Cradle of Civilization*, Wheaton, Illinois and Chennai, India: Quest Books, 2001, p. 91.
29. Oppenheimer, *Op. cit.*, 317.
30. *Ibid.*
31. *Ibid.*
32. *Ibid*, plate 1, facing p. 208.
33. Paul Radin, *The Trickster: A Study in American Indian Mythology*, London and New York: Routledge Kegan Paul, 1956, p. 167.
34. Oppenheimer, *Op. cit.*, p. 359.
35. *Ibid*, p. 373.
36. Stephen Belcher, *African Myths of Origin*, London: Penguin Books, 2005, especially part 1.

3　西伯利亚与萨满教的来源

1. Ronald Hutton, *Shamans: Siberian Spirituality and the Western Imagination*, Hambledon, UK and New York, 2001.
2. Piers Vitebsky, *The Shaman: Voyages of the Soul: Trance, Ecstasy and Healing from Siberia to the Amazon*, London: Duncan Blair, 2001, p. 86.
3. Vitebsky, *Op. cit.*, p. 11.
4. Hutton, *Op. cit.*, p. 59.
5. *Ibid*, p. 61.
6. *Ibid*, p. 74.
7. Hutton, p. 51.
8. Vitebsky, *Op. cit.*, p. 11.
9. Hutton, *Op. cit.*, pp. 11—12.
10. *Ibid*, p. 13.
11. *Ibid*, p. 26.
12. Mircea Eliade, *Shamanism: Archaic Techniques of Ecstasy*, Princeton, N.J.: Princeton University Press, 1970, pp.24 and 29.
13. Vitebsky, *Op. cit.*, p. 30.
14. *Ibid*, p. 32.
15. Hutton, *Op. cit.*, p. 107. See also: Tim Ingold, *The Perception of the Environment: Essays in livelihood, dwelling and skill*, London: Routledge, 2000, pp. 61ff.
16. Vitebsky, *Op. cit.*, p. 42.
17. *Ibid*, p. 45.
18. Peter Furst, *Hallucinogens and Culture*, San Francisco: Chandler & Sharp, 1988, p. 90.
19. Furst, *Op. cit.*, p. 91.

4 进入无人之境

1. Dan O'Neill, *The Last Giant of Beringia: The Mystery of the Bering Land Bridge*, New York: Westview, 2004, p. 6.
2. Henry Steele Commager, *Empire of Reason: How Europe Imagined and America Realized the Enlightenment*, London: Weidenfeld & Nicolson, 1978. p. 106.
3. O'Neill, *Op. cit.*, p. 8.
4. *Ibid.*
5. *Ibid.*
6. *Ibid.*
7. *Ibid*, p. 11.
8. *Ibid*, p. 12.
9. *Ibid.*
10. *Ibid*, p. 13.
11. *Ibid*, p. 14.
12. *Ibid*, p. 15.
13. *Ibid*, p. 17.
14. *Ibid*, p. 64.
15. *Ibid*, p. 65.
16. J. Louis Giddings, *Ancient Men of the Arctic*, London: Secker & Warburg, 1968.
17. O'Neill, *Op. cit.*, p. 112.
18. *Ibid*, p. 114.
19. *Ibid*, pp.121—122.
20. Jeff Hecht, 'Out of Asia', *New Scientist*, 23 March, 2002, p. 12.
21. *Ibid*, p. 122.
22. *Ibid*, p. 123.
23. *Ibid*, p. 139.
24. O'Neill, *Op. cit.*, p. 141.
25. *Ibid*, pp. 145—147.
26. *Ibid*, p. 161. Renée Hetherington et al., 'Climate, African and Beringian subaerial continental shelves, and migration of early peoples,' *Quaternary International* (2007), doi:10.1016/j.quaint.2007.06.033.
27. Gary Haynes, *The Early Settlement of North America: the Clovis Era*, Cambridge, UK: Cambridge University Press, 2002, p. 253.
28. Steven Mithen, *After the Ice: A Global Human History, 20000—5000 B.C.*, London: Weidenfeld & Nicolson, 2003, p. 242.
29. Valerius Geist, 'Did large predators keep humans out of North America?'. In Julia Clutton-Brock (editor), *The Walking Larder: Patterns of Domestication, Pastoralism and Predation*, London: Unwin Hyman, 1989, pp. 282—294.
30. Calvin Luther Martin, *In the Spirit of the Earth: Rethinking History and Time*, Baltimore and London: John Hopkins University Press, 1993, p. 88.
31. Jake Page, *In the Hands of the Great Spirit: the 20000 year history of American Indians*,

New York: Free Press, 2004, p. 37.

32. Anthony Sutcliffe, *On the Track of Ice Age Mammals*, London: British Museum Publications, 1986, p. 167.

33. Sutcliffe, *Op. cit.*, p. 176.

34. Thomas Dillehay, *The Settlement of the Americas: A New Prehistory*, New York: Basic Books, 2000, p. 112.

35. Timothy Flannery, *The Eternal Frontier: an ecological history of North America*, London: William Heinemann, 2001, p. 117. Tom D. Dillehay, 'Probing Deeper into First American Studies', *Proc. Nat. Acad. Sciences*, 27 January 2009, pp. 971—978.

36. Flannery, *Op. cit.*, pp. 192—205.

37. Dillehay, *The Settlement of the Americas*, *Op. cit.*, pp. 164—165.

38. Haynes, *Op. cit.*, p. 91.

39. Dillehay, *The Settlement of the Americas*, *Op. cit.*, p. 110.

40. Haynes, *Op. cit.*, p. 32.

41. *Ibid*, p. 91. Michael R. Walters et al., 'Redefining the age of Clovis: Implications of the peopling of America', *Science*, Vol. 315, No. 5815, pp. 1122—1126, 23 February 2007; Michael R. Waters et al., 'The Buttermilk Creek Complex and the Origins of Clovis at the Debra L. Friedkin Site, Texas', *Science*, Vol. 331, No. 6024, pp. 1599—1603, 25 March, 2011; Jon M. Erlandson et al., 'Paleoindian Seafaring, Maritime Technologies and Coastal Foraging on California's Channel Islands,' *Science*, Vol. 331, No. 6021, 4 March 2011, p. 1122.

42. Flannery, *Op. cit.*, p. 92.

43. Dillehay, *The Settlement of the Americas*, *Op. cit.*, p. 267.

44. Haynes, *Op. cit.*, pp. 249—250.

45. *Ibid*, pp. 113 and 115.

46. *Ibid*, p. 112.

47. *Ibid*, p. 269.

48. Haynes, *Op. cit.*, p. 183.

49. *Ibid*, p. 198.

50. *Ibid*, p. 161.

51. *Ibid*, p. 163. Waters et al., 'Redefining the Age of Clovis', *Op. cit.*, p. 1125.

52. *Ibid*, p. 166.

53. Paul S. Martin, *Twilight of the Mammoths: Ice Age Extinctions and the Rewilding of America* (organisms and environments), Los Angeles and Berkeley: University of California Press, 2005 (re-issue).

54. Haynes, *Op. cit.*, p. 166. R. Dale Guthrie, 'New carbon dates link climatic change with human colonization and Pleistoene extinctions,' *Nature*, Vol. 441, pp. 207—209, 11 May 2006, doi:10.1038/nature04604.

55. *Ibid*.

56. Jared Diamond, *Guns, Germs and Steel: the Fates of Human Societies*, New York and London: W. W. Norton, 2005, p. 47.

57. *New Scientist*, 26 May 2007, pp. 8—9. Briggs Buchanan et al., 'Peleoindian demography and the extraterrestrial impact hypothesis,' *Proc. Natl. Acad. Sci.*, Vol. 105, pp. 11651—

11654, 2008; James Kennett and Allen West, 'Biostratigraphic evidence supports Paeloindian disruption at ~12.9 ka', http://www. pnas.org?content/105/50/E110.full.

58. Haynes, *Op. cit.*, p. 161.
59. *Ibid*, p. 163.
60. *Ibid*, p. 166.
61. Kate Ravilious, 'Messages from the Stone Age', *New Scientist*, 20 February 2010, pp. 30—34.

5 火山带与热号角

1. David Landes, *The Wealth and Poverty of Nations*, London: Abacus, 1998, p. 7.
2. Landes, *Op. cit.*, p. 17.
3. *Ibid*, p. 19.
4. *Ibid*.
5. Peter D. Clift and R. Alan Plumb, *The Asians Monsoon: causes, history, and effects*, Cambridge, UK: Cambridge University Press, 2008, p. 136.
6. Brian Fagan, *The Long Summer: How Climate Changed Civilization*, London: Granta, 2004, p. 170.
7. Fagan, *The Long Summer*, *Op. cit.*, p. 171.
8. Clift and Plumb, *Op. cit.*, p. 203.
9. *Ibid*, p. 204. T. J. Wilkinson, *Archaeological Landscapes of the Near East*, Tucson: University of Arizna Press, 2003, p. 210.
10. Fagan, Black Lands, *Op. cit.*, p. 278.
11. Clift and Plumb, *Op. cit.*, p. 207.
12. *Ibid*.
13. *Ibid*, p. 204.
14. *Ibid*, p. 212.
15. *Ibid*, p. 214.
16. *Ibid*, pp. 214—215.
17. *Ibid*, p. 215.
18. Tom Simkin et al., *Volcanoes of the World*, Stroudsberg, PA: Hutchinson Ross Publishing for the Smithsonian Institution, Washington D.C., 1981, passim.
19. David K. Keefer et al., 'Early Maritime Economy and El Niño events at Quebrada Tacahuay, Peru,' *Science*, 18 September 1998, Vol. 281, no. 5384, 1833—1835.
20. Jelle Zeitlinga de Boer and Donald Theodor Sanders, *Earthquakes and Human History*, Princeton and Oxford: Princeton University Press, 2004, p.16.
21. Paul Wheatley, *The Pivot of the Four Corners*, Edinburgh: Edinburgh University Press, 1971, pp. 478 and 481.
22. Wheatley, *Op. cit.*, p. 228.
23. Kerry Sieh and Simon LeVay, *The Earth in Turmoil: Earthquakes, Volcanoes and their Impact on Humankind*, New York: W.H. Freeman, 1998, pp. 146—151.

24. Jelle Zeitlinga de Boer and Donald Theodor Sanders, *Volcanoes in Human History*, Princeton and Oxford: Princeton University Press, 2003, p. 4. 关于 Planchón-Peteroa 山崩的细节，参见 *Global and Planetary Change*, DOI: 10.1016/ j.gloplacha.2010.08.003, quoted in: Kate Ravilious, 'How climate change could flatten cities,' *New Scientist*, 16 October, 2010, p. 14。

25. De Boer and Sanders, *Volcanoes in Human History*, *Op. cit.*, pp. 6—7.

26. Kerry Emanuel, *Divine Wind: The history and science of hurricanes*, Oxford and New York: Oxford University Press, 2005, pp. 187—189.

27. Emanuel, *Op. cit.*, p. 32.

28. Art Wolf and Ghillean Prance, *Rainforests of the World: Water, Fire, Earth and Air*, London: Harvill, 1998, p. 245.

29. Timothy Flannery, *The Eternal Frontier*, London: William Heinemann, 2001, pp. 83—118.

30. Clift and Plumb, *Op. cit.*, p. 223.

31. *Ibid.*

32. *Ibid*, p. 225. T. J. Wilkinson, personal communication, May, 2011.

33. *Ibid*, p. 226.

34. *Ibid*, p. 227.

35. Jared Diamond, *Guns, Germs and Steel: The Fates of Human Societies*, London: Jonathan Cape, 1997, p. 177.

36. Diamond, *Op. cit.*, p. 367.

37. Jared Diamond, *The Third Chimpanzee: The Evolution and Future of the Human Animal*, New York: Harper Perennial, 1992, pp. 222—223.

38. Richard Keatinge, *Peruvian Prehistory: An Overview of Pre-Inca and Inca Society*, Cambridge, UK: Cambridge University Press, 1988, p. 38.

39. Diamond, *Guns, Germs and Steel*, *Op. cit.*, p. 581.

40. *Ibid*, pp. 190 and 370.

41. Peregrine Horden and Nicholas Purcell, *The Corrupting Sea: A Study of Mediterranean History*, Oxford: Blackwell, 2000, p. 346.

42. Horden and Purcell, *Op. cit.*, p. 381.

43. *Ibid*, p. 141.

44. *Ibid*, pp. 185—215 passim.

45. Oppenheimer, *Eden in the East*, *Op. cit.*, p. 32.

6　根茎与种子，以及反常分布的驯养哺乳动物

1. Diamond. *Guns, Germs and Steel*, *Op. cit.*, p. 128.

2. *Ibid*, p. 149.

3. *Ibid*, p. 101.

4. Carl O. Sauer, *Agricultural Origins and Dispersals*, Cambridge, MA: MIT Press, 1952/1969, p. 73.

5. Diamond, *Guns, Germs and Steel*, *Op. cit.*, p. 125.

6. *Ibid*, p. 142.

7. *Ibid*, pp. 150—151.

8. *Ibid*, p. 418.

9. Jeff Hecht, 'Out of Asia', *New Scientist*, 23 March, 2002, p. 12.

10. Diamond, *Guns, Germs and Steel, Op. cit.*, p. 173. 驯化犬的最早证据也许发现于德国的奥伯卡瑟尔，追溯到 14 000 年前。See: Juliet Clutton-Brock, *A Natural History of Domesticated Mammals*, Cambridge UK: Cambridge University Press, 1999, p.58.

11. Graeme Barker, *The Agricultural Revolution in Prehistory: Why did foragers become farms?*, Oxford: Oxford Universiy Press, 2006, p. 145.

12. Diamond, *Guns, Germs and Steel, Op. cit.*, p. 400.

7 "人之堕落"：父权、丰产与农耕

1. David Lewis-Williams, *The Mind in the Cave*, London and New York: Thames & Hudson, 2002, pp. 199—200 and 216—217.

2. Lewis-Williams, *Op. cit.*, pp. 224—225.

3. *Ibid*, pp. 285—286.

4. *Ibid*.

5. Mircea Elidae, *A History of Religious Ideas*, Volume 1, London: Collins, 1979, p. 20.

6. Anne Baring and Jules Cashford, *The Myth of the Goddess: Evolution of an Image*, Arkana/Penguin Books, 1991/1993, pp. 9—14.

7. Enrique Florescano, *The Myth of Quetzalcoatl*, trs., Lysa Hochroth, Baltimore and London: Johns Hopkins University Press, 1999, p. 199.

8. Elizabeth Wayland Barber and Paul T. Barber, *When They Severed Earth from Sky: How the Human Mind Shapes Myth*, Princeton, NJ and Oxford: Princeton University Press, 2004.

9. *Nature*, DOI:10.1038/nature07995.

10. *Nature*, 2010; DOI:10.1038/nature08837.

11. Malcolm Potts and Roger Short, *Ever Since Adam and Eve: The Evolution of Human Sexuality*, Cambridge, UK: Cambridge University Press, 1999, p. 85.

12. Baring and Cashford, *Op. cit.*, p. 6.

13. *Ibid*, p. 30.

14. David R. Harris (editor), *The Origin and Spread of Agriculture and Pastoralism in Eurasia*, London: University College London Press, 1996, p. 135.

15. Harris (editor), *Op. cit.*, p. 166.

16. Chris Scarre, 'Climate change and faunal extinction at the end of the Pleistocene,' chapter 5 of *The Human Past*, edited by Chris Scarre, London: Thames & Hudson, 2006, p. 13. See also: Peter Bellwood, *First Farmer: the Origins of Agricultural Societies*, Oxford: Blackwell, 2005, p.65.

17. Peter Watson, *Ideas; A History from Fire to Freud*, London: Phoenix/Weidenfeld & Nicolson, 2006, p. 77.

18. See also: Jared Diamond, *Guns, Germs and Steel, Op. cit.*, p. 105.

19. Mark Nathan Cohen, *The Food Crisis in Prehistory*, New Haven, CT: Yale University Press, 1977.

20. Les Groube, 'The impact of diseases upon the emergence of agriculture', in Harris (editor), *Op. cit.*, pp. 101—129.

21. Jacques Cauvin, *The Birth of the Gods and the Origins of Agriculture*, Cambridge, UK: Cambridge University Press, 2000 (French publication, 1994, translation: Trevor Watkins), p. 15.

22. Cauvin, *Op. cit.*, pp. 16 and 22.

23. *Ibid*, pp. 39—48.

24. *Ibid*, p. 128.

25. Fagan, *The Long Summer, Op. cit.*, p. 103.

26. Michael Balter, *The Goddess and the Bull: Catalhöyük: An archaeological journey to the dawn of civilization*, New York: Free Press, 2005, 176ff.

27. http://wholehealthsource.blogspot.com/2008/08/life-expectancy-and-growth-of.html. Posted August 5, 2008.

28. Elaine Pagels, *Adam and Eve and the Serpent*, London: Weidenfeld & Nicolson, 1988, p. 29.

29. Pagels, *Op. cit.*, p. 27.

30. Potts and Short, *Op. cit.*, p. 46.

31. Pagels, *Op. cit.*, p. xiv.

32. Jean Delumeau, *The History of Paradise: The Garden of Eden in Myth and Tradition*, trs. Matthew O'Connell, New York: Continuum, 1995, p. 196.

33. Delumeau, *Op. cit.*, p. 197.

34. Delumeau, *Op. cit.*, p. 7. Potts and Short, *Op. cit.*, p. 152.

35. Timothy Taylor, *The Prehistory of Sex*, London: Fourth Estate, 1997, p. 144.

36. Taylor, *Op. cit.*, p. 132.

37. Cauvin, *Op. cit.*, p. 69.

8　新大陆从未发生的四件事：犁地、驾车、挤奶与骑马

1. Andrew Sherratt, *Economy and Society in Prehistoric Europe: Changing Perspectives*, Edinburgh: Edinburgh University Press, 1998, p. 158.

2. Diamond, *Guns, Germs and Steel, Op. cit.*, pp. 132 and 162.

3. Sherratt, *Op. cit.*, p. 161.

4. *Ibid*, p. 165.

5. *Ibid*, p. 170.

6. *Ibid*, p. 171.

7. Robert Drews, *The End of the Bronze Age: changes in warfare and the catastrophe ca. 1200 B.C.*, Princeton, N.J.: Princeton University Press, 1993.

8. Sherratt, *Op. cit.*, p. 173.

9. *Ibid.*

10. *Ibid*, p. 178.

11. *Ibid*, p. 180.

12. *Ibid*, p. 181.

13. *Ibid*, p. 184.

14. PLos Computational Biology, DOI:10.1371/journal.pcbi.1000491; http:// www. livescience.com/2751-love-milk-dated-6000.html.

15. Sherratt, *Op. cit.*, p. 188.

16. *Ibid*, p. 191. S. K. McIntosh (editor), *Beyond Chiefdoms*, Cambridge: Cambridge University Press, 1999, pp. 73—75; Susan Keech McIntosh, 'Floodplains and the Development of Complex Society: Comparative Perspectives from the West African Semi-arid Tropics,' in Elisabeth Benson & Lisa Lucero (editors), *Complex Polities in the Ancient Tropical World, Archaeological Papers of the American Anthropological Association*, Number 9, 1999, pp. 151—165.

17. *Ibid*, p. 192.

18. *Ibid.*

19. *Ibid*, p. 194.

20. *Ibid*, p. 195.

21. *Ibid.*

22. *Ibid*, p. 198.

9 大灾难与祭祀的最重要起源

1. Sherratt, *Op. cit.*, p. 336.

2. *Ibid*, p. 337.

3. *Ibid*, p. 334.

4. *Ibid*, p. 351.

5. *Ibid*, p. 353.

6. Chris Scarre, 'Shrines of the Land: religion and the transition to farming in Western Europe'; paper delivered at the conference, 'Faith in the past: Theorising an archaeology of religion', in Kelley Hays Gilpin and David S. Whitley (editors), *Belief in the Past: theoretical approaches to the archaeology of religion*, Walnut Creek, CA: Left Coast Press, 2008, p. 6.

7. Sherratt, *Op. cit.*, p. 355.

8. *Ibid*, p. 356.

9. Colin Renfrew, *Before Civilization*, London: Cape, 1973, pp. 162—163.

10. Eliade, *Op. cit.*, p. 117.

11. Immanuel Velikovsky, *Ages in Chaos*, London: Sidgwick & Jackson, 1853; *Earth in Upheaval*, Garden City, NY: Doubleday, 1955; *World in Collision: terror and the future of global order*, Basingstoke (UK): Palgrave, 2002, edited by Kim Booth and Tim Dunne.

12. Benny J. Paiser, et al. (editors), *Natural Catastrophes During Bronze Age Civilisations:*

Archaeological, Geological, Astronomical and Cultural Prospecctives, Oxford: British Archaeological Reports, International Series, 728, 1998, p. 28.

13. Paiser, *Op. cit.*, p. 23.
14. *Ibid.*
15. *Ibid*, p. 55.
16. *Ibid*, pp. 60—61.
17. *Ibid*, p. 64.
18. *Ibid*, p. 42.
19. *Ibid*, p. 46.
20. *Ibid*, p. 174.
21. Robert G. Hamerton Kelly (editor), *Violent Origins: Walter Burkett, Rene Girard and Jonathan Z. Smith on Ritual Killing and Cultural Formations*, Standford: Stanford University Press, 1987, passim, but especially p. 204.
22. Hamerton-Kelly, *Op. cit.*, p. 179.
23. Fagan, *From Black Lands to Fifth Sun, Op. cit.*, pp. 93—94.
24. *Ibid*, p. 245.
25. Jan N. Bremner (editor), *The Strange World of Human Sacrifice*, Leuven, Paris, Dudley MA: Peeters, 2007, p. 230.
26. Marija Gimbutas, *The Gods and Goddesses of Old Europe: 6500 to 3500 B.C.*, London: Thames & Hudson, 1982, p. 236.
27. *Ibid.*
28. *Ibid.*

10　从致幻剂到酒

1. Sherratt, *Op. cit.*, p. 406.
2. Mark David Merlin, *On the Trail of the Ancient Poppy*, London and Toronto: Fairleigh University Press and Associated Universities Press, 1984, passim.
3. Sherratt, *Op. cit.*, p. 408.
4. *Ibid*, p. 409.
5. *Ibid*, p. 410.
6. *Ibid*, p. 411.
7. *Ibid.*
8. *Ibid*, pp. 414—416.
9. *Ibid*, p. 417.
10. *Ibid*, pp. 419—421.
11. *Ibid*, p. 423.
12. *Ibid*, p. 422.
13. *Ibid*, p. 424.
14. *Ibid.*
15. *Ibid*, p. 380

16. *Ibid*, pp. 386—387.
17. *Ibid*, p. 391.
18. *Ibid*, p. 392.
19. *Ibid*, p. 393.
20. *Ibid*, p. 396.
21. Andrew Sherratt, 'Alcohol and its alternatives,' in Jordan Goodman et al. (editors), *Consuming Habits: Drugs in History and Anthropology*, London and New York: Routledge, 1995, pp. 16—17.
22. Sherratt, 'Alcohol and Its Alternatives,' *Op. cit.*, pp. 17—18.
23. *Ibid*, pp. 18—19.
24. *Ibid*, p. 20.
25. Merlin, *Op. cit.*, p. 269.
26. *Ibid*, pp. 212 and 220—221.
27. Sherratt, 'Alcohol and Its Alternatives,' *Op. cit.*, p. 30.
28. *Ibid*.
29. *Ibid*, p. 31.
30. Mott T. Greene, *Natural Knowledge in Pre-Classical Antiquity*, Baltimore and London: Johns Hopkins University Press, 1992, chapter 6.

11 玉米的用途

1. John Reader, *Propitious Esculent: The Potato in World History*, London: William Heinemann, 2008, p. 32.
2. Redcliffe Salaman, *The History and Social Influence of the Potato*, Cambridge, UK: Cambridge University Press, 1949, p. 2.
3. Reader, *Op. cit.*, p. 26.
4. *Ibid*, p. 11.
5. Salaman, *Op. cit.*, p. 38.
6. Reader, *Op. cit.*, p. 16.
7. *Ibid*, pp. 27—28.
8. *Ibid*, p. 32.
9. Diamond, *Guns, Germs and Steel*, *Op. cit.*, p. 137.
10. John Staller et al., (editors), *Histories of Maize: Multidisciplinary Approaches to the Prehistory, Linguistics, Biogeography and Evolution of Maize*, Amsterdam: Elsevier/Academic Press, 2006, p. 55.
11. Bruce F. Benz et al., 'El Riego and Early Maize Agricultural Evolution,' in Staller et al. (editors), *Op. cit.*, pp. 74—75.
12. Michael Blake, 'Dating the Initial Spread of Zea Mays', in Staller et al (editors), *Op. cit.*, p. 60.
13. Bruce Benz et al., 'The Antiquity, Biogeography and Culture History of Maize in the Americas,' in Staller et al (editors), *Op. cit.*, p. 667.

14. Benz et al., 'El Riego and Early Maize ...', *Op. cit.*, pp. 68—69.
15. *Ibid.*
16. Benz et al., 'The Antiquity, Biogeography and Culture History of Maize...', *Op. cit.*, p. 671.
17. Sergio J. Chávez et al., 'Early maize on the Copocabana Peninsula: Implications for the archaeology of the Lake Titicaca Basin,' in Staller et al. (editors), *Op. cit.*, p. 426.
18. Christine H. Hastorf et al., 'The movements of maize into middle horizon Tiwanaku, Bolivia,' in Staller et al. (editors), *Op. cit.*, p. 431.
19. Henry P. Schwarcz, 'Stable Carbon Isotope Analysis and Human Diet: A Synthesis,' in Staller et al. (editors), *Op. cit.*, p. 319.
20. John E. Staller, 'The social, symbolic and economic significance of Zea mays L. in the Late Horizon period,' in Staller et al. (editors), *Op. cit.*, p. 449.
21. *Ibid*, p. 452; 繁复的仪式参见 p. 454。
22. Nicholas A. Hopkins, 'The place of maize in indigenous Mesoamerican Folk taxonomies,' chapter 44 of Staller et al. (editors), *Op. cit.*; and Jane H. Hill, 'The historical linguistics of Maize cultivation in Mesoamerica and North America,' chapter 46 of Staller et al. (editors) *Op. cit.*
23. Robert L. Rankin, 'Siouan tribal contacts and dispersions evidenced in the terminology for maize and other cultigens,' chapter 41 of Staller et al. (editors), *Op. cit.*
24. William E. Doolittle et al., 'Environmental mosaics, agricultural diversity, and the evolutionary adoption of maize in the American Southwest,' in Staller et al. (editors), *Op. cit.*, pp. 109ff.
25. Thomas P. Myers, 'Hominy Technology and the emergence of Mississippian societies,' in Staller et al. (editors), *Op. cit.*, p. 515.
26. Brian Stross, 'Maize in word and image in Southeastern Mesoamerica,' in Staller et al. (editors), *Op. cit.*, p. 584.
27. Stross, *Op. cit.*, p. 585.
28. *Ibid*, p. 587.
29. Gordon Brotherston, *Book of the Fourth World, Op. cit.*, p. 139.

12 致幻雨林与致幻剂的异常分布

1. Peter T. Furst, *Hallucinogens and Culture*, Novato, CA: Chandler & Sharp, 1976/1988, p. 2.
2. Furst, *Op. cit.*, p. 3.
3. *Ibid*, p. 6.
4. *Ibid.*
5. *Ibid*, p. 8.
6. *Ibid.*
7. *Ibid*, p. 9. 绘画另参见 Thomas Donaldson, *The George Catlin Indian Gallery in the U.S. Museum*, Annual Report of the Smithsonian Museum for 1885. Washington D.C.: U.S.

Government Printing Office, 1886。

8. Furst, *Op. cit.*, pp. 10—11.

9. *Ibid*, p. 11.

10. *Ibid*, p. 44.

11. *Ibid*, pp. 45—46.

12. Gerardo Reichel-Dolmatoff, 'The cultural contexts of an Aboriginal Hallucinogen: Banisteriopsis Caapi', in Peter T. Furst (editor), *Flesh of the Gods: The Ritual Use of Hallucinogens*, New York: Prager, 1972. pp. 84—113.

13. Furst, *Hallucinogens and Culture*, *Op. cit.*, p. 55.

14. *Ibid*, p. 62.

15. *Ibid*, p. 65.

16. Mott T. Greene, *Natural Knowledge in Pre-Classical Antiquity*, *Op. cit.*, chapter 6.

17. Furst, *Hallucinogens and Culture*, *Op. cit.*, p. 67.

18. *Ibid*, p. 81.

19. *Ibid*, pp. 77—78.

20. *Ibid*, pp. 79—80.

21. See also: Gordon R. Wasson, 'Ololiuhqui and other Hallucinogens of Mexico', In *Summa Anthropológica en homenaje a Roberto J. Weitlaner*, Mexico, D.F.: Instituto Nacional de Antropoligia e Historia, 1967, pp. 328—348.

22. Furst, *Hallucinogens and Culture*, *Op. cit.*, p. 87.

23. *Ibid*, p. 109.

24. *Ibid*, p. 110.

25. *Ibid*, p. 111.

26. *Ibid*, p. 113.

27. 关于第一手叙述，参见 Barbara G. Myerhoff, *The Peyote Hunt: The sacred journey of the Huichol Indians*, Victor Turner (editor), Ithaca, N.Y.: Cornell University Press, 1974; and Fernando Benítez, *In the Magic Land of Peyote*, trs. John Upton, Austin, TX: The University of Texas Press, 1975。

28. Furst, *Hallucinogens and Culture*, *Op. cit.*, pp. 131—132.

29. *Ibid*, p. 134.

30. *Ibid*, p. 138.

31. *Ibid*, p. 139.

32. Lowell J. Bean and Katherine Siva Saubel, *Temalpakh: Cahuilla Indian Knowledge and Usage of Plants*, Banning, CA: Malki Museum Press, 1972.

33. Richard Evans Schultes, 'Ilex Guyana from 500 A.D. to the Present', Gothenburg Ethnographic Museum, *Etnologiska Studier*, No. 32, 1972, pp. 115—138.

34. Furst, *Hallucinogens and Culture*, *Op. cit.*, p. 152.

35. *Ibid*, p. 156.

36. *Ibid*, p. 158.

37. *Ibid*, p. 160.

38. Michael D. Coe, 'The shadow of the Olmecs,' *Horizon*, Vol. 13, No. 4, 1971, pp. 970—973.

39. Julian H. Steward (editor), *Handbook of South American Indians*, 6 vols, Washington

D.C.: Smithsonian Institution, Bureau of American Ethnology, *Bulletin* 143, 1963; Reprint: New York, Cooper Square. See especially vol 1, pp. 265, 275, 424 and vol 3, pp. 102, 414.

40. Furst, *Hallucinogens and Culture*, *Op. cit.*, pp. 166—169.

41. Michael J. Harner, *Hallucinogens and Shamanism*, Oxford and New York: Oxford University Press, 1973, p. xv.

42. Harner, *Op. cit.*, p. 12.

43. *Ibid*, pp. 16—17.

44. *Ibid*, pp. 23—25.

45. *Ibid*, pp. 30—31.

46. *Ibid*, p. 38.

47. *Ibid*, p. 46.

48. Claudio Naranjo, *The Healing Journey: New Approaches to Consciousness*, New York: Pantheon, 1973, p. 122.

49. Harner, *Op. cit.*, p. 129.

13　烟草、古柯与巧克力之乡

1. W. Golden Mortimer, *History of Coca*: 'The Divine Plant' of the Incas, San Francsico: And/Or Press, 1974, p. 22.

2. Dominic Steatfeild, *Cocaine: An Unauthorized Biography*, London: Virgin, 2001, 0. 3.

3. Steatfeild, *Op. cit.*, p. 6.

4. *Ibid*, p. 8.

5. *Ibid*, p. 10.

6. Mortimer, *Op. cit.*, p. 155.

7. Steatfeild, *Op. cit.*, p. 27.

8. *Ibid*, pp. 28—29.

9. *Ibid*, 31.

10. Francis Robicsek, *The Smoking Gods: Tobacco in Mayan Art, History and Religion*, Norman, OK: Oklahoma University Press, 1978, pp. 1—4.

11. Robicsek, *Op. cit.*, p. 23.

12. *Ibid*, pp. 27—29.

13. *Ibid*, pp. 31—35.

14. *Ibid*, pp. 37—38.

15. *Ibid*, p. 43.

16. Johannes Wilbert, *Tobacco and Shamanism in South America*, New Haven, CT: Yale University Press, 1993, pp. 16—17.

17. Diego Durán, *Book of the Gods and Rights*, Oxford and New York: Oxford University Press, 1975 (originally published 1574—1576).

18. Robicsek, *Op. cit.*, pp. 104—106.

19. *Ibid*, pp. 120—121.

20. *Ibid*, p. 157.
21. Cameron L. McNeil, *Chocolate in Mesoamerica: A Cultural History of Cacao*, Gainesville, FL: University Press of Florida, 2006, p. 1.
22. McNeil, *Op. cit.*, p. 8.
23. *Ibid*, p. 12.
24. *Ibid*, p. 14.
25. *Ibid*, p. 17.
26. Robicsek, *Op. cit.*, p. 118.
27. *Ibid*, p. 141.
28. *Ibid*, p. 154.
29. *Ibid*, p. 163.
30. Sophie Coe and Michael D. Coe, *The True History of Chocolate*, London and New York: Thames & Hudson, 1996, pp. 98—99.
31. Furst, *Hallucinogens and Culture*, *Op. cit.*, p.156.
32. *Ibid*, p. 158.
33. *Ibid*, p. 160.
34. Michael D. Coe, 'The shadow of the Olmecs,' *Horizon*, Vol. 13. No. 4,1971, pp. 970—973.

14　野生动物：美洲豹、美洲野牛与大马哈鱼

1. Wolf and Prance, *Rainforest of the World*, *Op. cit.*, p. 214.
2. Nicholas J. Saunders, *People of the Jaguar: The Living Spirit of Ancient America*, New York and London: Souvenir Press, 1989, p. 94.
3. Elizabeth P. Benson (editor), *The Cult of the Feline*, Washington D.C.: Dumbarton Oaks Research Library, 1972, p. 2.
4. Saunders, *Op. cit.*, p. 31.
5. Benson (editor), *The Cult of the Feline*, *Op. cit.*, p. 51.
6. *Ibid*, p. 52.
7. *Ibid*, pp. 54—56.
8. *Ibid*, p. 57.
9. Gerardo Reichel-Dolmatoff, *Desana: Simbolism de los Indios Tukano del Vaupés*, Bogotá, 1968, p. 99.
10. Gerardo Reichel-Dolmatoff, 'La cultura material de los Indios Guahibo,' *Revista de Instituto Etnológico Nacional* (Bogotá), vol. 1, no. 2, 1944, pp. 437—506.
11. Benson (editor), *Op. cit.*, p. 69.
12. *Ibid*, p. 158.
13. Saunders, *Op. cit.*, pp. 80—82.
14. Benson (editor), *Feline...*, *Op. cit.*, p. 139.
15. Saunders, *Op. cit.*, p. 135.
16. Benson, *Feline...*, *Op. cit.*, p. 137.
17. *Ibid*, p. 138.

18. *Ibid*, p. 140.
19. Saunders, *Op. cit.*, p. 144.
20. *Ibid*.
21. *Ibid*, p. 147.
22. *Ibid*, p. 148.
23. *Ibid*, p. 150.
24. Brotherston, *Book of the Fourth World, Op. cit.*, p. 242.
25. Saunders, *Op. cit.*, p. 151.
26. *Ibid*, p. 152.
27. *Ibid*, p. 154.
28. Robert Wrangham, *Catching Fire: How Cooking Made Us Human*, London: Profile Books, 2009, p. 101.
29. Brian Fagan, *Ancient North America, Op. cit.*, p. 91.
30. *Ibid*, p. 93.
31. *Ibid*, pp. 116—120.
32. Dennis Stanford, 'The Jones Miller site: An example of Hell Gap Bison Procurement Strategy', in L. Davis and M. Wilson (editors), 'Bison Procurement and Utilization: A Symposium', *Plains Anthropological Memoir*, Vol. 16, 1978, pp. 90—97.
33. Fagan, *Ancient North America, Op. cit.*, p. 130.
34. *Ibid*.
35. G.C. Frison, *Op. cit.*, pp. 77—91.
36. Fagan, *Ancient North America, Op. cit.*, p. 298.
37. *Ibid*.
38. *Ibid*, p. 300.
39. Jake Page, *In the Hands of the Great Spirit, Op. cit.*, p. 51.
40. Fagan, *Ancient North America, Op. cit.*, p. 368.
41. *Ibid*, pp. 369—370.
42. *Ibid*, p. 372.
43. *Ibid*, p. 373.
44. S. Struever and F. Holton, *Op. cit.*
45. Fagan, *Ancient North America, Op. cit.*, p. 375.
46. Melvin Fowler, 'Cahokia and the American Bottom: Settlement Archaeology,' in Bruce D. Smith (editor), *Mississippian Settlement Patterns*, New York: Academic Press, 1978, pp. 455—478.

15　埃利都与阿斯佩罗：相距 7 500 英里的首批城市

1. Bernardo T. Arriaza, *Beyond Death: The Chinchorro Mummies of Ancient Chile*, Washington D.C.: Smithsonian Institution Press, 1995. pp. 12ff.
2. Bernardo T. Arriaza, 'Arsenias as an environmental hypothetical explanation for the origin of the oldest mummification practice in the world,' *Chungara Revista de*

Antropologia Chilene, December 2005, vol. 37, no. 2, pp. 255—260.

3. *Ibid.*

4. Arriaza, *Beyond Death*, *Op. cit.*, pp. 61—62.

5. *Ibid*, p. 144.

6. Juan P. Ogalde et al., 'Prehistoric psychotropic consumption in Andean Chilean mummies,' *Nature Proceedings*: hdl:10101/npre.2007,1368.1: Posted 29 November, 2007.

7. Michael Moseley, *The Maritime Foundations of Andean Civilization*, Menlo Park, CA: Cummings, 1975.

8. Ruth Shady Solis et al., 'Dating Caral: a pre-ceramic site in the Supe Valley on the central coast of Peru,' *Science*, 27 April 2001, vol. 292, no. 5517, pp. 723—726.

9. *Ibid.*

10. Roger Atwood, 'A monumental feud,' *Archaeology*, vol. 58, no. 4, July/August 2005.

11. Discovermagazine.com/2005/sep/showdown-at-caral. By Kenneth Miller, p. 5 of 19.

12. Ruth Shady Solis et al., *Op. cit.*

13. Hans J. Nissen, *The Early History of the Ancient Near East*, Chicago: University of Chicago Press, 1988, pages 5 and 71; Petr Charvát, *Mesopotamia Before History*, London: Routledge, 2002, p. 134. Douglas H. Kennett et al., 'Early State Formation in Southern Mesopotamia: Sea Levels, Shorelines, and Climate Change,' *Journal of Island & Coastal Archaelogy*, Vol. 1, Issue 1, pp. 67—99, 2005; DOI 10:1080/15564890600586283. T.J. Wilkinson, *Archaeological Landscapes of the Near East*, *Op. cit.*, especially pp. 17—31 and 152—210.

14. Nissen, *Op. cit.*, p. 69.

15. *Ibid.*

16. Gwendolyn Leick, *Mesopotamia*, London: Penguin, 2002, p. 2.

17. Charvát, *Op. cit.*, p. 93.

18. *Ibid.* See also: 'Oldest image of god in Americas found' , *New Scientist*, 19 April 2003, p. 13.

19. Nissen, *Op. cit.*, p. 72.

20. Charvát, *Op. cit.*, p. 134.

21. Ruth Shady Solis et al., *Op. cit.*

22. Mason Hammond, *The City in the Ancient World*, Cambridge, MA: Harvard University Press, 1972, p. 39.

23. Kenneth Miller (Discover magazine), *Op. cit.*, 4 of 19.

24. *Ibid.*

25. Brian Fagan, *From Black Lands to Fifth Sun*, *Op. cit.*, p. 63.

26. Miller, *Op. cit.*, 5 of 19. See also: Jeffrey Quilter et al., *El Niño, Catastrophism and Culture Change in Ancient America*, Dumbarton Oaks Precolumbian Studies, Cambridge, MA: Harvard University Press, 2009.

27. Michael E. Moseley, 'Punctuated Equilibrium: Searching the ancient record for El Niño', *Quaterly Review of Archaeology*, Vol. 8, No. 3, 1987, pp. 7—10. See also: David K. Keefer et al., 'Early maritime economy and El Niño events at Quebrada Tacahuay, Peru,' *Science*, Vol. 281, No. 5384, 18 September 1998, pp. 1833—1835.

28. Moseley, *Punctuated Equilibrium*, *Op. cit.*, and Keefer et al., *Op. cit.*

16　大草原、战争与"全新的人类学类型"

1. Hans J. Nissen, *The Early History of the Ancient Near East, Op. cit.*, pp. 132—133.
2. H. W. F. Saggs, *Before Greece and Rome*, London: B.T. Batsford, 1989, p. 62.
3. D. Schmandt-Besserat, *Before Writing, volume 1: From Counting to Cuneiform*, Austin, TX: University of Texas Press, 1992.
4. Richard Rudgley, *Lost Civilizations of the Stone Age*, London: Orion, 1998, p. 50.
5. *Ibid.*
6. *Ibid*, p. 54. 以下法国学者对这一重构提出了质疑：Jean-Jacques Glassner, *The Invention of the Cuneiform: Writing in Sumer*, Baltimore and London: Johns Hopkins University Press, 2003。
7. Leick, *Op. cit.*, p. 75.
8. Nissen, *Op. cit.*, p. 136.
9. Saggs, *Op. cit.*, p. 105.
10. *Ibid*, p. 111.
11. Lionel Casson, *Libraries in the Ancient World*, New Haven, CT and London: Yale University Press, 2001, p. 4.
12. *Ibid*, p. 13.
13. Saggs, *Op. cit.*, pp. 156—158.
14. Fredrick R. Matson (editor), *Ceramics and Man*, London: Methuen 1966, pp. 141—143.
15. Leslie Aitchison, *A History of Metals*, London: Macdonald, 1960, p. 37.
16. *Ibid*, p. 40.
17. *Ibid*, p. 41.
18. Theodore Wertime et al. (editors), *The Coming of the Age of Iron*, New Haven, CT: Yale University Press, 1980, p. 36.
19. Aitchison (editor), *Op. cit.*, p. 78.
20. *Ibid*, p. 82.
21. *Ibid.*
22. *Ibid.*
23. *Ibid*, p. 98.
24. Stuart Piggott, *Wagon, Chariot and Carriage*, London and New York: Thames & Hudson, 1992, p. 16.
25. *Ibid*, p. 21.
26. Robert Drews, *The End of the Bronze Age: Changed in Warfare and the Catastrophe Ca. 1200 B.C.*, Princeton, NJ: Princeton University Press, 1994, p. 104.
27. Drews, *Op. cit.*, p. 106.
28. *Ibid*, p. 112.
29. *Ibid*, p. 119.
30. *Ibid*, p. 125.
31. Anne Baring and Jules Cashford, *The Myth of the Goddess, Op. cit.*, pp, 115—116.
32. *Ibid*, p. 140. Deborah Valenze, *Milk: a Local and Global History*, New Haven, CT and London: Yale University Press, 2011, p.17.

33. *Ibid.*
34. *Ibid*, p. 190.
35. *Ibid*, p. 209.
36. *Ibid*, p. 234.
37. *Ibid*, p. 277.
38. *Ibid*, p. 278.
39. Elena Efimovna Kuzmina, *The Prehistory of the Silk Road*, editor by Victor H. Mair, Philadelphia, PA: University of Pennsylvania Press, 2008, p. 10.
40. Gerard Chaliand, *Nomadic Empires: From Mongolia to the Danube*, trs. A.M Berrett, Rutgers, NJ: Transaction, 2005, pp. 8—10.
41. Kuzmina, *Op. cit.*, pp. 88 and 100.
42. *Ibid*, p. 4.
43. Braudel, *Op. cit.*, p. 110—111.
44. A.M. Khazanov, *Nomads and the Outside World*, trs. Julia Crookenden, Cambridge, UK: Cambridge University Press, 1984, p. 92.
45. John Larner, *Marco Polo and the Discovery of the World*, New Haven, CT: Yale University Press, 1999, p. 25.
46. Chaliand, *Op. cit.*, p. 7.
47. Khazanov, *Op. cit.*, p. 96.
48. *Ibid*, p. 43.
49. *Ibid*, p. 32.
50. *Ibid*, p. 51.
51. *Ibid*, p. 69.
52. M. L. Ryder, *Sheep and Man*, London: Duckworth, 1983, p. 10.
53. Ryder, *Op. cit.*, p. 80.
54. *Ibid*, pp. 652—655.
55. Hannah Velten, *Cow*, London: Reaktion Books, 2007, p. 13.
56. Venten, *Op. cit.*, p. 34.
57. *Ibid*, p. 77.
58. *Ibid*, p. 106.
59. Nicola di Cosmo, *Ancient China and Its Enemies: the rise of nomadic power in East Asian history*, Cambridge, UK: Cambridge University Press, 2004, p. 32.
60. Khazanov, *Op. cit.*, p. 71.
61. Kuzmina, *Op. cit.*, p. 62.
62. Khazanov, *Op. cit.*, p. 82.
63. Chaliand, *Op. cit.*, p. xii.
64. Ernest Gellner, *Plough, Sword and Book: the Structure of Human History*, London: Collins Harvill, 1988, p. 154.
65. Chaliand, *Op. cit.*, p. 11.
66. Kuzmina, *Op. cit.*, p. 161.
67. Di Cosmo, *Op. cit.*, p. 31.
68. *Ibid*, p. 32.
69. Kuzmina, *Op. cit.*, p. 65.

70. Baring and Cashford, *Op. cit.*, p. 156.
71. *Ibid.*
72. Chaliand, *Op. cit.*, p. 12.
73. Baring and Cashford, *Op. cit.*, pp. 156—758.
74. *Ibid.*
75. Joseph Campbell, *The Masks of God: Occidental Mythology*, London: Secker & Warburg, 4 vols., 1960—1968, vol. 1, pp. 21—22.

17　美洲豹之日

1. Brian Fagan, *Kingdoms of Gold, Kingdoms of Jade: The Americas Before Columbus*, London and New York: Thames & Hudson, 1991 , p.96.
2. *Ibid*, p. 97.
3. *Ibid*, p. 98.
4. *Ibid*, p. 99.
5. John E. Clark and Pary E. Pye (editors), *Olmec Art and Archaeology in Mesoamerica*, Washington, D.C.: National Gallery of Art/Yale University Press, 2000, p. 219.
6. Fagan, *Op. cit.*, p. 103.
7. David Grove, *Chalcatzingo: Excavations on the Olmec Frontier*, London and New York: Thames & Hudson, 1984, pp. 104—105.
8. Clark and Pye (editors), *Op. cit.*, p. 23.
9. *Ibid*, p. 164.
10. *Ibid*, p. 88.
11. *Ibid*, p. 89.
12. Grove, *Op. cit.*, p. 126.
13. *Ibid*, p. 116.
14. *Ibid*, p. 208.
15. *Ibid*, p. 209.
16. *Ibid*, p. 186.
17. *Ibid*, p. 165.
18. *Ibid*, p. 164.
19. William J. Conklin and Jeffrey Quilter (editors), *Chavin Art, Architecture and Culture*, Los Angeles and Berkeley: University of California Press/Cotsen Institute of Archaeology, 2008, p. 119.
20. *Ibid*, pp. 158—159.
21. *Ibid*, p. 154.
22. *Ibid*, pp. 275—277.
23. *Ibid.*
24. Clark and Pye (editors), *Op. cit.*, p. 167.
25. Richard L. Burger, *Chavin and the Origin of Andean Civilization*, London and New York: Thames & Hudson, 1995, p. 128.

26. Conklin and Quilter (editors), *Op. cit.*, p. 152.
27. Burger, *Op. cit.*, p. 167.
28. Conklin and Quilter (editors), *Op. cit.*, p. 210.
29. Burger, *Op. cit.*, p. 170.
30. Conklin and Quilter (editors), *Op. cit.*, p. 80.
31. *Ibid*, p. 135.
32. *Ibid*, p. 170.
33. Burger, *Op. cit.*, p. 171.
34. *Ibid*, p. 216.
35. *Ibid*, p. 157.
36. Conklin and Quilter (editors), p. 259.
37. Burger, *Op. cit.*, p. 157.
38. *Ibid.*
39. Conklin and Quilter (editors), *Op. cit.*, pp. 259—260.
40. Burger, *Op. cit.*, p. 159.
41. *Ibid.*
42. *Ibid*, p. 189.
43. Conklin and Quilter (editors), *Op. cit.*, p. 112.
44. *Ibid*, p. 26.
45. *Ibid*, p. 30.
46. *Ibid*, p. 195.
47. *Ibid*, p. 196.
48. *Ibid*, p. 198.
49. Burger, *Op. cit.*, p. 202.
50. *Ibid*, p. 203.

18　旧大陆一神教的起源与祭祀的终结

1. Karen Armstrong, *The Great Transformation: The World in the Time of the Buddha, Socrates, Confucius and Jeremiah*, London: Atlantic/Knopf, 2006, p. xii.
2. V. Gordon Chile, *Prehistoric Migrations in Europe*, Cambridge, MA: Harvard University Press, 1950, p. 180.
3. Drews, *Op. cit.*, p. 97.
4. Armstrong, *Op. cit.*, pp. xiii—xiv.
5. *Ibid.*
6. *Ibid*, pp. 3—4.
7. *Ibid*, pp. 5—7.
8. *Ibid*, pp. 8—10.
9. *Ibid*, p. 11.
10. Edward Bryant, *The Quest for the Origins of Vedic Culture*, Oxford: Oxford University Press, 2001.

11. Armstrong, *Op. cit.*, pp. 24—25.

12. *Ibid*, p. 79.

13. *Ibid*, p. 84.

14. Paul Dundas, *The Jains*, London and New York, 2002, p. 17.

15. Patrick Olivelle, *Upanisads*, Oxford and New York: Oxford University Press, 1996, pp. xxxiv—xxxv.

16. Armstrong, *Op. cit.*, p. 133.

17. *Ibid*, pp. 196—199.

18. *Ibid*, p. 234.

19. *Ibid*, p. 239.

20. *Ibid*, p. 274.

21. Joseph Campbell, *The Masks of God, Oriental Mythology*, London: Penguin Books, 1991, p. 236.

22. Armstrong, *Op. cit.*, p. 284.

23. Edward Conze, *Buddhism: Its Essence and Development*, Oxford: Oxford University Press, 1951, p. 125.

24. Armstrong, *Op. cit.*, p. 361.

25. *Ibid*, p. 366.

26. Jacques Gernet, *Ancient China: From the beginning to the Empire*, trs. Raymond Rudorff, London: Faber, 1968, pp. 37—65.

27. Armstrong, *Op. cit.*, p. 35.

28. *Ibid*, p. 73.

29. *Ibid*, pp. 77 and 114.

30. *Ibid*, p. 119.

31. *Ibid*, p. 154.

32. *Ibid*.

33. Gernet, *Op. cit.*, pp. 83—84.

34. A.C. Graham, *Disputers of the Tao: Philosophical Arguments in Ancient China*, La Salle, Illinois: Illinois University Press, 1989, pp. 9ff.

35. Armstrong, *Op. cit.*, p. 205.

36. *Ibid*, pp. 207—211.

37. Sima Qian, *Records of the Grand Historian* 124, in Fung Yu-Lan, *A Short History of Chinese Philosophy*, ed. and trs. Derk Bodde, New York, 1976, p. 50.

38. Armstrong, *Op. cit.*, pp. 272—274.

39. *Ibid*, p. 292.

40. Graham, *Op. cit.*, pp. 111—130.

41. *Mencius* 7A 1, taken from D.C. Lau, trs., *Mencius*, Hong Kong: Chinese University Press, 1970.

42. Armstrong, *Op. cit.*, pp. 340—347.

43. *Ibid*, p. 372.

44. *Ibid*, p. 43.

45. *Ibid*, p. 63.

46. S. David Sperling, 'Israel's religion in the Near East,' in Arthur Green (editor), *Jewish*

Spirituality, 2 vols., London and New York, 1986, 1988, 1, pp. 27—28.

47. Armstrong, *Op. cit.*, p. 80.

48. *Ibid*, p. 93.

49. *Ibid*, p. 94.

50. *Ibid*, p. 99.

51. R.E. Clements, *God and Temple*, Oxford: Oxford University Press, 1965, pp. 90—95.

52. Ezekiel 2: 12—15.

53. Armstrong, *Op. cit.*, p. 182.

54. *Ibid*, p. 382.

55. Guy G. Stroumsa, trs. Susan Emanuel, *The End of Sacrifice: Religious Transformation in Late Antiquity*, Chicago: University of Chicago Press, 2009, p. 5.

56. Polyminia Athanassiadi and Michael Frede, *Pagan Monotheism in Late Antiquity*, Oxford: Oxford University Press/Clarendon Press, 1999.

57. Athanassiadi and Frede, *Op. cit.*, pp. 8—9.

58. *Ibid*, pp. 17—20.

59. *Ibid*, pp. 24—25.

60. *Ibid*, pp. 31—38.

61. *Ibid*, pp. 41—43.

62. *Ibid*, p. 55.

63. *Ibid*, pp. 69—70.

64. *Ibid*, p. 110.

65. Daniel Hillel, *The Natural History of the Bible: An Environmental Exploration of the Hebrew Scriptures*, New York: Columbia University Press, 2006, pp. 16—18.

66. Hillel, *Op. cit.*, pp. 56—62.

67. *Ibid*, p. 67.

68. *Ibid*, pp. 244—245.

69. *Ibid*, pp. 103—104.

70. *Ibid*, p. 133.

71. *Ibid*, pp. 173—179.

72. *Ibid*, pp. 181 and 208.

73. Stroumsa, *Op. cit.*, p. 71.

74. Bremner, *Op. cit.*, p. 252, note 63.

75. Walter Burkert, *The Orientalizing Revolution: Near Eastern Influences on Greek Culture in the Early Archaic Age*, trs. Margaret E. Pindar, Cambridge, MA: Harvard University Press, 1992, pp. 73—75.

76. Stroumsa, *Op. cit.*, p. 33. Miranada Aldhouse Green, *Dying for the Gods: Human Sacrifice in Iron Age and Roman Europe*, Stroud: Tempus, 2001, p.31.

77. *Ibid*, pp. 57—60.

78. Ingvild Saelid Gilhus, *Animals, Gods and Humans: changing attitudes to animals in Greek, Roman and early Christian ideas*, London: Routledge, 2006, p. 2.

79. Gilhus, *Op. cit.*, p. 152.

80. *Ibid*, pp. 38—40.

81. *Ibid*, p. 61.

82. *Ibid*, pp. 97—98.
83. *Ibid*, p. 126.
84. *Ibid*, pp. 144—148. Caroline Grigson and Juliet Clutton-Brock, *Animals and Archaeology, Volume 4, Husbandry in Europe*, Oxford: BAR International Series, 201, 1984, p. 186.
85. *Ibid*, p. 171.
86. *Ibid*, pp. 263—267.
87. Stroumsa, *Op. cit.*, pp. 67—69.
88. *Ibid*, p. 30.
89. *Ibid*, p. 39.
90. *Ibid*, pp. 53—54.
91. René Girard, *Violence and the Sacred*, trs. Patrick Gregory, Baltimore and London: Johns Hopkins University Press, 1977. Quoted in Stroumsa, *Op. cit.*, p. 81.
92. Stroumsa, *Op. cit.*, p. 91.
93. *Ibid*, pp. 101—102.
94. *Ibid*, p. 124.

19 民主、字母、货币的发明与希腊自然观的出现

1. Karen Armstrong, *Op. cit.*, p. 168.
2. *Ibid*, p. 169.
3. *Ibid*, p. 144.
4. *Ibid*, p. 139.
5. *Ibid*, p. 145.
6. Walter Burkert, *Greek Religion*, trs. John Raffar, Cambridge, MA: Harvard University Press, 1983, pp. 44—49.
7. Oswyn Murray, *Early Greece*, Brighton: Harvester Press 1999 (reprint 1990), pp. 173—185.
8. Armstrong, *Op. cit.*, p. 184.
9. *Ibid*, p. 183.
10. *Ibid*, p. 223.
11. *Ibid*, p. 224.
12. Murray, *Op. cit.*, pp. 236—246.
13. John Keane, *The Life and Death of Democracy*, London: Simon & Schuster, 2009, p. 10.
14. Keane, *Op. cit.*, pp. 15—18.
15. *Ibid*, pp. 45—50.
16. *Ibid*, p. 52.
17. *Ibid*, p. 60.
18. Leonard Shlain, *The Alphabet and the Goddess*, London: Penguin, 1998, p. 65.
19. Diamond, *Guns, Germs and Steel*, *Op. cit.*, p. 226.
20. Shlain, *Op. cit.*, p. 66.
21. *Ibid*, p. 68.
22. Ernest Gellner, *Plough, Sword and Book: The Structure of Human History*, London:

Collins Harvill, 1988, p. 72.

23. Gellner, *Op. cit.*, p. 77.

24. Diamond, *Guns, Germs and Steel, Op. cit.*, p. 231.

25. Shlain, *Op. cit.*, p. 70.

26. Robert K. Logan, *The Alphabet Effect*, Boston: William Morrow, 1986, pp. 34—35.

27. Logan, *Op. cit.*, p. 40.

28. *Ibid*, p. 97.

29. *Ibid*, pp. 104 and 114—115.

30. Tim Ingold, *The Perception of the Environment: Essays in livelihood, dwelling and skill*, London: Routledge, 2000, chapter four, 'From trust to domination: an alternative history of human-animal relations', pp. 61—76.

31. Erwin Schrödinger, *Nature and the Greeks and Science and Humanism*, Cambridge, UK: Cambridge University Press, 1954/1996, pp. 55—58.

32. Geoffrey Lloyd and Nathan Sivin, *The Way and the Word: Science and Medicine in Early China and Greece*, New Haven, CT and London: Yale University Press, 2002, pp. 242—248.

33. Greene, *Op. cit.*, pp. 78ff.

34. Gerard Naddaf, *The Greek Concept of Nature*, Albany, NY: State University of New York Press, 2005, p. 15.

35. H. D. F. Kitto, *The Greeks*, London: Penguin, 1961, p. 177.

36. A.R. Burn, *The Penguin History of Greece*, London: Penguin, 1966, p. 131.

37. *Ibid*, p. 138.

38. David C. Lindberg, *The Beginnings of Western Science*, Chicago: University of Chicago Press, 1992, p. 34.

39. Burn, *Op. cit.*, p. 248.

40. Lindberg, *Op. cit.*, p. 31.

41. E. R. Dodds, *The Greeks and the Irrational*, Los Angeles and Berkeley: University of California Press, 1951.

42. Lloyd and Sivin, *Op. cit.*, p. 241.

43. Michael Grant, *The Classical Greeks*, London: Wiedenfeld & Nicolson, 1989, p. 70.

44. *Ibid*, p. 72.

45. Armstrong, *Op. cit.*, p. 108.

46. Jack Weatherford, *The History of Money*, New York: Three Rivers Press (Crown), 1997, p. 27.

47. *Ibid*, p. 30.

48. *Ibid*, pp. 34—35.

20 祭司王、世界树与幻象蛇

1. Lido Valdez, 'Walled settlements, Buffer Zones and Human decapitation in the Acari Valley, Peru', *Journal of Anthropological Research*, 1969, vol. 65, no. 3, pp. 386—416.

2. Fagan, *Kingdoms of Gold, Op. cit.*, p. 188.
3. *Ibid.*
4. *Ibid*, p. 189.
5. Helaine Silverman and Donald A. Proulx, *The Nasca* (Peoples of America), London and New York: Blackwell-Wiley, 2002.
6. Andy Coghlan, 'Chop-happy Nazca learned hard lesson,' *New Scientist*, 17 November 2009, p. 16.
7. Fagan, *Op. cit.*, p. 189.
8. *Ibid*, p. 192.
9. *Ibid.*
10. *Ibid*, p. 194.
11. *Ibid*, p. 172.
12. *Ibid*, p. 173.
13. Steve Bourget and Kimerly L. Jones, *The Art and Archaeology of the Moche: An Ancient Andean Society of the Peruvian North Coast*, Austin, TX: University of Texas Press, 2008, pp. 202—203.
14. Bourget and Jones, *Op. cit.*, p. 56.
15. Fagan, *Op. cit.*, p. 180.
16. Bourget and Jones, *Op. cit.*, p. 35. Fagan, *Op. cit.*, p. 196.
17. Bourget and Jones, *Op. cit.*, p. 260.
18. Moseley et al., *Op. cit.*, p. 89.
19. Bourget and Jones, *Op. cit.*, p. 210.
20. Linda Schele and David Freidel, *A Forest of Kings: The Untold Story of the Ancient Maya*, New York: Quil/William Morrow, 1990, p. 112.
21. Schele and Freidel, *Op. cit.*, pp. 46 and 61. Roderich J. McIntosh et al. (editors), *The Way the Wind Blows: Climate, History and Human Action*, New York: Columbia University Press, 2000, p. 244.
22. David Frediel, Linda Schele and Joy Parker, *Maya Cosmos: Three Thousand Years on the Shaman*'s *Path*, New York: Quil/William Morrow, 1993, pp. 81—95. See also: Anthony Aveni, *People and the Sky, Op. cit.*, p. 49.
23. Schele and Freidel, *Op. cit.*, p. 117.
24. *Ibid*, p. 207.
25. Aveni, *Op. cit.*, p. 208.
26. Peter S. Rudman, *How Mathematics Happened: The First 5,000 Years*, Amherst, MA: Prometheus, 2007, pp. 129—130.
27. Schele and Freidel, *Op. cit.*, p. 87. Roderick J. McIntosh et al. (editors), *Op. cit.*, pp. 275—277.
28. *Ibid*, p. 121.
29. *Ibid*, pp. 85 and 380.
30. *Ibid*, pp. 123—126.
31. Fagan, *Kingdoms of Gold, Op. cit.*, p. 126.
32. DOI: 10.1016/j.jas.2009.01.020.
33. Freidel, Schele and Parker, *Op. cit.*, pp. 123 and 131.

34. *Ibid*, p. 145.
35. Kent Flannery and Joyce Marcus (editors), *The Cloud People: Divergent Evolution of the Zapotec and Mixtec Civilizations*, New York and London: Academic Press, 1983, pp. 218, 340, 357—359.
36. Flannery and Marcus (editors), *Op. cit.*, pp. 38—39.
37. *Ibid*, pp. 347—350.
38. Arthur Joyce and Marcus Winter, 'Agency, Ideology and Power in Oaxaca,' *Current Anthropology*, Feburary 1996, Vol. 37, No. 1, February 1996, pp. 33—47.
39. Flannery and Marcus (editors), *Op. cit.*, p. 152.
40. Aveni, *Op. cit.*, p. 134.
41. *Ibid*, p. 136.
42. *Ibid*, p. 153.
43. Fagan, *Kingdoms of Gold*, *Op. cit.*, p. 195. Roderick J. McIntosh et all (editors), *Op. cit.*, p. 273.
44. Jake Page, *In the Hands of the Great Spirit: the 20,000-year history of the American Indians*, New York: Free Press, 2003, p. 2.
45. Fagan, *Kingdoms of Gold*, *Op. cit.*, p. 203.
46. *Ibid*, pp. 204—205.
47. Fagan, *From Black Lands to Fifth Sun*, *Op. cit.*, pp. 169 and 215. William E. Doolittle, *Cultivated Landscapes of Native North America*, Oxford: Oxford University Press, 2001, pp. 39, 194 and 254.
48. Fagan, *Kingdoms of Gold*, *Op. cit.*, pp. 204—211.
49. *Ibid*, p. 209.
50. *Ibid*.
51. *Ibid*, p. 212.
52. *Ibid*, p. 213.
53. *Ibid*, pp. 213—214.
54. *Ibid*, p. 216.
55. *Ibid*.
56. *Ibid*, p. 217.
57. *Ibid*, p. 220.

21　放血、人祭、痛苦与散财宴

1. Linda Schele and Mary Ellen Miller, *The Blood of Kings: dynasty and ritual in Mayan art*, Fort Worth, Texas: Kimbell Art Museum, 1986, p. 42.
2. Maria Longhen, *Maya Script*, trs. Rosanna M. Giammanco Frongia, New York: Abbeville, 2000, p. 65.
3. Schele and Miller, *Op. cit.*, p. 45.
4. *Ibid*, p. 175.
5. *Ibid*, p. 177.

6. *Ibid*, p. 178.
7. *Ibid*, p. 179.
8. *Ibid*, p. 180.
9. *Ibid*, p. 193.
10. *Ibid*, p. 210.
11. *Ibid*, p. 214.
12. *Ibid*, p. 216.
13. *Ibid*, pp. 215—218.
14. *Ibid*, p. 241.
15. E. Michael Whittington, *The Sport of Life and Death: The Mesoamerican Ballgame*, London and New York: Thames & Hudson, 2001, pp. 71—75.
16. Whittington, *Op. cit.*, p. 39.
17. *Ibid*, p. 81. See also: Schele and Miller, *Op. cit.*, p. 243.
18. Whittington, *Op. cit.*, p. 21.
19. *Ibid.*
20. *Ibid*, p. 120.
21. *Ibid*, p. 29.
22. *Ibid*, p. 30.
23. Schele and Miller, *Op. cit.*, p. 243.
24. Whittington, *Op. cit.*, p. 76.
25. Schele and Miller, *Op. cit.*, p. 245.
26. *Ibid*, p. 248.
27. *Ibid*, p. 249.
28. Whittington, *Op. cit.*, pp. 42—48.
29. *Ibid*, pp. 55—63.
30. *Ibid*, p. 110.
31. Elizabeth Benson and Anita G. Cook (editors), *Ritual Sacrifice in Ancient Peru*, Austin, TX: University of Texas Press, 2001, p. 183.
32. Heather Orr and Rex Koontz (editors), *Blood and Beauty: Organized Violence in the Art and Archaeology of Mesoamerica and Central America*, Los Angeles: The Cotsen Institute of Archaeology at UCLA, 2009, p. 128.
33. Benson and Cook (editors), *Op. cit.*, pp. 12—13.
34. Orr and Koontz (editors), *Op. cit.*, p. 115.
35. *Ibid*, p. 297.
36. *Ibid*, p. 305.
37. *Ibid.*
38. Orr and Koontz, *Op. cit.*, pp. 47 and 53.
39. Benson and Cook (editors), *Op. cit.*, pp. 8 and 41.
40. Orr and Koontz (editors), *Op. cit.*, p. 287.
41. *Ibid*, p. 258.
42. *Ibid*, p. 243.
43. Aveni, *Op. cit.*, p. 169.
44. *Ibid*, *Op. cit.*, p. 136.

45. Longhena, *Op. cit.*, pp. 23—24.
46. Joyce Marcus, *Mesoamerican Writing Systems: Propaganda, Myth and History in Four Ancient Civilizations*, Princeton, N.J. and Oxford: Princeton University Press, 1992.
47. Marcus, *Op. cit.*, p. 435.
48. *Ibid*, p. 7.
49. *Ibid*, p. 441.
50. Fagan, *From Black Lands to Fifth Sun, Op. cit.*, p. 293.
51. William C. Sturtevant (General editor), Wayne Suttle, volume editor, *Handbook of North American Indians: Volume 7*, Northwest Coast, Washington D.C.: Smithsonian Institution Press, 1990, p. 84.
52. Aveni, *Op. cit.*, p. 223.
53. Sturtevant (General Editor), *Op. cit.*, p. 85.
54. Marcel Mauss, *The Gift: forms and functions of exchange in archaic societies*, trs. Ian Cunninson, London: Coehn & West, 1954.
55. *Handbook of North American Indians, Op. cit.*, pp. 85—86.

22 修道院与官话、穆斯林与蒙古人

1. Rodney Stark, *The Victory of Reason: How Christianity Led to Freedom, Capitalism and Western Success*, New York: Random House, 2005, p. 5.
2. Gellner, *Plough, Sword and Book, Op. cit.*, p. 89
3. Stark, *Op. cit.*, pp. 6—7.
4. Stark, *Op. cit.*, p. 9.
5. Gellner, *Op. cit.*, p. 84.
6. Stark, *Op. cit.*, p. 11.
7. *Ibid*, pp. 15—17. But see: Charles Freeman's untitled and undated review of Stark's book on Amazon.com. And also: Mott T. Greene, *Natural Knowledge in Pre-classical antiquity, Op. cit.*, p. 143.
8. Stark, *Op. cit.*, p. 17.
9. *Ibid*, p. 22.
10. *Ibid*, pp. 28—29.
11. *Ibid*, p. 59.
12. *Ibid*, p. 64.
13. Freeman, *Op. cit.*
14. Stark, *Op. cit.*, p. 81.
15. *Ibid*, pp. 83—84.
16. Anthony Pagden (editor), *The Idea of Europe*, Cambridge, UK and Washington D.C.: Cambridge University Press/Woodrow Wilson Center Press, 2002, p. 81.
17. R. W. Southern, *Scholastic Humanism and the Unification of Europe, volume 1*, Foundations, Oxford: Basil Blackwell, 1995, p. 1
18. *Ibid*, p. 5

19. Herbert Musurillo SJ, *Symbolism and the Christian Imagination*, Dublin: Helicon, 1962, p. 152.

20. Southern, *Op. cit.*, p. 22.

21. *Ibid*, p. 64.

22. Stark, *Op. cit.*, p. 82.

23. *Ibid*, p. 113.

24. *Ibid*, pp. 35—39.

25. *Ibid*, p. 41.

26. Douglas North and Robert Thomas, *The Rise of the Western World*, Cambridge, UK: Cambridge University Press, 1953, p. 33

27. North and Thomas, *Op. cit.*, p. 43.

28. Carlo M. Cipolla, *Before the Industrial Revolution: European Society and Economy, 1000—1700*, London and New York: Routledge, 2003, p. 141.

29. DA. Callus (editor), *Robert Grosseteste*, Oxford: Oxford University Press, 1955, p. 98.

30. Robert Pasnau, *Aquinas on Human Nature*, Cambridge, UK: Cambridge University Press, 2003.

31. Robert Benson and Giles Constable, *Renaissance and Renewal in the Twelfth Century*, Oxford: Oxford University Press, 1982, p. 45.

32. Stark, *Op. cit.*, pp. 106ff.

33. Janet Abu-Lughod, *Before European Hegemony: The World System AD 1250—1350*, Oxford: Oxford University Press, 1989, pp. 3—4.

34. Abu-Lughod, *Op. cit.*, pp. 16—17. 关于阿拉伯语 / 伊斯兰语的传播，参见 Peter Bellwood, First Farmers, *Op. cit.*, p.192。

35. *Ibid*, p. 155.

36. *Ibid*, p. 158.

37. *Ibid*, p. 170.

38. William McNeill, *Plagues and People*, Oxford: Blackwell, 1977, p. 19.

39. Norman Cantor, *In the Wake of the Plague: The Black Death and the World It Made*, London: Simon & Schuster, 2001, p. 191.

40. Abu-Lughod, *Op. cit.*, p. 174.

41. *Ibid*, p. 237. Terence Ranger and Paul Slack (eds.), *Epidemics and Ideas: Essays in the Historical Perception of Pestilence*, Cambridge UK: Cambridge University Press, 1992, p.83.

42. Cantor, *Op. cit.*, pp. 15—16.

43. Stark, *Op. cit.*, pp. 148ff.

44. Cantor, *Op. cit.*, p. 210.

23　羽蛇、第五太阳纪与四区

1. Fagan, *Kingdoms of Gold*, *Op. cit.*, p. 18.

2. *Ibid*, p. 154.

3. Geoffrey W. Conrad and Arthur A. Demarest, *Religion and Empire: The Dynamics of Aztez and Inca Expansionism*, Cambridge UK: Cambridge University Press, 1984, pp. 26 and 29. Richard A. Diehl, *Tula: the Toltec Capital of Ancient Mexico*, London and New York: Thames & Hudson, 1983, p.141.

4. David Carrasco, *Quetzalcoatl and the Irony of Empire: Myths and Prophecies in the Aztec Tradition*, Revised Edition, Boulder, CO: University Press of Colorado, 2000, pp. 104ff.

5. Carrasco, *Quetzalcoatl, Op. cit.*, p. 132.

6. *Ibid*, pp. 63ff.

7. *Ibid*, p. 156.

8. *Ibid*, p. 18. See also: Fagan, *From Black Land to Fifth Sun, Op. cit.*, p. 364.

9. Carrasco, *Op. cit.*, p. 20.

10. Conrad and Demarest, *Op. cit.*, p. 22.

11. *Ibid*, p. 23.

12. *Ibid*.

13. *Ibid*, p. 38.

14. *Ibid*, p. 23.

15. Aveni, *People and the Sky, Op. cit.*, p. 141.

16. Conrad and Demarest, *Op. cit.*, pp. 17 and 29.

17. Carrasco, *Op. cit.*, p. 199.

18. *Ibid*, pp. 44—45.

19. *Ibid*, p. 36.

20. *Ibid*, pp. 160—165.

21. Carrasco, *City of Sacrifice, Op. cit.*, p. 78.

22. Carrasco, *Quetzalcoatl, Op. cit.*, pp. 93—94.

23. Carrasco, *City of Sacrifice, Op. cit.*, p. 79.

24. *Ibid*, p. 32.

25. Florescano, *Quetzalcoatl, Op. cit.*, pp. 73—74.

26. Fagan, *Kingdoms of Gold, Op. cit.*, p. 33.

27. Carrasco, *City of Sacrifice Op. cit.*, p. 56.

28. *Ibid*, p. 74.

29. *Ibid*, p. 141.

30. *Ibid*, pp. 193 and 198.

31. Arthur Joyce and Marcus Winter, 'Ideology, Power and Urban Society in Pre-hispanic Oaxaca,' *Current Anthropology*, Vol. 37, No. 1 (February 1996), p. 37.

32. Conrad and Demmarest, *Op. cit.*, pp. 185—186.

33. Fagan, *Kingdoms of Gold, Op. cit.*, p. 25.

34. *Ibid*, p. 41.

35. *Ibid*.

36. *Ibid*, p. 44. *The (London) Times*, 23 May 2011, p. 12.

37. *Ibid*, p. 46.

38. *Ibid*, p. 48.

39. Conrad and Demarest, *Op. cit.*, p. 97.

40. Fagan, *Kingdoms of Gold, Op. cit.* p. 53.

41. Conrad and Demarest, *Op. cit.*, p. 100.
42. Benson and Cook (editors), *Ritual Sacrifice in Ancient Peru*, *Op. cit.*, p. 17.
43. Tierney, *The Highest Altar*, *Op. cit.*, p. 28.
44. Tierney, *Op. cit.*, p. 117.
45. Benson and Cook (editors), *Op. cit.*, p. 17.
46. Conrad and Demarest, *Op. cit.*, p. 91.
47. Fagan, *Op. cit.*, p. 48.
48. Tierney, *Op. cit.*, pp. 178 and 203.
49. Conrad and Demarest, *Op. cit.*, p. 115.
50. *Ibid*, p. 102.
51. Tierney, *Op. cit.*, p. 30.
52. Conrad and Demarest, *Op. cit.*, 110.

24　萨满与牧羊人：大分离

1. J. H. Parry, *The Age of Reconnaissance: Discovery, Exploration And Settlement, 1450—1650*, London: Cardinal/Sphere, 1973, p. 35.
2. Parry, *Op. cit.*, p. 46.
3. 本书收录的附录 2 探索了讨论复杂社会的相近发展的文献。
4. Conrad and Demarest, *Religion and Empire*, *Op. cit.*, p. 196.
5. *Ibid*, p. 206.
6. Art Wolf and Ghillean Prance, *Rainforest of the World: Water, Fire, Earth and Air*, *Op. cit.*, p. 281.
7. Calvin Luther Martin, *In the Spirit of the Earth*, *Op. cit.*, p. 58.
8. Peregrine Horden and Nicholas Purcell, *The Corrupting Sea*, *Op. cit.*, p. 417.
9. *Ibid*, p. 419.
10. Florescano, *Quetzalcoatl*, *Op. cit.*, p. 42.
11. Conrad and Demarest, *Op. cit.*, pp. 72—74.
12. Florescano, *Op. cit.*, pp. 93—94 and 98.
13. Aveni, *Op. cit.*, p. 191.
14. Peter Bellwood, *Man's Conquest of the Pacific*, New York and London: Oxford University Press, 1979, p. 198.
15. Bourget and Jones, *The Art and Archaeology of the Moche*, *Op. cit.*, pp. 43—44.

附录 1　关于新大陆的永不停息的争论

1. Geoffrey Simcox and Blair Sullivan, *Christopher Columbus and the Enterprise of the Indies: A Brief History with Documents*, Boston and New York: Bedford/St Martin's Press, 2005, p. 31. 如今，"哥伦布交易"及其后果已经成为一项新研究的主题：

Charles C. Mann, *1493: How the Ecological Collision of Europe and the Americas Gave Rise to the Modern World*, London, Random House, 2011。

2. J. H. Elliott, *The Old World and the New*, Cambridge, England: Cambridge University Press/Canto, 1970/1992, pp. 9—10.

3. Elliott, *Op. cit.*, p. 11.

4. Margaret R. Greer, et al., *Rereading the Black Legend: The Discourse of Religion and Racial Difference in the Renaissance Empires*, Chicago and London: Chicago University Press, 2007, p. 1.

5. Greer et al., *Op. cit.*, p. 5.

6. Anthony Pagden, *European Encounters with the New World: from the Renaissance to Romanticism*, New Haven CT and London: Yale University Press, 1993, p. 6.

7. Anthony Pagden, *The Fall of Natural Man: The American Indian and the origins of comparative ethnology*, Cambridge, UK: Cambridge University Press, 1982, pp. 99 and 104.

8. *Ibid*, p. 84.

9. *Ibid*, p. 151 and Pagden, *European Encounters, Op. cit.*, p. 167.

10. Pagden, *The Fall of Natural Man, Op. cit.*, pp. 174 and 195.

11. Pagden, *European Encounters, Op. cit.*, p. 127.

12. *Ibid*, p. 5.

13. Elliott, *Op. cit.*, p. 25.

14. Robert Wauchope (general editor), *Handbook of Middle American Indians, 16 vols.*, Austin, TX: University of Texas Press, 1964—1976.

15. Gordon Brotherston, *Book of the Fourth World: reading the native Americans through their literature*, Cambridge, UK: Cambridge University Press, 1992.

16. Elliott, *Op. cit.*, p. 34.

17. Leithäuser, *Op. cit.*, pages 165—166 包含印第安人关于这些活动的画作。

18. Elliott, *Op. cit.*, p. 38.

19. 阿科斯塔的理论认为，新世界的矿物就像植物一样会生长出来。

20. Evgenii G. Kushnarev (edited and translated by E.A.P. Crownhart-Vaughan), *Bering's Search for the Strait*, Portland: Oregon Historical Society Press, 1990 (first published in Leningrad [now St Petersburg], 1968).

21. Bodmer, *Op. cit.*, p. 67.

22. Elliott, *Op. cit.*, p. 43.

23. Pagden, *The Fall of Natural Man, Op. cit.*, p. 39.

24. 这一观点设想，印第安人有一天会成为自由的人，但直到那一天之前，他们"受到西班牙国王的正当监护"。Pagden, *The fall of Natural Man, Op. cit.*, p.104.

25. Wright, *Op. cit.*, p. 23. Also: Bodmer, *Op. cit.*, pp. 143—144.

26. Pagden, *The Fall of Natural Man, Op. cit.*, p. 45.

27. *Ibid*, p. 46.

28. *Ibid*, p. 119.

29. Elliott, *Op. cit.*, p. 49.

30. *Ibid*, pp. 81 and 86.

31. *Ibid*, p. 95.

32. Benjamin Keen, *The Aztec Image in Western Thought*, New Brunswick, N.J. 1971/1990, p. 261.

33. Henry Steele Commager, *The Empire of Reason: how Europe imagined and America realized the enlightenment*, London: Weidenfeld & Nicolson, 1978, p. 83.

34. Jack P. Greene, *The Intellectual Construction of America: exceptionalism and identity from 1492 to 1800*, Chapel Hill, NC: University of North Carolina Press, 1993, p. 128.

35. Antonello Gerbi, *The Dispute of the New World: The History of a Polemic, 1750—1900*, trs. by Jeremy Moyle, Pittsburgh, PA: University of Pittsburgh Press, 1973, pp. 52ff.

36. Keen, *Op. cit.*, pp. 58—60.

37. *Ibid*, p. 88.

38. Gerbi, *Op. cit.*, p. 42.

39. *Ibid*, p. 163.

40. Merrill D. Peterson, *Thomas Jefferson and the New Nation*, Oxford: Oxford University Press, 1970, pp. 159—160.

41. Commager, *Op. cit.*, p. 98.

42. *Ibid*, p. 99.

43. Commager, *Op. cit.*, p. 246.

44. Keen, *Op. cit.*, p. 297.

45. Pagden, *European Encounters*, *Op. cit.*, p. 167.

46. Keen, *Op. cit.*, p. 359.

47. *Ibid*, p. 417.

48. *Ibid*, p. 425.

49. *Ibid*.

50. *Ibid*, p. 445.

51. *Ibid*, p. 458.

52. *Ibid*, p. 456.

53. Commager, *Op. cit.*, p. 394.

54. Miguel Asúa and Roger French, *A New World of Animals: Early Modern Europeans on the Creatures of Iberian America*, Aldershot: Ashgate, 2005, pp. 36—37.

55. *Ibid*, p. 82.

56. *Ibid*, p. 188.

57. *Ibid*, p. 229.

58. Keen, *Op. cit.*, p. 448.

59. William M. Denevan (editor), *The Native Population of the Americas in 1492*, Madison, WI: University of Wisconsin Press, 1976/1992.

60. William H. McNeill, *Plagues and Peoples*, Oxford: Blackwell. 1977, p. 211.

61. Denevan, *Op. cit.*, p. 7.

62. McNeill, *Op. cit.*, pp. 211—212.

63. Russell Thornton, *American Indian Holocaust and Survival: A Population History Since 1492*, Norman, OK and London: Oklahoma University Press, 1987.

64. Thornton, *Op. cit.*, p. 39.

65. McNeill, *Op. cit.*, pp. 50 and 201—202.

66. Thornton, *Op. cit.*, pp. 40—41.

67. *Ibid*, p. 48.
68. *Ibid*, p. 52.
69. Kirkpatrick Sale, *The Conquest of Paradise*, New York: Knopf, 1991.
70. Sale, *Op. cit.*, pp. 97—99.
71. *Ibid*, 248.
72. *Ibid*, p. 316.
73. Ronald Wright, *Stolen Continents: The 'New World' Through Indian Eyes*, Boston: Houghton Mifflin, 1992, p. 128.
74. Brotherston, *Op. cit.*, p. 77.
75. Wright, *Op. cit.*, p. 168.
76. *Ibid*, p. 210.
77. Brotherston, *Op. cit.*, p. 4.

索 引

（条目后的页码为英文版页码，参见本书边码）

译后记

2021 年 8 月 22 日，由天津博物馆、山西博物院、重庆中国三峡博物馆、湖南省博物馆（现湖南博物院）、广东省博物馆和首都博物馆联合策划引进的"安第斯文明特展"在首都博物馆画上了完满的句号。这场汇聚了秘鲁 11 家知名博物馆 157 件（组）文物的展览是近年来国内少有的高规格、系统性展示南美洲古代文明的大型展览。一经推出，便引起人们的广泛关注。参观者在欣赏古代印第安人的陶器、织物、金银器等文物时，不禁会思考一个问题：到底是什么因素促成如此迥然不同的文明出现在美洲大陆？这个问题的部分答案，可以在彼得·沃森的这部著作中找到。

彼得·沃森是英国著名思想史家、新闻记者和小说家。他出生于 1943 年，毕业于英国杜伦大学、伦敦大学和罗马大学。彼得·沃森生活经历丰富，既曾在伦敦塔维斯托克诊所实习，也曾在《星期日泰晤士报》《泰晤士报》《纽约时报》等主流报刊当过记者，写过专栏，还曾为《旁观者》等流行杂志撰稿，做过艺术片制作人。1997 年至 2007 年受聘为英国剑桥大学麦克唐纳考古学研究所研究员。自 2000 年以来，彼得·沃森笔耕不辍，精力过人，几乎每两年出版一部学术专著，在国内外引起很大反响。近十年来，国内出版界先后引进出版了他的著作《德国天才》（商务印书馆，2016 年）、《思想史：从火到弗洛伊德》（译林出版社，2018 年）、《20世纪思想史：从弗洛伊德到互联网》（译林出版社，2019 年）、《虚无时代：上帝死后我们如何生活》（上海译文出版社，2021 年）等。摆在我们面前的这部《大分离：新旧大陆的命运》是彼得·沃森的又一力作。

本书的英文原版出版于 2012 年，是彼得·沃森的较新作品之一。其实，在正式出版前，本书最初的副标题是："旧大陆居民与新大陆居民的发展道路为何不同？如何不同？"从这个副标题我们可以清楚看出，作者的着眼点在于探讨新旧大陆历史发展的差异。正如作者在导论中所言，"考古学家和人类学家已经从总体上考察了全球不同文明间的相似性"，"虽然我并不否认相似性的存在，也不质疑它们的重要性，但本书另辟蹊径，着眼于两个半球间的差异，因为这些差异同样具有启发性，比之相似性，也许有过之而无不及，但它们被人们相对忽视了"。作者将自己的研究称作"一项自然实验"，虽然不可能弄清这个实验的所有细节，但至少可以提供一个假说来解释新旧大陆分道扬镳的原因。

作者的"实验"分为三步。第一步探究了第一批美洲人到达新大陆的历程以及这些经历对于早期美洲人的影响。第二步探讨新旧大陆在地理、气候、植物群、动物群之间的差异以及这些独立因素之间的相互作用。第三步通过对比的方式展现新旧大陆思想和历史发展进程中的巨大差异。在"实验"过程中，作者打破了学科壁垒，综合运用人类学、历史学、遗传学、天文学、宇宙学、气候学、地质学、古生物学、神话学、植物学、考古学、火山学、骨分析化学、语言学、宗教学等多学科研究成果，力求"实验结果"的前沿性和可信性。

最终，作者得出如下结论：旧大陆文明与新大陆文明的主要差异，在于它们对不同环境条件的适应模式。旧大陆的思想变革比新大陆的思想变革更加频繁且激烈。这在一定程度上归因于两者气候与地理的差异：旧大陆的东西走向便于植物、动物、人口和思想等的传播，新大陆的南北走向正好相反；在旧大陆，影响气候的主要因素是日益衰弱的季风；在新大陆，影响气候的主要因素是日益频繁的厄尔尼诺事件。同时，决定新旧大陆基本差异的另一个重要因素是动物和植物的分布差异。首先，旧大陆谷物种类众多，如小麦、大麦、黑麦、粟、高粱、稻米等，新大陆谷物种类稀少，最有价值的谷物只有玉米。其次，致幻植物在全球的分布差异巨大，新大陆自然生长着 80 至 100 种致幻植物，而旧大陆只有 8 至 10 种。致幻植物的异常分布造成新旧大陆在宗教和思想意识方面的巨大差异。再次，在旧大陆，驯养哺乳动物的广泛存在将人们从固定的地点解放出来，流动性、丰产模式以及日益减弱的季风共同促进了思想的繁荣。在新大陆，驯养哺乳动物的缺乏禁锢了人员和思想的流动，而具有巨大破坏力的灾难性气候促进了萨满教、人祭、放血仪式的盛行。总之，作者认为宗教和崇拜是早期人类在身处困境时完全自然的回应。在人类文明的发展进程中，人类不断尝试解释自己所处的世界以及塑造历史的巨大神秘力量，因此从人类学意义上讲，宗教就是人类探索世界和神秘力量的部分尝试，它也是新旧大陆走向殊途的原因所在。

　　作者提出的很多观点是相当新颖和具有启发意义的。这有待读者在阅读过程中用心发现和仔细体会。相比作者广博的知识和宏观的视野，译者在翻译过程中深感能力之不足，尤其在涉及遗传学、天文学、植物学等学科知识时，常常需要查阅大量相关资料才能保证尽量不出纰漏。尽管如此，译文难免存在未尽其意或表述不准的现象。对此，译者敬请读者谅解，并真诚欢迎诸位方家指正。

　　　　　　　　　　　　　　　孙艳萍，2021 年 12 月于河北保定